牛津
THE OXFORD HANDBOOK OF
金融社会学
THE SOCIOLOGY OF FINANCE
手册

Karin Knorr Cetina

Alex Preda

〔奥〕卡瑞恩·克诺尔·塞蒂娜

〔英〕亚力克斯·普瑞达

主 编

艾云 罗龙秋 向静林 译

社会科学文献出版社

SOCIAL SCIENCES ACADEMIC PRESS (CHINA)

《牛津金融社会学手册》 中译本序言

刘世定

受"剩余策略"（即避开经济学的研究领域）的影响，美国社会学者在很长一段时间内很少对金融领域的变化及该领域与其他社会生活领域的关系予以关注，而这种策略对社会学产生了广泛的影响。但近二十年来，这种状况有所改变，特别是 2008 年的金融危机发生以后，社会学介入金融领域的研究获得了新的动力。《牛津金融社会学手册》的出版，反映了这一变化，甚至可以看作社会学将成规模地介入金融研究的一个标志性事件。

中国社会学自 1979 年恢复重建以来，在费孝通等老一辈社会学家引领下，以中国的现实发展问题为导向，并没有循着"剩余策略"的路径发展。伴随中国的经济、社会的变迁和发展，社会学很自然地将社会经济生活纳入其研究视野之内，一些经验研究也自然地关注金融在经济制度变迁中的作用和特有机制。进入 21 世纪以后，一些社会学者对金融与社会的关系给予了更多的关注。他们意识到，不仅随着当代中国的市场经济发展金融的影响随之扩展，成为改变社会生活诸多方面的重要力量，而且世界范围内正经历着一场金融技术革命，这场革命和信息技术革命结合在一起，正深刻地改变着社会结构，值得社会学者给予高度关注。例如，北京大学中国社会与发展研究中心 2002 年组织的第一届"金融、技术与社会"研讨会的通知中写道：

从 20 世纪 60 年代起，首先在经济发达国家中出现了金融资产超过实物资产的现象，而这一变化又逐渐向更大的范围扩展。与此相联系的是社会财富分配和再分配的机制，乃至社会分化和整合机制发生了变化。在微观层面，这种变化和金融工具的日益多样化、金融组织的日益复杂化联系在一起。同时值得注意的是，金融运作对社会生活的巨大影响，和技术特别是信息技术的迅速发展密切联系。金融和技术，以及它们之间的相互作用，已经成为改变社会生活的两大杠杆。社会学有必要对这一变迁做出积极的反应。

虽然中国社会学没有主动遵循"剩余策略"的发展路线，但是由于社会学已有知识的积累深受"剩余策略"的影响，因而中国社会学的教学和研究也不可避免地受到这种影响。由此观之，《牛津金融社会学手册》的中译本出版，不仅有助于中国的金融社会学发展，而且有助于中国社会学体系的完善，使之与当今世界的社会格局更加匹配。

借为《牛津金融社会学手册》中译本写序的机会，我想对金融社会学的研究谈几点想法。

（1）在考察"金融与社会"的时候，不少社会学者习惯性地将"社会"限定在金融之外，甚至认为金融是侵蚀社会的力量，而忽视金融本身就是重要的社会现象。这多少还是受到"剩余策略"的影响。这种思维框架特别不利于社会学者去理解当今金融技术革命的一个重要方面，即金融工具的多样化。事实上，所有的金融工具，不论是货币还是债券，抑或是各种金融衍生品，都是社会合约。问题是，不同的金融工具作为社会合约的形成机制是不同的，其获得社会认可的程度、范围等是不同的，其所依托的制度基础是有所不同的，当它们形成一个复杂的合约体系时，在不同环节上蕴含的风险及风险扩散和收敛的机制也是不同的。许多社会摩擦和问题的产生与这种差异有关。这些都有待于社会学去深入研究。有志于研究金融社会学的人，不应将对各种金融工具的了解视为与社会学研究无关的纯金融技术问题，而应该将迈过这一"技术"门槛视为天经地义。

（2）当代的金融技术革命正和信息技术革命相遇。两个技术革命的相遇，带来了一系列后果。货币形态、支付方式、金融组织结构及功能等已经并在继续发生变化。擅长进行真实世界研究的社会学自然不能放弃对这些新的变化的研究。同时，社会学者不应只当这些新变化的描述者、资料的采集者，而是要利用变化带来的观察机会，去发展有时代特点的金融社会学基础理论，或有社会学要素加入的金融基础理论。事实上，中国的一些金融社会学研究已经走在这条研究路径上。

（3）在金融社会学的基础理论研究中，金融市场的自然秩序应该是主题之一。既然社会学者已经意识到"剩余策略"给社会学带来的不良影响，而这一策略最重要的部分就是回避对市场秩序进行深入的研究，那么，社会学者就不应把金融市场的自然秩序研究视为经济学的专域。我们注意到，挑战有效金融市场理论的行为金融，已经开始把某些社会学关注的因素，如风尚、时尚、从众等引入市场分析。但这些研究或明确或隐含地将这些社会学关注的因素看作导致市场偏离有效状态的扰动、"噪声"。当然，研究者所指出的偏离、扰动、"噪声"是针对金融经济学中的有效金融市场模型而言的，而对有效市场模型的偏离未必是对现实有效性的偏离。我们知道，被挑战的有效市场模型有很强的理性预期假定，并将社会性的行为特征排除在外。社会学和心理学已经有大量的研究证明，一定程度的社会性是人类行为的基本特征。由此来看，撇开社会性的行为特征建构的有效金融市场模型的非现实性是很高的。金融社会学研究若能在社会行为基础上探讨新的有效市场理论，将加深人们对金融市场自然秩序的理解。当然，这并不是说一切社会行为基础上的金融互动都将是有效金融市场的组成部分，而是强调，舍去了社会行为的有效市场理论肯定是不能被接受的。

（4）金融资产超过实物资产以及金融资产增长速度超过实物资产增长速度是当代经济变迁中的一个标志性事件。中国经济也步入了这一进程。伴随这一进程的一系列机制导致的社会分化、社会整合特征与以往有何差异、有何相同之处，需要金融社会学深入研究。这一过程是如何发生的，在中国是如何结合中国的条件扩展的，也需要金融社会学深入研究。在这方面的研究中，金融社会学很可能不仅要运用社会学已有的理论框架，而且有望推动社会学基础理论的发展。

（5）中国的金融变迁的动力，一方面来自中国经济体制从政府计划经济体制向市场经济体制转变的推动，另一方面来自在开放条件下世界金融体系的影响。这两方面的结合，使中国的金融结构和金融机制形成了一些独有的特点。与其他国家的金融形态相比，在某些方面甚至形同质异。这些独特之处，在澄清的前提条件下，是可以放到不受国界限制的社会科学学术共同体中共享的。中国社会学者有责任对这些独特之处做出深入的研究。

（6）金融已经渗透到中国社会生活的诸多方面，不仅在企业、政府活动中发挥作用，而且在广大民众的日常生活中难以或缺。如何运用和创新各类金融工具、金融制度安排来改善民众福祉，是中国社会学者的关怀所在。不仅中国社会学的教学和研究，而且中国社会工作的教学和研究，都有必要关注这个方面的问题。

以上几个方面的研究，有的在这本《牛津金融社会学手册》中有所涉及，有的则没有。在此不避累赘之嫌，写成几点，供读者参考。

致 谢

本研究项目建立在实证研究、历史研究和金融理论研究基础之上。它源于我们的信念，即现在迫切需要一本专业的金融社会学手册。当代社会金融或金融市场对社会公平公正的发展而言究竟是福还是祸？金融系统是否仍然受到政府监管或者政治控制？金融领域是如何发挥作用的？它是否应该这样发挥作用？显然，对上述基本问题人们尚存在意见分歧，这不仅反映了人们对该领域似乎失控的行动感到潜在不安，而且更深层的问题是人们对该新领域缺乏基本的认识与了解。

大卫·穆森（David Musson）颇有远见地指出，学术出版商可以采取一些措施（如可以帮助综合分析、系统阐述已有信息）来应对这种情况。虽然我们仅仅掌握了整个图景局部的、碎片化的信息，但我们坚定地认为，将这些信息汇集到这本手册中，可为非常广泛的、公开的讨论提供重要且关键的信息。而且，这让我们从特定的学科视角更清楚地了解哪些内容已为人们了解，哪些内容被忽视了，从而激发更微观细致的具体研究。可以说，若没有大卫·穆森贯穿整个研究阶段的鼓励、耐心和坚持，这本手册是无法完成的。当然，若没有我们所有撰稿人的齐心协力，这本手册也是无法完成的。在编辑过程中，他们必须回应没完没了的电子邮件、电话、修改要求以及突如其来的变化。

非常感谢每位匿名审稿人，从他们的建议中我们学到了很多，其批评和肯定对完善本手册和手册的每一章有着莫大帮助。审稿人的建议让我们更深入地了解本书的重要意义、所面向的读者群体，以及采取恰当的方式来安排本书架构的必要性。

最后，我们还要感谢来自牛津大学出版社的艾玛·兰伯特（Emma Lambert），她亲历了本手册出版的全过程，并非常高效地推动了本书的出版。在复杂的出版过程中，她的帮助与指导是无价的。在编辑过程中，我们非常感谢爱丽丝·克莱默（Alise Kramer）非常专业的编辑工作，她推动了该项目顺利完成。若没有她的文字编辑、事实核查、勘误以及与作者细心的沟通，我们将难以在规定时间内完成本手册。

这是我们合著的第二本书，比第一本书内容更加丰富，研究目标也更为雄心勃勃。有关核心概念、主要内容和主题结构以及各章节内容安排等的讨论过程，加强了我们彼此之间的研究合作。该研究项目即将结束时，虽然我们相距数千英里，但可以看出我们就未来改进之处已达成了某些共识。无须赘述，我们将带着这些议题的初稿会面讨论。最后，我很高兴见证了这次合作研究，它增强了我们的团队意识、加强了我们之间的专业合作并增进了彼此的友谊。

·目　录·

·表目录·

作者简介

米歇尔·Y. 阿布拉菲亚（Mitchel Y. Abolafia），纽约州立大学洛克菲勒公共事务与政策学院教授。著有《创造市场：华尔街的机会主义与克制》（1997）；论文《市场失灵的制度嵌入：投机泡沫为何仍会发生》发表于《组织社会学研究》（2010），论文《叙事结构的意义建构：中央银行是如何思考的》发表于《组织研究》（2010）。

丹尼尔·贝翁萨（Daniel Beunza），管理学劳动关系和组织行为方向讲师。研究工作是从社会学视角探讨社会关系和技术对金融价值的塑造。代表性成果研究了华尔街一家银行衍生品交易室的运作，分析了超常规回报的根源——对空间和内部组织的利用。此外，他还研究了证券分析师和金融模型带来的系统性风险。目前他的研究关注点是责任投资和金融交易所的自动化。

布鲁斯·G. 卡鲁瑟斯（Bruce G. Carruthers），西北大学社会学系约翰·D. 和凯瑟琳·T. 麦克阿瑟教授。卡鲁瑟斯的独著或合著作品共五本，有《资本之城：英国金融革命中的政治与市场》（1996）、《拯救企业：英美公司破产法的制定》（1998）、《经济/社会：市场、意义和社会结构》（2000）、《破产：全球立法和系统性金融危机》（2009）、《货币和信贷：社会学的方法》（2010）。他曾为罗素·塞奇基金会、澳大利亚国立大学和拉德克利夫高等研究所的访问学者，并获得约翰·西蒙·古根海姆基金的资助。

埃丽卡·寇思乐（Erica Coslor），澳大利亚墨尔本大学管理学院讲师，获芝加哥大学社会学博士学位。博士论文《华尔街艺术：奇怪的艺术作品构建规则与作为另类投资的艺术品市场》研究了大量专业投资者对艺术品兴趣的日益增长，通过各种方法、模型和工具来量化艺术品的投资属性，与艺术品市场专业人士共同建构了该领域。她的工作涉及科学技术研究和组织理论，并以艺术品投资为案例，找出了一个更为普遍的行为规律，即市场主体如何积极建构金融投资领域，以及有价值的对象如何被转化为可识别的金融资产。

杰拉德·F. 戴维斯（Gerald F. Davis），密歇根大学威尔伯·K. 皮尔庞特学院管理学教授和社会学教授，在管理学、社会学和金融学领域发表了大量成果。2005 年与道格·麦克亚当、W. 理查德·斯科特、麦尔·N. 扎尔德合作出版《社会运动和组织理论》；2007 年与 W. 理查德·斯科特合著《组织理论：理性、自然和开放的系统视角》；2009 年出版《由市场来管理：金融如何重塑美国》。《由市场来管理：金融如何重塑美国》获得 2010 年美国管理学院乔治·特里最佳图书奖。他还任《行政科学季刊》的编辑和密歇根大学组织研究跨学科委员会主任。

弗兰克·多宾（Frank Dobbin），哈佛大学社会学教授，出版个人专著或合著数本。著作《打造产业政策：铁路时代的美国、英国和法国》（1994），追溯分析了当代不同国家产业政策差异的制度性根源；主编《新经济社会学选集》（2004），该书将现代经济社会学研究与经典社会学理论融合起来；著作《创造平等机会》（2010）探讨了企业内部的人力资源专员如何界定《民权法》里的"歧视"。

尼尔·弗雷格斯坦（Neil Fligstein），加州大学社会学系 1939 级冠名教授，著作丰富。著有《市场的结构》（2001）、《欧洲冲突》（2008）和《场域理论》（与道格·麦克亚当合著并即将出版）。他在经济社会学、社会分层、政治社会学和欧洲经济与政治一体化等方面都有大量研究成果。目前他正致力于研究当前金融危机的各个方面。他是美国艺术与科学学院院士，曾为古根海姆基金会的研究员、帕洛·阿尔托行为科学高级研究中心研究员。

肖恩·芬奇（Shaun French），英国诺丁汉大学经济地理学讲师。他的兴趣在于金融地理学，尤其关注当代金融化以及金融化领域的生物识别、金融主体化的空间特性和金融排斥的政治主张。2011 年他担任《地理学的关键方法》杂志联合编辑，曾在《环境与规划 D：社会与空间》、《英国政治国际关系杂志》、《对映体》、《英国地理学家学会学报》等刊物上发表论文数篇。

高柏（Bai Gao），杜克大学社会学系教授，著有《经济意识形态与日本产业政策：1931～1965 年的发展主义》，该研究被誉为最佳日本研究成果，获得 1998 年美国大学出版社协会裕美有泽纪念奖（Hiromi Arisawa Memory A-ward）；此外还著有《日本的经济困境：繁荣与停滞的制度根源》。目前，他的研究议题包括 2008 年全球金融危机的根源、中国经济发展模式、中国产业升级、中国的产业集群和专业市场等。

亚当·高斯坦因（Adam Goldstein），加州大学伯克利分校社会学博士研究生，研究领域为当代美国金融资本主义的经济社会学。他考察研究了自 20 世纪 80 年代以来，劳动力市场的不安全和日益加剧的不平等对家庭金融市场行为的影响，2008 年金融危机如何破坏了组织运行，以及地方社区组织在化解房地产市场投机中的作用。

艾因·哈尔德（Iain Hardie），爱丁堡大学国际关系专业讲师。他在剑桥大学冈维尔－凯厄斯学院从事历史研究工作，之后在伦敦和香港的投资银行工作了 18 年，于 2007 年获爱丁堡大学博士学位；研究成果发表在《国际政治经济学评论》、《新政治经济学》、《社会学评论》、《共同市场研究》、《经济与社会》等刊物上；即将出版著作《新兴市场的金融化与政府借贷能力》（英国帕尔格雷夫出版社）。

布鲁克·哈丁顿（Brooke Harrington），丹麦哥本哈根商学院经济社会学副教授；著有《大众金融：投资俱乐部》和《新投资者民粹主义》（2008）及论文《欺诈：从古代帝国到互联网约会》（2009）。哈丁顿在哈佛大学获得社会学博士学位之后，又获得了美国国家科学基金会、罗素·塞奇基金会、亚历山大·冯·洪堡基金会、美国社会学协会和管理学院等的研究资助；目前主要采用定性研究方法探讨财富管理、离岸银行以及跨国继承和不平等模式等议题。

马克·D. 雅各布斯（Mark D. Jacobs），乔治梅森大学社会学教授；1992～2009 年任美国首个跨文化研究博士项目主席；曾任美国社会学会文化社会学分会主席，自 2011 年 9 月起担任欧洲社会学会文化研究副主席，2010～2011 年任罗宾·M. 威廉姆斯东方社会学会杰出讲师。著有《扭转系统及其运行：在无过错社会中的少年司法》（1990），与杰拉尔德·D. 萨特尔合著《头版经济学》（2010）；合作编辑《布莱克威尔文化社会学》（2005）。

弗兰克·乔瓦诺维奇（Franck Jovanovic），蒙特利尔魁北克大学经济学教授，研究领域为金融经济学、经济物理学及其与金融经济学的交叉研究。最新论文《金融经济学的规范建构史》发表于《政治经济学的历史研究》（2008），《经济物理学的兴起史：现代金融理论的新方法》即将发表于《政治经济学的历史研究》（2013）。

郑止宇（Jiwook Jung），新加坡国立大学社会学系助理教授，研究领域为组织和经济社会学、金融市场社会学；研究工作探讨了金融市场的日益扩张及其影响如何重塑企业行为，特别是 1981～2006 年美国大型企业的裁员行动。

卡瑞恩·克诺尔·塞蒂娜（Karin Knorr Cetina），芝加哥大学社会学和人类学 George Wells Beadle Distinguished Service 讲席教授，也是康斯坦茨大学镜像媒体研究项目负责人。即将出版著作《特立独行的市场：作为虚拟社会的金融市场》；出版著作《知识文化：科学如何创造知识》（2003，第三版）；与亚力克斯·普瑞达合作编辑出版《金融市场的社会学》（2005）；与乌尔斯·布吕格尔合著的论文《全球微观结构：金融市场的虚拟社会》于 2002 年发表于《美国社会学期刊》。

布鲁斯·寇谷特（Bruce Kogut），桑福德·C. 伯恩斯坦公司领导力与伦理学教授，也是哥伦比亚商学院桑福德·C. 伯恩斯坦领导力与伦理研究中心主任；获麻省理工学院斯隆管理学院博士学位，并获斯德哥尔摩经济学院荣誉博士学位；曾任教于宾夕法尼亚大学沃顿商学院和欧洲工商管理学院，曾在兰德公司、巴黎理工学院、柏林社会科学研究中心、斯德哥尔摩经济学院、洪堡大学、圣达菲学院、新加坡管理大学和清华大学等担任研究员和客座教授。

安迪·莱申（Andrew Leyshon），诺丁汉大学地理学院院长和经济地理学教授，主要研究货币金融地理和数字技术对音乐经济的影响。近期与罗杰·李、琳达·麦克道尔和彼得·桑利合作编辑出版《经济地理百科全书》，与彼得·丹尼尔、乔恩·比弗斯托克和麦克·布兰德肖合作编辑出版《新经济地理》（2007）。安迪·莱申教授于 2007 年当选为英国社会科学院院士。

唐纳德·麦肯齐（Donald MacKenzie）主要研究科技和市场社会学，尤其是有关金融市场的社会学研究。1975 年任教于爱丁堡大学，后任社会学系讲席教授；著有《引擎而非相机：金融模型如何塑造市场》（2006）；与穆涅萨和萧合编出版《经济学家创造市场吗？——经济学的绩效表现》（2008）；此外，还著有《物质市场：经济行动者是如何构建的》（2009）。

约瑟芬·马特比（Josephine Maltby），约克大学约克管理学院会计和金融学教授，曾任谢菲尔德大学教授；主要研究兴趣是会计和商业历史、公司治理，以及作为储蓄者和投资者的女性角色。近期与卢瑟福、格林和欧文斯合著论文《妻子的收入管理：19 世纪中期工人阶级妇女及其储蓄》，收录于

《连续性与变化》（2011）；论文《股东集团由谁组成？——1870～1935 年英国的性别与投资》发表于《经济史评论》（2011）。

比尔·莫勒（Bill Maurer），加州大学欧文分校人类学和法学教授；主要研究货币和金融人类学及加勒比地区的离岸金融服务部门、伊斯兰银行业，以及近期开发的移动电话转账和储蓄服务。著有《重绘加勒比海：英属维尔京群岛的土地、法律和公民身份》（1997）、《虔诚的财产：美国的伊斯兰抵押贷款》（2006）和《有限的互利生活：伊斯兰银行业、替代货币与横向推理》（2005），并获维克多·特纳奖。

胡安·帕布鲁·帕尔多－古尔亚（Juan Pablo Pardo-Guerra），伦敦政治经济学院社会学讲师，受过物理和科学技术研究方面的专业训练，主要从社会学角度研究金融市场中的技术创新。

亚伦·Z. 皮特鲁克（Aaron. Z. Pitluck），中欧大学（布达佩斯）政治经济研究小组两年任期的研究员，也是伊利诺伊州立大学社会学和人类学系副教授。最近，他研究非流动性如何影响专业投资者的行为，以及专业投资者如何以及为什么会在全球南部聚集；曾在《经济与社会》和"经济人类学学会的系列丛书"等发表论文。

玛莎·潘（Martha Poon），伦敦政治经济学院风险与监管研究员，此前为纽约大学公共知识研究所常驻学者。获加州大学圣地亚哥分校博士学位，正在撰写著作《贷款人看到了什么》，分析美国消费者信用评级体系的历史演变。

迈克尔·鲍尔（Michael Power），伦敦政治经济学院风险与监管分析中心会计教授兼主任；毕业于牛津大学圣埃德蒙霍尔学院和剑桥大学格顿学院，为英格兰和威尔士特许会计师协会会员，也是英国特许税务协会的准会员；2009 年获瑞士圣加伦大学经济学荣誉博士学位；2011 年成为风险管理研究所荣誉研究员。著有《审计学会：验证仪式》（1999，该书已被翻译成意大利语、日语和法语），以及《组织的不确定性：设计一个风险管理的世界》（2007）。

亚力克斯·普瑞达（Alex Preda），伦敦国王学院管理系会计、责任和财务管理专业教授；著有《构建金融：市场与现代资本主义的边界》（2009）和《信息、知识与经济生活：市场社会学导论》（2009）。目前他正在做关于电子金融市场的民族志研究，当下的研究兴趣是沟通与决策、人的价值评估与社会竞争。

詹尼特·鲁特福德（Janette Rutterford），开放大学商学院财务管理专业教授，研究兴趣包括投资历史、女性投资者、股票估值和养老基金管理；著有《证券交易所投资导论》（2008）、《女性与她们的金钱：1700～1950 年妇女与金融随笔》（2009）和《男人、女人与金钱：性别、财富与投资展望》（2011）。

萧斯基亚·萨森（Saskia Sassen），哥伦比亚大学社会学 Robert S. Lynd 讲席教授，也是全球思想委员会联合主席。著作《领土、权威、权利：从中世纪到全球聚集》于 2008 年由普林斯顿大学出版社出版；《全球化社会学》于 2007 年由诺顿出版社出版；《世界经济中的城市》于 2011 年由塞奇出版社出版，《全球城市》于 2001 年再次出版。著作被翻译成 21 种语言。她目前正在研究领土议题何时脱离现有分析框架，已与哈佛大学大学签订了该书的出版合同。此外，她还定期在 www. Opendemocracy. net 上发表文章。

萧·鲁恩－斯西·露西亚（Lucia Leung-Sea Siu），香港岭南大学社会学系助理教授。与唐纳德·麦肯齐和法比安·穆涅萨合作编辑《经济学家创造市场吗？——经济学的绩效表现》（2007）；获爱丁堡大学博士学位，是香港社会学会理事。

查尔斯·W. 史密斯（Charles W. Smith），纽约州立大学皇后学院和研究生院社会学荣誉退休教授。自 20 世纪 60 年代中期以来，他一直从事拍卖市场（主要是金融市场）的民族志研究。著有《市场的思想》（1981）、《拍卖》（1989）、《华尔街的成功与生存》（1999）、《应对股票期权市场的突发事件：商品价值定价的"合理性"》（2011）、《分期拍卖：使交换价值得以竞争和确立》；论文《市场作为被界定的实践》发表于《加拿大社会学期刊》（2007），论文《金融边缘：市场潮流中的交易》收录于《边缘：风险承担的社会学》（2005）。他主要关注市场是如何应对模棱两可和突发事件的。

大卫·斯塔克（David Stark），哥伦比亚大学社会学和国际事务教授，也是组织创新中心主任。斯塔克的著作《不和谐感：经济生活中的价值核算》（2009）考察了组织在寻找有价值事物时令人困惑的情况。其研究论文可在网站 www. thesenseofdissonance. com 上读阅。

理查德·斯威德伯格（Richard Swedberg）自 2002 年以来任康奈尔大学社会学系教授，研究方向为经济社会学和社会理论；著有《马克斯·韦伯与经济社会学思想》（1998）、《经济社会学原理》（2003）和《托克维尔的政治经济学》（2009）。他目前主要关注金融危机问题，并试图从社会科学视角对其进行理论分析。

欧蕾·威乐露丝（Olav Velthuis），阿姆斯特丹大学社会学和人类学副教授。著有《想象经济学》（2005）和《谈价格：当代艺术品市场上价格的象征意义》（2005），后者获 2006 年度美国社会学学会最佳经济社会学图书奖。在此之前，他曾任荷兰《人民报》全球化问题的专职记者、哥伦比亚大学客座博士后研究员、康斯坦茨大学助理教授。威乐露丝目前正在研究"金砖四国"（巴西、俄罗斯、印度和中国）艺术品市场的兴起和发展。

里昂·万斯莱本（Leon Wansleben）获康斯坦茨大学社会学博士学位，自 2010 年起任卢塞恩大学研究人员，研究经济与金融形象实践项目。即将出版著作《全球外汇市场专业知识的文化》，首次对外汇领域的市场文化和专家实践进行实证研究。

凯特琳·泽鲁姆（Caitlin Zaloom），纽约大学文化人类学家、商业和社会文化分析副教授。她的研究考察了与金融风险相关的知识和实践的新兴组织模式。2006 年出版《走出困境：从芝加哥到伦敦的交易员和技术》，展示了交易员、经理和技术设计师如何在交易屏幕与交易市的正式交易中运用经济理性。泽鲁姆目前正在撰写债务时代家庭财务实践的研究专著（围绕教育、住房、医疗和退休）。

埃兹拉·W. 朱克曼（Ezra W. Zuckerman），麻省理工学院斯隆管理学院教授，现任南洋理工大学主席，同时在技术创新、创业和战略管理小组与经济社会学博士培养项目中担任领导职务。1997 年获芝加哥大学社会学博士学位，1997~2001 年任教于斯坦福大学商学院。2006 年，参与创建了经济社会学博士培养项目；2009 年以来，他一直担任麻省理工学院斯隆管理学院博士项目的学术主任。朱克曼的研究涉及几个相关的问题领域：（a）社交网络中的不同职位会产生什么价值结果；（b）经济行动者之间建立社会关系的原因与后果；（c）阶层结构如何影响市场动态过程；（d）社会地位如何影响行为并产生有价值的结果；（e）社会估值接近或偏离客观情况的条件。

引　言

卡瑞恩·克诺尔·塞蒂娜（Karin Knorr Cetina）

亚力克斯·普瑞达（Alex Preda）

　　有时重大的历史转折所产生的意义几乎为人们所忽视，金融的崛起就是如此。金融已成为当代经济和社会发展的主要动力，这几乎是当代社会的共识，然而，在 2007～2009 年金融危机之前仅有极少数非经济学领域的社会科学家关注和研究金融问题。直到最近，有些深受过去几十年金融崛起直接影响的占领"大街"人士才开始质疑金融化，并对其后果进行抗议。[1]当然，金融投资与金融交易并不是什么新鲜事儿，现代民族国家自成立以来就向银行家和金融家寻求有关政府债务和财政支出的资金支持。它们定期发行多种金融工具（如债券、国库券），并与金融精英有着密切联系，这种联系也存在于前君主制政体和其他形式的政体中。至少自 17 世纪开始，越来越多的个体被更大范围地卷入金融体系（Rutterford，2009，2011）；"大众投资者"（popular investors）的兴起也可以追溯到那个时期（Preda，2009）。虽然金融体系有着深厚的历史渊源，然而，我们现在似乎生活在金融体系史无前例且持续扩张浪潮的高峰，它远远脱离了其深厚的历史基础。换言之，我们生活在一个"金融化"的世界，"金融化"广义上指金融动机（financial motives）、金融市场、金融行动者和金融机构在经济及其环境运行中扮演着日益重要的角色（Epstein，2005：3）。在金融化的经济系统中，金融的逻辑和金融事务可能开始主导各类不同的制度运行，如股东价值导向的公司治理结构的兴起，以及企业管理中财务控制者的作用越来越重要。又如，2007～2009 年的金融危机

和 2010～2011 年的欧洲债务危机也让我们更清醒地认识到这一点。在欧洲，融资可以通过两条渠道——银行贷款和金融市场——进行。以制造业为导向的经济体（如德国）演化为以银行贷款为主导的金融系统。而在美国，如同盎格鲁－撒克逊国家，出现了一种不同的模式，其重点不是银行贷款，而是以货币市场和证券市场为重要的融资渠道。在过去的几十年里，市场化渠道已成为全球金融体系和西方经济体系中金融组织的核心融资方式。如在世纪之交以前，美国和英国的企业融资来自商业银行的比例不到 30%（Chernow，1997）。又如，虽然银行信贷在当今一些复杂的经济体系中依然很重要，但银行通过自身的投融资工具深深地融入了金融市场。事实上，银行给信贷者的贷款只有一小部分来自银行客户的存款。再次打包的次级抵押债（repackaged subprime mortgage debt）市场、信用衍生工具（credit derivatives）以及信用违约（default obligations）市场等就是典型代表。引发金融危机的主要因素之一是银行的信贷扩张，银行利用信用工具使举债量是存款量的几何级倍数，并且大量扩张信用极大地增加了这些信用工具的交易量以及连带的金融风险（Taylor，2009：ch. 1）。

这场金融危机促使人们认真审视自 20 世纪 80 年代发展起来的金融系统，这是一次来自各个社会科学学科的审视。这个系统起源于何时？它又是如何实现了如此大规模的渗透？政府是否推动了这一发展？哪些经济理论支撑甚至推动着金融化扩张？重要的传统社会要素如信任、信心，在金融交易中扮演什么角色？特定类型的文化是否会孕育出特定类型的金融市场？从实证的、社会学的和文化分析的角度来看，金融市场究竟是什么？对于对这些问题感兴趣的人而言，这本手册提供了广泛的信息和研究的起点。我们召集了数位研究者，其研究主要关注经济系统的金融要素，且多年来产生了大量的实证研究成果。虽然这些研究没有给出金融领域统一的解释框架，但展现了金融系统及其运作的核心要素具有明显的社会性、文化性。当然，这并不意味着金融可能以某种方式被化约为文化符号或者社会结构。然而，金融并不能脱离具体情境和历史条件的影响，金融行为和金融制度深深地受到社会学家所关注的研究方向和研究变量的影响。事实上，从广义的实证社会科学视角看，金融是一个特别有趣的领域，这个视角可能超越了经济学的基本原理，因为金融似乎处于从工业经济和现代社会向后工业经济和后现代社会转型的顶端。虽然我们无法确切了解整个转型的最终结果，以及我们是否会喜欢它，但颇为明显的是，金融是这样一个领域，从其实际运作中我们可以观察到向新制度转型的驱动因素及其结果。例如，金融与特定类型的科技和信息媒介之间的协同演进，还可能催生新的行为方式（如通过算法进行交易）、沟通方式和组织形态。又如，金融的运作和影响力扩张到全球，金融可能是全球化的驱动力之一。自 20 世纪 70 年代以来，金融领域利用电子信息技术的先进成果，推动和支撑了特定的运行系统（如电子经纪人系统、交易平台等）进一步发展。这些新兴的金融领域与过去几十年试图引领世界的传统金融世界是和谐的。在非西方社会背景下，金融系统呈现了"地方性"和区域多样性特点，如小微金融和伊斯兰金融。然而，即使是这些小规模的区域金融系统（与西方国家金融业的体量相比），也有跨国的和全球的客户群、供应链以及与全球银行的联系，否则它们是无法生存的。全球化是一个长期的历史发展过程，它包含了许多方面，如各个国家经济的相互依赖、全球化代币券的运作和全球化意识的发展等。然而，如果我们想了解一个具有明确边界且内部具有一定融合程度的全球性行动体系，那么可以将金融（通过市场渠道运作）作为具体的分析对象。金融领域也用全球化概念来描述自己，如参与者们关于全球金融体系的观点。另一个跨国金融的例子是，金融市场在影响各国货币价格和评估国家经济政策与措施方面所起的作用。这个手册中的几章研究了金融的全球化特征，将其视为一种特定的发展模式，引领超越现代化阶段。

　　从社会学研究视角出发，研究者倾向于将金融及其活动视为在具体的组织和制度背景下的行动系统。这一视角不同于以金融的功能、目的、制度设计为关注点的思考。作为投资者和投机者，或作为基金经理和交易者，甚至作为专业经济学家，我们当然希望了解金融市场，但更想了解它们如何影响我们的投资、如何影响我们保值增值。所有咨询类作品都具有这种性质——汇集了它们认为成功的投资者和基金经理所使用的策略与获得市场回报的技巧。作为投资者和信贷者，我们关心的是金融的作用以及在或多或少复杂的层面〔例如日内交易员（day traders）、专业分析师，或者是科学投资组合管理理论，以及期权公式的发展等层面〕上提出不同的问题。在上述目标下，他们并不关心金融体系的内部运作过程。与物理学家不同，他们希望看到机器的处理结果，而不是内部的处理器。然而，社会学家在这方面更像是物理学家，倾向于提出有关金融体系的内部运作问题，而且也经常指出其后果问题，如金融体系对各阶层人民福利的长期影响。这两类问题往往都超出了投资者和分析师面对的典型问题。然而，这两类问题都是迫切需要予以回答的。鉴于金融作为经济支柱的重要性，我们有必要更多地知道有关金融体系内部运作、参与者的态度和倾向，以及体系的脆弱性和对社会福利的积极或消极影响。从行为社会科学的角度研究金融成为一个新兴的跨学科领域，已经开始为上述问题提供答案。这个手册汇集了这一领域的新兴视角以及微观和宏观层面的关注点，并且描绘了金融社会科学研究的未来图景。

从专业会议、协会、教科书、学习领域以及教席和教授的名称中可以看出，金融已成为经济学独立的研究领域。也许最根本的原因是金融已经历史地演变为一个独特的活动系统，若生产、消费、分配或交换——生产和消费之间的市场过程——是经济活动的三个不同领域，那么金融就是第四个领域。它不能被简单地归为工业社会学或初级生产者市场所描述的生产范畴，也不能被简单地描述为一种消费类别。尽管金融涉及各类分配原则（如风险的分配），也包括信息消费的维度，但很难采用主要的消费理论如消费者的生活方式、身份和自我表征等予以解释。金融领域不同于其他经济领域的理由之一是，金融履行了一项特殊功能——提供和控制信用。在资本主义经济里，信贷需要在生产周期开始之前获得；正如凯恩斯认为的，信贷在生产之前（Shapiro，1985：77）。相应地，金融和初级经济（primary economy）可能也有其独特的历史，一些历史学家的研究为此提供了相关证据（参见本书第六部分）。金融和其他经济领域受到不同的管制，也呈现不同的运作方式。例如，场外交易（over-the-counter）金融工具早已放松管制，在20世纪70或80年代，它们不断地从工业经济以及证券交易市场的管制和监督中解放出来。当然，这并不意味着上述金融领域已有效地切断了与政治的联系，或者规避了政治影响——事实上，正如本书部分章节所指出的，它们似乎从这种影响中获益匪浅。但是，在2008～2009年的金融危机及其引发的一系列监管措施出台之前，这些市场确实主要处于内部自律状态。如要理解金融市场行动系统的运作方式，我们有必要学习了解投资和投机的行动结构。投资与投机这两种类型的金融行为，似乎都涉及信贷提供者（如投资者、受诺人）和信贷寻求者（如公司或国家、承诺者）基于承诺的参与行为和互动关系，以及交易市场本身。在初级经济交易中，基于以货币为媒介的直接商品交换并不涉及承诺行为，参与者完成交易后就会退出市场（Slater，2002：237）。如果将初级经济市场与金融市场混为一谈，我们就无法捕捉到那些有重要影响的市场目标（orientation）和行为逻辑之间的差异。例如，金融想象与经济想象的运作机制有很大差别。金融家想以商业冒险的积极观念为基础，并以一个目前价值不明的对象的未来潜在价值为中心，而经济思维可能根植于个体家庭运转和各种历史社会经验。20 世纪中期以来的经济思维似乎一直处于家庭理性和根植于"经济人"假设的个体利益最大化的观念之间，而这种理念可能无法增进我们对金融想象力的理解。[2]

金融社会学作为一个全新的研究领域出现，反映了经济和商业领域的发展，即金融从中分化出来并成为一个重要的、独特的、合理的研究领域——这与金融作为社会的子系统的历史和发展过程相一致。当分支领域出现时，学科内部的分化很快就出现了，而且这一点也可能发生在新领域出现之前。正如标题所显示的，金融社会学是本手册的主要关注点。但是社会学包含了许多不同的研究路径与方法，如有些研究使用大量的定量数据来证实一个发现，而有些研究使用田野观察和民族志方法作为理论化和概念化的基础，并揭示出特定金融实践和操作的细节；有些研究关注宏观结构的变化，有些研究则关注金融机构的微观成就。社会学的关注点一直是广泛的，其关注的问题包括人类学家、心理学家、政治学家、历史学家、商学院的学者所关注的研究问题——相邻领域还存在共同关注的议题，研究者们还关注不同的研究方法产生的不同研究成果。这个手册反映了我们的基本理念，即需要汇集来自不同研究领域包括历史学、人类学、政治学和金融经济学等的观点。社会学的长期关注点在于群体、文化和习俗等议题。这些议题在本书都有较好的呈现，如当下社会和文化过渡到一个更加科技化、媒体饱和的生活世界和以目标与知识为导向的生活方式——将金融市场视为符号平台和情感依附对象。

本手册由六个部分组成，每个部分为读者呈现了当代金融系统的某个具体面向，包括全球化的组织与制度、技术和认知，而不是西方金融及其历史，以及全球金融市场的微观结构。第一部分"金融制度与金融治理"有 5 章，研究全球现代金融组织制度、金融与政治的关联，以及公司与金融组织之间的联系。萨森（Saskia Sassen）探讨了构成全球金融体系的更大的制度和地理空间的组合，并考察了其内部的多样性。戴维斯（Gerald F. Davis）呈现了一个国家金融领域的结构化组织如何反映和形塑商业与政治的组织形态，郑止宇（Jiwook Jung）和多宾（Frank Dobbin）的研究展示了机构投资者在股东价值的旗帜下推广基于代理理论的新型管理模式，这种变化给美国员工带来了一些不利之处。社会网络和社会群体在市场社会学研究中具有重要地位，寇谷特（Bruce Kogut）的文章探讨了它们与金融的关系；寇谷特认为，企业规模分布的规律与经济主体的微观动机之间的相互作用导致商业团体出现。阿布拉菲亚（Mitchel Y. Abolafia）的研究转而关注中央银行如何在金融市场中进行自我定位，并在中央银行的"解释权"（interpretive power）中找到一个重要但并非唯一的权力来源。

这个手册的第二部分聚焦有关诠释的政治学问题，即"金融市场的运行"，探讨了金融市场的微观结构和相互作用。第二部分的论文由塞蒂娜（Karin Knorr Cetina）撰写，提出了我们应该如何概念化当代全球金融市场的问题。她的回答是，将金融市场与企业和网络结构进行比较分析，不仅比较其所分布的、多层次互动的系统——金融市场是由某个微观的中央媒介机制协调的，而且导致全球性的注意力整合——协调是基于设计的、夸张的和强制监控的电子媒介的渲染及其市场形象。史密斯（Charles W. Smith）的研究贡献在于分析了拍卖的性质和可变性，从清晰可见的、本地的面对面拍卖向电子商务拍卖的转换，以确定无形资产如文字的价值。普瑞达（Alex Preda）撰写了有关交易中的互动与决策的文章，表明了对交易互动与决策过程的关注，有益于解释行为经济学家长期关注的现象，如情绪与认知的关系。泽鲁姆（Caitlin Zaloom）研究了金融活动中交易员在交易中的角色和位置，讨论了计算机交易占主导地位时其行为活动的转变，以及他们的集体认知。本书第 10 章哈尔德（Iain Hardie）和麦肯齐（Donald MacKenzie）从独特研究视角讨论交易和技术问题，研究了金融计算模型与日益显著的对冲基金的关系及其作用。第二部分的最后章节由贝翁萨（Daniel Beunza）和斯塔克（David Stark）合著，从组织生态学的角度出发，探讨了在金融组织的环境下评价原则的多样性的关键作用，并展示了在组织层面上评价原则的不一致可能促进组织学习和经济进步。

本书第三部分"信息、知识和金融风险"的开篇之作由朱克曼（Ezra W. Zuckerman）撰写。他基于金融经济学文献考察了一个关键议题，即认知与市场效率的关系。万斯莱本（Leon Wansleben）的研究聚焦于金融分析师对形成有关金融市场运作的认知模式的作用。他追踪了金融分析师的历史和发展过程，指出金融分析师不仅产生被动的认知模式，而且使集体层面的协调模式在发挥作用方面有着重要作用。从分析师到评级机构只有很短的距离，玛莎·潘（Martha Poon）对此进行了分析。潘追踪了评级机构的出现及其影响力的日益增强，研究了它们产生的标准化技术，以及市场为何采用它们。鲍尔（Michael Power）将人们的注意力从评级机构转移到会计上，这也是金融领域另一重要认知。鲍尔关注的是会计实践如何改变人们与市场的关系，以及这些变化如何影响人们对金融风险的理解。

也许这些年没有什么比 2008 年开始的金融危机更能有助于我们理解风险了。本书第四部分"金融危机"均是有关这个话题的。高柏（Bai Gao）撰写的开篇之作详细介绍了金融危机在全球范围和各分支上的史前史。弗雷格斯坦（Neil Fligstein）和高斯坦因（Adam Goldstein）共同撰写的文章表明，金融危机从来都不是孤立于政治的，政治在创建诱导危机发生的条件方面扮演着重要角色。在有关危机的政治学研究中，肖恩·芬奇（Shaun French）和安迪·莱申（Andrew Leyshon）讨论了近年来危机发生的一个主要原因——住房金融。两位学者利用人文地理学的分析工具，讨论了信贷行业在触发这场危机以及危机在各国和各大洲蔓延中的作用。鉴于金融危机永远无法脱离更广泛的社会背景而简化为纯粹的经济影响，要理解危机的关键影响因素需要引入符号性维度，符号性维度通过政治话语、媒体代表、公众抗议与公共领域产生共鸣。这正是下文雅各布斯（Mark D. Jacobs）的研究重点。他回顾了金融危机在公共领域引起共鸣的方式、与危机相关的符号表达，以及危机对政治话语的影响方式。通常情况下，金融危机的符号性特征会被操纵行为或欺骗形式增强，而这些形式又正是在这样的关键时刻才被发现的。这里有很多案例，在本部分的最后章节，哈丁顿（Brooke Harrington）论述了金融欺诈在危机时期及之后的作用和影响。

第五部分"丰富多样的金融市场"由四个章节组成，不仅考察了非西方的金融模式，而且考察了西方金融主流领域里出现的替代做法。莫勒（Bill Maurer）撰写的介绍性章节，概览了各种金融模式，包括从伊斯兰金融到微观金融和当地货币等多种形式，并讨论了它们得以产生的经济背景。在这篇介绍性概述之后，皮特鲁克（Aaron Z. Pitluck）的研究聚焦于伊斯兰金融的原则、形式和应用，根据现有的统计数据，评估了伊斯兰金融的影响及其在主流金融方面的地位，以及它在全球范围内的传播。本部分的第 23 章由萧（Lucia Leung-Sea Siu）撰写，讨论了中国社会的金融制度与形式。萧的研究为读者提供了中国当代金融业主要机构的总体概况，考察了中国主要市场和交易所的形式和活动、监管框架及中国金融市场的主要参与者。本部分的最后章节由威乐露丝（Olav Velthuis）和寇思乐（Erica Coslor）撰写，该章聚焦于主流的金融证券的替代投资形式，并以艺术品市场的金融化过程为案例。该章具体研究了自 20 世纪 70 年代以来艺术品市场越来越成为金融投资的高度专门化市场，或称利基市场（niche market），得到了主流金融领域和经济学家的认可。

第六部分也是本书的最后部分，标题为"金融的历史社会学研究"，开篇之作是卡鲁瑟斯（Bruce G. Carruthers）撰写的有关金融市场在资本主义社会中逐步取得显著地位的历史过程。该章追溯了市场与国家关系的演变，凸显了使金融成为主要经济力量的政治过程。第 26 章由马特比（Josephine Maltby）和鲁特福德（Janette Rutterford）撰写。该章转向了金融历史演变的另一个议题，即性别与性别关系所起的作用。该研究为读者反驳传统偏见（金融忽略了女性）提供了证据。他们认为，从早期开始，女性就公开存在于金融领域，并且在特定的历史时期起着非常重要的作用。第六部分第 27 章由斯威德伯格（Richard Swedberg）撰写，着重论述了信心作为金融驱动力的作用及其发展历程。斯威德伯格有力地论证了信任与信心之间的区别，并阐明了后者是如何在经济思想中概念化，并成为金融市场运作中的解释性原则。乔瓦诺维奇（Franck Jovanovic）考察了金融经济学从经济理论的边缘议题到核心议题的演变。他认为这种演变是近期发生的，从一开始就由两股力量推动进而得以实现。首先，随机理论为金融经济学家提供了形式化的分析工具；其次，制度安排的演进使金融经济学家在商学院有了更突出、重要的位置，从而可以成功传播他们的观点。关于金融历史社会学的最后一章是帕尔多‐古尔亚（Juan Pablo Pardo-Guerra）关于金融市场的技术演进的总体概述，特别是市场"自动化"（market automation）议题。该章强调，当代金融市场不可能在技术之外建构出来，而"自动化"已成为主要推动力之一。他还追溯了这一变迁过程的社会根源，并突出强调了一些集团和职业的变迁，它们使得技术成为当代金融市场的基石。

最后，我们声明对各个主题详尽的讨论并非本研究的初衷。本手册仅仅初步考察了当代市场一系列重要议题，并且尽可能全面而简洁地予以审视，以希望帮助读者更好地理解金融市场是如何且为何成为当前的状态，以及未来的可能变化。在这个意义上，我们希望本手册是成功的。

注释

1. 例如，美国的"占领华尔街"示威活动仅仅始于 2011 年下半年。
2. 参见斯威德伯格（Swedberg, 2011）关于家庭的三个历史时期的概念。参见塞蒂娜（Knorr Cetina）（即将发表，第 1 章）有关"金融想象"的概念。

参考文献

Chernow, R. (1997). *The Death of the Banker: The Decline and Fall of the Great Financial Dynasties and the Triumph of the Small Investor.* New York: Vintage.

Epstein, G. (ed.) (2005). *Financialization and the World Economy.* Cheltenham: Elgar.

Knorr Cetina, K. (forthcoming). Maverick Markets: *The Virtual Societies of Financial Markets.*

Preda, A. (2009). *Framing Finance: The Boundaries of Markets and Modern Capitalism.* Chicago: University of Chicago Press.

Shapiro, M. M. (1985). *Foundations of the Market-Price System.* Lanham, MD: University Press of America.

Slater, D. (2002). "From Calculation to Alienation: Disentangling Economic Abstractions." *Economy and Society*, 31: 234 – 49.

Swedberg, R. (2011). "The Household Economy: A Complement or Alternative to the Market Economy?" Cornell University Center for the Study of Economy and Society. ⟨www. economyandsociety. org/publications/wp58_ Swedberg_ HouseholdEconomics. pdf⟩ (accessed November 12, 2011).

Taylor, J. (2009). *Getting off Track: How Government Action and Intervention Caused, Prolonged, and Worsened the Financial Crisis.* Stanford, CA: Hoover Institution Press.

第一部分

金融制度与金融治理 ────

第1章
全球金融及其制度空间

萨斯基亚·萨森（Saskia Sassen）

　　本章的目的是让大家理解全球金融体系（尤其是复杂金融）的构成要素。关于金融制度和金融市场的学术研究发展非常迅速，为我们理解复杂的金融领域做出了重要贡献，并形成了多样的研究路径。其中，具有代表性的研究有麦肯齐（MacKenzie et al.，2007）、塞蒂娜和普瑞达（Cetina and Preda，2004）、艾肯格林（Eichengreen，2003）、泽鲁姆（Zaloom，2006）、费希尔和唐尼（Fisher and Downey，2006）、克里普纳（Krippner，2011）、史密斯（Smith，2012）以及《全球化》杂志的相关专栏。本章的研究建立在上述研究的基础之上，只是组织问题的方式和分析数据（包括历史数据）的方式有所不同。本章的目标是通过一个实际运作的场域概念突出金融制度空间的重要性，而非聚焦于公司和市场。有观点认为，全球化金融的概念已经突破了狭义的、一般化的金融企业、金融市场和金融制度，是更大范围的制度、技术和地理要素的组合（Sassen，2008：ch. 5，348 – 365；Certina 关于企业局限的研究）。它包括金融制度、非金融制度，不同类型的司法权、技术基础设施以及公共和私人领域等范围广阔的组合要素。

　　该分析视角有助于解释本章所考察的四个关键议题。第一，为什么布雷顿森林体系（BW）未能催生出 20 世纪 80 年代所产生的全球金融体系。20 世纪 80 年代的全球金融体系的重要构成因素在第一次世界大战后，甚至更早的 19 世纪末期就已存在。但是，早期这些要素的组织逻辑不利于形成全球化的

（有别于跨国的）资本市场。第二，它有助于解释全球化金融体系独特的增长模式和增长条件，这与其他经济部门有着巨大的差别；相比全球化金融体系，后者置身于更为清晰界定的制度空间。第三，它有助于解释金融的网络化形式（networked format），这种形式使其能够融合多种元素、开发创新形式，如交易所联盟的组织方式；这与银行和公司的传统形式形成鲜明对比，尤其是封闭式和纵向一体化的组织方式。第四，该分析视角可以解释这样一个事实，即金融具有与市场经济其他部分不同的特性；其中一个显著特性是对其他经济部门的金融化——这些功能就像小麦于磨坊一样重要。通常而言，上述四个特征也大部分适用于一国之内的复杂金融。但是，伴随着 20 世纪 80 年代以来金融逐渐走向全球化，其中一些问题变得明显且尖锐。

本章第一部分考察了布雷顿森林体系时期的"国际化"（international）和 20 世纪 80 年代的"全球化"特征的不同组织逻辑，即使两个时期存在诸多相同元素，例如国际地理框架（international framing geography）、所有签约国都采用的规则及其演进，等等。区分构成要素和总体性组织逻辑（encompassing organizing logic）有助于解释这一问题（Sassen，2008：ch. 1）。第二部分考察了 20 世纪 80 年代后期（全球化金融体系）的组织逻辑。第三部分讨论了 20 世纪 80 年代后期全球化金融体系的增长模式和增长条件，从而凸显了金融与其他经济部门之间的差异。第四部分考察了金融与交易所或广泛意义上的各类金融中心之间多变的关系，二者都是制度化空间，而不是制度本身。本章通过研究市场经济中企业和投资者所面临的"不完全信息"（incomplete knowledge）问题（Sassen，2011：ch. 5）以及金融中心在"制造信息"（making knowledge）中的角色来分析这一主题。鉴于金融领域的速度和数量级的特殊状况，"不完全信息"问题可能变得格外尖锐。此外，我认为现有证据表明金融中心的专业化差异是解决"不完全信息"问题的关键因素（Sassen，2011：chs 4 and 5）；这一点与很多关于金融中心的文章有明显差异，后者往往倾向于忽略金融中心的专业化差异，强调技术设施、运营标准、合同义务等方面的标准化。我将所有这些标准化的条件视为全球金融中心的基础设施。金融专业化的重要战略意义源于有可能对特定金融市场建立起深入且常常是非正式的知识体系（例如，在许多商品市场中尤为突出的芝加哥市场）。这反过来重新定位企业、交易所和金融中心的竞争问题。我发现，金融中心和交易所的竞争比平常所说的要少得多。如此强调交易所和金融中心的标准化特性，反而导致了过度强调竞争。

　　囿于篇幅，尽管本章所探讨的主题都是至关重要的，但仍难以完整述评各学科研究主题的海量文献（Sassen，2001：ch.4；2008：chs 4，5，and 7；2009；2010；2011：chs 4 and 5）。这里每个研究主题都是复杂且富有争议的，在我的其他研究著作中已详细考察过（Sassen，2001，ch.4；2008：chs 4，5，and 7；2009；2010；2011：chs 4 and 5）。

金融全球化的多样性

　　经历了一个多世纪，跨国合作和跨境交易的法律和司法机构才逐步建立起来。民族国家特别是那些大国，在各个历史时期都参与了丰富多样的国际活动，尤其是第二次世界大战以后。这表明，仅仅依靠国际活动，还不足以让我们达到今天如此世界规模的全球金融体系。一个普遍特征是，现代资本主义国家就是诞生于国际化的框架之内，过去几个世纪的"帝国"正是这个框架的关键要素之一。

　　19 世纪末 20 世纪初的大国有广泛的司法权以约束公民的行为，相比而言，以市场为中心的现代国家与其公民主体之间的联系非常松散。许多研究者从不同视角出发阐明了这一点（Murphy，1994；Picciotto and Mayne，1999；Sassen，2008：ch.3；Suter，1992）。在 19 世纪末期，引渡和司法协助等国家间相互支持的制度安排就已经得到发展。在大多数情况下，虽然执法的行政权力仍然具有领土范围性，但人群和公司的流动性、所有权和世界市场的相互关联都意味着国家权力基本上已超越了其领土范围（Brilmayer，1989；Walker，1993；Stephan，2002）。

　　从多个方面来说，进入全球化时代的必要条件早已具备，第二次世界大战以后尤其是如此，各主要国家不断发展国际规则、建立必要的制度基础设施。许多观察者和专家认为，这是全球化时代的开端。但是有些专家强调，某些组织特征表明，那个时期更高层次的组织逻辑聚焦于保护国家经济免受外部经济力量冲击的国际制度，而不是为了形成全球化的经济。虽然初具国际化特征，但这个时期主要是为了建设国家经济、保护国家利益。所以，全球化体系尚未真正建立。

　　在该背景下，早期布雷顿森林体系的意义重大，因为它旨在实现真正符合每个成员国利益的全球治理。[1]但是，不管是当时还是之后，美国都不愿意为此付出更大的努力，并一直在追逐自己的国家利益。美国推动布雷顿森林体系向有利于企业全球化从而提升国家能力的方向发展，实际上，这些企业就是美国公司，由于其他大国正在从大规模的战争破坏中恢复，那时美国公司就占据了主导地位。正是这些正在复苏的国家，更倾向于建立一个能够确保平衡的国际体系。

区分 20 世纪 70 年代初期布雷顿森林体系瓦解之前的两个阶段是有用的。在前 12 年，它在制定者的概念中是保护各国家政府的超越国家的权威。[2]最终，它演变成由私人银行尤其是美国银行主导的以市场为中心的体系。这两个阶段都不同于目前的全球经济体系。

在我的著作里已经提到，许多因素必须聚集起来才能达到实现新的组织逻辑的重要转折点，这个组织逻辑重新定位了走向全球化的国家能力（参见 Sassen，2008：ch. 4）。虽然美国强烈地为其公司单方面谋取全球主导地位，但这仍不足以导致如此世界规模的全球金融系统，且这是与当今全球经济截然不同的类型。即使美国推动以市场和公司为主导的国际体系，也不足以使国际体系进入 20 世纪 80 年代开始的新的全球化阶段。然而，在布雷顿森林体系期间以及之前发展的国际事务的许多能力，对于经济全球化而言至关重要。

从方法论上来说，这需要将特定的组成部分与更大的整体区分开来。其中包括一系列涉及国家和非国家主体的力量。第二次世界大战后大规模的跨境资金流动是很有必要的，但是这对于确保全球金融市场的存在还远远不够。类似地，跨境贸易流动也不足以建立全球贸易体系。领土、主权和权利的特定组合形成了今天的全球金融市场和全球贸易体系，这与早期处理跨境资金流动的国际体系大不相同。例如，领土不会从我们的全球电子金融体系中消失，而是被重新定位为拥有主要金融中心的全球 100 多个城市的网络。威权（authority）与权利（rights）也是如此：新自由主义政策不仅转移了权力（power），而且把对全球金融市场的威权从国家转移出去，并为全球企业发展出一系列新的权利类型。与此同时，三个条件中并不是一切都发生了变化——国界并没有太大的变化，民族国家也仍然是不可或缺的参与者。但是，布雷顿森林体系和当前全球金融体系由截然不同的制度、技术和空间元素聚集而成。尽管它们都依赖于国际货币基金组织（IMF）和各国的国家政策，但它们都有其特定的组织逻辑。

上述分析既考虑了布雷顿森林体系对当前系统的重要性，又包含了它们的本质差异——每个系统都有其特定的组织逻辑。这种本质差异的指标之一是 20 世纪 80 年代从各种保护主义到各种放松管制政策的急剧转变。它指出了构成当今全球化金融体系的更大组成要素的特殊性，而不仅仅是金融企业和跨国公司重新塑造了该系统。对金融而言，重要的是私人权威的新形式，这实际上是由政府行政部门日益增长的权力所赋予的，反之这又强化了行政部门的权力（Sassen，2008：ch. 4）。在这个动态过程中，行政部门和金融体系之间的衔接不可能简化为"国家的衰落"或金融在国家中居于主导地位。这也不能只被看作布雷顿森林体系多边主义的延续。

尽管当前全球化金融体系沿袭了布雷顿森林体系的诸多规则，但是有两个框架性特征将战后布雷顿森林体系（特别是其前十年的阶段）与当前全球化金融体系区分开来。

第一个框架性特征是金融市场的角色。20 世纪 50 年代以前，财政政策十分谨慎，监管控制措施也很到位，股票市场相对不那么活跃。政策的核心是解决失业问题，而非实现自由贸易或 20 世纪 80 年代出现的金融全球化（Tabb，2004）。事实上，失业被认为是自由贸易的结果[3]。布雷顿森林体系项目的早期阶段参与建立了一个用于保护国家经济免受重大危机影响的全球系统。虽然要厘清政策和股票市场之间的因果关系并不容易，但是就算是在经济复苏、股票市场恢复的 20 世纪 50 年代，政府也往往会坚持他们的政策。但这在 20 世纪 80 年代是不可能的事情。

第二个框架性特征是通过管理汇率、控制国际资本流动，保护金融体系免受国际竞争和汇率压力的影响。这一封闭性是当时世界经济的常态（Eichengreen，2003；Helleiner，1999）。包括美国在内，所有大国都支持国内经济管理的体系。这些政策体系中最为人所熟知的是英国凯恩斯的"福利国家"、联邦德国的"社会市场"、法国的"指令计划"（indicative planning），以及日本国际贸易和工业部（Ministry of International Trade and Industry）对出口产业进行系统推广的模式。在布雷顿森林体系的早期阶段，国际贸易和生产秩序中所嵌入的自由主义与旨在保护国家经济免受外部干扰冲击的国民经济管理之间存在制衡关系。这种政策的理论基础源于资本主义经济对再分配效应的重视。凯恩斯提出，债务国和债权国应致力于恢复国际体系的平衡，但是美国——作为债权国代表，拒绝了凯恩斯的提议。[4]凯恩斯希望债务国（当时英国是债务国）能够更容易地借款，并阻止资本外流。[5]实际上，被采用的制度并不完全是凯恩斯自己提出的（Kapstein，1994：93；Ruggie，1998：265；Tabb，2004：112）。

布雷顿森林体系为金融全球化的发展提供了多方面的条件。但是这些框架性目标与当前全球金融体系所需的组织逻辑不尽相同。

全球资本市场：权力和规则制定

各国家与全球经济主体之间经过多次协商才形成了现在的全球金融体系，以及作为既存事实的诸多规则。汇率平价、低通货膨胀率与就业增长之间的关系，以及国际货币基金组织条款中的各项内容都是我们熟悉的组成部分。[6]那些以合法形式出现的制定政策的诉求和规则战胜了那些享有支出特权的旧规则，以确保多数民众的福利；在如今期望国家更具竞争力的背景下，那些旧规则被看作使国家"缺乏竞争力"。

我在著作中（Sassen, 2008：ch. 5）指出，上述规则的转型意味着规则制定的权力私有化，这也是在最近的历史里影响国家能力的因素。这使得为少数人谋求利益而不是为多数人的利益制定规则的可能性更大。它本身并不新鲜，新鲜的是规则制定权力私有化的正规化，以及对规则受益者更为苛刻的限制。同时，该私有化也造成了公众问责的弱化甚至消弭。虽然政治进程里存在多重腐败问题，不会发生很大变化，但是，公共问责弱化问题的制度化必然随之而来。

这是 20 世纪 80 年代后期全球金融体系升级的背景。全球资本市场代表一种权力的集中，这种权力可以系统性地塑造国家的经济政策以及其他方面的政策，而不只是产生影响。这一强大的力量早已能够影响政府决策（Arri-ghi, 1994）。但是，如今全球金融体系的运作逻辑本身也成了"适当的"经济政策的规则（Sassen, 2008：ch. 5）。这些市场现在可以行使与自由民主国家公民身份相同的问责职能：他们对政府的经济政策进行投票，还可以迫使政府采取某些特定措施。考虑到市场运行系统的性质——速度、同时性和关联性——由此产生的巨大量级使它们在国家经济决策中真正具有重大作用。

长期以来，资本市场一直是多元的，由各种复杂的、专业化的金融市场组成（Eichengreen, 2003；Helleiner, 1999），而且早已具备全球化元素（Ar-righi, 1994；Eichengreen, 2003；Sinclair, 2008）。事实上，20 世纪 90 年代的诸多文献（如 Hirst and Thompson, 1996）都认为 20 世纪 80 年代后期的资本市场并不是什么新鲜事物，反而代表了对早期全球化时代的回归——世纪之交以及两次世界大战之间的时期都已经具备的全球化特征。但 20 世纪 80

年代后期的资本市场就是胜在其高度普遍性。若我们考虑当今资本市场的具体情况，就会发现一些与以往那些时期显著不同的地方。在这里我主要强调两点。一是当今全球资本市场的正式化和制度化程度更高，在一定程度上是基于与国家监管体系的相互作用，国家监管体系在过去百年逐渐变得更为精细（Sassen，2001：chs 4 and 5）。二是新信息和通信技术的变革性影响，特别是基于计算机的技术（下文称之为数字化）。全球化融合了制度变革动力和政策因素，将资本市场构建为一种独特的制度秩序，这使其与其他主要市场类型及全球贸易等流通体系区别开来。

在行为脱嵌于制度的过程中，即特定的国家行为与其更广阔的国家制度框架的脱离，具有战略性的跨境事务领域（cross-border operational field）形成了。由此，需要从国家性议程转向一系列新的全球性议程。交易是战略性的、跨境的（cutcross borders），需要政府机构与商业部门之间进行互动，以应对在经济全球化中所产生和所需要的新条件。这种互动与国际条约或是政府间网络组织不同。相反，这些交易涵盖了各种机构中具体子部门的事务和政策，包括某些特定的国家机构（例如，技术监管机构、中央银行和财政部的专业部门、政府行政部门的特别委员会等）、与经济相关的超国家范围的组成部分，如国际货币基金组织（IMF）、世界贸易组织（WTO）以及私营的非国家主体。在这个过程中，交易推动了各国的融合，为全球金融体系的构建创造了必要条件。反过来，全球金融体系又被嵌入许许多多国家和超国家的机构中高度专业化的地方，而不仅是公司、交易所、电子网络等（Sassen，2008：348－365，ch. 5）。

上述交易领域有两个截然不同的特点，使我们可以将其视为一个结构化过程中的非嵌入式空间。第一，这些交易发生在我们很熟悉的环境中：国家、国际体系、"私营部门"等。但是，所涉及的交易主体重新构建了领土、威权以及权利的内涵，使其成为全新的交易领域。从这一角度来说，它成了超越国际体系以及"全球经济"的制度领域。第二，由于参与进来的国家和私企之间的互动为促进国家发展、制定国际政策提供了重要的共识，这一事务领域逐渐将国家性议程去国家化。也就是说，这些国家和公司进行全球行动时的基本依据虽说是遵循国家的正式法律和政策，但实际上是去国家化的（Sassen，2008：ch. 4）。这就导致与之相伴的规则的扩张，这些规则开始汇集为部分的、专业化的、新的法律系统，而新的法律系统只是部分嵌入国家系统。这里，我们进入了一个权力（authority）私有化的全新领域，这个领域是碎片化的、专业化的、日益正式的，但它并不遵循各个国家的法律。

金融市场具备两个息息相关的实证特征，它们反映了自 20 世纪 80 年代中期以来的快速变革。[7]一是加速的增长，这一定程度上源于国内市场与国际市场的电子化及其连接，以及金融经济学和数字化发展所带来的巨大创新。二是特定类型的金融工具（衍生品）的急剧增长，具体表现为不同类型的衍生品数量激增并成为金融市场的主要工具。[8]衍生品的多样化及其主导地位使得金融更为复杂，也使得其增长率远高于其他全球化部门。

金融及其量级：占据整个经济

20 世纪 80 年代后期，虽然金融发展历史短暂但是极为迅速，可分为两个阶段。第一个阶段是 20 世纪 90 年代初期，第二个阶段是 20 世纪 90 年代末期。在这一增长期间，全球资本市场作为一种必需要素在许多领域不断扩展。因此，不同类型的政府债务，其中也包括了诸如市政债务等地方债务，开始通过全球市场融资，这使得金融迅速渗入经济的方方面面。

若以经济合作与发展组织（OECD）中 23 个高度发达的成员国累积国内生产总值（aggregate GDP）的增长速度为参照，1980～2000 年，金融资产总存量的增加速度是其 3 倍；货币、债券和股票的交易量增长速度约是 OECD 国家的累积国内生产总值增长速度的 5 倍，货币、债券和股票的总量现在已经超过了累积国内生产总值的总量。作为金融市场交易的主要产品，衍生品的全球（理论上的）价值在 1994 年达到 30 万亿美元，在 2000 年达到 80 万亿美元，在 2005 年年中达到 270 万亿美元，与 2001 年相比增长了 2.4 倍。这一系列数据表明，不仅交易价值不断创新高，其增长率也在不断提高（BCBS，2005：21）。为了更好地理解数据，我们将其与全球经济的其他主要组成部分的价值进行比较，如跨境贸易（2006 年为 14.4 万亿美元）和全球外商直接投资存量（2000 年为 6 万亿美元，2003 年为 8.2 万亿美元）（WTO，2005：3；UNCTAD，1998，2005：9）。尽管这一时期世界贸易也大幅增长，但 1983 年，年度外汇交易量已是世界贸易量的 10 倍，到 2004 年外汇交易量达到了世界贸易量的 70 多倍。[9]2001 年，外汇市场的日均营业额为 1.3 万亿美元，2004 年达到 1.8 万亿美元（BCBS，2005）。[10]

如果我们用参照国民经济的相对份额或者参照国际现金流量的相对规模来表示金融市场的体量，在很大程度上，19 世纪晚期到 20 世纪两次世界大战期间的全球金融市场规模和今天旗鼓相当。这一证据对那些认为全球化并不新鲜的学者来说是至关重要的佐证（Hirst and Thompson，1996）。早期的国际资本市场是巨大的、动态的、高度国际化的，并通过英国强权来维持秩序。从事实证据上可以看出其国际化程度，例如，在 1920 年，约 50 个政府在美国资本市场上发行债券以筹措资金，穆迪（Moody's）公司为其提供了评级（Sinclair，1994；2008）。经济大萧条使这种国际化急剧减少，直到 20 世纪 80 年代末期穆迪公司才再次对约 50 个政府的债券进行评级。[11] 而就 1985 年而言，只有 15 个外国政府在美国资本市场发债借款。

但根据我阅读的文献，这不仅仅是体量大小的问题：国际化的类型也很重要。机构投资者的出现并不新鲜（Sassen，2008：ch.3）；资金类型的多样性以及资产价值的迅速增加才是使这一时期的全球化与之前不同的关键因素。20 世纪 90 年代初期，机构投资者为美国家庭管理着 2/5 的金融资产总额，高于 1980 年的 1/5。截至 2001 年，这些资产达到了 19.2 万亿美元，尤其是养老基金和保险公司管理的资产。美国机构投资者的资产占 GDP 的比例从 1980 年的 59% 上升到了 1993 年的 136.3%。

所有这些趋势在 20 世纪 90 年代以来的第二发展阶段仍在继续。

美国养老基金的资产从 1985 年的 1.5 万亿美元增加到 2004 年的 11 万亿美元，增长远超 4 倍。经合组织（OECD）养老基金的加权平均资产占国内生产总值的比例从 2009 年的 68.0% 上升到 2010 年的 71.6%。2010 年，美国的资产占国内生产总值的比例上升了 5 个百分点，相当于资产增加了 1 万亿美元，从 9.6 万亿美元增加到 10.6 万亿美元（OECD，2011a）。值得注意的是，经合组织各国家的养老基金资产占国内生产总值的比例呈现出显著差异。2010 年其比例最高者分别为荷兰 135%、英国 86.6%、美国 72.6%，比例最低的是德国 5.2% 和法国 0.2%（OECD，2011a：图 5）。

20 世纪 90 年代后期，对冲基金迅速兴起并脱颖而出（Maslakovic，2010；OECD，2011b）。对冲基金是投机性最强的金融机构之一，通过拥有一小部分私人客户，通常进行离岸经营来规避某些信息披露和杠杆要求。虽然它们并不是新鲜事物，但其规模和对市场运作的影响力却在 20 世纪 90 年代大大增加，并在 20 世纪 90 年代后期成为主力。据估计，1998 年中期，对冲基金的数量达到 1200 家，坐拥 1.5 万亿美元资产（BCBS，1999），超过了 1997 年 10 月统计的共计约 1500 家股本基金拥有的 1.22 万亿美元资产（UNCTAD，1998）。到 2005 年，对冲基金数量超过 9000 家，全球对冲基金行业的报告价值达到了 1.5 万亿美元（BCBS，2005：79）。这两类基金都需要与资产管理基金区分开来，截至 2006 年 12 月，十大资产管理基金管理着高达 10 万亿美元的资产。[12]

到 1996 年，股票、私人债券、政府债券以及银行存款成为世界金融资产的四大主要组成部分。在金融危机之前的 1996 年到 2006 年，股票和私人债券增长最快，平均年化利率超过 10%，政府债券和银行存款则为 7% 左右。2006 年，股票增长了 20%，也就是 9 万亿美元（以固定汇率计算），占 2006 年"金融资产总额增长的近一半"（McKinsey，2008：11）。全球股市自 2008 年以来持续上涨，2010 年达到了 212 万亿美元（McKinsey，2011：2）。

如果把这些数字与全球 GDP 进行比较将更容易理解。2006 年全球金融资产占全球 GDP 的比例约为 350%，经历了严重的金融危机之后，2010 年其回升到了 336%（World Bank，2011）。金融资产价值超过其国民生产总值的国家数量从 1990 年的 33 个增加到 2006 年的 72 个，增加了不止一倍。在大多数高度发达的国家，金融资产的价值甚至高达国内生产总值的 3 倍，金融资产的数量也超过国内生产总值 4 倍（美国、荷兰、日本、新加坡等）。美国金融资产价值是其国民生产总值的 4.5 倍（McKinsey，2008：11）。但是我们发现处于其他发展水平的国家也存在这样的趋势：中国的金融资产价值也是其 GDP 的 3 倍。2007 年，即金融危机爆发的前一年，全球金融资产总值从 2005 年到 2006 年增长了 17%（名义上，按固定汇率计算为 13%），达到了 167 万亿美元，远高于 1980 年的 12 万亿美元、2000 年的 94 万亿美元，以及 2005 年的 142 万亿美元。这一增长远高于全球经济的其他主要组成部分——贸易和外商直接投资。

尽管不能说具有因果关系，但是这种类型的经济体系确实容易使人联想到 20 世纪 80 年代不平等的迅速加深（Sassen，2001；2010），并在 2008 年金融危机之后达到了极端程度（Mishel，2004，2007；Sherman and Stone，2010）。图 1-1 显示，在金融危机发生的 20 世纪 30 年代和 2008 年这两个时期的前几年，美国最富有的 10% 群体持有的财富相对于其他群体的财富比例都在急剧增加。而在奉行凯恩斯主义的几十年里，美国最富有的 10% 群体所持有的财富从 42% 下降到 33%，表明中产阶级在扩张。而从 20 世纪 80 年代开始，美国最富有的 10% 群体收入再次开始在总收入中占有越来越高的份额。

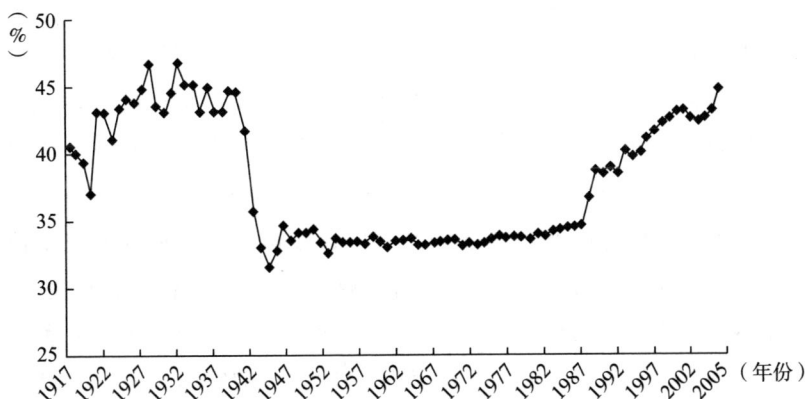

图 1 – 1　1917～2005 年美国前 10％高收入占国民总收入的比例

注：这里收入指的是资本收益以外的市场收入。

资料来源：米舍尔（Mishel，2004）。

为什么全球金融需要金融中心？

不同地域、不同组织机构大量聚集构成了全球金融体系，而金融中心正是全球金融体系的关键要素。考虑到电子网络和交易的飞速发展，我们可能会认为"全球性"中心的数量将会下降，实际上恰恰相反——这类中心的数量有增无减。这很容易被看作布雷顿森林体系时代的延续，因为除了少数例外，这些中心大多从那时甚至更早的时候就已出现。但情况也不尽相同。在布雷顿森林体系时代，由于国家经济相对封闭，每个国家的金融中心都承担着所有核心职能和专业职能。而今天的中心在全球范围内相互联系，更倾向于专业化的特殊职能，消除了早期时代的许多冗余功能。

具体而言，"全球性"金融中心数量的增加与人们的直觉相背，因为随着金融体系电子化、一体化的特征日益明显，人们期待少量全球中心能在一体化体系中处理所有事务。除了数量增加，如今金融中心的功能也趋于多样化。并且，在过去的 10 年中，由银行和贸易商经营的私人封闭式投资网络数量激增，交易所之间的结盟、接管也十分频繁。简而言之，金融中心的组织架构使得曾经构成金融中心的交易所势力日益壮大。

最后，同样与直觉不同的是，金融中心变得越来越专业化。如果考虑到计算机网络等技术不断发展，以及资金雄厚的企业用脚投票搬迁转移到这些超级金融中心，我们可以预想将出现不同的模式。与其将所有必要功能集中在几个大型金融中心，显然不如涌现出多个专业化的金融中心。

在这里我研究了一些因素，它们解释了当今全球金融的制度和空间特征。我发现，全球化、电子化的金融体系之所以没有像我们预期的那样成为非实体的电子主导式系统，是因为以下三个限制因素。我在别处对这些因素做了详细说明（Sassen，2008：348 - 365，ch. 5；2011：ch. 5）。

第一，不完备信息问题。在市场经济中，公司一直面临着不完备信息的问题。当这些公司走向全球时，这一问题就变得尖锐起来。在金融中心里，来自世界不同地区的多元化网络、信息回路和专家们共同产生了一种特殊类型的知识资本，这是金融中心在信息不完备问题上的特殊贡献，尤其是对全球参与者的贡献。我把这种知识资本称为城市知识资本，它比城市中所有专家和公司拥有的知识资本总和还要多。经过分析，我认为这是一个全球化城市经济生产函数中的关键因素（Sassen，1991/2001：ch. 6；2011：ch. 5）。我认为所有涉及的因素是这样被组合到一起的：一个企业的运营越有投机性、越数字化、越依赖速度、越全球化，其信息不完备问题就越严重，因此也就更依赖金融/商业中心作为其战略场地。

第二，金融中心的日益专业化。全球金融体系在标准化产品、技术基础设施以及巨额金融领域的专业化分化方面都取得了成功。过去 20 多年来，各主要金融中心都发展出了它们的专业优势。每个中心的专业职能都不相同。全球化使得规则趋于一致，使得许多人将此解释为市场趋同以及城市经济趋同。但是规则的同质化实际上是可以与日益明显的专业化并存的。而在 20 世纪 80 年代之前，每个"封闭"的国民经济都独立地具备了国际交易所需的所有功能，专业化只是一个次要方面。

第三，金融实际上是将非金融部门金融化。在本章的前两部分中，我将金融视为一个具有侵略性的经济部门。当今的全球金融公司主要致力于渗入非金融部门以及尚未与全球经济充分融合的国家经济。金融中心和更加全球化的城市是一座桥梁，它沟通了金融的全球化和一个国家或地区雄厚的投资文化。

我们可以将金融中心视为生产知识组件的地方，它能够解决市场经济中企业和投资者的不完全信息问题。如今，融入全球体系的次级金融中心数量激增也发挥了同样的作用。知识组件的生产有着不同的形式。我们可以将先进的企业服务想象为"组织性商品"的制造者（Sassen，2001：ch. 4）。当企业在全球化的空间中运作时，这些变得愈加复杂也愈加重要，而人们更加熟悉的封闭式国民经济体的家庭环境则变得没那么重要。这对全球公司和市场来说都适用，无论是什么部门——矿业、农业企业，还是金融、保险等。考虑到交易的速度和投机性，这在巨额金融中更为明显。

因此，金融公司的事务越是具有数字性、投机性（speculative）和全球性，其信息不完备问题就愈加严重，因此就会更依赖知识创造型企业和中心。这也解释了为什么随着 20 世纪 90 年代以后的全球化扩张，全球资本主义会对世界各地越来越多的全球化城市有着系统性需求。因为它们中的每一个都是生产城市知识资本的场所，而且各具特色。事实上，在 20 世纪 80 年代，当这些模式刚刚兴起的时候，我发现这正是全球化阶段所需要的，同时它也促使城市朝着专业化方向进行分化。因此，我发现，在 20 世纪 80 年代，当纽约、伦敦和东京这三个战略性全球城市正在形成一个新兴的全球资本主义阶段时，它们有一个相对基本的职能分工：东京是"未开发"货币资本的主要出口国，伦敦是最古老的帝国地理条件下最发达的金融转运港，纽约则是金融硅谷。因此，我认为，随着全球化的扩展，不完全信息问题可以部分地通过对更多战略性地点（全球城市）的系统性需求以及这些地点之间的功能分工来解决。

知识创造的第二个方面涉及信息的含义。在这个高速交易的全球金融世界里有两种类型的信息。第一类是已知数据：华尔街接近什么水平？阿根廷的公共部门是否已经完成自来水公司的出售？日本是否宣布了某某银行破产？但是，第二类信息的获取要困难得多，它类似于解释信息、评估信息和判断信息的综合，它需要综合不同的数据集及其解释，以期产生更高阶的数据。由于数字革命，随时随地都可以获取第一类信息。即便你只是科罗拉多山区的旧货商人，也可以访问此类信息。但第二类信息就需要联系全球的社会基础设施等元素的复杂组合，而这正是各个主要金融中心的独特优势所在。

原则上，技术基础设施可以被复制到任何地方。例如，深圳可以通过技术联络与香港匹配起来。但是它没有香港的社交联络，当执行重大国际交易所需要的更复杂的信息不能从现有的数据库中直接获得时，不管公司可以支付多少钱，都需要通过社交网络从专家学者那里获取相关的解释和推论。这一重要性就给了信贷机构以全新的重量级。部分评级与解释、推断公司或政府资源的质量有关。信用评级公司的业务是制作权威解释，并将其作为所有人都可以获得的信息，虽然他们也会经常犯错（Sinclair，2008）。但是，公司特别是全球金融公司，需要的不仅仅是信用评级公司出售的信息。他们需要在日常工作过程中建立这种先进的解释方式，这不仅需要人才，还需要丰富的信息环境（Sassen，2008：346－365，ch. 7）。金融中心特别是全球城市的多样性和复杂性都具有这类信息环境的特征。

对比纽约、巴黎、法兰克福和香港等为人熟悉的案例可以发现，当今各个世界领先的金融中心都有其与众不同的优势。此外，这种不同在各国内部也很明显，纽约和芝加哥、香港和上海的情况都反映了这一点。伦敦和纽约凭借其丰富的资源和人才继续为全球网络系统中最具战略性和复杂性的运营提供强大支持，但它们不再具有 15 年前的绝对优势，而越来越依赖更大的由各中心形成的网络。

全球一体化中心越来越多，它们的实力也在日益增强，在各国内部有着自己的分工。显而易见的是，在一个区域内，一两个主要金融中心进行整合的模式是该行业快速增长的效应，未必是这个城市衰退的表现。例如，在美国，纽约集中了这个国家几乎所有的主要投资银行，偌大的国家只有芝加哥算得上是另一个国际金融中心。波士顿是一个强大的金融中心，但和费城一样，其市场份额让渡给了纽约。美国其他一些金融中心虽然发展良好，但也失去了市场份额。悉尼和多伦多各自接手了墨尔本和蒙特利尔的功能与市场份额，后者原本是其各自国家的主要商业中心。圣保罗和孟买分别从巴西的里约热内卢、印度的新德里和加尔各答获得了份额和职能。这些都是体量巨大的国家，人们可能认为这些国家会有多个主要金融中心。在法国，与 20 世纪 70 年代相比，巴黎如今集中了主要金融部门的更大份额。尽管里昂如今仍是蓬勃发展的经济中心，但是它依然从曾经重要的股票市场成了"省级"规模。米兰于 1997 年 9 月对其交易所进行了私有化，并将意大利的 10 个区域市场进行电子化及合并。与瑞士的苏黎世一样，与 20 世纪 80 年代初期相比，法兰克福现在集中了德国金融市场的大部分。而且，这些增长的过程也变得很快。例如，到 1997 年，法兰克福的市场资本总额是德国所有其他区域市场的 5 倍，而在 1992 年则只有两倍。这个模式在全球各国都很明显。如今这个模式还在不断发展，有着更加新颖的形式。因此，欧盟的欧元区象征着每个国家拥有其全面金融中心的时代的结束；很有可能会出现一个陡峭的等级制度，法兰克福和巴黎处于顶端，围绕着这些大金融中心或者没有加入联盟的其他金融中心形成交错的中心联盟。

主要金融中心的主导地位之所以能够存在，部分原因在于，全球金融体系增长的方式之一就是纳入越来越多的国家经济体。进程往往是这样的：一个国家最先进的金融中心首先发展起来，进而演变成为二线或三线全球化城市。表 1-1 展示了全球金融网络的扩散，如今这一网络已经包含越来越多的高度专业化的中心——每个中心都通过特定的商品或证券进行整合。在这里，我选择了一些案例来说明由少数几个中心进行持续统治的重要性，以及融入全球体系的金融中心数量增多的问题（见表 1-1）。

表 1-1　分区域前五名最具影响力的市场指数

单位：%

排名	美洲地区	2009 年与 2008 年的年度变化率
1	布宜诺斯艾利斯证券交易所	103.6
2	利马证券交易所	101.0
3	巴西证券期货交易所	82.7
4	哥伦比亚证券交易所	53.5
5	圣地亚哥证券交易所	46.9
排名	亚洲/太平洋地区	2009 年与 2008 年的年度变化率
1	科伦坡证券交易所	125.2
2	深圳证券交易所	117.1
3	孟买证券交易所	90.2
4	印度国家证券交易所	88.6
5	印度尼西亚证券交易所	87.0
排名	欧洲/非洲/中东地区	2009 年与 2008 年的年度变化率
1	伊斯坦布尔证券交易所	96.6
2	特拉维夫证券交易所	78.8
3	新西兰证券交易所	60.1
4	卢森堡证券交易所	54.6
5	华沙证券交易所	46.9

全球越来越多不发达国家的金融中心逐渐履行全球金融体系的门户职能，这促进了投资来源和目的地的扩散。门户职能是其融入全球金融市场的主要机制，而非对资金流入流出进行打包的创新行为。创新产品往往集中在领先的 20 多个中心，因为这些中心不仅拥有专业人才，还有说服投资者购买创新产品的影响力。此外，大多数二、三级金融中心的复杂业务往往由外国的全球投资、审计和法律服务公司通过分支机构或直接进口服务来执行。全球市场的门户也是金融危机动态的门户，因为资本流出可以像资本流入时那样轻

松便捷。而且曾经被认为是国家资本的东西现在可以很容易地进入流通中。

　　尽管电子网络的数量和规模都在增长，但它们不会消除对金融中心的需求。不同城市交易所之间的战略性、功能性联盟需要网络进行连接，电子网络的发展反而强化了这种连接。值得注意的是，这些联盟和收购的形式与其他经济领域的跨国并购并不相同，在那些并购中，淘汰掉工厂和原有部门也是目标之一。交易所的联盟和接管旨在保持其独特性，因为接管的关键目的正是每个交易所都连接着一个国家的经济（Sassen，2008：chs 5 and 7；2011：chs 4 and 5）。具有讽刺意味的是，当前金融交易所的联盟、接管浪潮会有助于加强之前描述的两个地理特征的结合：全球一体化中心的数量继续增加，同时主要中心将持续占据主导地位。

结　论
——制度之外：更广泛的生态学

　　本章的核心思想是，全球化金融体系由多种因素组合而成，它们使得狭义上的金融机构——企业与交易所的范围大为扩展。我研究了当今全球化金融复杂组成要素中的三个核心要素。

　　第一个核心要素是当今全球金融体系国际化的特殊性。它与布雷顿森林体系时代的国际主义大相径庭。由于当前体系沿袭了布雷顿森林体系的一些特征，一些人认为布雷顿森林体系是现行体系的起源。相反，我觉得二者之间毫无关系，因为当前系统具有完全不同的组织逻辑，未必是继承了布雷顿森林体系的特征。更一般地说，使用布雷顿森林体系的案例说明了这样一个事实，即国际主义本身是一个过于宽泛的概念，而不能解释我们现在的全球化体系。此外，它表明，国家的参与也过于宽泛：无论是在布雷顿森林体系时期还是在现在，各个国家尤其是国家的行政部门，都积极参与到全球化中来，但是这种参与的性质是非常不同的。

　　第二个核心要素是制定准则能力的私有化，这种能力本来曾是国家的专属权力。当今全球化体系的形成过程需要新准则的广泛制定，这些新准则不应该再基于布雷顿森林体系的旧有准则。布雷顿森林体系试图加强国家应对金融危机的能力，发展出能够保护国家经济免受过度国际波动影响的超国家体系。这些特征与当前的全球金融体系形成了鲜明对比，因为当前金融体系为了金融本身而非国家经济的利益将准则制定的能力进行了私有化。

第三个核心要素是金融中心的地位和地理位置，这是在布雷顿森林体系时代、当今时代以及更早时代都存在的内容。但即使在两个时代都存在，它们的角色也可能会有很大差异。在布雷顿森林体系时代，我们看到融入国际金融体系的金融中心的功能彼此重复，它们具有常规化特征。在目前的金融体系中，这些中心是高度差异化的创新战略生产基地，而且极大受益于管制放松和准则制定能力的私有化。考虑到交易的速度、涉及订单的数量级以及专业化金融市场数量的激增，"信息不完全"问题变得愈加尖锐。从这一角度来看，金融中心极具战略性，因为它们致力于制造信息。

注释

1. 1944 年的布雷顿森林会议是英国和美国财政部官员牵头的协商战后货币、贸易体制准则制定以及各国参与条件的最后阶段。

2. 我们看到战后几年国际主义者和民族主义者之间的平衡发生了相当大的变化。因此，1948 年，国会以会损害国家主权为由拒绝了国际贸易组织（International Trade Organization）的提议，该组织的主席曾努力改变，与国会谈判，但仍然于事无补。国际贸易组织的主张并不全是坏事：它为欠发达国家（Less Developed Countries）在制定金融和商品协定方面提供了一些优惠待遇，而这些协议没有被纳入后来的关税和贸易总协定（General Agreement on Tariffs and Trade）。因此在国会拒绝了国际贸易组织（ITO）之后，欠发达国家几乎没有加入关税和贸易总协定的动力。

3. 当时没有人强烈反对自由贸易，也没有人认真考虑过这个问题。维纳（Viner，1958）当时指出，没有人试图解决自由贸易问题，实际上甚至没有人谈论这个问题。

4. 美国坚持认为，贸易顺差国家不应受到惩罚。最终，美国的竞争力大大减弱，并成为一个庞大的负债国。尽管如此，其霸权地位却使其摆脱了其他债务国所遭受的来自超国家体系和市场动态的惩罚（Sassen，1996：第 2 章；2008：第 4 章）。与英国处于世界主导地位时的表现类似，战后时期，美国寻求开放的贸易体系，而其他大多数国家则在国家发展主义理念下寻求保护。有很多研究是关于战后美国与其他大多数国家之间存在的不对称性，它们非常详细地追踪了加入美国所主导的开放贸易体系下的不同行动者的发展后果和采用经济保护主义的国家的发展优势；这些研究与 20 世纪 80 年代和 90 年代出现的截然不同。很难对这些研究做出公正评判。

5. 塔布（Tabb，2004：第 5 章）等人发现，如果普遍采用凯恩斯主义（贸易顺差国家与负债国负有同等的责任），有案例可以强有力地说明由国际社会更为脆弱的成员承担高额费用的现象是可以避免的。

6. 自东南亚金融危机以来，这些准则的一些具体内容进行了修订。例如，汇率平价的评估标准不再那么严格。

7. 还有一些其他重要的因素，特别是有些制度变化，如通常归于放松管制这个术语之下的一系列政策，以及在更加理论的层面上，资本积累规模的不断变化。请参见如下文献：有关这些问题的全面分析的研究工作（Eichengreen, 2003；Eichengreen and Fishlow, 1996；Abolafia, 2001；Swedberg, 2004）；有关当今金融市场放松监管和再监管的分析（Krippner, 2011）；有关资本积累的新规模，请参阅"特殊问题：全球化和危机"（2010）以了解最近的发展情况；有关对专业公司服务进行最先进的全面审查（Bryson and Daniels, 2009）。

8. 参见萨森（Sassen, 2008：350）的简要说明。

9. 在 20 世纪 70 年代中期，外汇市场是第一个全球化的市场。如今它仍然是最大的市场，而且从很多意义上来说是唯一真正实现全球化的市场。从 20 世纪 70 年代约 150 亿美元到 80 年代初的 600 亿美元，再到 2003 年的 1.8 万亿美元，外汇市场的日交易额飞速增长。相比之下，富裕工业国家的外汇储备总额在 1999 年约为 1 万亿美元，2004 年约为 3 万亿美元。

10. 2008 年金融危机之前，世界证券交易所联合会 54 个成员国的股票交易所的上市公司的全球市场资本总值在 2007 年 1 月达 51 万亿美元，而世界 GDP 为 44 万亿美元（http://www. world-exchanges. org）。

11. 瑞士的国际银行业务当然是个例外。但这是一个非常独特的银行业务，并不代表全球资本市场，特别是当时的国家金融体系相对封闭。我在以往的研究中讨论过这种差异（Sassen, 1991：ch. 4）。

12. 在同一时期，保险公司的资产增加了 110%（从 1.6 万亿美元到 3.3 万亿美元），商业银行的资产增加了 100%（从 3.5 万亿美元增加到 7 万亿美元），商业银行存款增加了 79%（从 2.5 万亿美元增加到 4.5 万亿美元）（Investment Company Institute, 2003：12n. 4）。这些基金的集中程度是非常高的，部分是因为企业为了在全球市场上达到事实上的竞争门槛而发生了兼并和收购。

参考文献

Abolafia, M. Y. (2001). *Making Markets: Opportunism and Restraint on Wall Street.* Cambridge, MA: Harvard University Press.

Arrighi, G. (1994). *The Long Twentieth Century: Money, Power, and the Origins of Our Times.* London: Verso.

BCBS (Basel Committee on Banking Supervision). (1999). "Performance of Model-Based Capital Charges for Market Risk: 1 July-December 1998. " *Basel Committee Publications NO. 57.* Basel: Bank for International Settlements.

—— (2005). *Triennial Central Bank Survey: Foreign Exchange and Derivatives Market Activity in 2004*. Basel: Bank of International Settlements.

Brilmayer, L. (1989). *Justifying International Acts*. Ithaca: Cornell University Press.

Bryson, J. R. and Daniels, P. W. (eds.) (2009). *The Service Industries Handbook*. Cheltenham: Edward Elgar.

Eichengreen, B. (2003). *Capital Flows and Crises*. Cambridge, MA: MIT Press.

——and Fishlow, A. (1996). *Contending with Capital Flows: What is Different about the1990s?* New York: Council of Foreign Relations.

Fisher, M. S. and Downey, G. (eds.) (2006). *Frontiers of Capital: Ethnographic Reflections on the New Economy*. Durham, NC: Duke University Press.

Helleiner, E. N. (1999). "Sovereignty, Territoriality, and the Globalization of Finance." in D. A. Smith, D. J. Solinger, and S. C. Topik (eds.), *States and Sovereignty in the Global Economy*. London: Routledge, 138 – 57.

Hirst, P. and Thompson, G. (1996). *Globalization in Question*. Cambridge: Polity Press.

Kapstein, E. (1994). *Governing the Global Economy: International Finance and the State*. Cambridge, MA: Harvard University Press.

Knorr Cetina, K. and Preda, A. (eds.). (2004). *The Sociology of Financial Markets*. Oxford: Oxford University Press.

——and Urs Bruegger (2002). "Global Microstructures. The Virtual Societies of Financial Markets." *American Journal of Sociology*, 107 (4): 905 – 50.

Krippner, G. R. (2011). *Capitalizing on Crisis: The Political Origins of the Rise of Finance*. Cambridge, MA: Harvard University Press.

MacKenzie, D., Muniesa, F., and Siu, L. (eds.) (2007). *Do Economists Make Markets? On the Performativity of Economics*. Princeton, NJ: Princeton University Press.

Maslakovic, M. (2010). "IFSL Hedge Funds 2010." *The Hedge Fund Journal*, May. ⟨http://www.thehedgefundjournal.com/magazine/201005/commentary/ifsl-hedge-funds-2010.php⟩. (accessed September 22, 2011).

McKinsey (2008). "Mapping Global Capital Markets Fourth Annual Report." McKinsey Global Institute, January. ⟨http://www.mckinsey.com/mgi/reports/pdfs/Mapping_Global/ MGI_ Mapping_Global_full_Report.pdf⟩ (accessed May 16, 2011).

—— (2011). "Mapping Global Capital Markets 2011." McKinsey Global Institute, August. ⟨http://www.mckinsey.com/mgi/reports/freepass_pdfs/Mapping_global_capital_markets/ Capital_markets_update_email.pdf⟩ (accessed May 16, 2011).

Mishel, L. (2004). "Unfettered Markets, Income Inequality, and Religious Values." Economic Policy Institute. ⟨www.epi.org/content.cfm/webfeatures_viewpoints_moral_markets_pres-entation〉（accessed July 26, 2008）.

—— （2007）. "Who's Grabbing All the New Pie?" Economic Policy Institute. 〈http://www. epi. org/content. cfm/webfeatures_ snapshots_20070801〉（accessed July 26, 2008）.

Murphy, Craig N. （1994）. *International Organization and Industrial Change: Global Governance since 1850.* New York: Oxford University Press.

OECD （Organisation for Economic Co-operation and Development）（2011a）. "Pension Funds Climb Back to Pre-crisis-Level but Full Recovery Still Uncertain. " *Pension Markets in Focus*, 8. 〈http://www. oecd. org/dataoecd/63/61/48438405. pdf〉（accessed July 30, 2011）.

—— （2011b）. "Institutional Investors'Assets. " 〈http://stats. oecd. org/Index. aspx? DataSetCode = 7IA〉（accessed July 30, 2011）.

Picciotto, S. and Mayne, R. （1999）. *Regulating International Business: Byond LIberalization.* London: Macmillan.

Ruggie, J. G. （1998）. "Introduction: What Makes the World Hang Together? Neo-utilitarianism and the Social Constructivist Challenge. " In *Constructing the World Polity: Essays on International Institutions.* London: Routledge.

Sassen, S. （1998）. *Losing Control? Sovereignty in an Age of Globalization.* New York: Columbia University Press.

—— （2001）. *The Global City* （2nd edn, 1st ed, 1991）. Princeton, NJ: Princeton University Press.

—— （2008）. *Territory, Authority, Rights: From Medieval to Global Assemblages.* Princeton, NJ: Princeton University Press.

—— （2009） "When Local Housing Becomes an Electronic Instrument: The Global Circulation Of Mortgages-A Research Note. " *International Journal of Urban and Regional Research* Vol. 33, issue 2, pp. 411 – 26.

—— （2010a）. "Global Inter-City Networks and Commodity Chains: Any Intersections?" *Global Networks* 10/1: 24 – 37.

—— （2010b）. "A Savage Sorting of Winners and Losers. Contemporary Versions of Primitive Accumulation. " *Globalizations*, March-June 2010, vol. 7, nos. 1 – 2, pp. 23 – 50.

—— （2011）. *Cities in a World Economy* （4th edn）. Thousand Oaks, CA: Sage/Pine Forge.

Sherman, A. and Stone, C. （2010）. "Income Gaps Between Very Rich and Everyone Else More than Tripled in Last Three Decades, New Data Show. " Center on Budget and Policy Priorities, 25 June. 〈http://www. cbpp. org/cms/index. cfm? fa = view&id = 3220〉（accessed September 22, 2011）.

Sinclair, T. J. （1994）. "Passing Judgment: Credit Rating Processes as Regulatory Mechanisms of Governance in the Emerging World Order. " *Review of International Political Economy*, 1: 133 –

159.

—— (2008). "The New Masters of Capital: American Bond Rating Agencies and the Politics Of Creditworthiness". *Cornell Studies in Political Economy*. Ithaca, NY: Cornell University Press.

Smith, S. J. (2012). "Care-full Markets: Miracle or Mirage?" *Tanner Lectures on Human Values 31* (in press). Cambridge: Cambridge University Press.

Stephan, P. B. (2002). "Institutions and Elites: Property, Contract, the State and Rights in Information in the Global Economy." *Cardozo Journal of International and Comparative Law*, 10: 305 – 17.

Suter, C. (1992). *Debt Cycles in the World Economy: Foreign Loans, Financial Crises, and Debt Settlements, 1820 – 1986*. Boulder, CO: Westview Press.

Swedberg, R. (2004). "Investors and the Conflicts of Interests in the US Brokerage Industry," in K. Knorr Cetina and A. Preda (eds.), *The Sociology of Financial Markets*. Oxford: Oxford University Press, 187 – 206.

Tabb, W. K. (2004). *Economic Governance in the Age of Globalization*. New York: Columbia University Press.

UNCTAD (United Nations Conference on Trade and Development) (1998). *World Investment Report 1998: Trends and Determinants*. New York: United Nations.

—— (2010). *World Investment Report 2010: Investing in a Low Carbon Economy*, New York: United Nations.

Viner, J. (1958). *The Long View and Short: Studies in Economic Theory and Policy*. Glencoe, IL: Free Press.

Walker, R. B. J. (1993). *Inside/Outside: International Relations as Political Theory*. Cambridge: Cambridge University Press.

World Bank (2011). "World Development Indicators." ⟨www. siteresources. worldbank. org/DATASTATISTICS/Resources/GDP. pdf⟩ (accessed July 1, 2011).

World Federation of Exchanges (2010). *First Half 2010 Market Highlights*. Paris: World Federation of Exchanges.

WTO (World Trade Organization). (2005). *International Trade Statistics 2005*. Geneva: WTO.

Zaloom, C. (2006). *Out of the Pits: Traders and Technology from Chicago to London*. Chicago: University of Chicago Press.

第 2 章
政治与金融市场

杰拉德·F. 戴维斯（Gerald F. Davis）

　　经历过去的一代人，金融市场已征服了全世界。1985 年以后，有地方证券市场的国家数量翻了一倍。到了 2006 年，新兴市场（以前称为"第三世界"）的市场资本总额达到了 5 万亿美元。柏林墙被推倒之后，东欧成立了数千家新的国有公司。成千上万新的投资者开始把智利、中国的公司股票拿到美国买卖。金融方面的新闻变得处处可见。金融市场上交易产品的范围也从股票和债券扩展到抵押支持债券、担保债务凭证和大病人寿保险合同。人们通过养老金计划和共同基金成为金融市场的买方，通过证券化抵押贷款、信用卡债务、汽车贷款、大学贷款和保险成为卖方，参与到全球金融市场中来。波兰的房屋拥有者可以获得利率较低的、用欧元计价的抵押贷款，想要购买汽车的匈牙利人可以通过瑞士法郎贷款购买意大利汽车，中央银行的这些政策使他们迅速获得经济利益。在 2008 年开始的金融危机期间，当澳大利亚和挪威的养老金领取者了解到他们的财务安全取决于佛罗里达州拖欠债务的房地产投机者是否可以还款；英国的纳税人了解到，在他们帮助下摆脱困境的银行也有责任偿还被欺诈的美国投资者时，全球金融使各国的相互联系变得异常紧密。

　　金融是全球经济危机的中心。然而，危机的影响分布却比较特殊。为什么遭到重创的是美国而不是加拿大？为什么是冰岛而不是丹麦？为什么是希腊而不是土耳其？为什么是英国而不是法国？为什么是爱尔兰？除此之外，各国对危机的政治反应也千差万别。美国起初选择了一个十分自由的政府，接着是右翼"大政府"的强烈反弹。英国的反应更加保守，先是在教育和社会福利方面实施了大量的预算削减，随之而来的是自身的反弹。而希腊人则走上街头抗议政府的紧缩措施。金融和政治在不同经济体之间以紧密但难以预测的方式相互关联着。

　　本章的核心论点是，一个国家的金融组织及其结构反映并塑造了其商业和政治组织。这里所说的"金融组织及其结构"指的是储蓄从家庭流向企业和其他借款人的方式。其中包括很多问题，诸如运行机制（如市场、银行）是什么样子的、谁是中介机构、银行业是如何组织的，以及公司融资有哪些特殊方式。金融组织及其结构不可避免地涉及政治。政治的主要利益之一就是控制商业，即谁来控制商业决策的制定以及商业活动的成果如何分配。这属于公司治理领域——"组织内部及周围的结构、流程和制度，它们向参与者分配权力和资源控制"（Davis，2005：143）。传统上，公司治理是法学院和商学院使用的晦涩的专有名词，但最近成为许多学科（包括社会学、政治学、经济学、法学和商学）和学者的关注焦点（Aguilera and Jackson，2010）。

　　本章旨在整合金融和政治学科研究中出现的一些理论线索。首先，本章描述了世界各国的金融变化情况以及为创建一个国家系统所做出的努力。即使在最大、最成功的经济体（如美国、中国、日本和德国），其金融的组织方式也是截然不同的。银行、市场、公司和国家担任着不同的角色（Zysman，1983）。其次，本章回顾了几个学科中关于法律和国内政治如何塑造金融以及金融如何在政治中创造利益的相关研究。这些研究来自不同的学术领域，从社会学、政治学到法律、金融，学者们提出了不同理论来解释金融与政治的相互作用（Carruthers，1996；Gourevitch and Shinn，2005；Hall and Soskice，2001；La Porta et al.，1998；Roe，1994）。再次，本章将讨论在过去的几十年里，在全球化背景下金融实践发生了哪些变化，以及金融市场规模、范围的不断扩大如何替代了一些传统的"资本主义类型"。金融市场在地理和社会空间的不断扩大，使得不同制度要素——产品市场、劳动力市场、教育体系、社会福利的提供之间的平衡发生了转变。过度金融化给世界各地的政策带来了许多挑战，有的可以解决，有的难以解决。本章的最后简要讨论了 2008 年金融危机以及这次金融危机对学者如何看待金融和政治的启示。

世界金融的多样性

尽管全球化带来同质化压力，全球各国金融组织的形式仍然多种多样。商业可以通过富裕家庭、市场、银行、企业间网络、留存收益以及许多其他方式筹集资金。包括大多数工业化国家在内的许多国家都拥有庞大的股票市场和发达的银行部门，以便将储蓄引向有资金需求的业务。然而，即使是在最富有的经济体中，金融的组织方式也存在巨大差异。这里我们考虑 OECD 国家的前三大经济体。美国很早就拥有庞大的资本市场，其大部分公司是上市公司。2009 年，美国上市公司的资本总额超过 15 万亿美元，尽管比前两年低了 1/4，但仍然略高于当年的国内生产总值。在美国，公司的所有权通常广泛分散，最大的股东拥有不到 10% 的公司股份。2010 年，德国上市公司数量约为 600 家，数量少于巴基斯坦，而德国大型银行历来在大型上市公司中持有大量股份。日本拥有许多像美国这样的上市公司，但是传统上它们的所有权采取与其他公司交叉持股的制度安排。

金融组织与国家经济政治的许多其他方面相关联。社会民主国家通常拥有相对较大和更为集中的银行，资本市场不那么突出，而且它们的公司往往拥有更加集中的所有权结构，其中一个家族或集团可能拥有主导权益。这些国家的不平等程度也较低，主导产业往往包括需要经过专门培训的劳动力的制造业公司。讲英语的国家往往拥有更分散的公司所有权，并更多地依靠市场进行融资而不是银行。其先锋行业可能包括生物技术、软件以及其他依赖风险投资的创新行业。企业家和金融家的高回报，会造成相对较高的不平等。

学者们提出了各种理论来解释这一现象。在大型经济体中，有人用简单的二分法区分基于银行的融资和基于市场的融资，把德国和美国作为典型例证（Zysman，1983）。政治学家用更广泛的维度来区分协调型市场经济和自由化市场经济，德国和美国再次提供了范例（Hall and Soskice，2001）。另一种分类方法是按照法律主体之间的区别，即法律体系以普通法为基础的国家（主要是说英语的国家和那些曾是英国殖民地的国家）以及法律制度以民法为基础的国家（包括欧洲大陆的大部分国家以及曾是法国殖民地的国家）。前者的特点是金融市场规模较大，对小股东有较强的法律保护；后者的金融市场往往很小或根本不存在，而且对股东的保护力度也较弱。前者通常出现在少数国家，通常是十分富裕的西方国家、日本和韩国。非洲、拉丁美洲、中东和亚洲的大部分地区在分析中通常会被忽略，但他们确实指出了一系列可以与金融融合的维度。

正如上述类型所表明的那样，金融与政治之间的联系牵连着更广泛的国家经济体系。金融组织是政治决策的结果、政治斗争的回馈奖赏（rewards），也是政治利益和冲突的根源。这是一个结果，因为政治斗争通常会对金融产生限制（例如，限制银行的规模、范围和活动）或产生新的可能性（例如，消除对外国投资的限制）。这是一个奖赏，因为金融组织创造了一些关于商业收益如何分配的基本规则（例如，给股东的利润与在工人培训方面的投资怎样分配）。它还是政治利益的源泉，因为参与者在商业和金融体系中的位置决定了谁在经济决策中有发言权（例如，在那些股票所有权分散分布的国家征收资本所得税会造成不同利益的博弈）。正如我们将看到的，政治结果不仅反映了金融，而且反映了融入金融的更广泛的经济体系。

金融和国家经济系统

长期以来，金融市场在国家和经济体之间进行协调时扮演着重要而灵活的角色。说其"灵活"，是因为金融市场的许多方面都没法直接控制。在 17 世纪后期，英国实行君主立宪制，金融市场得以发展，而在法国，君主可以随意征税，没有发展起金融市场。此时，军事技术花费增多，"战争已经成为财政实力和军事实力的双重考验"（Carruthers，1996：90）。由于金融市场能够迅速筹集战争所需的巨额资金，英国的军事力量因其金融市场而得到提升，而法国因没有金融市场支持，其军事实力被大大削弱。简而言之，国家实力取决于其金融体系是否完善，因为对国家权力的诸多约束导致了金融市场的增强。不到几十年的时间里，英国已成为全球霸主，在全球范围内扩展军事力量，并将帝国主义和法律体系扩展到遥远的殖民地。此外，它还发展了一套与普通法制度相得益彰的支持金融市场发展的制度体系（Carruthers，1996）。

金融组织对国家引导经济发展的能力也有直接的影响。《帝国主义：资本主义的最高阶段》（Lenin，[1916] 1939）调查了一系列富裕经济体，得出结论：工业化和产业整合过程导致少数银行控制了关键垄断寡头，从而占据了经济主导地位。集中的金融创造了集中的经济权力，尤其是在德国和美国格外明显。因此，控制一个国家最大的银行就等于控制了经济——至少在最先进的工业经济体中是这样的。总之，金融模式塑造了国家干预经济的能力。

后来的政治理论家基于这一基本见解，揭示了在不同经济体中国家、金融和商业之间的联系及其差异。齐斯曼（Zysman，1983）认为，金融体系的组织方式决定了政府官员对企业的杠杆作用，以及国家如何指导并对工业危机做出反应。他把当时与三大经济体相对应的三种主要金融体系区分开来。每种类型的体系都意味着政府可以采用不同的政策策略。美国的金融体系是由建立在价格竞争基础上的金融市场组织起来的。在这种情况下，国家政体和商业相对独立。企业主导了产业调整的过程，而国家通过金融指导产业政策的能力很小。日本的信贷金融体系以政府管理的价格为基础，政府可以干预工业，因此国家主导产业调整。德国的特色是，在其信贷体系中自治金融机构对产业有主要影响。这就形成了一种风格，在进行产业调整时需要包括政府、银行、公司和劳动力在内的主要社会伙伴进行谈判。

齐斯曼的论点也表明了经济发展的不同国家模式。在这种情况下，德国和日本这样的工业化国家倾向于采用信用体系而非市场体系。后期的发展减少了工业规划当中的一些不确定性：当工业发展的道路已经呈现出来，最好的技术和实践也已经出现时，政策制定者为符合全球标准的关键行业中的公司谋求发展是更可行的。也就是说，发展型国家可以通过银行进行有针对性的融资，引导行业发展，替代不完善金融市场的作用。因此，尹万斯（Evans，1995）描述了韩国如何效仿作为领先者的日本，通过给钢铁、造船、汽车和电子等重要行业的企业提供融资，加速国家与行业之间的密切联系（并获得"韩国公司"的绰号）。到20世纪90年代，韩国已成为世界十二大经济体之一，在各种先进行业上谋发展，而之前的"发展型国家"日本在经济中却已经失去了领导地位。

金融的布局构造会影响各国的经济政策。但是仅靠后期发展无法解释为什么金融在全球范围内看起来如此。在齐斯曼发表其见解的几十年后，数十个国家纷纷开设了股票交易所。1990年，中国重新开放了自新中国成立以来的第一个股票市场，到2006年，它已成为世界上最大的股票市场之一，但是这样庞大的股票市场却诞生于一个社会主义国家。那么金融的布局构造是怎么来的？如果会发生变化，那将会如何变化？

"法律与经济学"学派提出了一个有影响力的观点。在20世纪90年代后期发表的一系列重要文章中，四位金融经济学家声称国家的法律体系会对其金融体系产生长期影响，且主要是通过影响"少数"（非控制地位）股东可获得的法律保护实现的（La Porta et al.，1997；1998；2000）。法律体系可以根据很多方面的特征进行分类，但根据民法还是普通法进行区分是适用于大多数发达经济体的分类方法。在民法法系中，法规根据成文法创建并由法官解释，对先例有适度参照。在普通法系中，从前的法院判决或多或少产生了具有约束力的先例，因此在实践应用时，可以援引很多先例（判例法）作为法律依据。普通法系国家往往对小股权股东有更好的明确保护，而这种保护往往是股权广泛分布的先决条件：没有投资者愿意冒险投资于一家由大股东主宰决策并可能会损害到他们利益的大公司。

普通法系和民法法系国家的金融市场和所有权模式的特征有所不同。第一个基本维度是规模大小：在实体经济规模（用市场资本总值/GDP 衡量）方面，普通法系国家通常具有显著较大的金融市场。第二个基本维度是特定企业内部的所有权集中度：与民法法系国家相比，普通法系国家的公司所有权往往更加分散。因此，普通法系国家的市场融资和公司治理比民法法系国家普遍得多（Clayton，Jorgenson，and Kavajecz，2006）。

这个论点的含义是：很久以前的历史事件——19 世纪早期拿破仑是否侵略一个欧洲国家，一个非洲国家是英国殖民地还是法国殖民地——决定了国家是否建立起今天仍在运行的金融组织。不论国际货币基金组织对建立国内股票交易所的益处给出了多少有用建议，曾经是法国殖民地的这些国家都面临着金融市场过小或不存在的问题以及公司所有权过于集中的问题。事实上，除了越南和黎巴嫩之外，前法国殖民地国家鲜有自己的股票交易所，但是曾经是英国殖民地的国家却几乎都有股票交易所（Weber，Davis，and Lounsbury，2009）。此外，是否有金融市场以及金融市场是否有活力都与随后的经济增长相关联，也就是说无法维持金融市场的国家（如前法国殖民地国家）注定会经历永久衰退的经济轨迹（Levine and Zervos，1998）。

然而根据历史信息进行对比发现，金融的兴衰成败会随着时间不断变化，因此并不能完全由法律特征决定。20 世纪初，法国和日本的股票市场都充满活力。第一次世界大战后，法国经历了一场"大逆转"，与邻国的贸易大幅减少，金融市场也不断萎缩（Rajan and Zingales，2004）。相比之下，德国和美国在第一次世界大战期间都可以说是由银行控制的"金融资本主义"。在美国，许多行业已经相对集中（Chandler，1977），纽约的三家银行把他们的管理层放在几十家大公司的董事会里，这些大公司通常包括在同一行业中竞争激烈的对手们（Brandeis，1914）。这种情况激发了列宁的兴趣：早期金融资本主义经济力量集中度高，使金融远离了国家控制。然而，几十年后，美国又成为"管理资本主义"的典型，其金融机构是中性的，而且由于公司所有权的广泛分散，工业被控制在一群新兴自主职业经理人手中（Berle and Means，1932）。这种转变不能归因于法律制度的变化，因为美国仍然坚定实行盎格鲁－撒克逊普通法。因此我们需要从法律系统之外的其他角度找到解释。

国内政治为金融的扩张和收缩以及各类金融机构的相对权力提供了一个解释。自美利坚合众国成立以来，民粹主义者多次抗议以防止金融集中度变高（Roe，1994）。与其他工业化国家相比，美国银行故意保持相对较小的规模和弱势地位。另外，像 20 世纪初期那样，如果银行变得庞大强势起来，政策制定者会进行干预，限制银行对工业的控制。到 1914 年他人资金（OPU）出现时，国会已经取消了竞争对手之间的连锁董事会制度，最大的银行也从大多数公司的董事会召回了他们的高管（Davis，2008）。不过十年时间，金融资本主义已经成为记忆，著名的"所有权和经营权相分离"提上日程。1933 年《格拉斯－斯蒂格尔法案》通过后，这一制度得到进一步加强，该法案正式将商业银行业务（贷款）与投资银行业务（承销和证券交易）分离开来。

在 20 世纪的大部分时间里，由于金融机构的一系列政治限制，美国的金融体系比较分散。许多州禁止商业银行在当地开设分行，因此纽约州、加利福尼亚州、伊利诺伊州及其他各州都有各自独立的银行业，并有自己的一套规定。商业银行和投资银行是严格分开的，所以贷款和承销债券必须通过不同的机构进行隐性竞争。此外，商业银行被禁止拥有公司股份，这严重限制了它们的影响力（Neuman，Davis，and Mizruchi，2008）。第二次世界大战之后西班牙与意大利的对比也表明国内政治可以塑造金融和银行业的形式。20 世纪 30 年代早期，和美国类似，意大利的商业银行和投资银行的业务在法律上是分离的，这促使意大利公司自己进行融资，并形成了特有的所有权金字塔形式。相比之下，西班牙促进了大银行和工业企业之间的所有权和贷款关系，形成了地中海金融资本主义（Aguilera，2003）。

在更多 OECD 国家中，国内政治和金融之间的联系是显而易见的，新经济体国家的金融体系比社会民主国家更为庞大和分散化。罗欧（Roe，2003）认为，公司所有权结构与社会民主程度之间存在因果关系。有力量、有组织的劳动者对应着强大的所有者；弱势的劳动者对应着相对分散的所有者们和一个大型金融市场。因此，在英国和美国，其劳动力相对弱势，所有权也很分散；在德国和北欧，劳动力强势，股权也相对更为集中。他对这种规律的解释是，集中的所有权是企业内经理、所有者和劳动者之间政治斗争的对抗力量。大股东具有直接管理公司的动机和能力，他们在治理体系中的权力使得他们相较于劳动者更为强势。另外，如果一个公司有大股东（并受法律保护），外部投资者往往会低估其价值。这一事实会影响到大股东的出售动机（即分散所有权）。

金融组织和工会显然是息息相关的。但是，基于一个国家层面的相互依赖的庞大制度矩阵，资本和劳动也是密不可分的，因此要想理解金融政治就必须更加全面地看待经济和政体。一些政治学家将国家经济体系划分为或多或少更加明晰的"资本主义类型"，试图用这种方式解决这一问题。其中最著名的分类方式就是把主要发达经济体分成两种类型：以美国为代表的自由市场经济体（LMEs）和以德国为代表的协调市场经济体（CMEs）（Hall and Soskice，2001）。这一划分方法需要考虑几个因素。首先是企业及其战略是经济中的主导因素，不同类型的资本主义会促进不同类型的企业和战略发展。也就是说，国家层面的资源配置意味着最有成果的公司层面战略是什么。在自由市场经济体中，企业主要通过相对独立的市场关系进行互动，而在协调市场经济体中，企业网络具有更多的协作和非市场关系。

这种方法的第二个显著特征是企业参与了五个制度领域，每个制度领域塑造了他们可行的策略，行业才得以蓬勃发展起来。这些领域包括：（1）劳资关系（就工资和工作条件进行协商）；（2）职业培训和教育（招聘具有合适技能的劳动力）；（3）公司治理（公司与金融供应商的关系）；（4）企业间关系；（5）自己的员工。这五个领域或多或少形成了更加清晰的互补元素配置，并鼓励企业专注于某种特定类型的战略。协调市场经济体具有较强的就业保护，而自由市场经济体拥有更发达的金融市场。因此，在协调市场经济体中，企业和工人应该更愿意投资于专业化资产，而在自由市场经济体中，他们更愿意投资于可转换资产（Hall and Soskice，2001：17）。这反映在一个经济体的特色主导产业中：在美国，信息技术、医学工程和生物技术（通常通过股市融资）是主导产业，而在德国，土木工程、核工程和机械（需要高技能和专业的劳动力）是主导行业。

虽然将资本主义简单地一分为二（甚至是连续统一）在概念上令人愉悦，但它与真实数据不符，即使在 OECD 国家中也与数据不相匹配。霍尔和索斯凯斯（Hall and Soskice，2001）把六个国家视作自由市场经济体（美国、英国、澳大利亚、新西兰、加拿大和爱尔兰），把十个国家视作协调市场经济体（德国、日本、瑞士、荷兰、比利时、瑞典、丹麦、挪威、芬兰和奥地利），把六个国家视为模糊不清的经济体（法国、意大利、西班牙、葡萄牙、土耳其和希腊）。这种分类方法通常反映了被选为"极点"或理想类型国家的两三个范例的特征——如美国和德国（Hall and Soskice，2001），或这两个国家再加上日本（Zysman，1983）。然而，即使仅在 OECD 国家中，两三种类型似乎仍不足以体现多样性的制度配置（Aguilera and Jackson，2010）。

　　解决这个问题的一个方法就是从数据入手进行归纳处理，而不是从理论开始。阿玛布尔（Amable，2003）通过一系列聚类分析来完成这一工作，在21 个 OECD 国家中区分出至少五种不同的资本主义。他的分析始于企业的五个"基本制度领域"：产品市场、劳动力市场、金融中介、社会保护和福利、教育。这些制度领域再次显示出强大的互补性——阿玛布尔将其描述为"制度互补的特定架构"（Amable，2003：20）。例如，一方面强有力的就业保护和社会福利保障鼓励工人投资于特定雇主特有的技能培训；另一方面，激烈的产品市场竞争鼓励采取灵活（不太受保护）的就业方式，这会减少工人对特定技能的投资并促进教育部门的竞争。阿玛布尔使用 20 世纪 90 年代后期这五个领域详细的跨国数据，在五个领域中发现了略有不同的聚类（例如，产品市场竞争有六个聚类，保护就业有四个聚类）。这些聚类反过来被归纳为五种主要的资本主义模式：基于市场的经济（盎格鲁－撒克逊模式）、社会民主国家（斯堪的纳维亚模式）、亚洲资本主义（包括韩国和日本）、欧洲大陆资本主义和南欧（或地中海）资本主义。每种模式都是独特的"创新和生产的社会体系"的基础，它提供了一种有利于某种经济活动的环境，而对其他经济活动的吸引力较小。

　　　　以市场为基础的经济专注于某些活动，这些活动需要快速适应能力，而且注重产学结合：生物技术、计算机科学以及电子学。社会民主国家在卫生相关活动以及与其自然资源相关的产业（纸张和印刷品）方面具有相对优势。地中海模式国家专门从事轻工业和低技术活动。亚洲资本主义国家在计算机、电子和机器方面具有相对优势。唯一没有呈现出高度专业化的模式是欧洲大陆模式。（Amable，2003：22）

政治从制度设计的层面入手："制度不是针对某个特定问题的最佳解决方案，而是拥有不同利益的参与人之间发生社会冲突后的妥协结果。因此，我们认为不同的经济模式以制度上特定的社会妥协为基础。制度变迁的问题基本上是一个政治经济学问题"（Amable，2003：10）。这提供了一种形态。那么，它们将怎么改变？也就是说，什么可以为资本主义模式提供一种动态演化理论呢？

变革的前景取决于国家的政治制度。各可行的治理模式受制于政治决策：谁是参与者？他们的利益是什么？偏好聚合的具体机制是什么（Gourevitch，2003）？古雷维奇和希恩（Gourevitch and Shinn，2005）提出了一个将政治与公司治理体系联系起来的模型。在当代经济中，企业创造财富，公司治理决定了在不同参与者（所有者、经理人、工人）之间如何分配财富。因此，公司内部利润的分配取决于公司外部的政治因素；公司中参与分配的人将寻求政治中的盟友来推动他们更偏好的公司治理机制，比如对小股权股东的保护力度，这反过来又会推动所有权集中度的降低或增加。这三个主要参与者都有影响形成政治联盟前景的特征利益。

> 工人们寻求高薪、裁员时的工作稳定性，甚至会因此牺牲薪酬，以及公司对其养老金的承诺……经理人寻求收入、工作保障和管理自主权。他们追求从薪水到选择各个方面的高额回报，以及在分配公司资源方面拥有最大限度的自主权——这也为他们提供了最大的逃避余地……所有者希望最小化支付给经理和工人们的工资成本，害怕他们会从利润中攫取资源，这需要公司向他们支付高于市场价格的费用。（Gourevitch and Shinn，2005：59）

古雷维奇（Gourevitch）和希恩（Shinn）提出了三种可能的联盟斗争（所有者和经理人联合起来与工人斗争、工人和经理人联合起来与所有者斗争、所有者和工人联合起来与经理人斗争），每一种都有两个可能的结果。如果所有者和经理人战胜了工人，这就是一个投资者联盟，会促进所有权扩散；如果工人获胜，这就是一个劳工联盟，会更封锁所有权结构。如果经理人和工人战胜了所有者，这时企业做出妥协，会维持所有权的结构；如果所有者赢得胜利，这就是一个寡头统治，会促进所有权集中。最后，如果所有者和工人胜过了经理人，这就是一个透明联盟，反之则是一个管理联盟；在任何一种情况下，股权都可能得到扩散。

那么哪个联盟获胜取决于什么呢？古雷维奇（Gourevitch，2003）指出，除了以上提出的普通法系与民法法系的区别之外，民主国家内的国家政治制度可以系统地塑造公司治理和生产系统变化的前景。像欧洲许多议会制度一样，共识体系往往需要通过建立政治联盟来完成任务，因此政策波动相对较小。但在英美等少数服从多数的体系中，如果新的执政党抛弃了旧政策，那么投票的微小变化就可能导致政策出现大幅波动，这为公司特定资产的投资创造了不确定因素。我们再一次发现盎格鲁－撒克逊国家（通常遵循少数服从多数原则）与协调市场经济体之间存在系统性差异，这和所有权集中度的差异正好一致。

上文中，经理人、所有者和工人之间的划分非常清晰，每个人都有明确的政治利益，但他们之间的关系会在经济结构和金融组织的变化中变得相当混乱。生产体系创造出不同的政治利益，产生不同的金融控制前景，因此与国内政治形成了反馈循环。这表明生产组织的变化（例如，从工业经济转向后工业经济）可能会导致政治利益和新形式政治联盟的转变，从而影响到金融组织。例如，在美国，20 世纪 80 年代由金融驱动的制造业企业的恶意收购浪潮、90 年代的由外包运动导致的生产的分解和传统职业保障的终结（Davis，2009），还有由公司赞助的养老金计划转变成个人便携式养老金计划［通常被叫作"401（k）"计划，名字来源于其税收编码］。由于个人养老金计划的兴起以及共同基金可以为未来上大学获得更多储蓄，大多数美国家庭在 21 世纪之初就已经投资了股票市场。虽然涉及的金额往往很小——持股家庭投资额的中位数不足 3 万美元，几乎不足以支撑退休生活——但是拥有股权对人们的心理影响可能很大。由于布什政府有针对性的拉拢工作，股东们在 21 世纪前十年间以惊人的速度认同共和党，对共和党的支持率在 2000 年到 2004 年从 30% 上升到 40%（非持股者的支持率仅为 18%）。这帮助乔治·W. 布什在 2004 年（重新）选举成功，在他第二个任期的头几年，布什政府迅速推进美国国家养老金制度的私有化，为支持共和党的股东们建立一个"股东国家"（Davis and Cotton，2007）。相比之下，那些比较慷慨的由国家赞助养老金的国家，如传统的社会主义国家，私人养老金的影响相对较小，并且很难推动以市场为导向的投票（Jackson and Vitols，2001）。同样，由国家资助高等教育，以共同基金等手段减少私人储蓄的需求，都再次减弱了家庭决策与金融市场之间的联系。

　　简言之，金融组织的形式部分取决于个人在政治上是否可以被划分为工人、经理人或所有者，这又反过来取决于由金融组织形成的经济结构。内生力量可能导致政治和金融之间的关系发生变化。

变革与金融危机

　　千禧年之初，很显然金融市场对全球政治经济变得越来越重要。苏联解体和南斯拉夫解体为欧亚地区的资本主义开辟了一系列以金融市场为主的新方法。前国有企业的大规模私有化造就了数千个新的上市公司。到 2000 年，阿塞拜疆有两家上市公司，保加利亚有 500 家，罗马尼亚有超过 5500 家（仅次于美国和印度）。虽然前共产主义国家的经济轨迹差异很大，但大多数把股票市场作为转移国家所有权的手段，并在不同程度上取得了成功（Kogut and Spicer，2002）。除去东欧，其他几十个国家都在 20 世纪 80 年代和 90 年代开设了第一个股票交易所，这使得拥有国内股票市场国家的数量翻了一番。冰岛（1985）、巴巴多斯（1987）、危地马拉（1989）、蒙古国（1992）、拉脱维亚（1993）、黎巴嫩（1996）、坦桑尼亚（1998）、巴布亚新几内亚（2000）以及其他众多现在被称为"新兴市场"的国家纷纷成立了股票交易所。因为投资组合的新渠道遍布各大洲，西方经济学家新自由主义的梦想似乎实现了。

　　通过电子手段即可轻松流动的资金使得金融不再需要场地，因此金融也变得越来越不受国家控制的束缚。此前我们假设国家政体负责掌管存在漏洞但是有界的经济体，而这挑战了我们之前所认识的各种资本主义的一致性。长期以来，公司在融资方面会采取一定战略，但是现在国家本身已成为一个比环境更为重要的选择。有机会在纽约、伦敦或香港上市就能吸引来自世界各地的生意。数百家非美国公司在美国创建了次级股票市场，到 20 世纪 90 年代末，在美国市场上交易的外国公司数量超过了在德国交易所交易的德国公司数量。

　　随着金融日益脱离空间限制，企业有可能完全退出其国内金融体系。数十家位于以色列的公司绕过特拉维夫股市，直奔纳斯达克；其中有许多公司资金来自美国风险投资家，由美国律师事务所提供咨询，并在美国注册。在股票市场上，只有他们的邮寄地址将这些公司与典型的硅谷初创公司区分开来（Davis and Marquis，2005）。这种发展与资本主义多样化的前提相矛盾：如果所有机构部门都可以被绕过，那么这种方法所假设的互补性会变成什么样子?

回顾历史，20 世纪 90 年代后期，金融在经济增长中的重要作用达成的共识已经十分清楚了。金融狂热者们相信，建立起金融市场与提供疫苗接种、清洁饮用水和教育普及具有同等的经济价值——这确实向着经济增长和发展迈出了积极的一步。真正的信徒对金融市场的利益感到兴奋。1997 年时任美国财政部长拉里萨默斯说，"金融市场不仅仅为经济增长的轮子提供了石油——它们本身就是轮子"（Murray，1997）。充满活力的金融市场可以促进经济增长，有不少研究为这一说法提供了证据（Levine and Zervos，1998），政策制定者和权威人士也普及了这一想法。弗里德曼（Friedman，1999）将其描述为"黄金约束"（golden straitjacket），它包含了来到金融市场上逐利的新兴经济体。经济增长的路径清晰却很狭窄，需要满足全球投资者的要求。

当然，这与我们所熟悉的那些发展模式有很大差异（Evans，1995）。是什么发生了变化呢？一个辉格党账户将如此运行：与其他形式的融资相比，市场融资交易成本的下降对发行人和投资者来说具有不可抗拒的吸引力。企业家们被公开发行股票快速致富的机会所吸引；全球的投资者被新兴市场的高潜在增长率所吸引。以国家为导向的旧投资模式（曾经指导日本和韩国等发展的模式）将被企业家模式所取代，在这种企业家模式中，西方投资者可以投资支持全球各地企业的创业。"挑选优胜者"的职责不再落到政府头上：市场会做到这一点。相反，国家在金融领域中的适当角色就是为金融市场提供法律基础，保护股东权利（借鉴美国体系完备的文件架构），减少对金融流动的限制，并关注经济增长（Davis，2010）。

新模式不是没有成本的。技术变革扩张了以市场为基础的金融体系，这在政治和社会范围内会创造十分明显的赢家和输家。在美国，"经理 - 工人"联盟被"经理 - 所有者"联盟所取代，使工人力量大大削弱。20 世纪 80 年代，收购浪潮突发，有 1/3 的美国大工业企业被接管并以"创造股东价值"的名义被一分为二（Davis，Diekmann，and Tinsley，1994）。企业经理人的报酬是基于他们提高股价的能力，因此经理人的利益与股东的利益变得一致。20 世纪 90 年代，企业的管理层和股东达成共识：公司的经营目的是创造股东价值，而不是提供稳定的就业机会。裁员浪潮使美国公司的规模大幅缩水，加剧了收入不平等（Davis and Cobb，2010）。

即使在银行业，金融市场的高度扩张也创造了赢家和输家。从市场上融资的债务越来越多地提供给企业，这意味着美国的商业银行在很大程度上失去了贷款市场；在资产负债表的另一面，储户发现了基于市场的投资工具，如共同基金是比传统储蓄账户更有利的替代方案，这就使得银行越来越无关紧要（Davis and Mizruchi, 1999）。在 20 世纪 90 年代和 21 世纪前十年里，金融行业长久以来的整合浪潮造就了一小撮国家巨头（摩根大通银行、美国银行、花旗集团），但是大多数主要城市都没有本地银行。作为市场融资的主要渠道，投资银行的规模和权力越来越大。从薪酬和政治影响力的角度来看，投资银行家在美国社会中成为一支强大力量，这一点从 20 世纪 90 年代克林顿政府用人方面对市场型人才的偏好就可见一斑。

由于金融重组，玩家的新类别出现并赢得政治影响力。举例来说，在美国，抵押贷款融资历来是一件很简单的事情：存款人将其储蓄存入当地银行，银行向当地借款人提供抵押贷款。抵押贷款的广泛证券化从根本上重塑了房地产金融的价值链，创造了独立抵押贷款经纪人（代替银行贷款人员）、像美国国家金融服务公司和新世纪金融公司这样的贷款发起人（他们提供最初的贷款，然后将其出售给投资银行，打包成抵押贷款支持证券）和贷款服务人员（把从购房者那里收回的利息分发给投资者）等新行业。仅受轻度管制的对冲基金和私募股权公司在传统金融类别之外成长为"影子银行系统"。

即使在有长期公司传统的发达经济体中，金融市场范围和影响力的日益扩大也对资本主义的内在一致性带来了挑战，挑战是，以市场机制为基础的金融变得不再那么重要。作为典型的协调市场经济体，为了提高对外国投资者的吸引力，德国的上市公司在 20 世纪 90 年代对"股东价值"做出了新承诺（Fiss and Zajac, 2004）。与此同时，受外国投资者的影响，日本企业开始放弃传统的终身雇佣保障模式（Ahmadjian and Robinson, 2001）。很显然，新兴市场也经历着黄金约束的影响。

有人认为移动金融会威胁到国家政体的权力。当国家政体的议价能力因为移动资本的增加被削弱时，就会直接影响工人讨价还价的能力（Arrighi and Silver, 1999）。沃尔夫（Wolf, 2004：243 - 244）指出："跨国公司的利益与其所在国家、其雇佣工人的利益并不相同。可以说这些跨国公司就是'无根的国际化产物'。"当企业和投资者都不再需要固定的场地时，传统的工人与企业（或管理者）之间的联盟就会受到破坏。因此，国家可能发现他们自己越来越关注投资者的需求，特别是有看似明晰的经济增长理论支持他们时。20 世纪 90 年代，从菲律宾到克林顿政府下的美国，这一动态系统都在发挥作用，在这些地方，像罗伯特·鲁宾（Robert Rubin）这样的老牌投资银行家为市场提供了希腊合唱团式的表演。

但 2008 年开始的经济危机给全球金融带来了转折点。如果说 1990～2000 年这十年间，基于金融市场新自由主义受到广泛好评，那么在 2000～2010 年这十年间就显示出将社会福利与金融市场紧密联系在一起有多么危险。上千个美国房屋拥有者不能支付其抵押贷款，终于导致了使世界陷入第二次大萧条绝境的全球危机。2008 年 9 月，美国发生了历史上规模最大的银行破产和企业倒闭（华盛顿互惠银行和雷曼兄弟），这两家机构持有市场上一半的抵押贷款（房利美和房地美）。三周之内，全球最大的保险公司（AIG）以及四大独立投资银行中的两家（雷曼和美林证券）纷纷爆出危机。只有联邦政府进行前所未有的大规模干预才能阻止世界金融体系的崩溃。由于房价下跌，房主开始停止支付抵押贷款，众多全球投资者发现华尔街向他们兜售的抵押贷款证券几乎毫无价值。同时，过去输出国有赖于偏好贷款消费的美国人，而当美国消费者的消费习惯发生转变时，对输出国商品的需求在一夜之间枯竭。金融危机蔓延到不可想象的地方——冰岛、希腊、爱尔兰和西班牙——这向欧洲金融联盟的完整性发出挑战。此外，2010 年初，标准普尔 500 指数比十年前下降了 1/4，美国的上市公司数量与 1997 年相比也减少了一半。甚至在本土，以金融为中心的资本主义似乎也越来越站不住脚。与此同时，中国反超日本成为世界第二大经济体，但是中国从不属于我们讨论的任何一种形式的资本主义。十年之后，对全球经济成功的解释理论可能会与现在大不一样。

结　论

过去的几十年间，金融和政治已成为一个充满活力的交叉学科领域。许多学者都做出了重大贡献。我们看到有金融经济学家从事法律研究（La Porta et al.，1998）；有法律学者撰写政治动态（Roe，2003）；有政治学家研究公司管理和企业战略（Hall and Soskice，2001）；有管理学专家研究金融（Davis，2009）。每隔几年，就有一个先前被忽视的议题成为学术界讨论的中心（如银行与市场融资、民法法系与普通法系、少数服从多数与共识政治体系）。新的数据集包含跨国公司时间序列的信息，可被用于研究从上市公司的平均股权集中度到欧洲殖民地的死亡率等各个话题。

然而，更多更好的数据似乎并未解决金融领域内的争论。事实上，新数据集通常会破坏刚构建起来的现有解释。法律体系似乎与金融市场的发展、企业的所有权高度相关，但即使在同一种法律体系（美国、法国和德国）内，它们也会随时间发生重大变化。通过比较可以知道，简单的二分法（如基于市场的融资模式和基于银行的融资模式）是缺乏解释力的。如果将样本扩大到一二十个国家，就会发现，比如说，拉丁美洲并不适用"地中海资本主义"模式，而非洲的经济格局从北到南呈现多种多样的模式，不能一概而论。另外，随时间变化的模式似乎与理论不相符。除此之外，从我们研究的任何角度来看，如何解释中国经济的迅速发展都是一个难题。

　　甚至收集起时间序列数据也未能建立一种因果关系。国家的许多核心维度相对来说是固定的。一个国家很少改变法系、语言、完成工业化的关键历史点、其主要宗教，而且政治体制也很少会发生变化（当然，一些"外生"冲击如苏联解体会造成政治体系的迅速转变，但这些冲击并非遵照实验手册的设计）。此外，许多我们假设会影响金融和政治的因素往往相伴相生——例如，普通法法系、少数服从多数原则的政治体系、新教和英语在新自由主义经济体中往往一起存在，因此很难把各个因素的影响剥离开来。

　　我们得出的第一个结论是，将资本主义进行分类没有太大意义。最符合实证的分类观点来自阿玛布尔（Amable，2003），他将 21 个 OECD 国家划分成五种资本主义模式，但指出荷兰和瑞士不能被归纳进来。如果将世界上的其他区域和国家（拉丁美洲、非洲、中东、中国、东南亚）包含进来，那么至少有十几种模式。即使已经被确定类型的资本主义模式也不是无懈可击的。资本主义模式相同的近邻，丹麦和瑞典、韩国和日本，或者智利和阿根廷，它们也存在很多差异。即使是美国和加拿大，在几个相关维度上也有很大差别。与美国形成鲜明对比的是，加拿大有四大政党，由国家资助高等教育，医疗保险已经覆盖全民，收入不平等程度很低，且自 20 世纪 20 年代以来仅有两家银行发生过倒闭——大萧条时期或者在最近的金融危机期间并没有银行倒闭（这有助于解释为何 2008 年世界经济论坛将其评为世界上最好的银行体系）。当然，在社会科学领域，声称每个国家都是独一无二的有些苛刻，但证据表明，对资本主义的这种分类最好看作是暂时的。

　　第二个结论来自金融危机的启示，国家仍然在全球经济中扮演着主角。资本可以在全世界流动，但是一旦发生危机，还是需要国家出面来解决问题，拯救那些被认为不可或缺的参与者，并且实行改革让参与者重返市场。总之，经济离不开国家政体，金融和政治是不可分割的（Block，1994）。

　　第三个结论是，相较于跨国对比，很少有人从微观动态的角度研究金融和政治。生产组织构造的变化和金融财产组织中同样巨大的变化相匹配。证券化对家庭、汽车和大学教育的影响就像股权分散对大企业的影响——"产权分离"的说法来自伯利和米恩斯（Berle and Means，1932），改变了人们对所有权和控制权的理解。美国的抵押贷款危机仅仅揭示了拜占庭式金融会去往何方。抵押贷款被集中起来打包成债券（抵押支持证券），然后再一次集中起来打包成次级债券（抵押债务债券），被出售给世界各地的投资者。贷款变得很复杂，在很多情况下很难说贷款人是谁，所以难以判断他是否会违约。由于房主、借款人、金融机构和债券持有人的利益并未形成明确的联盟（例如，欠债的房主和名义上拥有抵押贷款的银行倾向于减少本金欠款，但这会损害债券持有者或邻近房主的利益），因此政策层面的干预措施就会受到阻碍。财产所有权是政治利益的根本源泉，但我们很少研究金融参与即作为买方或者卖方是如何影响微观政治的（如政党认同或政治活动）。

第四个结论是，金融科技的进步表明金融可以成为历史变革的飞轮。技术是经济变革的引擎，这种说法非常常见。但是过去几十年里，先进的信息和通信技术（ICTs）的支持所造就的金融的大规模扩张表明，金融也拥有自己相对独立的发展道路。对金融的社会学研究仍处于不成熟的阶段，但这是一个非常恰当且富有意义的话题。

参考文献

Aguilera, R. V. (2003). "Are Italy and Spain Mediterranean Sisters? A Comparision of Corporate Governance Systems," in M. Federowicz and R. V. Aguilera (eds.), *Corporate Governance in a Changing Economic and Political Environment: Trajectories of Institutional Change*. New York: Palgrave MacMillan, 23 – 70.

——and Jackson, G. (2010). "Comparative and International Corporate Governance." *Annals of the Academy of Management*, 4: 485 – 556.

Ahmadjian, C. L. and Robinson, P. (2001). "Safety in Numbers: Downsizing and the Deinstitutionalization of Permanent Employment in Japan." *Administrative Science Quarterly*, 46: 622 – 54.

Amable, B. (2003). *The Diversity of Modern Capitalism*. New York: Oxford University Press.

Arrighi, G. and Silver, B. J. (1999). "Hegemonic Transitions: Past and Present." *Political Power and Social Theory*, 13: 239 – 75.

Berle, A. A. and Means, G. C. (1932). *The Modern Corporation and Private Property*. New York: Commerce Clearing House.

Block, F. (1994). "THe Roles of the State in the Economy," In N. J. Smelser and R. Swedberg (eds.), *Handbook of Economic Sociology.* Princeton, NJ: Princeton University Press.

Brandeis, L. D. (1914). *Other People's Money: And How the Bankers Use It.* New York: Frederick A. Stokes Company.

Carruthers, B. G. (1996). *City of Capital: Politics and Markets in the English Financial Revolution.* Princeton, NJ: Princeton University Press.

Chandler, A. D. (1977). *The Visible Hand: The Managerial Revolution in American Business.* Cambridge, MA: Belknap Press.

Clayton, M. J., Jorgenson, B. N., and Kavajecz, K. A. (2006). "On the Presence and Market-Structure of Exchanges Around the World." *Journal of Financial Markets*, 9: 27 – 48.

Davis, G. F. (2005). "New Directions in Corporate Governance." *Annual Review of Sociology*, 31: 143 – 62.

—— (2008). "A New Finance Capitalism? Mutual Funds and Ownership Re-Concentration in The United States." *European Management Review*, 5: 11 – 21.

—— (2009). *Managed by the Markets: How Finance Reshaped America.* New York: Oxford University Press.

—— (2010). "Is Shareholder Capitalism a Defunct Model for Financing Development?" *Review of Market Integration*, 2: 317 – 31.

——and Cobb, J. A. (2010). "Corporations and Economic Inequality Around the World: The Paradox of Hierarchy." *Research in Organizational Behavior*, 30: 35 – 53.

——and Cotton, N. C. (2007). "Political Consequences of Financial Market Expansion: Does Buying a Mutual Fund Turn You Republican?" Presented at the American Sociological Association Annual Meetings, New York.

——and Marquis, C. G. (2005). "The Globalization of Stoke Markets and Convergence in Corporate Governance," in V. Nee and R. Swedberg (eds.), *The Economic Sociology of Capitalism.* Princeton, NJ: Princeton University Press, 352 – 90.

——and Mizruchi, M. S. (1999). "The Money Center Cannot Hold: Commercial Banks in the U. S. System of Corporate Governance." *Administrative Science Quarterly*, 44/2: 215 – 39.

——, Diekmann, K. A., and Tinsley, C. H. (1994). "The Decline and Fall of the Conglomerate Firm in the 1980s: The Deinstitutionalization of an Organizational Form." *American Sociological Review*, 59: 547 – 70.

Evans, P. (1995). *Embedded Autonomy: States and Industrial Transformation.* Princeton, NJ: Princeton University Press.

Fiss, P. C. and Zajac, E. J. (2004). "The Diffusion of Ideas over Contested Terrain: The (Non) adoption of a Shareholder Value Orientation among German Firms." *Administrative Science*

Quarterly, 49: 501 – 34.

Friedman, T. L. (1999). *The Lexus and the Olive Tree: Understanding Globalization*. New York: Farrar, Stauss, Giroux.

Gourevitch, P. A. (2003). "The Politics of Corporate Governance Regulation." *Yale Law Journal*, 112: 1829 – 80.

——and Shinn, J. (2005). *Political Power and Corporate Control: The New Global Politics of Corporate Governance*. Princeton, NJ: Princeton University Press.

Hall, P. A. and Soskice, D. W. (2001). *Varieties of Capitalism: The Institutional Foundations of Comparative Advantage*. Oxford: Oxford University Press.

Jackson, G. and Vitols, S. (2001). "Between Financial Commitment, Market Liquidity and Corporate Governance: Occupational Pensions in Britain, Germany, Japan and the USA," in B. Ebbinghaus and P. Manow (eds.), *Comparing Welfare Capitalism: Social Policy and Political Economy in Europe, Japan and the USA*. London: Routledge.

Kogut, B. and Spicer, A. (2002). "Capital Market Development and Mass Privatization are Logical Contradictions: Lessons from Russia and the Czech Republic." *Industrial and Corporate Change*, 11: 1 – 37.

La Porta, R., Lopez-de-Silanes, F., Shleifer, A., and Vishny, R. W. (1997). "Legal Determinants of External Finance." *Journal of Finance*, 52: 1131 – 50.

—— (1998). "Law and Finance." *Journal of Political Economy*, 106: 1113 – 55.

—— (2000). "Investor Portection and Corporate Governance." *Journal of Financial Economics*, 58: 3 – 27.

Lenin, V. I. ([1916] 1939). *Imperialism: The Highest Stage of Capitalism*. New York: International Publishers.

Levine, R. and Zervos, S. (1998). "Stock Markets, Banks, and Economic Growth." *American Economic Review*, 88: 537 – 54.

Murray, A. (1997). "Super Model: Asia's Financial Foibles Make American Way Look Like a Winner—IMF Comes Round to View that Short-Term Focus has its Virtues After All. " *The Wall Street Journal*, 8 December: A1.

Neuman, E. J., Davis, G. F., and Mizruchi, M. S. (2008). "Industry Consolidation and Network Evolution in U. S. Global Banking, 1986 – 2004. " *Advances in Strategic Management*, 25: 213 – 48.

Rajan, R. G. and Zingales, L. (2004). *Saving Capitalism from the Capitalists: Unleashing the Power of Financial Markets to Create Wealth and Spread Opportunity*. Princeton, NJ: Princeton University Press.

Roe, M. J. (1994). *Strong Managers, Weak Owners: The Political Roots of American Corporate*

Finance. Princeton, NJ: Princeton University Press.

—— (2003). *Political Determinants of Corporate Governance: Political Context, Corporate Impact.* New York: Oxford University Press.

Weber, K., Davis, G. F., and Lounsbury, M. (2009). "Policy as Myth and Ceremony? The Global Spread of Stock Exchanges, 1980 – 2005. " *Academy of Management Journal*, 52: 1319 – 47.

Wolf, M. (2004). *Why Globalization Works.* New Haven: Yale University Press.

Zysman, J. (1983). *Governments, Markets, and Growth: Financial Systems and the Politics of Industrial Change.* Ithaca, NY: Cornell University Press.

第3章
金融与机构投资者

郑止宇（Jiwook Jung）

弗兰克·多宾（Frank Dobbin）

引　言

　　20世纪70年代初，机构投资者开始在金融市场发挥核心作用。1970年前后，他们掌控"财富500强"公司约3/10股份，现今已达到7/10。婴儿潮一代老龄化，以及对于固定收益养老金计划（defined benefit pension plans）的新信用需求，促成了这一变化。随着婴儿潮一代的退休储蓄增多，金融市场的上述变化使雇主开始支持富达（Fidelity）、先锋（Vanguard）等资产管理公司管理个人退休账户。在这一过程中，美国工人和养老金领取者在多数大公司中拥有最大份额的股票，他们的利益由这些机构投资者代表。

　　美国和其他那些预计通过养老金投资实现公司所有权民主化的国家，描绘了逐渐走向社会主义道路的图景（Stephens，1979）。从20世纪80年代起，通过宣扬公司不仅对股东负有义务，还应该对从客户到员工以及社区等其他利益相关者团体负有义务，利益相关者理论获得了支持（Donaldson and Preston，1995；Freeman，1984）。随着所有权更加普遍，企业可能会接受利益相关者理论，因为在职工人和退休人员正成为多数股东。相反，机构投资者以及随后的企业领导者都接受了委托－代理理论和股东价值导向。他们改写了1970年弗里德曼文章的标题"企业的社会责任是增加利润"，用"股票价值"

取代了"利润"。委托－代理理论提供了一连串旨在确保高管们追求股东利益而非个人利益的创新。这一理论将不同股东的共同利益缩减为单一指标——股票价值。机构投资者极力推动这一理论，鼓励公司通过股东提案和私人竞标来完成这一目标。

证据表明，公司对机构投资者的呼吁做出了回应，把他们所游说的大部分创新都付诸实践。我们审查了这些创新影响力的证据，大多数还没能证明可以提高股票价值，而且一些创新实践对持有股票的工人所有者产生了不利影响。通过股票期权支付的高管薪酬已经将财富从那些持有股票的工人所有者手中转移给高管们了。通过企业重组实现的多元化，其代表性特点是随之而来的大规模裁员。债务融资在经济低迷时变得脆弱，更有可能宣布破产、倒闭，并免除其养老金义务。通过削减成本来提高股价的任务使得企业缩减规模，减少就业机会并减少对固定收益养老金计划的缴纳，从而使这些计划资金不足，损害了工人和纳税人的利益。

因此，机构投资者推出了一种新的管理模式，这对高管、投资银行家、对冲基金经理、私募股权负责人以及机构投资者等中的金融精英都有好处，但对作为大股东的工人和养老金领取者来说并不好。国民收入的分配情况是这些变化结果的指标之一。到 2007 年，最富有的 1% 的美国人占有 23.5% 的国民收入，而 1970 年仅为 9%（Piketty and Saez, 2003；2009）。除去不属于金融精英的明星运动员和好莱坞名人，数字变化不大。

我们描绘了机构投资者在股东价值旗帜下促进公司管理变革的作用，证据表明这些变化对提高股票价值并没有什么影响，并且给美国工人所有者带来了一些不利之处。由于全球竞争日益激烈，一些变化被认为是不可避免的，但其他发达国家的精英们对全球化挑战做出了截然不同的反应。例如，德国公司注重需要高技能水平且在别处不能轻易有效地生产的产品，以避免大规模裁员，维持相对较高的工资中位数，并防止收入过度集中（Thelen, 2003）。

关于证据

除了审视一些研究的证据，我们还提供了来自 783 家大型美国公司代表样本的证据，以追踪 1980 ~ 2005 年向委托－代理理论转移的现象。此外，我们也审视了在股东价值旗帜下所采用的不同创新措施效果的证据。我们从行业领袖财富榜上选择了一组代表性行业，选择相同数量的来自航空航天、服装、建筑材料、化工、通信、计算机、电机、娱乐、食品、保健、机械、金属、石油、造纸、医药、出版、零售、纺织、交通运输设备、公用事业和批发行业的公司。我们在 1965~2005 年的奇数年的财富榜上选择公司样本，以获得代表上升公司及下降公司的样本。核心数据来自标准普尔（Compustat）数据库。如上所述，许多变量来自其他来源。

机构投资者的崛起

机构投资者和委托 – 代理理论的兴起，可以追溯到 20 世纪 60 年代末并持续到 20 世纪 70 年代的经济停滞。经济停滞使国会确信应该在 1974 年扩大养老金监管，因为企业年金基金在高通胀和低增长的情况下遭受了损失。养老金改革法案通过使固定收益养老金计划的运行成本更高，促进了企业个人退休账户的普及，并将这种养老金缴款交至共同基金管理人手中。与此同时，美国正在为 20 世纪 70 年代的经济低迷和摆脱经济泥潭的出路寻找一个替罪羊。委托 – 代理理论正是在这个十年期结束时出现的，它把自私的公司高管作为替罪羊，并提供完整方案来重新调整公司的盈利方向。

新的有影响力的机构投资者现在控制了流入资本市场的大部分资金，他们开始迷恋委托 – 代理理论，推动企业遵循有关高管薪酬、核心产业、债务融资、降低成本的指令，以提高利润和股票价值。委托 – 代理理论将机构投资者和公司高管的利益结合在一起，因为在基于股票期权的新报酬计划下，高管每年都会在股票价格上涨的时候获取暴利，但不与投资者共担下跌风险。机构基金经理的奖金同样与股票价值的增长挂钩，而且和高管一样，基金经理也不会承担下跌风险。特别是通过股票期权，机构投资者确保企业高管的利益与他们自己的利益相一致，这与承担大部分下跌风险的股东有所不同。

1974 年养老金改革法案和共同基金的增长

在很大程度上，机构投资者在股票市场上的扩张能力，是华盛顿努力保护在 20 世纪与社会保障体系共同出现的私人养老金体系的意外结果（Dobbin，1992）。私人养老金体系和政府资助的社会保障为高薪的工会部门的雇员提供了合适的退休收入。1974 年国家通过了《雇员退休收入保障法案》，这标志着该独特的美国制度的发展达到极致。该法案旨在保证那些计划得到充分的资金支持，并能够支付预计费用，这却意外地导致了养老金固定缴款计划的增长，如 "401（k）" 计划（Hacker，2006）。

　　新的法规增加了固定福利计划的成本，在低增长的背景下，对于希望将投资回报率低的风险转移给个人的公司来说，固定缴费计划现在似乎是一个更好的选择。转移到固定缴费计划是迅速的。在 1981 年，大约 60% 的使用私人养老金的工人完全依赖于固定福利计划，但到了 2003 年，只剩下 10%。同时，完全依赖固定缴款计划的工人比例从 20% 增加到 60%（Buessing and Soto，2006）。

　　在图 3-1 中，我们展示了机构投资者在 1980～2004 年的持股增长，这基于我们样本中的 783 家美国公司。在 1980 年，机构投资者平均控制公司 3/10 的股份。银行持股比例最大，其次是投资顾问（如高盛）和保险公司。到了 2005 年，银行持股比例已下降，投资顾问和投资公司（如富达国际）在股票市场占据了最大的总持仓量。总体而言，机构投资者到 2004 年控制了普通公司约 70% 的股份，管理着退休和个人账户的投资顾问和投资公司，控制着这些典型公司的一半股份。

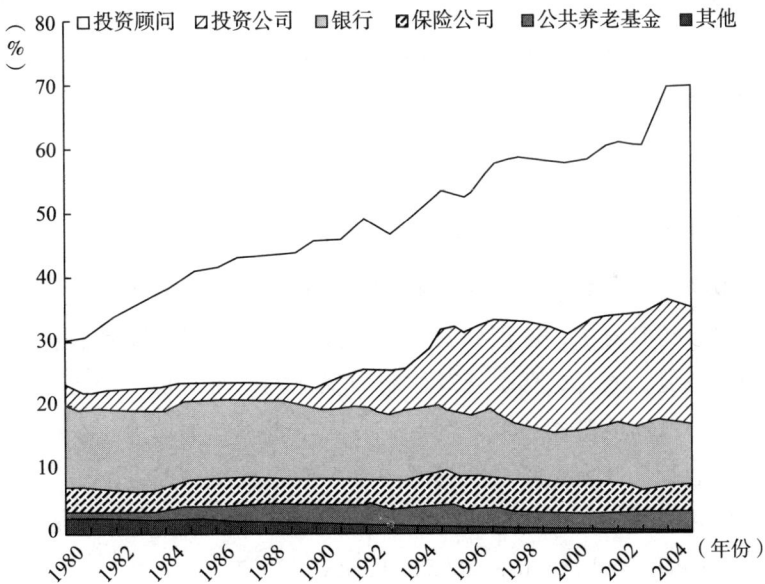

图 3-1　美国大公司机构投资者持股比例

资料来源：作者对 783 家美国大公司的抽样调查。

委托 - 代理理论的兴起

　　20 世纪 70 年代的经济滞胀刺激了企业诊断问题并寻求补救措施。委托 -

代理理论学者提供了这两者。詹森和麦克琳（Jensen and Meckling，1976）的开创性文章提出，委托人（股东）及其代理人（高管）的利益是不同步的。高管的行动是为自身利益服务，他们建立大型多元化公司以尽量降低倒闭的风险并提高自己的工资，而不是专注于使企业利润最大化，并拒绝董事会和投资者的监督（Fama，1980；Fama and Jensen，1983，1985；Jensen and Meckling，1976）。

为了使公司行为与股东利益一致，委托－代理理论学者提议改变薪酬体系：通过股票期权和高管持股代替薪资从而将高管财富与投资者利益挂钩。他们提议对公司战略进行改革：以多元化来利用管理团队的行业专长，以扩张的债务融资来约束那些倾向于用利润来收购可疑资产的高管。他们更普遍地建议公司削减成本以增加利润率，而高管们采取了一系列策略来完成，包括减少工资支出。他们建议治理和监督改革（我们如今已经不提这一点），包括更独立的董事会和更高的透明度，以帮助来自证券分析师的外部监督（Jensen and Meckling，1976）。詹森（Michael Jensen）推广了上述观点，这体现在其商业出版社和学术期刊的出版物上（Jensen，1984；1989）。下面，我们将展示主流公司接受的方案的大部分内容。但首先我们要回顾基金经理在推广这些创新方面的作用。

机构投资者支持委托－代理理论

机构投资者带头推广委托－代理理论的规则，恶意收购的公司和证券分析师也扮演了类似角色，这正如我们在下面讨论的那样。高管们普遍对这些变化持谨慎态度，他们更喜欢管理体制的稳定性，而不是一个旨在使公司更具创业精神和增加风险的体制。因此，有人不得不施加压力。在机构投资者中，公共养老基金最为踊跃，发起了一系列股东提案以改善董事会治理、扩大外部监督并通过提高股价补偿高管（Carleton et al.，1998；Davis and Stout，1992；Gourevitch and Shinn，2005；Jacoby，2007；Proffitt，2001；Useem，1996）。加利福尼亚州公共雇员退休制度（CalPERS）在 20 世纪 80 年代初开始活跃起来（Blair，1995；Schwab and Thomas，1998），发起股东决议，并于1995 年率先领导了聚集公共、私人以及工会基金经理的机构投资者理事会（the council of institutional investors，CII）。CII 的《股东权利法案》要求大股东加入以降低代理成本（Jacoby，2007）。

共同基金经理经常在幕后工作以促进创新，部分原因是他们犹豫是否要挑战向其推销养老金工具的公司（Davis and Kim，2007；Gourevitch and Shinn，2005）。此外，随着 20 世纪 70 年代机构持股的增长，最大的基金的经理人越来越可能持有某一公司的巨额股份，因此更倾向于试图影响管理，而不是简单地将投资撤出。虽然今天一些机构投资者对公司管理不满时仍然采取"华尔街漫步"，即出售股票（Parrino et al.，2003），但这种策略对持有大量股份的投资者来说很难实行，因为他们冒着大幅降价的风险才能清算（Coffee，1991）。

股东价值论的后果

　　股东价值运动由于机构持股的增长而更加热烈，且在一个萌芽的金融理论中找到了自己的声音——委托－代理理论。根据这一理论，在 20 世纪 50 年代和 20 世纪 60 年代，美国的龙头公司都是由经理人管理的。詹森和麦克琳（Jensen and Meckling，1976）提议，公司的管理者应该为股东工作。在 20 世纪 70 年代经济危机的背景下，委托－代理理论迅速走出了象牙塔。一些流行的商业出版社就如何实施委托－代理理论以追求股东利益提供了建议（Baker and Smith，1998；Hammer and Champy 1993；Prahalad and Hamel 1990；Walther，1997）。我们讨论由委托－代理理论学家提供的几个关键方案，以及商界领袖推动的基于股东价值的创新。我们探讨了采用新的绩效薪酬补偿计划、多元化战略、债务融资战略以及通过裁减和限制养老金缴款来削减成本的问题。在这一过程中，我们审视了这些创新影响的证据，无论是对公司业绩还是对工人。

对高管的基于股权的报酬

　　委托－代理理论学家认为，经理人往往比股东们希望的更倾向于规避风险（Eisenhardt，1989）。首席执行官（CEO）应该为股东赚钱，但他们在努力强大他们的企业以防止崩溃。这代表了一种重要的代理成本，或者雇人来经营你的公司的成本。降低代理成本的一个方法是让经理人持有股权（Jensen and Meckling，1976；Jensen and Murphy，1990）。如果他们持有 100% 的股权，代理成本就降至零。委托－代理理论学家呼吁首席执行官持有可观的股本，并通过股票期权和奖金来支付薪酬。此前，他们认为，公司犯了一个错误，即像官僚一样给高管报酬，把报酬与工作挂钩，而不是与业绩挂钩（Jensen and Murphy，1990）。

　　旧的高管薪酬体系鼓励扩张而非利润，因为最高的薪水通常会付给最大公司的管理者。股票期权可以通过让高管在未来的某个日期（通常为三年）购买一定数量的股票，但是以发行日期或前后的股票的市场价格差弥补这一问题。因此，高管们将受益于定价日期和归属日期之间的股价上涨。

　　机构投资者成为新的基于股权的高管薪酬体系的狂热倡导者（Gourevitch and Shinn，2005；Proffitt，2001；Useem，1996）。投资者竞相抬高宣布长期激励计划的公司的价格，以增加高管的股权（Westphal and Zajac，1998）。首席执行官的股票期权和股权增加了首次公开募股的价值（Dalton et al.，2003）。正如前文所指出的，期权使高管和基金经理的利益密切结合，因为在股价上涨时高管和基金经理们都得到了回报，但在下跌时并没有遭受损失。

　　股票期权的传播范围很广，导致高管薪酬急剧增加。图 3 - 2 显示了美国按行业分类的大型公司首席执行官薪酬中位数的变化情况。1984 ~ 2004 年，首席执行官薪酬中位数上升了 7 倍，达到 350 万美元。大部分的上涨是以股票期权赠款和奖金的形式出现的。

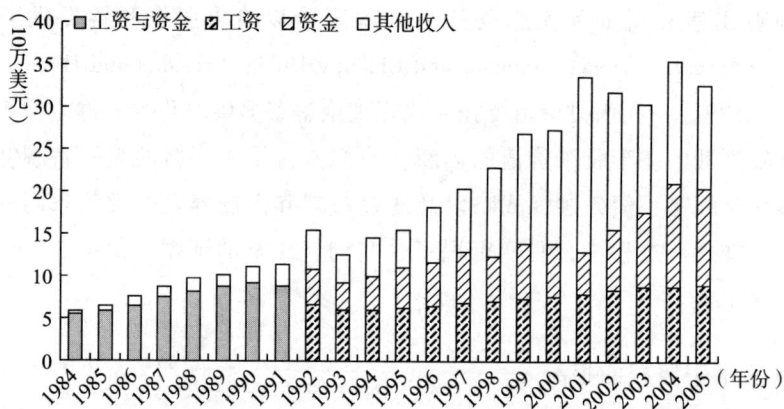

图 3 - 2　首席执行官收入结构及其变化

资料来源：作者开展的美国大公司抽样调查。直到 1992 年工资和奖金收入才分开。从 1984 - 1991 年 CEO 收入数据由大卫·亚尔玛（David Yermack）提供。1992 年以来 CEO 收入数据来源于标准普尔（ExecuComp）数据库。

　　然而，许多公司没有听从要求高管持有股权的建议。随着时间的推移，尽管由于股票期权高管们有更多的财富可以投资，但他们并没有将资金投入他们经营的公司中。图 3 - 3 显示了 1992 ~ 2005 年的 783 家公司中高管的股本所有权，包括未动用期权情况，不过早年数据不可获得。首席执行官和所有高管的股本所有权几乎没有变化，但正如我们在图 3 - 2 中所看到的，其中位数收入增长了 3 倍。

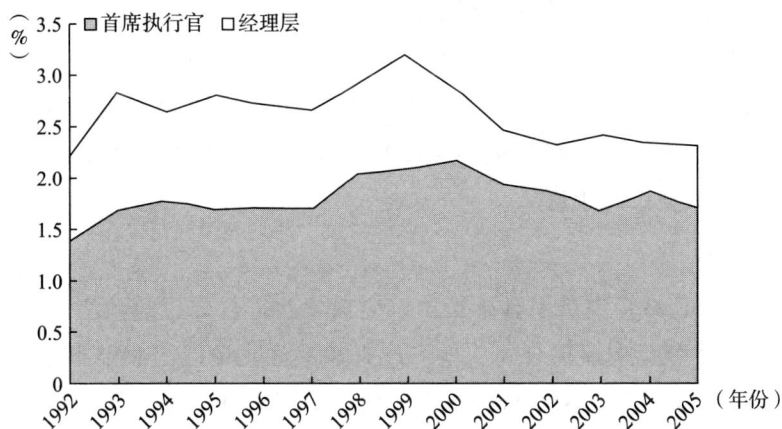

图 3 - 3　高管持股比例

资料来源：作者对 783 家美国大公司的抽样调查，删除了空缺值。高管的持股比例数据来源于标准普尔（ExecuComp）数据库。

股票期权的影响是什么？第一，它们似乎没有增加公司利润或股票价值，虽然它们似乎已经增加了高管的风险承担，这往往导致巨大的损失而不是巨大的收益。第二，它们似乎鼓励高管进行收入"管理"来增加股价，也就是说，对安然（Enron）破产负有责任的那种会计欺诈。第三，股票期权最具戏剧性的效果是将财富从股东转移到金融精英手中。那些过去可能以涨工资形式发给公司员工或以股息的形式发给公司内外的员工所有者的公司收入，都发给了最高管理层。

利润和风险承担

委托 - 代理理论表明，股票期权和股权持有应导致利润和股价的提高。根据这一理论，一项研究表明，股票期权的转移，导致公司总的薪酬与公司的业绩更加一致（Hall and Liebman，1998）。然而，股票期权和股权持有使龙头企业的业绩表现出色的证据十分微弱，但有证据表明期权可能增加公司高管行为的鲁莽或激进。许多研究都在寻找股票期权或股权与公司业绩之间的关系，但是尚无相关发现。在对股权持有的 220 项研究的元分析（meta-analysis）中，达尔顿等（2003）得出的结论是，首席执行官、官员和董事持股对业绩没有明显的影响。相当多的研究表明，按业绩付酬的薪酬制度已经被高管们推翻，他们受益于是否提高业绩（Bebchuk and Fried, 2003；Bebchuk and Walker, 2002）。此外，桑德斯等的研究（Sanders and Hambrick, 2007）表明，期权是对在短期内增加股价的高管们的奖励，而股价下跌并不会惩罚高管们，因此股票期权模式激励了高管们不顾风险的冒险行为。他们的研究结果显示，如果公司期权主要由CEO 占有，那公司更有可能遭受巨大损失，而不是增大收益。他们认为，过多风险承担的一个原因是董事会没有遵循委托 – 代理理论要求，即让高管们持有更多股权的规则。

盈余管理

股票期权为高管创造了激励机制以确保收益符合分析师预测。随着投资者依赖证券分析师来评估公司，他们越来越关注预测。当收益低于预期时，股票价格通常会下降，这对高管持有期权是个坏消息。通过公司操纵报告的收益以取悦分析师的盈余管理是一个反应。盈余管理的一个信号是收益重述（earnings restatement），即公司在提交错误数据后报告再次更正数据。随着时间的推移，收益重述在财富 500 强公司中兴起，一些研究将这种兴起与股票期权挂钩（Burns and Kedia, 2006；Efendi et al., 2007）。使用 1974 ~ 1996 年数以千计的季度报告数据，德乔治等（Degeorge et al., 1999）表明，公司更有可能报告与分析师预测完全一致的收益，而不是报告超过或低于分析师预测一分钱的收益，建议公司定期进行盈余管理以达到分析师的目标。他们使用的一些会计技术只不过是欺诈而已，这在安然、世通和科泰的丑闻事件中有突出体现。通过用利润误导投资者，这些公司的高管们在股价暴跌前喂肥了自己的钱包，彻底吞没了工人所有者的投资。例如，当公司的股价在 2001年 11 月从 90 美元降至 26 美分时，安然雇员的"401（k）"计划中超过半数的资金被投资于安然股票。更普遍的是，盈余管理通常会抓住公司，因此，当高管们在兑现股票期权之前可能受益于股票价值的提高，但一般而言股东最终会付出代价。

利润转移给高管

最后，股票期权将公司的收入从雇员和投资者手中转移给高管。委托 – 代理理论学家提倡股票期权，其观点是股票期权不会给公司增加任何支出，因为他们只是简单地用高管为公司取得的部分收益来奖励他们。但股票期权不会提高企业利润或股票价值的证据证明了这一想法与事实不符。如果股票期权不会导致公司价值的增加，那么期权就不会为自己买单。投资者通过稀释所有权为它们买单，工人们通过稀释工资为它们买单。期权和奖金的成本可以在图 3 - 2 中看到，它表明首席执行官的收入急剧增加。由于股票期权并没有导致股票价值的增加，人们可能会得出结论：大部分的薪酬上涨直接以股东支出为代价。

　　首席执行官所占收入份额的增加对工人有何影响？在 1945 ~ 1970 年，工作的美国人的收入稳步增长，贫富差距保持稳定。到 20 世纪 80 年代初，中等收入停滞，收入不均增长（Morris and Western，1999）。到 20 世纪 90 年代初，相当数量工人的收入低于他们 20 世纪 60 年代的同行们（Bernstein and Mishel，1997）。2008 年的金融危机加剧了这些趋势，自从人口普查开始跟踪以来，收入差距现在是最大的，且是所有西方工业化国家中最大的（DeNa-vas-Walt et al.，2010）。正如我们从一开始就注意到的，收入最高的 1% 的美国人在 2007 年占有 23.5% 的国民收入，而在 1970 年是 9%（Piketty and Saez，2003，2009）。

　　图 3 - 4 显示了 783 家美国大型公司的收入分配的变化状况，图中列出了首席执行官的薪酬与所有其他雇员的平均收入的比率。

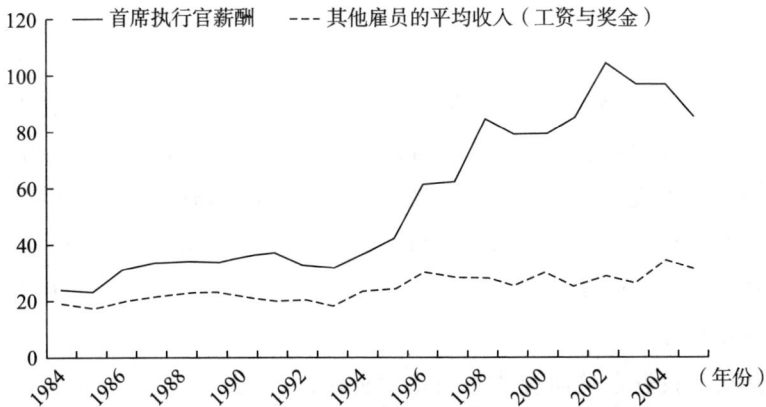

图 3 - 4　首席执行官薪酬与所有其他雇员的平均收入之比

资料来源：作者对 783 家美国大公司的抽样调查。

　　理想情况下，我们会从分母中移除高管团队（TMT）的薪酬，但无法获得有关高管团队薪酬的完整数据。我们用劳动力支出除以员工总数（减去首席执行官薪酬）来估计除首席执行官外所有员工的平均薪酬。首席执行官薪酬与平均薪酬的比率显著增加，特别是在 20 世纪 90 年代中期以后。大部分变动是由股票期权赠款造成的。

行业的聚焦点

从 20 世纪 50 年代到 20 世纪 70 年代，美国龙头公司将自己重塑为企业集团。到 1980 年，占有近半数财富的 500 强公司在经营三个或更多的国民经济行业分类（SIC）部门，而只有 25% 经营单一行业（Davis et al.，1994：553）。委托 – 代理理论对企业集团的效率提出了挑战。投资组合理论为集团化提供了理论依据，认为现代企业应该经营一个内部资本市场，投资有前途的部门，并在不同行业中分散风险。委托 – 代理理论认为，在 20 世纪 70 年代的滞胀中，企业经营多样化不利于股东利益，只有经理人才能通过收购有问题资产的企业获利，这些资产能降低企业倒闭的风险（Jensen and Meckling，1976）。他们坚称，投资者而不是公司，应该配置投资组合以分散风险，而多元化的投资者应该期望一些公司从"羊群"中被剔除（Amihud and Lev，1981；Bettis，1983；Teece，1982）。股东们应该远离那些笨重的企业集团，这些企业集团把业绩不佳的企业放在高管们几乎不理解的行业中（Shleifer and Vishny，1989；1997）。

企业应该是精益求精和专注的。这种想法在委托 – 代理理论之后得到了管理顾问的广泛推崇。第一部巨型管理圣经《追求卓越》（Peters and Waterman，1982）告诫高管们"不离本行"，专注于公司的核心业务。在 1990 年，企业重组大师普拉哈拉德（C. K. Pralahad）和哈默（Gary Hamel）在《哈佛商业评论》中发表了《公司的核心竞争力》，认为管理团队应该发挥其优势。正如尤西姆（Useem，1996：153）所说的："尽管多样化在 20 世纪 60 年代是良好管理的标志，但在 20 世纪 80 年代和 20 世纪 90 年代，剥离不相关的业务已成为衡量标准。"

许多机构投资者转而青睐专门化的企业，不仅因为他们开始相信委托 – 代理理论，还因为他们更愿意在具有清晰行业概况的公司中建立自己的多元化投资组合（Dobbin and Zorn，2005）。恶意并购公司在 20 世纪 80 年代鼓励去多元化，针对多元化的企业集团，他们将其分拆后出售，由此获利（Davis et al.，1994；Fligstein and Markowitz，1993；Liebeskind et al.，1996；Matsusaka，1993）。20 世纪 80 年代，机构投资者深深卷入恶意并购，通常支持那些被公司现任高管反对的并购（Holmstrom and Kaplan，2001）。在机构投资者具有支配地位的情况下，公司很快实现了去多元化。从 20 世纪 80 年代起，拥有集中所有权的财富 500 强公司最有可能剥离不相关的业务（Useem，1996：

153）。恶意收购的威胁导致许多集团公司自行分散经营。证券分析师加入了去多元化的队列。他们还打着委托－代理理论的旗帜，但也有自己的理由。分析师具有专业性特征，不同的分析师常常聚焦于不同行业，因此，那些未能清晰归类或清晰专业定位的企业集团公司常常未能赢得报道。高管们重视报道版面，铺天盖地的积极报道会激励投资者购买他们的股票。这一机制激励了公司去多元化的发展战略，以赢得报道并提高机构投资者的兴趣（Zuckerman，1999；2000）。

基金经理的偏好对公司有明显影响（Campa and Kedia，2002）。在图 3－5 中，我们用熵指数来描绘大型美国公司样本中的多元化水平，根据每个行业对公司销售额的贡献衡量多元化。多元化水平在 1980 年至 1990 年中期大幅下降。这一模式表明，即使恶意收购浪潮平息后，多元化仍继续下降，因为高管们自愿剥离与核心业务无关的部分。

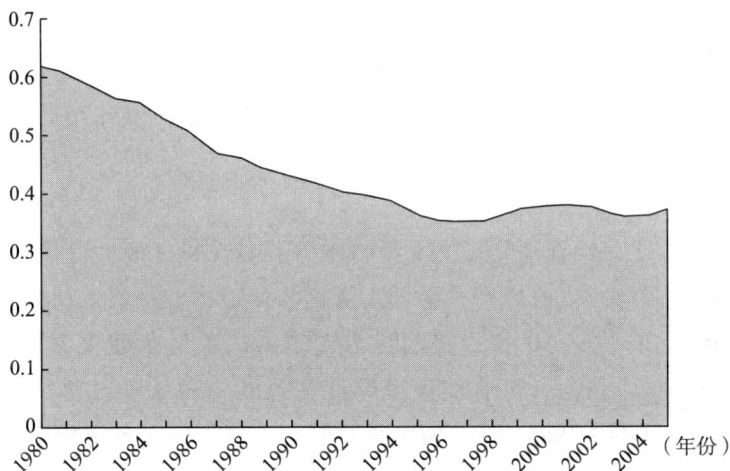

图 3 - 5　多元化的平均水平（熵指数）

资料来源：作者对 783 家美国大公司的抽样调查。

去多元化和经营业绩

去多元化提高了经营业绩吗？证据是混杂的。一些研究发现股票价格在 20 世纪 60 年代和 20 世纪 70 年代中期后有"多元化折让"（conglomeration discount），而不在这两个时期并没有这种情况（Matsusaka，1993；Servaes，1996）。但其他模式也没有找到多元化折让的证据（Campa and Kedia，2002；Villalonga，2004）。多元化折让模式与 1975 年以后企业集团股票价格折让是一致的，都是投资者实现委托－代理理论的结果（LeBaron and Speidell，

1987；Wernerfelt and Montgomery，1988）。虽然目前还不清楚存留的核心公司是否有更高的利润，但很明显，公司去多元化结构调整的副产品是产生了广泛的裁员。

去多元化和失业

20 世纪 80 年代和 20 世纪 90 年代改组热潮的一个明显效果是许多工人失业了。由于管理层试图使合并后的公司快速获利，变得流行的行业内合并尤其可能导致裁员。在电信行业，合并后裁员计划的名单包括：1997 年大西洋贝尔公司和纽约电话公司（Bell Atlantic-Nynex）合并，导致 10000 人失业；2000 年奎斯特（Qwest）和联邦西部电话公司（US West）合并后，裁员 13000 人；2005 年西南贝尔公司（SBC Communications）收购美国电话电报公司（AT&T），裁减 13000 个工作岗位（Cauley，1997；Romero，2000；Young，2005）。在国防方面，1993 年马丁 - 马丽埃塔公司（Martin Marietta）收购通用航空（General Electronic Aviation），宣布裁员 11000 人；两年后，马丁 - 马丽埃塔公司（Martin Marietta）和洛克希德公司（Lockheed）合并，又裁员 12000 人（Gilpin，1995；Sims，1993）。企业重组导致了各个行业的重大失业。

20 世纪 80 年代出现的恶意并购，对就业产生了消极影响（Harrison and Bluestone，1988）。公司和个人投资者团体为了实现目标而大量借贷，然后，为了还清债务，他们出售资产并降低工资以降低成本。一些人认为，节约人工成本解释了 20 世纪 80 年代并购行为带来的高额溢价现象（Shleifer and Summers，1988）。但是，没有实证研究评估过这一说法。巴贾特（Bhagat，1990）调查了 1984 ~ 1986 年 62 场恶意并购案，报告说裁员可能会占溢价的 11% ~26%。他们确认了 28 起在收购投标后的被收购公司的裁员案件，但没有考虑投标公司自己的裁员。

20 世纪 80 年代末，在垃圾债券市场崩溃后，恶意并购浪潮消退，但是，并购活动在 20 世纪 90 年代再次达到了峰值。这是因为工业巨头联合起来，期望以此提升产业核心力量和市场势力。

债权融资

根据詹森和麦克琳（Jensen and Meckling，1976）的研究，第三种降低代理成本的方法是债权融资。债权融资减少了股权融资的份额，从而缓和了股东和经理人之间的利益冲突。代理成本来源于高管们对稳定的偏好，稳定偏好导致高官们做出减少企业倒闭风险的投资，但同时也会稀释利润。投资组合多样化的投资者应该更喜欢高回报策略，即使这些策略会带来一些企业倒闭的风险，而高管们则偏好最小化失败风险的策略。根据这一理论，首席执行官不会以 6% 的利率借钱来做回报为 4% 的风险投资，但他们可能会投资有收益之处，因为他们只需对资本收益而不必对资本损失负责。

　　根据这一理论，机构投资者转而青睐使用债务融资的公司，将其视为管理者相信新投资将会得到回报的信号。由于债务融资会使回报倍增，委托 - 代理理论建议股东们更倾向于发行新股，但他们应该更愿意通过股息或股票回购来增加股东的利润，从而提高股票价值（Westphal and Zajac，1998；Zajac and Westphal，2004）。因此，股票市场对多数杠杆增长的交易做出了积极反应，如债转股（Finnerty，1985；Lys and Sivaramakrishnan，1988）。

　　根据委托 - 代理理论学家的建议，大型美国公司在 1980 年后大幅增加了杠杆率。在图 3 - 6 中，我们报告了 1963 ~ 2005 年样本中企业的四分位数债务权益比。在 20 世纪 80 年代中期之前，中位数公司每持有 1 美元股权就有大约 40 美分的债务。这在 20 世纪 80 年代中期之后上升到大约 60 美分。对于处于四分之三位数的公司，债务在该时期的大部分时间内从美元的约 80 美分上涨到超过 110 美分。

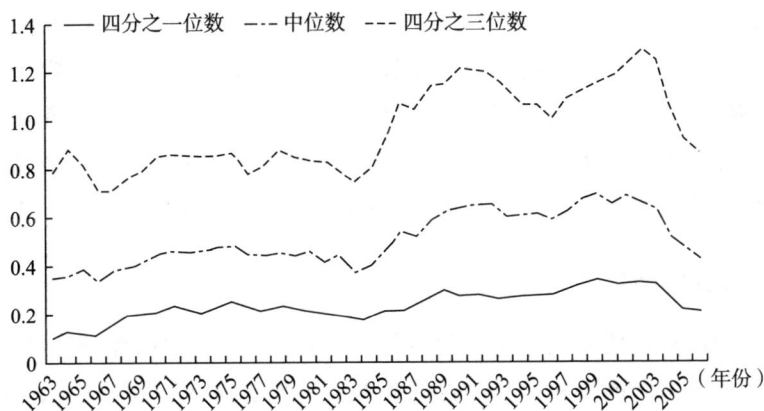

图 3 - 6　债务股本比

资料来源：作者对 783 家美国大公司的抽样调查。债务股本比是长期债务除以普通股本。两个数据均来自标准普尔（Compustat）数据库。

债权融资和企业脆弱性

虽然债权融资可能会降低与自由现金流相关的代理成本（Jensen，1986），但它可能增加公司的脆弱性（Modigliani and Merton，1958）。最近的研究表明，债务负担沉重的公司在经济低迷时期尤其脆弱（Campello，2003；2006）。在利率上升的经济上涨时，大量使用债务也可能会产生问题；如果新投资的回报率没有超过用于融资的债券利息，公司可能会发现自己无力偿还债务。在这种情况下，高管们经常押注高风险投资，以便在最初的投资无法偿还时向债券持有人付款（Crutchley and Hansen，1989：37）。关于近期金融危机的许多报道都指出抵押贷款机构的杠杆率过高，当抵押贷款支持证券和抵押贷款本身失败时，它们处于风险之中，并鼓励它们尝试更冒险的举动来拯救自己（Johnson，2008；Posner，2009；Sorkin，2009）。因此，不管是在经济活力时期利率上升时，还是在经济衰退时期销售滞后时，债务可能会使公司变得非常脆弱。当一家公司宣布破产或关门时，雇员和投资者同样会为这种脆弱性付出代价。

撤资养老基金

那些负债过多的公司，无论是作为收购过程的一部分，还是作为商业战略的一部分，都越来越多地终止了养老基金的投资。伊波利托和詹姆斯（Ippolito and James，1992）的研究表明，从统计上看，在杠杆并购公告之后养老金终止率有了极为显著的增加。其他研究发现（Hamdallah and Ruland，1986；Mittelstaedt，1989；Stone，1987），背负着巨额债务负担的公司，在困难时期筹集现金可能会有困难，更有可能劫掠资金充足的养老金计划。审理公司破产的法官，常常允许公司减少养老金计划中的资产，这些计划的资金似乎过剩了。在随后的市场下跌之后，这些基金有时没有足够的资产，必须由养老金福利保证金公司救助，显然，雇员和纳税人将最终承担这一策略的代价。

通过裁员提高价值

高管们追求委托－代理理论的目标，即首先为股东创造价值，并采取多种旨在降低成本以提高利润和股价的策略。一些首席执行官通过积极的成本削减赢得了名声（Khurana，2002）。例如，"电锯"邓拉普（Al Dunlap）在他的畅销书自传《卑鄙的商业：我如何拯救坏公司，让好公司变得伟大》中宣扬重组和股东价值的优点，并因他对美国阳光公司（Sunbeam）的此类行为而扬名世界。1996年，并购美国阳光公司（Sunbeam）之后不久，他宣布了一项将12000名员工削减一半的裁员计划，这是一个闻所未闻的壮举（Collins，1996）。股市对这一公告表示欢迎，但由于销售额下滑，该公司1997年的股价从 52 美元降至 26 美元。然而，在 1998 年 3 月，董事会延长了另一项将邓拉普工资加倍的三年合同，并授予他数量惊人的 375 万股票期权。在收购科勒曼（Coleman）公司后，他做出了另一项削减约 6400 个职位的计划，或者说这达到该公司总就业人数的 40%（Canedy，1998）。

裁员的浪潮席卷了 20 世纪 80 年代初的美国企业，侵蚀了奥斯特曼（Osterman，1999：21）所称的劳动力市场的"战后体制结构"。之前公司在经济困难时期解雇员工，但现在即使是健康的公司也在裁员，希望以此提高股价（Cappelli，1999；Osterman，1999）。让投资者高兴的是动机。当美国太阳微系统公司（Sun Microsystems）新上任的首席执行官施瓦兹（Jonathan Schwartz）在 2006 年 5 月 31 日宣布该公司计划削减 4000 ~ 5000 个工作岗位时，他辩称，裁员所产生的成本节约将有助于公司符合分析师的预测，即第四季度每股亏损 2 美分。尽管公司有较强的盈利能力，科达公司（Eastman Kodak）还是宣布了一项削减 10000 个工作岗位的计划，因为它受到了机构投资者要求增加利润的压力（Holusha，1993a）。尽管它有持续的盈利能力，施乐公司（Xerox）还宣布了一项削减 10000 个工作岗位或 10% 的劳动力的计划，它的首席执行官解释说："为了有效地竞争，我们的组织必须精简灵活，可以提供成本最优的文档处理产品和服务。"（Holusha，1993b）首席执行官和机构投资者可以就提高股票价值的目标达成一致（Flynn，2006）。在苛刻的投资者的监督下，企业需要努力提高其股票业绩，为此企业更有可能裁员以提高业绩（Budros，1997；Lazonick and O'sullivan，2000）。

即使经济蓬勃发展，随着时间的推移裁员也会增加。在图 3 – 7 中，我们绘制了样本中每年至少宣布一次裁员公司的比例。在经济低迷时期（20 世纪 80 年代初、20 世纪 90 年代初和 21 世纪初的经济衰退期间），公司经常裁员，经济好转时，它们仍在整个 20 世纪 90 年代继续裁员。

通过削减养老金缴款来提高价值

固定收益养老金计划在 20 世纪 90 年代成为削减成本的一个重要来源。公司通常从这些计划中撤离以降低成本。甚至像 IBM 和 Sears 这样的健康公司也冻结了他们的固定收益计划，将员工转移到固定缴款计划（Munnell et al.，2006）。在 2004 ~ 2006 年，超过 40 万个当前雇员和超过 100 万个新的工作者被这种冻结影响（Munnell et al.，2006）。这种转变本身将风险从公司转移到雇员身上，因为新计划没有对停滞或损失进行担保（Hacker，2006）。

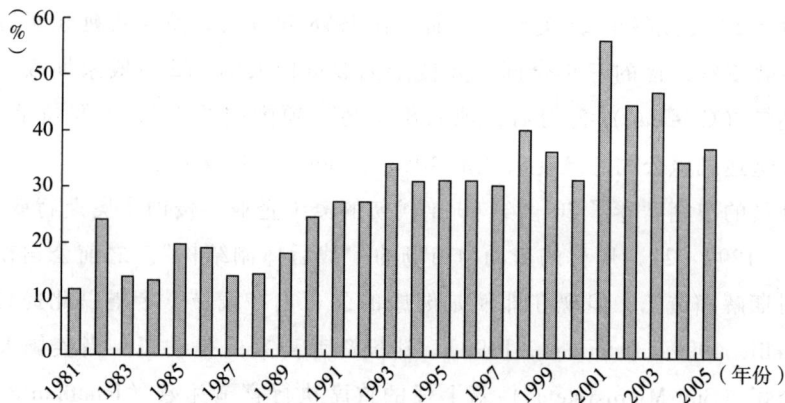

图 3 - 7　声明缩减公司规模的公司占比

资料来源：作者对 783 家美国大公司的抽样调查。

在 20 世纪 90 年代，股市的上涨使得许多固定收益计划看起来资金过剩，这使得公司可以减少或停止交款。养老金计划成为削减成本的源泉。在 "9·11" 事件后的股市下跌和利率下降后，这一趋势结束了（Munnell and Soto, 2007），但市场波动使许多养老金计划资金不足，许多雇主忽视了应该填补窟窿。在图 3 - 8 中，我们在 783 家美国大公司样本中计算出了固定收益计划的平均净资金情况，这么计算是考虑到目前的养老金资产和预期的福利义务之间的差额。

在整个 20 世纪 80 年代和 20 世纪 90 年代，平均基金的净融资情况仍然高于零，但在 2001 年之后，它大幅下降，在最近的衰退形势下进一步恶化。

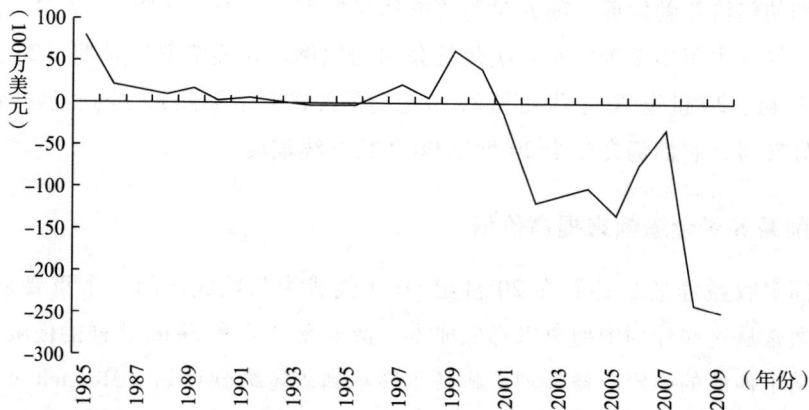

图 3 - 8　养老金计划的净资金情况

资料来源：作者对 783 家美国大公司的抽样调查。

股票市场的繁荣可能会使这些资金恢复健康，但是失败却可能将这种资金不足的成本转嫁给纳税人，因为养老金福利担保公司将无法履行其义务将资金捞出来。

结　论

在新授权的机构投资者的指导下，公司高管们以委托－代理理论为工具，追求股东价值。高管们做生意的方式有了很大改变。公司过去付给首席执行官的工资是普通员工的 20 倍；现在他们向首席执行官支付了百倍数的工资，从而减少了投资者的收益。他们过去常常追求企业集团来分散风险。最近他们购买和出售项目以专注于单一行业，并在此过程中裁减部分人员。过去他们借 40 美分，现在他们借 60 美分，这增加了公司破产和公司掠夺养老基金的风险。过去公司在销售放缓时宣布裁员，现在他们在销售增长时解雇了工人，以此提高股票价格。他们过去常常把钱放在养老基金里以备不时之需。现在，他们让别人担心危机，结果是每个股市下跌都使资金进一步赤字。

这些变化是由股东价值革命的拥护者所推动的，在公司价值稳步上升的名义下，重新调整公司的方向以符合股东的真正利益。在 20 世纪 70 年代和 20 世纪 80 年代，委托－代理理论学家概述了新的商业实践，机构投资者让他们深受欢迎，尽管大多数公司领导人对现状很满意，但他们的职位稳定，并且他们的公司不受市场波动的影响。机构投资者并不容易说服高管进行去多元化投资、使用债务融资、接受股票期权补偿，或者专注于削减成本而非集团化的扩张。但这些变化的最终结果对于基金经理、证券分析师、投资银行家和企业高管本身等金融精英来说是一笔宝贵财富。

这些创新对通过养老基金持有股票的普通员工或养老金领取者的影响通常是负面的。当然，所有股东，从投资银行家到装配线工人，都有共同的利益，但共同点是看到股票价值的上升，股票价值日益增长后的首要任务没有服务于普通工人或养老金领取者的其他利益，他们不仅是最普通的股东，而且越来越多地与他们的同事一起成为美国最大公司的大股东。我们审视了一些证据，表明在股东价值旗帜下进行的许多创新产生了与普通股东的利益和可能的价值严重冲突的结果。

这一过程里，如果股东价值运动明确地让普通投资者变得更为富有，那么我们可以认为,推动委托-代理理论的机构投资者已为他们的主人——股东们提供良好的服务了。然而,旨在使公司更具创业精神和专注程度的委托-代理理论改变了公司组织的行为方式,但是采用该理论的公司并未获得更高收益或股票升值。研究证据还显示,支持委托-代理理论的机构投资者即使在微小的股价上涨中也未能提升股东价值。

参考文献

Amihud, Y. and Lev, B. (1981). "Risk Reduction as a Managerial Motive for Conglomerate Mergers." *Bell Journal of Economics*, 12: 605 - 17.

Baker, G. P. and Smith, G. D. (1998). *The New Financial Capitalists: Kohlberg Kravis Roberts and the Creation of Corporate Value.* Cambridge: Cambridge University Press.

Bebchuk, L. A. and Fried, J. M. (2003). "Executive Compensation as an Agency Problem." *Journal of Economic Perspectives*, 17/3: 71 - 92.

——and Walker, D. I. (2002). "Managerial Power and Rent Extraction in the Design of Executive Compensation." *University of Chicago Law Review*, 69/3: 751 - 846.

Bernstein, J. and Mishel, L. (1997). "Has Wage Inequality Stopped Growing?" *Monthly Labor Review*, 120/12: 3 - 16.

Bettis, R. A. (1983). "Modern Financial Theory, Corporate Strategy and Public Policy: Three Conundrum." *Academy of Management Review*, 8/3: 406 - 15.

Bhagat, S., Shleifer, A., and Vishny, R. W. (1990). "Hostile Takeovers in the 1980s: The Return to Corporate Specialization," in C. Winston and M. N. Baily (eds.), *Brookings Papers on Economic Activity: Microeconomics 1990.* Washington, DC: Brookings Institution Press, 1 - 84.

Blair, M. M. (1995). *Ownership and Control: Re-Thinking Corporate Governance for the Twenty-First Century.* Washington, DC: Brookings Institute.

Budros, A. (1997). "The New Capitalism and Organizational Rationality: The Adoption of Downsizing Programs, 1979 - 1994." *Social Forces*, 76/1: 229 - 49.

Buessing, M. and Soto, M. (2006). "The State of Private Pensions: Current 5500 Data." Center for Retirement Research at Boston College, Issue in Brief no. 42.

Burns, N. and Kedia, S. (2006). "The Impact of Performance-Based Compensation on Misreporting." *Journal of Financial Economics*, 79/1: 35 - 67.

Campa, J. M. and Kedia, S. (2002). "Explaining the Diversification Discount." *Journal of Finance*, 57/4: 1731 - 62.

Campello, M. (2003). "Capital Structure and Product Markets Interactions: Evidence from Business Cycles." *Journal of Financial Economics*, 68/3: 353 - 78.

——（2006）. "Debt Financing: Does it Boost or Hurt Firm Performance in Product Markets?" *Journal of Financial Economics*, 82/1: 135 - 72.

Canedy, D. (1998). "Amid Big Losses, Sunbeam Plans to Cut 6, 400 Jobs and 8 Plants." *The New York Times*, May 12: D_1.

Cappelli, P. (1999). *The New Deal at Work: Managing the Market-Driven Workforce.* Boston, MA: Harvard Business School Press.

Carleton, W. To Nelson, J. M. , and Weisbach, M. S. (1998). "The Influence of Institutions on Corporate Governance through Private Negotiations: Evidence from TIAA-CREF. " *Journal of Finance*, 53/4: 1335 - 62.

Cauley, L. (1997). "Bell Atlantic, Nynex Job Cuts to Hit 10000. " *The Wall Street Journal*, May 6: A3.

Coffee, J. C. , Jr. (1991). "Liquidity versus Control: The Institutional Investor as Corporate Monitor. " *Columbia Law Review*, 91/6: 1277 - 368.

Collins, G. (1996). "Sunbeam to Halve Work Force of 12, 000 and Sell Some Units. " *The New York Times*, November 13: D_1.

Crutchley, C. E. and Hansen, R. S. (1989). "A Test of the Agency Theory of Managerial Ownership, Corporate Leverage, and Corporate Dividends. " *Financial Management*, 18/4: 36 - 46.

Dalton, D. R. , Daily, C. M. , Certo, S. T. , and Roengpitya, R. (2003). "Meta-Analyses of Financial Performance and Equity: Fusion or Confusion?" *Academy of Management Journal*, 46/1: 13 - 26.

Davis, G. F. and Kim, E. H. (2007). "Business Ties and Proxy Voting by Mutual Funds. " *Journal of Financial Economics*, 85/2: 552 - 70.

——and Stout, S. K. (1992). "Organization Theory and the Market for Corporate Control: A Dynamic Analysis of the Characteristics of Large Takeover Targets, 1980 - 1990. " *Administrative Science Quarterly*, 37/4: 605 - 33.

——, Diekmann, K. A. , and Tinsley, C. H. (1994). "The Decline and Fall of the Conglomerate Firm in the 1980s: The Deinstitutionalization of an Organizational Form. " *American Sociological Review*, 59/4: 547 - 70.

Degeorge, F. , Patel J. , and Zeckhauser, R. (1999). "Earnings Management to Exceed Thresholds. " *Journal of Business*, 72/1: 1 - 33.

DeNavas-Walt, C. , Proctor, B. D. , and Smith, J. C. (2010). "Income, Poverty, and Health Insurance Coverage in the United States: 2009. " *Current Population Reports*, 60 - 238.

Dobbin, F. (1992). "The Origins of Private Social Insurance: Public Policy and Fringe Benefits in America, 1920 - 1950. " *American Journal of Sociology*, 97/5: 1416 - 50.

——and Zorn, D. M. (2005). "Corporate Malfeasance and the Myth of Shareholder Value. " *Po-*

litical Power and Social Theory, 17: 179 – 98.

Donaldson, T. and Preston, L. E. (1995). "The Stakeholder Theory of the Corporation: Concepts, Evidence, and Implications. " *Academy of Management Review*, 20/1: 65 – 91.

Effendi, J., Srivastava, A., and Swanson, E. P. (2007). "Why Do Corporate Managers Misstate Financial Statements? The Role of Option Compensation and Other Factors. " *Journal of Financial Economics*, 85/3: 667 – 708.

Eisenhardt, K. M. (1989). "Agency Theory: An Assessment and Review. " *Academy of Management Review*, 14/1: 57 – 74.

Fama, E. F. (1980). "Agency Problems and the Theory of the Firm. " *Journal of Political Economy*, 88/2: 288 – 307.

——and Jensen, M. C. (1983). "Separation of Ownership and Control. " *Journal of Law and Economics*, 26/2: 301 – 25.

—— (1985). "Organizational Forms and Investment Decisions. " *Journal of Financial Economics*, 14/1: 101 – 19.

Finnerty, J. D. (1985). "Stock-for-Debt Swaps and Shareholder Returns. " *Financial Management*, 14/3: 5 – 17.

Fligstein, N. and Markowitz, L. (1993). "Financial Reorganization of American Corporations in the 1980s," in W. J. Wilson (ed.), *Sociology and the Public Agenda*. Beverly Hills, CA: Sage Publications, 185 – 206.

Flynn, L. J. (2006). "Sun Says It Will Cut at Least 4, 000 Jobs. " *The New York Times*, May 31: C_1.

Freeman, R. E. (1984). *Strategic Management: A Stakeholder Approach*. Boston, MA: Pitman.

Gilpin, K. N. (1995). "Lockheed to Eliminate 12, 000 Jobs. " *The New York Times*, June 27: D_1.

Gourevitch, P. A. and Shinn, J. (2005). *Political Power and Corporate Control: The New Global Politics of Corporate Governance*. Princeton, NJ: Princeton University Press.

Hacker, J. S. (2006). *The Great Risk Shift: The Assault on American Jobs, Families, Health Carey and Retirement and How You Can Fight Back*. Oxford: Oxford University Press.

Hall, B. J. and Liebman, J. B. (1998). "Are CEOS Really Paid Like Bureaucrats?" *Quarterly Journal of Economics*, 113/3: 653 – 91.

Hamdallah, A. E. -S. and Ruland, W. (1986), "The Decision to Terminate Overfunded Pension Plans. " *Journal of Accounting and Public Policy*, 5/2: 77 – 91.

Hammer, M. and Champy, J. (1993). *Reengineering the Corporation: A Manifesto for Business Revolution*. New York: Harper Business.

Harrison, B. and Bluestone, B. (1988). *The Great U-Turn: Corporate Restructuring and the Po-*

larizing of America. New York: Basic Books.

Holmstrom, B. and Kaplan, S. N. (2001). "Corporate Governance and Merger Activity in the U-nited States: Making Sense of the 1980s and 1990s." *Journal of Economic Perspectives*, 15: 121 – 44.

Holusha, J. (1993a). "10, 000 Jobs to Be Cut by Kodak." *The New York Times*, December 9: D₁.

—— (1993b). "A Profitable Xerox Plans to Cut Staff by 10, 000." *The New York Times*, August 19: D₁.

Ippolito, R. A. and James, W. H. (1992). "LBOs, Reversions and Implicit Contracts." *Journal of Finance*, 47/1: 139 – 67.

Jacoby, S. M. (2007). "Principles and Agents: CalPERS and Corporate Governance in Japan." *Corporate Governance*, 15/1: 5 – 15.

Jensen, M. C. (1984). "Takeovers: Folklore and Science." *Harvard Business Review*, 62/6: 109 – 21.

—— (1986). "Agency Costs of Free Cash Flow, Corporate Finance, and Takeovers." *American Economic Review*, 76/2: 323 – 29.

—— (1989). "Eclipse of the Public Corporation." *Harvard Business Review*, 67/5. 61 – 74.

——and Meckling, W. H. (1976). "Theory of the Firm: Managerial Behavior, Agency Costs, and Ownership Structure." *Journal of Financial Economics*, 3/4: 305 – 60.

Jensen, M. C. and Murphy, K. J. (1990). "Performance Pay and Top-Management Incentives." *Journal of Political Economy*, 98/2: 225 – 64.

Johnson, S. (2008). "Faltering Economic Growth and the Need for Economic Stimulus." Hearing of the Joint Economic Committee of Congress, October 30.

Khurana, R. (2002). *Searching for a Corporate Savior: The Irrational Quest for Charismatic CEOs*. Princeton, NJ: Princeton University Press.

Lazonick, W. and O'sullivan, M. (2000). "Maximizing Shareholder Value: A New Ideology for Corporate Governance." *Economy and Society*, 29/1: 13 – 35.

LeBaron, D. and Speidell, L. S. (1987). "Why Are the Parts Worth More than the Sum? 'Chop Shop,' a Corporate Valuation Model," in L. E. Browne and E. S. Rosengren (eds.), *The Merger Boom*. Boston, MA: Federal Reserve Bank of Boston, 78 – 101.

Liebeskind, J. P. , Opler, T. C. , and Hatfield, D. E. (1996). "Corporate Restructuring and the Consolidation of US Industry." *Journal of Industrial Economics*, 44/1: 53 – 68.

Lys, T. and Sivaramakrishnan, K. (1988). "Earnings Expectations and Capital Restructuring: The Case of Equity-for-Debt Swaps." *Journal of Accounting Research*, 26/2: 273 – 99.

Matsusaka, J. G. (1993). "Takeover Motives during the Conglomerate Merger Wave." *RAND*

Journal of Economics, 24/3: 357 – 79.

Mittelstaedt, H. F. (1989). "An Empirical Analysis of the Factors Underlying the Decision to Re-move Excess Assets from Overfunded Pension Plans. " *Journal of Accounting and Economics*, 11/4: 399 – 418.

Modigliani, R. and Merton, H. M. (1958). "The Cost of Capital, Corporation Finance and the Theory of Investment. " *American Economic Review*, 48/3: 261 – 97.

Morris, M. A. and Western, B. (1999). "Inequality in Earnings at the Close of the Twentieth Century. " *Annual Review of Sociology*, 25/1: 623 – 57.

Munnell, A. H. and Soto, M. (2007). "Why Are Companies Freezing Their Pensions?" Working paper. ⟨http://papers. ssrn. coxn/sol3/papers. cfm? abstract_id = i5459i6⟩ (accessed August 3, 2011).

——Golub-Sass, F. , Soto, Mo and Vitagliano, F. (2006). "Why Are Healthy Employers Freez-ing Their Pensions?" Center for Retirement Research at Boston College, Issue in Brief no. 44.

Osterman, P. (1999). *Securing Prosperity*. Princeton, NJ: Princeton University Press.

Parrino, R. , Sias, R. W. , and Starks, L. T. (2003). "Voting with Their Feet: Institutional Owner-ship Changes around Forced CEO Turnover. " *Journal of Financial Economics*, 68/1: 3 – 46.

Peters, T. J. and Waterman, R. H. (1982). *In Search of Excellence: Lessons from America's Best-Run Companies*. New York: Harper and Row.

Piketty, T. and E. Saez. (2003). "Income Inequality in the United States: 1913 – 1998. " *Quar-terly Journal of Economics*, 118/1: 1 – 39.

—— (2009). "Income Inequality in the United States: Updated Tables. " ⟨http://elsa. berke-ley. edu/ ~ saez/TabFig2007. xls⟩ (accessed August 3, 2011), Posner, R. A. (2009). *A Fail-ure of Capitalism: The Crisis of ' 08 and the Descent into Depression*. Cambridge, MA: Har-vard University Press.

Prahalad, C. K. and Hamel, G. (1990). "The Core Competence of the Corporation. " *Harvard Business Review*, 68/3: 79 – 91.

Proffitt, W. T. (2001). "The Evolution of Institutional Investor Identity: Social Movement Mobiliza-tion in the Shareholder Activism Field. " PhD thesis, Northwestern University, Evanston, IL.

Romero, S. (2000). "Qwest Stock Dips on News of 13, 000 Layoffs. " *The New York Times*, Sep-tember 8: C6.

Sanders, W. G. and Hambrick, D. C. (2007). "Swinging for the Fences: The Effects of CEO Stock Options on Company Risk Taking and Performance. " *Academy of Management Journal*, 50/5: 1055 – 78.

Schwab, S. J. and Thomas, R. S. (1998). "Realigning Corporate Governance: Shareholder Activ-ism by Labor Unions. " *Michigan Law Review*, 96/4: 1018 – 94.

Servaes, H. (1996). "The Value of Diversification During the Conglomerate Merger Wave. " *Journal of Finance*, 51/4: 1201 – 25.

Shleifer, A. and Summers, L. H. (1988). "Breach of Trust in Hostile Takeovers," in A. J. Auerbach (ed.), *Corporate Takeovers: Causes and Consequences.* Chicago: University of Chicago Press, 33 – 67.

——and Vishny, R. W. (1989). "Management Entrenchment: The Case of Manager-Specific Investments. " *Journal of Financial Economics*, 25/1: 123 – 39.

—— (1997). "A Survey of Corporate Governance. " *Journal of Finance*, 52/2: 737 – 83.

Sims, C. (1993). "Martin Marietta to Eliminate 11, 000 Jobs. " *The New York Times*, October 1: D_1.

Sorkin, A. R. (2009). *Too Big to Fail: The Insider Story of How Wall Street and Washington Fought to Save the Financial System from Crisis—and Themselves.* New York: Viking.

Stephens, J. D. (1979). *The Transition from Capitalism to Socialism.* London: Macmillan.

Stone, M. (1987). "A Financing Explanation for Overfunded Pension Plan Terminations. " *Journal of Accounting Research*, 25/2: 317 – 26.

Teece, D. J. (1982). "Towards an Economic Theory of the Multiproduct Firm. " *Journal of Economic Behavior and Organization*, 3/1: 39 – 63.

Thelen, K. (2003). "How Institutions Evolve: Insights from Comparative Historical Analysis," in J. Mahoney and D. Rueschemeyer (eds.), *Comparative Historical Analysis in the Social Sciences.* Cambridge: Cambridge University Press, 208 – 69.

Useem, M. (1996). *Investor Capitalism: How Money Managers are Changing the Face of Corporate America.* New York: Basic Books.

Villalonga, B. (2004). "Does Diversification Cause the 'Diversification Discount'?" *Financial Management*, 33/2: 5 – 27.

Walther, T. (1997). *Reinventing the CFO: Moving from Financial Management to Strategic Management.* New York: McGraw-Hill.

Wernerfelt, B. and Montgomery, C. A. (1988). "Tobin's q and the Importance of Focus in Firm Performance. " *American Economic Review*, 78/1: 246 – 50.

Westphal, J. D. and Zajac, E. J. (1998). "The Symbolic Management of Stockholders: Corporate Governance Reforms and Shareholder Reactions. " *Administrative Science Quarterly*, 43/1: 127 – 53.

Young, S. (2005). "SBC-AT & T Deal Relies on Savings Through Job Cuts. " *The Wall Street Journal*, February 2: A_2.

Zajac, E. J. and Westphal, J. D. (2004). "The Social Construction of Market Value: Institutionalization and Learning Perspectives on Stock Market Reactions. " *American Sociological Review*,

69/3: 433 – 57.

Zuckerman, E. W. (1999). "The Categorical Imperative: Securities Analysts and the Illegitimacy Discount." *American Journal of Sociology*, 104/5: 1398 – 438.

—— (2000). "Focusing the Corporate Product: Securities Analysts: and De-diversification." *Administrative Science Quarterly*, 45/3: 591 – 619.

第4章
作为涌现现象的商业集团和金融市场[1,2]

布鲁斯·寇谷特（Bruce Kogut）

非常遗憾，长期以来学术界关于商业集团的调查研究几乎是空白的。过去20年的研究已经从定量和定性两个方面弥补了这一缺失。然而，由于该主题的复杂性和数据不全，往往难以有稳健的研究结果，这对从事经济社会学比较研究的学者提出了挑战。本章针对商业集团及其与金融的关系提出了另类观点，以应对这一挑战。

借鉴了复杂性科学（the science of complexity），金融市场社会学可以被看作是对经济市场中出现的宏观结构模式与参与者或行动者在这些市场中的微观行为的关系模式的研究。这些模式中的标志性特征正是本章的研究线索，它们体现为各类指导行动者行动的规则。虽然这些特征是统计学意义上的，但是，它们的产生和发展动力深受评级者、投资者和企业家之间社会关系的支配。金融市场和经济市场都是非常复杂的系统，然而，在理解它们的结构模式、动力机制、交易者的微观行为及互动规则等方面，人们已经取得了相当大的进展。

从社会学角度看，商业集团具有重要地位，因为它们总是通过控制大型商业企业与重要的经济和政治力量相关联。尽管存在巨大的体制差异，但它们提出了一个有趣的问题：为什么这种形式在各国如此普遍地存在？它们在许多国家中共有的现象表明，它们是由类似的基础动力引发的涌现事件，虽然普遍存在，但种类繁多、特征各异。因此，一个简单的定义是有价值的。

格兰诺维特（Granovetter, 2005）提供了以下定义："'商业集团'是一些法律上独立公司的集合，它们以一贯的正式和/或非正式方式捆绑在一起。"

　　格兰诺维特的定义对区分商业集团与金融市场及其他组织类型（如风险投资或私募投资）是有用的。风险投资和私募投资公司有着相似的结构：一家金融公司设立了基金，其中私人或金融机构作为有限合伙人投资，而该基金随后投资于其他公司以换取股权。风险投资常常以新的私营企业为投资目标；私募投资常常投资于已成立的公司，这些公司的部分股票在正式交易所已经上市交易。此外，尽管辛迪加（syndicates）模式在风险投资中更常见，但是，在这两种组织模式下，基金都可以通过辛迪加共同投资。这些投资是有期限的，目标是在几年内通过首次公开募股（IPO）或向公众出售股票，最后"退出"投资、获得套现收益。由于投资的期限有限，风险投资和私募投资不符合格兰诺维特定义的"持续性"经营的标准。

　　商业集团的活动与风险投资和私募投资存在许多相似之处，就此而言，它们都投资于新技术或新的商业模式或投资于现有业务转型的各类企业。在大多数国家，风险投资和私募投资并不存在，或者是非常新且规模很小的，由此，商业集团为企业融资提供了新渠道。然而，商业集团与风险投资和私募投资截然不同。通过更便捷的资本获取途径（基于与外部银行或该集团"内部"银行的关系），商业集团可以将资本在不同企业间进行转移，再投资于创业机会。商业集团可以通过将资本从一家企业转移到另一家企业重新投资于创业机会，而风险投资和私募投资把他们的每一项投资都视为独立实体。商业集团的投资预期是长期的，很少有任何快速退出的计划——在任何情况下，一般没有公募股票市场参与。

　　除了"持续性"之外，格兰诺维特的定义暗含着通过正式或非正式方式协调金融和商业活动。作为一个经验问题，该定义提出了这样一个问题：这种协调主要通过经济与金融关系（即公平的关系）还是社会关系来实现，如家族、种族和身份等社会关系。商业集团也有足够的包容性，既可以是水平式组织，又可以是垂直式组织。水平式组织意味着集团企业专注于不同的业务，如电子、电信、化工；垂直式组织意味着企业被组织在一个供应链中，如汽车生产，其中包括电子供应商、机械传动模型和发动机的最终组装者。这两类商业集团的组织结构与基于金融控制的组织模式不同，后者是由多个股份组合起来形成单一实体（主要是银行）或通过所有权的金字塔结构形成的组织。

　　因此，对商业集团可以有三个分析维度：组织群体的社会类型；行动者的结构关系，如水平结构和垂直结构；金融机构。例如，在东亚的海外华人企业往往是家族群体，具有多元化的水平结构，并往往由缺乏透明度的金字塔结构组织起来。典型例子是德国康采恩（Konzern）集团组织，通常是家族、信托（如 Zeiss、Bosch 公司）或主要所有者的投资组合而成公司；这一投资组合控制着多元化企业的股权份额。在社会学意义上，中国家族商业集团组织与德国康采恩集团组织有很大差异，而商业集团这个术语可适用于两者。

　　即使在一个国家内，商业集团也会有所不同。例如，日本的经连会（keiretsu）指的是典型的、水平的、多元化的经济组合型公司，通过一家主要银行进行交叉持股和债权融资，但它也可能意味着一个从分层供应链到最终的组装者的垂直组织。例如，丰田公司在第一层供应商中持股，但不会直接拥有第二或第三层供应商的股权。[3]水平式经连会和垂直式经连会之间的这种区别，对 20 世纪 90 年代初某些经济文献非常重要，这些文献认为垂直式组织是有效率的，而水平式组织是低效率的（Lawrence，1993）。

　　商业集团一直是经济学和社会学重要的研究议题，对经济社会学研究者而言并不神秘。然而，商业集团不仅在研究定义上丰富多样，且在经验观察上也存在显著差异，从而为人们提供了多个进入这个领域的切入点。犹如一座有许多房间的宫殿，在每个房间都可开展热烈的讨论，完全不用受那些全球一致性（global consistency）观点的困扰。

　　显然，如果所有人都赞同某种取向（全球一致性），那么对许多优秀的研究来说是非常不公平的。不过，我在此仍然选择这一取向（即探索"全球一致性"），因为它表明了在不同背景下寻找共同规律的重要性，而不是太过迅速地进入异质性讨论。经济学和社会学倍感惭愧，特别是在研究商业集团的效率函数形式问题时，它们都忽略了更大的结构问题。正如下文所述，从社会、文化、制度规则的角度分析商业集团的形成和所有权结构是有价值的。

　　下文中，我们首先就商业集团组织形式的效率问题展开争论，然后迅速转向对商业集团的结构分析。

函数关系的有效性：LEFF 假设

　　经济学文献里关于效率的函数表达已有较为成熟的讨论，总结文献里关于这一问题的两种对立的观点将有指导和启发意义。一方认为，商业集团的产权核心所有者有激励获取私人利益；另一方则认为，商业集团是企业家应对商业环境制度性缺陷的方式。在这两种情况下，其论点都是关于商业集团的功能效率问题。

默克尔等（Morck，Wolfenzon，and Yeung，2005）总结了第一方的论点。他们认为，虽然商业集团通常是金字塔结构，旨在从少数股东那里获取现金，但是股东们购买股权或贷款是自愿行为，从而商业集团的规模也产生了新的政治权力。这一文献着重于金字塔结构，即一个母公司对第一级子公司拥有一定比例的控制权，进而随着第一层子公司下设和控制第二级子公司，母公司又在第二级公司中拥有一定比例的控制权。尽管母公司的所有权和控制权在每一级逐渐减弱，但是这种结构允许母公司从较低层次的公司获取现金或服务。一个金字塔结构里，假设每一级的每个重点企业都拥有下级企业50%的股权，那么母公司的控制力以 α^t 的速率下降，其中 α 是所有权的百分比，t 是层级的指数。由此，如果一个母公司从第一级子公司转移了 100 万美元到私人那里（在文献中称为"隧道"），这些所有者的花费不到 8 万美元（因为 $\alpha^t < 0.08$）。贝利（Berle）和米恩斯（Means）观察和关注了 20 世纪 30 年代美国这种金字塔结构的广泛传播，并认为商业集团是金字塔结构的，其目的和功能是将利益转移给最终所有者。[4]

不出所料（可想而知），另一方的论点是这些集团模式是有效的，因为它们解决了市场和制度的（institutional）失灵问题，或者它们拥有专门的管理能力。这一立场可以称为"莱夫假说"，以此向莱夫（Leff，1978）的重要论文致敬。莱夫认为集团包括企业家和管理能力，以纠正发展中国家阻碍企业家精神发展的制度性市场失灵论点。"集团模式是这样的，"他总结说，"在企业内部有一套处理发展中国家主要因素、风险和中间产品市场缺陷的机制。"（Leff，1978：667）这一商业集团弥补了市场和制度失灵假说的适用范围，比莱夫所说的更广泛，一般适用于以团体（corporate）形式弥补市场和制度失灵的论点。

当经验问题很复杂时，一个好的策略是寻找更简单的案例。上述对商业集团模式的解释存在矛盾，这是因为关于企业战略的经验研究的观点存在差异。这一问题关注的是：即使是单一公司，多元化是否增加了价值？这个问题换个说法是："是否存在多元化折价（diversification discount）？"

首先考察一下使用统计数据的相关研究（主要基于美国的数据），询问设立多个公司总部对价值是否有任何影响。研究表明，收益率的差异主要取决于个别企业或行业的具体因素，且证据表明设立多个公司总部仅解释了方差的很小部分（Rumelt，1991）。

接下来请考虑，设立多个公司总部对收益变化的平均影响是正还是负？也就是说，是否存在多元化折价？大多数研究发现，平均而言，多元化会降低公司的价值。然而，关于美国之外的公司的实证研究却找不到这种折让，而且经常会发现溢价（Lins and Servaes，1999）。因此，具体环境对多元化折让有效性有重要影响。

这些研究与商业集团密切相关，这一点不言而喻。某个公司成为大型多元化商业集团的成员之一，这是否有助于增加该公司的利润或价值？许多研究都在测试商业集团是否能获得更高的资本回报率，这一点不足为奇。[5]例如，以卡纳等的研究（Khanna and Rivkin，2001）为例，该研究发现，在 14 个国家中有 6 个国家有商业集团能增加企业价值的证据，有 3 个国家显示商业价值的增加值为负值，有 5 个国家显示企业价值几乎没有变化。换言之，若我们把每个国家看成一个实验对象，分析要素是商业集团，那么我们就有多个实验组，只有 42% 的实验组显示有积极影响。因此，我们无法拒绝商业集团和企业价值增加之间没有相关关系的零假设。虽然商业集团的制度因素肯定存在影响，但没有研究能够从统计上验证该关系。还有一些国内研究表明，某个独立公司若隶属于一个商业集团，将有助于该独立公司在这个国家获得关系资源，如凯斯特（Keister，1998）有关中国的研究，但许多其他研究并未发现这一点。[6]

社会学文献对该函数关系引发的争论关注较少，社会学研究从制度的角度出发，认为各国都是由特定的逻辑引导的，并且这些逻辑形塑了企业组织。这类论文已在法国、英国和美国的铁路政策设计（Dobbin，1994）中得到了应用。汉密尔顿和比加特（Hamilton and Biggart，1988）在报告韩国、中国台湾地区和日本的资本主义遵循不同的制度逻辑的同时也提出了类似的论点。他们最后指出，"组织结构是由情境决定的，因此，最适当的分析形式是挖掘历史层面"（Hamilton and Biggart，1988：S87）。其他研究的严谨性虽然不及汉密尔顿和比加特的研究，但其具有吸引力的说法是"差异"说，即国家是独特的，遵循它们自己的逻辑，并且必须被独特地理解。社会学文献中有很多采用这种方法的例子。

这种极端的制度分析方法对于深入理解各个国家的具体案例是有益的。然而，比较分析有相当谨慎的目标，为各个国家赋予不同的（独特的）逻辑，而未能与因果陈述区分开，也未能提供微观机制分析。一个典型的例子是本迪克斯（Bendix，1956）留下的方法论——对四个国家进行两两比较分析（即两个原因产生四个结果）。选择两个因素和四个国家进行分析，这个研究设计是完全饱和的、无错误的。这种设计在分层随机实验的情况下是有意义的；但当四个国家先验地被给予了四个可能的结果时，这是一个纯粹的描述模型。从结果到原因的分析，认为在具体的国家逻辑之外，有两个独立于制度的因素决定了商业集团的存在，这仍是一种薄弱的方法。拉金（Ragin，1987）提出了定性的比较分析方法，以便将可能的因果组合与国家先验给定的特征相区分，转而对各国案例进行有意义的归纳和提炼，找出有意义的类型特征，而不仅仅是给出描述性框架。

结构特征和大型多元化商业集团的出现

正如上文所讨论的那样，有关商业集团的论文表现出很大的分歧并不令人感到意外。退一步说，尝试不同的研究路径可能是一个好主意。另一种替代方法较少侧重于跨环境（即国家）的函数形式比较，或宏观制度比较；相反，这种替代选择的关注点是大型多元化企业的产生和出现过程。在保留价值观和机会结构的情况下，历史分析对此类研究至关重要，来自环境的反馈信息为局部参与者提供了分析当下情况的信息。这一方法的目标是厘清微观行为与宏观结构何以可能的机制，这也是此方法的主要特征。

然而，从以下的角度来看，这种分析具有更有趣的理论优势。局部参与者的随机行为不会聚合为随机的宏观结果。宏观组织中总是有更复杂的结构和秩序，而不是简单地通过观察随机的微观行为就可以了解的。随机微观行为是基线模型。诸如商业集团的微观机制通常被描述为"任人唯亲"，是一种"朋友的朋友"形态，导致三元闭包和集聚（clustering）；当它与男性性别偏好相结合时，结构性结果就是"男孩俱乐部"。从数据来看，这是有效区分产生商业集团机制的不好和好的候选人的结构性因素。它们可以被视为"关联和协调模式"，且是"微观层次"的（Cetina and Bruegger，2002：907）；关联和协调模式是对商业集团的一种极好的描述。但有一个前提，在考察上述模式时，我们需要观察宏观集聚状态以分析微观社会结构的规律性。

让我们把重点放在两个结构性特征（即企业规模和多元化的分布状况）上，它们具有类似法则或规律的特点。这两种方法都是有用的基线模型，有助于理解导致被称为商业集团的大型多元化组织实体出现的动力。

为什么基线模型有用？如果不同背景下（如国家）经验数据呈现出类似的模式，则表明存在产生普遍的、共同的分布规律。对制度社会学家来说，这一发现极具挑战性，因为它的意思是，"不告诉我体制上的差异，我仍然会预测结果"。然而，这一挑战可能激发后来发展出的洞见。

商业集团至少有两个属性：它们是大的集体——通常与大的个人公司一起；它们是多元化的，在同一集团内部有相互竞争的公司是不可取的。正如商业集团的早期代表指出的，商业集团往往是由新兴市场的企业家创办，他们扩展到适合他们的技能和优势领域（Leff，1978）。由于资本市场疲软，商业集团经常向资本密集型行业（如交通、重工业和金融）注入资金。

企业规模分布

任何一个商业组织的研究者都会很快地意识到，不管新公司的初始规模如何，该公司往往迅速呈幂律分布。当然，有明显的例外，例如意大利没有产生大公司，成为幂律分布里极值尾数的典型案例。然而规模的幂律分布的发现是如此普遍，以至于适当的批评是接受这个属性，就像我们能够在社会科学中获得规律一样，我们会问：为什么会有这样的指数多样性？这是在质问为什么一些大公司倾向于主宰工业部门和国民经济，这是使商业集团成为重要研究对象的先决条件。

当然，各国商业集团的规模分布各不相同。幂律由于其无标度性质而具有分形性质。无标度性质意味着标量（λ）的增加会使概率成比例地增加。这样

$$P(\lambda x) = K(\lambda x)^\alpha = \lambda^\alpha K x^\alpha = \lambda^\alpha P(x),$$

其中 K 是常数，X 是实体的规模，α 表示分布的偏态（skewness）。因此，规模分布与原始分布的比值是：

$$P(\lambda x)/P(x) = \lambda^\alpha$$

这种关系意味着分布的形状不受规模水平的影响；大国和小国在规模上会有所不同，但分布形式基本相同。[7]

换言之，世界上所有公司的全球规模分布可能是幂律分布。当然，国家内部、国家部门内部和商业集团内部（如果构成部分的人足够多）的公司规模分布也可以是幂律分布的。在层级结构（全球、国家、部门、公司）的每

个层次上，幂律分布重复出现，这与组织分形相呼应，意味着与机构财产仅有规模分布的特点相比，它存在更多的结构秩序。

企业规模与增长率变化的关系

除了它们的规模外，横向商业集团的第二个属性是多元化。同样，为了简便起见，我们首先考虑的是多元化与规模分布的关系。从经济的角度来看，用格兰诺维特的理论解释上述观点，企业坚持长期关系的动机在于这种关系的收益。这种收益可能是共享的资源、市场或通过国家议价的能力。如果企业坚持彼此绑定的关系（不同的企业从长期关系中所获的收益存在差异），那么在宏观结构中它会有什么特征呢？

这种结构特征以一种相对模糊的模式被发现，即企业规模增长的方差也是幂律分布的（Stanley et al.，1996），$\sigma^2(\sigma/y) = Ky^r$，指数估计在 -0.15 附近。借用统计物理学的观点，斯坦利等人认为，企业间在"公司层面"具有微弱的相关性可以解释这个指数，他们还找到了一些证据。[8]

这些企业规模的幂律分布和企业增长方差的结果表明，存在形式化的函数关系，即多元化企业内相互依存的实体之间存在稳定的规律关系。这些统计结果还表明不同企业内部多元化的能力存在异质性。我们已经注意到，战略管理方面的研究表明，公司总部对盈利能力的变化有重要影响（尽管有限）；美国有多元化折价；有些国家显示出多元化溢价。

然而我们没有谈到企业多元化是不是重要的问题。蒂斯（Teece et al.，1994）将行业相互关系与企业的业务组合之间的对应关系定义为"一致性"。这种一致性是一种强有力的技术表象论的形式。这就引出了以下研究策略。如果成功的企业能够从企业与重复的技术或市场结合中获利，那么在宏观结构层面上应遵循以下模式：经常出现在企业业务组合中的两个行业，在技术上或市场上相关。反映这种关联性的多元化投资组合的企业是一致的。为了检验这个命题，蒂斯等对多元化企业的工业活动进行了大样本分析，看他们的投资组合是否"一致"。随机基线模型假设，每对行业组在边际范围内的可能性相同，即受限于在该行业中活跃企业的总数。因此，"一致性"是一种 t - 分布（Student-t distribution）统计检验，表示这个随机期望的统计偏离。随后，作者为各多元化企业构建了一致性的度量标准。这一指标代表企业进入多个行业的多元化程度，据此模拟行业间的相关性。

这项研究是利用宏观结构数据研究微观行为并应用随机基线进行非随机

偏差量度的一个很好的例子。然而，这种自上而下的方法颠倒了我们自下而上的方案，并以他们假设的存在偏差的循环成本为代价——行业一致性是企业选择的集合。一个天真的测试是简单地询问在其他国家是否有相同的行业一致性模式。寇古特等（Kogut，Walker，and Anand，2002）完成了这项测试，拒绝了各国之间存在共同一致性的假设。在它存在的范围内，一致性不是由技术决定的，最有可能是由市场和体制因素决定的。如果各国行业一致性与在单一所有制结构下的多元化企业的特点有所不同，那么肯定也不太可能为商业集团持有。

计算商业集团的数量（counting business groups）

前面讨论了两个关于单个企业的统计规律，我们现在转向分析商业集团这一更加常见的任务。哈里斯（Harry Strachan）在对尼加拉瓜商业集团的研究中观察到，在回答"你属于哪个商业集团"这一问题时，商人可能会说没有，或称一个团体，但这个问题不会回答关于这个集团是什么的问题（Strachan，1976：26-29，转引自 Granovetter，1995：99）。事实上，许多商业集团的目标都是基于对集团内部结构的了解而制定的。

另一种方法是关注由投资机构、商业媒体或证券交易所发布的关于股票或债务交易公司的所有权数据。当然，纯私人实体不在这些数据清单里，因此格兰诺维特所谓的企业被"非正式方式"的约束条件剔除了。尽管如此，这种方法的优点是，挖掘那些不太依赖统计方法做判断的分组数据。

格拉特费尔德和巴蒂斯顿（Glattfelder and Battiston，2009）使用毕威迪（Bureau van Dijk）公司的 ORBIS 数据库分析了 48 个国家的数据资料。数据包括 24877 家公司和 106141 名股东。企业所有权网络的结构是二分的（bipartite）（有时称为联盟网络）。由于数据包括股东拥有的股权比例，他们据此构建一个控制指数，来识别全球网络中所有权的主体状态。此主体由最大的股东通过其直接和间接持有的股权构成。

虽然主干分析有助于识别大股东，但它并不直接计算商业集团的数量。由于企业可以通过第三方直接或间接地交叉持股，因此通过"环"来计算商业集团的数量较为复杂。由于金字塔结构发端于拥有其他公司的母公司，这些被母公司控股的公司还可能控股其他公司，所以计算金字塔结构的商业集团数量的方法是识别网络中的有向无环图（directed acyclic graphs，DAGs）。

按照该程序，首先移除最大的 DAG 或金字塔结构，然后转向下一个最大的 DAG，直到没有符合我们阈值标准的 DAG 为止。如果两个母公司交叉持股或共同投资，那么最大的 DAG 首先被计数后，两家公司就会被折叠到一个节点上；之后检查第二层是不是金字塔结构，如果是，则进行计数。

寇谷特（Kogut, 2012）使用了这个程序。2000 年，智利是金字塔结构的冠军，其次是韩国和巴西。丹麦有许多金字塔结构，但它们相对较小。尽管如此，这些国家的金字塔结构比其他国家还要多（未校正网络规模）。正如大多数研究显示的，在美国很大程度上是缺乏金字塔结构的。

区域拓扑学与比较分析[9]

计算树上的平均分支数量是比较各国商业集团重要性的第一次尝试。更宏大的研究计划是将微观动机的制度逻辑解析为明确的规则。毕竟，一个逻辑应该被规范表述，否则为什么要把它叫做逻辑呢？

一种新兴的方法将两者结合在一起：它分析了国家宏观结构与可能产生结构特征的微观规则的对应关系。在我看来，回答成为一个国家意味着什么的问题，需要理解指导个人选择的微观规则，这些选择包括是持有还是出售公司，或者是否成为一个商业集团的成员。如果商业集团正式约束的方式是通过董事会进行约束，那么相应的微观问题是什么规则或什么逻辑促成了董事的任命。对董事的多项研究表明，董事的选择受社会网络的强烈制约，如受同质性制约；换言之，"物以类聚"——男人选择男人，精英学校的毕业生选择同一所大学的其他毕业生，等等。

同质性可能是解释商业集团的社会学形成的极好的微观规则之一。商业集团通常与家族、族裔和地位有关。由于存在这些隶属关系，在任何一个跨部门企业之间的关系将揭示三元闭包趋势。三元闭包捕捉到"朋友的朋友也是朋友"的社会现象。如南方和北方的两个国家，我们通过应用被称为指数随机图模型（或 ERGMs）的统计方法，可以计算二者内部的三元闭包系数。为了便于说明，假设二者的三元闭包系数相差 2 倍，其他一切背景值都是相同的。通过调节这个（三角闭包）系数，有可能在南方影响到北方的网络关联。

下面，我们进一步阐释这种商业集团模式增长的观点。不过，先来简单地了解商业集团在一个国家是否比在另一个国家更常见也许是有帮助的。早些时候，我们只是简单地提供在一个国家中按网络规模标准化的金字塔结构数量。然而，商业集团模式比金字塔结构的应用范围更广阔。此外，一次简单的计数无法揭示很多微观基础。

然而，可以用一种更简单的方法来提出这个问题：一个国家的商业集团数量是否比随机预期要大？如果可以通过三元闭包测度商业集团，如果企业之间的所有权或社会关系是简单随机的，那么三元闭包的数量是否比预期的要多？给定一个国家有 20 个商业集团，这对一个有 N 家企业和 K 个公司间所有权联系的国家来说是不是太多了？由 N 个节点（公司）和 K 个边（关系）组成的随机图，很可能出现的三元闭包概率是相同的。

随机图可以代表纯市场经济和基准模型，即社会关系不重要。我们将重点关注一种网络统计——聚集系数，因为它能很好地捕捉区域差异，其中区域意味着邻里的构成和选择邻里的规则（邻里在网络图分析中有具体的技术定义：对于任一节点 j，直接连接到节点 j 的节点，即为节点 j 的邻里）。聚集是科尔曼（Coleman）对社会资本的一种操作化定义，一个有更多联系的邻里有更高水平的社会信任和更多的监督。因此，商业集团应该以聚集为标志，显示出高水平的社会资本和社会信任。

我们现在选择一种市场经济的理想类型作为随机图，并将聚集系数看作合适的网络统计指标，我们准备分析一个国家与极端的随机情况的不同之处。我们提出测量依赖这个命题：随机图节点期望的聚集系数是图的密度。

我们利用这个属性来测量一个网络与一个典型的随机网络的差异，就像测量任意给定国家平均聚集系数与图的密度之间的差异。我们称这种差异为"随机距离"。用此算法分析来自 20 多个国家的数据，研究结果表明，在盎格鲁－撒克逊（Anglo-Saxon）国家发现的所有权聚集比较接近随机状态（Kogut et al.，2012）。这种方法也可以应用于连锁董事。这里，在国家中观察到的聚集与它们的随机图预测有很大的不同。董事会看起来确实像个小圈子。

对商业集团进行比较研究的基本要求是，要证明其结构形式体现了其社会文化规则。前面部分通过在所有权数据中寻找类似树的结构关系来计算商业集团的数量；本部分则提出，对于不同种类的商业集团，我们期望发现社会规则成为揭示聚集规律的关系模式。对一些商业集团如日本的垂直型经连会用（无环）树结构进行测量更合适；对其他的企业集团，如中国家族企业，最好使用聚集系数来测量。这种差异使我们更加关注：通过了解商业集团背后的生成规则，我们将了解它们的社会学属性和起源。

商业集团和文化规则谱系

上述研究采用了行动者模型（agent-based model，ABM）视角理解各个国家商业集团的发展、扩散及其影响。ABM 将行动者视为追求社会或经济效益最大化的理性人。社交规则可能是与朋友的朋友交朋友（继续用上面的例子），或者与经济实力强大的公司或个人建立可能是有效的联系。当然，社会和经济动机往往混合在一起。

ABM 的目标是解释由规则驱动的行动者行为所产生的宏观结构模式。爱波斯坦（Epstein，2006）简洁地用以下格言总结了这个目标：如果你没有生成它，你就没有解释它。精明的观察者常常提出相反的说法（如果你发展了它，你就解释了它），这显然是不正确的。因为有可能而且往往是用多个模型来发展一个给定的拓扑结构。尽管如此，该规则对用排除法做演绎推理来推翻某个因果关系命题是有用的。

ABM 模型对理解商业集团的社会学渊源是有用的。通过 ABM 分析方法，我认为简单地将商业集团视为自下而上的社会规则的产物，这可能是有用的。这正是我们提出的分析框架。

如上所述，有关商业集团的文献观点相互矛盾。这场辩论的一个阵营声称金字塔结构违反了良好治理的原则，并允许强大的人（通常是家族）从潜在企业的经济损失中获益。举例来说，下面是默克尔等（Morck，Wolfenzon，and Yeung，2005：55）发表在《经济文献杂志》的评论文章中的一句话：

> 在许多国家，大型金字塔结构实际上将企业部门的大部分公司治理委托给几个极富有的家族。这可能会放大少数家族族长治理不善的后果，导致整个经济的资本配置效率低下，减少创新投资，导致经济增长迟缓。此外，为了保持现状，这些精英家族有时似乎能够影响公共政策，以放缓私人产权发展、资本市场发展和经济开放。我们把这种情况称为经济防御。我们认为，现有的许多工作指出，经济防御是许多国家面临的重大问题。

这次辩论中的另一个阵营认为，集团有能力弥补体制上的缺陷，胜过其他组织形式。众所周知，由于优良数据难以获得，没有哪个阵营宣布取得了胜利。

生成性分析方法并没有解决上述争论，而是将注意力转移到解释各类规则的相互作用上来，这些规则正是商业集团特别是家族所有的集团不断演化的基础。在社会规则与结构（例如商业集团）的关系中，伯特兰德（Bertrand，2008）的研究提供了关于社会结构（代际家族企业）生成规则及其经济结果的罕见分析。在对商业集团的人口参数进行描述统计时，他们注意到儿子继承了家族集团内部公司的所有权。根据他们的描述统计，创始人去世时涉及的儿女数量越多，家族集团的业绩越会恶化。因此，他们确定了男性父系模式的社会规则，由此控制了经济后果。

一个完整的 ABM 不仅会考虑人口统计学，而且会考虑财产继承和约束企业的社会规则；行动者将被视为效用函数，这将指导他们形成企业间联系的选择行为。基于我们的目的，考虑生育力对商业集团预期规模的影响是有益的。

换言之，我们希望使用基于数据估计的统计量得到泰国家族企业的商业集团的规模分布。[10]这些统计数据仅仅是孩子的平均数量（λ）和孩子创建子公司（α）的可能性；为了简单起见，我们不区分儿子和女儿，但事实上，这种概率很大程度上是儿子数量的函数。谱系是一个 DAG，它是根，可以生成下一代的双亲，然后分支到第二代，依此类推。我们首先从根（创建者）开始生成树。为了创建第二代，我们使用有指定 λ 的泊松分布来随机选择孩子的数量。我们假设父亲拥有一家企业，创建新企业的决定才能做出；否则该企业线就会死亡。我们为每个孩子重复这个过程来生成第三代。这个过程继续进行直到达到指定的代数。然后，我们可以通过关联企业的数量来计算商业集团的规模。

图 4-1 显示了通过进行上千次模拟得出的对泰国商业集团平均规模的预测；对于每个实例，我们计算企业树的规模并计算给定家族规模的平均值。使用的 λ 值（$\lambda = 6.8$）是在经验数据中发现的；这些都是大家族。我们将仿真计算结果与数值解进行了比较，表明它们是高度一致的。有趣的观察是，对于低概率的 α（孩子创业的可能性），集团的预测规模间没有什么区别。即使在这个确定性模型中，推动金字塔结构的关键因素是创业概率。我们假设这个 α 值在跨世代是固定不变的。

上述测试在非常严格的意义上说明了家族谱系的概念：家族的血缘动力机制产生了商业集团的结构。斯塔克和维德斯（Stark and Vedres，2010）在研究匈牙利商业集团的内部"内聚力"的基础上提出了一个相关的观点，这些商业集团的边界在分裂和折叠的过程中发生了变化。通过董事会中董事的

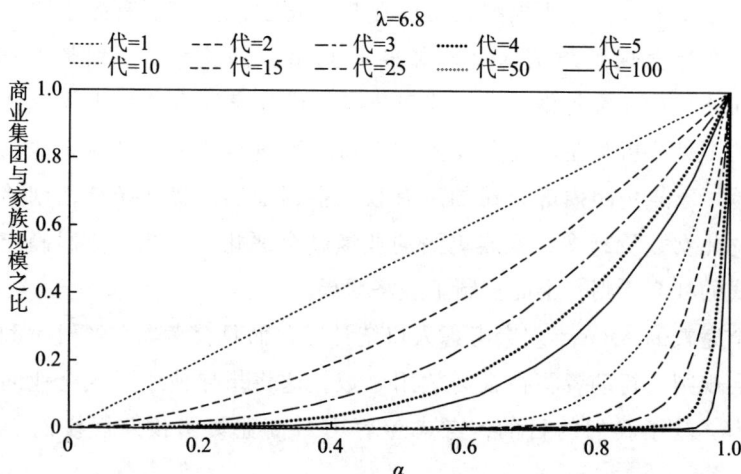

图4-1 家族对企业家能力和商业集团发展的影响

资料来源：Kogut（2012）。

股份来定义商业集团（这被称为"折叠"）：董事占有股票越多，凝聚力就越强。斯塔克和维德斯（Stark and Vedres，2010）通过将成员公司视为多代的基因序列来分析这些集团的谱系。当这些基因序列不稳定时，组织或集团的动力机制仍然存在，并通过组织重组保留和传递下来。

社会学在这方面有重要的贡献。斯塔克和维德斯（Stark and Vedres，2010）的分析重新回到莱夫（Leff）的研究旨趣：商业集团是一种企业家精神。换言之，这种解释不清的企业家精神很可能归因于家族文化。在福利分析中，人们认为，这种创新的动力机制可以很好地解决商业集团组织形式的无效率问题。正如如果在泰国社会取消父系制，其创新的社会性激励机制就将发生改变。在第二次世界大战中，最佳政策干预通常不是将当前状态"推向"完全竞争市场，即没有家族企业只有原子主义竞争者。即使充分竞争市场的解决方案很少起作用，经济学仍很难将这种理想类型与竞争市场解决方案的意识形态偏好区分开来。金融社会学考察家族（家族或企业）文化规则的谱系，有助于我们深入理解金融创新和创业的新进展。

国家和商业集团：线性与指数时间

关于商业集团的社会学文献广泛评论了国家在促进商业集团方面的作用，具体可以参见格兰诺维特（Granovetter，2005）的精彩讨论。当国家被视为静态的单一角色时，用行动者模型来理解商业集团是有问题的。但是，在国家和企业都不是唯一的情况下，行动者模型可以提供有用的见解。

考虑两个相关情况。一是从格申克龙（Gershenkron）关于工业化后期的著名论文中观察到的，国家发展可以利用后发优势，特别是与资本联盟。阿姆斯登（Amsden，1989）分析二战后韩国国家的作用时采纳了这个观点。由于日本的占领，韩国拥有一支经验丰富的工厂劳动力队伍，但也有受压抑的本土企业家阶层。部分受到了美国外援的推动，李承晚政权建立了一个国家赞助的体制，依赖于日本占领时期（有时甚至是在日本占领之前）的商业集团或财团。1960 年的军事政变并没有极大地改变国家角色，国家只是将忠诚转向了新的企业家阶层，而他们在国家和国有金融机构的指导下创办了商业集团。对阿姆斯登来说，这一政治变革将经济形式从寻租转为投资（Amsden，1989：20）。在这一新制度下，国家促进了金融发展，并通过操纵价格来引导投资；事实证明，已经受过良好教育并努力工作的财阀们有强大的学习和吸收外国技术的能力。

格兰诺维特（Granovetter，2005）指出，军事国家与企业之间的社会距离受到侵蚀破坏，特别是通过联姻。就像斯塔克和维德斯（Stark and Vedres，2010）讨论的网络"重叠"概念一样，格兰诺维特强调企业、社会和国家之间的"网络重叠"。这种相似性表明，将这些重叠看作一个谱系序列的结果是可能的，正如斯塔克和维德斯将这些重叠概念用于分析匈牙利的治理关系。但对许多国家而言，治理的主要形式不是董事会，而是家族。事实上，财阀企业一直为家族所有，扩张企业的一个重要因素是儿子的数量；家族斗争的细节有时成为媒体关注的主题并不罕见。因此，生育力和社会阶层驱动的谱系动力学被普遍用于分析韩国财阀的本质特征（即家族占有所有权的商业集团）。

二是前面讨论的企业规模呈幂律分布的趋势，它与国家政权巩固所需的时间有关联。有关韩国的研究案例，通常的叙述是国家培育了商业部门。在不质疑这一特定历史的情况下，不妨考虑苏联解体后俄罗斯的国家与企业的关系。俄罗斯大规模所有权私有化的分配改革导致强大的金融产业集团迅速崛起。到 20 世纪 90 年代末，在第一次私有化浪潮之后的六年里，俄罗斯银行的规模分布显示出公司规模呈幂律分布（Kogut，2012）的特征，即强大而有力的金融参与者很快就出现了。同时，中央政府在治理方面遇到了实际问题：一是在征收税收方面面临严重问题；二是在各省以及莫斯科如何遏制腐败猖獗问题。

了解俄罗斯案例的一种方法是，注意到幂律分布表明银行数量在很短时间内迅速增加，而国家收入只是呈线性增长；在 20 世纪 90 年代，这种增长是负的（Treisman，1999）。俄罗斯政府面临一个根本性的分歧，即他们无力巩固税收权力，越来越多地遭受寡头们不断增长的权力的支配，这些寡头攫取了俄罗斯大量自然资源的所有权。在 21 世纪头 10 年，一个弱小但危险的中央政府和强大的寡头政治之间存在斗争，但已经出现了新的政治联盟的迹象。

比较韩国和俄罗斯的案例后，我们提出了一个简单的观点：商业集团的发展和国家政权，哪个首先得到巩固的问题很重要。商业集团的发展并不总是国家的产物，有时候国家是被裹挟的。要了解随着时间的推移这场斗争有何重要意义，一种有洞察力的方法是，衡量大公司的产生是否对国家政权巩固及其税收和支出的能力有反作用。

商业集团与道德经济

格兰诺维特提出的研究商业集团的最吸引人的维度之一是"道德经济的范围"。他说，"商业团体可以是但不必须是一个连贯的社会系统，但是，其参与者对其他成员有强烈的道德责任感，对什么是正确的行为有明确的共同观念。这些观念几乎总是伴随着强烈的群体认同感，进而，认同赋予经济行为规范性以及额外的经济意义"（Granovetter，2005：433）。

道德经济的概念与组织理论相吻合，它不仅把企业看成"契约的纽带"，而且作为持有成员身份和共同价值观的社会社区。当然，许多商业集团的目标是公共利益和慈善利益，如印度的塔塔集团。经验问题有两个方面：一般而言，商业集团是否比非商业集团更能唤起道德经济的感觉？这种经济是否真正延伸到了每个独立的公司？第一个问题需要回到函数所表达的商业集团形式的优势，结果是模棱两可的；第二个问题与"关联性"或"共享资源"的概念有关，引起了经济和商业领域研究者的关注。

然而，道德经济可能有另一种效用，即吸引和选择高素质的劳动力。在许多国家，组成商业集团的是国家最有信誉的企业。榊原和威斯特尼（Sakakibara and Westney，1985）进行的早期研究，比较了大学毕业生对未来雇主的排名，这几乎全面呈现了对商业集团的偏好。毫无疑问，在许多其他国家也可以找到类似的结果，榊原和威斯特尼同时警告说，全球化（就像它之前的殖民化一样）为最好的毕业生提供了竞争空间。

对金融市场社会学的启示

多元化企业组成的商业集团规模庞大。在非常不同的制度环境中，它们被视为孤立的现象，它们的支配地位往往是无法被解释的。本章提出的诀窍是放弃横向比较研究，考察商业集团在纵向上自下而上的涌现，从而将统计模型与历史背景联系起来。

这一方法与麦肯齐和米罗（MacKenzie and Millo，2003）对金融市场社会学的现行规范研究《构建市场、述行理论：金融衍生品交易的历史社会学》中所用的论点类似。他们首先注意到布莱克 - 斯克尔斯 - 默顿期权定价模型（Black-Scholes-Merton Option Pricing Model），该模型以持续波动率作为模型参数，预测隐含条件是波动率相对于股票的价格水平应该是不变的，或者更确切地说隐含波动率相对于股票买入价格是不变的（对于欧式看涨期权而言）。然而，在 1987 年黑色星期一股票市场崩溃事件之后，经验研究发现这种关系呈 U 形，被命名为"微笑曲线"。微笑曲线一直是经验数据中的一个特征。麦肯齐和米罗给出了一种解释，交易中的特定宏观模式（如"微笑"的特征）和交易者的微观行为之间（如他们遵循相同的脚本，他们的反应类似于价格突然下跌）有所重复。

本章采用这种方法论来提出商业集团是一种标志性类型。企业规模分布的规律性与经济行动者的微观动机之间的相互作用导致商业集团出现。采用基线模型的方法描绘宏观模式如幂律分布的存在或不存在，对添加有关微观行为的解释模型是有用的。最后，对新兴的商业集团进行分析将揭露各国新的共同特征，即使可能不如目前比较制度分析的研究发现那么多。

注释

1. 我要感谢乔迪·科洛梅尔（Jordi Colomer）对本章所引述的商业集团的分析做出了巨大贡献，感谢卡瑞恩·克诺尔·塞蒂娜（Karin Knorr Cetina）和亚力克斯·普瑞达（Alex Preda）的鼓励和耐心，感谢阿哈龙·文（Aharon Cohen Mohliver）提供了协助和评论。
2. 虽然这篇文章不是文献综述，但查阅已经存在的优秀观点是有用的，特别是格兰诺维特（Granovetter，2005），肯纳和亚菲（Khanna and Yafeh，2007），默克尔、沃尔夫赞森和杨（Morck，Wolfenzon，and Yeung，2005），以及布鲁克菲尔德等（Brookfield et al.，2012）。

3. 在许多优秀的研究中，请参见格拉克（Gerlach，1992）对水平结构的集团公司的分析；西口（Nishiguchi，1994）对垂直链的分析；汉密尔顿和比格特（Hamilton and Biggart 1988）沿着这些思路提供对日本商业集团的早期评估。

4. 20 世纪 30 年代，金字塔结构在美国已经很少见了。

5. 肯纳和亚菲（Khanna and Yafeh，2007）对本文做了最好的审阅。

6. 张（Chang，2003）提供了对商业集团内部优势的最佳分析之一，以及通过过度多元化破坏价值的方式。

7. 寇谷特（Kogut，1998）通过 Z－得分变换从多个国家的最大公司的规模中去除均值（水平）效应，然后将国家的部门固定效应联系起来，发现了实质上的相关性。

8. 萨顿（Sutton，2002）提出了一个模型，其中企业是彼此独立的单位，他同时发现了幂律分布。

9. 本节和下节大量吸取寇谷特（Kogut et al.，2012；Kogut，2012）的内容。

10. 我要感谢克里斯勒特·萨姆芬塔拉克（Krislert Samphanthara）提供数据以及乔迪·科洛梅尔（Jordi Colomer）设计实施模拟。

参考文献

Bendix，R.（1956）. *Work and Authority in Industry: Ideologies of Management in the Course of Industrialization New York*; Wiley and Sons.

Brookfield，J.，Chang，S.-J.，Dori，I.，Ellis，S.，Lazzarini，S. G.，Siegel，J.，and von BernathBardina，J. P.（2012）. "The Small Worlds of Business Groups: Liberalization and Network Dynamics," in B. Kogut（ed.），*The Small World of Corporate Governance*. Cambridge，MA: MIT Press.

Chang，S.-J.（2003）. *The Rise and Fall of Chaebols: Financial Crisis and Transformation of Korean Business Groups*. Cambridge: Cambridge University Press.

Dobbin，F.（1994）. *Forging Industrial Policy*. Princeton，NJ: Princeton University Press.

Epstein，J.（2006）. *Generative Social Science: Studies in Agent-Based Computational Modeling*. Princeton，NJ: Princeton University Press.

Gerlach，M.（1992）. *The Alliance Structure of Japanese Business*. Berkeley and Los Angeles: University of California Press.

Glattfelder，J. and Battiston，S.（2009）. "Backbone of Complex Networks of Corporations: The Flow of Control." *Physical Review E*，80/3: 12.

Granovetter，M.（1995）. "Coase Revisited: Business Groups in the Modern Economy." *Industri-

al and Corporate Change, 4: 93 – 130.

—— (2005). "Business Groups and Social Organization," in N. Smelser and R. Swedberg (eds.), *Handbook of Economic Sociology* (2nd edn). Princeton, NJ: Princeton University Press and Russell Sage Foundation, 429 – 50.

Hamilton, G. G. and Biggart, N. W. (1988). "Market, Culture and Authority: A Comparative Analysis of Management and Organization in the Far East." *American Journal of Sociology*, 94: S52 – S94.

Keister, L. A. (1998). "Engineering Growth: Business Group Structure and Firm Performance in China's Transition Economy." *American Journal of Sociology*, 104/2: 404 – 40.

Khanna, T. and Rivkin, J. (2001). "Estimating the Performance Effects of Business Groups in Emerging Markets." *Strategic Management Journal*, 22/1: 45 – 74.

——and Yafeh, Y. (2007). "Business Groups in Emerging Markets: Paragons or Parasites?" *Journal of Economic Literature*, 45: 331 – 72:

Knorr Cetina, K. and Bruegger, U. (2002a). "Global Microstructures: The Virtual Societies of Financial Markets." *American Journal of Sociology*, 107: 905 – 51.

Kogut, B. (1998). "Evolution of the Large Firm in France: France in Comparative Perspective." *Entreprises of Histoire*, 19: 113 – 51.

—— (2012). "Epilogue: The Generative Analytics of Corporate Governance," in B. Kogut (ed.), *The Small World of Corporate Governance*. Cambridge, MA: MIT Press.

——, Walker, G., and Anand, J. (2002). "Agencies and Institutions: Organizational Form and National Divergences in Diversification Behavior." *Organization Science*, 13: 162 – 78.

Kogut, B., Colomer, J., Belinky, M., and Hamadi, M. (2012a). "Generating Rules and the Social Science of Governance," in B. Kogut (ed.), *The Small World of Corporate Governance*. Cambridge, MA: MIT Press.

——, Colomer, J., et al. (2012b). "Is there a Global Small World of Owners and Directors?" in B. Kogut (ed.), *The Small World of Corporate Governance*. Cambridge, MA: MIT Press.

Lawrence, R. (1993). "Japan's Different Trade Regime: An Analysis with Particular Reference to Keiretsu." *The Journal of Economic Perspectives*, 7: 3 – 19.

Leff, N. (1978). "Industrial Organization and Entrepreneurship in the Developing Countries: The Economic Groups." *Economic Development and Cultural Change*, 26/4: 661 – 75.

Lins, K. and Servaes, H. (1999). "International Evidence on the Value of Corporate Diversification." *The Journal of Finance*, 54: 2215 – 39.

MacKenzie, D. and Millo, Y. (2003). "Constructing a Market, Performing Theory: The Historical Sociology of a Financial Derivatives Exchange." *American Journal of Sociology*, 109/1: 107 – 45.

Morck, R., Wolfenzon, D., and Yeung, B. (2005). "Corporate Governance, Economic Entrenchment, and Growth. " *Journal of Economic Literature*, 43: 655 – 720.

Nishiguchi, T. (1994). *Strategic Industrial Sourcing: The Japanese Advantage*. Oxford: Oxford University Press.

Ragin, C. (1987). *The Comparative Method: Moving Beyond Qualitative and Quantitative Strategies*. Berkeley: University of California Press.

Rumelt, R. (1991). "How Much Does Industry Matter?" *Strategic Management Journal*, 12: 167 – 85.

Sakakibara, K. and Westney, E. (1985). "Comparative Study of the Training, Careers and Organization of Engineers in the Computer Industry in the United States and Japan. " *Hitotsubashi Journal of Commerce and Management*(一橋大学), 12: 1 – 20.

Stanley, M. R. , NunesAmaral, L. A. , Buldyrev, S. V. , Harlin, S. , Leschorn, H. , Maass, P. , Salinger, M. A. , and Stanley, H. E. (1996). "Scaling Behaviour in the Growth of Companies. " *Nature*, February 29: 804 – 6.

Strachan, H. (1976). *Family, and Other Business Groups in Economic Development: The Case of Nicaragua*. New York: Praeger.

Sutton, J. (2002). "The Variance of Firm Growth Rates: The 'Scaling' Puzzle. " *Physica* A, 312: 577 – 90.

Teece, D. , Rumelt, R. , Dosi, G. , and Winter, S. (1994). "Understanding Corporate Coherence: Theory and Evidence. " *Journal of Economic Behavior and Organization*, 23: 1 – 30.

Treisman, D. (1999). "Russia's Tax Crisis: Explaining Falling Revenues in a Transitional Economy. " *Economics & Politics*, 11/2: 145 – 6.

第 5 章
中央银行和技术理性的胜利

米歇尔·Y. 阿布拉菲亚 （Mitchel Y. Abolafia）

中央银行超出其他任何金融机构的地方是它代表了技术理性，科学思想被用来解决行政问题,[1]目前尚无其他金融机构能够如此全面地利用经济模型制定主要政策。其他金融机构不会把这些政策交给一个由经济学家组成的委员会——这个委员会按时开会，分析最新数据并对政策进行微调。没有一家公司会雇用如此庞大的研究部门，甚至出版他们自己的极具声望的学术刊物。[2]没有哪个金融机构的管理者会被媒体描述为技术奇才——精通创造满足公共利益的神秘知识。所有这一切都表明，中央银行已经具备技术理性，从而在一个国家内历史性地消除了与控制货币和信贷供应有关的社会与政治因素。

这一章研究了中央银行在多大程度上接近这种理想类型。它看起来更像是技术理性话语的一个特殊应用。在协商的社会过程中，惯例、妥协和实用主义与专家判断混合在一起。中央银行策略性地向公众隐瞒混乱和不确定的信息，以维持更为神秘的技术理性。中央银行的"科学化"使他们能够"以科学的语言为依据提出观点并付诸实践，从而获得合法性和权威"（Marcussen, 2009），进而使分析变得客观化，并且更容易被市场目标群体复制。但是，这并未使对货币供应控制的监管变得更"科学"。相反，环绕着中央银行的技术理性光环掩盖了其理性局限性，掩盖了其决策制定的社会性。

在这一章中，理性识别的过程（the process of rational identified）揭示了中

央银行的技术话语与对基于经验的专家判断的运用之间的紧张关系。这种紧张引发了理解政策选择及其意义的解释过程，其标志性行动是通过解释性技术（interpretive techniques）来解释和证明这些选择的合理性。这些努力包括用技术的合理化证明专家的判断，以及用技术的符号化来判定这些判断对公共消费的意义。这些技巧是建立共同叙述的工具，中央银行家用它们来合法化和客观化他们对技术合理性的主张。它们反映了中央银行不仅具有经济功能，而且具有政治功能。

尽管如此，本章的研究前提是中央银行，在行文中具体指美联储（美国联邦储备系统）基于技术合理性的行动逻辑。我的责任不是去质疑美联储的预期理性，而是要探索这种理性的实践形态。我依据内部决策会议的详细记录来阐释美联储技术理性的形式。联邦公开市场委员会（Federal Open Market Committee，FOMC）是美联储最重要的决策团体，它的会议记录适用于这个研究目标。他们提供了决策谈判的实时记录，对参与谈判的成员而言，这些内容在当时是不公开的。我分析了 1978 年 11 月到 1979 年 10 月间的 10 个抄本，共有 485 页。在《信息自由法案》颁布执行后，这些抄本被公开。甚至联邦公开市场委员会的成员都不知道这些记录的存在。

每隔六周联邦公开市场委员会便安排一到两天的会议，分析现状并为未来一段时间制定货币政策。委员会共有 12 位有投票权的成员。其中 7 位是美联储理事会成员，由美国总统任命并经参议院确认，任期 14 年。其他 5 位成员是分散在美国各大城市的 12 家地区性储备银行的行长，由各地的银行家选出。所有 12 家地区储备银行的行长出席会议，并以投票委员的身份轮流担任委员一年。

历史背景：改变控制模式

作为中央银行，美联储负责管理美国货币和信贷的供应，其目标是立法所规定的维持价格稳定和经济增长。在美国，货币供应管理的性质在其历史进程中不断演变。这一演变通常是朝着政府加强对货币市场控制的方向进行的，但并不是没有冲突。农民、商人、银行家和代表他们利益的政党都在热议适当的控制方式与控制程度。基于阶级、职业和地区的冲突比 20 世纪官僚组织理性出现得更早。关于货币决策控制权的冲突可以分为三个阶段：基于市场的控制、行政官僚控制和技术官僚控制。每种控制形式都伴随着自己的政治：阶级政治的市场控制、部门间政治的行政官僚控制以及组织政治的技术官僚控制。

基于市场的控制

美国宪法（1787 年）赋予联邦政府"铸造货币并调节其价值"的权力。从国家立法者角度看，这意味着美国的货币将被定义为一定数量的贵金属，即黄金或白银。这种法定货币可以用来清偿所有债务。这个体系被认为具有自我调节功能，因为在没有增加贵金属供应的情况下，经济中的货币供应量不会增长。因此，宪法没有考虑其他监管手段。但是，宪法的目的是维护政治稳定，而不是经济稳定，经济利益很少满足于仅仅依靠自我调节市场的益处。

19 世纪 30 年代和 70 年代的银行恐慌所带来的严重去地域化是 19 世纪货币史的内容之一。有关货币价值的政治冲突持续不断（Friedman and Schwartz，1963；Timberlake，1993）。南部和西部的农民争取扩大可交换金属的定义范围，而东部的商人和银行家则为"稳健货币"的稳定性和可预测性而战。美联储的产生直接源于 1893 年的恐慌和由此产生的经济危机。在这种恐慌和多年的经济不稳定之后，由支持改革的银行家、商人和经济学家组成的联盟提倡一个可以在经济危机中进行动员的"弹性货币"的想法。这一想法与基于金本位的"稳健货币"理念相结合，对美国中央银行的成立至关重要（Livingston，1986）。

行政官僚控制

1907 年的恐慌为中央银行的成立提供了重要激励，在那次恐慌中摩根公司（J. P. Morgan）因试图提供急需的流动性货币而闻名。基于 1913 年最后一项立法，地区银行家创立并管理一个由 8 ~ 12 家地区储备银行组成的系统，并由华盛顿的一个董事会予以监督。尽管在 20 世纪，由银行家控制货币供应的程度逐渐削弱，但银行业共同体的长期努力却使他们创建了一个可以提供弹性货币的中央银行，从而创建了更强的金融稳定性。

在最初的几年里，华盛顿的董事会势弱，私人银行家经营的地区储备银行率先控制了联邦储备系统。该储备系统以及董事会与 12 家地区储备银行之间的权力分配有些模糊。一方面，国会期望美联储成为自动调节的金本位制的附属机构；另一方面，国会期望美联储能在需要货币时对短期的季节性混乱进行干预。从一开始，纽约州储备银行就比其他 11 家地区储备银行和华盛顿的董事会更加强大也更重要。但纽约银行行长本杰明·斯特朗（Benjamin Strong）1928 年退休，结果出现了领导真空（Friedman and Schwartz，1963；Meltzer，2003）。

20 世纪 30 年代初，众多银行倒闭，美联储一直处于被动状态。弗里德曼和施瓦兹（Friedman and Schwartz，1963）把这种被动归因于斯特朗在纽约卸任后的领导真空，以及华盛顿董事会的组织无能。最近，梅尔泽（Meltzer，2003）认为，一种被误导的经济话语即"真实票据论"（real bill doctrine）被广泛接受，可以解释这种被动。根据这种思想，银行破产的根本原因是为了投机目的发放贷款，而恰当的反应是通过让银行倒闭来清除经济体系的过度投机行为。根据这种方法，衰退是过度投机的必然结果。

由于金融危机发生且美联储未能缓解危机，国会转而开始改革美联储。1935 年的《银行法》既改变了美联储的结构，又增加了美联储的权力。[3] 美联储权力分配的含糊不清问题通过对华盛顿的董事会的支持得到了解决。联邦储备委员会（Federal Reserve Board）更名为美联储的理事会，成员们获得了更高的薪水和更长的任期。与此同时，美国财政部长和货币监理署被从董事会中除名，以减少政治色彩并"在政府内部独立"。所有这些都是为了让美联储成为货币供应的独立监管机构。但在罗斯福新政的财政政策中，货币政策占据次要位置，罗斯福新政侧重于利用政府财政收入来影响经济。美联储成为财政政策的从属。

技术官僚控制

美国联邦储备局不满于受到财政部控制。20 世纪 50 年代初，华盛顿的许多人认为是时候采取有效的货币政策，而不是维持政府证券的低价格。1951 年 3 月，《财政部和联邦储备系统协议》（The Treasury-Federal Reserve Accord）给予美联储第一次机会去利用 1935 年《银行法》赋予它的官僚权力。还有一个更微妙的变化正在发生，美国国会肯定了美联储的积极预期。相较于成为 1933 年时已经抛弃的自我调节金本位制的附属，美联储更被期望利用其判断力来识别这些情况，并制定政策以适应周期性变化的环境。金本位的自动调节规则将被纽约联邦储备银行总裁艾伦·斯克鲁尔（Allan Sproul）所称的"有能力和负责任的人的规则"取代（Timberlake，1993：324）。基于这一点以及 1935 年早期的结构改革，国会为相对自主的现代技术官僚组织美联储的产生奠定了基础。作为央行行长，他的能力越来越多地与他的经济学知识有关。1960 年，七位管理者中没有一位是经济学家。1970 年，七位中有四位是经济学家，而到了 1980 年，只有一位不是经济学家。

20 世纪后半叶，主要的货币事件一直影响着货币政策，有一个事件至今仍持续地影响货币政策，即"大通货膨胀"。正是这个事件为我们对美联储技术理性的详细分析提供了直接的宏观背景。通货膨胀是指所有商品和服务的总价格水平的增长速度。从 1952 年到 1964 年，通货膨胀率平均增长了1.2%。1973 ~ 1981 年是通货膨胀最厉害的年份，平均为 9.2%。当时，许多人将这种价格急剧上涨归咎于石油价格，而日本也经历了同样的石油危机却只发生了温和的通胀。另一些人则指责越南战争的国防开支，但国防开支占国民生产总值的比例实际上低于并未发生通货膨胀的 20 世纪 50 年代。今天人们普遍认为，当时的通货膨胀是美联储货币政策的直接结果。因为只有得到美联储允许，货币供应量才会增长。

当时的美联储为什么采取通胀货币政策呢？如果这是为了机构管理者的自身利益，那么我们预计会出现比美联储成立以来更多的通货膨胀时期。梅耶（Mayer，1998）认为这是另一种被误导的话语，它在当时的经济学家中流行，这导致美联储采取更为通货膨胀的货币政策。他发现经济学家更关心的是失业和经济停滞，而不是通货膨胀。他们认为，经济正被所谓的"成本推动型通胀"主导。这是由强大工会的工资设定能力和通过增加成本维持利润的大公司的定价能力引起的通货膨胀。这些被认为是超出货币政策范围的结构性原因。与此同时，政策制定者还认为，通过提供更多的资金，他们可以获得更低的失业率。他们对较低失业率的偏爱增加了货币和信贷的可及性，从而使通货膨胀加剧。梅耶表示，相当数量的董事会成员，特别是主席阿瑟·伯恩斯（Arthur Burns）赞同这些观点。

滞胀：美联储的混乱和冲突

20 世纪 70 年代是美联储经济政策混乱和冲突的时期，从美国国家范围来说更是如此。对通货膨胀率上升的担忧伴随着增长停滞、高失业率和 1974 ~1975 年的严重经济衰退。"滞胀"是为了描述看似矛盾的情况，这一点凯恩斯主义的主流观点并没有预测到。1977 年，美国国会联合经济委员会发表了一份内容尖锐的报告，指责美联储加深了经济衰退并阻碍经济复苏（Cowan，

1977）。参议员威廉·普罗克斯迈尔（William Proxmire）表示："就我个人而言，我的观点比这份报告更谨慎一些，因为报告至少相信对于目前的高失业率和过高的通货膨胀问题是有一个答案的。经济学家可能不知道滞胀的答案，也许没有答案。"（Cowan，1977：51）

美联储之外的混乱和冲突与内部的混乱和冲突交相呼应。美联储控制通货膨胀的努力被认为是从经济衰退中缓慢恢复的原因，但随后十年的通货膨胀不会减弱。经济衰退后一般会出现的复苏并未发生，经济继续停滞不前。到 1978～1979 年，联邦公开市场委员会（FOMC）的成员，特别是美联储主席威廉·米勒（G. William Miller）公开承认了他们的困惑。

> 莫里斯先生：主席先生，我不认为我们真正了解经济中正在发生的事情。
> 米勒主席：我同意。
> 莫里斯先生：我认为这是因为我们还没有足够的经验来判断消费者和投资者对高通货膨胀率的经济的反应。
> 米勒主席：是的，我们没有任何经验。（FOMC，1978b：11）
> 斯穆特先生：昨天在与我的员工开会时，我因为信息过载而感到痛苦。向我提出的一个替代方案叫做"纯粹的无知理论"。也就是说，我们不知道经济为何变成这样，我们也不知道它将走向何方。我必须说，我对这种观点感到很尴尬，但也感到很舒服。然而——
> 米勒主席：这是我们今天最诚实的评论！（FOMC，1979b：12）

在控制通货膨胀的努力中，一些成员开始担心经济再次出现衰退。到 1978 年底，私有部门的预测者开始预测衰退。委员会关注到不断加剧的通货膨胀，因而提高了利率以紧缩货币供应。1979 年，更多的成员和地区银行职员改变了他们的预测。因此，一些成员开始主张放松政策，即降低利率。

> 蒂特先生：先生们，经济计量模型预测经济衰退是有原因的。他们是基于历史。这些都是过去的情况，它们总是导致经济衰退。在 1963 年下半年和 1966 年下半年，我们只有两次在没有经济衰退的情况下有这么低的增长率。坦率地说，你们都听起来像经济低迷之前的最后一个群体。我认为我们应该更多地考虑商业预测，因为计量经济学模型是对过去历

史的总结，这也是为什么他们会这样做的原因。（FOMC，1978a：12）

莫里斯先生：如果我们的目标是避免经济衰退，我认为我们今天必须采取行动，我们不能再等一个月了。我在讨论中发现的一件事是，人们总是可以为再等待一个月而做出令人印象深刻的事情。但是证据表明现在是时候了。我认为问题在于我们是否真的担心经济衰退。（FOMC，1979a：21）

麦金托先生（MR. Mcintosh）：我们的观点是，今年晚些时候我们的经济将走向衰退，而这一观点被大多数其他预测证实。我们认为，选择在于放松还是保持不变。从历史上看，美联储一直倾向于在高峰和低谷时期过度维持其政策，而我们担心的是，这种情况会重演。因此，我们主张在当前缓和的方向上采取适度的行动，以减轻预期的经济衰退的影响。（FOMC，1979 b：17）

在 1979 年 8 月和 9 月的会议上，由于成员越来越担心经济衰退，混乱演化为冲突。大多数成员认为经济已经进入衰退期，但他们在是否增加货币供给（放松管制）方面存在分歧，正如他们通常在经济衰退时期所做的，或者为了防止进一步失控而采取收紧措施。许多人认为现在是时候放松政策了。

赖斯先生：主席先生，我会赞同戴夫·伊斯特（Dave Eastburn）、南希·提特斯（Nancy Teeters）、弗兰克·莫里斯（Frank Morris）和查克·帕蒂（Chuck Partee）的观点也许并不奇怪。因此，我可以简短点说。我认为是时候对实体经济中发生的事情给予更多的重视了。经济明显疲软；相关工作人员的分析已经非常清楚了。真的很难看出一些人所担心的经济实力在哪里，大多数指标似乎指向经济的疲软以及可能出现的进一步的疲软。（FOMC，1979c：28）

其他成员也同样强烈地认为，通胀是更大的问题，而这种放松将加剧这一问题。1978 年，持续的紧缩政策是预期的政策，但在 1979 年，这个立场变得不那么明确（反而更加矛盾了）。随着 1979 年秋季的临近，通货膨胀和通货膨胀的心理——也就是说，对不受控制的通货膨胀的恐惧——似乎越来越难以控制。

梅奥先生：……因此，我觉得试图解释这种政策比平时更困难，因为我想厄尼（Ernie）也提到过。然而，我认为在心理方面我们没有别的选择，但我们仍然坚持保持克制的决心，即使我们现在可能会被指控造成经济衰退。我不认为这是一种失败主义的态度，但我认为我们仍然需要把利率提高一点点，部分原因是我们对通胀的担忧。我们是人们眼中的最后一个堡垒，我认为现在保持不变将会是一个错误。（FOMC, 1978 b: 15）

朗金先生：主席先生，我们关注的是通货膨胀的情况，而不是我们所看到的明显增强的衰退倾向。在我们看来，无论是在这里还是在国外，市场都将毫无疑问地密切关注我们的衰退恐惧是否会削弱我们对通货膨胀采取措施的决心。我们在里士满银行的立场是，我们应该继续高度重视通货膨胀问题；尽管经济可能正在步入衰退，但我们认为，在这个时候，牢牢控制平衡是很重要的。（FOMC, 1979 c: 6）

蒂姆伦先生：我认为我不会深入评论你涉及的所有领域，但我首先想到的是通货膨胀水平、汇率的强劲增长以及美元在外汇市场上的不确定状况。当然，我们必须关注经济衰退和高失业率的前景，但现在是心理状态可以发挥重要作用的时候。我认为大家对美联储的决心可能有疑虑，因此应该及时指出我们可能走向的方向。我的判断是，应该有一个渐进的紧缩过程，我们应该随着时间的推移而调整。（FOMC, 1979d: 26）

坚决反对通胀政策的最坚定的倡导者是委员会副主席伏尔克（Paul Volcker）。他希望联邦公开市场委员会（FOMC）继续收紧货币供应。随着时间的推移，他继而表示他认定宽松政策将是一个错误。1979 年 8 月，卡特总统任命伏尔克为美联储主席，他的任命得到商界的广泛支持，因为人们预期他在处理通胀问题上比前两位主席阿瑟·伯恩斯（Arthur Burns）和 G. 威廉·米勒（G. William Miller）更为积极。在 1979 年 8 月担任美联储主席后的第一次会议上，伏尔克非常明确地表示他对宽松政策的疑虑和对通货膨胀的深切担忧。

伏尔克副主席：嗯，主席先生，我想我的看法与你的略有不同。我真的有一点担忧，展望我们再次见面之前的四周时间，那时我们必须全力支持已经宣布的计划。我认为它在国际上已经产生了很好的效果，在国内，它在"打破"通货膨胀引起的心理失衡状态方面也有良好的效果。当然"打破"是一个太强大的词，但我认为它至少动摇了对出现更多通胀的必然性的想法。每个人都在看我们是否会继续下去。(FOMC, 1978a: 22)

伏尔克主席：我们可能比上个月更接近衰退，我认为我们在紧缩政策上已经晚了，但我仍然认为，更大限度的限制比停滞不前更合适。(FOMC, 1979 b: 15 - 16)

伏尔克主席：在过去的一两年里，一种无形的东西给我留下了深刻的印象：在多大程度上通货膨胀心理真正变化了。这并不是说我们以前没有这种心理，但我认为人们现在对持续高通胀的预期比过去更加坚定。这对我们很重要，因为它潜在地或者在事实上给政策制造出了矛盾的影响。把这两件事放在一起，我认为我们是一条绳上的蚂蚱——人们期望的对宽松政策普遍的回应可能不会起作用，尽管在这方面会有不同的判断。如果它们被解读为通胀，它们就不会起作用；大部分的刺激将以价格而非活动的形式出现。(FOMC, 1979d: 20)

1979 年 10 月：美联储对抗通货膨胀

尽管自 1977 年中期以来，美联储一直在逐步提高利率，但收效甚微，通货膨胀率继续上升。1979 年夏天，尽管货币供应出现了异常迅猛的增长，但这种渐进主义在 1979 年 9 月 18 日联邦公开市场委员会会议上仍在继续。那次会议上的投票分歧表明，伏尔克主席可能难以制定银行和金融市场所预期的反通胀政策。结果，通胀预期大幅上升。白银、黄金和其他大宗商品市场的价格大幅上涨。这为在接下来的会议上引入并对政策调整进行表决奠定了基础。

1979 年 10 月 6 日，联邦公开市场委员会（FOMC）罕见地在周六召开了一次会议。伏尔克主席主持会议，会议讨论他提出的大幅修改操作程序的建议。在这项提议中，美联储将改变其主要监管工具的目标，公开市场操作过程，从美联储基金利率的短期利率改为度量银行持有的非借入准备金。这一变化旨在表明对货币供应的更直接的控制和对降低通货膨胀率的高度承诺。由于金融市场动荡不安，伏尔克主席决定在这次会议上采取行动。在不寻常的背离传统的情况下，主席在会议前游说地区银行行长支持他（Greider,

1987)。地区银行行长在会议前一天收到了提议变更的摘要。在大多数预定的会议上，主席主持政策讨论并确定协商一致的立场。但在这次会议上，伏尔克主席几乎从一开始就为会议确定了两种可能的结果。

> 伏尔克主席：现在，当谈到我们在这里的讨论时，我认为主要存在两种可能性。一种是采取可能被认为是传统类型的措施，这将包括贴现率，以及迄今为止本委员会仍密切关注的联邦基金利率的大幅增长等举措；另一种可能性是我们的操作重点发生了变化，正如发布的备忘录中所述，我希望所有人都有机会阅读。这基本上涉及每周都要管理服务台的运作，更加努力地建立一个最终实现货币供应目标的储备路径。（FO-MC，1979f：6）

一场激烈的讨论持续了大半天，结果是批准了后一种选择。这一讨论将更详细地分析探讨美联储技术合理性的本质。

技术理性的辩证法

技术理性通常聚焦于一些相对复杂和不确定的知识对象。在我们面前的案例中，技术专家主要关注一套当地公认的统计指标和预测模型。这些知识对象是制度化的，以至于它们的重要性常常被认为是理所当然的。然而，这些知识对象是可变的，对它们的度量是不确定的，它们与其他知识对象的关系是可以改变的。在市场波动较大的时期，专家判断和技术话语的结合可能会引起争议、困惑和探索。然而，一个充满期望的环境要求专家提供解释，采取行动，并保持可信度。其结果是解释性技术的合理性和客观性。在华尔街的美联储观察家和财经媒体将这种客观性再现出来。更重要的是，国内和国际的经济参与者基于此做出消费、生产和投资的决策。

在应用技术理性时，知识对象是用来控制预期结果的手段。因此，技术理性往往有一个最接近的知识对象和一个远程知识对象。前者因其对后者的即时效果而被选择，而后者则难以接近。就美联储而言，最接近的知识对象是美联储可以施加直接控制的目标，而远程知识对象则是美国的货币和信贷供应。

> 布莱克先生（Mr. Black）：我经常认为我们的地位类似于垄断企业，

因为我们控制货币供应。垄断者可以选择控制价格或数量，但他无法同时控制两者。我相信我们一直在试图通过设定价格来控制资金的数量，但我们的判断是错误的。在联邦基金利率方面，我们在价格上摇摆不定，总之，我们在判断资金的数量方面总是不太成功。(FOMC，1979f：22)

布莱克先生用经济学的话语来描述价格和数量的控制手段，美联储一直在用货币价格（利率）作为类似控制的方法。另一种方法是更直接地影响货币的数量。而控制远程对象——货币供给量，是难以捉摸的，因为它最终是市场和市场心理作用的结果。美联储的公告和政策的有效性取决于银行为扩大或收缩货币供应而扩大信贷所产生的乘数效应。这意味着美联储不仅关注目标，而且会影响银行和潜在借款者的预期。1979 年 10 月，美联储担心通货膨胀的心理效应会导致市场失控，因而利用联邦储备局的能力控制预期。

伏尔克主席：无论是国际市场还是国内市场，如果我们的市场状况没有任何问题，我们今天就不会在这里。上周或者从前一周开始他们真的相当狂热。电话通话也开始升级，反映出各方极度紧张。我认为昨天在市场上流传的谣言——首先是我辞职了，之后是我死了，再后来是我对舒尔茨州长非常恼火——都是市场状态的反应。市场参与者生活在脆弱的期望之中，每天都在煽动谣言和其他所有事情。我认为，在那种意义上心理即将崩溃，这有赖于他们短期内在某个地方看到某一具体决定。(FOMC，1979f：22)

知识对象是"开放的、产生问题的和复杂的"（Cetina，2001：181），在这种情况下最需要的是专家判断，它与技术话语一起在决策论证中占有重要地位。常规技术受到了质疑。在下面的报告中，帕蒂先生（Mr. Partee）对美联储当前的利率目标和委员会能否成功运作的能力表示怀疑。专家判断和市场运作的常规互动模式不再有可信度。

帕蒂先生：在我看来，我们的传统方法是估计短期市场利率，这将调整各种货币在滞后结构上的需求函数，这本身就蕴含着会被我们忽略的危险。要么我们会错过货币需求增加的时机，像过去六个月一样落于冲击之后，要么我们会错过货币需求下降的机会，过了一段时间，就会遭到冲击，就像我们传统上在经济衰退时所做的那样。改变我们的运作模式是一个非常危险的冒险主张。但是，即使这是非常危险的，我认为也比停留在传统系统中的风险更小。（FOMC，1979 f：14）

帕蒂先生怀疑的是他们的知识与技能（即专家判断）能否达到他们的目标。但是，如果决策要持续下去，就必须消除这些怀疑。在为预定目标争论时，伏尔克主席试图说服联邦公开市场委员会的成员，使他们相信新的知识目标能够成功运作，专家判断将足以胜任这项任务。他试图让他们放心，他们的判断将根据情况进行有效调整。

> 伏尔克主席：在今天的情况下，我简单地说，委员会必须有信心，它可以提供一些一般性指导，而我们——基本上是阿克西尔罗德先生（Mr. Axilrod）指导下的董事会的工作人员——将在这些一般参数内尽可能地将其转化为运营数字。然后，我们必须有信心，斯滕莱特先生（Mr. Sternlight）会用他最好的判断力，运用华盛顿产生的数据，准确地决定哪一天他会提供多少储备给市场。（FOMC，1979 f：41）

委员会的讨论表明大家达成了共识，即之前的话语（例如传统方法）不能对他们的处境施加影响。旧的操作模式失败了，需要有创造性的行动。但委员会并非真的责怪专家们的判断。这只是话语或传统方法的失败。实际上，在考虑货币储备目标时，他们甚至没有考虑正规严谨的货币主义方法，即根据模型制定严格的货币供给目标，并实现这一目标。相反，他们保护的是让模型去适应环境的特权，从而保证他们的自由裁量权。由于判断和技术话语之间的辩证关系在储备目标上达成了共识，所以提供了解释性技术来使选择合理化，并向外部大众表明其逻辑。

解释性技术

解释性技术反映了一个事实，即技术合理性不是在真空中实现的。联邦公开市场委员会的行动不仅非常重要，而且会被仔细审查，并为大量经济活动提供基础。联邦公开市场委员会的解释性技术回答了"我们如何证明和解释这一行动"的问题。这些技术的产品是用判断和话语的元素精心编织的叙述。从这个意义上说，它们是对所做选择的事后解释。这些解释可能反映出在攻策制定小组内达成内部共识的努力，或向外部受众传达可靠意图的努力。在 1979 年 10 月的会议上，伏尔克主席通过召开周六会议明确表示，市场非常不稳定，需要采取强有力的行动。他有效地运用了他的议程设置权力。但是，委员会仍然支持这一权威的主张，摒弃旧的话语，并指定新的话语。委员会的大部分讨论涉及对这一选择的确认和合理化。技术解释的结果是让大家达成一致的叙述，也是对结果予以合理化的叙述。

合理化技术试图将有利的行动与最终目标联系起来，它们反映了专家们为一个模棱两可的选择辩护的努力。联邦公开市场委员会的成员们解释了他们的选择，即支持结果导向的实用主义话语，谨慎地否认了关于旧模式或新模式具有普适性的论调。重要的是该模型能够证明所支持的行动是正确的。在之前的一段引用中，伏尔克称市场"狂热、紧张，随时会崩溃"。制定政策的目标是采取强有力的行动来缓解这些症状。但是，正如伏尔克所解释的，补救措施也是有风险的。委员会被迫在对抗通胀和避免陷入衰退之间做出选择。

> 伏尔克主席：……我们正在处理一种情况，一方面是迫在眉睫的危险，另一方面是经济衰退的可能性。舒尔茨先生（Mr. Schultz）前些日子对我们的处境做了恰当的描述——我当然也有同感——说锡拉（Scylla）和卡律布迪斯（Charybdis）现在已经观点相同了。显然，我们这里没有无风险的过程；双方都有风险。我们完全可以在风险之间完成艰难的任务的想法也许是一种美好的希望，也可能是一种幻想。在这个阶段，你必须赌一种方式。我基于所有这些结论得出，我们今天离不开一个强大的计划，特别是在处理这种情况的时候，它被认为是强大的。（FOMC, 1979 f：5）

尽管面临两难困境，但仍需要采取被市场参与者认为是强有力的行动。改变运作模式虽然风险很大，但它的合理性在于它可以更好地限制货币供应量。管理者瓦里茨是委员会的几位成员之一，他们认为这种选择会使最强有力的反通胀措施变得合理化："我"认为支持储备战略的主要理由是它使我们能够采取比其他技术更可能的、更强大的行动。另一种技术由于导致很高的利率而受到更多限制。在新战略中，利率几乎成为更有力地追求总体平衡的副产品（FOMC，1979f：19）。

这种合理化的逻辑只适用于联邦公开市场委员会政策制定者的本地受众。瓦里茨告诉他的同事，新战略将允许他们在不真正采取措施的情况下提高利率，从而以更糟糕的经济衰退的代价来更快地降低通货膨胀率。他们会用新战略的话语来掩饰他们的意图。因此，尽管他们拥有提高利率的合法权力，但他们将使用一种新方法，使他们能够提供一种在政治上不那么令人担忧的解释。他们在操纵话语以达到一个有价值的目标。

在这种情况下，合理化技术包括对政策的功效进行解释的努力。这一功效的主要机制在于以说服行为去确立合理性。解释性技术想要改变的是，人们如何思考"什么是真实的与重要的"。在以下引文中，成员们强调他们的政策选择必须重新定义期望，从而减轻人们对导致狂热商品投机的通胀的担忧。正如伏尔克主席和赖斯给出的解释，提高利率的传统方法似乎已经耗尽了它控制这些恐惧的能力。

> 伏尔克主席：我必须说，在市场心理效应或紧张情绪达到过去一周左右的顶点的阶段之前，至少在我心中，改变我们的操作方法的想法萌生了。我的感觉是，通过更加重视满足货币供应的目标和改变操作技术来改变心理预期，我们实际上可能会得到更多的回报……在某种意义上，采取一些小的行动的传统方法耗尽了心理效应的能量。（FOMC，1979f：8）

> 赖斯先生：首先，操作技术变化的心理影响将会很大……转向这种操作技术的好处在于……我们将新的不确定性引入市场。我认为这是件好事。新的不确定性会使一些投机活动降温，可能影响纯粹基于通货膨胀预期以及"美联储试图确立的任何利率水平上货币供应都将是充分的"假设的信贷需求（FOMC，1979f：22）。

正如赖斯先生所建议的那样，华尔街特别是银行必须确信，美联储在控制通胀方面是认真的，并且可能会将利率提高到银行停止提供信贷的水平。只有这种操作技术发生巨大变化才能结束银行的信贷扩张——这些银行为狂热的投机提供资金。随着这一系列合理化措施的出台，美联储开始持续压制通货膨胀并展现了其前所未有的实力。

信号技术反映了行动者为公众消费建构解释对象的意义的努力。符号传达了传递信息的组织的解释和意图。被解释对象往往是数字目标，这是组织的受众所熟知的绩效的制度化指标。使用这些数字目标发出信号，需要用到之前专家判断中用到的类似的技术和经验。信号既有规律又有创造性。在稳定时期，信号强化了先前有关该组织意图的信息。在不确定的条件下，解释的对象，即数字目标，常被用来作为进一步行动的指南（Shotter，1993）。信号引发反应，为进一步行动提供关键信息。这种技术试图"捕捉"其知识对象，试图塑造和控制它，利用组织和受众之间的信息不对称来构建对当下情境的定义。

一旦联邦公开市场委员会（FOMC）对原因和后果达成共识，它就会开始考虑如何向市场发出这种解释信号，以便使市场上的买进或卖出符合他们的意图，从而引导经济走向预期的方向。考虑到（错误）解释的多种可能性，成员们试图仔细研究这些信号。他们讨论用什么字词和表达什么价值。还有一个问题是，这种想法中有多少是可以解释的。他们希望确认自己对主导价值的承诺，而不必更多地披露自己的想法。在这种情况下，正如伏尔克主席所言，转向新的运作模式，成员们希望得到最大的"实效"。从以下几位成员的发言可知，他们认为一种通过计算的透明度（calculated transparency）策略解释了新的运作模式将如何控制货币供应。

　　蒂姆伦先生：我想说的是，宣布这项新技术与控制货币供应的快速增长有联系是非常重要的。总的计划不能像过去一样被认为是昙花一现。我不确定这是否能被理解。因此，我将支持那些强烈建议我们对这项技术及其关系进行深入解释的人，以应对货币供应的迅猛增长。（FOMC，1979f：19）
　　伏尔克主席：正如我从一开始就介绍的那样，我将给你们一个关于新技术的非机械应用的解释。这种差异并不是那么大。在新闻公告中将更加强调新技术，因为它实际上会警示联邦基金利率将被允许在更大的范围内波动。当然，我们可以在任何一个公告中都这样说，但是在公布新的运作模式时会说得更坚定一些。
　　舒尔茨先生：我想我们会得到比你认为的更大的心理影响。
　　布莱克先生：我也认为是这样。（FOMC，1979f：51）

　　蒂姆伦和伏尔克主席都强调要传达委员会控制货币供应增长的意图。这是一个信号，意在改变人们的看法，最终改变市场上对通货膨胀的心理反应。这一反应表明，委员会的公告不像以往那样晦涩难懂。会议结束时，大家一致认为，新的运作模式的公布将需要更多的解释。成员们似乎相信，计算出来的透明度将产生预期的效果。

计算的透明度策略在这种情况下有点讽刺意味，因为它同时伴随着战略误导策略。"战略误导"指的是一种信号技术，在应用这种技术时，精英们会弱化信号，让观众的注意力从有争议的事情上转移开。在其作用较小的情况下，这样的战略的影响仅仅是含混不清，在其作用强大的情况下则具有误导性。其目的是使组织的预期行动看起来很普通，甚至是自然的。当组织感到被迫采取可能不受欢迎或过于暴露的行动时，就会进行误导。就我们的例子而言，美联储关心被视为加剧经济大衰退的风险却不准备公开这一政策的后果。成员们采取战略误导来制造一个能够为组织提供掩护的信号。

在瓦里茨先生早些时候的发言中，我们看到采用新政策的一个主要理由是它允许采取更强有力的行动来应对通货膨胀。新的运作模式允许采取更有力行动的原因是，它掩盖了委员会提高利率的努力，而这在政治上是不受欢迎的。在接下来的发言中，梅奥（Mayo）先生甚至建议，不要提及美联储的基金利率目标，从而让观察人士推断加息是市场驱动的：

> 我们可以决定——举一个极端的例子——我们不想在今天的决议中对联邦基金的利率范围做任何说明，但要确定，交易部门应该有足够的回旋余地。如果市场决定——它对我们所做的事情做出回应——联邦基金利率应暂时降至15%，我们会放任不管。我不会为此担心。（FOMC，1979f：17）

战略误导的有效性取决于受众的知识和技术技能。联邦公开市场委员会的成员很清楚，他们晦涩的话语对大多数听众来说是不容易懂的。美联储的声明是出了名的复杂难懂。布莱克指出，新方法的持续优势在于，美联储的利益相关者中很少有人能够基于公开的预定目标推断出有关利率调整意图的信息：

> 如果我们在会议当天宣布联邦基金组织是干什么的，我认为可能会在市场上产生一些令人不安的影响，然而，我们的货币供应目标的改变并不会真正告诉市场。只有最聪明或最幸运的人才能估算出这一利率的影响。（FOMC，1979f：24）

最后的投票结果是一致通过（12：0）。这一消息受到媒体的广泛关注，并得到了商业媒体的普遍认可。许多记者将新政策解读为对货币主义的接受，这是关于货币政策的另一种理论，与米尔顿·弗里德曼（Milton Friedman）最为相关。但弗里德曼本人却怀疑这并不是它的本质，而是提高利率的另一种手段（Friedman，1979）。新的操作程序催生了高度波动的市场，但美联储却坚持下来。经济在 1980 年经历了持续的衰退，在 1981 ~ 1982 年再次衰退，通货膨胀率急剧下降。

讨论：技术合理性与解释力

> 统治的实质并不是通过技术控制来实现；相反，前者可以简单地隐藏在后者之后。
>
> （Habermas，1968：61）

这一章表明，美联储的技术理性不是一种中立的行动形式，而是一种工具，它的使用具有重大的政治含义。这种相对低调的权力形式变得越来越重要，因为控制权从市场转移到了官僚机构，最终转向了联邦公开市场委员会（FOMC）的技术精英。到 1979 年 10 月，技术精英有能力设计一项重大的政策变革，以引起市场心理的重大转变（如果不是逆转的话）。媒体的解释是，经济理论的改变实际上是政策重心的转变，从失业到通货膨胀，以及为了压制通货膨胀而愿意承受非常高的利率。

在技术理性的辩证法中，专家判断和技术话语都有政治含义。评估一项政策相对于另一项政策的相对风险，并对结果赋予价值，这是专家判断。与此同时，技术话语带有各种利益相关者的利益冲突。1979 年 10 月，专家判断似乎主导了技术话语。美联储主席伏尔克愿意领导美联储采取比以往任何时候都更有力、更冒险的行动，这肯定会加剧即将到来的经济衰退，这反映出一种选择，即认为通胀的风险大于衰退加剧的风险。对于经济中谁应该承担风险和风险会持续多久，这是一个政治判断，而不是科学判断。

从根本上说，技术理性的应用是有效的，但我们的分析表明它的有效性和技术控制的合理化是有限的。分析的局限包括不确定性、政治和意外后果。不确定性是经济模型在理解和预测货币供应行为时固有的。正如戴维斯和格林（Davies and Green，2010：25）两位英国央行官员最近解释的那样，"在任何一段时期内，缺乏经验上的证明，意味着货币政策的实施只能基于持续的判断。它不可避免地建立在不完全和不完美的信息基础上，而且永远不可能是一门精确的科学"。科德韦尔先生（Coldwell）和古费先生（Guffey）的下列声明揭示了不确定性的意义及其相关成本。

> 科德韦尔先生：当然，一方面，风险是巨大的，主要是因为无论经济衰退的趋势是否已经复杂化，都会造成更大的衰退……我认为风险在另一方面也同样巨大，如果我们不拿出完全可信的东西，我们就会面临一种潜在的冲击，那就是金属大宗商品的投机行为会从美元中扩散开来。（FOMC，1979f：12）
>
> 古费先生：在我看来，我们要转向一种从未尝试过的新技术，就像我们抓住最后一根稻草一样。如果在今年年底之前情况还没有得到改善，我想我们会在最后一轮中被淘汰出局。我认为这将使作为一个系统的美联储处于非常危险的境地……如果我们能通过目前的程序预知公众的反应，我宁愿走这条路而不是去做一些我们知之甚少的事情。（FOMC，1979f：18）

行动中存在不确定性，而不行动也存在不确定性。但作为一个有国会授权的准政府机构，美联储不得不将不确定性转移到风险中。这种风险很大程度上是政治上的。古费先生提到的"不稳定的立场"指的是该机构的合法性及其作为货币供应管理者的信誉。美联储的作用依赖于企业、消费者和投资者对其解释的信心，以及他们对其公布的政策目标所做出的承诺。技术合理性的有效性与美联储维持其可信行动声誉的能力密不可分。技术精英越是偏离常规行动，就越会陷入这种不确定性境地。因此，它必须尽可能地将其信号非政治化，甚至是到信息失真且误导的地步。

最后，我们必须直接解决这一章更深层次的问题，即授权一个技术精英来做出可能的政治决策的危险。如今，美联储在1979年对抗通胀的意愿被认为是其最辉煌的时刻——它采取果断行动结束了十年的通货膨胀。政府有能力在经济问题上采取果断行动，这是很罕见的。民主常常需要妥协，并抑制上面讨论的国内决策中的冒险行为。通过授权一个技术精英来解释这种情况，并向公众宣传这种解释，民主的一些惯性就被回避了。在这种情况下，基于技术话语来判断的专家判断既有效果又有效率，尽管对那些在二次衰退（double-dip recession）中首当其冲的人来说是痛苦的。[4]

但当结果不是那么积极的时候呢？20 年后，在艾伦·格林斯潘（Alan Greenspan）的领导下，美联储的名气更加响亮。它对高科技和房地产金融泡沫的解释推动引发了大萧条以来最严重的经济危机（Abolafia，2010；Stiglitz，2010；Taylor，2009）。危险在于，精通解释的大师们对他们的技术话语非常自信，以至于对不确定性和合理性的限制不再足以引发对当前运作模式的审慎质疑。结果是话语主导了技术理性的辩证法，忽视了专家判断的实用主义。

有效市场的教条在获得规训的过程中是异常成功的。威胁在于，技术话语的支配地位在于做判断的权力，而技术话语是表达或表演政策，而不是由专家操控运作。这种情况只有在话语成为一个独立的知识领域时才会发生。但是，在一个技术官僚控制的时代，技术理性正日益增强，使得那些掌控专家判断的人的责任和权力比以往要大得多。

结　论

本章探讨了技术理性在货币供给控制中的应用。一方面，它认为像美国这样的发达经济体已经不可避免地走向技术官僚对货币供应的更强的控制之路；另一方面，我们对技术官僚控制的危险感到震惊。一个技术精英，拥有明显的监督自主权，有相当大的解释力。最终，美联储在 1979 年 10 月的表现可以被看作一场精彩的政治舞台秀。但是，就像在最近的金融危机中一样，这种表现并不总是令人钦佩。

注释

1. 在韦伯之后，技术理性被定义为运用科学知识解决问题。在这一章中，我感谢哈贝马斯（Habermas，1968）对这一概念的仔细研究。
2. 美联储在华盛顿的总部雇用了 250 多位经济学家，在 12 家地区银行都雇用了更多的经济学家。其期刊包括《美联储公报》、《经济政策评论》以及各区域储备银行的期刊。
3. 值得注意的是，美联储在最近的金融危机中的失败也导致其权力的扩大。
4. 这位作者当时正进入就业市场，发现他的就业机会严重减少。

参考文献

Abolafia, M. Y. (2010). "The Institutional Embeddedness of Market Failure: Why Speculative Bubbles Still Occur," in M. Lounsbury and P. M. Hirsch (eds.), *Markets on Trial: The Economic Sociology of the U. S. Financial Crisis, Part B.* Bingley: Emerald, 177 – 200.

Cowan, E. (1977). "Joint Economic Committee Says Fed Blocks Recovery." *The New York Times*, September 26: 51.

Davies, H. and David, G. (2010). *Banking on the Future: The Fall and Rise of Central Banking.* Princeton, NJ: Princeton University Press.

FOMC (Federal Open Market Committee). (1978a). "Federal Open Market Committee Meeting November 21, 1978." Board of Governors of the Federal Reserve, Washington, DC.

—— (1978b). "Federal Open Market Committee Meeting December 19, 1978." Board of Governors of the Federal Reserve, Washington, DC.

—— (March 1979a). "Federal Open Market Committee Meeting March 20, 1979." Board of Governors of the Federal Reserve, Washington, DC.

— – (April 1979b). "Federal Open Market Committee Meeting April 17, 1979." Board of Governors of the Federal Reserve, Washington, DC.

—— (June 1979c). "Federal Open Market Committee Meeting June 27, 1979." Board of Governors of the Federal Reserve, Washington, DC.

—— (1979d). "Federal Open Market Committee Meeting August 14, 1979." Board of Governors of the Federal Reserve, Washington, DC.

—— (1979e). "Federal Open Market Committee Meeting September 18, 1979." Board of Governors of the Federal Reserve, Washington, DC.

—— (1979f). "Federal Open Market Committee Meeting October 6, 1979." Board of Governors of the Federal Reserve, Washington, DC.

Friedman, M. (1979). "Has the Fed Changed Course?" *Newsweek*, October 22: 39.

——and Schwartz, A. (1963). *A Monetary History of the United States, 1867 – 1960.* Princeton, NJ: Princeton University Press.

Greider, W. (1987). *Secrets of the Temple: How the Federal Reserve Runs the Country.* New York Simon and Schuster.

Habermas, J. (1968). *Toward a Rational Society: Student Protest, Science, and Politics.* Boston MA: Beacon Press.

Knorr Cetina, K. (2001). "Objectual Practice," in T. Schatzki. K. Knorr Cetina, and E. von Savigny (eds.), *The Practice Turn in Contemporary Theory.* London: Routledge, 175 – 88.

Livingston, J. (1986). *Origins of the Federal Reserve System,* Ithaca, NY: Cornell University

Press.

Marcussen, M. (2009). "Scientization of Central Banking: The Politics of A-Politicization." In K. Dyson and M. Marcussen (eds.), *Central Banks in the Age of the Euro*. Oxford: Oxford University Press, 373 – 1.

Mayer, T. (1998). *Monetary Policy and the Great Inflation in the United States*. Cheltenham: Edward Elgar.

Meltzer, A. (2003). *A History of the Federal Reserve*. Chicago: University of Chicago Press.

Shotter, A. (1993). *Cultural Politics of Everyday Life*. Buckingham: Open University Press.

Stiglitz, J. E. (2010). *Freefall: America, Free Markets, and the Sinking of the World Economy*. New York: Norton.

Taylor, J. B. (2009). *Getting Off Track*. Stanford: Hoover Institution Press.

Timberlake, R. (1993). *Monetary Policy in the United States: An Intellectual and Institutional History*. Chicago: University of Chicago Press.

第二部分
金融市场的运行

第 6 章
什么是金融市场？

——作为微观制度和后传统的社会形态

卡瑞恩·克诺尔·塞蒂娜（Karin Knorr Cetina）

如今，很少有概念像"市场"这样被广泛地使用，也很少有概念比"市场"二字被赋予了更多的重要性，甚至很少有概念像"市场"一样，越深入研究越感觉难以把握。就更不用说金融市场了，它的存在使我们感到如此矛盾和困惑。2008～2009 年的金融危机表明，金融市场已经成为衡量一个国家福利水平的指标——个人依靠金融市场获得养老金、信贷和收入，政府和企业的投资和增长也有赖于金融市场。然而，当检索关于描述此类金融现象的市场概念时，我们发现它在社会学甚至经济学里也难以找到。如果从行为主义而不是功能主义的角度来分析，那么金融市场究竟是什么？有没有一种特殊的"金融动机"来表达金融市场独一无二的特征？从某种意义上说，金融市场是一种协调的、集体的组织形态吗？比较市场、等级制和网络关系三种最常见的组织类型，市场是结构化程度最低的组织。事实上，正是供给－需求机制保证了市场的平衡和有效运行，而市场根本不是一种社会性协调原则，而是一只"看不见的手"，自利的、分散的个体参与者根据市场价格信号做出行为选择。

本章的基本出发点是：金融市场不是空洞的组织架构，而是高度结构化和协调的文化形态。长期以来，有关金融市场的实证研究已揭示了诸多金融行为的具体内容（Abolafia，1996；Baker，1984；Cetina，Forthcoming；Cetina and Bruegger, 2002; Preda, 2009a, 2009b; Smith, 1999, 2007, 本书第 7 章; Zaloom, 2006)。本章在上述研究的基础上, 试图捕捉那些现在是全球性的、完全基于电子交易的金融市场的重要特征。在分析这些特征之前, 我们首先梳理主流的市场概念, 这些概念基本是源于初级经济市场。我们认为, 金融市场不同于传统的生产经济市场, 若生产、消费与交换是传统经济的三大支柱, 金融则是第四大支柱。下面两部分将详细说明这一点, 并介绍全球化金融市场的架构。与原子论市场观点相反, 金融市场似乎由某个中心媒介进行协调, 这个媒介具有较强的观测能力, 犹如一面镜子。中心媒介协调能力的基础是一个投射的、不断积累的和更新的电子化渲染的市场图景。从参与者角度看, 这就是强制要求他们持续地进行观察与回应。因此, 金融市场有微观社会学意义上的"构建", 这在人们受金融市场影响的注意力机制中得到集中体现。接着, 我们将探讨独立于企业组织系统之外的金融市场如何与企业相互交叉影响。最后的部分将说明金融市场的时间向量: 我将时间作为分析金融市场的重要特征, 关注金融市场以自己的节奏和时间不断演化, 穿越多个时区的金融市场, 以及时间机制所创造出的新型全球社区。上述运作机制及其特征都表明, 金融市场不同于传统组织, 它们是非等级制的、借助媒介观测的, 并且不同于面对面的情形。人们还将金融市场定义为某种集体社会形态, 视为全球化和后工业化时代组织设计的先驱者。

市场概念

用什么来定义"市场"? 正如斯威德伯格 (Swedberg, 2003: 104 – 105) 指出的那样, 许多文献实际上是以假设而不是理论模型系统地分析市场的 (如 Coase, 1988: 7; Swedberg, 2003: 104 – 105; North, 1977: 710)。不同文献中普遍采用的市场分析概念常常与以下要素相关联: (1) 某个空间; (2) 价格发现和资源分配的机制; (3) 某种交换方式; (4) 某种制度安排。许多研究者未能将市场视为组织化的、结构化的形态。历史学家的研究表明, 有形的、具体的市场最早出现于早期希腊社会的聚居点周边, 并将其称为"无声交易"(silent trade), 交易者将物品放在一个神圣的石头或者地标上, 然后再取回对方放在此处的交换物品, 在这个过程中交易者没有语言交流 (Agnew, 1986: 20)。在不知名的"无声市场"之后, 市场转向了聚居点的中心地带,热闹的中心市场发展起来，这一过程直到 17 世纪才完全在英国完成。当谈到欧盟市场时，我们也使用了市场的空间含义，但我们内心很清晰，我们通过一组（潜在）买家而不是一个中心位置来定义市场。根据斯威德伯格（Swedberg，2003：105 - 109）的观点，新古典革命之前的经济学家，如斯密（Adam Smith）、李嘉图（David Richard）、穆勒（John Stuard Mill），也认为市场与地理区域或地方同义，正如他们认为价格是生产商品所花费的劳动量，而不是来自市场的供求关系。值得注意的是，在区域空间市场之外，欧洲利用商人、金融家和商业探险家之间的商业联系，扩展其对外贸易（Agnew，1986）。市场范围的扩大表明"贸易商"专业化作用的增强，以及市场存在于"无形"的社会网络里，而不是特定的空间或地点。

市场的空间概念是从具体的图像开始的，它也具有功能性的内涵。特定的地点起到协调作用，它使地理上分散的、不同的买家和卖家的利益相结合，也使想处理商品的人和需要它的人的利益相结合。第二种观点认为各类现代市场变得相互关联，这个看法本质上是功能性和抽象的。自 19 世纪末以来，瓦尔拉（Walras）和后来的经济学家开始用假设推导和函数工具分析和界定市场，包括价格形成机制（价格函数）和资源配置机制（分配函数）（Debreu，1959）。因此，在一般均衡理论中，市场的含义就等同于不可观测的、假设的需求和供给曲线，而没有任何空间的、制度的或社会的特征（Rosenbaum，2000：459）。买方需求和卖方供给被视为市场运行的动力。商品价格的变化遵循商品的供给状况 - 需求规律，即在所有其他条件相同的情况下，卖方期望以更高价格卖出更多商品，而市场上商品价格常常与商品需求数量呈反比例关系，直到市场均衡价格形成，再达成交易。这种情形被认为达到了市场出清或市场均衡状态。虽然均衡价格是在市场上形成的，但价格机制满足了买卖双方的需求，协调了买卖双方的利益，促进了供给和需求的良性互动。该模型认为市场趋向于"静止"状态，尽管这种状态只能通过对各种信号做出反应的参与者之间开展复杂的调整和协商来实现。

第三种普遍观点认为市场是（商品）"交换"的同义词，在这种情况下认为市场是某一特定地点的观点也就不成立了。经济学家、社会学家和人类学家援引这个观点（invoke the idea），认为市场经济由生产、消费、交换三个机制组成，这保证了商品的分配（Dholakia and Oza，1996：7；DiMaggio，1994：28；Hillebrandt，2007；Lie，1992；Portes，1995：3；Smelser and Swedberg，1994：3）。据此，"无论时间和地点，只要有两人或多人进入交易，市场就产生了"（Gravelle and Rees，1992：3，Rosenbaum，2000：459）。根据该定义，交换不仅具有将生产者和消费者聚集在一起的市场功能，而且交换行为具有典型的市场特征。如果市场概念是一个更加模糊的同义词，那么我们就需要认真考虑市场所指涉的具体行动类型。

第四种观点认为，市场是一种制度。在过去的几十年中，这重新引起了经济学和其他社会科学研究的兴趣。制度主义理论认为"制度"是法律规则、社会规范等方面的抽象条款，具体体现在市场的各类制度合约里（Aspers，2011：4-5）。近些年，经济学制度主义认为，制度是解决交易问题的有效方案，是为了理性追求自我利益、个体化的自我为了降低交易成本而出现（Williamson，2000）。直接的、非重复的、不需要专用性投资（如一次性购买标准设备）的交易更有可能发生在公司之间，即"跨市场界面"，而交易结果不确定的、频繁重复的且需要大量专用性投资的交易，如金钱、时间或不能轻易转移的资源，更有可能发生在等级分明的公司之间（Granovetter，1985：493-494）。尽管这种方法已使企业摆脱了在经济学中作为"阴影"的存在，指出了公司的核心特征（如分层），但市场仍然处于不被重视的状态，市场看起来只是被动地被定义为企业的替代品，而且长期以来经济学家都认为市场是在竞争环境中进行战略运作的个体。相比之下，社会学最新的制度主义观点，不是将制度与规范和法律规则联系在一起，而是更多地强调特定组织背景下促进角色行为的文化脚本，以理解什么被作为文化上的恰当性和合法性（Powell and DiMaggio，1991）。我们应该问：对文化合法性的感知，而不是战略决策和理性选择，在多大程度上影响了市场行为者的行为？（Scott，2001：51-52；Ebner and Beck，2008：4）普瑞达（Preda，2009a：chs 2 and 4）的观点最有力地证明了这一点。社会学中另一种制度方法更具历史偶然性，它将市场与政治-经济管理安排和更大的文化结构联系起来（如 Fligstein，2001；Hamilton and Biggart，1988）。这种方法将市场看作政府的创造，主要关注政府的市场监管问题（见 Fligstein，本书；Ebner and Beck，2008：4）。第三类明显具有组织性，主要研究组织间的联系。这实际上是将组织分析和市场分析结合起来，使用网络方法来研究关系的性质及其影响，以及这些网络组成的"上游"（如供应链）和"下游"市场（Baker，1990；Bandelj and Purg，2006；DiMaggio and Louch，1998；Uzzi，1999；White，2002）。例如，怀特（White，2002）模型强调卖家网络的存在，互相监控以便为他们的产品找到独特的细分市场。在传统的市场理论中，生产者可能以消费者为导向来监控市场需求；他们也可能压低价格使产品同质化（Collins，1988：432－433）。

金融作为经济的第四大支柱：金融市场的信用核心

当大多数人想到"市场"时，他们会想到初级市场或生产市场——一个经济部门生产的产品和服务出售给消费者的领域。本书参考的文献也不例外；大多数分析要么直接参考生产市场，要么在谈到市场时就会以生产市场为核心。当经济根据前面提到的生产、消费和分配/交换来定义时，市场表现为"纯粹是生产和消费的中间活动，促进商品和服务的分配，从而满足某些人的需要"（Dholakia and Oza，1996：7）。然而，金融和金融市场不仅是人类分配系统的一个组成部分，且有助于将商品从生产者的市场转移到消费者市场，这一点不同于为诸多经济运行创造融资的金融市场。西方社会的市场环境高度分化，例如，生产市场和金融市场具有独特的历史，应对不同的需求，并呈现出不同的运作和协调体系。换言之，仅仅考虑生产、消费和交换这三大支柱，经济的定义是不完整的。他们忽视了经济活动的第四大支柱，即金融。正如伯南克所说：

> 为了扩大工厂、增加员工数量并实现现代化，大多数公司必须求助于金融市场或金融机构以确保这一基本投入。家庭依靠金融市场获得抵押贷款或帮助资助子女的教育。总之，健康的金融环境有助于现代经济发挥其全部潜力。因此，发展中经济体的一个优先发展事项是，建立一个现代化的、运作良好的金融体系。（Bernanke，2007：1）

伯南克谈到，父母、房主和公司都需要金融资本，换句话说，他们需要信贷。经济的第四大支柱，即金融和金融市场的功能，是控制信贷（Strange，1994：30）。凯恩斯是最早提出信贷的性质和作用的人之一；他坚持认为，资本主义投资首先不是现金或储蓄，而是资本积累，但是信贷可以通过股票等方式创造出来。生产需要事先投资于资本货物和其他支出；一个没有投资手段的人不能指望生产多少。他必须投入自己的时间和精力才能建立生产性资本结构的基础，才能成功开始生产（Shapiro，1985：77）。生产只有在得到投资后，才能产生就业收入，其中一部分可用于储蓄。因此，信贷和信贷需求在储蓄之前，储蓄只在信贷投资的生产周期结束时产生。凯恩斯还谈到了"金融动机"，其中卡瓦略（Carva Cho，1976：72－76）称"由于对未来利润而非当前收入的预期而采用的投资计划"。

最近，定量的历史研究证实了凯恩斯的观点，这些研究表明美国复杂而清晰的金融体系可能是 19 世纪制造业快速增长的关键驱动力（Perkins，1994）。在此之前，历史学家曾将制造技术、铁路和西部大开发视为增长的驱动力。相比之下，西拉（Sylla，1998）认为这些最新的发展大多发生在 1815 年以后，并且在很大程度上依赖于更早发展的金融体系。信贷可以通过银行贷款和金融市场两种渠道获得。以制造业为导向的经济体，比如德国和欧洲大陆的经济体，在历史上发展了一个银行贷款占主导地位的金融组织。在美国，正如在盎格鲁－撒克逊国家一般，出现了不同的模式，美国这种模式不太重视银行贷款，而将货币市场和证券市场视为重要的信贷渠道。在 18 世纪与 19 世纪之交美国的财政革命时期，银行数量从 1790 年的 3 家增加到了 1820 年的 327 家。有趣的是，银行数量的百倍增长也意味着金融市场渠道的兴起。与其他国家不同，美国的银行通过发行证券筹集资金，他们还接受证券作为银行贷款的抵押品。西拉等（Sylla，Wilson，and Wright，1997）基于对 40 年来所研究的证券市场价格的分析结论认为，一个有效的金融市场出现了，它有效地为证券资产定价，并遍及主要城市进行市场间套利，且为 1820 ~ 1930 年欧洲资本的大量涌入铺平了道路。在金融增长时期股票资产成为银行可承兑的资产之后，美国以股票的形式在世界金融资产中占据最大份额。

然后，我们认为金融体系先于且在功能上不同于生产市场，凯恩斯主义的观点为此提供了证据，也为理解西方经济体的信贷基础提供了支撑。历史论证揭示了在工业化轴心阶段金融与生产的不同步，并指出了早期金融市场渠道在获取信贷方面的重要性。第三个过程即放松管制，这也有助于建立金融市场，以作为银行储蓄之外的一种筹资来源和投资选择；它将这些市场，尤其是场外市场与生产分开，而且与国家监管环境分开。金融市场享有了自由化资本的连续浪潮，以及由控制个别的民族国家而发生的金融服务（Geisst，1995：9；Swary and Topf，1992），同时取决于政府政策的采纳（Fligstein，本书第 17 章）。消除国家金融市场之间的障碍，如 20 世纪最后几十年货币市场之间的障碍，使得一个经济学家认为，存在微小摩擦而似乎超出了任何监管结构的控制范围的系统出现了。尽管 2008 ~ 2009 年的金融危机促使了重新监管，但直到最近，美国仍在放松管制。生产系统更深入地嵌入国家监管环境中，影响到劳动力、生产工厂、设备、生态外部性等诸多方面。银行和银行贷款也密切受到政府监管。在 18 世纪末 19 世纪初的美国，这种监管一直持续发展，当时银行不仅是重要的资金来源，而且银行票据和存款负债也承担了货币的大部分功能。因此，政府有理由对这些银行的货币创造进行许可和监管（Carruthers and Babb，1996；Sylla，1998：84）。

此后，市场渠道发展成为全球金融体系和西方经济金融组织的核心。事实上，资本市场已替代银行成为工业企业债务融资的来源。21 世纪之前，在美国和英国，不到 30% 的企业融资来自商业银行（Chernow，1997）。虽然银行信贷在当今一些更复杂的经济体中仍然很重要，但它通过银行自身的投资和融资策略深深陷入金融市场。借给信贷需求者的资金中实际上只有一小部分来自客户的存款。重新包装的次级抵押贷款和信用衍生品市场以及更普遍意义上的违约义务就是一个很好的例子。危机中的一个主要因素是银行信贷的扩张，危机中的一个主要因素是银行信贷的扩张，通过使用这些金融工具，数倍提高了银行的杠杆率，并且增加了这些工具所引发的风险（Taylor，2009：ch. 1）。

金融市场行为：不仅仅是交易

鉴于金融市场的运行特征，历史上出现的系统失调（historical desynchronization）和放松金融管制表明，它们最好被视为一种系统。在这种系统中，金融工具即契约，它在交易中被创造和发展，经过市场检验之后成倍增长。所涉及的行为也说明了金融市场的特殊性。如前所述，市场通常被认为是兑换交易的场所，当我们考虑到初级经济时，这可能是合理的。例如，当我们去周末市场时，我们通过典型的兑换交易以现金来购买农产品。正如斯莱特（Slater）所说的，它最重要的特点是，当我们完成交易时，我们就退出了（Slater，2002：237）。交易意味着易手的对象被定义为等价的，因此一旦付款完成交易就可以结束。然而，金融市场的核心活动是投资和投机。这直接来自金融的信贷核心。在金融市场上买卖的不是消费品，而是直接或间接向借款人（公司、州等）提供贷款的"金融工具"（如股票、债券等），贷款人希望能够获得信用工具收益，包括股息、利息等。因此，购买或出售金融工具会创造一种契约或合同，这种契约或合同在持有该工具期间一直持续，且始终涉及风险（因为未来不确定，结果无法得到保证）。当我们买完金融工具后，我们通常不会退出；相反，我们发现我们的利益与信贷接受者及其经济政策的成功与否有关。因此，金融市场行为就是关系启动（或结束）的时间交易，它将贷款人、借款人和市场的命运联系起来，并将他们与未来的结果捆绑在一起。当两个或两个以上的人准备进入某个直接交易时，金融市场就不存在了；而当行为者准备进入承诺的协议（基于对未来结果的承诺和要求）时，情况与之相反。

金融市场的行为结构对供求关系具有影响。金融市场交易不是以一种工具的当前价格为导向的，而是以它在未来某个时点的预期收益为导向的。因此，如果参与者预期需求会上升（这是解释金融泡沫的一个因素），即使价格高，需求也可能会上升而不是下降。我们可以谴责这是投资者的"非理性繁荣"，它导致资产定价过高，与经济表现不符，并且意味着泡沫破裂时会导致资本短缺（Shiller, 2000：31ff.）。但如果我们认为金融市场行为本质上是投机性的，用一种道德中立的语言，它指的是对预期结果具有前瞻性的行为，那么基于期望和承诺而不是基于当前的价值是这一行为的结构性特征。

尽管金融行为具有投机性，但经济学家普遍认为金融市场是有利的，这些市场使资金池能为大量资本所用，通过去中介化降低了企业融资成本（消除了银行及其作为贷方的定价结构）（Chernow, 1997），通过分拆股票分散了信贷风险，可用于对冲高风险投资的衍生产品（Merton and Bodie, 1995：13－15）。已达成共识的是，金融系统以一种独特的方式发展，影响因素非常多，包括政府债券的金融化、养老制度的变化、通过次贷扩大房屋所有权基础的大众利益等。还有一种共识认为过去几十年的经济增长及高科技和知识密集型产业的增长与金融市场信贷的扩张有关，这种增长如果没有信贷的创造和强化是很难出现的（Strange, 1994：30）。正如以上所表明的，金融市场在经济和社会中发挥重要作用。我的观点是，金融市场在当今世界发挥作用，而这个世界很大程度上是金融市场在行动者与行动层面上通过制度与技术塑造的。

金融市场的结构

亚当·斯密写道，市场是由一只"看不见的手"来协调的。这部分内容涉及当代金融市场的"有形之手"：使市场变为独特的结构形式并能在一定程度上实现协调和一体化的结构。金融市场有两种类型：交易所交易市场和场外（OTC）市场。例如，交易所交易市场有一个集中供需的中心位置。交易所本身就是经纪人和交易员组成的公司或会员组织，他们拥有在交易所进行交易的独家权利。交易所提供的匹配和交易执行设施不仅与某个地方绑定（计算机和清算功能可能位于其他地方），而且也有固定的开放交易时间以及报价时间，意味着它们的交易设施条件是不连续的。为了进行交易，设施必须标准化；公司必须满足交易所的上市要求（例如，最低市值、收益要求、发行股数、审计要求），并遵守特定的披露规定。交易所本身也受到美国证券交易委员会等机构的监管，以及禁止内幕交易、对价格操纵和未披露信息等机会主义行为的监管。例如，监管可能试图确保公平、有序和高效的商业运作；价格形成符合交换规则和防止价格操纵；交易所和上市公司多年来的所有业务的文档；为发行价格、营业额等定义规则；投资者获取相关信息的渠道（SEC，2010）。交易所说明了组织和监管因素如何建构在市场中。然而，市场本身并没有在交易所内部化。虽然，大大小小的投资者可能会在公开交易所进行交易，大量的参与者会参与这样的市场，但是交易所仅承担了市场的某些功能，即通过汇集买卖双方的信息、建立市场组织并开展市场交易。第二类金融市场，即场外市场，现在大多数以电子形式实现相同的功能，交易所的电子经纪人根据市场上买卖双方的利益（意愿）匹配并排序报价。因此，金融市场应该总是比任何一个组织都要大，这些组织很有可能只是金融市场的一部分。但我们应该如何概念化这个更大的实体？部分组织理论可以进行解释；它表示我们可以将市场视为一个组织外的更大的组织，从某种意义上说，市场可能包含一些（但不是全部）通常将我们与正式组织联系在一起的元素（Ahrne and Brunsson，2010）。确定的成员、行为规则、制裁、监督以及正式的权力或层级是正规组织的要素。金融市场含有大部分这些元素。但是，这种等级体系是一种市场地位等级体系，而不是源自正式的权威，例如，场外交易市场中的大部分规则都是与法律类别相对应的交易实践规则，并且会员资格由市场结果予以界定和认可——而不是由权威机构控制：市场参与者是指在市场上持有金融头寸的任何人。因此，金融市场是一种有组织的社会形式，具有很强的内外区分、成员资格标准、潜在稳定的地位等级制度及内部形式的监督和监管。然而，市场与正式组织之间有一个重要的差异：市场结构似乎在执行和代理层面上制度化，而不是在正式层面上。从更多的理论角度来看，金融市场的制度基础本质上是微观社会学的，与戈夫曼等的互动层次结构相一致。场外市场非常清楚地说明了这一点，因为它们不是集中式的，而是分散的；它们不是围绕交换建立的。在场外交易市场中，交易通常发生在全球城市的全球银行交易大厅的交易员之间（Sassen，2001；本书

第 1 章)。在这样市场中，交易行为的规则通过结构性的互动手段得到维持，如交易者采用语言形式的威胁相互警告、遣责与制裁，以防止交易行为规则被打破。然而，将金融市场纯粹理解为行动者互动影响的场域是错误的。

　　想象一下，一个由计算机和一组电子屏幕组成的联合体：这些屏幕形成一个人造的环形介质，交易任务通过这个介质从一个时区水平地流向另一个时区，信息在屏幕上不断滚动。这些在电子基础设施上的电子屏幕，将交易所连接起来，并装有执行任务的各种交互系统和设备，起着支撑作用。借鉴分子制造的类比（Heller and Guttman，2002：265），我们可以将这种屏幕设置看作是由一个历史性的"取放"过程产生的，通过这个过程，金融市场执行所需的各种各样的行为、交流和信息功能被逐渐嫁接到屏幕上。这些功能的例子是会话交易系统，它使得通过谈话进行交易成为可能，它们也用于小道消息和信息分享，以及进行有组织的交流。另一个系统是电子经纪人（EBS），专门用于处理、订购、存储和显示交易机会，屏幕上显示的交易量和价格，只需点击一下按钮即可交易。我们可以不用说话而通过 EBS 进行交易。另一套系统提供会计处理功能，提供新闻、评论和分析，并提供对交易数据和图表的访问以及计算功能。交易大厅中的分析师、策略师和经济学家通过研究和重新分析屏幕上的信息产生深入分析并将其分析返回到屏幕上。"取放"世界仍需要人工信息的输入和补充。屏幕只提供组织、沟通和分析功能；其内容来自信息提供者和交易者，交易员在和市场打交道时，充分激活各种能力。然而，屏幕还有另一个对理解金融市场结构至关重要的作用：它就像一个"镜"——一个投射市场并协调交易的中央镜像设备。

　　我们可能将金融市场看作一个紧密协调的响应系统，它基于关注和感知机制的市场。让我们将响应系统定义为强制要求响应的时序交易系统。"对话"（conversations）就是这样一个例子："对话"是二分的反应系统，轮流规则与参与者对彼此的视觉和认知判断为对话提供了框架。会话者轮流发言，承认并对以前的发言做出反应。全球市场就像许多对话者之间广泛的跨越距离的对话。将这样的对话集中在一起并安排其顺序是交易屏幕的工作。最发达的场外交易市场已成为全球性的、统一的安排，在这种安排中，所有参与是通过一个"镜"，即一个中央监控的和反映情况的媒介来支持和协调的，它们提炼市场信息，集中注意力和感知并协调交易。"镜"的算法还将市场利益和交易汇成一个连续的最佳买卖交易流。因此，参与者不仅通过电子媒介与其他具体人物交易，还与屏幕本身进行交易——电子经纪人向他们展示了一种算法支持的交易可能性集合。采用"镜"（scope）的概念，我为硬件、软件和内容提要提供了一个简化的术语，将它们打包在一起，并通过计算机屏幕及共同平台传递给全球市场的参与者。"镜"中的事实被投射给每一个同时在线的人；屏幕内容将所有观察者（作为专业交易者必需的）置于同一个世界。没有必要打电话给其他联系人并利用人际关系网络来了解市场在哪里以及正在发生什么。这些问题的答案会立即提供给所有人，并在几秒钟内不断更新。并非所有的金融市场都是这种性质的。例如，交易所交易市场在过去的十年中才从公开叫价系统过渡到接受镜像媒介和跨国安排（Muniesa，2005；Zaloom，本书第 9 章）。例如，纽约证券交易所和法兰克福证券交易所价值 100 亿美元的合并，旨在为 14 个欧洲国家和美国建立统一的市场，直到2011 年 2 月才完成，后来被放弃了。

符合描述的场外交易市场是货币市场——自 20 世纪 80 年代以来，它一直是统一的全球市场，那时路透社的金融信息终端机（Ruters' "Monitor"）是第一个全面的电子交易和信息系统。货币市场是全球最大的市场之一，目前日均交易额约为 4 万亿美元（BIS，2010）；它不是在交易所进行交易，而是一个场外的"私人"市场（这里的类比是自 16 世纪以来主要经济体中商人与其他人之间发展起来的私人贸易）。直到 20 世纪 70 年代，货币市场似乎成了一个网络市场：交易通过关系网络而发生，这些关系需要找出"市场在哪里"，也就是说，哪些人想要交易以及价格是多少。当时，套利——利用参与者之间价格和交易量的信息差异——在货币交易中是常事。当今全球体系的一个强有力的指标是，这种套利已不再可能。市场成员现在不需要通过网络来寻找市场；他们参与一个全球性的市场对话，这个对话是通过一个独特的镜像协调机制支撑和指导的。

这种虚拟市场不是关系市场，而是基于注意力和感知机制的市场：在屏幕上持续、同步和即时地关注市场。对屏幕的关注是强迫性和强制性的，这相当于人类的一种观察机制，这也是专业市场参与者的行为模式。这些行为模式表现为警觉和专注的习惯，正如阿布拉菲亚（Abolafia，1996：230）观察到，交易员发展出了看到公告后即刻对市场走势做出应对的技能；表现为塞蒂娜和布吕格尔（Cetina and Bruegger，2002：92）研究的外汇交易员的强制性监测和普瑞达（Preda，2009b）发现的当日交易者（中国常说的做短线者）看屏幕时的专注力。交易员对着屏幕信号的喊叫也暗示了这一点。交易者对屏幕信号的反应是大喊大叫。交易员通过这样的大喊大叫来体现市场走势

（Cetina，2009：76-78），并使自己和其他人对屏幕上的市场动向保持警惕（Laube，2008）。协调是同时向一群观察者传递大量信息的结果，或者换言之，是不断将注意力集中、充满期待的市场参与者群体暴露在突发信息之下的结果。这种暴露导致集体认知：在有限的市场环境中一种共享的意识和分布式对话。我们可以从信息的角度来看待这种集体认知，并用市场奇特的集群智能（swarm intelligence）的概念来形象地刻画它（Callon，1998；Fama，1970；Hayek，1945；Cetina，2010；Preda，2009c；Smith，1999）。我们也可以将这种集体认知看作市场领域的一种社会膜。屏幕为集体认知不断提供和更新信息——它为围绕着信息爆炸而发展的市场话语提供了一个复杂的反馈和支持系统。

交易员和交易大厅：市场和公司之间的交互作用

我认为，金融市场应被视为一个全球反应系统，由镜像提供的相互观察和自反观察将其连接在一起。事实上，当代金融市场的中心组织机制并不是企业或企业间安排的权威结构，而是屏幕的"权威性"，屏幕对市场持续的、情景增强的和算法优化的投射，使参与者有了方向并对市场做出反应。这里的理论论点是，共同的目标与关注机制——参与者的共同反应（Cetina and Bruegger，2002：909）及其结果，由此产生的市场对话——是市场过程的社会学基础。如果你愿意的话，它为一个有组织但超出了公司和交易所等正式组织元素的市场提供了黏合剂。注意力整合（见下文）是一种机制，它与网络连接（可能具有早期市场特征）以及企业中等级和控制的协调有着根本的不同。然而，正如之前所指出的那样，公司（交易所除外）仍然存在，它们在市场中的角色取决于我们如何理解交易大厅，如全球投资银行的那些直接从事市场活动的部分。交易大厅是以公司为单位的组织，但我将它们看作介于市场和公司之间的制度混合体，并且适应了市场。换言之，交易大厅不仅仅是企业的分支，履行企业的任务关键点在于大厅的金融交易的控制问题。金融市场是涉及硬件、软件和人员组成部分的中介安排，其绩效和结果不受任何相关公司的控制。交易员而非银行家是这些安排中的关键运作者；当涉及具体市场交易和管理时，代理机构从公司转变为个体交易员。生产者市场和传统银行贷款中缺乏交易者的社会角色，而交易员代表和体现了金融市场的本质（另见 Zaloom，本书第 9 章）。在上述场外交易市场中，交易员是做市商；他们尝试在市场中从价格差异中获利，同时也为其他市场参与者提供交易。因此，交易商为市场提供并维持流动性。如果有必要，他们会违背自己的立场和利益。换言之，交易员充当市场的看管人——当市场出现缺口，市场活动趋于静止时，他们扮演桥梁和融合剂的角色；当市场崩溃时，他们也可能试图恢复市场。尽管银行限制交易员的损失和交易工具的数量，但交易者并不受任何银行对价格变动发展的看法的限制，而是在他们交易的工具上形成自己的立场。事实上，正如参与者所证实的那样，交易账户和银行的专有地位相互冲突的情况相当普遍（Goodhart，1988：456）；对冲基金的交易商可能拥有较少的自主权。交易员的中介倾向、频繁的转手率、奖金支付结构及交易大厅中独特的人机配置，都反映了市场的情况。例如，我们可以将奖金视为交易员薪酬中的冒险部分，可能比银行和其他公司给交易员的薪酬高出几倍，因为奖金不属于公司的固定成本，这远远超出了公司的能力。如果奖金没有"测算"，也就是反映其在市场上的盈利规模，他们就可能离开公司。因此，交易员可以正式归类为在金融资本主义中提供各种服务以赚取费用的资本市场中介团体。但是，中介并不是一个连贯的参与者团体。如果我们将中介理论定义为"一种关系，市场中某个参与者在两个没有直接联系的其他参与者之间协调资源或交换信息"，如经纪人（Fernandez and Gould，1994：1457）。交易员并不是一个好例子，因为他们主动发起交易，持有并管理自己的投机头寸。了解交易者职能/角色的一种方法是将他们视为自己和公司利益的代理人。当双方都能获得大量的营业额和利润份额时，交易员（和公司）认为他们的利益是一致的。对于交易者来说，奖金日是检验这种一致性的日子，如果发现有错误，就会进行调整。例如，以外汇市场交易员为例，他们是市场参与者，通常没有明显的外部客户，他们以做市商的身份自主经营，并"追求下一个增值策略"（Folkman et al，2008：155）。虽然他们不是公司的所有者，根据委托－代理的区别，他们也不是委托人，但交易员通常会根据其市场内部地位、专业技能和及时的市场信息而成为全权代理人。

注意力整合与市场流

我提出的金融市场的微观制度概念仍然缺少一个强有力的因素：这些市场的时间性质。我们所描述的金融市场是时间化的系统，这些市场的时间向量与关注机制是相互关联的。考虑到交易员在一个由不断变化的交易价格、不断变化的交易利益（指示性价格）、不断更新的滚动记录、不断传来的会话请求、最新预测的市场趋势、不断出现和消失的头条新闻以及由评论和分析组成的移动平台中执行他们的活动，换言之，他们在流媒体世界/流世界活动；随着信息在屏幕上滚动并被新信息所取代，新的市场现实不断出现。在这些市场中，屏幕现实就像一块织锦，一段一段在我们面前被编织。更笼统地说，屏幕现实——织锦——是一个过程，但它不是简单得像一条河流，将相同的水量从一个地方转移到另一个地方。更确切地说，它是过程性的，是无数不同的信息连续不断地在屏幕上变化的过程。

我在这部分使用的概念——市场"流"，是指变化的滚动投射，这种虚拟建构使电子金融市场看起来势不可挡。日常时间并不会给金融市场"计时"，尽管它从来没有被完全悬置，除此之外，它还是交易员的工作时间表和交易所营业时间的基础。给它们计时的是一个"分析时间"，即传入消息的速度和集群时间。分析时间具有特殊性。例如，它的节奏不均匀；它可能因为更多的项目流入屏幕，消息间隔变短而突然加快。它有具体的日历和时间表，有为重要经济公告和定期计算的经济指标和数据的发布而规定的日期和小时。在这种情况下，随着基本经济形式的发展并介入金融经济，分析时间与日常时间日益相互交织，并且以分析时间的基本状态和本质特征来概述日常时间。

市场的时间特性与注意力机制密切相关。首先，市场支配注意力机制。因为市场不断变化，并且根据自己的时间变化，也就是算法处理交易及相关活动的流动聚合模式。其次，在市场上持仓的交易员将自己（他们的财务状况和就业情况）与市场的一举一动结合在一起，他们的前途命运与屏幕的变动息息相关。这种高个人风险和快速变化的市场相结合的模式，解释了对市场的持续关注的必要性。最后，注意力体制可以与流动体验的概念联系起来，这是一种高度集中的主观状态，意味着意识状态在改变的同时几乎自动地执行任务（Csikszentmihalyi，1990）。因此，我们可以假设，市场与注意力的不宽容的时间性（瞬时性），这需要产生主观的流动状态。并且需要它们来实现最佳的表现。流动体验还包括自我实现的感觉，以及自我反思、分心和对失败的担忧的消失。这或许有助于解释市场参与者往往倾向于接受风险，而他们对金融市场之外的担忧和规则则可能置之不理。

可以肯定的是，全球市场不仅在分析时间内流动，而且会从一个时区流向另一个时区。这种流动类型抓住了市场的流动性。市场在不同时区间的流动意味着具体的、有形的生活形态（如交易员等系统操作员、交易大厅等系统设施）与金融市场这一非具地层面（如以符号形式存在，并一直在移动中的行动、交易和账户）的交互影响。采用"回应－存在"的术语，市场从前一时区的注意力中释放出来，并被下一个时区的注意力所占据。跨时区移动的市场涉及工作，如生产汇总账户，将需要关注的趋势从一个时区转移到下一个时区进行处理，这些趋势被概括为收盘价、指数值、成交量统计数据、日内交易指标等。这种高度关注工作的结果是，每一个时区的金融市场似乎都实现了"总括"（抽离细节、简要呈现），并且以总括形式传递到其他地区的金融市场。随着其他时区市场"总括"的到达，当地的注意力资源被调动起来，以促进市场参与，直至它在以时区为中心的体系中具备（对当地市场的）专有性。这些内容包括技术资源，如可以在屏幕上开关的听觉和视觉信号及组织资源，跨国公司举办的强调某些发展的晨间会议，或在交易台提供午餐，以免打断交易员的注意力。

　　参与者将对市场的注意力和反应联系在一起：跨越制度和空间，在这里，时间也很重要（Abbott，2001）。随着专业交易员同步和及时地（他们实时看到同一个市场）持续观察市场（几乎没有中断），他们之间出现了一种基于互相关注的一体化水平——参与者意识到市场上存在其他人显然关注了在屏幕上可见的同样的事件。他们如何意识到他人的存在？通过交易双方提出要求，其他人发出信息并由此引起价格变动。交易员观察活动的一个重要部分是，考虑到市场参与者可能的行动与目的，去发现和理解中介存在的信号。另一个重要部分是将他们观察到的信息传达给与他们保持关系的其他市场参与者。从这个意义上讲，交易员传递和放大相互关注的信号，促进其传播。换言之，注意力制度不仅支配个人行为，而且与相互给予的信号有关，是全球领域一体化水平的来源。注意力的整合需要共时性，参与者在观察同一事件（市场）时，随着时间的推移而共同参与。舒茨（Schutz，1964：24－26）将"我群关系"的出现与共时性联系在一起：参与者可能会觉得"我们在一起看到了相同的东西"或"我们在一起经历了这件事"。这种我们之间的关系不需要涉及其他类型的共通性——它不需要假定思想的共通性，解释和沟通的共享，或参与者之间的团结一致。在以人口全球分布为目标的社会性概念中，缺乏强有力的假设似乎是一种优势。

结 论

很显然，这种注意力整合与交流的出现是以镜像媒体的存在为前提的——作为一种设备通过在屏幕上不断滚动推出市场信息，将其"流动"地呈现给观众以实现自身价值。市场是交易的世界，不仅通过传统的组织媒体（如网络或交易规则）相互联系，而且通过反射式镜像系统收集交易信息，增强并将其作为"市场"呈现给观察者。尽管人与人之间的交易在这些市场中仍然存在，但人对屏幕（市场）的交易似乎占主导地位，而算法交易（市场对市场交易）是一个越来越重要的组成部分。强制性反应系统的概念旨在捕捉这些市场的微观制度基础，同时也将它们视为镜像环境，其中媒体和媒体反馈已深入人类互动中。镜像生活模式提出了本章未涉及的研究问题，例如，注意力资源不仅位于组织、技术和交互层面，而且位于认知（信息处理）和神经层面，互相补充和互动。另一个我不能在此讨论的镜像领域问题涉及交易的情感和欲望，作为金融交易生态的相关现象，它与社会学领域有关贪婪的研究有何关系？

参考文献

Abbott, A. (2001). *Time Matters: On Theory and Method.* Chicago: University of Chicago Press.

Abolafia, M. Y. (1996). *Making Markets: Opportunism and Restraint on Wall Street.* Cambridge, MA: Harvard University Press.

Agnew, J. C. (1986). *Worlds Apart: The Market and the Theater in Anglo-American Thought 1550 – 1750.* Cambridge: Cambridge University Press.

Ahrne, G. and Brunsson, G. (2010). "Organization Outside Organizations: The Significance of Partial Organization." *Organization*, 21: 1 – 22.

Aspers, P. (2011). *Markets.* Cambridge: Polity Press.

Baker, W. E. (1984). "The Social Structure of a National Securities Market." *American Journal of Sociology*, 89: 775 – 811.

—— (1990). "Market Networks and Corporate Behavior." *American Journal of Sociology*, 96: 589 – 625.

Bandelj, N. and Purg, D. (2006). "Networks as Resources, Organizational Logic, and Change Mechanism: The Case of Private Business Schools in Postsocialism." *Sociological Forum*, 21: 587 – 622.

Bernanke, B. S. (2007). "Regulation and Financial Innovation. " Speech Delivered at the Federal Reserve Bank of Atlanta's 2007 Financial Markets Conference (Sea Island, GA). 〈http:// www. federalreserve. gov/newsevents/speech/bernanke20070515a. htm〉 (accessed March 9, 2009).

BIS (Bank for International Settlement) (2010). "Foreign Exchange and Derivatives: Market Activity in 2010. " *Triennial Central Bank Survey*. Basel: BIS Press and Communications.

Callon, M. (1998). *The Laws of the Market*. Oxford: Blackwell.

Carruthers, B. and Babb, S. (1996). "The Color of Money and the Nature of Value: Greenbacks and Gold in Post-bellum America. " *American Journal of Sociology*, 101: 1556 – 91.

Carvalho, F. C. (1976). "Keynes on Probability, Uncertainty, and Decision Making. " *Journal of Post Keynesian Economics*, 11: 66 – 81.

Chernow, R. (1997). *The Death of the Banker: The Decline and Fall of the Great Financial Dynasties and the Triumph of the Small Investor*. London: Pimlico.

Coase, R. H. (1988). *The Firm, the Market and the Law*. Chicago: University of Chicago Press.

Collins, R. (1988). *Theoretical Sociology*. San Diego: Harcourt Brace Jovanovich.

Csikszentmihalyi, M. (1990). *Flow: The Psychology of Optimal Experience*. New York: Harper and Row.

Debreu, G. (1959). *Theory of Value: An Axiomatic Analysis of Economic Equilibrium*. New Haven and London: Yale University Press.

Dholakia, R. H. and Oza, A. N. (1996). *Microeconomics for Managemant Students*. Delhi: Oxford University Press.

DiMaggio, P. (1994). "Culture and the Economy," in N. J. Smelser and R. Swedberg (eds.), *The Handbook of Economic Sociology*. Princeton, NJ: Princeton University Press, 27 – 57.

——and Louch, H. (1998). "Socially Embedded Consumer Transactions: For What Sort of Purchases do People Use Networks Most?" *American Sociological Review*, 63: 619 – 37.

Ebner, A. and Beck, N. (2008). *The Institutions of the Market Organizations, Social Systems and Governance*, Oxford: Oxford University Press.

Fama, E. (1970). "Efficient Capital Markets: A Review of Theory and Empirical Work. " *The Journal of Finance*, 25: 383 – 417.

Fernandez, R. M. and Gould, R. V. (1994). "A Dilemma of State Power: Brokerage and Influence in the National Health Policy Domain. " *American Journal of Sociology*, 99: 1455 – 91.

Fligstein, N. (2001). *The Architecture of Markets: An Economic Sociology of Twenty-First-Century Capitalist Societies*. Princeton and Oxford: Princeton University Press.

Folkman, P. , Froud, J. , Johal, S. , and Williams, K. (2008). "Intermediaries (or Another Group of Agents?)," in I. Ertuk, J. Froud, S. Johal, A. Leaver, and K. Williams (eds.), *Financialization at Work*. London: Routledge, 150 – 62.

Geisst, C. R. (1995). *Exchange Rate Chaos: Twenty-Five Years of Finance and Consumer Democracy.* London and New York: Routledge.

Goodhart, C. (1988). "The Foreign Exchange Market: A Random Walk with a Dragging Anchor. " *Economica*, 55: 437 – 60.

Granovetter, M. (1985). "Economic Action and Social Structure: The Problem of Embeddedness. " *American Journal of Sociology*, 91: 481 – 510.

Gravelle, H. and Rees, R. (1992). *Microeconomics* (2nd edn). London: Longman.

Hamilton, G. G. and Biggart, N. W. (1988). "Market, Culture and Authority: A Comparative Analysis of Management and Organization in the Far East. " *American Journal of Sociology*, 94: 52 – 94.

Hayek, F. A. (1945). "The Use of Knowledge in Society. " *American Economic Review*, 35: 519 – 30.

Heller, M. and Guttman, A. (2002). *Integrated Microfabricated Biodevices*, New York: Marcel Dekker.

Hillebrandt, F. (2007). "Kaufen, Verkaufen, Schenken: Die Simultanitat von Tauschpraktiken," in J. Beckert, R. Diaz-Bone, and H. GanBmann (eds.), *Märkte als soziale Strukturen.* Frankfurt and New York: Campus, 281 – 95.

Knorr Cetina, K. (2009). "The Synthetic Situation: Interactionism for a Global World. " *Symbolic Interaction*, 32/1: 61 – 87.

—— (2010). "The Epistemics of Information: A Logic of Knowledge Consumption. " *Journal of Consumer Culture*, 10/2: 1 – 31.

—— (forthcoming). *Maverick Markets: The Virtual Societies of Financial Markets.*

——and Bruegger, U. (2002). "Global Microstructures: the Virtual Societies of Financial Markets. " *American Journal of Sociology*, 107: 905 – 95.

Laube, S. (2008). *The Sounds of the Market: How Traders Keep the Pace with a "Silent" Market on Screen.* Unpublished paper, University of Constance.

Lie, J. (1992). "The Concept of Mode of Exchange. " *American Sociological Review*, 57: 508 – 23.

Merton, R. C. and Bodie, Z. (1995). "A Conceptual Framework for Analyzing the Financial Environment," in D. B. Crane, R. C. Merton, K. A. Froot, Z. Bodie, S. P. Mason, E. R. Sirri, A. F. Perold, and P. Tufano (eds.), *The Global Financial System: A Functional Perspective.* Boston, MA: Harvard Business School Press, 3 – 32.

Muniesa, F. (2005). "Contenir le marché: la transition de la criée à la cotation électronique à la bourse de paris. " *Sociologie du travail*, 47: 485 – 501.

North, D. C. (1977). "Markets and Other Allocation Systems in History: The Challenge of Karl

Polanyi. " *Journal of European Economic History* , 6: 703 – 16.

Perkins, E. J. (1994). *American Public Finance and Financial Services 1700 – 1815.* Columbus:
Ohio State University Press.

Portes, A. (1995). "Economic Sociology and the Sociology of Immigration: A Conceptual Over-
view," in A. Portes (ed.), *The Economic Sociology of Immigration.* New York: Russell Sage,
1 – 41.

Powell, W. W. and DiMaggio, P. J. (eds.) (1991). *The New Institutionalism in Organizational
Analysis.* Chicago: University of Chicago Press.

Preda, A. (2009a). *Framing Finance: The Boundaries of Markets and Modern Capitalism.* Chica-
go: University of Chicago Press.

—— (2009b). "Brief Encounters: Calculation and the Interaction Order of Anonymous Electronic
Markets. " *Accounting, Organizations and Society* , 34: 675 – 93.

—— (2009c). *Information, Knowledge, and Economic Life: An Introduction to the Sociology of
Markets.* Oxford: Oxford University Press.

Rosenbaum, E. F. (2000). "What is a Market? On the Methodology of a Contested Concept. " *Re-
view of Social Economy* , 58: 455 – 83.

Sassen, S. (2001). *The Global City* (2nd edn). Princeton, NJ: Princeton University Press.

Schutz, A. (1964). *Collected Papers Ⅱ : Studies in Social Theory* , ed. and intro. Arvid Brooders-
en. The Hague: Nijhoff.

Scott, W. R. (2001). *Institutions and Organizations* (2nd edn). Thousand Oaks: Sage.

SEC (U. S. Securities and Exchange Commission) (2010). "The Laws That Govern the Securities
Industry. " 〈http://www. sec. gov/about/laws. shtml〉 (accessed September 21, 2011).

Shapiro, M. M. (1985). *Foundations of the Market-Price System.* Lanham: University Press of A-
merica.

Shiller, R. J. (2000). *Irrational Exuberance.* Princeton, NJ: Princeton University Press.

Slater, D. (2002). "From Calculation to Alienation: Disentangling Economic Abstractions. " *E-
conomy and Society* , 31: 234 – 49.

Smelser, N. and Swedberg, R. (eds.) (1994). *Handbook of Economic Sociology.* Princeton, NJ:
Princeton University Press.

Smith, C. W. (1999). *Success and Survival on Wall Street: Understanding the Mind of the Market*
(rev. edu). Lanham, MD: Rowman and Littlefield.

—— (2007). "Markets as Definitional Practices. " *Canadian Journal of Sociology/Cahiers cana-
diens de sociologie* , 32/1: 1 – 39.

Strange, S. (1994). *States and Markets.* London: Pinter.

Swary, I. and Topf, B. (1992). *Global Financial Deregulation: Commercial Banking at the Cross-*

roads. Cambridge: Blackwell.

Swedberg, R. (2003). *Principles of Economic Sociology*. Princeton, NJ: Princeton University Press.

Sylla, R. A. (1998). "US Securities Markets and the Banking System, 1790 – 1840. " *Federal Reserve Bank of Saint Louis Review*, 80: 83 – 98.

——Wilson, J. W. , and Wright, R. E. (1997). "America's First Securities Markets: Emergence, Development and Integration. " Paper Presented at the Cliometric Society Meetings (Toronto), May 1997 and the NBER Summer Institute, July 1997.

Taylor, J. B. (2009). *Getting off Track: How Government Actions and Interventions Caused, Prolonged, and Worsened the Financial Crisis*. Stanford: Hoover Institute Press.

Uzzi, B. (1999). "Embeddedness in the Making of Financial Capital: How Social Relations and Networks Benefit Firms Seeking Financing. " *American Sociological Review*, 64: 481 – 505.

White, H. C. (2002). *Markets from Networks: Socioeconomic Models of Production*. Princeton, NJ: Princeton University Press.

Williamson, O. E. (2000). "The New Institutional Economics: Taking Stock, Looking Ahead. " *Journal of Economic Literature*, 38: 595 – 613.

Zaloom, C. (2006). *Out of the Pits: Traders and Technology from Chicago to London*. Chicago: University of Chicago Press.

第 7 章
拍卖与金融

查尔斯·W. 史密斯（Charles W. Smith）

引 言

本章主要研究四个相互关联的问题：（1）提供金融市场和拍卖市场社会学知识的简要叙事，特别关注它们之间的相互关系、相似性和差异性，这些叙事将主要基于参与者的视角，以突出参与者如何体验这些不同的市场；[1]（2）说明"定价"[2]在构建和合法化这些市场中扮演的中心角色；（3）考察市场叙事与实践以多样的方式形塑着市场定价；（4）回顾一些与技术发展和全球化有关的变化，这些变化改变了金融与拍卖市场，包括它们定价的方式。我们将从几个简短的小故事开始。

（一）在八月初的一个星期二上午，佛罗里达的伊莱恩·布拉德利（Elaine Bradley）教授正在电话中与她在费城的长期财务顾问和经纪人讨论即将拍卖的十年期国债。她决定将她目前在股票上的大部分退休基金转入政府的固定收益证券。财务顾问和经纪人同意她将这些款项投资于七年期和十年期的国债。他们正在讨论在每个项目中投入多少，她应该参加竞争性投标还是非竞争性投标，以及竞争性投标的价格和金额。

（二）与此同时，在亨利·考斯特德（Henry Comstead）伦敦的办公室里，亨利试图不受其他交易员说话的影响，将自己的注意力集中在面前的 3 台电脑屏幕上，因为他打算进行欧元、美元和英镑的短期三方套利。[3]与欧元相比，英镑与美元的交易明显存在折让，其价差大于正常水平，而且还在不断扩大。这是时候联系他在瑞士和纽约的朋友了。

（三）当艾伦·加登（Ellen Garden）和马克斯·泰因（Max Stein）在格林威治办公室的电脑屏幕前坐下时，气氛更加安静了。作为一家小型对冲基金公司的经理，他们主要与来自各种非营利机构的捐赠基金打交道，因此他们更倾向于进行长期股权投资。他们一直是 IBM 股票的长期持有者，最近在他们管理的大部分投资组合中增加了更多 IBM 的股票。今天早上股票已经开盘，然而艾伦发现他们已被列入了限购令中。马克斯的手指一直放在"交易"按钮上，因为他同时为同一个账户输入多种市场订单。即使已经工作了十年，他们依旧在争论市场秩序与限制秩序的相对优势和劣势。

（四）在亚利桑那州，杰瑞（Jerry）同样很平静，手里拿着一杯咖啡，穿着睡衣，在电脑上操作。作为一名在股市拥有超过 50 年经验的退休经纪人和交易员，杰瑞继续关注并在市场交易。在过去十年左右的时间里，他几乎把自己的交易锁定在高度多样化的、指数型的期权上，[4]单只股票让他不安。他已经观察到，股市下滑了好几天，并且已经准备好上升了。在市场平稳的情况下，他正在考虑在 QQQQ[5]上推出一个 2 : 1 比率的看涨期权价差，前提是提供的价差足够大、足够多，并且可以免费完成。即使如此，如果 QQQQ 爆炸式增长，他也会面临风险。若一个 2 : 1 比率的看跌期权价差下降 10 个百分点，将会更简单和更安全。一个简单的 1 × 1 比率的看涨价差会更安全，但成本也会相当高。这通常是一个不错的紧俏市场，但波动性也很大，你总是会被市场交易指令波及。要做什么吗？如何知道怎么做？

"该怎么办？如何知道？"在这些小故事中提到的所有参与者，不仅仅是杰瑞，都面临着做决定和采取行动的问题。虽然位于不同地方，涉及不同人群，并包含不同类型的金融工具，但这四个小故事有一些共同点。这四个故事都根植于金融市场，且在某种程度上也都是拍卖市场。然而，金融市场也随着具体内容不同而不同，犹如不同产品的拍卖市场，因不同的具体情境而有不同的市场。鉴于拍卖市场中商品和服务以货币形式定价[6]，并在买卖双方之间通过某种形式的公开、竞争性投标进行分配，金融市场是基于不同金融工具进行交易的市场。这并不奇怪，拍卖市场和金融市场具有共生关系，且这种关系可以追溯到早期的希腊和罗马（Bang，2008；Chancellor，1999；Smith，1989）。

过去 40 年，两者的共生关系变得更加紧张和变幻莫测，在很大程度上源于金融市场的巨大增长和更加开放；而金融市场的增长与全球化特别是经济全球化、技术进步尤其是计算机和互联网技术有密切关系。这些发展为探索这些共生重叠的市场及其关系提供了丰富的数据来源。然而，为了正确掌握已经发生的事情，有必要更详细且具体地叙事。

拍卖市场

拍卖市场通常以拍卖物品的名称命名（如马匹拍卖、艺术品拍卖、房屋拍卖、烟草拍卖、鱼类拍卖），但是将它们定义为拍卖的不是拍卖的内容，而是主导拍卖品定价和分配方式的规则与实践。正是这些规则与实践将拍卖（无论采取何种形式）与通常所说的固定价格交易和私人协约交易区分开来（Cassady，1967；Smith，1989：14 – 19；Smith，1993）。

在固定价格交易中，大多数零售的特点是，卖家设定价格，买家可以接受也可以不接受。如果这些固定价格无法吸引买家，卖家倾向于降低价格，但设定价格不会与潜在买家协商。这就是大多数商店，无论是食品超市、百货公司还是社区药店的运作方式。

虽然不是实际交易的一部分，但接受固定价格本身是基于隐含的假设，即价格是根据一些合理合法的原则确定的。而在跳蚤市场的私人交易条约里，情况则完全不同。在这些情况下，买方和卖方积极协商价格。大多数人将这个市场视为讨价还价的市场。卖方可以某一价格提供商品；买方则以另一个更低的价格还价，直到双方意见一致。尽管价格是讨价还价的焦点，但讨论往往会涉及与销售物品相关的各个因素，如买方资源、卖方成本以及任何与某一方希望提高或降低价格有关的因素。尽管私人条约交易很少依赖于固定价格交易中隐含的"公平定价"假设，但它们通常至少会使用一些评估商品的共同标准；如果没有这些公共基础，交易将很难被执行。

拍卖不同于固定价格和私人协约体系的地方在于，它缺乏在特定情况下确定价格适用的原则和评估标准。这往往反映了在对被拍卖物品进行定义分类的标准和原则方面存在分歧。拍卖与固定价格和私人条约交易的运作方式相反。它是由竞争性拍卖竞价所确定的价格，用来强调和确定适用的标准和原则（某种特定的质量、稀缺性、规模或其他特征）。在实际拍卖之前，人们普遍认为杰奎琳（Jacqueline Onassis）所拍卖的仿珍珠项链的价格，可能是相似仿制珍珠项链正常价格的两倍，因为它曾经属于杰奎琳。然而，当它以 20

倍的价格出售时，拍卖会发现杰奎琳的所有权甚至一般的名人所有权，其价值远远超过正常价格的两倍。虽然固定价格和私人条约形式的定价和交换允许根据市场条件进行价格调整，但它们缺乏买卖双方的公共竞争和社会互动，在竞争和互动中，价格由供给和需求决定。拍卖一词专门用于指代这种价格管理的公共竞争性交易。

尽管所有的拍卖都有能力重塑物品的价格和评估方式，但它们在实施竞争性公开定价方式上有很大的不同。拍卖投标可以分为两大类：（1）投标的形式（书面、视觉或口头）；（2）投标顺序规则（增加投标、减少投标或同时投标）（Smith，1989：16 - 18）。虽然书面密封拍卖非常普遍，但"拍卖"一词表明，大多数人更倾向于现场投标报价。最关键的是，参与者有机会根据其他人的投标来调整自己的投标。"正常"升序形式通常被称为英国拍卖。英国拍卖中熟悉的拍卖形式是："我出十美元，我出二十，现在三十，……四十，我出五十……"

在荷兰式拍卖中，使用的是降序。这种情况是，拍卖开始时提供高价，但通常太高以至于没有任何出价。随后价格按照一定的数量顺序下降，直到投标人接受报价。这种拍卖主要用于出售许多类似物品的情况，如传统荷兰花卉拍卖的情况，而第一个中标人可以选择他想要的商品。这个过程通常被称为偏好和选择。然后，按照中标者可以执行的最后一个价格继续投标其余商品，直到所有商品都售出。

还有其他的拍卖方式，即同时以不同的价格进行投标。大多数"密封投标"拍卖都是这样运作的，因为所有的投标都是"集体"开标和输入的，尽管它们可能在不同的时间提交，甚至在不同的时间实际开标。其他同时或微小重叠的投标是通过口头或信号进行的，这使得其他投标人可以根据需要调整投标。根据具体的拍卖情况，这些出价可能代表出售或购买的价格。在这些情况下，其他参与者通常有责任与"拍卖人"或"做市商"签订证书并记录每笔交易的投标。进一步理解这些拍卖，所有出价只有在接受时才存在。如果不立即接受，它们就不复存在。与荷兰式拍卖一样，这种拍卖形式主要用于拍卖一系列类似的商品，其中多笔销售按顺序一起进行。通过这种方式，每笔交易中的出价都会反馈到下一笔交易中，从而创建一种跨交易的价格排序。英国拍卖大多出售诸如艺术品、纯种马匹和收藏品等独一无二的物品，荷兰式拍卖大多出售一系列农产品，而"同步"拍卖在大多数金融拍卖中占据主导地位，在这些拍卖中，多个出价和商品提供通常同时进行。[7]

无论拍卖的形式是什么，其主要目标都是相同的，即以某种"公开的"、"竞争性的"投标、询价形式对特定物品进行定价和分配。新古典经济模型将这一过程理解为"揭示"参与者既有偏好的一种手段。但是，一种更符合社会逻辑的观点认为，这种拍卖是在不明确的条件下产生双方同意的，因而是具有社会合法性的价格手段（Smith，1989：80）。[8]由于它具有解决价格不确定性的能力，通过这种方式，拍卖也可以吸引潜在的买家和卖家。当对特定物品的价值达成普遍共识时，就不需要任何形式的拍卖。评估模糊与拍卖之间的关系是解释为何在金融市场中普遍使用拍卖的关键因素。

在这些市场上交易的金融工具的价格应该受到很大不确定性的影响，从表面上看，考虑到价格在定义金融工具时所起的主导作用，这种不确定性似乎违背了直觉。这些工具面临的问题在于难以获得稳定的、协商一致的价格，而这些价格在更大的经济体中产生的广泛影响更是突出了这一点。总之，非常小的差异可能会产生重大影响。为了正确认识这些困难，有必要了解这些工具及其价格的高度抽象和复杂的性质。

金融市场

金融市场的定义有所不同，但它们通常被理解为专门或主要从事金融工具的交易市场，这些金融工具的定义主要基于货币形式。这些工具中最常见的是主权货币、不同类型的金融债券、股票以及与这些类型有关的各种"衍生"工具。这些衍生工具通常以"期权"或"期货"的形式构成，涉及与之相关的基础金融工具的各种合同权利和义务。尽管绝大多数金融工具主要通过交易所进行交易，但仍然有很多金融工具通过场外交易（OTC）市场，由买卖双方直接进行交易，包括外汇衍生工具等的货币交易尤其如此。这种交易更符合"私人条约"而不是公共"拍卖"的形式，并且往往局限于大型金融机构之间的大额交易，这些交易由于交换价格昂贵而被高度重视。相比之下，大多数其他金融市场，如股票、债券、大宗商品及其相关衍生品，目前主要是在不同的交易市场进行交易。虽然这些不同类型的工具通常是单独交易的，但它们往往以各种方式相互联系，如特定货币需要贵金属担保或债券包含以特定价格购买股票的权利。[9]不同类型的金融工具往往通过各种套利策略联系在一起。无论这些联系如何，每种工具都会在自己的市场中分配自己的货币价值。

　　尽管金融市场主要指他们交换什么，而拍卖主要指他们是如何交换的，但它们有一个共同点：它们都主要关注商品的定价和分配，尤其是定价。拍卖具有在高度模糊的情况下产生合意、合理价格的能力，这赋予了其在理论上、实践上和合法性上的重要地位。据此，拍卖的形式几乎可以塑造所有模糊的、不确定的以及价格占主导地位的金融市场，这就并不奇怪了。

　　这些不确定性和模糊性与在项目定价中发挥作用的一系列不断变化、往往不透明的因素相关。这种不确定性在大多数固定价格交易中起着微不足道的作用，在大多数私人条约交易中的作用更小，因为人们共同接受了广泛的叙事，这些叙事有助于定义商品，使其能够获得一致的定价。尽管人们通常认为，与大多数金融和非金融拍卖市场相关的叙事方式多种多样，但在实践中，他们很少能够就价格达成一致；对各种因素的解释性差异通常会持续存在。拍卖形式的能力和优点在于，他们通过寻求达成价格协议来扭转这一过程，然后可以用它来生成一系列与该价格一致的更具体的叙事（Smith，1989：162－184）。拍卖中确定的货币价格是一种完美的评估"捏造"。

　　货币价格的"捏造"能力与西美尔（Simmel，［1907］1990：120）指出的天生的抽象性直接相关：货币作为一种纯粹的、抽象的价值衡量手段，可以结合与物品相关的各种品质。价格只能说明一个方面：经济或货币价值。因此，人们能够将各种不同的主观和个人价值观以及将这些偏好汇集在一起的各种复杂叙事都纳入货币的保护伞之下。

　　尽管金融拍卖和非金融拍卖都主要以价格为核心，但它们倾向于以不同的方式来制定这些价格。这种形式上的差异主要是由于金融工具和非金融工具存在重大的形式差异。在非金融拍卖中，在具体环境中存在的物品的背景、用途、历史和其他因素，通常被认为与其价格有关。这些方面对于定价的具体贡献，不一定是达成一致的协议，但它们显然被认为与价格相关。金融拍卖和金融工具的区别在于金融拍卖往往更以自我为参照。虽然金融工具也在具体环境中受到外部因素的影响，但其货币价值几乎是高度依赖于每种工具中内置的各种权利和义务，以过滤这些外部因素。换言之，非金融拍卖的价格往往与外部因素相关，而金融拍卖中的价格往往与内在因素相关。显然，外部因素在这些工具的定价中起着重要作用，但这些因素是通过工具本身的权利和义务来发生作用的，而非金融工具很少出现这种情况。因此，在金融工具中，是金融工具本身的权利和义务的变化而不是外部因素的变化，更有可能使价格变化。

在高度抽象的金融工具世界中，权利和义务主要涉及特定工具所带来的"回报"和"风险"。[10] 金融工具除了作为金融工具之外，没有任何用处，它们不能转变成货物。作为金融工具，它们只能用于金融回报或交换其他金融工具，这些金融工具同样只能根据其回报和风险进行评估和定价。曾经有一段时间，某些国家的货币得到贵金属（通常是黄金或白银）的担保或最低限度的"支持"，但近几十年来，特定货币的面值只有得到该国政府的支持才能使其面值与实际价值相等。虽然历史上不同货币之间通常按照各自政府设定的固定比率相互挂钩，但近年来这些比率是在对主要银行（包括政府银行）和大型私人参与者开放的外汇市场上确定的。

几乎所有的非货币金融工具都是与一种特定的货币联合发行的，它们的价格是以这种货币衡量的。反过来，这些价格是在它们交易的市场中确定的。当然，如何做到这一点是市场的重大秘密，它继续在不同程度上困扰着所有试图解开它的人。然而，可以说，有两个因素在确定这些价格方面继续起着核心作用：资本的预期相对回报和预期相对损失与风险。关于如何衡量和组合它们以产生适当的价格，有大量基于理论和经验的观点和判断。然而，对于这些因素在任何特定时刻应该如何加权的问题没有达成总体共识。同样，对于在非金融拍卖中如何确定合理价格也存在不同意见，相关参数往往更具体甚至更多地涵盖诸如"独特性"、"质量"、"稀缺性"、"来源"，在某些情况下甚至包括"血统"和"天赋"。然而，最终有一种判断往往会主导金融市场，那就是市场的判断。

叙事与实践对定价的影响

虽然金融市场是根据金融工具与拍卖的规则和实践来确定商品定价和分配的方式的，但它们有四个共同的中心特征：（1）它们主要从事对其交易商品的定价；（2）它们在明显不明确的情况下运作；（3）它们采用竞争性的、相对开放和透明的招标制度产生即时协商一致的价格；[11]（4）它们都使用部分重叠但不同的叙事与实践来产生价格。正是在这些不同的叙事和实践互相修正的过程中，市场之间的共生关系继续发挥作用。为了正确理解这个过程，叙事和实践两个方面都值得关注。

叙事和实践是意义的两种主要载体，第三种是思想。前者由意义构成，两者通常都修正这些意义。不仅在它们之间，而且在个体内部也有所不同。[12]

在所有类型的市场中，叙事的功能基本上与其他功能一样：它们为特定事件的展开提供了有意义的、有序的和统一的说明。因此，它们倾向于关注那些被认为是因果关系明确和可识别的模式。在非金融拍卖中，物品的定价和分配存在于具体的环境中，而叙事同样倾向于关注具体事物，如条件、来源、稀缺性和物品的历史、买方和卖方的态度和资源，特别是已知的主要买家和卖家及其相关交易等。相比之下，在大多数金融市场中，鉴于所交易金融工具的高度抽象特征及其全球性，其自我参照叙事往往会扮演更为核心的角色。自我参照叙事所关注的是指定的权利和义务以及特定工具的风险和回报。然而，在这两种情况下，叙事的主要功能都是通过提供可用于生成交易价格的账户来"理解"正在发生的事情。

就市场实践而言，它们也有助于产生交易价格，但它们的目标是形成促进这种结果的行为。正是这些实践中隐含的"思想"，而不是叙事的更为明确的"意义"将活动联系在一起。这些做法提供了基本的、循序渐进的相关行为。叙事提供了管理的基本过程。例如，拍卖师如何结束未达到其底价的特定拍卖，并且导致非拍卖与该拍卖的一系列其他活动联系起来。在肯塔基州的一场马匹拍卖会上，拍卖师会在拍卖结束的时候喊出"卖出"。在苏富比艺术品拍卖会上，这样做是违法的。这种极端的差异是因为需要不同的做法才能使两种不同的拍卖正常进行。[13]叙事和实践都试图平衡和解决那些容易产生歧义和不确定性的因素，这些歧义和因素会阻碍协商一致的定价。然而，它们如何做到这一点各不相同。叙事依赖于能够解决或尽量避免歧义和矛盾的综合叙事；实践依靠行为习惯来弥补可能会存在的行为缺陷和死胡同。

虽然叙事和实践都用于确定协商一致/拍卖价格，但其重要性因情况而异。毫无疑问，这种差异本身与定价过程中叙事和实践的总体重要性有关。一个特定的拍卖市场越具有连续性、规律性和包容性，实际拍卖（即交易实践）产生的价格越具权威性。相比之下，拍卖物品的价格偶尔会受到基于叙事的评估的影响，从而产生"专家"和其他评论员（Smith，1989：166-174）。金融拍卖是一种以资金为基础的精神商品的拍卖，它往往是最连续、最规律和最具包容性的，因此，在这种市场中，交易价格被普遍接受为"其价格"。在不那么包容和常规的拍卖中（可收集的和单一种类的拍卖），给定的市场价格可能被视为某种市场偏差，并被某种叙事价格所推翻。[14]

在本章中，值得注意的是，虽然叙事和实践产生不同的价格，但这两种类型的价格都是由社会机制产生的。鉴于叙事是社会建构的说明，这一点在叙事性价格的情况下相当明显。由于出价和接受价的拍卖行为所产生的价格不仅涉及多个参与者，而且包括默认接受（即使是保持沉默），因此它们同样具有社会性；它们不会让另一投标价与这一价格相抵触。这种社会结构不仅是产生价格的中心，也是价格合法化的关键。这是它们的社会谱系，使它们能够被集体接受，即使只是暂时的。个人无法在没有"其他"的情况下产生价格，因为价格视为"正确的"价格，几乎总是需要某种交流。近年来，金融拍卖市场呈指数级增长，其特点是拍卖市场和金融市场的叙事和实践在各自产生影响的方式上出现了一系列革命性的发展。不幸的是，这些相互作用的多方面的、相当不规则的历史阻碍了简单的叙事。希望下面几个具体的例子能够帮助我们了解它们近年来的关系发展以及对未来的一些影响。

回报：程序的谱系（pedigree）

正如上文所指出的那样，可以说金融市场的增长在很大程度上归功于它采用了基本的拍卖程序。[15]它通常是一种单向交易。然而，近年来，金融市场象征性地回报了各种拍卖市场，尤其是通常被称为高端拍卖的市场，如苏富比（Sotheby）、佳士得（Christie）甚至基恩兰（Keenland）。他们通过将拍卖定价程序标准化和合法化来达到这样一种水平，即无论价格如何波动，这些价格都被认为是有价值的。传统的拍卖程序在各种非金融市场和金融市场内部偶然地出现和发展，由于其核心的公共和经济的重要性，这些程序已经被合法化和正式化。再加上不同金融市场的成长、广度、深度和规律性，拍卖定价的合法性超越了它在特定的非金融拍卖中所具有的合法性，而非金融拍卖通常更加封闭、更不透明、更不连贯。因此，金融市场相当于将拍卖价格与"合法定价"相提并论。由此产生的一个推论是，以前被认为不具有内在金融性质的拍卖品，如绘画、古董、赛马和收藏品，都能够糅合金融工具的元素。可以说，拍卖为金融市场注入了新元素即拍卖实践，由此，金融市场发展出具有合法性和流动性的叙事，而这些叙事正是各个拍卖商所拥护的，且这些叙事能让拍卖商们重新包装其商品。

这些商品被重新标识为金融工具，不仅可以买卖，还可以进行交易。它们也可以通过可交易性提供的假定流动性来进行估值。曾经提供乐趣的物品现在可以被用作投资和投机工具，以及作为为他人创造佣金的物品。因此，定价和交易各种新金融工具（往往是相当奇特的金融工具）的能力已经超越了金融世界，这并不奇怪。以金融工具定价的方式进行拍卖，并用过去的波动率数据、风险分析和市场流动性进行增值的对象可以被视为金融对象。对于这种新的身份来说，还有什么比绘画和古董更好的东西呢？它们不仅作为珍贵的财物被收藏，而且在几个世纪以来一直被拍卖，因此，一段时间以来，不同种类的艺术品更多的是作为金融投资而非艺术品被收购，画廊所有者和艺术鉴赏家充当代理人，这并不令人惊讶（Coslor，2010；Velthuis，本书第24章）。对于各种各样的收藏品和其他物品也是如此。如果某件物品可以以合理的价格被包装成金融工具，那么它通常可以被视为金融工具，这个过程通常被称为"金融化"（Krippner，2005）。金融市场的增长赋予了许多更为传统的拍卖全新的面貌。鉴于这些物品的市场不连续性，它们对大多数金融工具而言至关重要的流动性的作用仍然令人怀疑。

重新包装与重新贴标签：从实践到叙事

虽然拍卖借助金融市场的方式，成功地将一系列物品作为金融工具进行销售，但金融市场却成功地采用了一种传统上仅限于拍卖的（只要它改变了人们对物品的认知方式）创新销售程序：重新包装。

对于通常涉及各种物品的拍卖来说，重新包装（分离和混合物品的做法）已经被证明是一种成功的做法，它突出了特定的选择物品，或以一种互相补充的方式组合物品。拍卖对象的构成的变化也可能改变竞标人的构成，从而引发更激烈的竞争和抬高了的价格。

相比之下，传统金融市场只处理一种金融工具，无论是股票、债券还是货币。或许更重要的是，拍卖重新包装演变成了一种即兴的事件，而不是一种理论设计；不同的拍卖人在不同情况下从事这种实践，并发现它往往是奏效的。这种非正式的、通常是自发的管理交易的新变化与金融市场试图塑造的形象背道而驰。为了让创新的混合和分离能够被接受，需要有一个适当的叙事。[16]近年来出现了这样的叙事，这在很大程度上解释了为什么金融市场现在热情地接受重新包装，而在历史上它们并没有什么兴趣。其中一个叙事主要围绕"多元化"与"风险"和"参与"的关系来说明混合和分类金融工具。

多元化和重新包装是相互联系的，因为它们都需要重新组织定价和交换的物品的组合。尽管重新包装本身主要是一种实践，但多元化源自一种治理的叙事。[17]虽然重新包装往往作为针对特定情况的单独行为调整而发生，但在与多元化叙事相联系时，它成为整体投资策略的一部分。通过将工具混合在一起，人们可以更广泛地参与不同的市场；通过增加组合工具的多元性，人们也可以更好地控制风险，至少可以这样表达。从产生这些重新包装的复合金融工具的角度来看，将额外的产品推向市场会带来额外的好处。通常，产品越多，交易越多，交易费用就越多。

认识到在过去的几十年中，"多元化"一直是金融市场的核心发展领域之一是不足为奇的。它从各种各样的共同基金开始，尝试各种股票投资组合，并迅速扩展到混合股权和债券基金、指数基金和众多的专有金融工具。近年来，我们已经看到大量交易所交易基金（Exchange Traded Funds，ETFs）和交易所交易票据（Exchange Traded Notes，ETNs）的推出。这些基金中有很多本身就混合在一起，形成基金的基金。分层基金也是由短期、中期和长期债券基金混合而成的。已经产生了许多作为退休的金融工具组合，其目的是调整股权和债券组合，以及随着时间变化的风险程度，以符合所有者的预期要求。

虽然不同金融工具的混合和分组显著地改变了金融世界，但这些变化与通过金融衍生品的出现和使用从而将传统金融工具分离的方法相比，是微不足道的。这种发展并不仅仅是生成额外的金融工具，而且它创造了新的金融工具类型，这些类型也适用于其他各种组合。这种转变不经常发生，通常需要某些特别的因素。在这种情况下，所需要的是一个真正创新和改变游戏规则的叙事。这种通常被称为布莱克－斯科尔斯定价模型（Black-Scholes pricing model）的叙事，为"分离－提取"奠定了基础。更准确地说，一种特定类型的"金融风险"来自特定类型的金融工具，尽管它的影响明显超越了它所针对的特定工具。而且，它并不仅仅是一个叙事；它为叙事的实施提供了框架。这项创新的每一部分都值得关注。

定价期权衍生品：一个非常特殊的重新包装故事

之前我们已经注意到风险对金融工具定价的重要性，问题在于如何计算它。计算未来事件发生的概率不仅非常困难，而且不可能确定哪些是相关的事件。所有的货币评估本身都是高度抽象的，并不会让任务变得容易。因此，货币风险通常被认为是不可估量的也就不足为奇了。20 世纪 70 年代和 80 年代布莱克－斯科尔斯定价模式的出现以及 1997 年诺贝尔奖促成了这一共识：已经建立了一个可以以股票期权风险定价的定价模型。

对该模型的详细阐述及过去多年来对其推进与发展，这超出了本章的研究范围。本章内容的关键点是股票期权衍生工具的定价模型采用创新的数学或算法叙事，将当前利率、涉及的时间长度、标的股票现价和期权执行价格之间的价差、预期股息和股票波动性联系起来。这一定价模型被广泛接受。虽然所有提到的因素都很重要，但显然起着关键作用的因素是波动性——一种工具价格的年化日标准差——因为它最直接地说明了构成风险的价格变动问题（MacKenzie，2006；MacKenzie and Millo，2003；Smith，2007）。

虽然模型分析取得了重大的学术成就，但显然它在市场上的实践更为成功。通过对股票期权的公开交易提供一种被公认合法的叙事，它彻底改变了股票市场。以前的股票期权交易看起来更像是赌博，而如今，期权与其他理性基础上的金融工具并驾齐驱。股票期权一直呈指数增长，1973 年交易量略高于 1119177 笔；1978 年为 34277350 笔；1983 年为 82468750 笔；1988 年为 111760234 笔；1993 年为 140348955 笔；1998 年为 206855991 笔；2003 年为 283946495 笔；2008 年增加至 1193355070 笔（CBOE，2010）。

伴随这种增长的交易性质的演变同样重要。简单的看涨期权（买入权）和看跌期权（卖出权）组合在一起，产生了很多与期权相关的交易，如差价期权（spreads）、跨立式期权（straddles）、领式期权（collars）、碟式期权（butterflies）、买入权（buy-rights），甚至还有更奇特的组合。此外，这些衍生品已经与更传统的金融工具结合起来，以创造其他创新性金融工具，如前面提到的交易所票据（ETN）。一个交易量特别大的 ETN 本身就关注波动性，这就是 VXX 指数，它反映了这些新工具可能带来的复杂性程度（通常几乎不可能遵循）。[18] 当然，VXX 本身也有一个活跃的期权市场。

然而，本章其他几个研究主题，与期权交易的指数式增长有关。源于布莱克－斯科尔斯定价模型的价格实践也经历了诸多演变。实践内容还包括叙事，这构成了后来金融创新的重要内容。

从历史波动到潜在波动

在布莱克－斯科尔斯定价模型中，究竟如何理解"波动性"，存在很大争议。显然，在模型中使用了历史波动率——价格与标的股票日均值的年度日均标准差。历史波动率是否只是用来作为未来实际波动率的替代指标，这一点值得商榷。然而，人们可以选择修改基本模型，并且已经以各种方式进行了修改，该模型旨在支持这样一种观点，即可以为期权合理定价，并通过适当的加权价格波动和其他一系列因素，如到期时间、股息和固定收益回报来合理地进行交易。市场支持这一观点，因为它试图获得合法交易工具的认可。然而在市场中，波动性呈现出截然不同的角色：它变成了隐含的波动性。它试图捕捉未来的波动性，而不是反映过去的波动性。为此，目前的期权价格被用来计算波动率值。不是过去的历史波动告诉我们当前的市场期权价格理论应该是什么，而是当前的市场期权价格告诉我们，市场，或者更确切地说是市场情绪，相信未来的波动将会是什么。

衍生品的增长以及历史波动转变为潜在的未来波动，这已在许多重要方面改变了金融市场，特别是以股票为基础的市场。存在的多种相关的金融工具，看跌期权、看涨期权以及各种指数基金造成了一种情况，即任何特定交易都可以通过一系列其他交易来抵消。因此，即使对历史上常常能够这样操作的市场内部人士来说，要解释大多数市场走势，即使可能，也是极其困难的。大多数市场专业人士都接受这一点，因此更倾向于维持市场中立地位。与此同时，衍生产品的增长使得市场参与者能够通过波动率指数 VIX 或类似VXX 的工具直接买卖市场波动率，来抵消其整体市场头寸，无论它们是高度看涨还是看跌。因此，波动本身已成为各种金融市场交易的主要（即使不是主要的）商品。在所有这些发展中特别重要的是，一系列市场实践已经改变了旨在管理这些实践的叙事。

市场实践相对于理论模型的优势为"经济行为理论"提供了一个警示，在经济行为理论中，金融叙事规定市场发生了什么，而不是叙事市场中正在发生的事情（Callon, 1998；MacKenzie, Muniesa and Siu, 2007）。作为一个社会学家，我完全接受叙事的力量塑造行为这种说法。然而，金融市场特别是受制于隐含波动性的金融市场，将表明实践也具有修改叙事的因果力量。技术的发展，特别是计算机技术的发展，在对市场实践和叙事的影响方面发挥了重要作用。

现代技术对市场叙事和实践的影响

拍卖市场尤其是金融市场，在过去的几十年中已经变得越来越依赖于现代计算机和通信技术。这些技术使世界各地的参与者不仅可以同时监控多个市场，还可以在瞬间完成彼此的交易。它们支持以前无法管理的复杂多层交易。没有这种技术，日交易数百万股股票是不可能的，连接买方、卖方和做市商的国际、国内网络也是不可能的。如果没有掌上电脑能够根据各种定价模型即时计算波动率数据，大多数衍生市场就不可能像现在的形式一样存在。在承认这些技术的变革能力时，重要的是要认识到它们在叙事和行为/实践两方面的功能。然而，它们的行为方式与人类完全不同。

与大多数人类生活的叙事不同，计算机式的叙事由不断交织在一起的基本主题组成，由统一的信息流来控制。计算机式的叙事是由算法控制的；每个新输入的信息都被算法解码和处理，这有助于所输入信息之间的交流。计算机式的实践操作与此类似。实际上，计算机式的算法叙事和机械过程互为镜像，就像同一枚硬币的两面。以特定价格购买特定工具的决策过程与执行该决策的过程是相同的。在所有有目的的实践里，叙事和实践被合并为一个过程。

尽管速度快、计算能力强、覆盖范围广，但最先进的计算机管理哪怕是非常简单的市场交易，也缺少一个关键因素。缺少的是前面提到的社会成分，这是所有人类叙事和拍卖交易的本质。计算机不能"扮演他人的角色"（Mead，1934：135 - 144），它们也不能解释信息（Collins，2010：25 - 31，125 - 126）。计算机仅限于算法处理数据，或柯林斯（Collins，2010）所称的提供数据的"字符串"。它们不能像人类那样理解意义，因为这些意义需要一个具有共享意义的社会背景。因此，市场计算机可以在各种非常复杂的条件下计算出看起来是"最好"的价格，但它们无法确定这些价格是否"合理"。

显然这种局限性不会妨碍计算机生成价格，但是，对于这些价格是否具有拍卖产生的价格历来所具有的"合法性"，仍然是一个非常现实的问题，因为它们缺乏历史上与这种价格相关联的隐含的社会共识。各种迹象表明，尤其是与 2010 年 5 月 6 日发生的"闪电崩盘"有关的问题，已成为各种市场参与者日益关注的问题。这种关注可能变得多么广泛和深入，或者它应该得到多么认真的对待，这些都很难判断。不过，它值得我们关注。金融市场在现代性以及与现代性相关的民主和理性原则的产生和成功中发挥了核心作用。其中一个关键因素是它们的拍卖谱系，这使得它们能够在价值和价格方面达成广泛的共识，而传统的社会和文化意识形态无法做到这一点。鉴于上述发展情况，我们可能正在见证这些市场功能的转变，即社会共识（无论是叙事还是实践）将让位于算法决策。

注释

1. 鉴于其主要依赖民族志类型的数据，本章大量引用作者自己参与的观察研究。其他一些关于金融市场类似的、不同的观点可以参见其他研究（Abolafia, 1996；Baker, 1984；Beunza and Stark, 2003；Callon, 1998；Fligstein, 2001；MacKenzie, 2006；MacKenzie and Millo, 2003；Stark, 2009；White, 2002；Zaloom, 2006）。

2. 定价被有意地放在引号中，以便将这一过程与它的孪生姐妹"估值"过程区分开来。这两个过程通常互为镜像，因为价格通常被看作是量化的货币价值度量。在确定定价时，我试图将定价过程限制在货币价值的分配上，而忽略了可能影响潜在估值的问题。希望随着本章的继续，这种区别的原因会变得明显。

3. 这些屏幕和它们所连接的计算机在现代金融市场中扮演着非常重要的角色（Cetina, 2003；Cetina and Bruegger, 2000, 2002）。这是本章将讨论的一个问题。

4. 股票期权是在特定时期（到期日）以特定价格（执行价格）买入（看涨）或卖出（看跌）特定股票或其他股票金融工具的"权利"。有关指数基金的更多详情，请参阅附注 5。

5. QQQQ 符号代表 EFT 的股票，被称为 Qs，反映/追踪纳斯达克 100 指数。本章后面将更详细地讨论 EFTs 和其他类似的金融工具。

6. 虽然在理论上有可能以各种不同的方式对商品和服务进行"定价"（例如，"奶奶会给你巧克力来换取一个大大的拥抱"），但定价通常被理解为货币定价，除非另有说明，这是本章中"定价"的用法。

7. 还有许多其他拍卖类型，包括维克瑞拍卖中以第二高价拍卖的方式。从历史上看，高出价不仅是中标，而且也是大多数拍卖中支付的价格，但在普遍采用的维克瑞拍卖中，高价胜出，但支付的价格是第二高的。有关这个问题的更全面的讨论见史密斯的研究（Smith, 2007）。

8. 由社会建构的意义和价值观是绝大多数社会学家的核心原则之一，因为它是涂尔干（Durkheim, 1933）、米德（Mead, 1934）和其他许多社会学家宏伟愿景的核心。并且，它也是维特根斯坦（Wittgenstein, 1953）坚持的核心。

9. 值得注意的是，尽管所有种类的货币通常都是这些其他交易的一部分，不管是股票、债券、大宗商品还是衍生品交易，但由于前面提到的原因，货币对货币的交易往往发生在 OTC 市场。

10. 术语"风险"一词的使用本身就有些争议，因为它通常以两种截然不同的方式使用。在这两种情况下，潜在因素都是对商品价值有直接影响的异常事件或意外事件。但对某些人来说，"风险"是指具有可计算概率的意外事件。对于其他人来说，它只是指不确定性。这种区分通常归功于弗兰克·奈特（Knight, 1921），他认为，虽然赌场有风险，但经济生活也存在不确定性。有点讽刺的是，现在的主要经济观点是金融市场主要经营风险。关于风险在金融市场所扮演的角色的另一个更具体的视角，参见史密斯（Smith，2005）的研究。

11. 如前所述，这种"公开性、竞争性"竞标的主要例外是场外外汇市场。

12. 鉴于所有实践都在某种程度上体现了叙事，所有叙事都包含着某种形式的实践，它们之间的界限有时很模糊。

13. 之所以在马匹拍卖中声明"售出"而不是在其他拍卖中声明"售出"是"合法"的，是因为还没有发生涉及同一种马的其他拍卖，允许所有者回购，公开了出价过低者的身份，并且买卖双方的总体预期有所不同（Smith，1989）。

14. 尽管实际上所有价格都在一定程度上是混合型的，但无论是叙事产生的价格还是实践产生的价格，都会存在不同的结论，因为叙事与实践的关系很少是平衡的。

15. 如前所述，严格来说，并非所有的金融市场都是拍卖市场。这不仅适用于大多数货币市场，还适用于包括债务衍生品市场在内的一系列不同的债务市场。因此，这些市场并不包含在随后的讨论中。

16. 关于叙事在股票市场（或许主要是金融市场）中的运作方式的更为详细的叙事，请参见史密斯（Smith，1981；1999）的研究。

17. 涉及多元化的经济、金融、投资和社会学文献本身已成为一个成长性产业，即使从非常简短的谷歌浏览也可以看出来。

18. VXX 是由 VIX 期货合约的第一个月和第二个月的每日滚动多头头寸构成的，VIX 本身就是标准普尔 500 指数中所有股票期权的指数。

参考文献

Abolafia, M. Y. (1996). *Making Markets*: *Opportunism and Restraint on Wall Street*. Cambridge, MA: Harvard University Press.

Baker, W. E. (1984). "The Social Structure of a National Securities Market. " *American Journal of Sociology*, 89: 775 – 811.

Bang, P. F. (2008). *The Roman Bazaar*: *A Comparative Study of Trade and Markets in a Tributary Empire*. Cambridge: Cambridge University Press.

Beunza, D. and Stark, D. (2003). "Tools of the Trade: The Socio-Technology of Arbitrage in a Wall Street Trading Room. " *Industrial and Corporate Change*, 13/2: 369 – 400.

Callon, M. (1998). *The Laws of the Market*. Oxford: Basil Blackwell.

Cassady, R. , Jr. (1967). *Auctions and Auctioneering*. Berkeley and Los Angeles: University of California Press.

CBOE (Chicago Board Options Exchange). (2010). *Annual Market Statistics*, 〈http://www.cboe.com/data/AnnualMarketStatistics. aspx〉 (accessed July 7, 2011).

Chancellor, E. (1999). *Devil Take the Hindmost: A History of Financial Speculation*. New York: Farrar, Straus and Giroux.

Collins, H. (2010). *Tacit and Explicit Knowledge*. Chicago and London: University of Chicago Press.

Coslor, E. (2010). "Hostile Worlds and Questionable Speculation: Recognizing the Plurality of Views about Art and the Market," in D. Wood (ed.), *Economic Action in Theory and Practice: Anthropological Investigations* (*Research in Economic Anthropology*, Volume 30). Bingley, Yorkshire: Emerald, 209 – 24.

Durkheim, E. (1993). *The Division of Labor in Society*, trans. G. Simpson. New York: Free Press.

Fligstein, N. (2001). *The Architecture of Markets*. Princeton, NJ, and Oxford: Princeton University Press.

Knight, F. H. (1921). *Risk, Uncertainty, and Profit*. Boston, MA: Hart, Schaffner and Marx; Houghton Mifflin.

Knorr Cetina, K. (2003). "From Pipes to Scopes: The Flow Architecture of Financial Markets." *Distinltion*, 7: 7 – 23.

——and Bruegger, U. (2000). "The Market as an Object of Attachment: Exploring Postsocial Relations in Financial Markets." *Canadian Journal of Sociology*, 25/2: 141 – 68.

—— (2002). "Global Microstructures: The Virtual Societies of Financial Markets." *American Journal of Sociology*, 107/4: 905 – 50.

Krippner, G. R. (2005). "The Financialization of the American Economy." *Socio-Economic Review*, 3: 173 – 208.

MacKenzie, D. (2006). *An Engine, Not a Camera: How Financial Models Shape Markets*. Cambridge, MA: MIT Press.

——and Millo, Y. (2003). "Constructing a Market, Performing Theory: The Historical Sociology of a Financial Derivatives Exchange." *American Journal of Sociology*, 109/1: 107 – 45.

——Muniesa, F., and Siu, L. (2007). *Do Economists Make Markets? On the Performativity of Economics*. Princeton, NJ: Princeton University Press.

Mead, G. H. (1934). *Mind, Self and Society*. Chicago: University of Chicago Press.

Simmel, G. ([1907] 1990). *The Philosophy of Money*. London and New York: Routledge.

Smith, C. W. (1981). *The Mind of the Market: A Study of Stock Market Philosophies, Their Uses and Implications*. Totowa, NJ: Rowman and Littlefield.

—— (1989). *Auctions: The Social Construction of Values*. New York: Free Press.

—— (1993). "Auctions: From Walrus to the Real World," in R. Swedberg (ed.), *Explorations in Economic Sociology*. New York: Russell Sage Foundation, 176 – 92.

—— (1999). *Success and Survival on Wall Street*: *Understanding the Mind of the Market*. Lanham, MD: Rowman and Littlefield.

—— (2005). "Financial Edgework: Trading in Market Currents," in S. Lyng (ed.), Edgework: *The Sociology of Risk-Taking*. London: Routledge, 187 – 200.

—— (2007). "Markets as Definitional Practices." *Canadian Journal of Sociology*, 32/1: 1 – 39.

Stark, D. (2009). *The Sense of Dissonance*: *Accounts of Worth in Economic Life*. Princeton, NJ: Princeton University Press.

White, H. C. (2002). *Markets From Networks*. Princeton, NJ, and Oxford: Princeton University Press.

Wittgenstein, L. (1953). *Philosophical Investigations*. New York: Macmillan.

Zaloom, C. (2006). *Out of the Pits*: *Traders and Technology from Chicago to London*. Chicago: University of Chicago Press.

第 8 章

交易中的互动与决策

亚力克斯·普瑞达（Alex Preda）

引　言

　　到目前为止，金融市场社会学只是零星地关注互动如何干预交易决策。不过，公平地说，最近一些实地研究（下面将详细讨论）已经开始弥补这一缺陷。并且，20 世纪 90 年代及以前已经有一些研究开始尝试解决这些问题（Heath et al.，1995；Abolafia，1996；Smith，1999）。但是，最近这种势头才有所增强。行为经济学和实验博弈论日益突出，它们将互动视为其理论架构的基石，使研究人员更加意识到互动在决策过程中的重要性。因此，我们遇到这样一种情况：在金融领域，一个经典社会学话题——作为社会生活的特殊领域的互动秩序（Goffman，1982）——被社会科学公认为是至关重要的，尽管它们具有不同的理论和方法论含义。

　　那么不可回避的问题是：社会学对金融交易决策研究的具体贡献是什么，以及它如何在与行为经济学和实验博弈论的对话中发出自己独特的声音？本章将基于对近期相关实证研究的回顾，尝试为这些问题寻找答案。实证研究的重点在于互动和金融交易决策，正如我们从传统交易所或者从在线交易平台所了解的那样。由于篇幅限制，这里不讨论重要类型的交易，如公司并购或银行信贷（Vargha，2011）。跨学科视角这一观点是由学者综合行为经济学、社会学和实验博弈论后提出的。由于篇幅、侧重点及决策制定的限制，这里只详细地讨论三个重要话题：交易中的情绪和认知；价格识别、判断和评估；模型和计算的使用。本章的路线图如下。第一部分内容是关于研究交易互动的重要性的讨论，之后，我将概述相关的社会学和博弈论概念，并展示互动研究如何为社会学家提供真正的分析工具。我把重点放在上面列举的一系列问题上：认知和情感、判断和估价、模型使用。研究的下一部分借鉴了最近的实证研究，强调互动社会学如何处理这些问题，以及社会学解决方案如何有助于理解决策问题。最后一部分探讨了如何将一个关于交易互动的社会学研究项目作为一个有意义的研究主题来发展和维持。

为什么研究交易互动是重要的

阿尔文·E. 罗斯（Roth，1995：303）在《实证经济学手册》中将匿名决策实验和化学实验室中玻璃容器的使用进行了类比。玻璃容器显然不易挥发，不会像黏土器皿那样与物质相互作用（在玻璃容器在实验中被广泛使用之前，黏土器皿被广泛用于化学实验）。罗斯之所以引入这一隐喻是因为他之前报道过的一系列实验结果表明，当受试者在实验过程中被允许进行面对面的互动时，他们的决策能力发生了显著的变化（更多信息见下文）。隐喻性的玻璃器皿/匿名与土/面对面的互动，意在强调某些特征（与理性决策有关）在实验室匿名条件下更容易被捕获到。不考虑不稳定的黏土容器的情况，可以更好地比较单个主体的议价决策与从优化收益的理论模型得出的预测。

尽管如此，罗斯（Roth，1995：303）继续说道："虽然有充分的理由在进行大多数实验时更喜欢玻璃而不是黏土，但这并不意味着研究黏土的化学性质是没有意义的……事实上，面对面的谈判可能难以研究，但这并不意味着它不重要……"这一提醒来自一位行为经济学家，表明有机会将社会学运用于金融市场决策研究中。遵照该隐喻，"易变的黏土"在市场上无处不在。仔细研究其化学成分可以为金融交易的构建模块和动态提供重要见解。实验经济学家意识到了互动的巨大作用，可能会不遗余力地使它们远离实验室研究。然而，社会学家所关注的正是这种"不稳定"的因素。与实验室不同，市场环境中的金融交易只能作为互动而存在。即使是表面上看起来没有生气的网络市场，匿名市场也充满了互动。如果认为市场自动化和电子交易平台已经将金融交易中的互动排除在外，那就大错特错了。恰恰相反，最近的研究表明，电子交易平台的互动作用至少与旧式交易大厅一样丰富，只是在线环境的互动形式与面对面互动的形式不同而已。

虽然研究互动的重要性已得到广泛认可——经济学家和博弈论家代表了这一点——但我们需要一个理论和方法论框架来支持、稳定和具体化这一概念。

理论博弈与实验博弈中的参与者和决策

在下文中，我将讨论博弈论和社会学如何将市场参与者和互动予以概念化。对于博弈论来说，主要概念是赋予参与者一组明确定义的属性。其中一个关键特征是在给定一组有限的资源、约束和行动规则的情况下其进行最佳选择的能力。行动者在与其他参与者进行战略博弈时做出选择。一般来说，我们至少可以区分三种博弈，每种博弈都有不同的子集：理论博弈、实验博弈或自然博弈。经济学家关注的是前两种。博弈是一个由两个或多个主体参与的有序组织的、有限的互动系统，以其规则和限制、资源和激励结构（目标）为特征。也就是说，参与者从博弈中一定获得了某些东西，在实验博弈中，这种东西基本上等同于金钱奖励，但正如我们看到那样，自然博弈要更复杂。从基础原理看，经济学家认为博弈是"一种战略形势的分类法，大致相当于社会科学的化学元素周期表"（Camerer，2003：3）。博弈中的战略情境的特点是互动，"通过互动，每个参与者的行为都被认为是对其他行动者行为的最佳响应"（Ginitis，2009：229）。因此，决策的本质就是在不确定情境下博弈中的参与者如何做出反应（对其他行为的回应）。这些回应并不完全意味着竞争。合作也是博弈的一部分。因此，博弈中的决策被视为参与者有序的组织化反应和再反应，其序贯产生不确定性、决定博弈的结果。

这里的不确定性指不能准确预测的事件，但也可以归因于有限的可能性。例如，掷一粒正方体的（这个规范很重要）骰子的结果是不能预测的，但我们期望它属于集合 {1，2，3，4，5，6}。博弈的参与者被认为是理性的，因为他们具有有限的预判、一致性偏好和约束（Gintis，2009：234）。基于这些，参与者在博弈中的每个序贯中做出选择（也叫决策），同时试图预测其他参与者的反应。预期建立在共享的预期池上，即博弈中的参与者对自己的技能、过去的博弈、资源的获取等相互了解，因此他们能够预测其他人对不同可能性的反应。当"每个参与者的决策是对所有其他参与者选择的策略的最佳反应"时，博弈处于纳什均衡状态（Gintis，2009：35）。这意味着"玩家会调整他们的策略，直到没有玩家能够从改变中受益。所有玩家都会选择当所有其他玩家做出最佳选择（效用最大化）时的策略"（Camerer，2003：2）。换言之，经过一段时间的相互适应后，博弈中的玩家开始相互了解彼此的日常习惯，他们的反应也变得可以预测。内部化的社会规范和角色不仅是博弈中的约束，而且是信息工具，用于建立和巩固相互期望（Gintis，2009：232），从而使策略常规化。我们必须记住这才是一个博弈的规范模式，而"挥发性土"实际上是被排除在外的——这种模式可以在实验室中进行测试（在实验的特定环境下，与自然博弈并不相同）。

在博弈中，知识、认知和信息起着至关重要的作用。不可避免地，互动和决策也是由这些因素决定的。知识包含隐性的要素，例如技能和惯例，这些要素使参与者能够形成共享的预期池。认知由参与者在每个博弈序列中执行的操作（观察、分类、计算和记忆）组成。信息包括参与者在博弈中发送给彼此的信号（例如博弈中的移动是引发响应的信号）。

有了包含完美认知和信息的参与者的博弈模型，就有可能设计出实验室实验，并根据实验结果做出研究参与者如何偏离模型的预测。结果表明，与模型假设的无限计算能力相反，参与者的计算能力是有限的，这也许不足为奇（Camerer，2003：167；Ricciardi，2008a：93）。这些有限的能力因判断性偏见和感知框架的黏性（弹性）而变得更加复杂，从而形成了偏好（Camerer and Lowenstein，2004：12）。后者看起来不稳定，并且随着时间的推移不一定是一致的。更重要的是，当参与者的追踪记录是实验性博弈信息集的一部分时，声誉似乎是参与者决策的一个重要因素（Camerer，2003：156）。总而言之，实验-博弈旨在表明，由于心理上的不完善，实验博弈参与者所获得的结果如何偏离了关于分配的理论预测。

在金融决策方面，行为经济学主要关注由厌恶损失产生的决策偏见，以及由情绪产生认知和（消极）影响风险认知的方式（Ricciardi，2008a：94，2008b：29）。这些偏见已经在人脑结构方面得到解释（Peterson，2007：2），而情绪被认为对交易决策产生了负面影响（Lo，Repin，and Steenbarger，2005；Peterson，2007：4）。

实验博弈表明，当参与者被允许在实验中相互交谈时，不仅效率会显著提高（交易的数量比模型预测得更多，速度更快），而且会出现有意的虚假陈述。另一个观察到的特征倾向于达到社会上可接受的结果，也就是说，以一

种被有关各方认为在道德上可接受的方式来划分激励（Camerer，2003：192
-195；Roth，1995：294 - 296）。最近，实验博弈理论已经认识到将实验与
实地研究相结合的必要性（Gaechter et al.，2009；List，2009）。对金融聊天
室中交流行为的研究（Lu and Mizrach，2008：13；Mizrach and Weerts，2009：
275）已经发现，交易者总是试图相互影响，而交流似乎是交易的一个内在
特征。

这体现了与社会学相关的方面：社会因素，如声誉或伦理考虑，在实验
参与者的决策中发挥作用。从本章的观点来看，只要在实验博弈中允许互动
和交流，参与者就乐于参与其中，并产生显著的效果（我目前还不知道有哪
些报道中实验博弈的参与者可以交互和沟通却不这样做的）。

自然博弈中的互动和决策

这让我想到了上述三合一中的最后一个元素——自然博弈，它的一个子
类是金融交易。在自然博弈中，互动和交流不是博弈的外在特性，而是博弈
内在固有的。尽管表面上的沉默博弈也充满了交流，甚至行动。经济学家专
注于研究基于模型预测与实验记录的偏差，即在受控、人为创造的环境中排
除交流观察到的偏差。相比之下，社会学家关注现有制度体系中的自然博弈。
因为互动是这些博弈固有的，所以我从解释它们的形式特征开始。

互动是情境化的、定向的、有界的和有序组织的。它们的情境特征意味
着它们所展现的本地资源和约束不仅来自外部，而且是正在发生的事情的内
涵特征。指向性意味着参与者的行为受到其对手响应的影响。响应的存在意
味着参与者可以进行相互监督（Goffman，1964：135），主要通过响应和反响
应的时间协调来实现。响应的存在可以包括物理上的接触（在面对面的情况
下），也可以不包括（Cetina，2009）；然而，在这两种情况下，响应和反响应
的时间协调仍然是至关重要的。在金融交易中，我们遇到了两种情况——面
对面交易和网上交易（现在占主导地位）。响应的存在还意味着互动中的参与
者或多或少要定期地告知（或发出信号，如果愿意的话）其可采取行动。这
里有一个恰当的例子，足球运动员通过大叫发声，让队友们知道他们可以在
一定的空间距离内采取动作（Goffman，1978）。

互动的有界特征意味着它们是结构化的、有限的和定义的。互动是结构
化的，即由一系列不同步骤的序列组成，而不仅仅是相同步骤的无限重复

（互动不仅仅是发条式地重复同样的动作）。"有限"意味着互动具有有限的持续时间：一个互动的结束虽然从一开始就不可预见，但可以"在回应/反回应序列的不同步骤中被参与者指出和预期"。这意味着在互动中，参与者将相互发出关于他们期望结束的信号，并相应地调整他们的行为。因此，有限性是互动的结构特征。

互动的指向特征意味着它们可以归因于活动的社会类别，是在参与者的相互参与中实现的一种归属。这种定义的特征意味着参与者对互动序列的道德承诺，同时为他们提供了规避这种承诺的机会。这意味着互动序列被限制为程序一致性。在互动中，参与者互相发送从众的信号等，作为保持对手参与的手段。然而，在战略互动中，从众信号并不一定被参与者视为与意图重合。人们可以用程序一致性的表达来掩饰意图。程序一致性可以诱导模仿，但不自动要求模仿。战略上假装模仿和逆向行为是有可能的。这对于金融交易以及有关金融中社会模仿的争论（MacKenzie，2005）来说很重要。

互动有序列的组织意味着：（a）它们包括一系列不同的步骤；（b）该流程包括后向自我修正的可能性逐渐减小的特征（前一步的修正比后一步的修正更容易）；（c）序列中的每一步取决于上一步所允许的选择，并且这些选择不能预先指定。

这些形式特征有一些重要的推论。首先，互动不仅仅是可预见的程序链。参与者在不同的日常惯例中进行选择。而这些选择可能为参与者提供共享的预期池，但在互动的任何步骤中，无法预测具体的选择。例如，即使是像"你好"这样的极度常规化的问候，也有诸如假装没注意到、不回答等其他选择。这种选择可能会违反社会惯例，但它们仍然会发生。其次，互动顺序为创新留下了空间：也就是那些不属于常规惯例的选择，以及令参与者感到惊讶的选择。换句话说，不确定性不仅仅是施加在互动上的外部约束，也是互动的内在特征和资源。最后，信号反应现状的要求是指参与者为了实现这一目的而使用表达性的描述，并且传达关于其现状的特定状态以及其响应的特定形式的信息（Goffman，1969：9，1974）（例如，某人可能会热情，或不愿意做某事，或开玩笑等）。这样的描述必然包含每位参与者的情绪标记和状态限定词。这些标记和限定词（如兴奋或无聊的表达）不会破坏在互动中展开的认知过程。恰恰相反，它们帮助构建、定位和调整认知。

在明确了互动的形式属性及其推论后，我们需要将重点放在战略互动上。一般来说，战略互动可以被看作对结果情况的竞争性评估（Goffman，1969：85）。更具体地说，战略互动包括两个或两个以上的主体，这是一种相互影响、结构清晰的局面，每一方都必须采取行动，而且每个行动都有可能对各方产生重大影响（Goffman，1969：100 - 101）。这里的"命运"意味着结果和不确定。对于后续的对策以及互动带来的最终结果，行动是决定性的。我们可以将博弈视为战略互动条的串联，其中每个条带相对于下一个条带都是重要的（这里的一个例子是足球比赛，其中每个互动的结束将决定下一个互动如何开始）。

信号回应不仅包括传达参与者对他们行动的了解，还传递了下一步行动的意图，这样对方就能够形成下一步行动的预期。这个信号通过语言或非语言的表达方式完成。这些行动具有决定性的意义，并且行动需要表达响应，因此，行动的内在表达方式也将是至关重要的，也就是说，在对方看来，它们既是必然的，也是不确定的。例如，在足球比赛中，传球可以是真传球，也可以是假传球；从对手的角度来看，这是必然的，但也是不确定的。传球的密钥（模拟或真实）应该从球员的表情（口头和非口头）中解读。然而，这是不确定的，因为表达和意图可能会脱节。在博弈中，对表情的控制可以成为一种半自主的子博弈，参与者可以在其"表达能力"中竞争（Goffman，1967：240）。例如，在博弈中，参与者不仅可以在明确的标准和价值上竞争，还可以在隐性的标准和价值上竞争，例如他们的狡猾、耐力或掩饰的能力。这种被欧文·戈夫曼（Goffman，1967：240）称为"性格竞赛"的道德子博弈的目的，是通过向对手发出不确定性来影响博弈的总体结果的。

因此，在战略互动中，我们可以区分两种相互关联但不重叠的行为，这些行为是博弈固有的：表意性举动和动作行为。这两种类型都涉及所有的惯例，但不能简化为预先设置的惯例（因此不可预见）。在战略互动中，参与者在表达层面和行动层面做出不同的选择；大多数情况下，特定于序列的选择都不是计划好的，也无法预测。既然互动是情境性的，那么选择也是情境性的。

虚构、伪装、装备和密钥更新是战略互动中用于表达行动的基本形式（Goffman，1969：58，74；O'sullivan，2009；Harrington，2009；Fine，2009；Harrington and Fine，2000），情绪渗透其中。我们都有印象，当实验经济学家允许在实验室中进行面对面的交流时，谎言很快就出现了。然而，可用的表达行为的类型主要取决于战略互动带的时间结构，该结构在可用性方面提供了资源和约束。换言之，表达行为必须适应互动范围，并且不匹配会使对手对它们进行试探。例如，在在线金融交易中，战略互动的时间跨度比公司的并购要短得多；前者可用的表达范围和特征与后者不同，并对决策产生影响。

在战略互动中，我们至少可以区分三种不确定性：自然不确定性、内部不确定性和外部不确定性。自然不确定性是由相关的环境因素导致的，参与者认为这些环境因素超出了他们在互动范围内的直接控制：风向的突然变化改变了球的轨迹，断电或电子交易中的输入错误导致了交易平台的关闭。内部不确定性涉及检测表达和行动之间可能的不匹配，及评估其后果。内部不确定性是互动的内在特征：（a）参与者期望它们发生，但不知道它们确切的顺序、组合和时间；（b）它们必须作为互动的一部分来处理。例如，在在线金融交易中，一个基本的战略不确定性是，屏幕上的交易是来自人类交易员还是来自交易机器人：这对交易者的决策至关重要，必须加以确定，因为这是互动的本质。外部不确定性与第三方战略互动有关，与第三方战略互动的结果被认为是当前行动或未来行为的必然结果有关。例如，在金融交易中，监管流程的结果（如减少杠杆或增加披露要求）被交易者视为未来交易的结果。然而，这种监管流程本身就是战略互动的一小部分。观察者（包括这里的交易员）会追踪他们，并试图评估表达和行动之间可能不匹配的结果，同时准备适应可能的新约束的行为。

基于以上内容，我们现在可以具体考察金融交易中的互动和决策。我将从认知和情绪之间的联系以及认知操作如何影响自然博弈中的决策开始。

交易互动中的情绪和认知

重申一下，选择是在两个论点之间进行的：一个认为情绪被理解为激励或兴奋，对交易过程中发生的认知过程是不利的；另一个认为情绪是表达行为固有的，因此在交易中不能与认知分离。让我们看看对自然发生的金融交易的实证研究得出的经验证据。我们在此处理的情况至少有三种：（a）面对面交易，就像在不同程度技术水平的交易场所所经历的那样；（b）面对面的匿名交易，在这种情况下，实际可见的交易员与看不见的合作伙伴进行交易；（c）在线交易，个别交易员与看不见的合作伙伴进行交易。在当代金融市场中，这些类型的情况同时存在。最近在该领域进行的神经生理学研究已经记录了情绪的生物学基础（Lo and Repin，2002；也可参见 Berezin，2005），面对面交易序列的视频记录表明，兴奋和激励似乎不妨碍交易者的认知过程。在面对面的金融交易中出现的情绪已经被关注了很久，然而，由于访问限制，很少有基于这些的基础数据存在（Fenton-O'Creevy et al.，2011）。在最近的两项研究中，斯特凡·劳比（Laube，2008a，2008b）研究了一个计算机化的交易大厅的记录。在这个大厅里，交易员们通过计算机屏幕与看不见的对手进行交易。交易员通常使用语言和视觉上的唤醒信号（包括大叫、咒骂或手势）来吸引人们注意交易屏幕上的变化并预先宣布即将发生的变化。在这方面，情绪信号（例如通过大叫或咒骂来表达的愤怒）似乎并不妨碍认知，而是促进和协调基本的认知操作，如观察。更重要的是，价格发现，被理解为对价格数据（购买、出售或什么都不做）合适反应的判断似乎是一种协作式的认知努力，而不是个人的认知努力。虽然其他民族志研究也强调了交易员认知过程的社会特征（Beunza and Stark，2005），但劳贝（Laube，2008b：39 - 40）的数据分析表明，交易员会在决策过程中使用叫喊、咒骂和侮辱情绪信号。例如，当价格下跌，交易员不得不出售他们持有一段时间的金融证券时，愤怒在决策过程中是必不可少的。情绪信号的表现会触发决策，但也会使其他交易员的决策合法化。

类似的数据来自对在线匿名交易的调查，在这种交易中，交易员单独行动，不认识他们的对手（Preda，2009：686，689）。人们会认为在这里完全没有情绪，至少部分是因为没有人会看到。情况正好相反，即使他们只有一个人，交易员也会使用语言、叫喊、咒骂、诅咒等情绪信号。这似乎并不妨碍或拖延交易。通过使用情绪表达，在线交易员可以完成以下几件事：加快对屏幕的观察速度；必要时，他们将注意力集中在特定交易上；他们评估自己所处境况的好坏；他们鼓励自己采取特定的行动。总而言之，来自不同交易环境的实地证据与之前更广泛的自然主义证据产生了共鸣（Katz，1999），并指向同一个方向，即情绪是一种表达式的行为：（a）它构建而不是阻碍认知过程；（b）它是决策的一部分，特别是在现有的惯例和习惯被证明是功能失常的情况下。

互动、价格识别和分类

我已在上面论证过，在战略互动中，表意性举动与行为性举动脱节，对于参与者来说关键的问题是评估对手的表情与即将实施的行为之间的关系。

在传统交易大厅的面对面交易中，身份是用于获取信息的一种资产（Abola-fia，1996；Zaloom，2006）。在传统交易大厅的面对面交易中，标准化的标志和信号，以及对对手交易习惯的相互适应，有助于建构身份。例如，穿着特定颜色的外套，使用标准化的手势进行交易，或使用标准化的言语快捷键，这些都限制或引导了表意性举动在战略互动中的使用。同样，通过多年在同一个交易场内共同交易，习惯了对手的习惯，可以更容易地发现伪造或虚假交易。这也使对重复的伪造进行制裁变得更容易。正如米歇尔·阿布拉菲亚（Abolafia，1996）所指出的，面对面的互动为参与者提供了发现和制裁反复出现的机会主义行为的机会。然而，只有当互动安排使身份标准化或以可观察的方式标记身份时，情况才会如此（标记的例子包括交易场内的彩色编号夹克或足球运动员的彩色编号 T 恤）。交易通常使用行为性举动的因素，例如价格和交易量数据，以便创建表意性举动或伪造一个新动作来掩饰其身份。一个例子是将订单分割并分配给不同的经纪人，这样别人就无法识别玩家的身份（和意图）。事实上，一个能扰动价格的大订单，将以较小的、无关的订单形式出现在交易屏幕上。另一个例子来自在线交易平台，在那里不仅有人类玩家，还有算法（或"algos"）交易。算法是一些软件代码，当价格达到一定水平时，它会按照编程自动进行买卖，或者按照特定的时间间隔分割订单并发布，以避免无法识别较大的交易。因此，交易屏幕上闪现的价格和交易量数据不仅是一个行为举措，而且是一个表达举措。参与者也认识到这一点，他们已经学会了如何区分算法与个人交易者的身份，以及与机构交易者的身份。

在下面的摘录中，一位非专业的外汇交易员指出了数据是如何随着表达的变化而变化，以及他是如何从交易时屏幕上闪现的价格和交易量数据中识别身份（算法、个人和机构）的。

> 你可以看到每一个价格，你可以看到所有的订单和大小，所以你会知道，例如，按照这个价格，人们会想要卖出 2000 份合约，而……低于这个价格时只会卖出三四百份，所以你会知道能够售出 2000 份合约的价格，这是一个重要的价格……我也会在图表上加上时间和销售额，一旦发生交易我就会知道，也会知道它的价格和规模。例如，如果我在一分钟内看到一个合约有上千次交易，一个接一个的，那肯定是算法，它会在这个价格上一份、一份、一份地买进，如果，嗯……有时候你看

到……有 100 份、1000 份、2000 份等大量的合约交易进行，这更有可能
是一个大银行为客户或某人为其他事情而抛售一个大的头寸，然后在这
之间是不同的交易者，也许是对冲基金，它取决于……有些参与者是很
大的交易商，所以他们有很大的规模，然后你再次看到最好的价格出现
了，所以……你会看到出现了利差，因为经常会有一些大的参与者，一
些对冲基金，一些，呃，大的交易商，他们会影响市场，例如，他们更
早买进后，价格涨了一点，然后他们会……在最好的报价上添加 1000、
2000、3000 个合约，所以人们会看到，哇，这家伙在那个价格上买了这
么多，所以它一定会上涨。然后，这些人，这些小的交易者都在买入，
他们买进，推高价格，然后那些人再卖空，导致价格下跌。最后那些小
的交易者突然发现，哦，这不是真的，它不是真正的上涨，它会崩溃。
他们这样做了一遍又一遍，所以你试着找出这些模式来分类……（美联社
采访，2010 年 3 月）

这指出了以下几点：（a）至少在网上交易中，寻找交易机会就是寻找表
达行为；（b）数据不仅被视为一种行动信号，也被视为一种表达方式，用于
标记身份，类似于交易大厅的外套和徽章；（c）数据不是以微观的方式处理，
而是汇总成表示行动举措和社会类别（包括这里的算法）的模式。交易决策
取决于正确识别参与者的类别。我获得的其他数据与上述类似，证实交易者
在屏幕行为的不同类别（算法、个人与机构）之间存在差异，并相应地调整
其决策。总体而言，虽然认识到与战略行为相关的不确定性是在线交易博弈
所固有的，但交易者会使用情境资源来对抗这些不确定性。这可以看作一个
自适应过程，虽然在某些时刻趋于均衡（通过开发新程序来适应意外情况），
但它本质上并不像常规那样。

价格预期与共同义务

在面对面讨价还价的情况下，报价可以有多种功能：它们可以测试对手
参与交易的意愿，维持讨价还价的顺序，为还价提供机会，并预示结束的时
间。一项关于中国市场讨价还价的研究（Orr，2007）发现，价格报价和还价
执行了所有上述功能，并且交易发生时的价格往往偏离开盘价。在这种情
况下，价格变化可能不是由不同的计算程序引起的，而是因为报价和反报价

在议价顺序的不同步骤中发挥了不同的作用。以特定的价格达成交易主要取决于维持序列。如果后者过早崩溃，则不会发生任何交易；如果序列过度扩展，则会有少量交易。交易者在管理这个序列方面越熟练，不会过多扩展，交易发生的可能性就越大。具有可议价的市场交易的一个主要特征是议价序列的管理（Heath and Luff, 2007），更一般地说，关于竞标序列的组织参见Heath, 2012，使它们既不要太短，也不要太长。报价似乎是一种表达举动，旨在保持对手讨价还价并诱使对方出价。同时，在市场议价中，报价为议价双方提供了对所提供产品进行价值判断的机会。从这个角度来看，它们具有规范性，因为它们约束各方遵守序列。

卡瑞恩·克诺尔·塞蒂娜和布吕格尔（Cetina and Bruegger, 2002：927 - 8）在考察全球货币市场时对类似的情况进行了研究，但它们的意义有所不同。在外汇市场，交易者通过在线即时消息进行讨价还价，交易只需几秒钟。尽管如此，序列管理在这里也起着作用。虽然在市场交易中，参与者不需要相互了解，但在银行间外汇交易中，他们是相互了解的，因为在全球范围内，银行间货币市场仅包括几百个交易者。尽管比市场议价时间短得多，但他们的即时消息也包括必须回答的定价请求。答复（交易出价）被交易员视为对交易序列的承诺，也是他们的一种职业义务。如果不履行这些，对方就可以终止业务关系。因此，战略互动包括一层半自治的表达方式，它对参与者施加道德约束，而这些约束既不属于博弈的明确规则，也不属于各自制度框架。

模型使用与价格计算

表意性举动和行为性举动一样，都要使用物质工具和仪器。在博弈中，物质工具不仅用于执行行为性举动，还用于向对手表达某些东西（想想足球运动员如何通过带球动作向对手和观众传达信息）。这意味着对于策略表达和博弈观察者来说，工具的使用并不是中立的。这在金融交易方面就有了一个问题，即工具在行为和表情中是如何使用的，以及交易决策的后果是什么。

金融领域的战略互动包括使用大量工具：计算证券价格的数学模型；用于使价格变动可视化、发出价格信号或自动交易的软件代码；价格和成交量变动的视觉显示。此处就举这几个例子。在最近的社会学文献中，它们的出现和被交易员群体的接受在行为主义的旗帜下进行了更多的讨论（MacKenzie, 2005；Mackenzie, Muniesa, and Siu, 2007；Callon, 1998）。历史研究中模型的出现和采用，需要由当代金融交易模型的实证研究作为补充，这些实证研究基于自然发生的数据。虽然后者比较少见，并且正在进行中，但以下内容可以在这里说明。

首先，如上所述，在战略互动中，参与者使用表意性举动来识别玩家的类别并以不同的方式对他们做出回应。这意味着在这些行为中使用的物质工具（这里包括模型）不是以一种没有区别的、不加改造的方式使用，而是根据其用途和用户分类来投入使用。此外，选择性不仅适用于用户类别，而且适用于提供者类别，具体取决于权威或个人信任等社会标准。

其次，由于物质工具不仅用于行为性举动，而且用于表意性举动、捏造或伪装（另请参阅布鲁克·哈丁顿，本书第 20 章）。事实上，媒体的报道表明，情况似乎就是如此。伯纳德·麦道夫（Bernard Madoff）几十年来经营着一个投资基金骗局，骗取客户数十亿美元，并伪造了详尽的财务报表。这将使得社会选择性（social selectivity）在模型使用中变得更加重要：在决定是否使用特定的工具或模型之前，交易者不仅要判断来源是否可信，还要判断工具本身是否提供了真正的结果。这需要沿着两个相互关联的维度进行判断：特点和真实性。有人可能会争辩说，在组织环境中，制定这些判断的需要被机构控制所取代，这种控制以自营交易模式的形式存在，设置机构内部准入限制、保密协议等。但是，正如最近的案例显示的那样，组织内部的交易空间也以表意性举动的内部竞争为特征，包括仿真和捏造［如杰罗姆·科维尔（Jerome Kerviel），他伪造交易账户，进行未经授权的交易，以提高自己的表现］。

我自己以及其他人（Wansleben，2010，本书第 13 章）所做的民族志研究表明，交易员在交易决策中确实是以一种非主流的方式使用模型，这是由社会标准决定的，而关于如何以及在何处使用模型的决定取决于有关的社会判断。例如，非专业交易员可以购买商业交易机器人，但不一定会在交易中使用。精通编程的交易者购买机器人只是为了对它们进行反编译，并了解制造商在验证过程中使用的技巧。购买机器人的决定更多的是表意性举动而不是行为性举动。与此同时，聪明的交易者将开发他们自己的模型，并建立小型用户组，在这些用户组中，他们保留对模型的绝对权威：组中的其他成员可以使用模型，但对制造原则知之甚少。决定是否让别人使用自主开发的模型不仅取决于团队成员的技能和知识（低于开发人员），还取决于社交标准，如成员的生活状况或特定的情况。在货币市场的机构层面上，分析师开发了他们自己的货币走势模型，这些模型代表了机构，但最重要的是，在与其他分析师和交易员的日常交易中，分析师代表了机构。分析师使用模型与同龄人进行战略互动，以建立独特的身份并获得声望。总体而言，实证数据表明，工具和模型并非不加区别地用于金融交易——有时它们根本不用于金融交易。根据社会关系的类型以及其他因素，工具和模型以不同的方式使用，以便形成对市场参与者的社会判断。

这表明，在金融交易中，模型并不是由中央（学术）权威机构简单地开发出来，然后转移给交易员，且他们只看模型的表面价值，不加区别地加以应用的。与此不同的是，模型和其他交易工具的使用与否取决于他们在战略互动中所处的位置。这不仅是行动的内在要求，也是表意性举动的内在要求。后者作为一种过滤捏造和仿真的手段，需要对专业知识与权威进行区分和自主使用；根据用户和提供者的类别对模型有效性进行区分和判断，以及举办声誉竞赛和招募追随者。

结　论

现在我们来回顾一下第一个问题：研究互动黏性如何有助于更好地理解金融交易和决策。在隔离不完美的个人行为形式并将其与规范的理性模型进行对比的过程中，与经济实验室保持互动的努力是合理的。相比之下，市场实证的金融交易研究以战略互动的形式属性为出发点。这里的重点不在于比较实验结果与从理性行为模型得出的预测，而是建立一个启发式工具，可以在指导调查的同时整合和解释现实情况。这种模式无疑需要通过实地研究进一步阐述和整合，它使我们能够更好地理解在实验室条件下难以处理或展开实验的一系列经验现象。其中三个问题已经在上面进行了讨论：第一，金融交易中情绪的持续性和反复性；第二，利用交易道德特征和制约它们的制度规则的战略行为形式；第三，判断是决策的先决条件。

所有这些方面都需要进一步研究。例如，我们对情绪如何干预交易计算或（选择性）记忆知之甚少。我们也很少了解在线交易平台上的互动或者交易中估值工具的具体用途及其产生的社会关系类型。对金融交易的实地研究——更普遍地说，是对市场交易作为实际的、协作的成果的实证研究（Heath，2012：314）——对我们提出了概念和方法上的挑战，其中包括：对于特定问题或难题，哪些是相关和可靠数据；如何系统地收集原始数据；来自匿名化电子市场等领域的主要交易数据的构成。最近，在金融交易研究中出现了各种各样的方法，其中包括基于观察参与者的民族志，还有基于民族方法学和话语分析的研究（Heath et al.，1995）。他们的方法论和概念前提并不完全重叠。然而，从不同角度分析交易行为，同时致力于有关互动的研究，有助于将金融交易的实地研究发展成为金融社会学的一个特有领域。

参考文献

Abolafia，M.（1996）. *Making Markets：Opportunism and Restraint on Wall Street*. Cambridge，MA：Harvard University Press.

Berezin，M.（2005）. "Emotions and the Economy," in N. Smelser and R. Swedberg（edn.），*The Handbook of Economic Sociology*（2nd edn）. Princeton，NJ，and New York：Princeton University Press and the Russell Sage Foundation，109 – 27.

Beunza，D. and Stark，D.（2005）. "How to Recogniza Opportunities：Heterarchical Search in a Trading Room," in K. Knorr Cetina and A. Preda（eds.），*The Sociology of Financial Markets*. Oxford：Oxford University Press，84 – 101.

Callon，M.（1998）. "Introduction," in M. Callon（ed.），*Laws of Markets*. Oxford：Blackwell，1 – 51.

Camerer，Colin.（2003）. *Behavioral Game Theory：Experiments in Strategic Interaction*. New York and Princeton，NJ：Russell Sage Foundation and Princeton University Press.

——and Lowenstein，G.（2004）. "Behavioral Economics：Past，Present，Future," in C. Camerer，G. Lowenstein，and M. Rabin（eds.），*Advances in Behavioral Economics*. New York and Princeton，NJ：Russell Sage Foundation and Princeton University Press，3 – 51.

Fenton-O'Creevy，M.，Soane E.，Nicholson，N.，and Willman，P.（2011）. "Thinking，Feeling and Deciding. The Influence of Emotions on the Decision Making and Performance of Traders." *Journal of Organizational Behavior* 32/8：1044 – 61.

Fine，G.（2009）. "Does Rumor Lie？ Narrators，Trust，and the Framing of Unsecured Information," in B. Harrington（ed.）*Deception：From Ancient Empires to Internet Dating*. Stanford：Stanford University Press：183 – 200.

Gaechter，S.，Orzen，H.，Renner，E.，and Starmer，C.（2009）. "Are Experimental Economists Prone to Framing Effects？ A Natural Field Experiment." *Journal of Economic Behavior and Organization*，70/3：443 – 6.

Gintis，H.（2009）. *The Bounds of Reason：Game Theory and the Unification of the Behavioral Sciences*. Princeton，NJ：Princeton University Press.

Goffman，E.（1964）. "The Neglected Situation." *American Anthropologist*，66/6：133 – 6.

—— （1967）. *The Interaction Ritual*. New York：Pantheon.

—— (1969). *Strategic Interaction*. Philadelphia: University of Pennsylvania Press.

—— (1974). *Frame Analysis*. San Francisco: Harper & Row.

—— (1978). "Response Cries. " *Language*, 54/4" 787 – 815.

—— (1982). "The Interaction Order. " *American Sociological Review*, 48/1: 1 – 17.

Harrington, B. (2009). "Responding to Deception: The Case of Fraud in Financial Markets, " in B. Harrington (ed.), *Deception. From Ancient Empires to Internet Dating*. Stanford: Stanford University Press: 236 – 53.

——and Fine, G. A. (2000). "Opening the 'Black Box': Small Groups and Twenty-First Century Sociology. " *Social Psychology Quarterly*, 63/4: 312 – 23.

Heath, C. , Jirotka, M. , Luss, P. K. , and Hindmarsh, J. (1995). "Unpacking Collaboration: Interactional Organization in a City Trading Room. " *Journal of Computer Supported Cooperative Work* 3/1: 147 – 65.

——and Luff, P. (2007). "Ordering Competition: The Interactional Accomplishment of the Sale of Art and Antiques at Auction. " *British Journal of Sociology*, 58/1: 63 – 85.

—— (2012). *The Dynamics of Auctions: Social Interaction and the Sale of Art and Antiques*. Cambridge: Cambridge University Press.

Katz, J. (1999). *How Emotions Work*. Chicago: University of Chicago Press.

Knorr Cetina, K. 2009. "The Synthetic Situation. Interactionism for a Global World. " *Symbolic Interaction* 32/1: 61 – 87.

——and Bruegger, U. (2002). "Global Microstructures: The Virtual Societies of Financial Markets. " *American Journal of Sociology*, 107/4: 905 – 50.

Laube, S. (2008a). "The Sounds of the Market. How Brokers at the Electronic Exchange Keep the Pace with a 'Silent' Market-on-screen. " Paper presented at the 38th World Congress of the IIS, Budapest, Hungary, June.

—— (2008b). " 'scheiss-Markt!' Embodied Emotions als Beobachtungs-und Erkenntnisinstrumente im informationstechnologischen Finanzmarkt" [" 'Shit-Market!' Embodied Emotions as Observational and Epistemic Instruments in Technology-supported Financial Markets"]. Paper Presented at the research colloquium on markets and information, University of Konstanz, Germany, December.

List, J. (2009). "An Introduction to Field Experiments in Economics. " *Journal of Economic Behavior and Organization*, 70/3: 439 – 42.

Lo, A. W. and Repin, D. (2002) . "The Psychophysiology of Real-Time Financial Risk Processing. " *Journal of Cognitive Neuroscience*, 14/3: 323 – 39.

——and Steenbarger, B. N. (2005). "Fear and Greed in Financial Markets: A Clinical Study of Day Traders. " *Cognitive Neuroscientific Foundations of Behavior: AEA Papers and Proceedings*,

95/2: 352 – 9.

Lu, J. and Mizrach, B. (2008). "Is Talk Cheap Online? Strategic Interaction in a Stock Trading Chat Room." Rutgers University Working Paper No. 2007 – 01.

MacKenzie, D. (2005). "How a Superportfolio Emerges: Long-Term Capital Management and the Sociology of Arbitrage," in K. Knorr Cetina and A. Preda (eds.), *The Sociology of Financial Markets*. Oxford: Oxford University Press, 62 – 83.

——Muniesa, F., and Siu, L. (eds.) (2007). *Do Economists Make Markets? On the Performativity of Economics*. Princeton, NJ: Princeton University Press.

Mizrach, B. and Weerts, S. (2009). "Experts Online: An Analysis of Trading Activity in a Public Internet Chat Room." *Journal of Economic Behavior and Organization*, 70/1 – 2: 266 – 81.

Orr, W. W. F. (2007). "The Bargaining Genre: A Study of Retail Encounters in Chinese Local Traditional Markets." *Language in Society*, 36: 73 – 103.

O'sullivan, M. (2009). "Why Most People Parse Palters, Fibs, Lies, Whoppers, and Other Deceptions Poorly," in B. Harrington (ed.), *Deception: From Ancient Empires to Internet Dating*. Stanford: Stanford University Press, 74 – 91.

Peterson, R. (2007). "Affect and Financial Decision-making: How Neuroscience Can Inform Market Participants." *The Journal of Behavioral Finance*, 8/2: 1 – 9.

Preda, A. (2009). "Brief Encounters: Calculation and the Interaction Order of Anonymous Electronic Markets." *Accounting, Organizations and Society*, 34: 675 – 93.

Ricciardi, V. (2008a). "The Psychology of Risk. The Behavioral Finance Perspective," in F. J. Fabozzi (ed.), *Handbook of Finance*, Vol. 2: *Investment Management and Financial Management*. New York: John Wiley & Sons, 86 – 111.

—— (2008b). "Risk: Traditional Finance Versus Behavioral Finance," in F. J. Fabozzi (ed.), *Handbook of Finance*, Vol. 3: *Valuation, Financial Modeling, and Quantitative Tools*. New York: John Wiley & Sons, 12 – 38.

Roth, A. E. (1995). "Bargaining Experiments," in J. H. Kagel and A. E. Roth (eds.), *The Handbook of Experimental Economics*. Princeton NJ: Princeton University Press, 253 – 348.

Smith, C. (1999). *Success and Survival on Wall Street: Understanding the Mind of the Market* (rev. edu). Lanham, MD: Rowman & Littlefield.

Vargha, S. (2011). "From Long-term Savings to Instant Mortgages: Financial Demonstrations and the Role of Interactions in Markets." *Organization* 18: 215 – 36.

Wansleben, L. (2010). "Precarious Professionalism: An Ethnography of Analysts on the Foreign Exchange Markets." PhD thesis, University of Konstanz, Germany.

Zaloom, C. (2006). *Out of the Pits: Traders and Technology from Chicago to London*. Chicago: University of Chicago Press.

第 9 章
交易员和市场道德

凯特琳·泽鲁姆（Caitlin Zaloom）

　　研究金融交易员是了解全球市场独特秩序的有效途径。交易者的世界可能看起来是独立、异乎寻常的，有别于日常生活。然而，通过交易者的工作，我们可以看到，当代的交易实践不仅创造了货币，而且创造了远远超出交易室领域的文化价值。

　　研究金融交易员面临的一个挑战是，近几十年，特别是 2008 年金融危机以来，他们已经成为反政治、文化和经济的英雄。政治家、社会评论家和许多学者经常谴责他们不合理的收入和他们鲁莽的冒险行为，特别是当经济疲软、失业率高、劳动人民正在苦苦挣扎的时候。但对于社会科学家来说，除了谴责，对这些金融参与主体进行分析研究也是有用的，因为这样做可以便于我们理解自 20 世纪 70 年代全球金融崛起以来所出现的市场道德。

　　通过买卖金融工具，交易者从股票、债券、货币和衍生品的内部价格波动中获取个人利润——但他们的个人财富与更广泛的经济和政治领域相关。自 20 世纪 70 年代以来，政界人士和政策制定者一直大力鼓励金融市场的实践。《我的交易员》一书通过描述这些实践让金融市场焕发了生机。因此，交易员既是经济政策和趋势的产物，也是其受益者。这些经济政策和趋势已经将金融推向全球经济的中心，并将其财富与个人和国家的福祉联系在一起。如今的金融市场既代表着一场持续了数十年的政治赌博的结果，也代表着围绕着这场赌博成长起来的文化（Krippner，2011）。

现在，证券的兴衰和金融领域的迅速变革联系在一起；它的要求甚至对那些行业的非正式人员也构成了压力。交易员是日常金融中代表焦虑和潜力的一个极端例子，他们生活在以市场为基础的文化中，并阐明其实践所鼓励的价值观和倾向。社会学家和人类学家与交易员一起共事，观察他们的工作，进行大量的访谈，甚至自己进行交易以了解全球经济秩序和当代金融化经济。他们的著作揭示了市场领域的技术框架，以及出现在金融文化力量中的知识、时间、空间和道德形态。

交易领域的拓扑学

是什么将交易员团结起来并将他们划分为一个群体？银行业专业协会并不会保留或公开交易者的人口统计数据。不过，交易员的性别构成并不神秘。民族志研究和新闻报道显示，交易员绝大多数是男性，女性很少。然而，我们对其他特征——他们的人数、年龄、职业道路和大多数社会人口统计学资料——仍不清楚。交易员认为，来自其他专业协会的监督是一种罪恶的必需品，它的存在只是为了取悦具有制裁作用的监管机构。

证券和衍生品行业监管机构目前正在寻求更多个人层面的信息，以识别其投机行为可能危及市场的交易者。美国证券交易委员会目前正在考虑一项规则，即注册"大型"交易员，每天交易超过 200 万股股票，或交易价值 2000 万美元的股票，或每月交易 10 倍金额的股票。商品期货交易委员会已经在跟踪大型交易商。在金融市场内部，市场规模代表着市场地位，据此可以利用金融市场获得的最高收益来测量其能力。从监管角度来说，这一测量能显示出金融体系面临的潜在威胁。每个测量都将市场主体与交易员交易的合同、债券或股票数量联系起来。识别人口特征对于追求包容度的自由主义者而言很重要，但市场的差异主要体现在市场潜在利润和市场系统瓦解的各个维度。

在银行和证券领域，业务规模不同的交易员都在不同的机构中工作；银行、对冲基金和自营交易业务都雇用交易员，交易所交易大厅和拱廊、家庭办公室也为更多独立交易商交易金融工具提供空间、技术和制度联系。在不同的制度环境下，对金融市场动力的关注将交易者联系起来。一个古老的市场格言说："一个好的交易者可以交易任何东西。"石油、货币、铜、债券、燕麦和股票等大宗商品的价格都受到市场民间智慧中类似的价格动态的影响。虽然交易者是专业的，但他们的技能在于分析价格和评估价格相关风险、获利的可能性以及亏损的可能性。换言之，他们是金融市场内部运作的专家。在他们手中，无论什么类型的市场都可以带来巨大的利润和高昂的成本。

这些行业使谁谋利、使谁亏损这一问题使这个领域产生了分歧。自营交易商（市场中的"自营交易员"）为了自己的利益而交易公司（无论是银行、基金还是私人公司）的资金。金融危机爆发后，投资银行的自营交易引起了监管机构的注意，因为交易员用银行自有资金押注往往会损害客户的利益。非自营交易者为这些客户买卖证券。与人口统计数据一样，自营交易与客户交易的数量仍然不明确，这种模糊可能降低银行账户的风险。或许风险最大的业务是独立交易者的账户，他们用自己的个人资金进行交易，当他们进行买卖指令时直接将自己的生计置于风险之中。

交易的日常实践利用了各种技术：套利、算法交易、差价、高频交易和倒买倒卖，这些只是一些不同的策略交易者买卖的方式。这些技术显示了内部差异，显示了交易者的专业知识，不仅指出了他所交易的不同证券，还指出了他所使用的技术、获取和使用市场信息的方式、工作的时间表，以及他所参与的城市空间的用途。最终，这些技术表明了每个交易者价格和美德方面的价值判断。他们从那些把日常生计与金融价值联系在一起的人们的日常实践中，组建了一种市场文化。

技　术

交易者可以通过周围的技术进入在线金融市场。正如生产线向工人们提供汽车零部件一样，屏幕技术也为交易者提供了必要的材料——金融价格。通过在交易者之间组织网络，同时向他们展示市场，交易屏幕可以帮助交易员跟上市场的步伐，并不断做出改变。就像在工业车间一样，这些技术品质构建了知识、时间和虚拟的实践。[1]

每个工作日，交易员都会走到他们的办公桌前，在屏幕前坐下。交易员被各种信息包围：商品、衍生品、货币、股票等多个市场的价格；如收益率曲线这样的财务基准；新闻报道；各种预测模型。[2]然而，工作并不总是这样进行的。新时代计算机取代了老式的大喊大叫和证券交易所楼层的疯狂手势。

一个多世纪以来，在世界金融之都的交易大厅里，金融市场上的期货、期权和股票等通过机构和个人进行交易。20 世纪 90 年代后期，互联网挑战了这种代代相传的生活方式和劳动方式，带来了速度、效率和全球联系。对于场内外的交易者来说，数字技术也标志着一种更为微妙的转变。一些交易商，如外汇交易商，不动声色地在电话线旁边铺设光缆，不用多说话，他们的交易就已经在远距离进行。然而，在线技术以一种更加微妙的方式改变了工作方式，人们在楼层和交易室都能体验到。甚至在电子交易之前，经销商就能在屏幕上观察到流动信息。价格、图表和新闻在单独的显示器上闪现，并在巨大的顶部 LED 屏大声播报。然而，交易涉及与另一个人交谈、打手势，需通过屏幕和人的行为来共同完成。随着电子交易的兴起，交易者开始通过屏幕完成：从监控市场模式到输入买入和卖出指令，再到接收确认信息和记录盈亏。电子交易改变了金融交易的交互顺序。即使是通过电话交易，也需要与交易另一方的人员打交道；一个声音、一个表情或一个手势都需要考虑市场的内在和人为因素。网上交易将市场提炼成价格的高低和交易伙伴的数量，这种形式能够将众多不同的参与者整合成一个超越任何单个参与者的单一实体。基于屏幕的交易，似乎以交易员的意志行事，即从分散在全球主要城市的交易员的行为中，建立起一个统一的市场，这个市场似乎根据他们的意愿行事。

许多电子交易的支持者都主张免除人工中介。因此，在通过场内经纪人买卖的证券交易所里，数字技术的出现最令人不安。这些组织如何应对入侵？正如阿布拉菲亚（Abolafia，1996）在纽约债券市场发现的，组织环境制约了个人机会主义的水平，这种环境也制约了交易者对新技术的反应。在某些情况下，网上交易看起来像是一个重要的机会，而在其他情况下，主要交易场所的次要环节就是交易大厅。对传统技术的依赖和组织政治的吸引力，迅速将那些采用网上交易的交易与那些落后的交易所区分开来。

早在 1992 年，芝加哥商品交易所（CME）就开始在其 Globex 系统上进行交易。其作为该领域的创新者，支持采用新的交易方式。20 世纪 70 年代，交易所已经实现了从牛等实物商品向金融商品，如货币的转变。会员们看到了创新中蕴含的巨大的利润潜力。芝加哥商品交易所的投票结构使那些更有可能支持实验的成员、外汇市场新指数的交易员拥有更大的发言权。芝加哥期货交易所和纽约证券交易所这样的竞争对手对这些新技术依然漠不关心，相信它们的场内交易将继续成为最稳定的市场并吸引业务。由于期货和股票市场的领先地位，它们采取投票的方式来保护他们的工作方式，认为它们的历史优势将继续吸引客户。然而，在电子交易的新世界，它们的立场很快变得站不住脚。

数字交易与交易所的另一项组织变革同时进行。在第一轮转型中，许多交易所变成了企业，放弃了创始时的会员制组织和非营利组织形式，认为清晰的等级制度将有助于它们跟上数字时代的速度和灵活性。一旦交易转换为股票交易，交易所就开始敏捷快速地融入其中，并将全球化形式带入已跨越国度的金融交易。组织上和技术上的破坏都产生了关于理想市场功能和形式颇有成效的冲突和争论。随着交易形式的变化，关于新社会安排的规范结构的争论成为讨论和实验的主题（Zaloom，2006：ch.2）。这种转变远未结束。事实上，自20世纪80年代以来，金融业的组织流失已经风起云涌，交易所处于落后状态。现在，随着纽约证券交易所（美国资本主义最杰出的象征）和德意志银行的合并，全球互连和组织弹性继续存续，这再次引发了关于特定市场与全球经济之间关系的争论。然而，人们不再讨论数字联系的必要性。现在，几乎所有的交易商都是在面向电脑屏幕的旋转座椅上参与市场。

"屏幕"引导着价格和新事物，是与参与者的聊天工具，连接着市场的感知和表现，或"呈现"市场状况（Cetina and Bruegger，2002b）。屏幕汇集了许多材料，即交易员构建"流动的"互动秩序（Cetina and Preda，2007：117）的材料，屏幕还涉及了认知的和经济秩序（Cetina and Bruegger，2002b：395）。屏幕将交易者放入到一个全球范围内交互、信息交换、计算和交易的虚拟世界中（Latham and Sassen，2005）。

金融市场持续相连，构成了"虚拟社会"，随着太阳在地球上的移动，交易者起床、登录、疲惫、返家，如此循环往复（Cetina and Bruegger，2002a）。价格的波动协调了地理上遥远的竞争对手，为其与世界各地同行的交易提供了材料。这种流动与其他交易员的类似劳动结合在一起，通过光缆强烈的信号相连接。通过屏幕，交易员的协调行动建立起一个"全球微观结构"（Cetina and Bruegger，2002b），并使市场活跃起来，成为一个超越单个交易总和的对象。该网络与城市中心相连，孕育了全球市场。

然而，这些屏幕所做的不仅是建立全球微观结构，还验证了它们创造的市场。这些进入市场的"窗口"将价格和信息作为合法记录进行监控、计算和操作，将权力超越屏幕之外（Preda，2009）。所以，随着交易员观察和参与市场，他们不仅为自己银行赚取利润（或蒙受损失），也证明市场是一个独立的系统，一个围绕货币、证券和商品价格显示其自身可观察趋势和规则的系统。

尽管这些观测系统最初很复杂，但在使用它们的交易员看来，它们总是不够用。它们似乎无法最优地展现市场，因为速度和效率推动竞争不断发展，而且毫无终点可言。这一错误促使交易员不断探索新技术，以实现更智能的理解和更快的互动。面对这样一个天生不完美的系统，交易员和他们的数字设计师不断地操纵技术，因为他们不太确定一些问题：市场是由什么构成，哪些技术可以代表它。这是一个与交易室的实际使用相关的问题，但它涉及一套更为哲学的市场理想：个人自主、敏锐和竞争。

当代金融市场围绕"信息透明"理念构建了技术，这种模式要求将市场信息的格式设置为不会受社会信息干扰扭曲的格式。电子交易系统的设计者以金融价格、历史和关系的形式提供简单的经济事实。这些技术为交易者计算和与市场进行交易奠定了基础。由于可以对纯粹的经济事实进行解释，一个特殊的竞争舞台出现了。虚拟社会承诺，交易员在不受社会影响的情况下，将以一种更纯粹的竞争形式相互竞争，并在他们为自己和支持者赚取利润的同时创造高效的市场。从逻辑上说，只有最适应者——最敏锐和最敏捷的人——才会蓬勃发展（Zaloom，2003）。

随着电子交易整合市场的发展，另一组更快的交易者利用新的环境开始崛起：量化交易者开发了从全球价格走势中获利的算法。利用丰富的信息环境，这一算法可以以最独特的速度，检测出人类无法单独计算的模式。然而，这些观测系统并不是旁观者，它们通过交易所的匹配系统进行订单买卖，甚至利用其他算法，在发现交易之前进行买卖（MacKenzie，2011）。有时他们也以极端的方式推动市场。

2010 年 5 月 6 日，市场指数在 5 分钟内下跌近 6%，20 分钟后恢复。"闪电崩盘"是由执行股票指数期货的大量卖出指令的程序触发的，该指令与公司实际股票挂钩。算法在这些极端条件下通过关闭降价来应对暴跌。只有当芝加哥商品交易所采用电子制动器（电子制动也被编码为在特定条件下跳闸）时，价格才开始回升到之前的水平。然后，交易者有 5 秒钟的时间考虑他们的具体情况，并不受自动化程序的约束而决定买进或者卖出。

导致"闪电崩盘"的原因是什么？一致的解释错误阻碍了算法进入市场（Easley，Prado，and O'Hara，2011）。"闪电崩盘"也引发了更多的疑问：电子世界中，人类交易者与他们的机器之间的关系是什么；新的观察发现和市场行为体系会产生哪些脆弱性；这些系统必须承担什么责任。当公民的经济安全与金融紧密相连时，这是一个迫切的政治问题。这些新颖的形式也需要新的分析。观察工具和获利手段的相互结合孕育了一种相互联系的形式，在这种形式中，交易者对机器和其他人对市场的反应做出反应。为人类交易者与其工具之间关系的密切观察提供了一个起点。

反身性原因

在封闭的市场中，观测系统具有反身性特征。交易员关于市场走势的知识建立在金融市场同时存在两种特征的基础上，即一方面交易员是参与者的集合，另一方面分开来看是一个独立的实体，具有关键预测工具（如价差曲线和收益率曲线）所显示的双重特征。有了这些工具，交易员可以根据对市场的判断评估自己的头寸。由于技术赋予了市场影响力，交易媒介在调节交易者的策略方面获得了特别的力量。交易者的预测工具及其使用反馈给专业人员由专业人员进行计算，最终反馈到买卖指令。交易者与市场世界之间的交流形成了观察工具本身，产生了一种以反身性为特征的推理形式。

当交易者与市场进行信息交换时，他们创建并参考市场行为模型，从监视器中获取关于市场的新信息，并输入买卖指令以从中获利。他们的计算能力远远超过了他们最常用的数字工具。相反，计算策略的核心是社会和技术的相互依存关系。交易者描绘了在市场上工作的社交群体，并确定可能推动价格的情感趋势，如恐惧或兴奋（Beunza and Stark，2004；；Godechot，2000；Zaloom，2006：ch. 4）。社会构成、情感和理性之间的关系，既反映了市场的构成，也反映了交易员在参与者中的地位，甚至反映了他们与市场参与者之间的关系。交易者必须发现他们自己的兴奋和焦虑状况，并且将这些反应置于有意识的操纵之下，要么利用这些信号，要么放弃。市场的社会客观化和他们自身作为市场参与者的客观化影响着交易行为。

尤其是，社会客观化提出了交易者用来了解价格形态的工具问题。价差图和收益率曲线让我们得以洞察金融知识和市场预测工具之间的这种反射关系。企业兼并可以为交易者带来利润，但监管和企业合并的政治因素可能会导致交易失败。价差图提供了两家公司合并的可能，因为它绘制了一幅视觉图像。两家公司价格差距的缩小表明，随着价值的趋同，合并的可能性更大；而差距的扩大则表明，随着价格向各自的原始价值移动，人们对它们持怀疑态度。监测价差情况可以便于交易者观察市场变化，并对兼并可能性进行评估。贝翁萨和穆涅萨（Beunza and Muniesa，2001：633）描述了这一循环过程："市场参与者意识到自己被聚集在一起，并将这一因素进行考虑以便采取进一步行动——这一行动再次将特定的情况转变为利差"。

　　交易者经常在他们的计算中使用这种反身性路径。交易者往往并不是采取既定的信号，而是使用模型来找出他们自己的疏忽之处，"不遵守"模型而不是直接采用模型的判断。交易者"不断切换各种模型，了解交易的内容及其竞争对手的能力"，贝翁萨和斯塔克即将发表的论文（Beunza and Stark, forthcoming）认为，当个体交易者会对同一组信息做出反应时，这种过程可能产生危险的相互依赖。

　　影响也通过市场反思来产生，从而引起交易者和他们的工具之间的焦虑关系。有关美国债券未来价值的图形表示，美国国债收益率曲线是一个强大的未来模型。它指向健康的美国经济，因此反映了全球经济的稳定。收益率曲线将市场行为、反思和情绪统一在一起，将组成信贷市场的分散和不同的参与者聚集起来。然而，收益率曲线作为一种预测工具，其有效性受到了各种各样的、特定的社会各方面的质疑。如果参与者是理性的，那么收益率曲线关于未来的信号应该是有效的，交易者可以更加镇静地使用他们的策略。

　　银行交易员和对冲基金经理假定他们的同行们在努力收集有关经济走势的信息，并据此进行买卖。这些个人的理性决策应该能够描绘出经济前景的总体图像。然而，市场可能包括某些参与者，他们的意图或"非理性"判断会歪曲市场。债券市场不能被认为只由理智的专家组成。然而参与者永远不知道究竟是谁在市场上做了什么。理性预测只能建立在对那些理性预测市场的参与者的信任之上。

　　反身性金融的技巧和技术中充满了这样的问题，指出了金融认知构成的冲突，以及更广泛意义上棘手的当代知识形态问题。专业人士的参与是利用收益率曲线中长期存在的不确定性——包括参与者的不确定和收益率曲线令人信服的分析经济未来图景的能力的不确定。市场的参与者及其策略的不断变化，进一步导致了分析工具自身的变化，使人们对工具也产生了怀疑，这一过程反映在交易者的理性思考过程中。

　　反身性工具的不确定性使交易者寻找信息以证实他们的判断，并在模糊的信息中建立新的关联。将不同的工具与各自的预测公式结合起来，就有能力形成足够的临时判断，从而从价格波动中获取利润。交易员不断调整策略以适应不断变化的环境，他们在"理性市场"内工作，通过计算和感觉相结合的策略来获取利润，包括汇集各种统计报告、分析交易者对市场的感受以及推测竞争对手的情绪（Godechot, 2000）。在协调各种各样的信息来源时，交易者采用一种特殊的、现代的混合形式。这也包括交易室的空间和社会因素，以及它们所处的具体情况（Beunza and Stark，2003；Godechot，2000）。

物理位置为正式计算提供路径（Beunza and Stark，2004；MacKenzie，2008：ch.6）。唐纳德·麦肯齐认为，即使是期权交易的数学化，也是通过"交易池密集的、物理的和空间的社会结构"起作用。交易所的社会和空间结构"影响了看跌期权和看涨期权价格之间保持数学关系的难易程度"，决定了一种模型在某个特定时刻是否有意义（MacKenzie，2008：169 - 170）。银行交易室还通过抽象的财务计算形式将空间和社会安排结合在一起，从而实现盈利。正如贝翁萨和斯塔克所（Beunza and Stark，2003：373）指出的那样，交易室的实际组织能够产生新的关联，使交易者能够识别和研究不断演变的模式。如果"不同的估价原则"对于建立对未来利润的认知至关重要，那么物理空间就会组织相应的不同秩序。

当交易者被取代时，市场推理、空间和技术之间的关系就会清晰地显示出来。在"9·11"灾难发生后，曼哈顿的交易室在附近地点安营扎寨。新的办公空间迫使交易员复制以前的安排来支持他们的工作。为了在新的条件下重新构建套利交易者的盈利能力，套利交易者从空间、社会和技术材料等方面重建了他们的认知环境。交织在一起的交易商网络与工具，创造了一种有意义的能力，在这种极端不确定的情况下，这种能力尤其（字面上）是有价值的（Beunza and Stark，2003）。交易所的工作节奏极快并充满不确定感，重建交易室使得交易者日常工作的中心任务变得积极有效。

时间

虽然金融分析的屏幕和工具为进入一个协调和稳定的全球交易系统提供了入口，但该空间内的时间是随着速度和波动而变化的。通过光纤电缆，交易商之间的相互联系使金融市场具有了独特的和特殊的时间组织形式，凸显了金融市场的特征。交易的速度和时间尺度为交易者根据工作进行自我调节创造了条件。在交易者的理解中，这些过程在成功管理的情况下会产生利润，也会形成一种以市场为基础的美德。

当金融工具的价格上下波动，它们的不规则性，经济学家称为"随机游走"，迫使交易者将注意力一直集中在屏幕上。[3]必须持续关注不久的将来，强调了时间绵绵不断的延展性的力量。塞蒂娜和普瑞达（Cetina and Preda，2007：130）将交易的即时性描述为一块地毯，"一小块接着一小块地编织和铺展开来"，建立了一种"本体流动性"——使交易员总是置于未来的边缘处。

市场的不断发展，形成了计算并由此产生社会形态的框架。价格和观点的不断变化直接影响交易者的即时策略，并将时间这一因素置于交易者计算的思考中心。为了获利，交易员必须预测编织在脚下的地毯的图案，同时灵活地解释，并随着条件、参与者和市场本身的变化，不断修正他们对市场方向的判断。根据对未来突发的不确定性采取行动的能力，社会等级和美好品质在交易大厅中产生了。

在交易大厅中，地位和自我核心都取决于对快节奏的波动的处理。交易者的"能力"决定了在这一领域的成功或失败。在场内和数字交易场所中，交易者相互观察以考虑在紧张的时间压力下的行为和反应。在"快速"市场中，进取和自信被理解为交易者的自信心和斗志，这种态度会将压力转化为成功的动力。对于交易者来说，这种男性美德决定了未来的成功和失败（Levin，2001）。因此，盈利将计算能力与性格结合在一起。

社会对男性能力的需求也引发了更多的内部问题：交易者如何创造这些技能；他们如何适应这种未来处于边缘的工作。交易者培育其市场自我，使其在市场出现和利用他们选择的技术时有效工作。每个策略（从倒卖到套利）都会产生自己的内部时间性。以不同的方式组织时间策略，不同的技术产生了市场与交易员之间不同的关系。套利是一种从不同市场的价格不一致性中获取利润的技术，它为研究交易技术的时间性、交易者的自我塑造和全球金融秩序之间的关系提供了一种视角。

根据价格趋同的假设，套利者利用不同市场之间的差异。即使可能存在暂时的分歧，金融产品之间的价值也会恢复到平衡状态。套利者通过设计策略从"市场倾向于在未来实现均衡"（Miyazaki，2003：257）中获利，从而实现了预测，并利用这种技术使时间为己所用。然而，利润不是套利暂时性的唯一影响。这项技术在现在和未来之间再平衡的差距中产生了一种基于特定的、准宗教信仰的"未来导向"（Miyazaki，2003：261）：对市场的信念不可避免地回归到价格均衡。套利者通过买卖证券将实践和信念结合起来。

套利也可以作为理解时空关系的隐喻。交易者不仅生活在他们的金融工具和交易策略中，而且生活在各自国家特定的工作场所中。尤其是对日本的交易者来说，套利是指机会"立即被取消"，这种理解与他们对自身所处的金融领域地位的理解产生了共鸣。美国银行公司设定了财务的时间节奏；日本交易员必须迎头赶上，缩小紧急秩序与自身滞后之间的差距。在交易技巧和国家比较中，预测未来的感知同时产生了焦虑和希望（Miyazaki，2003：256）。因此，金融工具创造了一种时间效应，它影响交易者对自我和全球金融秩序的理解。

交易技巧对交易者的社交想象力产生了越来越深的影响。交易者将自我视为一种工具，以开发一种在市场的短暂显现和波动中工作的技术。交易者在紧张的时间压力下控制情绪，创造更有效的计算，来分析他们偏离市场理性的理想形式。例如，套利和其他交易技术（如倒卖或头寸交易）需要持续的关注和持续的冷静，才能在它们的证券大幅升值或贬值时应对价格的迅速变化。在交易场所，资本流通产生了一种特殊的关注形式，与良性市场行为相辅相成。交易商根据错综复杂的"纪律"来组织自己的行为。

纪律既是一种理想化的状态，也是一套具体的内部策略，它要求做判断时排除情绪和个性，引导参与者面向未来。纪律本身是一套操纵空间和时间的技巧。纪律有四项核心要素：第一，交易者将他们在交易大厅的行为与外面的生活分开；第二，他们控制损失的影响；第三，交易者通过区分成功和失败，从而学会打破过去、现在和未来交易之间的连续性；第四，他们在当下必须高度警觉。有了纪律，投机者将自己训练为解读市场并对其的每一次波动做出反应的具体工具（Zaloom，2006：ch.6）。

国家交易者最为看中纪律：完全进入"区域"的专注感。在那里，有意识的思考消失了，取而代之的是一种终极存在感。在这个区域，他们可以不经过明确的思考就采取行动；他们的交易随着市场的节奏和声音而自然流动。

交易者的交易技巧和流动经验可以扩展到交易大厅以外的地方。例如，拉斯维加斯的视频扑克玩家和老虎机赌徒也很重视时间、技术和专注之间的类似联系。就像交易屏幕上的价格一样，视频扑克牌手的快节奏变化造成了结构化的混乱，这有助于形成区域。就像交易者在巅峰时期的表现一样，赌徒在比赛中失去了任何空间、时间和自我的感觉。他们完全被手中纸牌的快速变化所吸引，他们的自我存在感通过时间在扑克牌的进展中流逝（Schull，2012；Zaloom，2010）。

米哈里·希斯赞特米哈伊（Mihaly Csikszentmihalyi）认为这种吸引是"最佳体验"，并且交易商对该区域的描述与其对运动员的构想非常一致（Csikszentmihalyi，1991）。如喷气式飞机飞行员、印第500的赛车手和在男性气质下工作的外科医生，在他们那里，最佳体验的理念根深蒂固。然而，赌徒讲述了一个不同的故事，其中包含一个重新评估金融市场吸引力的关键。在机器赌博中，时间和技术的融合导致了表面的上瘾。金融交易也表现出类似的成瘾特质，并且需要针对造成破坏的特定技术和资金采取补救措施。

然而，目前来看，金融交易仍然占据着一种特殊的文化空间，在边缘处识别利润，具有男性气质的美德。在一个以时间为新前沿的世界里，交易者是冒险资本主义的典型代表。面对未来的价格走势，交易员在时间的边缘处进行操作。这种高风险的行业给投机者带来了一种魅力，因为它们塑造并颂扬"个人自由和力量"（Weber，引自 Preda，2009：233）。在一个循规蹈矩的世界里，个人狡猾与高风险的利益结合削减了大胆的形象，并产生了神话般的吸引力。冒险资本主义，特别是在美国，长期以来一直把英雄主义与财富的再生联系起来。曾经，在边缘地区实现了财富，至少在美国人的传奇故事中是这样的。然而，今天，领土服从是暂时的。交易者和流行作家都以大家熟悉的英雄主义形式，与市场建立了一种道德关系，这是一种赞美未来的服从的当代神话。

在 2008 年前后，衍生品和其他金融工具的交易商成为通俗小说和电影中被广泛使用的"英雄恶棍"。"流氓"交易商的损失在全球银行（当时）看似永不沉没的快乐游轮上留下了漏洞，为虚构账户提供了素材。[4]其他作者选择了从物理系和五子棋锦标赛中招募到华尔街的新数学天才，写出了大多数公司员工只能想象的金融赌博的惊险故事。这些华尔街新奇才在《预言家》（*The Predictors*）（Bass，2000）、《财富公式》（*Fortunes Formula*）（Poundstone，2006）和《宽客》（*The Quants*）（Patterson，2010）等作品中脱颖而出。在他们退出这个行业后，另一组作者撰写了一些故事，承认了与金融操纵相关的骇人听闻的秘密行为。[5]即使在今天，由于此类故事带有明显轻蔑的色彩，交易者依然是经济过度金融化行为的象征，因为他们将我们与力量强大的图景和投机魅力联系在一起。[6]无论好坏，处于这一悖论中的交易员，阐明了与市场建立密切关系的必要性、需求和愿望。利润把交易者和普通市民都吸引到有利益和有好处的关系中。在对抗未知的未来中，利润将有道德的和缺乏道德的区分开来。

无论是在这些公开流传的故事里，还是在交易员之间互相讲述的故事里，市场都为金融奋斗者之间的竞赛创造了道德舞台。每个人内在都在证明自己与其他人之间的价值差异。[7]市场也作为一种道德力量独立存在，它除了作为一个独立实体，还具有一种无所不知的法官性质。交易者通常将市场描述为最终真理的创造者和人类价值的判断者。塞蒂娜和布吕格尔（Cetina and Bruegger，2002c）对货币市场的研究表明，市场成为"依附对象"，成为交易者缺乏完整感的仲裁者。纪律提供了获得超然力量的机会。一位交易员描述了，通过纪律"你如何体验市场并成为其中的一部分，与它密切相连"（Zaloom，2006：128）[8]。当市场传递出一种专注、美德和完整性时，它似乎也要求人们忠于超越个人利益的市场原则。

市场原则为市场服务定义了交易者的工作价值，特别是交易者认为是其基本的功能价值。既引导他们的注意力，也为他们的职业提供合法性。做市商，即那些不断发布买入价和卖出价的交易者，都表达对"流动性"的承诺。买家或卖家可以查看他们的报价，正如标题所示，随时来找他们进行交易。市场的不断前进取决于他们的存在和随时进行交易的意愿。流动性也有助于缓和波动性——这是在闪电崩盘期间重新学到的教训——并有助于撮合交易伙伴。当买家和卖家面对面时，市场就会出现另一个特点。价格发现揭示了交易者所认为的市场"真相"。是供求关系的交点定义了商品或证券的价值吗？通过确定价格来确定石油、玉米、通用汽车甚至美国政府的价值。在价值不断变化的过程中，在每个发现价值和超越价值的时刻，每个交易者都扮演着一个微小而碎片的角色。因此，交易者的道德忠诚根植于对市场的承诺，这也是物质世界真相的关键来源。

空间

市场的基本真实性依赖于交易者不断运用他们的专业知识，这是一种通过技术和城市空间同时配置资源的例行程序。金融城市的"指挥中心"，如纽约和伦敦，积累了许多关于虚拟空间的组成材料及情绪的符号分析（Sassen，2000）。城市还为交易商和其他金融专家提供了在虚拟世界中展示自己成功的手段——对于那些仍然在场外的人而言，城市为他们提供了声称自己能融入金融领域的舞台。城市空间既组织全球贸易网络，又为金融才能的发挥提供了平台。

矛盾的是，即使在线技术已经消除了距离的限制，一些关键的金融场所还是出现了，部分原因是为了支持这些劳动者寻求奢侈的生活方式。随着高层次的计算和在线连接提升了交易等其他银行业务活动在经济上的重要性，这些重点城市的重要性也有所提高。纽约和迪拜、新加坡和伦敦展示了它们作为全球网络入口的重要性。

在金融领域，城市将专家聚集起来回答有价值的问题。城市资源成为金融市场专业人士，如建筑师、管理人员和软件设计师，构建市场基础设施的材料。为了让交易者回答诸如"现在日元值多少钱"和"三个月后美国国债的价值会是多少"等问题，设计师们参与"实践实验"，通过结合物理空间和技术，实现了自由竞争市场的理想。在能够产生"真实"价格的条件下，在将城市建设为"价值中心"，将集中、集聚和计算交换的城市特征虚拟化以建立在线交换的市场特征等方面，起到了关键的基础设施作用（Zaloom，2009）。

城市的特点也培养了这种专业知识，特别是在价格和盈利方面。对于交易者来说，与同一家公司内部和附近公司内的金融交易商进行交易，有助于在一个不断变化的领域中产生盈利所必需的金融技术行业之间的新联系。但是，城市的集中也会造成脆弱性。9 月 11 日的恐怖袭击对交易员的打击尤其沉重，他们中许多人曾在世贸中心双子塔为债券交易商坎特菲茨杰拉德（Cantor Fitzgerald）等公司工作。金融市场的城市地理要求金融公司在必要的邻近性和期望的安全性之间取得平衡（Beunza and Stark，2003）。灾难发生后，《纽约时报》刊登了大量的面孔、姓名和职业，记录了这场悲剧的人员伤亡，还揭示了金融交易的特殊地理位置，金融聚集将纽约市推入全球金融市场的虚拟世界，以确保其在网络中的重要性。

城市指挥中心所协调的，不仅仅是构成日常金融业务的交易，城市空间为金融提供了一个特定的公共舞台。交易商利用城市空间展示成功，强调金融的合法性。城市对于创造交易者和其他银行员工所追求的"完美生活方式"至关重要，同时对于创造这种"自主"的城市奢侈品消费与通常位于附近郊区的稳定家庭生活之间的平衡也至关重要（Ho，2009：52）。市场幸存者应享有城市的奢华：精致的餐点、时尚的俱乐部、时尚的酒店以及精心设计和好面料的服装。淫荡的追求释放了这种驯养的乐趣。附近高端脱衣舞俱乐部的不良行为以及拉斯维加斯的群聚狂欢，都提供了在场外展现这些市场人的特权的机会。在追求成功的过程中，最原始、最具竞争力、最愿意打破礼仪的人会获得战利品。总之，城市是消耗市场成功的沙漠。由于关于市场赢利的讨论将这些利润作为公平竞赛的结果，所以城市消费者的狂欢阶段也应该是精英统治的阶段。

城市也提供物质——它们的城市历史和建筑环境——用来要求金融领域的社会包容性和就业权。在 20 世纪 80 年代货币和衍生品交易的早期，"手推车男孩"开始在伦敦金融城（欧洲最强大的金融区）的交易大厅出现。这些商人源于伦敦东区的工人阶级，他们利用街头交易的讨价还价策略和伦敦码头的喧嚣方式，曾为这些地区的年轻人提供物质支持。伦敦东区的历史实际上与全球金融产品市场贸易不断增长的设计相一致。他们认为，从实物商品到更抽象的商品，其任务是一样的：以最好的价格击败对手。这是一个旧有的市场特征的新版本，一个非常符合市场竞争的意识形态的新版本。伦敦东区与做市商的联手为"手推车男孩"合法融入伦敦金融城创造了条件，这个城市长期由俱乐部精英阶层把持（Zaloom，2006：ch. 3）。

女性也曾用城市材料提出了类似的论点。例如，在 20 世纪 60 年代和 70 年代进入华尔街担任幕后分析师的女性，被系统地排除在男性俱乐部之外。几十年来，这些俱乐部一直在组织华尔街经纪人和交易员的社交生活。一些旨在提高女性在金融领域领导地位的组织，利用纽约新兴的职业管理文化空间，如艺术画廊和博物馆，为提高女性在华尔街公司高层的地位提供了舞台。这些女性团体利用"物质空间来创造关于性别关系、金融和妇女地位的新话语和新形象"（Fisher，2010：265）。例如，华尔街组织"妇女运动论坛"的活动，将金融戏剧化地描绘成一种不分性别的精英文化。在这样做的过程中，她们利用城市的空间来挑战金融和政治精英层级的独特男性特征（Fisher，2010）。

随着交易商和其他银行家利用公共空间来显示他们的赢利，以及边缘群体大肆宣扬自由主义对包容的必要性，城市也为有关金融经济相关的商品分配问题提供了辩论素材。例如，对纽约市来说，2010 年证券业的平均工资是 347000 美元，这对服务业人员的生计和行业福利产生了怎样的影响（Lowenstein，2011）？城市工业组织的这种不平衡直接导致了政治问题。然后，城市的运作就像是一出戏剧的舞台，这出戏剧可能会质疑金融的社会合法性。

结　论

金融结合并超越了当代形式：它本质上是反身性的知识，对时间发展的高度感知，以服务于市场真理为特征的美德体系。相互关联的屏幕为在线世界创建了基本条件，搭建了交易者即兴创作文化和金融策略的舞台。最重要的是，电子技术塑造了金融工作的时间结构。这决定了未来的市场是一个竞技场，个人交易者必须做出决策并希望获得利润。随着时间的推移，市场的出现创造了一种男性冒险主义占主导地位的新的边界，这是追求金钱和道德观念的一个门槛。在交易者的工作中，市场不仅成为赢利或亏损的来源，也是基本的道德承诺。

通过对交易员的研究可以看出，文化模式对交易员的吸引力比交易大厅对交易员的吸引力要大得多。在线的交易世界提供了一个当代的典范，它不仅体现了全球知识经济的职场关系，而且体现了休闲追求的领域，因为在线媒体已经成为工作和娱乐的标志性特征。在线通信技术及其不断变化的信息已经成为我们技术领域的主导。作为日常流程的一个极端例子，交易商展示了持续参与不稳定信息环境的情况。

屏幕和突发信息的结合增强了对时间涌现的意识，无论其具体内容如何；像智能手机这样的常见技术，可以在不断展开和不稳定的信息环境中创建窗口。交易员的注意力都集中在口袋和桌面的屏幕上，如 Facebook、Twitter 甚至是电子邮件等社交媒体。不断展现信息，甚至是展现较低可能性的新奇事物，都会产生令人信服的力量。人们对社会信息变化的持续监测建立了一种新的社会关联，类似于市场联系和交换关系。这种日常生活的转变不仅仅是信息传递方式的变化，更重要的是它所追求的价值观的变化。交易者将道德意义嵌入预测未来的能力，在更广泛的网络世界中，不断搜寻新的信息已成为其自身的道德追求。

与在线互动一样，市场也已经成为理解人际交往的对象。与此同时，在当今政治环境下，市场已成为公民集体创造的关键对象——同时由参与者之间的相互作用所构成的实体，并创造出超越其上的另一个实体。作为一种有价值的支配力量，市场是对交易的描述，它似乎要求忠于其运作原则。交易者对知识的运用、对时间的感知以及对美德的看法，表明市场互动是如何成为道德行为的。这些文化素质可能与其他也许更重要的价值观相容，也可能不相容。要找到这些问题的答案，需要在市场之外进行集体反思。

注释

1. 一个经典的例子，参见迈克尔·布洛维（Burawoy, 1979）的《制造同意：垄断资本主义下的劳动过程的变化》。

2. 绝大多数交易员都是男性，我将使用男性代词来反映交易室的社会构成和性别特征。

3. 参见麦基尔（Malkiel, 2011）对这一观点以及为什么经济学家认为短期交易策略只会为幸运儿带来利润的简明扼要的概述。

4. 尼克·利森是第一个通过大规模的、隐蔽的、错误的投机而成名的交易者。从银行在新加坡的交易业务中，利森积累了大量亏损，导致英国历史最悠久的商业银行巴林银行（Barings）的倒闭。参见 Leeson（1997）在监狱中写的关于这些事件的自我报告。

5. 这种类型的例子有弗兰克·帕特诺的《惨败：华尔街交易员的内幕》（1999）、约翰·罗尔夫和特罗布的《猴子生意：在华尔街丛林飘荡》（2000）、迈克尔·刘易斯的《说谎者的扑克牌：从华尔街废墟中崛起》（2010）。

6. 我同意克拉克、思里夫特和蒂克尔（Clark，Thrift and Tickell，2004）的说法，金融已经成为一种娱乐，但电视或网络上的大众媒体绝不仅仅是这样。克拉克、思里夫特和蒂克尔认为，金融作为娱乐的意义在于金融机构接受这些信息的认真程度。我认为，金融娱乐还可以作为一种更广泛的文化评论，传递与市场共存的道德信息。

7. 就像巴厘岛的斗鸡一样，市场构成了一个"集中聚会"，就像欧文·戈夫曼所说的那样，这个聚会吸引参与者参与一项共同的活动，指导他们彼此之间的关系。就像斗鸡一样，市场是一个"情绪爆炸、战争状态和具有核心意义的哲学戏剧的结合"（Geertz，1973：417）。

8. 卡瑞恩·克诺尔·塞蒂娜和布鲁格表明，市场成为一个"依恋对象"，其中"市场对象的独特开展特征与我们可以表征自我需求的结构相匹配"（Cetina and Bruegger，2002C：153）。

参考文献

Abolafia, M. (1996). *Making Markets：Opportunism and Restraint on Wall Street*. Cambridge, MA：Harvard University Press.

Bass, T. A. (2000). *The Predictors：How a Band of Maverick Physicists Used Chaos Theory to Trade Their Way to a Fortune on Wall Street*. New York：Holt.

Beunza, D. and Muniesa, F. (2001). "Listening to the Spread Plot," in B. Latour and P. Weibel (eds.), *Making Things Public：Atmospheres of Democracy*. Cambridge, MA：MIT Press, 628–33.

Beunza, D. and Stark, D. (2003). "The Organization of Responsiveness：Innovation and Recovery in the Trading Rooms of Lower Manhattan." *Socio-Economic Review*, 1/2：135–64.

—— (2004). "Tools of the Trade：The Socio-technology of Arbitrage in a Wall Street Trading Room." *Industrial And Corporate Change*, 13/2：369–400.

—— (forthcoming). "From Dissonance to Resonance：Cognitive Interdependence in Quantitative Finance." *Economy and Society*.

Burawoy, M. (1979). *Manufacturing Consent：Changes in the Labor Process Under Monopoly Capitalism*. Chicago：University of Chicago Press.

Clark, G. , Thrift, N. , and Tickell, A. (2004) . " Performing Finance: The Industry, the Media and its Image. " *Review of International Political Economy*, 11/2: 289 – 310.

Csikszentmihalyi, M. (1991). *Flow: The Psychology of Optimal Experience.* New York: Harper Perennial.

Easley, D. , Lopez de Prado, M. M. , and O'Hara, M. (2011) . " The Microstructure of the Flash Crash: Flow Toxicity, Liquidity Crashes and the Probability of Informed Trading. " *The Journal of Portfolio Management*, 37/2: 118 – 28.

Fisher, M. S. (2010). "Wall Street Women: Engendering Global Finance in the Manhattan Landscape. " *City and Society*, 22/2: 262 – 85.

Geertz, C. (1973). *The Interpretation of Cultures.* New York: Basic Books.

Godechot, O. (2000). "The Bazaar of Rationality: Towards a Sociology of Concrete Forms of Reasoning. " *Politix*, 13/52: 17 – 57.

Ho, K. (2009) . *Liquidated: An Ethnography of Wall Street.* Durham, NC: Duke University Press.

Knorr Cetina, K. and Bruegger, U. (2002a). " Global Microstructures: The Virtual Societies of Financial Markets. " *American Journal of Sociology*, 107/4: 905 – 50.

—— (2002b). "Inhabiting Technology: The Global Lifeform of Financial Markets. " *Current Sociology*, 50/3: 389 – 405.

—— (2002c). "Traders'Engagement with Markets: A Postsocial Relationship. " *Theory, Culture and Society*, 19/5 – 6: 161 – 85.

Knorr Cetina, K. and Preda, A. (2007). "The Temporalization of Financial Markets: From Network to Flow. " *Theory, Culture and Society*, 24/7 – 8: 116 – 38.

Krippner, G. R. (2011). *Capitalizing on Crisis: The Political Origins of the Rise of Finance.* Cambridge, MA: Harvard University Press.

Latham, R. and Sassen, S. (2005) (eds.). *Digital Formations: IT and New Architectures in the Global Realm.* Princeton, NJ: Princeton University Press.

Leeson, N. (1997). *Rogue Trader.* New York: Warner Books.

Levin, P. (2001). "Gendering the Market. " *Work and Occupations*, 28/1: 112 – 30.

Lévi-Strauss, C. (1968). *The Savage Mind.* Chicago: University of Chicago Press.

Lewis, M. (2010). *Liar's Poker: Rising Through the Wreckage on Wall Street.* New York: W. W. Norton & Company.

Lowenstein, Ronnie. (2011). " City Gaining Jobs, but at Lower Pay. " Crain's New York Business, 14 March. 〈 http://www. crainsnewyork. com/article/20110313/SUB/303139991 〉 (accessed August 12, 2011).

MacKenzie, D. (2008). *An Engine, Not a Camera: How Financial Models Shape Markets.* Cambridge, MA: MIT Press.

—— (2011). "How to Make Money in Microseconds. " London Review of Books, 33/10: 16 – 18.

Malkiel, B. G. (2011). A Random Walk Down Wall Street: The Time-tested Strategy for Successful Investing. New York: W. W. Norton.

Miyazaki, H. (2003). "The Temporalities of the Market. " American Anthropologist, 105/2: 255 – 65.

Partnoy, F. (1999). Fiasco: The Inside Story of a Wall Street Trader. New York: Penguin.

Patterson, S. (2010). The Quants: How a New Breed of Math Whizzes Conquered Wall Street and Nearly Destroyed It. New York: Crown Publishing Group.

Poundstone, W. (2006). Fortune's Formula: The Untold Story of the Scientific Betting System That Beat the Casinos and Wall Street. New York: Hill & Wang.

Preda, A. (2009). Framing Finance: The Boundaries of Markets and Modern Capitalism. Chicago: University of Chicago Press.

Rolfe, J. and Troob, P. (2000). Monkey Business: Swinging Through the Wall Street Jungle. New York: Warner Books.

Sassen, S. (2000). The Global City: New York, London, Tokyo (2nd edu). Princeton, NJ: Princeton University Press.

Schull, N. (2012). Addiction by Design: Machine Gambling in Las Vegas. Princeton, NJ: Princeton University Press.

Slotkin, R. (1973). Regeneration through Violence: The Mythology of the American Frontier, 1600 – 1860. Norman, OK: University of Oklahoma Press.

Zaloom, C. (2003). "Ambiguous Numbers: Trading Technologies and Interpretation in Financial Markets. " American Ethnologist, 30/2: 258 – 72.

—— (2006). Out of the Pits: Traders and Technology from Chicago to London. Chicago: University of Chicago press.

—— (2009). "The City as Value Locus: Markets, Technologies and the Problem of Worth," in I. Farías and T. Bender (eds.), Urban Assemblages: How Actor-network Theory Changes Urban Studies. London: Routledge, 253 – 67.

—— (2010). "The Derivative World. " The Hedgehog Review, 12/2: 20 – 7.

第 10 章

套利中的实体社会学[1]

艾因·哈尔德（Iain Hardie）

唐纳德·麦肯齐（Donald MacKenzie）

　　"套利"具有不同的含义，但本章遵循市场从业人员的定义，将其定义为利用同一资产价格或类似资产的相对价格差异来获取低风险利润的交易。历史上，一个典型的例子是黄金套利。如果沙特阿拉伯的黄金价格超过其在纽约的价格，加上运输成本，套利者可以通过在纽约购买黄金并在沙特阿拉伯出售（如果沙特阿拉伯的黄金价格更高，反之亦然）而获利。通过尽可能地同时买卖，套利者避免了"定向"交易的风险：无论黄金价格是上涨还是下跌，他们都能获利。

　　套利需要技术资源、持续的努力和超越几乎所有非专业投资者能力的专业知识。它是市场专业人士的专利，也是一种至关重要的交易方式。套利构成了市场，例如帮助确定市场的范围及其全球化程度；国际黄金套利可能创造一个"世界定价"的全球黄金市场，而不是地理上独立、价格不同的市场。

　　在构建市场方面，套利对经济和政治体系产生了更广泛的影响。例如，20 世纪 90 年代后期，对冲基金和投资银行的套利者开始发现，意大利政府发行的债券与其他欧洲国家（尤其是德国）发行的债券越来越相似。由于种种原因（包括对意大利政府财政效率的不信任以及由此引发的对其债券违约的担忧），意大利政府债券的价格相对于德国等国家的价格在传统上较低，因此意大利的偿债成本较高。随着套利者开始购买意大利债券，其相对价格上涨，意大利政府用于偿债的支出比例下降。这一过程得益于 1988 年意大利财政部设立的 MTS 电子债券交易系统的流动性，它帮助意大利达到了欧洲经济和货币联盟（EMU）的马斯特里赫特标准。因此，套利者的信念有一个自我确认的方面：他们促使交易活动（意大利对欧洲货币联盟的资格）更能印证这些信念，并有助于建立一个欧洲政府债券市场，而不是独立的国内市场，尽管欧元区危机现在已经导致这些市场再次出现根本性分歧。

套利的失败可能与其成功同样重要。这些失败是"二战"后金融体系中最严重的三个危机的核心：1987 年的股市崩盘、1998 年围绕对冲基金长期资本管理（LTCM）的动荡以及 2007~2008 年的信贷危机。1987 年股市崩盘的一个重要原因是，股票市场和一个关键衍生品市场——股指期货之间的联系（通常是套利行为）破裂。在 LTCM 的情况下，套利头寸的强制平仓导致全球范围内明显不相关的资产价格突然大幅高度相关，使得一些市场接近瘫痪。套利是在信贷危机的核心创建结构性金融工具的关键动机。

各学科有关套利的研究存在极大的不平衡。它在经济社会学、经济人类学、经济地理学或被称为国际政治经济学的政治科学学科中几乎没有受到持续的关注，甚至在那些研究金融市场专业的子专业中也没有得到持续的关注（有限的例外包括 Beunza and Stark，2004；Hardie，2004；MacKenzie，2003；Miyazaki，2003；Robotti n. d.；Stark，2009）。而现代金融经济学所引用的核心理论机制是"套利证明"。该领域假设，唯一稳定的价格模式是不允许套利机会的价格模式。然后，通过证明如果价格偏离该模式则套利是可能的，从而证明特定的价格模式是必要的。套利者购买"定价过低"的资产将提高其价格，而出售"定价过高"的资产将降低后者的价格，从而使价格模式回到稳定状态。整个现代的资产定价理论——尤其是衍生工具定价理论，如期权——都依赖于这种"套利证明"。

主流金融经济学中的"套利"概念不同于作为市场实践的套利概念，这是本章的重点。正统经济学家定义套利时，没有资本也不涉及风险。然而，在市场实践中，套利似乎总是需要一些资本并且存在一定风险，即使这个风险只是交易对手无法履行其义务（Hardie，2004）。事实上，纯粹主义者会认为我们在本章中考虑的交易不应该被视为"套利"，而应该被简单地视为"相对价值"交易。

然而，纯粹主义也有它的代价——纯粹主义对"套利"的定义排除了它在现实世界的对手即经典的套利金融理论（MacKenzie，2006）——纯粹主义不是唯一可能的回应。金融经济学家，尤其是"行为"经济学家——已经开始研究套利的现实后果［这方面的一篇重要文章是由施莱弗等（Shleifer and Vishny，1997）撰写的］。这些经济学家确定地认为，这个话题至关重要。因为，在正统观点中，最重要的是套利使市场有效率，然而套利局限性的存在使人们怀疑现代金融经济学中心原则的充分有效性——有效市场假说，根据该假说，成熟资本市场的价格能够即时有效地反映与价格相关的信息。

　　下面我们会提出，新兴的关于套利局限性的经济学文献与我们所提倡的套利的"实体社会学"之间存在潜在的有效联系。实体社会学尤其关注技术系统和其他物质实体（包括被视为物质实体的人体）在社会关系中发挥的作用（MacKenzie，2009a）。

　　当然，由于这一作用是普遍存在的，所有的社会学都应该是实体社会学，然而社会理论往往从实体对象中抽象出来，实证研究往往不关注它们。正如我们所指出的那样，对套利的正确理解要求我们同时考虑到它的"物理性"（physical）和"社会性"（social）两个方面，两者最终是不可分割的：套利既是一个"物理"过程，也是一个"社会"过程。

巴西的 14s 和 40s

　　我们从一个套利的具体例子开始。2005 年 1 月 5 日，作者正在观察伦敦一家小型对冲基金的交易，当时其中一位管理人员发现了巴西政府债券市场中的一个奇怪现象。[2]根据美国联邦储备公开市场委员会前一天晚上在伦敦发布的会议纪要，市场参与者认为巴西即将加息，并已导致巴西债券市场价格普遍下跌。然而，"14s"（2014 年到期的一种以美元计价的债券）正在"向上交易"：其价格相对于其他债券而言较高。"中标"（卖出）是经理向他的同事即基金的交易员提出的建议。

　　该交易员没有立即回应，但他接着要求他的助手制作了一张关于"14s"和"40s"（巴西政府以美元计价的债券，将于 2040 年 11 月到期）最近三个月的价格表。随着时间的推移，交易者在"14s"和"40s"之间建立头寸，卖空前者买入后者。（"卖空"一种资产就是在没有所有权的情况下将其出售，例如，希望在交割时能够以更低的价格买入）。他还向一家投资银行的联系人发送 Excel 文件，文件中包含其助手制作的价格表，并鼓励他的联系人将其分发给其他人（本章后面我们将讨论他为什么这样做）。

2040 年到期的债券与 2014 年到期的债券看上去有很大不同：在这两个日期之间的 26 年里，可能会发生很多事情。但 2040 年到期的债券是"可赎回"的：巴西政府有权在 2015 年提前偿还本金来赎回债券。如果巴西债券继续以现行价格进行交易，则这将符合政府的利益，因为它可以以更低的成本取代借款。因此，2015 年"40s"实际上已经成熟，尽管从表面上看，"14s"和"40s"非常相似。

所有这些都没有明说：这是巴西债券市场所有老练的参与者都"知道"的一部分（哈迪在回到学术界之前是一位投资银行家，曾代表巴西政府参与了"40s"的初始销售，所以他也知道这一点，不过他需要向麦肯齐悄悄解释一下）。然而，交易员助手制作的价格表是一种重要的表现形式，它使得支撑交易的理由变得清晰可见。一旦他根据交易者的意愿配置了价格表——最初它显示了"14s"的价格和"40s"的价格，当交易者希望显示两者的价格差异时——可以想象，这两种债券的价格会像预期的那样前后紧密相随，但"40s"债券几乎总是比"14s"稍贵一些。同样，其原因是爱好者之间的共识。"40s"债券是巴西政府债券中流动性最高、最容易买卖的债券，因此对那些希望迅速进入和退出头寸的人来说最具吸引力。

查看价格表的人可以看到交易者看到的情况：最近几天，"14s"比"40s"变得更贵，并且前一天（1 月 4 日）价差急剧上升。交易者对自己的市场非常了解，因此能够推断出一个原因，而这个原因在当天晚些时候与上述投资银行的联系人进行电话交谈时才得到证实。美联储会议纪要引发的抛售集中在巴西"40s"的流动性上。事实上，正如联系人告诉交易者的那样，不寻常的是，"真正的投资者（不是对冲基金的交易员，而是大型机构的交易员）做空了'40s'"。

因此，交易者自信地假设——并且在与联系人的电话交谈中明确表示——"14s"比"40s"更贵的事实只是暂时的价格差异。通过卖空"14s"和买入"40s"，他——实际上还有其他人——可以进行套利（市场从业者对该术语的理解）。这种差异预计会在正常情况下消失，但如果其他人也选择利用这种差异（可能是因为投资银行的联系人向他们分发了助理的价格表），这个过程将会加速，也许是大幅加快。到下午早些时候，交易者已经累计卖出约 1300 万美元的"14s"，买入约 1300 万美元的"40s"。到正下午时，他可以说"这正在按照我的计划进行"——差异已经开始减少——"但还不足以消除"：他保持立场，期待进一步减少差异。只有在本周结束时，他才会平仓，获得可观的利润。

　　注意交易者在这次交易中没有做什么。与黄金套利者一样，他并没有采取"定向"的观点。他并不试图预测巴西政府的政策，也不估计巴西债券违约的可能性，更不预测利率或通货膨胀的未来走势；由于"14s"和"40s"是如此相似，诸如此类因素的变化会大致相同地影响到每一种债券的价格，而交易者的"多头"和"空头"头寸相匹配，这些影响将被抵消。正如交易员在给投资银行的联系人打电话时所说的，"交易中的市场风险为零"：巴西政府债券的整体价格涨跌不应影响其盈利能力（"该交易中至少有半个点"）。事实上，他承认，交易者的地位并非完全没有风险（见下文），但是其与市场中的主要风险因素隔离开来，因而是低风险的。

　　在被问及这种交易的基本原理时，这位交易员（就像一位金融经济学家会做的那样）表示，"这种代表（它本身）的交易表明了效率低下"。暂时，价格反映了除了诸如两种债券的相对流动性等信息之外的其他信息。尽管交易者的动机可能仅仅是为他的对冲基金赚钱，但他的行为正在帮助消除差异并纠正"低效率"的影响。在这方面，即使没有风险，他的交易也类似于金融经济学所设想的套利。

套利的实体性

　　价格是一种东西。就像所有的价格一样，交易者对其做出的反应（并以助理准备的价格表形式流通）是物质实体，即计算机屏幕上的模型和通过电话传输的语音数字。价格的体现形式是多种多样的——构成言语的声波，纸上的笔画，在计算机系统中代表二进制数字或通过电话线对声音进行编码的电脉冲，在"公开叫价"的交易场内，发出嘈杂的声音以使别人能够听到，等等——但他们总是实体的。如果价格要从一个人传递到另一个人，或者从一个计算机化的交易系统传递到另一个，它必须采取实体的形式。

　　价格的实体性对套利来说很重要，因为它们的有形的体现会影响价格传播的范围和速度。经典的套利形式利用了不同地方的价格差异。例如，大宗商品和货币套利者 J. 阿伦公司（J. Aron and Company）过去经常保持与沙特阿拉伯的电话线路畅通，以便尽快发现并利用黄金或白银价格差异的出现（Rubin and Weisberg，2003：90 – 91）。

　　电子价格传播系统（例如路透社在 1973 年引入的"监控"系统，见 Cetina and Bruegger, 2002) 的发展大大削弱了 J. 阿伦等公司通过使用社交网络、电报和电话所取得的时空优势。然而，电子价格传播并不能完全消除价格传播速度的差异，即使这些差异现在以毫秒甚至微秒来衡量，这些差异的存在仍然是必然的。套利者之间的"军备竞赛"已经进行了一段时间，在计算机网络传输延迟的情况下，利用自动下订单系统以其他方式优化交易的套利者也是如此。例如，公司愿意支付高价让他们的计算机系统在物理上接近交换的计算机系统。交易所交易大厅面对面交易的结束意味着参与这种交易的人不再需要处于同一地点，但技术系统的再集中与机构的分散同时进行。

套利通常涉及身体技能。通过电话与一方达成购买黄金、货币或其他资产的交易，同时告诉另一方会以较高的价格将其出售给另一方，如果其交流能被相关者听到，这种交易就不太可能成功。因此，在这种情况下（在金融市场中使用电话的许多其他用途中），与同事交谈时关闭麦克风是非常重要的。在交易室使用的电话通常在耳机后面有可用拇指操作的开关，这使得很容易做到这一点，并且当线路另一端的通话方正在讲话时，许多人总是关闭麦克风，即使没有并行对话让他们听到。这样，它就成为一种身体习惯，在兴奋或紧张的情况下也不会忘记。

即使是通过电子手段进行的套利也可能涉及实体的和具体的技能。此类交易涉及对相关资产进行"出价"（要约购买）或"询价"（要约出售）。这通常通过使用计算机鼠标点击屏幕来完成，至少在电子交易期货的情况下，屏幕上显示了每个价格水平的出价（通常为蓝色）和询价（通常为红色）。在繁忙的时候，这些数字和水平会随着时间的推移而变化，蓝色和红色的条形图也会上下变化。如果套利机会仅持续几秒钟（通常情况下是这样），则需要持续的关注和快速的实际执行。人类学家泽鲁姆（Caitlin Zaloom）报告称，作为期货交易员实习生，她和她的同事们被要求在计算机上反复练习黄金价格套利的模拟，这样他们需要专注、快速、准确的行动才能成为身体习惯。泽鲁姆说，他们被鼓励"在我们自己的时间玩商业电子游戏，以提高反应速度和手眼协调能力"。他们通过训练来避免一个特别的危险，即"胖指法"，例如，他们需要左键单击鼠标"加入竞标"（按照设定的价格提出购买要约），却不小心右键单击，无意中以当前市场价格购买了有问题的资产。管理人员的目标是"将我们的身体训练成交易室和网络世界之间的管道，让我们的手指成为我们经济意图的无缝延伸"（源于与泽鲁姆的个人沟通；Zaloom，2006）。

当套利在公开叫价的交易"坑"（传统上是八角形的阶梯式圆形剧场）中进行时，其身体方面最为突出。数十或数百名交易员站在一个坑的台阶上，通过语音或眼神交流，以及精心设计的手势信号进行交易。在芝加哥（公开叫价交易的主要场所），使用的手势语言被称为"arb"，因为它的速度对于套利而言至关重要。例如，当一家交易公司发现套利机会时，经典例子是在芝加哥和纽约交易的黄金期货价格之间，从公司的展位到交易坑内发出"arb 手动信号"指示比发出书面指令要快得多（Lynn，2004：57 - 59；Zaloom，2006）。

在公开叫价交易中，机构之间的相对位置可能对套利具有相当重要的意义。例如，期权的两种主要形式是看涨期权（以一组"行权价"买入的期权）和看跌期权（以固定价格出售的期权），看涨期权和看跌期权之间的差异可以通过套利来加以利用，例如"转换"（在转换过程中，交易者卖出看涨期权，同时买入具有相同行权价格和到期日的看跌期权，以及相关股票或其他相关资产）。美国证券交易所的期权套利者发现，介于负责看涨期权的"专家"（指定的主要交易者）和负责同一只股票的看跌期权的专家之间是有利的。这是发现和利用转化类似套利机会的最佳位置。

套利的社会性

价格是一件东西，但它也是社会性的。所有形式的套利成功与否，都取决于其他人的行为。即使在套利的传统形式中，利用不同地方"同一"资产的价格差异，也必须依赖其他形式来履行其义务：例如，如果套利者达成了购买黄金的协议，则交付黄金，或者如果套利者卖出黄金，就交付货币。必须依靠其他人实施的程序来确保利雅得的黄金与曼哈顿的黄金是"一样的"。还可能需要其他人将黄金从一个地方运输到另一个地方（当证券是纸质凭证时，它们在不同地点之间的运输以及在这种运输过程中损失的风险是套利者必须考虑的问题）。

黄金的"同一性"是通过市场"外部"分析程序确定的，市场从业人员可以将其视为"黑匣子"———一个可靠的过程，其细节不需要考虑———如今，证券的"运输"通常也被交易者视为黑匣子。然而，许多可能是目前最常见的套利形式利用的不是"相同"资产的价格差异，而是"类似"资产的价格差异：巴西"14s"和"40s"；股票和股指期货；股票及其期权；意大利和德国政府债券；新发行的（"当期券"）政府债券和之前发行的（"冷门券"）政府债券；政府债券和有政府隐性担保且有抵押贷款支持的债券；两家在法律上截然不同但经济上一体化的公司的股票，直到 2005 年，这两家公司才组成荷兰皇家壳牌集团；等等。至少在中短期内，巴西"14s"和"40s"等资产的相似性，或和荷兰皇家壳牌集团的股票的相似性，取决于市场上的其他人将其视为相似，而套利者很少有能力将其视为一个黑匣子。

金融资产的"相似性"在某种意义上总是与理论相关的。有时候，所讨论的理论是一个复杂的数学模型。在其他时候，这个理论是通俗易懂的和脚踏实地的。例如，"40s"仍将是巴西流动性最强的政府债券，或者预期中的欧元区将趋同，使得意大利债券与德国债券类似。因此，为了进行套利，交易者必须说服自己，套利所依据的理论是正确的，或者至少有足够的理由作为实际行动的基础。他们通常也会想要或需要说服别人。我们在对对冲基金的观察以及在贝翁萨和斯塔克（Beunza and Stark，2004）对投资银行套利交易室的观察中，对可能的交易及其背后的理论进行了大量讨论，无论是在组织内部还是在外部的分析形式（偶尔是反向流动的）。在这些讨论中，关键的作用往往是通过对价值的实质性描述来发挥的，例如显示"40s"和"14s"之间价格差异的近期历史的价格表，或者显示惠普（Hewlett Packard）和康柏（Compaq）公司的相对价格的"价差图"，这些在 2001–2002 年受到了贝翁萨和"风险套利者"的密切关注，他们希望发现并利用两家公司合并的可能性（Beunza and Muniesa，2005）。但是，实质性描述本身往往不是决定性的：关于其他交易者正在做什么——例如，关于巴西债券市场"真实货币"的行为——的信息对于判断理论的合理性也很重要。

他们需要说服其他人，一旦交易者持有套利头寸，就不必停止交易。通常情况下，被利用的价格差异在其下降之前会进一步扩大，这意味着套利者将会蒙受表面的损失。有时，表面的损失是指货币或证券的实际流出（或者至少是其电子痕迹），例如，由于交易所清算机构调整参与者必须维持的"保证金"存款以允许其继续持有头寸的日常过程。在其他时候，没有实际的资金流出，但是随着银行和对冲基金"按市值计价"（重估其交易头寸，现在通常至少每天都这样做），一个头寸就会出现亏损。在这两种情况下，如果支撑套利的理论是正确的，那么损失将是暂时的（流出将被流入所取代，"账面"损失将变为可实现的利润），但其他人可能需要被说服相信这一点，以允许套利者继续持有头寸。

在像银行这样的大型机构中，套利最重要且最直接的对象是套利经理，他们通常会密切关注他们所监督的"损益"数字。一位交易员兼经理告诉我们："在交易圈里有这样一种说法，'白皮书（损益表）并不会说谎'——损失是真实的，应该按照真实的情况行事。"然而，套利者的问题在于，从他或她的角度来看，白纸黑字往往是虚假的，至少暂时是虚假的。套利者普遍抱怨的是，经理们要求他们清算那些他们确信会盈利但目前在亏损的头寸。即使是教科书上的套利交易也可能面临这种风险的影响：宫崎（Miyazaki，2003）研究日本证券公司的交易员后报告称，由于不得不存入额外的期货保证金，他们被迫放弃股票和股指期货之间的套利交易，因为这显然会造成损失。这样的管理行为似乎难以理解，直到人们意识到套利和投机之间的界限是有漏洞的，并且管理者很难确定套利者实际上并未开始对价格的涨跌进行投机。最著名的两位"流氓交易员"——巴林银行的尼克·利森和法国兴业银行总裁杰罗姆·科维尔——都是秘密进行大规模投机的套利者。

在对冲基金中，经理和套利者的区别通常要小得多，即使在 LTCM 这样的大型基金中，这两种角色的区别也并不明显。然而，与银行相比，投资者形成了更直接的受众群体。对冲基金每月向投资者报告净资产价值的变化，而银行则需要每季度报告或频率更低（取决于其所在的司法管辖区），对冲基金交易中的损失不会被其他业务线的盈利所掩盖，因为那些损失通常发生在银行。因此，对冲基金进行套利的巨额损失——即使是"账面"损失——很快就会显现出来。一位对冲基金经理（曾是投资银行家）告诉我们，在一家银行中，"你可以解释自己为什么想要持有这些头寸"，而对冲基金投资者并不在意。因为他们只看数字（资产净值变化）。投资者会不断被威胁从基金中撤回资金："对亏损的容忍度非常小……我们不能亏损一个月。"

如果管理人员理解并接受支撑交易的理论，并因此相信损失确实是暂时的，那么银行套利者因暂时亏损而不得不放弃其头寸的风险就会降低。与宫崎研究过的这家日本新公司相比，投资银行有长期套利经验，其优势之一是，对套利的理解更有可能实现。然而，即使对于那些拥有丰富市场经验的人来说，套利交易的技术细节往往也令人望而生畏。在这种情况下，在实践中对套利的信任通常必须是对套利者或套利者作为特定人群的信任，正如在许多情况下，对科学的信任归根结底是对科学家的信任一样（Shapin，1994）。对冲基金、大学捐赠基金经理、个人交易员或银行交易部门中声誉良好的个人更容易被信任。长期资本管理 LTCM 的创始人约翰·W. 梅里韦瑟（John W. Meriwether）曾领导华尔街的首席套利部门（在所罗门兄弟公司），他的同事包括其他具有很高个人声望的交易员。他们能够让 LTCM 的投资者接受为期三年的"锁定"，在这段时间里，投资者不被允许提取资本，甚至在 1998 年濒临破产之后，他们还成功地将投资者招募到后继基金"JWM Partners"中。

此外，如果其他套利者和专业交易者也可以看到套利者所利用的价格差异，那么即使是暂时的损失也可以避免。例如，在我们对对冲基金的观察中，我们对不同基金和银行的交易者之间（主要是通过电子邮件）交易想法的流通程度感到震惊；在对专业交易员进行更广泛的采访中，我们发现几乎所有人都非常关注其他人在做什么。如果这种讨论和关注导致其他人也试图利用这种差异，那么他们的购买和销售将缩小这种差异，或者至少降低其增大的风险。例如，这就是本章第二部分所讨论的交易者希望将显示"14s"／"40s"差异的价格表分发给其他人的原因。"我只想要人们谈论它"，这位交易员告诉我们。如果其他人也对这种定价差异采取行动，就会阻止这种差异扩大。这位交易员解释说，如果这种差异扩大，那么他甚至可能会怀疑自己的信念（交易背后的"理论"），认为差异是一种可以弥合的价差。"这种异常可能有一个我不明白的原因。我可能不得不重新考虑这个决定。"（建立一个以缩小交易规模为基础的交易头寸）

另一种降低过早撤资风险的方法是分散投资。如果基金、交易柜台或银行持有多种套利头寸——例如，世界的不同地区和不同的资产类别——那么，从表面上看，这些头寸同时亏损、造成严重整体损失的可能性很小（套利所特有的"多头"和"空头"相匹配，意味着全球经济状况、利率水平和股市浮动等共同因素应该很少或根本没有影响）。例如，这种多样化是长期资本管理 LTCM 战略的核心方面。

然而，许多专业交易者对其他人所做事情的持续关注可能削弱多元化的好处。如果大量的交易者都被引导持有类似的头寸，那么"本应"不相关的套利交易就可能突然变得相关起来。例如，这是导致 LTCM 多元化失败的原因。LTCM 努力保持其私人头寸：作为一个拥有大量锁定资本基础的非常大的市场参与者，它对他们的交易不太关心，导致它所利用的机会减少或消失。然而，其他人确实经常持有类似的头寸，要么是因为他们遵循相同的总体策略（部分是为了模仿 LTCM 的成功），要么是因为他们了解到了 LTCM 与交易另一方的具体交易细节。一位对冲基金经理（Cramer, 2002：179）说："我不敢相信，不知道有多少次我被告知要做一笔交易，他们认为从长期来看必定会盈利。"

由此产生的一系列重叠套利头寸使得 LTCM 本身产生了一个风险敞口的

事件——1998 年 8 月 17 日俄罗斯政府对其以卢布计价的债券进行违约——导致在全球范围内，在明显不相关的资产类别中引发突然的、高度相关的、不利的价格波动。在俄罗斯蒙受损失的套利者不得不平仓（即使在明显不相关的资产中），以满足追加保证金、投资者撤资和对其资本的其他要求。总的来说，他们试图平仓的头寸彼此之间以及与 LTCM 投资组合之间存在相当大的重叠。在灾难性的、市场瘫痪的螺旋式上升中，这些清算反过来又造成更多的损失，导致进一步的清算，如此循环往复。

　　套利的社会性超越了与经理、对冲基金投资者和其他套利者等特定的其他人的关系：套利行为深受金融市场行为形式的影响，这些行为形式可以被认为是允许的或不被允许的，也可以是被鼓励或被劝阻的。一个持续存在的问题是，套利交易的两条标准"支线"在这方面存在差异。通常情况下是通过买入（或以其他方式在"价值不足"资产中占据"多头"头寸）被低估的资产并卖空被高估的类似资产来利用价格差异的。

　　多头头寸几乎总是被视为没有问题的，但空头头寸历来经常成为怀疑的对象。卖空者经常因价格下跌而受到指责，并且出于其他原因，这在道德上也会受到谴责。在一些市场（例如墨西哥政府债券市场）上，监管机构只允许特定的、可信的市场参与者参与卖空。在其他市场上，允许更广范围的参与者卖空，但会在其他方面采取限制。例如，在 2007 年之前，美国股票的卖空行为都受到"上涨规则"的约束（Robotti n. d.）——除非最近的一次价格变动是上涨的，否则禁止卖空行为——如果价格持续下跌，这可能导致大量的卖空延迟。由于卖空问题的严重程度因资产而异，因此这些问题的系统性影响可以被检测到。因此道琼斯期货和其他股指期货似乎更倾向于低于而不是高于标的指数所隐含的价值（Shalen n. d.）。利用期货"溢价"进行交易的要求很简单：套利者必须在期货中建立一个空头头寸（这意味着只需简单地卖出期货，没有特别的困难），同时买入构成该指数的股票（也很简单）。相比之下，利用期货"低估"交易要求套利者购买期货的交易同样很容易，但是它也涉及卖空标的股票，正如所指出的那样，这往往比较成问题。

套利与信贷危机

　　套利在 2007 年夏季爆发的信贷危机起源中发挥了核心作用，并在 2008 年秋季导致全球银行体系几近崩溃。危机的核心是两类结构性证券：资产支持证券（ABSs）和债务抵押债券（CDOs）。ABS 或 CDO 的建立者设立了一个合法工具（信托或特殊用途的公司），购买一系列抵押贷款或其他形式的消费者债务（就 ABSs 而言），或购买原始 CDOs 的公司债务（一种被称为 ABS、CDOs 的重要 CDO 类别，为其资金池购买的是 ABSs 而不是公司的债务）。这种特殊目的的工具为其购买债券所需的资金是通过向投资者出售债券筹集来的，该债券是对债务产生的现金流的债权。这些债券是"部分债券"：持有最多部分的（"高级"或有时"超高级"）人对池中现金流有第一顺序债权，这意味着这部分债券是最安全的。中间份额的持有人（称为"夹层"）会在第二顺序得到索赔。最后是最小部分持有人（在 ABSs 中被称为"第一损失部分"，在 CDOs 中被称为"权益部分"），其持有人只有在所有较高部分的债券得到满足后才能得到偿付。所以这一层级的风险是最大的。如果构成 ABS 或 CDO 资金池的抵押贷款或其他形式的债务出现违约，那么最低级别资产的持有人将首先遭受由此带来的损失。只有当损失完全覆盖最低部分时，次最低部分的持有者才会蒙受损失。这些不同的风险水平以较低级别债券支付更高利息的形式得到补偿，最高级别债券通常仅支付很小的"利差"（相对于伦敦银行同业拆借率等基准利率的小幅增量）。

建立 ABSs 和 CDOs 的动机多种多样。例如，ABSs 最初主要是作为为抵押贷款筹集资金的一种方式，而许多早期 CDOs 则旨在消除银行资产负债表上企业贷款的风险。然而，从 20 世纪 90 年代末开始，套利成为一个越来越重要的动机，首先是对于 CDOs（其中一些被明确称为"套利 CDOs"），然后是对于 ABSs。套利在概念上非常简单：投资者被说服购买 ABS 或 CDO 的部分，以换取总金额小于 ABS 或 CDO 池中债务的现金流量作为回报。在这种情况下，如果 ABS 或 CDO 的建立者能够将所有债券都出售给投资者，则他们可以将这一差额作为无风险套利来获取利润。在这种情况下，被套利的是直接具有社会性质的：它是信用评级机构的权威，以及它们的评级被纳入金融市场治理结构的方式。例如，美国的养老基金一般只允许购买具有投资级评级的证券，而货币市场基金通常被限制在这些评级的最高级别。银行业的资本充足率规定也给了银行更多持有最高评级证券的激励。

评级机构评估 ABSs 和 CDOs 的方式，使得有可能在信用质量较低的债务池中创建出评级为 AAA 的大量债券，有关建模过程的细节，以及此处所述的实证研究的说明，请参见麦肯齐的研究（MacKenzie，2009b）。这可能听起来像炼金术（或评级机构蓄意的不当行为），但实际上它最初是完全合理的：即使任何个人抵押贷款或公司贷款违约的可能性微乎其微，将这些抵押贷款或贷款组合在一起意味着可能的损失是可以合理预测的，可以被较低部分和其他形式的违约保护所吸收，从而大大降低了最高部分遭受损失的可能性。然而，由此产生的套利的吸引力，削弱了用于产生这些评级的模型的经验准确性，至少在抵押贷款的情况下是这样。将抵押贷款打包成 ABSs，然后包装成CDOs 的能力大大降低了对贷款审慎性的激励，也可能使贷款量大幅增加，从而为美国抵押贷款市场危机埋下了伏笔。这场危机在 2006 年下半年开始显现，并在 2007 年夏季开始达到灾难性的水平。

因此，ABSs 和 CDOs（特别是 ABS 的 CDOs）的投资者蒙受了巨大损失，但最令人惊讶的是这些损失在金融体系内部积累的程度，而不是传递给最终投资者的程度。特别是存在 ABSs、CDOs（对金融体系造成最大损害的工具类别）的情况下，套利的具体特征产生了集中的意想不到的损失。最重要的是ABSs、CDOs 的超高级部分。如上所述，这些部分只能提供非常有限的"利差"，而不会破坏套利的盈利能力，而"利差"较低意味着，尽管它们拥有AAA 评级，但这些部分很难向外部投资者出售。因此，银行倾向于自己保留这些债券，通常通过专业债券保险公司的"单一险种"或保险业巨头美国国际集团（AIG）的金融产品部门为这些债券提供"保险"来保持交易的无风险（由于这些超优先级债券的损失风险看上去确实很低，所以购买这种保险的成本低于优先级债券所提供的价差，因此留下很少的套利利润）。然而，巨额套利规模意味着，即使是 ABSs、CDOs 的 AAA 级部分也开始遭受损失，那些为这些部分提供损失担保的人往往无法履行其义务。美国政府不得不出手救助美国国际集团，而银行往往别无选择，只能从单一险种保险商那里接受远低于其合法权益的赔付。

如上所述，套利的社会性在这里最明显的体现是信用评级作用。价格的重要性在 ABSs、CDOs 以及"信用违约互换"等市场上也很重要，对这些产品进行"担保"是为了避免损失。这些工具不是在像芝加哥那样有组织的交易所进行交易，而是直接在各机构之间进行谈判，此类机构主要是少数几家（大约 12 家）国际银行，例如，它们在信用违约互换中充当"做市商"，不断地报出他们"卖出"担保金以避免损失，并"买入"这种保担保金的价格。这些价格采取的实体形式是向其他市场参与者（如更多的小型银行和对冲基金）发送电子邮件。这些信息是为特定客户量身定制的：规模大、价值高的客户通常比规模小的客户得到更低的价格。

显然，这种做法取决于对价格信息传播进行控制，以便不太受欢迎的客户不会知道其向他人提供了更低的价格。然而，一家名为 CMA 的专业公司创建了一个名为"愿景"（QuoteVision）的系统，该系统解析所有订阅用户收到的电子邮件消息，从中提取价格，并将这些价格提供给每个用户。作为回应，许多主要"做市商"开始以电子邮件的形式发送价格报价，但这些报价无法转发给"愿景"系统。然而，CMA 通过开发一种电子"扫描"传入电子邮件（即使这些电子邮件不可转发）的系统，并继续从中提取价格，从而绕过了这一障碍。因此，在大型做市银行和它们的往往规模较小、知名度较低的客户之间，价格的重要性处于这一领域幕后冲突的核心。

结　论

在这一章中，我们所讨论的是，只有充分把握套利的实体性和社会性，才能正确理解套利，即套利是如何实施的，它的风险、不确定性、局限性，以及它将市场整合成一个金融体系的能力。当然，这种丰富的、定性的理解与经济学家甚至"行为金融学"专家通常寻求的更为抽象但在数量上更为精确的理解不同。尽管如此，"金融社会研究"的视角与金融经济学家的视角存在重叠之处，后者研究的是放松该学科对套利的传统纯粹主义定义的后果。

例如，施莱弗和维什尼（Shleifer and Vishny, 1997）模拟了这样一种风险，即那些向套利者提供资本的人在面临暂时不利的价格变动时提前撤回资本的情况。布拉夫和希顿（Brav and Heaton, 2002：341）解决了我们的困难，即套利者可以让自己和观众相信价格形式确实是一种差异，可以成为套利的目标。在流通巴西"14s"和"40s"的历史价格图表时，我们观察到的交易者试图在实践中解决由阿布鲁和布伦纳迈尔（Abreu and Brunnermeier, 2002）所模拟的问题：当"理性交易者面临其同行将利用共同套利机会的不确定"时可能产生的套利局限。阿塔里、梅洛和达克斯（Attari, Mello and Ruckes, 2005）模拟了一种风险，这种风险在 1998 年 9 月初其他人知道长期资本管理的困难后变得非常相关，但所有大型套利者都需要警惕的是：资本约束和其他交易者已知的头寸的结合，可以使套利者的行为可预测和可利用。

施莱弗和维什尼，布拉夫和希顿，阿布鲁和布伦纳迈尔，阿塔里、梅洛和达克斯提出了四种不同的模型，每个模型都抓住了我们认为套利与市场实践一样固有的一个方面。虽然迄今为止在经济学文献中还没有出现关于套利限制的综合模型，但我们的研究表明，套利的关键限制可能存在于套利各方的相互作用中。因此，LTCM 的危机源于施莱弗和维什尼模拟的资本退出过程与其他模仿单个突出套利者的后果交互作用的方式，而 LTCM 的危机也被其他交易员以阿塔里、梅洛和达克斯所模仿的方法"对套利者进行套利"而恶化（到了难以确定的程度）。

因此，我们希望对套利的研究可以成为金融经济学家和那些准备全面解决金融市场的实体性和社会性问题的更广泛社会科学领域合作的一个富有成效的领域。此外，我们确信套利是金融社会学的一个关键主题。套利的细节看似微不足道，但它们与信贷危机等重大问题是有关联的。套利的能量和局限性对全球金融市场至关重要，我们所倡导的实体社会学对理解它们也是必需的。

注释

1. 本章的较早版本出现在贝翁萨、哈迪和麦肯齐（Beunza，Hardie and MacKenzie，2006）和麦肯齐（MacKenzie，2009a：Ch. 5）中。哈迪和麦肯齐的研究得到了欧洲研究委员会的支持（项目批准号 291733，EPIFM）。我们非常感谢丹尼尔·贝翁萨（Daniel Beunza）对初始版本的贡献。
2. 我们对对冲基金的研究在哈迪和麦肯齐（Hardie and MacKenzie，2007）的研究中也有详细介绍。

参考文献

Abreu，D. and Brunnermeier，M. D.（2002）."Synchronization Risk and Delayed Arbitrage." *Journal of Financial Economics*，66：341 – 60.

Attari，M.，Mello，A. S.，and Ruckes，M. E.（2005）."Arbitraging Arbitrageurs." *Journal of Finance*，60：2471 – 511.

Beunza，D.，I. Hardie，and D. MacKenzie.（2006）."A Price is a Social Thing：Towards a Material Sociology of Arbitrage." *Organization Studies*，27：721 – 745.

——and Muniesa，F.（2005）."Listening to the Spread Plot," in B. Latour and P. Weibel（eds.），*Making Things Public：Atmospheres of Democracy*. Cambridge，MA：MIT Press，628 – 33.

——and Stark，D.（2004）."Tools of the Trade：The Socio-Technology of Arbitrage in a Wall Street Trading Room." *Industrial and Corporate Change*，13：369 – 400.

Brav，A. and Heaton，J. B.（2002）."Competing Theories of Financial Anomalies." *Review of Fi-*

nancial Studies, 15: 575 – 606.

Cramer, J. J. (2002). *Confessions of a Street Addict*. New York: Simon & Schuster.

Hardie, I. (2004). " 'The Sociology of Arbitrage': A Comment on MacKenzie. " *Economy and Society*, 33: 239 – 34.

——and Mackenzie, D. (2007). "Assembling an Economic Actor: The Agencement of a Hedge Fund. " *Sociological Review*, 55: 57 – 80.

Knorr Cetina, K. and Bruegger, U. (2002). "Inhabiting Technology: The Global Lifeform of Financial Markets. " *Current Sociology*, 50: 389 – 405.

Lynn, C. (2004). *Leg the Spread: A Woman's Adventures inside the Trillion-Dollar Boys'Club of Commodities Trading*. New York: Broadway.

MacKenzie, D. (2003). "Long-Term Capital Management and the Sociology of Arbitrage. " *Economy and Society*, 32: 349 – 80.

—— (2006). *An Engine, not a Camera: How Financial Models Shape Markets*. Cambridge, MA: MIT Press.

—— (2009a). *Material Markets: How Economic Agents are Constructed*. Oxford: Clarendon.

—— (2009b). "The Credit Crisis as Problem in the Sociology of Knowledge. " http://www. sps. ed. ac. uk/staff/sociology/mackenzie_donald (accessed March 1, 2010).

Miyazaki, H. (2003). "The Temporalities of the Market. " *American Anthropologist*, 105/2: 255 – 65.

Robotti, P. (n. d.). "Arbitrage/Short Selling: A Political Economy Approach. " *Unpublished typescript*.

Rubin, R. E. and Weisberg, J. (2003). *In an Uncertain World: Tough Choices from Wall Street to Washington*. New York: Random House.

Shalen, C. (n. d.) "The Nitty-Gritty of CBOT[R] DJIA[SM] Futures Index Arbitrage. " 〈www. cbot. com/cbot/docs/29685. pdf〉 (accessed July 30, 2005).

Shapin, S. (1994). *A Social History of Truth: Civility and Science in Seventeenth-Century England*. Chicago: University of Chicago Press.

Shleifer, A. and Vishny, R. W. (1997). "The Limits of Arbitrage. " *Journal of Finance*, 52: 35 – 55.

Stark, D. (2009). *The Sense of Dissonance: Accounts of Worth in Economic Life*. Princeton, NJ: Princeton University Press.

Zaloom, C. (2006). *Out of the Pits: Trading and Technology from Chicago to London*. Chicago: University of Chicago Press.

第 11 章

透过他者视角的观察：场内和场外的不协调

丹尼尔·贝翁萨（Daniel Beunza）

大卫·斯塔克（David Stark）

本章的出发点基于一个长期存在的观点，即多元化有助于提高系统的绩效。正如迈克尔·汉南（Michael Hannan）所观察到的，组织形式更多样化的经济制度对环境变化的反应更加灵敏。

> 组织多样性……构成解决方案的存储库，以解决产生某些总体后果的问题。这些解决方案嵌入在组织结构和策略中。如果是这样，那么组织多样性的减少意味着关于如何适应（产生）不断变化的环境的组织信息的损失。具有更大组织多样性的系统更有可能在变化的环境下产生令人满意的解决方案（Hannan，1986：85）

对于组织生态学而言，分析的关键单位是组织的种群。系统绩效可以从社会层面进行考察，正如汉南所说："一个只保留少数组织形式的社会可能一时兴旺。但是，一旦环境发生变化，这样的社会就会面临严重的问题，直到现有的组织可以重新塑造或创造出新的组织。"（Hannan，1986：85）

对于种群生态学家来说，组织的多样性促进了适应性。组织形式多样性程度较高的系统优于多样性程度较低的系统。但是我们会问，如果多样性对于一个组织种群来说很重要，那么它在公司本身的层面上是否也很重要呢？

如果组织形式的多样性提高了公司群体层面的系统绩效，那么我们认为多样性也有助于公司层面的系统表现。

　　在本章中，我们将探讨多样性在金融组织背景下的重要作用。金融交易公司已经通过几种竞争性的方式进行了研究。新制度主义强调规范、计划和惯例（Abolafia，1996；Zorn，2004）；网络分析侧重于嵌入性和连接模式（Baker，1984；Mizruchi and Stearns，1994）；科学技术研究（STS）将注意力转向计算的社会技术（Beunza and Stark，2004；Preda，2006）。虽然我们借鉴了上述观点，但仍以组织生态学为出发点。当然，我们的研究不是组织生态学的机械应用。首先，因为生态学家强调组织的多样性，因此我们将注意力转向组织多样性。我们不考虑种群动态分析，而考虑涉及各种评估原则之间相互作用的动态分析。多样性是一个先决条件，但它不会产生性能增强的效果，除非存在一些或多或少有组织的接口，异质性原则通过这些接口进行交互。当不同的组织原则在公司内部的积极竞争中共存时，组织多样性最有可能发挥最大的进化潜能（Stark，2009）。

　　对于种群生态学家来说，变化是通过适者生存的选择机制发生的，一些公司消亡，另一些公司诞生。我们的观点也借鉴了进化生物学的隐喻，但在这里我们强调的是交配：通过异花受精发生变化从而产生新的组合。多样性并不重要，因为交配保留了已知的解决方案。相反，它通过保留更多元化的组织"基因库"来增强适应性，在无法预测的变化产生时，增强可能产生富有成效的重组的可能性。请注意，这一修正考虑了更根本的、意想不到的环境变化，对于这些变化可能没有预先存在的解决方案。

　　有各种类型的证据支持多样性对绩效有积极作用的观点。詹姆斯·马奇（March，1991）在《组织学习中的利用与探索》一书中的模拟研究发现，与同时具有快速和慢速学习者组成的小组相比，由一致快速学习者组成的小组通常表现更差。学习过快的组织会以牺牲探索（eplortation）为代价转向利用（exploitation），从而将自己局限在次优的路径和策略上。圣达菲研究所的经济学家斯科特·佩奇（Page，2007）运行了类似的模拟，但修改了一些参数。他证明，一群技能较低但视角更多样化的问题解决者，比一群能力更强的问题解决者表现得更好，因为后者很快就能找到局部最优解。从这些模拟和其他博弈论研究中，佩奇得出结论："多元性胜过能力。"

　　正如莱斯特和皮奥雷在研究移动电话、时尚蓝色牛仔裤和医疗设备等领域的创新时所指出的那样，多样性不仅在解决问题方面很重要，而且在生产问题方面也很重要。例如，手机的出现就产生了其到底是属于收音机还是电话的争议。这些技术都声称拥有独特的商业和工程传统，莱斯特和皮奥雷（Lester and Piore，2004：17）强调"无线电和电话工程之间的文化差异根深蒂固"。在对一家新媒体公司的实地研究中，吉拉德和斯塔克（Girard and Stark，2002）发现，程序员、设计师、商业策略师、信息架构师和商品营销专家等不同群体之间的摩擦起到了积极作用（Stark，2009）。[1]就像那项研究一样，我们在这里强调的是认知的多样性（比如不同学科的不同评估原则的多样性），而不是群体的多样性。[2]

鉴于这些原因，我们更愿用"不协调"来代替"多样性"（差异的存在）。不协调的概念抓住了这样的观点：即不同的原则不仅共同存在，并且以一种不立即一致的方式相互作用（Stark，2009）。这不仅肯定存在差异，且并非简单的差异，而是巨大的差异。并且，正如我们下面所阐述的那样，正因为它是不协调的，其才可以成为一种资源。就像步兵军官指挥鼓手打乱桥梁上行军士兵的步调一样，一致的行军步调的协调性的降低可以减少灾难的发生。我们得到的教训是，不协调有助于组织学习和经济发展。

我们也偏离了第一代种群生态学理论，[3]因为我们将组织视为认知生态学。像许多组织一样，交易大厅面临两大认知挑战。第一个认知挑战是识别机会。它采取的形式是认识到某些市场配置对应于已识别的模式（模式识别），或者识别一些新的、先前未被识别的模式（重新识别的实践）。前者是对现有知识的开发，后者则是对新知识的创新探索。

第二个认知挑战是识别错误。乍一看，似乎创新的认知问题的解决方案与错误检测的认知问题的解决方案完全不同。但是，尽管认知创新和认知错误检测可以通过分析来加以区分，但在实践中两者并不是完全不同的。事实上，在极端情况下，两类认知的挑战非常相似。在认知新机会方面，创新越激进，就越能打破传统的分类。在错误检测方面，最大的错误不是在数据库中输入错误的数字，而是那些数据库本身的分类结构中存在的错误。而且，在这两个领域中，最大的挑战并不局限于人们的成功所产生的认知结构。认知局限会阻碍创新，并且在没有发现错误时可能导致灾难。

正是出于以上双重原因，我们才积极提出了不协调。作为多样性的组织，不协调能够突破局限性。正如我们看到的，交易大厅内不同的估值指标为测试市场提供了多种有利条件。评估价值的首要原则不是一条，而是好几条。这些指标的互动为创新提供了机会。我们还将证明，不协调的组织可以为交易者提供机会来反思他们部署的模型。不协调的线索——我们将会看到，即使是在短短一个早晨——也可以作为一种认知破裂，刺激交易员重新评估和校准他们的模型。

过去几十年来，美国经济因其经济影响力和资本市场影响力的稳定增长而得到重塑。在公司内部，一些关于美国公司中股东影响力不断上升的关键研究记录了这一变化（Davis and Greve，1997；Davis and Mizruchi，1999；Fligstein，1990；Useem，1996）。但美国经济的"金融化"已经远远超越了公司层级（Blackburn，2005；Krippner，2005）。随着所谓的定量金融的兴起，投资被以更激进、抽象和错综复杂的方式予以重塑。

本章分为两部分。对于每一个问题，我们都利用了在一家大型国际投资银行的套利交易者中进行的民族志研究。我们首先分析交易大厅内的多样性组织。然后我们转向考察外部诱发的不协调及其作用。

在第一部分中，我们观察到交易大厅内各种工具和仪器的位置相近，这使得交易者可以了解其估值实践的局限性。用一个比喻来说明这一点：你戴着有色眼镜，但与戴不同颜色眼镜的同事的社交互动会让你意识到你对世界的看法是片面的。

在第二部分中，外部诱导的不协调使交易者能够认识到他们模型的局限性。所有模型都是建立在过去的基础上的，因此它们都有可能错过未来的偶然机会。通过使用专业的定量技术，将认知生态扩展到交易大厅之外，交易者可以利用价格机制来了解其竞争对手的模型。他们使用这些信息来检查他们的模型是否遗漏了什么。

在这两种情况下，不协调的多样性都可以使交易者抓住他们所创造的环境代表特征与环境本身的变化之间的不匹配。在第一种情况下，沟通是以评估体系之间面对面交谈的形式进行的。这要求整个组织具有高度信任、较高凝聚力、扁平层次结构和共享空间。

在第二种情况下，通信是通过数字——"传播"——与模型结合进行的，并且没有任何显性的信息。交易者不需要与他们的竞争对手属于同一个网络，不需要与他们交谈——事实上他们也不需要见面，甚至不需要知道他们是谁。在如此单薄的环境下进行沟通是可能的，因为交易者的估值机制完全相同。

内部多样性

我们的论点基于我们在一家大型国际投资银行的华尔街交易室进行的民族志实地研究。该国际银行是一家总部位于美国境外的全球性银行。它在纽约设有一个大型办公室，位于曼哈顿下城的世界金融中心，拥有大约 160 名交易员，其套利部门位于其中。

套利的挑战

套利似乎是对金融错误定价的灰色追求，但最近却成为经济学界臭名昭著的学术争论的主题。一方面，正统派经济学家将套利者描绘为市场效率的最终执行者：无论是中世纪的佛罗伦萨货币交易商，还是现代衍生品交易商，套利者都被认为有能力约束价格、戳破泡沫并将非理性投资者清除出市场（Fama，1965；Friedman，1953）。另一方面，行为金融学者则认为，套利者的约束作用受到了严重限制。即使正统派学者假定独立、老练和精于算计的套利者可以安全地存在，但散户投资者的繁荣、偏差和纯粹的人性也限制了套利者模仿的有效性（Scharfstein and Stein，1990；Shiller，1984；Shleifer，2000）。就像在拥挤的高速公路上存在的醉酒司机一样，非专业人士的不良行为严重影响了套利者的投资计划，阻碍了后者寻求机会。

这场辩论及时审视了经济社会学传统上研究的不足。事实上，我们近期发现金融历史上引人注目的几个事件表明，套利可能会像诱导效率一样造成不稳定。例如，1987 年股市崩盘就被归咎于市场指数中的套利行为（MacKenzie，2006）。货币套利与 1992 年英镑被逐出欧洲货币单位（ECU）有关。固定收益套利似乎也导致了（Long-Term Capital Management，LTCM）基金在1998 年的崩盘。能源套利与安然交易商在加州引发的电力管制有关。因此，套利具有深刻的政治和法律影响，这些都需要进一步探索。

我们研究的套利者通过关联证券来确定价值。在复杂的国际证券交易层次上，创建新颖的、出人意料的创新关联会带来巨大的溢价。套利是一种独特的创业活动形式，它不仅利用了各个市场之间的差距，而且利用了多个评估原则之间的重叠。套利者并不是通过开发出更好的价值获取方式来获利的，而是通过利用不同评估工具在经济的各个方面产生价格差异时所暴露出来的机会来获利的。

就像价值投资者和趋势投资者一样，套利者需要找到一个机会，一个与市场定价不协调的例子。他们通过组织联系来找到它。套利交易者不像价值投资者那样声称自己有处理和汇总内在资产信息的优越能力，也不像趋势投资者那样声称自己有发现和总结其他投资者行为信息的能力，套利交易者主要利用两种证券之间的联系。面对具有市场价格的股票，套利者寻求某些与之相关的其他证券——或债券，或综合证券，如由一组股票组成的指数等——并以其他证券为参照对其进行估值。假定的关系可以是高度抽象的。这两种证券必须足够相似，以便其价格按相关方式变化，但又必须足够不同，以使其他交易者之前没有察觉到这种对应关系。假定的相似性和协变性的微弱或不确定性的强度减少了可以进行交易的交易者的数量，因此增加了其潜在的盈利能力。

简而言之，套利取决于以多种方式解释证券的可能性。就像一个引人注目的文学隐喻一样，套利交易将一只股票的价值与某种此前未知的证券相关联。通过将一种证券与另一种证券相关联，交易者强调了他所交易的财产的不同属性（质量）。

当我们研究交易室是如何组织这个发现过程的时候，我们发现交易室其实是一种实验室，交易员在这个实验室里进行搜索和实验。他们使用工具来测试市场。在某种程度上，他们的搜索似乎很直接：他们正在寻找价值。而且这种搜索手段似乎也很明显：利用高速连接的通道尽可能多地及时收集信息，并利用复杂的数学公式来处理这些信息。然而，对于这个行业的精英来说，这些手段本身并不会带来优势。你必须拥有这些能力才能成为玩家，但你的竞争对手也可能拥有它们。也就是说，所有市场参与者同时获得的及时信息越多，从信息经济转变为解释过程的优势就越大。而且，看起来很简单的东西——价值——正是问题所在。

因此必须重新定义搜索和实验的挑战：你如何识别你的竞争对手尚未发现的机会。所以，在极端情况下，你正在搜索尚未命名和分类的内容。那么，我们的交易者所面临的问题是，在任何情况下，创新都是一个根本问题：你不知道你在找什么，但是当你找到它时你会认识它，那么你该如何搜索？（Stark，2009）。

因此，我们的套利交易者面临的认知挑战就是认知问题。一方面，他们必须擅长模式识别（例如，将数据与模型匹配等）。但是，如果他们只认识到他们现有类别中熟悉的模式，他们就不会具有创新性（Brown and Duguid 1998；Clippinger，1999）。创新需要另一个认知过程，我们可以将其视为重新认知（产生意料之外的联想，重新概念化情景，打破僵局）。在詹姆斯·马奇（March，1991）的研究中，问题是如何利用他们已有的知识来探索新的机会。

在柜台的模式识别

交易室可以满足开发知识（模式识别）和探索新知识（认知实践）的双

重挑战。每个服务台（例如合并套利、指数套利等）都是围绕独特的评估原则及其相应的认知框架进行组织的：度量标准、"光学"和其他专门用于模式识别的工具（Hutchins，1995）。也就是说，交易室实际上是多样性的、竞争性的估值原则的场所。正是这种异质性之间的相互作用产生了创新。

交易室的基本组织单位是"办公桌"，在这里，交易室内的多样性组织从划分专门的功能开始。"办公桌"一词不仅表示交易员所用的实际家具，而且表示实际的交易员团队——如"来自股权贷款部门的蒂姆"。对有生命和无生命的概念进行区分，是因为一个团队永远不会分散在不同的办公桌上。在这一定位中，房间中的不同交易者根据他们在套利中创建等价性的金融工具的不同被分成不同的团队。

每个部门都根据其用于计算价值的等价原则以及制定其独特套利交易风格的金融工具形成了自己看待市场的方式。并购套利者利用"价差图"来评估两家公司合并的可能性。相比之下，可转换债券套利者并不关注两家并购公司之间的价差是扩大还是缩小。相反，他们专注于债券持有人通常会感兴趣的股票的信息，例如流动性和违约可能性。在另一个服务台，指数套利者试图利用标准普尔 500 指数期货与标的证券之间微小且快速消失的差距，专门从事高交易量和高速度的技术交易。因此，在每个团队内部，其套利策略、评估原则、视觉展示、数学公式和交易工具之间存在明显的一致性。要成为机会主义者，你必须遵守原则。

跨越多个原则重塑认知

我们认为，服务台是一个围绕主要评估原则及其排列的金融工具（用于测量、测试、探测、分割的设备）组织的单位。如果你喜欢它的种类，这个原则就是硬币。但交易室由多个种类组成。它是一种评估原则的生态学。复杂的交易利用了这些种类之间的相互作用。为了能够专注于重要的事情，为了忠实于评估原则，每个服务台必须考虑到其他服务台的原则和工具。要促成交易就需要将一些特质剥离开来，以便突出自己部门的特质。为了确定风险敞口将受到限制的相关类别，形成交易需要关注服务台之间的积极关联。协同定位、服务台的接近促进了分割所需的连接。

为了看到机会，交易者使用市场工具的数学机器。我们可以把交易商看作是戴上了相当于红外护目镜的金融装备，这为他们提供了相当于夜视仪一样的东西。然而，交易员对这类专业工具的依赖会带来严重的风险。为了引起人们对某些信息的高度关注，软件和屏幕上的图形也变得模糊不清。为了成为放大和聚焦的设备，它们也是盲目的。危险之处在于，在他们的仪器上进行分布计算就等于将他们的传感器与他们自己的信仰相提并论。正如我们所看到的，为了发现机会，交易者需要特殊的工具，以使他看到别人看不到的东西。但事实上，这个工具是由他自己的理论所塑造的，这意味着他的敏锐感知有时可能是被高度放大的错误理解，甚至是灾难性的。交易室的布局——不同类型的交易者之间的互动以及不同交易原则的并置——所达到的效果是，几乎每时每刻都在提醒交易员，永远不要把表象和现实混为一谈。

正如拉图尔（Latour，1987）将实验室定义为"将一种或几种工具聚集在一起的地方"，交易室可以理解为将不同市场工具聚集在一起的地方。从这个角度看，从传统金融到现代金融的转变可以被认为是金融工具数量的增加，从一种增加到好几种。最好的科学实验室会最大限度地发挥跨学科和仪器的交叉作用。例如，20世纪40年代麻省理工学院的雷达实验室通过将物理学家和工程师相互竞争原理结合起来（Galison，1997），从而取得了突破性进展。同样，最好的交易室将不同的价值框架结合起来以进行创意重组。在两家金融公司宣布合并的案例中，我们看到了这种重塑认知的过程。通过与合并套利服务台和股权贷款服务台的密切联系，交易员能够构建一种新的套利交易，即"选择交易"，它以创新的方式重新组合了两个先前已经存在的策略：合并套利和股权贷款（Beunza and Stark 2004：386–389）。

迄今为止的论点清楚地表明，交易室组织的多样性是突破局限性的关键。我们现在来看看多元性交易室是否也有类似的作用，如果有的话，它是如何实现的。

外部多样性

在本章的第一部分中，我们将交易室作为不同估值实践的生态系统进行了分析。为此，我们将交易室视为由许多办公桌组成的集合，现在我们转向单个桌面——并购套利。但是，这种专注于特定策略的研究表明，并购套利交易员的认知生态并不限于交易室。相反，不协调的组织超越了它的界限。如果交易室内部的多样性是突破局限的关键，那么我们也将看到交易室之间的多样性也有类似的作用。

让我们回到上面讨论的并购套利服务台。现代套利的基本原理是利用市场之间的错误定价。当两种不同的价值体系在不确定性中共存时，就会出现这些情况（Beunza and Stark，2004），并购套利也不例外。在兼并的情况下，这种模糊性来源于一家公司被收购的事实。收购公司通常以远高于其市值的价格收购目标公司，收购导致两种可能的估值：如果合并完成，公司的价格将上升至合并价值；如果没有完成，则价格回落至合并公告前的水平或更低。套利者通过推测并购完成的可能性来利用这两者之间的模糊性。因此，对于套利者而言，从兼并中获利归结为成功预测的可能性。

不协调对并购部门有何帮助？并购交易涉及两部分业务。套利者首先形成自己的并购概率意识，然后调动外部多样性。为了说明这是怎么发生的，我们回到 2003 年 5 月 27 日上午。在那天，两家公司宣布了合并意向（这是两家营利性教育公司，惠特曼和职业教育公司）。我们首先观察了套利者是如何完成上述两个步骤中的第一步的：评估新宣布的合并的性质。他们是通过对兼并公司进行分类并与其他兼并进行类比来做到这一点的。这些关联来自桌面上的对话，来自其他合并的经验，来自他们精心维护的数据库。认知关联使交易者能够做出概率估计。经过两个小时的判断，交易员们观察了价格，决定做一个小的仓位，买入一些股票，然后把钱放在模型所在的地方。[4]

套利者已经部署了他们复杂的量化工具并采取了行动。但是不管他们的工具多么复杂，套利者都非常敏锐地意识到，他们的模型是容易出错的。交易者通过远离那些引导他们进入初始头寸的类别和程序来面对自己易犯的错误。不管怎么说，说起来容易做起来难。他们意识到自己观点的局限性却不会主动开展对这些局限性的检查。我们发现，交易者通过利用其他套利交易者也在这个交易中持仓的事实，与自己的类别拉开了认知距离。我们转向分布式认知的第二步，跨越交易室外的社会技术网络。

持仓两小时后，交易员发现两家公司的"价差"，即价格差异，与清晨相同。这让他们很担心。"我们遗漏了什么吗？"他们问。他们开始寻找缺失的信息。

为什么差价会让交易者担心？我们发现，套利者认为价差是"市场"对并购成功的信心的一种衡量。一方面，如果并购成功，两家公司的价格相同，价差为零；另一方面，如果合并被取消，两家公司的价格将恢复到原来的差价，价差将会扩大。因此，交易者使用价差来衡量其他交易者认为会合并的概率。这种价差有一个神奇的元素：它告诉你你的竞争对手的想法，而不需要任何明确的沟通。

使用价差图涉及复杂的符号。在这种复杂的符号系统中（Muniesa，2007；Peirce，1998），价差图为每个交易者提供了合并可能性的间接符号，通过向他或她的竞争对手发出信号来评估这种可能性。然而，套利交易者对价差图并不感兴趣，因为这是其他人在市场上所做事情的标志。他们把价差看作世界上某件事情——合并将会发生或将不会发生——的标志。这种迹象有希望的方面在于，它几乎独立于交易者对合并概率的估计。套利交易者不是技术交易员，他们不像时尚达人通过观察其他人来预测最热门的俱乐部那样通过预测市场趋势来获利。相反，套利者利用其竞争对手的动向来检验自己的独立观点，而不是完全替代它。

上述发展表明，交易者的谨慎表现为两个相关量级之间的对抗。交易者是否具有调动价格以采取更好的防范措施的能力，取决于合并的可能性（在办公桌上估计）和隐含的可能性（由价差图得出）之间的关系。这种比较提供了一个非常宝贵的优势：它向交易者表明它们偏离市场的程度，警告其存在信息丢失以激发其展开额外的搜索，促使他们激活业务联系，并提供必要的信心来扩大头寸。

内部和外部估计的这种独特的相互作用指出了经济模型的一种新用法，我们称之为自反性模型。这种表达表示分散的市场参与者使用经济模型来面对他们自己的估计过程。这种对峙将交易者的估计与他或她的竞争对手的估计相比较，从而导致他或她的计算不协调。这种不协调是通过隐含概率的构建来实现的。这个变量表示的是一个没有价格、不可观测的经济对象，它是由参与者的定位共同产生的，参与者使用它来审视自己的解释并重新评估自己的立场。共同产生的隐含概率是一种不协调的装置。因此，自反性模型表明，套利者对自身经济表现的局限性有了更高的认识。

这种自反性不是一种心理过程或一种唯我主义的实践。在其最简单的形式中，反身性取决于套利者屏幕上两种物质产物的对立。第一个屏幕是 Excel 电子表格，它总结了交易员对合并的看法。所谓的交易摘要建立在一个包括类别和类比的关联网络上，从而导致交易面临的关键问题。第二个屏幕是所有套利基金共享的价差图，通过显示合并公司之间的价格差异来捕捉竞争对手对合并的看法。

自反性是通过两个屏幕之间的不协调而成为可能的。不协调表明套利者可能错过了合并的相关障碍。该系统的前提是，只要套利者错过了相关的合并障碍，具有不同观点的竞争套利者就会发现不协调的点（价差图中的峰

值），从而导致更多的搜索和更正。因此，双屏幕系统让套利者可以看到他们
自己与其竞争对手之间的关联。套利者比较这两种表达，并利用它们之间的
差异来达到自反性的目的。套利者不像在模仿同构中那样用模仿替代搜索，
而是使用社会线索来补充他们的搜索。

　　作为一种使用模型来获得认知距离的实践，自反建模是一个认知过程。
就像认知可以回复到自身一样，它不是发生在交易者的头脑中。正如通过套
利服务台的工具推导概率估计的认知过程是社会性分布一样，自反性认知
（Stark，2009）是一个由价差图引发的分布式认知的社会技术过程——一个不
协调的工具，它本身就是一个社会技术构建的对象。我们观察到的交易者并
不是在从事某种英勇的脑力活动，而是像灵活的柔术运动员的智力变体一样，
将自己的思想分裂、扭曲、利用。相反，正如我们每天早上在交易平台上看
到的那样，他们的模型中被认为理所当然的元素被认知上的不协调因素所扰
乱了。

　　尽管如此，自反性建模仍然存在一个消极方面，它说明了在缺乏多样性
的情况下会出现的问题。我们通过分析合并套利中的危机历史发现了这一消
极面。回想 2001 年通用电气（GE）和霍尼韦尔公司的合并失败，这是被经
济学家称为"套利灾难"的一个例子。当两家公司意外取消他们承诺的合并
时，套利灾难就发生了，给押注其成功的套利者带来了巨大的损失。2001 年
6 月，欧盟专员马里奥·蒙蒂（Mario Monti）出于反垄断的考虑，决定阻止通
用 - 霍尼韦尔（GE-Honeywell）的合并。对于对冲基金和投资银行的兼并套
利机构来说，这个决定是出人意料的，因为它已经在美国获得了批准（毕竟
这两家公司都是美国的）。人们期望能拖延这个决定。合并计划的取消导致约
28 亿美元的集体损失，这足以使大多数合并部门在当年亏损。

　　我们对这场灾难的分析表明，这是由自反性建模的失败造成的。诚然，
那天我们并不在交易室。但是，我们在 2003 年访问过的那些交易员在 2001
年一直参与 GE-Honeywell 的合并工作。交易员的评论支持了我们的观点。"马
克斯交易了它，"交易室的经理说，他也证实他的高级并购交易商在交易中很
活跃，这位交易员并没有预料到蒙蒂的举动，"每个人的数据库都缺少一个信
息，而且这个信息就是'欧洲监管机构的阻挠'"，经理补充道。

　　但是一场灾难的发生需要的不仅仅是缺少一个风险因素。套利者用来保
持安全自反建模的工具使最初的失误变得更糟。这一点从衍生品交易室经理
所描述的第二步就可以看得很清楚。"我鼓励他［马克斯］扩大规模，"他

说，"你要有信心，你所有的方面都很好。"换言之，交易者加大了赌注。这样的决定不仅仅基于他们的模型，还基于与市场上其他人的比较。然而，这种比较是间接的而不是直接的，因为它是通过套利发生的。

　　一项更系统的分析证实了自反性建模在通用－霍尼韦尔合并失败的套利灾难中的作用（Beunza and Stark，2012）。套利者最初为完成合并设定了一个非常大的隐含概率。财经媒体的报道证实了这一点。此外，积极参与该交易的银行和基金决定忽视蒙蒂威胁的危险。这可以从传播和媒体对委员会行动的反应之间的比较中推断出来（Beunza and Stark，2012）。我们统计了主要商业刊物上每周发表的包括"霍尼韦尔"和"蒙蒂"这两个关键词的文章数量。2001年2月27日，文章数量激增，表明媒体对欧洲的反对产生了真正的担忧。但即使媒体表达了这些担忧，合并公司之间的微小差距也几乎没有变化。简而言之，与媒体不同的是，交易商的模型没有意识到欧洲监管反对的危险。

　　我们从这个事件中得出的结论是，交易者使用不协调的方式是有限的。交易者为避免错误而对不协调的依赖也会导致自己的失败。因为即使自反性模型在不协调的基础上改善了交易，它也可能在共振的情况下导致金融灾难。当模型和股票价格的结合使用使交易者对某一事件产生错误的信心时，就会产生这种共振。

　　我们的分析提供了一个与羊群效应和黑天鹅理论相反的叙述。我们对通用电气－霍尼韦尔事件的描述不同于放牧，也不同于贸易商作为旅鼠的形象，他们愿意为了迎合大众而放弃自己的观点。然而，我们所看到的是，交易员们自己的观点——不幸的是，这种观点被错误地强化了——被差价的使用加深了。他们受到鼓舞，而不是压制。

　　共振也不同于黑天鹅。根据黑天鹅理论，金融模型和不可预见的意外事件的结合导致了危机。但我们的研究结果表明并非如此。首先，欧洲监管机构反对的可能性并不意外——交易员知道这一点。我们所咨询的所有主流商业出版物都提到了这种偶然性。预期专业交易员会阅读报纸是合理的，事实上我们所采访的交易者表示，银行里的每个人每天都阅读《华尔街日报》的封面。

　　总而言之，羊群效应和黑天鹅理论都不能解释通用电气－霍尼韦尔的灾难。这场危机是一个程序——自反性建模的结果，这种模型未能实现其目标。而且，最关键的是，人们只有在交易室才会知道这件事。

　　这些考虑指出了在金融研究中采用社会学视角的好处。在对危机的行为描述中隐含着一种心理学观点，即麻烦的发生是由个人性格的本质缺陷造成的，投资者被描绘为没有头脑的旅鼠或鲁莽的模型使用者。

我们的分析提供了非常不同的观点。它表明，造成灾难的原因是上述自反机制的故障。这个工作原理是，每当交易者的估计与大多数人的估计不同时，自反模型就可以为交易者提供"不协调"，并且因此认为这可能会造成错误。相反，当"不协调"不存在时，交易者就将其视为确实安全的——证明他们得出的估计是正确的。这种典型的安全工作方式的广泛传播导致了普遍失败的可能性。当交易者的头寸成为其他人的"绿旗"（green flag）时，就产生了认知上的相互依赖。如果有足够多的交易者错过了一个关键变量，他们的错误将通过隐含的概率对其他人产生影响。当系统产生共振时，交易者会形成一种错误的信心，认为自己的观点是正确的，从而锁定自己的头寸，并导致在兼并取消的情况下产生累积损失。我们的分析表明，这种共振是导致 GE-Honeywell 套利灾难的背后原因。

我们对交易室和价差的分析都表明了一个信息。在处理不确定性时，认知多样性会传递机会并限制失败。但在缺乏多样性的情况下，使用相同的技术会导致灾难。因此，我们的分析需要对系统性风险有一个更丰富的社会学概念。使风险成为系统性风险而不是个体性风险的是金融参与者之间存在的相互依存关系。但是这种相互依存关系目前只能从流动性约束的角度来理解。我们的研究提供了一个额外的机制来解释这种系统性的效应：自反性模型来自分散的、匿名的参与者之间独立认知的杠杆效应。但正如我们在"套利灾难"的例子中看到的那样，它也可能引起认知上的相互依赖。正如自反建模可以作为一个纠正的来源一样，它也可能导致错误的放大。

在下面的章节中，我们将从两个不同的层面来考虑这一观点的含义。首先，交易者如何在其交易策略中进一步融入多样性？其次，对于市场监管的任务而言，对多样性的倡导意味着什么？

对交易策略的影响

我们从对价差图的分析中得到的教训是，关注社会环境（"市场"）只有在市场环境包含足够多样性的情况下才有用。如果没有足够多的竞争对手了解相关的风险，那么一个依靠自己的模式和"市场"相结合的交易者会对有关它的新闻报道不予理睬。

这种自反建模的弱点为交易提供了机会。交易者可以积极寻找市场参与者之间存在大量一致性的情况，并考虑该一致性是否是由于自反建模的失败引起的，如果是，则交易者可能会假设大多数竞争对手是错误的，并从中获利。

举一个例子，让我们回到通用电气－霍尼韦尔的案例，想一想一位具有创业精神的交易员是如何利用兼并套利带来的灾难的。根据新闻报道，纽约著名的对冲基金阿迪克斯环球公司（Atticus Global）制定了一项策略，在通用－霍尼韦尔交易的套利灾难发生之前，利用它们进行套利。阿迪克斯接着把赌注压在了对手所预料的相反的结果上。正如我们从上面所看到的，并购套利者下注的是并购成功，以及通用电气和霍尼韦尔随后的价格趋同。相比之下，阿迪克斯赌的是合并取消，随后两只股票价格差异扩大。正如一位记者所描述的那样，"大多数风险套利经理都遵循他们常用的策略，做多目标公司霍尼韦尔，做空买家通用电气公司。而阿迪克斯将霍尼韦尔（Honeywell）做空并买入通用电气（GE），使其投资回报率达到10%"（Clow，2001：25）。阿迪克斯的做法给竞争对手留下了不好的印象，通过这种做法，阿迪克斯设法从他们的损失中获利。由于原始交易被称为趋同交易，因此制定的策略被称为背离交易。一般来说，"背离交易"是逆向操作的一种形式。

像阿迪克斯所做的这种背离交易既非传统又很罕见。尽管押注于趋同能够使交易者从竞争对手那里得到安慰，但押注于趋同并不能实现这种可能性。因此，背离交易风险较高，且很少付诸实践——它们甚至不被认为是并购套利的一部分。但是，阿迪克斯明白，在一种情况下，背离交易可能有足够的盈利价值而值得冒风险：当合并不太可能发生，而其他人都认为它会发生的时候。交易者对两种股票之间趋同的押注越多，价差就越窄，押注价差扩大的回报也就越大。

总之，理解多样性在市场中的作用为交易策略奠定了基础。交易者能够利用竞争对手之间的认知多样性。当这种多样性缺失时，同样是这些交易者，他们会得到误导性的安慰，并可能大错特错。这可以通过背离交易来加以利用——也就是说，赌被误导的交易员会失败。

监管影响

在低调监管环境下经历了 30 年的快速扩张之后，量化金融现在面临监管改革的可能性。我们的分析为这场管制辩论提供了信息。20 世纪 80 年代后期以来，金融机构已经采用基于模型的风险管理技术从而取代了行政控制，形成了通过建模进行自我监管的局面。套利灾难的持续存在表明了这种安排的局限性。举例来说，国际证券的套利者无法通过简单地利用风险更小的股票换取更高的回报来避免套利灾难。正如通用电气－霍尼韦尔公司的兼并所显示的那样：灾难的发生正是在套利者错误地相信他们在谨慎行事的时候。

除了自我监管之外，我们的分析还为思考量化金融提供了一个理论框架。首先，我们的发现不应被视为对金融模型的谴责。当然，用来反映隐含概率的模型对于产生自反性灾难是必要的。但是，通过允许套利者自反性，这些模型避免了其他困难。

认识到金融模型的不可靠性凸显了观点多样性的重要性，自反建模需要套利中各种各样的观点。支持参与套利交易的政策增加了这种多样性，而限制参与的政策减少了这种多样性。

我们的分析还提供了一种方法来思考监管披露和套利监管的相对优势。与其他创新一样，自反模型的成功也带来了危险。在广泛传播的情况下，自反建模会产生积极的反馈，从而导致与更明显的个体效应不同的总体后果。认识到这一分歧需要建立一个政府机构，就像食品药品监督管理局对新化合物所做的那样，要审查新金融创新可能出现的意外后果，相关提案可以参见（Lo，2009）。可以想象，通过了解所有套利者的头寸，这样一个机构可以在灾难酝酿之时发现它们。

同时，我们的框架清楚地表明，这样的举措不会没有成本。通过让银行及其监管机构参与其中，政府干预可以消除采取计算行为的可能性。它可能会将其市场参与方式从"窥视"改为"渗入"：重新开始游说、与政府官员共进晚餐以及猜测未来公共政策等行为。事实上，一种渗透式制度可能标志着回到 20 世纪 70 年代，当时纽约联邦储备银行与纽约十大银行"货币中心"定期会晤，并通过非正式劝说实施货币政策。

矛盾的是，对由模型构成的风险的监管解决方案必然涉及模型的更多使用。考虑到当前金融体系的广泛性和复杂性，如果没有压力测试和网络分析等建模技术的帮助，监管机构不可能改革体系并防止未来出现系统性失灵。随着这一改革的进行，需要对经济社会学进行进一步的研究，以了解用于盈利、风险管理和监管目标的模型之间的相互作用。

结　论

不协调产生破坏。本章阐述了金融组织不协调的破坏性影响产生的积极作用。这样做，我们希望在经济社会学领域有一点儿突破性。当我们赞同组织生态学家强调多样性时，这一破坏性在本章的开头就已经表示出来了。但是随后我们将多样性的概念应用于组织种群，而不是作为组织本身的资产，从而与组织生态学家相悖。最后，我们指出了与制度主义框架和嵌入性范式背离的类似点。

新制度主义范式研究的一个重要优势是其对认知的关注。迪马久和鲍威尔（DiMaggio and Powell，1991：24）在概述新制度主义纲领的声明中呼吁"重建认知的中心地位"。在那篇文章中，以及随后的许多制度主义作品中，认知被认为是"理所当然的脚本、规则和分类"（DiMaggio and Powell，1991：15)，由迪马久和鲍威尔简洁地表述为"非反思性活动"。

被认为是理所当然的文化的脚本、规则和分类作为一种分析工具发挥了作用，因为它们在 20 世纪中后期相对稳定的制度环境中被作为行为的有效处方。它们今天仍然可以在许多部门发挥作用。但是，自从新制度主义者发展出与时代高度契合的概念以来的几十年里，经济的许多方面都已经发生了变化。尽管新制度主义者强调非反思性活动和理所当然的行为，[5]但我们的研究记录了，参与者敏锐地意识到，如果他们把自己的知识视为理所当然，那么他们可能会输得精光。

从某种意义上说，这些参与者认真对待社会学家的观点，认为制度性脚本和组织惯例倾向于专注非反思性活动。"你说得对，"他们似乎在说，"我的组织充满了例行公事的脚本。"但是，他们并不接受这个成为他们的社会学宿命，而是继续寻找实践来帮助摆脱习惯的束缚。在交易室内和交易室之间，不协调的组织是一种从非反思性活动转向反思性认知的手段。

此外，这些实质性的做法并不是依靠内在的个人关系网络（Granovetter，1985）。正如我们所看到的那样，自反建模不涉及与已知的和可信的其他人的交互关系；相反，它涉及一种非个人化和匿名的交互形式。然而，它强调的是社会性。

套利的计算实践并未嵌入社会关系。相反，计算本身是社会性的。它的社会性表现在两个方面：交易者和他们的工具（仪器、数据库和公式）之间的（物质）关系，交易者和他们的对手之间的（基于模型）关系。我们研究的套利者使用第二种方法来实现第一种方法。

当我们说计算是"社会分布的"时，我们指的不仅仅是分布在人类主体之间的知识。我们关于"社会"的概念不仅包括这样的人类主体，还包括这些人类主体与它们的工具、公式、算法和其他人工产物之间的关系，这些人工因素构成社会技术网络，通过自反建模机制进行的匿名和非个人的互动。

总而言之，应对现代危机要求理解金融模式引入的新型参与形式。模型产生了一种新的社交模式，这种模式是分离但又纠缠不清的，是非个人但却具有社会性的。

注释

1. 乌兹和斯皮罗（Uzzi and Spiro，2005）使用定量方法证明，百老汇音乐剧的成功（创新能力产生一个"打击"）是足够的凝聚力（音乐"团队"从一个音乐到下一个音乐的连续性）和连通性（从一个音乐到下一个音乐的作品的多样性）的函数。同样，在对匈牙利商业集团的纵向研究中，维德斯和斯塔克（Vedres and Stark，2010）发现，涉及熟悉程度和多样性的独特网络模式是市场表现的一个强有力的预测因素。

2. 关于群体多样性的证据标准不一。在对创业群体的研究中，鲁夫（Reuf，2010）发现了群体多样性的不利影响，其中最显著的是生存率。相比之下，哈林顿（Harrington，2008）发现，群体多样性是业余投资、俱乐部中业绩较高的一个强有力的预测指标。

3. 组织生态学的新作品（Hannan，Polos and Carroll，2007）检验了认知问题。

4. 应该注意的是，合并套利需要真正的冒险：交易者面临真正发生损失的可能性。当然，并购套利交易需要套期保值——不仅是在合并中购买目标公司，还需要做空收购公司，以减少套利者的风险敞口。但是，减少的风险敞口并不包括合并失败的风险敞口。正因为如此，合并套利交易可以被看作是一种对合并将会发生的（冒险）赌注。

5. 这句话出现次数非常多，在迪马久和鲍威尔的文章中出现了不下九次。

参考文献

Abolafia, M. (1996). *Making Markets: Opportunism and Restraint on Wall Street.* Cambridge, MA: Harvard University Press.

Baker, W. (1984). "The Social Structure of a National Securities Market." *American Journal of Sociology*, 89: 775 – 811.

Brown, J. S. and Duguid, P. (1998). "Organizing Knowledge." *California Management Review*,

40/1: 90 – 111.

Clippinger, J. H. (1999). "Tags: The Power of Labels in Shaping Markets and Organizations," in J. Clippinger (ed.), *The Biology of Business: Decoding the Natural Laws of Enterprise*. San Francisco: Jossey-Bass, 67 – 88.

Clow, R. (2001). "Atticus Global finds its Strategy Paying Off." *Financial Times*, August, 30: 25.

Davis, G. and Greve, H. (1997). "Corporate Elite Networks and Governance Changes in the 1980s." *American Journal of Sociology*, 103/1: 1 – 37.

——and Mizruchi, M. (1999). "The Money Center Cannot Hold: Commercial Banks in the US System of Corporate Governance." *Administrative Science Quarterly*, 44/2: 215 – 39.

Fama, E. (1965). "The Behavior of Stock Market Prices." *Journal of Business*, 38: 34 – 105.

Fligstein, N. (1990). *The Transformation of Corporate Control*. Cambridge, MA: Harvard University Press.

Friedman, M. (1953). *Essays in Positive Economics*. Chicago: University of Chicago Press.

Galison, P. L. (1997). *Image and Logic: A Material Culture of Microphysics*. Chicago: University of Chicago Press.

Girard, M. and D. Stark. (2002). "Distributing Intelligence and Organizing Diversity in New Media Projects." *Environment and Planning A*, 34 (11): 1927 – 1949.

Granovetter, M. S. (1985). "Economic Action and Social Structure: The Problem of Embeddedness." *American Journal of Sociology*, 19: 481 – 510.

Hannan, M. T. , (1986). "Uncertainty, Diversity, and Organizational Change," in N. J. Smelser and D. R. Gerstein (eds.), *Behavioral and Social Science: Fifty Years of Discovery*. Washington DC: National Academy Press, 73 – 94.

——, Polos, L. , and Carroll, G. R. (2007). *Logics of Organization Theory: Audiences, Code, and Ecologies*. Princeton, NJ: Princeton University Press.

Harrington, B. (2008). *Pop Finance: Investment Clubs and the New Investor Populism*. Princeton NJ: Princeton University Press.

Hutchins, E. (1995). *Cognition in the Wild*. Cambridge, MA: MIT Press.

Knorr Cetina, K. and Bruegger, U. (2002). "Global Microstructures: The Virtual Societies of Financial Markets." *American Journal of Sociology*, 107/4: 905 – 50.

Krippner, G. (2005). "The Financialization of the American Economy." *Socio-Economic Review*, 3: 173 – 208.

Latour, B. (1987). *Science in Action: How to Follow Scientists and Engineers through Society*. Cambridge, MA: Harvard University Press.

Lester, R. K. and Piore, M. J. (2004). *Innovation: The Missing Dimension*. Cambridge, MA:

Harvard University Press.

Lo, A. (2009). "Regulatory Reform in the Wake of the Financial Crisis of 2007 – 2008," *Journal of Financial Economic Policy* 1: 4 – 43.

MacKenzie, D. (2006). *An Engine, Not a Camera: How Financial Models Shape Markets.* Cambridge, MA: MIT Press.

March, J. G. (1991). "Exploration and Exploitation in Organizational Learning." *Organization Science*, 2/1: 71 – 87.

Mizruchi, M. S. and Stearns, L. B. (1994). "A Longitudinal Study of Borrowing by Large American Corporations." *Administrative Science Quarterly*, 39/March: 118 – 40.

Muniesa, F. (2007). "Market Technologies and the Pragmatics of Prices." *Economy and Society*, 36/3: 337 – 95.

Page, S. (2007). *The Difference: How the Power of Diversity Creates Better Groups, Firms, Schools, and Societies.* Princeton, NJ: Princeton University Press.

Peirce, C. S. (1998). *The Essential Peirce: Selected Philosophical Writings, Volume 2 (1893 – 1913).* Bloomington, IN: Indiana University Press.

Preda, A. (2006). "Socio-Technical Agency in Coming Financial Markets: The Case of the Stock Ticker." *Social Studies of Science*, 36: 753 – 82.

Reuf, M. (2010). *The Entrepreneurial Group: Social Identities, Relations, and Collective Action.* Princeton, NJ: Princeton University Press.

Scharfstein, D. S. and Stein, J. C. (1990). "Herd Behavior and Investment." *American Economi Review*, 80: 465 – 79.

Shiller, R. J. (1984). "Stock Prices and Social Dynamics." *Brookings Papers on Economic Activity*, 2: 457 – 98.

Shleifer, A. (2000). *Inefficient Markets: An Introduction to Behavioral Finance.* New York: Oxford University Press.

Stark, D. (2009). *The Sense of Dissonance: Accounts of Worth in Economic Life.* Princeton, NJ: Princeton University Press.

Useem, M. (1996). *Investor Capitalism: How Money Managers Are Changing the Face of Corporate America.* New York: Basic Books.

Uzzi, B. and Spiro, J. (2005). "Collaboration and Creativity: The Small World Problem." *American Journal of Sociology*, 111/2: 447 – 504.

Vedres, B. and Stark, D. (2010). "Structural Folds: Generative Disruption in Overlapping Groups." *American Journal of Sociology*, 115/4: 1150 – 90.

Zorn, D. (2004). "Here a Chief, There a Chief: The Rise of the CFO in the American Firm." *American Sociological Review*, 69: 345 – 64.

第三部分
信息、知识和金融风险

第 12 章
市场效率：基于社会学的分析视角[1]

埃兹拉·W. 朱克曼（Ezra W. Zuckerman）

引　言

　　本章的主要目的是以社会学的方法解决市场效率问题，即金融市场价格是否准确地反映了金融资产的"内在"或"本质"价值。这里提出的方法主要以我以前的研究工作为基础，主要是几个文献（Zuckerman，1997：Ch. 4，2004，2008a，2008b，2010；Zuckerman and Rao，2004），并在某些非正统的金融研究上（特别参见 Dreman，1977；Graham and Dodd，[1934] 1940；Keynes，[1936] 1960；Miller，1977；Shiller， [1990] 1993，2005；Thaler，1993），综合了社会评估的三个观点，特别是金融市场的定价：（a）以有效市场假说（Efficient Market Hypothesis，EMH）为代表的"纯粹现实主义"观点，认为套利和学习过程能够迅速消除任何错误定价，使得金融市场既是配置有效又是信息有效的；[2]（b）"纯粹建构主义"视角，以"凯恩斯"（Keynes，[1936] 1960）的投机驱动市场论为代表，认为价格与内在价值无关；（c）以价值投资为代表的"逆向"视角，它们引导投资者识别、利用价格与价值之间的短期差距所形成的套利机会。我认为，这些观点虽然都基于完美的原则（sound principle），但每一个都有致命的弱点。因此我构建了一个包含三个主要经验的综合分析方法：（a）资产价格受价值理论的约束，将经济指标转化为价格；（b）弱势理论被强势理论所取代需要特定的制度条件，从而引导出更有效率

（但不是完全效率）的市场；（c）对这些制度条件的理解——特别是需要有效地传达重要信息并对其做出反应的手段——对于指导如何构建和管理金融市场的政策是至关重要的。

但在阐述这种方法之前，首先要弄清楚为什么社会学家应该如此关心金融市场的效率问题。事实上，近年来特别是近十年来，社会学家和偏社会学研究的学者将重点投放在金融市场上，但很少有人直接涉及金融市场的效率问题。[3]这种回避反映了学者们关于有效市场假说（EMH）的两种隐含立场。

第一种立场似乎在那些从组织社会学走向经济社会学以及对经济学采取普遍对立态度的经济社会学家中盛行。[4]这些学者认为有效市场假说植根于一个更广泛的自由市场的意识形态和对理性行动的信奉，因而对现实造成曲解。第二种立场普遍存在于从科学技术研究（Science and Technology Studies，STS）和政治经济学转到金融社会学的学者中，例如麦肯齐等（MacKenzie，2006；Muniesa and Siu，2007）。对于这样的学者来说，提出市场效率这个问题是不恰当的，因为他们倾向于赞成纯粹的或强大的社会建构主义，认为现实存在客观约束这一观念是不合适的。[5]因此，第一批学者回避了市场效率问题，因为他们的答案似乎显然是"不"，但是第二种立场的学者却不愿意承认它是社会学研究的一个恰当问题。相反的，这些学者更倾向于关注经济理论（如EMH）是否具有自我实现预言或"述行性"（performative）特征，这样它的广泛采用会使得它更加准确（MacKenzie，2006：Ch. 9）。最终的结果是一样的：除了我自己，社会学家对于金融市场的有效程度以及使它们的效率更高或更低的条件几乎没有提及。

然而，我认为社会学家应该关心市场效率问题的原因有五个，它们相互关联。第一个是最直接的。正如政治社会学家应该了解和参与政治学家的工作，历史社会学家应该了解和参与历史学家的研究，金融社会学家就应该充分地了解和参与到金融经济学中去，也就是要试图理解金融市场的主要研究领域。而市场效率问题是金融经济学研究的核心（Fox，2009；Jovanovic，本书第28章）。事实上，尽管金融经济学普遍遵从市场有效性假设，但由于正统与非正统之间的辩论风起云涌，这个领域最近变得更加有趣了。如果没有这样的辩论，特别是，如果出于对当前工作的无知而加以讽刺，那么金融社会学的研究必然是无力的。

社会学家关心市场效率问题的第二个原因是，对这个问题的研究提供了一个更有效的方法来理解在何种条件下经济理论可能是"自我实现预言的"

或"述行的"（这两个术语我今后将互换使用）。当出现以下情况时，一个社会理论可以说是述行的：（a）其预测不是因为行动者对该理论的认识和认可；（b）其预测结果是准确的，即理论是预测性的；（c）理论的预测性并不是因为构成理论的假设和逻辑，而是因为参与者事实上已经意识到这个理论并在其行动中予以支持。长期以来人们都知道，无论是外行的还是专业的社会理论都具有自我实现预言的特性（Merton，[1948] 1968；Merton，1995）。然而，有两项挑战阻碍了人们理解理论"述行性"条件的进展：（i）将那些实际上是述行性的预测性理论与那些不符合述行性的预测性理论区分开来，因为它们不符合上述（a）或（c）的标准；（ii）理解为什么许多被广泛采用的理论不具有自我实现预言或述行性的含义。

鉴于这些挑战，对有效市场假说的研究前景似乎充满希望。将有效市场假说与最广为引用的述行性理论，例如定价选择的布莱克 - 斯科尔斯 - 默顿（Black-Scholes-Merton，BSM）定理（Mackenzie，2006；Mackenzie and Millo，2003），进行比较是有用的。事实上，由于 BSM 不能满足标准（a）和（c），因而 BSM 实际上不是一个很好的测试述行性的例子。BSM 没有达到（a）的标准，因为事实上，它并不是用来预测如果不采用这一理论，市场会变成什么样子的。[6]而 BSM 不符合标准（c），是因为不可能排除它最终预测期权价格的可能性，这主要是由于它最初基于的假设和逻辑的合理性（Mackenzie，2006：20）。相比之下，EMH 满足标准（a），因为当它第一次被正式提出的时候它就被阐述为对现实的预测（Fama，1965a）。此外，EMH 继续对金融实践产生重大影响，最显著的是，它被广泛引用，并被用来培训数十万名 MBA 学员。然而，对于它是否具有预测性还有很大疑问，且没有任何证据表明广泛认可其原则和方法对其准确性有任何影响。因此，这是一个极好的反面案例，可以帮助我们理解为什么即使是著名的经济学理论也常常是无法实现自我预言的。

我们必须关心市场是否有效率以及在何种条件下有效率的第三个原因是，这是一个关键问题，必然会激发有关金融市场治理的政策辩论。特别是考虑到低效率市场经常会造成浩劫，我们作为一个社会整体可以选择不拥有金融市场。继续支持这种市场的主要原因是，认为资本配置决策通过价格机制比通过计划管理的过程更有效。这种信念的基础肯定是 EMH 的某些方面，也就是说，预期是资本将寻找最高回报的项目，并从最低回报的项目中退出。而且很清楚的是，任何将自己的个人投资组合投资于金融资产和证券的人，都会受到类似的期望驱动。如果我们认为在承诺低（高）回报的项目上，证券价格可能高（低），那么还会有谁把他们的资金投入到证券（或者投资于这种证券的共同基金和养老基金）呢？当然，金融市场价格有时似乎是不合理的，这可能会导致投资者把资金从市场上撤出。但是，即使我们有时会支持个人投资者的这种撤资行为，但提倡社会作为一个整体来持有现金，这也是很有问题的。资本退出流通意味着经济增长放缓，就业机会减少。在整个社会都需要资本市场的情况下，收益驱动的市场应该是最有效的，此时资本流动到最富有生产力的项目。[7]这就突出了哪些条件促进或限制了市场效率。

认识到公众对证券市场的支持至少取决于对市场效率的信念，这就是社会学家应该关注市场效率问题的第四个原因：EMH 背后的核心逻辑是明确的和令人信服的，任何对金融市场是如何运作的解释都离不开它。因此，我接下来就要阐述有效市场假说的逻辑。然而，尽管这个逻辑是令人信服的，但它也是有局限的。因此，我转而提出了相反的逻辑，即金融市场是在"自递归的"（self-recursive）方式下构建的，这样价格就会变得与内在价值相去甚远。但是我们也会发现，这个逻辑是有局限的，且具有讽刺意味的是，这种建构主义与 EMH 的现实性有着共同的弱点。为了使我的描述更加准确，我将利用价值投资的原理，这一原理对于阐明价值和价格在何处重合是很有用的，但是它需要结合前两种观点来解释为什么价值与价格经常不重合。然后我们将讨论金融市场的情况，金融市场的效率取决于特定的制度和社会条件。

这一描述将有助于理解社会学家关注市场效率的第五个，也是最主要的原因。特别是，虽然这一框架并未成为社会学持续观察的主题，但市场效率问题却成为一般社会学问题的核心：人类所致力的社会建设性项目有什么限制性和可能性？我们的理论和制度在多大程度上是"空中楼阁"，或者它们是否牢牢地基于"客观现实"？金融市场是解决这些问题的绝佳背景，因为，至少在事实发生之后，可以将项目计划与他们声称要代表的现实进行比较（Zuckerman，2012；Zuckerman and Rao，2004：208-9）。

有效市场假说：逻辑与困境

有效市场假说（EMH）的逻辑

为了总结 EMH 的逻辑（Brav and Heaton，2002；Fama，1965a，1970，

1976，1990；Malkiel，1985，2003；Sheffrin，1996），关注股票市场的情况是很有用的，特别是关注普通股（而不是优先股）的情况。但同样的逻辑加以必要的变通也适用于其他证券市场。首先，让我们回顾一下，在任何市场上，价格都反映了供给与需求的平衡。特别是，若商品或资产无差别，那么价格是由边际需求者（目前的购买者中最不感兴趣的人，他们只愿以低价购买商品）和边际供给者（在现有的供应商中效率最低，他们要求以相对较高的价格来供给市场）共同决定的。然而，证券市场的不同之处在于（至少从理论上说）在任何时候投资者都可以在买进股票和卖出股票两种角色间自由转换。事实上，"抛空"（short selling）或 "做空"（shorting）机制允许任何投资者的选择，即使在不持有股票的情况下还可卖出股票（以当前股价从当前所有者手中借入股票，以后再归还，特别是希望以较低价格从市场买回后再归还）。因此，我们可以说，价格是由 "边际投资者" 的行为决定的，也就是说，当股票价格高于当前（要价）价格时，投资者无法进行投资，而当股票价格低于当前（出价）的价格时，投资者无法卖出。当然，可能有投资者认为目前的价格已经过高了，也可能有投资者认为目前的价格过低了，但是第一组的卖出和第二组的购买活动将相互抵消，这样，边际投资者就会起决定性作用。事实上，EMH 的含义之一是，投资者对证券的价值没有有意义的分歧，因此，所有的投资者都是边际投资者。这个含义是有问题的（Miller，1977；Shleifer，1986），因为很明显，投资者之间存在很大的分歧（Kandel and Pearson，1995；Kandel and Zilberfarb，1999；Zuckerman，2004）。

但是，让我们继续阐述 EMH 的逻辑，以及为什么它会产生相关影响。首先，考虑（边际）投资者如何决定是否要买入或卖出股票。由于拥有它们的用途或消费价值很小甚至没有，理性的投资者将根据预期的回报来买卖股票。EMH 假设这种回报首先是由股票所有者获得的收益决定的，这种收益按时间（近期得到的收益比未来得到的收益更有价值）和风险（确定的收入比不确定的收入更有价值）贴现。关注收入来源是合乎逻辑的，因为公司的股份合法地赋予了所有者相应的收入份额，以及对公司决策的投票比例，比如多少收入应当再投资于公司运转，多少收入应该向股东支付作为分红。所有的事情都是平等的，因此投资者愿意购买更多的股票以期获得更多的收入。

但是请注意，投资者愿意为更多的预期收入支付更多并不意味着投资者应该投资于高收入的股票而不是低收入的股票，这将取决于它们的相对价格。

实际上，如果前者的相对价格高于后者，高收入股票的投资者将获得比低收入股票的投资者更低的收益。在任何时候，市场上都存在着一个有效运转率，一个理性的投资者不会愿意在高于这一利率时购买资产（也不会在低于这一利率时出售资产）。当然，这样的投资者应该乐于在低于这一利率时买进，而在高于这一利率时卖出。也就是说，如果投资者认为给定股票的价格相对低于预期收入，那么他应该继续投资股票。相反，如果他认为价格相对于预期收入较高，他应该（卖空）售出。无论在哪种情况下，投资者都应该能够从价格与"内在"或"根本"价值的差价中获利。

但 EMH 认为，这样的利润机会实际上并不存在，或者，如果它们确实存在，那么也是极其短暂的，因为任何给定时刻的价格都可以被假定为对内在价值的最佳估计。到目前为止，关键原因在于，这些套利机会是巨大的，投资者因此有极强的动机利用这些机会，他们在价格与价值之间的差额中买进或卖出；与此同时，相应的利润机会被消除或"套利"。事实上，由于 EMH 假设没有资本约束，即使只有一小部分"聪明钱"（smart-money）的套利者，他们的行为也足以使市场有效。[8] 而且，这种套利过程也刺激了学习效应，使套利者认可的折价类型变得更少了（Brav and Heaton，2002）。其主要原因是其他投资者能够观察到套利者的成功，并且采用他们的方法来解读证券信息。此外，如果一些投资者固执地使用低级的证券评估方法，这些人将会遭受资本侵蚀，这样他们就能有效地退出市场，而那些聪明人的钱还在。

最后，EMH 将这一逻辑总结为其最终结论，并预测潜在套利者可获得的巨大回报可以从一开始就被消除。也就是说，考虑到对证券进行正确估值的动机，我们可以预测套利和学习效应会快速传播，这样所有投资者都是边际投资者，所有边际投资者都是聪明的投资者，在可获得信息的前提下，他们推动当前的价格成为最好的股票估值。因此，当投资者可以依靠私人信息进行套利投资时，基于公共信息进行投资行为是愚蠢的。这意味着投资者否认套利和学习的效果，并且推断他对套利行为产生的利润机会不感兴趣。简单来说，假设存在免费的现金，而且尽管数百万其他投资者完全可以看到并从中获利，但他们却不这样做。因此，EMH 引导投资者认为，他们是错误的，而市场是正确的，并将自己寄托于被动的投资策略，例如购买市场指数。

有效市场假说（EMH）的困境

1978 年，迈克尔·詹森（Michael Jensen）断言，金融市场效率是经济学中最著名的实证事实（Jensen，1978：1）。现代投资组合理论的发展（Markowitz，1952；Roy，1952）和资本资产定价模型（Capital Asset Pricing Model，CAPM）（Black，1972；Lintner，1965；Sharpe，1964；Treynor，1965）都依靠市场效率来指导投资决策，也对投资行为产生了强大的影响。数以十万计的 MBA 学员已经接受了 EMH 的方法和更广泛的理论方面的教育，从被动式管理的指数基金的剧增也可以看出 EMH 被公众广泛接受，这就承认了选股的无用性，并转而模仿标准普尔 500 指数（Bernstein，1992）等广基指数。然而，到了 1990 年，尤金·法玛（Eugene Fama）承认"资本市场几乎肯定是低效的"（Fama，1990：1）。对 EMH 的抨击来自很多方面，包括：声称资本资产定价模型（CAPM）是一个无效的评估工具（Fama and French，2004）；各种"异常"经验，即股票收益在特定时期内是可预测的（Keim，1988；Jovanovic，本书第 28 章）；大量证据表明股市过度波动（Shiller，1990）；投资者之间存在重大意见分歧（Kandel and Pearson，1995；Kandel and Zilberfarb，1999），从而增加了交易和股市波动（Zuckerman，2004）。也许 EMH 最棘手的问题是资产泡沫（以及随后的崩溃）的再次发生，即可以证明股票价格大大超过了内在价值（参见例如 Ofek and Richardson，2002；Shiller，2005）。

同样要注意的是，EMH 忠实信奉者的两个突出的辩护很快就被反驳了。其中之一就是法玛和弗仁奇（Fama and French，2004），他们试图证明 EMH 能够获得实证结果，即 CAPM 的"β"（单个证券与市场指数的协方差）未能预测收益（Jovanovic，见本书第 28 章），而市价总值和抑价的简单衡量（市价比；见下）成功了。法玛和弗仁奇等认为这些结果表明后一种措施比 CAPM 更能衡量风险。[9]问题在于，这是一个苍白的论断：没有证据表明购买小股或低估值的股票的投资者面临更大的风险。相反，这些结果正好与下面要讨论的价值投资观点相一致。

第二个突出的辩护在某种意义上与第一个矛盾，因为它认为 EMH 证实了市场表现出很少的套利机会，甚至专业投资者也难以通过选股来赚钱。这在逻辑上是一个严重的错误，因为接受 EMH 并不是要求人们相信难以战胜市场。事实上，即使人们相信价格是完全随机的，情况也是如此。但是，对于有效的 EMH 来说，关键是当错误定价出现时，它会很快被发现，从而被消除，参见马尔基尔（Malkiel，2003）在互联网泡沫后所写的 EMH 情况的回顾。马尔基尔是 EMH 的普及者之一（Malkiel，1985），他承认"股市可能暂时失去了作为股权资本有效分配者的角色"，并且"资产价格在一段时间内仍然'不正确'"。然而，他认为这是 EMH 的一个观点："在泡沫破灭前，理性投资者确实没有任何套利机会"。（Malkiel，2003：75 - 76）事实上，这触到了 EHM 问题的核心：投资者集体撤出市场的时候恰恰是 EMH 希望套利者行事的时候。但在这种情况下，互联网股票泡沫和最近的房地产泡沫都没有出现套利，这是 EMH 最大的挑战。为什么套利者不能消除价格和价值之间的这种差距呢？如果套利者不行事，我们怎么能期望市场有效率呢？

述行性（performativity）的意义

在解决这个问题并对市场效率做出一个更有力的描述之前，我们可以回到前面提到的问题，即 EMH 失败对述行理论的意义。一个显而易见的意义是，即使一个理论被著名的经济学家阐述，然后被广泛采用，也可能不是述行的（自我实现预言的）。过去关于经济理论述行性的研究并不能解释为什么一种广泛采用的理论可能在一个案例中是述行的，而在其他案例中不是（Mackenzie，2006：248 - 258）。在目前的情况下，这个问题可能是，述行理论家似乎认为理论的广泛采用必然使得它更具有预测性，但像 EMH 这样的理论实际上需要有限的采用来使其更具预测性。[10] 这一点与格罗斯曼和斯蒂格利茨（Grossman and Stiglitz，1976，1980）著名的观察所得有关，即如果价格反映了所有可用的信息，那么就不存在收集信息的动力。他们认为，这样做的结果是，信息收集没有达到收集全部信息的程度，因此，市场效率是不充分的。我的观点与此略有不同，属于反事实情况，即所有投资者都会相信 EMH。在这个反事实的世界中，无论价格是否是内在价值的最佳估计，所有投资者都认为它们是正确的，因此，他们进行套利是不合理的。如果没有人进行套利，价格在内在价值上就没有支撑，那时就会存在很大的套利利润，但只有那些不相信 EMH 的投资者才能获得利润。[11] 所以如果所有的投资者都相信 EMH，市场就不可能有效率。

社会理论自我实现预言的研究的普遍教训是，理论的广泛采用将会破坏其预测能力，因为理论的内在逻辑意味着，认识到并认可它的行动者将与关于他们的行为的理论假设背道而驰。就 EMH 而言，对于它的支持者来说比较安慰的一点是，他们没有改变每个人（包括他们自己）[12]，从而有助于使 EMH 更有效。但是，更重要的是，认识到 EMH 是一个自欺欺人的理论有助于强化我们的问题。就互联网股票或房地产泡沫所呈现的套利机会而言，为什么投资者不利用它们，从而使市场更有效率？

自递归市场假说以及价值－价格套利的局限性

自递归市场假说（Self-Recursive Market Hypothsis，SRMH）的逻辑

我现在给出了这个问题最明显的答案，然后表明它也有一个重要的弱点。这个答案可以用凯恩斯的名言来概括[13]："市场的非理性持续时间比你能保持偿付能力的时间更长。"更具体地说，凯恩斯的观点是，"如果你相信某项投资的预期收益是 30 是合理的，且市场会在三个月后将其价值定为 20，那么现在支付 25 美元是不明智的（Keynes，[1936] 1960：157）。"凯恩斯认为，以收入或收益为基础进行交易的投资者（EMH 所依赖的聪明钱套利者）本质上是向企业股票证券化之前的时代倒退。一旦资产被证券化，并在大型的、流动性的交易所交易，边际投资者必然会成为一个投机者，他必须首先关注"传统估值"（价格）在他的投机范围上的变化。这一逻辑引发了凯恩斯的一个著名比喻，即将股票市场比喻为"选美比赛"。特别是，他把投机市场比作：

> ……竞争者必须从 100 张照片中选择 6 张最漂亮的面孔，选择最接近于所有竞争者平均偏好的照片的人将获胜；因此每个竞争者并不是选择自己认为最漂亮的照片，而是选择他认为其他竞争者最喜欢的照片，而所有的竞争者都是这样看待的……这样我们到达了第三个层次，即思考所有人平均意见预期的平均意见是什么……（Keynes，[1936] 1960：156）

有两点值得强调。首先，这种"自递归"逻辑（Zuckerman，2004）严重破坏了 EMH 的逻辑。[14]如上所述，EMH 的逻辑依赖于，价格偏离内在价值所产生的利润机会激励。但凯恩斯以及最近认识到套利限制的观察者（DeLong，[1990] 1993；Shleifer and Vishny，1997 等）指出情况并非如此。如果你认为价格是错误的，但边际投机者在有限的时间范围内并没有考虑到你的观点，那么即使在某种客观意义上你是对的，你实际上也不会获利。回到互联网泡沫的例子，卖空者在那个时候损失了大量的资金，因为卖空的性质是在价格上涨的时候要求支付利息和贴出更多的抵押品，这意味着他们不能维持到从

最终的低价中获取收益。事实上，一些著名的投资者被迫从市场上撤出，因为他们固执地坚持在客观上正确的基于价值的估值方法，但在实际中却是错误的。

其次，要认识到，所谓的"自递归市场"假说（SRMH）并不是基于非理性的行为。[15]更确切地说，"这是投资市场按照上述思路描述的必然结果（Keynes，［1936］1960：157）。"只要边际投机者的估值中价格变动的决定因素发生了变化，那么根据投机者意见的趋势进行投机至少与根据预期收入的计算进行投机一样合理。正如凯恩斯所指出的那样，"试图……以真正的长期预期为基础的投资……肯定会比那些试图预期到大众行为的人更具风险；并且在智商相等时，他可能犯更多的毁灭性错误"（Keynes，［1936］1960：157）。此外，对于机构投资者而言，专注于自己的投机者同行往往更有道理。也就是说，EMH 假定聪明资金充当套利者。特别是，在共同基金或对冲基金经理等机构投资者是竞争性的投资代理人的情况下，他们不仅要有足够的勇气来对抗市场，还必须说服他们的投资者相信他们的逆向思维，并在市场对他们不利时保持信心。正如凯恩斯所说的那样，"世俗智慧教导说，因循守旧的失败比不依惯例的成功更有利于声誉"（Keynes，［1936］1960：158；Scharfstein and Stein，1990）。这实在太绝对了：毕竟，不依惯例的成功往往是值得庆祝的。但问题在于，不依惯例是在成功之前出现的，人们往往必须在成功得到验证之前做出回答。

市场自递归假说（SRMH）的困境

然而，虽然 SRMH 的逻辑成功地削弱了 EMH 的逻辑，但它也具有很大的局限，以至于它本身对有效市场问题的指导作用更弱。首先要注意的是，价值套利，或者更一般地说，"估值机会主义"（Zuckerman，2012）很难，并不意味着从事凯恩斯所描述的那种投机套利是容易的。虽然 EMH 认为套利机制消除了价格与价值之间的所有差距可能是错误的，但我们有理由认为，在涉及当前价格和未来价格之间的差距时，EMH 运行得相当好。凯恩斯认为，在传统估值趋势的基础上进行投机是一种很好的策略。但是，只要能正确预见到这种趋势的投机者都能获得丰厚的回报，我们就有理由期待在这个方向上做出巨大的努力，使当前价格和可预见趋势之间的任何差距都被套利！这进一步证明，人们不需要认可有效市场假说，就可以认为套利机会是稀缺的。问题是，EMH 和 SRMH 都是投资者/投机者不作为的依据。EMH 坚持认为，价格与价值之间的套利机会是一种海市蜃楼，因为它们会瞬间消失；SRMH 试图通过展示根据内在价值进行投机的风险，从而削弱了这一观点。但在我们假设理性行为的前提下，SRMH 也同样存在问题，因为基于传统观点的推测不能适用于一般情况。[16]

这种认识把我们带向这些假设中存在更深层、更成问题的共性，以及这些假设所代表的社会价值。EHM 是纯粹现实主义的一个例子，因为它认为社会估价准确地反映客观价值。就像行为性理论一样，SRMH 是一个纯粹的建构主义理论的例子，因为它坚持认为社会估价在客观价值中没有有效的支撑（Westphal and Zajac，2004，Zuckerman，2004b，2004c）。现实主义和建构主义通常被认为是相反的观点（Abbott，2001）。但是正如我最近所说的（Zuckerman，2010），它们在作为行动指南，特别是公共政策方面，具有完全相同的意义。考虑一下金融资产泡沫。美联储主席格林斯潘（Alan Greenspan）因对有效市场充满信心、阻止美联储反消解资产泡沫而受到了应有的批评。但是纯粹建构主义在这种情况下并没有比纯粹现实主义提供更多的干预依据：

　　　　纯粹现实主义者认为占主导地位的解释是可能的最佳解释，因此放弃挑战它们或提出实现这种解释的替代机制的责任。与此相反，纯粹的建构主义者对主导性解释并没有特别的偏好。但是她也没有挑战他们或者提出替代机制，因为她相信所有的解释都是同样无效的。如果纯粹的建构主义者更倾向于替代主流的解释，她会如何主张呢？一个有能力的理论家如何诊断泡沫呢？（Zuckerman，2010：364）

纯粹现实主义（以 EMH 为代表）和纯粹建构主义（SRMH）之间的差异和相似之处，以及它们的交叉点，总结在图 12 - 1 中。前者认为价格受内在价值的支配，后者则强调集体信念。但它们也表示，市场没有在价格和价值之间显示出有意义的差距。对于 EMH 来说，原因是这样的错误定价会被套利。对于 SRMH 来说，其原因在于内在价值是一种虚构，或者充其量只是一种与价格无关的理论结构。现在应该强调前面提到的社会学家应该关注市场效率的第三个原因。特别是，虽然我们对 EMH 的回应往往是将其追随者贴上"天真的现实主义者"的标签，因为他们并不认同市场是社会建构的，但这一回应回避了两个问题：（a）这是否意味着价格与内在价值没有关系；（b）若否，公众支持证券市场的依据是什么。这一基础似乎源于这样一种信念，即价格将是合理准确的信号，会引导资本配置。但事实并非如此，因为价格是纯粹的结构，没有内在价值支撑。这反过来又使第一个问题变得更加紧要。让我们重新假设如下：假设价格和价值之间的套利受到投机的自递归性质以及机构投资者意愿的严重限制，价格如何以及在多大程度上与内在价值相关？我们能做些什么来加强这一联系？

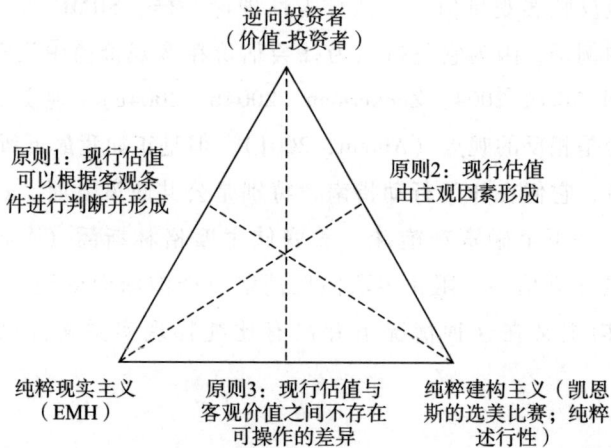

图 12 - 1　社会评估和金融市场定价的三个视角与三个原则

说明：这个三角图中的每个顶点（参见 Coleman, 1961; Martin, 2009）都是一个包含在相邻边线上描述每个原理的透视图。例如，纯粹的现实主义观点认为，客观价值最终决定价格，价格和价值没有区别。从一个顶点到另一个相反的边绘制的线段，表示顶点上的观点拒绝了这个特定的原理。因此，纯粹的现实主义立场反对主观因素决定价格的原则。

逆向投资主义（contrariasm）的吸引力和挑战

价值投资的逻辑

我们可以用逆向思维来阐述这个问题的答案，如图 12 - 1 所示，将 EMH 的重点"价值 - 价格套利"，SRMH 的认知即市场动态是由与内在价值无关的投机行为驱动结合起来的。格雷厄姆和多德（Graham and Dodd, [1934] 1940; Graham, [1949] 1973; Fisher, 1996; Williams, [1938] 1956）的这种"价值投资"方法的精髓可以用以下比喻来表示：

　　想象一下，在一些私人企业中，你拥有一小部分股份的成本是 1000 美元。你的一个合伙人，Market 先生，非常乐于助人。他每天都会告诉你他认为你的利息值多少，而且提出要么把你买断，要么在此基础上再卖给你一笔利息。有时，他的估价似乎是合理的，并且被市场证明是正确的。但通常情况下，Market 先生会失去他的理智，他提出的估值在你看来似乎有点儿愚蠢。如果你是一个谨慎的投资者或明智的商人，你会让 Market 先生每天的唠叨决定你对企业 1000 美元利息的看法吗？只有在你同意他的意见或者如果你想与他交易的情况下，答案才是肯定的。当他给你的报价高得离谱时，你可能会高兴地向他出售；当他的价格极低时，你也同样乐意从他那里买进。但在剩下的情况下，你会更明智地根据公司关于运营和财务状况的完整报告，形成自己对所持股份价值的看法。（Graham，［1949］1973：108）

　　值得注意的是，格雷厄姆和凯恩斯都对投机和投资做出了明确的区分，他们同意价格是由边际投机者（"Market 先生"）推动的，他们的估值经常与内在价值无关。但是，格雷厄姆从这个角度得出了截然不同的结论。特别是，凯恩斯反对从事价值套利（但请参阅注释 16），但这正是格雷厄姆所主张的。他坚持认为，"真正的投资者"应该对证券的价值做出自己的判断，并在与边际投资者意见相左时采取行动，"如果他不考虑股市并且只注意他的股息回报和公司的经营业绩时，他会做得更好"（Graham，［1949］1973：109）。而且有充分的证据表明，当以有规律的方式实践时，作为一种投资策略，价值投资可以是有利可图的（Buffett，1984；Fama and French，2004）。最后，值得注意的是，社会学家们严肃地看待这个观点的一个重要原因是，尽管建构主义对许多经济社会学家有吸引力，但事实上，他们在争论社会学相对于经济学的价值时（他们自己的工作相对于其他人的工作而言），实际上采取了一种反向的立场。这种立场表明，客观价值确实存在，但社会价值往往是错误的，这样我们保留自己的意见是明智的。

价值投资的困难

　　然而，尽管这种个人偏好可能会使我们支持逆向主义，但这也凸显了它所面临的难题。首先考虑 SRMH 提出的关于价值 - 价格套利的疑问，一般也适用于价值投资者：如果 Market 先生这么愚蠢，为什么价值投资者如此确信

Market 先生会自我修正，从而使价值投资者获得利润（而不是损失）？格雷厄姆及其追随者对这个问题并没有给出明确的答案。格雷厄姆经常引用的一句话是："短期来说，市场是一个投票机。从长远来看，这是一台称重机。"[17]但他对 Market 先生如何反映短期愚蠢趋势、长期明智趋势的机制几乎没有提供什么指导。格雷厄姆（Graham，［1949］1973：108）认为这个"调整过程"提供了五个理由，但是它们基本上都断言 Market 先生最终会把事情弄清楚，而不是解释为什么会出现这种情况。此外，如果不清楚为什么价值投资理论逃脱了"自递归"市场假说（SRMH）的批评，那么也不清楚它如何脱离有效市场假说的观点，即价值投资战略所确定的利润机会所带来的激励应该（通过套利和学习效应）迅速消除。因此，价值投资方法面临着双重约束，如图 12 - 1 所示，价值 - 投资如何与其他观点共享关键原则。一方面，它要求投资者进行套利，因为他们最终会了解到证券的内在价值，从而实现盈利；另一方面，只有在套利和学习受限的情况下，它所确定的套利机会才能存在。因此，我们回到上文所述的问题。

从社会学视角回答市场效率的问题

我将在本章剩下的部分回答这个问题。下文我们将从价值投资者和逆向投资者的实践智慧而非其用户的理论出发来回答这个问题。这种做法的好处在于：（a）阐明价值 - 价格套利如何成为可能，从而限制自递归过程并为价格提供客观基础；（b）指出价值 - 价格套利的局限，以及价格如何偏离内在价值；（c）指出市场作为一个学习环境具有局限性（以及短期内正确"衡量"的能力），在某些制度条件下（当交易是场外交易时），这种局限性是非常严重的。

价值 - 价格套利设定了一个客观的价格底线

价值投资实践的主要经验是，证券价格不是纯粹的社会结构，而是在特定的客观约束条件下构建的。[18]特别是，价格面临着一个严格的约束或"底线"，它们不能低于这一"底线"。要看到这一点，我们必须只考虑价值投资的主要策略，即寻找价格非常低的股票，以比预期收入低得多（有"安全边际"；Graham and Dodd，［1934］1940）的市价交易，或者更好的是，以低于公司资产价值的市场价值交易。特别是，让我们考虑一个反事实的情形，例如通用电气（GE）普通股在 2010 年 9 月 13 日开盘时的价格为每股 1 美元。由于通用电气共有 169 亿股普通股，因此其市值为 169 亿美元。这听起来可能是一个很大的数字，但事实上，这将意味着当日股价比交易前一天（2010年 9 月 10 日）的收盘价 15.98 美元/股（隐含市值 1710 亿美元）的市值下跌了 90.1%。然而，根据自递归市场假说（SRMH）的纯粹构建主义逻辑，没有理由认为 1 美元的价格是错误的，也没有理由认为投机者更倾向于将价格保持在 16 美元附近，而不是把价格压低到 1 美元。但事实上，有充分的理由认为，16 美元的价格是对通用电气内在价值的更准确的估计，投机者将意识到这一点并基于此考虑交易活动，从而使价格更接近于 16 美元，而不是 1 美元。

为了支持这个观点，我首先使用了两种经典的价值投资方法来证明 1 美元/股的价格太低：（a）股息收益率（Williams，［1938］1956），即投资者预期从持有通用电气股票获得的收益；（b）清算价值，即投资者通过"贱卖"（尽可能快地卖出）其资产获得的收益。可以肯定的是，许多上市公司并不支付股息，也不需要支付股息。然而，这些考虑在很大程度上与决定通用电气的内在价值无关。尤其是，虽然通用电气股息的规模多年来一直在变化，但是（截至 2010 年 9 月 10 日）季度分红已经持续几十年。尽管最近股息有所减少，但其仍然保持收益的 45% 的派息比例不变，这表明它有能力履行其承诺。[19]这一承诺的价值可以通过 10 月 25 日发放给在 2010 年 9 月 16 日（"除息日"）的股票持有者 0.12 美元季度股息来衡量。这意味着，对于以 1 美元购买股票的反事实投资者来说，通用电气股票将产生 12% 的季度回报和 48% 的年度回报（假设没有复利）。[20]当然，这是一个非常有吸引力的回报率。即使是 10 美元/股，季度股息为 0.12 美元（相当于 4.8% 的年收益率，与十年期美国国库券的 2.8% 收益率相比也是非常可观的）。相比之下，当价格为 16 美元/股时，通用电气投资者的收益率仅略高于美国十年期国库券的收益率。这些计算明显表明，通用电气的内在价值接近 16 美元/股而不是 1 美元/股。[21]

通用电气的清算价值极大地佐证了这一结论（Graham and Dodd，［1934］1940）。股票的清算价值与以下逻辑有关：投资者应获得公司的控股权，这是她从投资中获得的最小回报。在现实中，这样的投资者很可能会期待更高的回报，因为这些资产作为公司的一部分，比在"贱卖"中更值钱。因此，投资者对通用电气的收购价值进行估值，也可能会高于 1 美元。[22]根据通用电气2010 年 6 月的资产负债表，计算清算价值的一种基本且非常保守的方法是，将其总资产减去无形资产和总负债，再减去 25% 的应收账款（假设有 25% 的欠款将不会被收回），而对库存的折旧是 50%（假设在贱卖中，其产品将以原价的 50% 销售）。根据这一结果，估计通用电气的内在价值为每股 5.33 美元。一种更为保守的方法是不考虑通用电气的品牌估值。即使是这种方法产生的清算价值仍为 1.60 美元/股或 270 亿美元，也比在我们的反事实的情景下高 60%。[23]

上述计算有力地表明，尽管通用电气的内在价值不可能高至每股 16 美元，但它的价值远高于每股 1 美元。而且还有充分的理由认为，这些内在价值的计算决定了通用电气股票的价格。让我们来细说内在价值"形成价格"的意思，特别是两个观点都遵循这一原则（见图 12-1）——以 EMH 为代表的"纯粹现实主义"和以价值投资为代表的"逆向主义"在短期内是否出现错误定价的情况有很大不同。将这些观点统一起来就是对内在价值进行非常保守的计算，即建立一个低于该价格就不可能出现下跌的底价。具体而言，如果我们假设在 2010 年 9 月 11 日至 12 日的周末，没有关于通用电气或者影响其创收能力的政治和经济状况发生，这意味着通用电气公司低至 1 美元/股的价格相当于有人在同一天早上将 10 亿美元现金放在时代广场几个小时。这种情况在物理学上是可能的，但在社会上是不可能的。事实上，我们通常通过假设那些社会上更可能发生的场景来模拟我们的生活（比如我们走在街上的时候会遭到抢劫犯的袭击），而不是这种脱离实际的情况。亲爱的读者，你不会把任何对你有价值的东西押在它未来可能发生的机会上。

对于一些社会学家（尤其是那些倾向于纯粹的构建主义的社会学家）来说，他们很难接受通用电气股票，哪怕只有略微低至 1 美元/股的可能性，认为这种可能性很小，而认为每股 16 美元的价格更合适。但是有两个方面的考虑应该化解这种怀疑态度，也为了解这种计算如何形成价格提供了基础。首先，我提出内在价值决定价格这一原则只适用于价格不低于最保守的内在价值时的预测。也就是说，我的主张并不是价格等于价值，而是随着价格的进一步下跌，当跌至很低的内在价值时就不会再下降。其次，即使绝大多数投资者不认可我的计算，这种以价值为基础的价格底线也是有效的。为计算内在价值而确定价格下限所需要的是，那些赞同这一计算的人有足够的资本从那些愿意以这个价格卖出的人手中购买股票。如果一个投资者有足够的资本，对他来说购买资产是理性的，因为按照他自己的估计，他将从资产所有权中获得收益，无论他是否是世界上唯一一这样认为的人[24]：并且他还会继续投资，直到资产的价格上涨到等于内在价值或他自己的资金耗尽。因此，预测 2010 年 9 月

13 日通用电气股票基本上没有机会低至 1 美元/股，基本上预示着至少有少数投资者拥有或可以筹集足够的资金来购买所有以这样的价格出售的股票。[25]

价值形态构建理论

上述讨论表明，我们如何能够重塑凯恩斯的观点，使投机的自递归性质仍然根植于内在价值之中（尽管往往是松散的）。要了解这一点，可以考虑一个投机者，他正试图通过预测"常规估值"的趋势来预测通用电气的价格。当每股 16 美元时，这是一个非常困难的挑战。但在我们的反事实情境中，这并不是很难。实际上，前面的讨论就是这种情况，这实际上是凯恩斯提到的第二个"层次"。也就是说，在每股 1 美元的情况下，人们很容易预料到有人会购买通用电气的股票，因为他们会意识到可以通过拥有这些股票获得很好的收益。因此，如果我能在投资者抢购之前以 1 美元的价格买进一些股票，那么随着投资者的需求抬高价格，我将会获得丰厚的回报。因此，价格越接近保守估计的内在价值，投机者对传统估值的判断就越会被预期收入的计算所影响。正是在这个低点，两个合理的要求——（a）通过比较价格与预期收入进行投资和（b）基于传统估值的趋势进行推测——综合在一起，因为如何通过收入计算常规估值是很清楚的。如果一个投机者坚持愚蠢地忽视价格太低的事实，那么套利和学习机制就可以保证他在亏损的时候被淘汰出局，或者他从价值投资者那里学习到：如果他想预测价格趋势，至少在价格非常低时，他必须对预期收入进行计算。

当价格高于保守估计的内在价值时，同样的逻辑也适用于常规估值的收入形态判断。让我们回想一下，为什么一个只关心收入的长期投资者（而不是投机者），可能会愿意为一个风险投资的股票，付出比保守估计的内在价值要高得多的价格（根据其当前收入或其资产价值）。很明显，这样的投资者经常会亏损。然而，他们有时会得到相当可观的回报，因为商业冒险有一个创造价值和获取价值的战略，从而积累了可观的利润。也就是说，这样的投资行为是基于一种"理论"，即将公司及其背景的指标结合起来，从而对此类企业的股票价值做出判断（Shiller，［1990］1993；Zuckerman，1997，1999）。认识到这些理论为投资提供了信息，应该会再次影响我们的想法以及那些试图预测常规估值的投机者的想法。也就是说，当我们认为大量资本会以 p 价格来购买某一企业的股票时，如果由于某种原因价格下降到 p 以下，我们就有必要考虑购买股票。回到通用电气的例子，如果我们足够强烈地认为市场上的主导理论显示通用电气的价值应该是 20 美元/股，那么我们很可能决定以每股 13 美元的价格购买通用电气股票。这种投机策略受到了格雷厄姆的反对，因为他们依赖于成功预测价格的短期趋势（相比之下，巴菲特经常在此基础上投资；Lowenstein，1996）。但我们观点的关键之处在于，这一逻辑阐明了内在价值的估计是如何影响投机行为的。并且，试图忽视根本价值的投机者，在发现其预期的趋势与大多数投机者的认为及大多数人相信的……有关管理不良资产的价值理论背道而驰时，才猛然觉醒。

理论和价格在高位相对不受约束

在这一点上，我更多地赞同 EMH。特别是，我认为，套利和学习效应的投机机制，使得在可利用信息的条件下，价格不能过于脱离现有的价值理论，而这些理论又反过来预测未来的收入流。这表明价格应该是对这些收入流的准确估计，从而为资本配置提供有效的指导。但问题在于，尽管套利和学习机制是为了确保定价理论的合理性（根据估计未来的收入）且它们随着时间的推移而改善，但这些理论在短期内往往是相当错误的。例如，互联网泡沫不应被视为一种基于纯粹冲动的非理性行为或投机行为；相反，互联网股票价格的走势表明，它们是由一种合理的价值理论来支配的，但事实证明，这种理论过于乐观（Zuckerman and Rao，2004；Demers and Lev，2001）。

错误的理论一度能够管理价格有两个相互联系的原因，这些原因源于套利和学习的根本局限性。在套利方面，问题在于随着价格下跌，价值 - 价格套利变得越来越容易，随着价格上涨，套利变得不可能实现。当价格非常低时，价值投资者可以通过直接购买公司来进行套利；其他人可能以极低的价格对股票估值，但他们的观点不再重要：价值投资者直接从公司的收入流中获得回报，而不是预期传统估值。相比之下，当价格非常高时，就没有对应的方式来执行逆向策略。回到互联网泡沫的例子，他们唯一的选择就是卖空互联网股票。但即使卖空是可能的（通常也是不可能的，因为只有很少的互联网股票可供借入；Ofek and Richardson，2002），卖空者也会受制于传统价值，也就是当前盛行的价值理论，借用凯恩斯的释义，"市场坚持不正确的理论，比你能保持偿付能力的时间更长"。格雷厄姆和多德（Graham and Dodd，[1934] 1940）建议价值投资者避免卖空，除非在极少数他们可以无限期持有头寸的情况下。而价格较高时价值 - 价格套利的相对缺失，会间接影响价格上限的放宽。一旦投机者相信（那一投机者相信……）某一特定价值理论，这一理论意味着更高的价格，那么价值投资者从他们的愚蠢行为中获利的可能性相对较小，从而使价格降至合理水平。[26]

现在我来谈谈我观点的最后一点，即市场作为一个学习环境的弱点。为了分析这个问题，首先值得注意的是，高价格时价值－价格套利的弱点并不一定意味着盛行的理论总是错误的。特别是，如果错误的理论最终被揭穿（一旦时间够长，而且收入的估计过高），坏的理论就会被好的理论所取代。而且在长时间观察后会发现，只有好的理论依然存在。当然，问题在于没有足够长的时间观察。历史永远不会以完全相同的方式重演，这为解释这些新发展的理论提供了动力。此外，总有某些人（某些"估值企业家"；见 Zuckerman，2012；Becker，1963）有兴趣推广这些理论，认为新的发展将会是非常有利可图的。通常这些理论并没有被别人接受，但有时也会被接受，而且越来越多的追随者可以起到促进作用。在那个时候，怀疑论者可能会试图通过暗示这个理论是愚蠢的和/或提供历史记录质疑这种理论来抵消投机狂热。但是这个理论往往对于足够多的投机者来说是足够合理的（他们相互说服其是合理的），并且历史记录将会引起歧义（Reinhart and Rogoff，2009），这样在新理论被披露之前，大量的资本可能会浪费在相对低收益的投资项目上。

最后要注意的是，价值－价格套利的弱点是如何加剧这种过度投机行为的。它支持这种看涨的投机行为，首先，因为那些有正确的价值理论的人无法（除了卖空，希望时间能让它崩盘）抵制它；其次，他们在市场上的缺席意味着投机者将从短期市场走势中得到错误的教训（Gorton，2008）。例如，考虑一种情况，根据一种主导但不正确的价值看涨理论，消息的含义是含糊不清的，但根据正确的看跌价值理论，它具有负面影响。这类消息可能会导致交易的短期飙升和波动，因为投机者试图判断这类新闻的传统估值（Zuckerman，2004）。但是，由于空头几乎无法采取行动来表明自己的观点，投机者会合理地判断，这条消息并不是特别消极。此外，如果熊市论者在公共媒体上表达自己的观点，但价格却没有相应的影响，投机者会合理地得出结论，认为他们的市场判断是错的。总之，市场支持价值套利能力的弱点，具有扭曲市场有效沟通能力的副作用。最终的结果是，只要对套利加以限制，证券市场的配置效率就会受到限制（价格不会是未来收入的最佳估计），甚至在信息效率上也是如此（它们不包含全部的可用信息；Sethi，2010；Zuckerman，2004a）。

结　论

我在前面已经尝试用一个关于市场效率的社会学描述来比较以 EMH 为代表的极端现实主义和以述行理论和 SRMH 为代表的极端建构主义。简而言之，这里提出的观点是对格雷厄姆名言的阐述，即市场在短期内是一个"投票机"，但从长远来看是一个"称重机"。这一阐述说明了内在价值如何以及为什么约束价格，以及为什么这些约束是脆弱的。我希望这种观点为社会学家和其他人所理解，市场往往是如此神奇的方式，使一群人做出比各自更明智的决定，但有时也会导致巨大的判断错误。未来的努力应该是为了尽量最小化后者，并最大化前者。只有当我们意识到价格不是纯粹的构建，也不是完全正确的时候，这才可能实现。但这是利润追求（套利）和沟通（学习）的集体过程的结果，这些过程依赖于运转良好的机制，以确保它们运转得足够好。

最后，关于我们应该采取适当的方式来提高市场效率这一点，我指出两点。首先，认识到市场效率的局限性，指导我们关注市场如何"理性化"以提高效率（Zuckerman，2010）。其次，监管机构的作用：（a）有充分的机制确保投资者表达意见；（b）在证券市场缺乏这种机制的情况下，他们应该将市场视为结构上存在低效并进行干预以解决问题，从而避免对金融系统乃至经济产生负面影响。

然而，即使我们试图提高市场效率，市场效率也总是有限的。原因在于没有逃脱基本的不对称性，即牛头可以根据资产的预期收入进行投资，而不考虑市场风险（从而产生一个坚挺的价格底线），空头却总是处于市场风险的支配之下（从而产生脆弱的价格上限）。事实上，有争议的是，EMH 的追随者所犯的主要错误是他们未能理解（或者是作为一个简化的假设而放弃；见 Fama and French，2004：29 - 30）他们的理论只适用于没有价值 – 价格套利限制的制度条件。更具体地说，EMH 的成立必须要在卖空（在牛市期间）和投资（在熊市期间）同样容易的情况。[27] 但这一假设是否成立还值得怀疑。卖空是一种投机活动，它必然包含"市场风险"，即价格不会下跌的风险。相比之下，关注投资收益的投资者（特别是直接购买资产）的回报率不涉及市场风险。这种基本的不对称意味着市场效率的限制不能被消除。因此，这一分析的最终含义是教导我们要以价值投资的核心——怀疑的态度看待证券价格。至关重要的是，我们总是要记住，价格和价值之间是有区别的（Zuckerman，2010）。

注释

1. 感谢亚力克斯·普瑞达（Alex Preda）和卡瑞恩·克诺尔·塞蒂娜（Karin Knorr-Cetina）邀请我参与这本书的创作。感谢凯瑟琳·图尔科（Catherine Turco）提供了宝贵的反馈意见。依惯例，文责自负。

2. EMH 的讨论方式有些不同，尽管所有这些声明都声称市场达到了高水平的信息效率，即价格很快包含了重要信息［假设的"半强"涉及所有公共信息，而"强"甚至与私人信息有关（Fama，1976；Jensen，1978）］；这种信息效率是"配置效率"的一个必要但不充分的条件（Sethi，2010），即证券价格是这些证券未来收入流的价值的最佳估计，因此证券市场正在将资本进行最有效率的分配。

3. 这一趋势的一个指标是具有引领性的社会学期刊中关于金融市场的第一篇文章的引用率，即贝克尔（Baker，1984）对期权市场的网络分析。20 世纪 80 年代的平均引用率为 3.6/年，90 年代则为 5.7/年，而 2000 年则几乎翻了一番，达到 10.9/年（来源：Web of Science）

4. 这些学者在劳恩斯伯里和赫希（Lounsbury and Hirsch，2010）编辑的金融危机卷中得到了很好的体现。特别参见弗雷格斯坦等（Fligstein and Goldstein，2010）和博兹乐等（Pozner，Stimmler and Hirsch，2010）的章节。

5. 关于构建主义的纯粹与"适度"或"情境"之间的区别，请参阅 Best（2008）、Bromberg and Fine（2002）、Goode（1994）、Abbott（2001）。

6. 在构思 BSM 时，基本上没有期权市场。这意味着 BSM 能够变得准确的唯一方法就是投资者运用这种方式或运用这种方法的某些方面。换句话说，麦肯齐和米罗（MacKenzie and Millo，2003；MacKenzie，2006）争辩说 BSM 是为了成为一个"相机"或对现实的描述，但却讽刺地成为一个创造它所描述的现实的"引擎"，这一说法是不准确的。实际上，BSM 从一开始就打算成为"引擎"（金融工程的工具）。

7. 这并不意味着项目的盈利能力应该是资本配置的唯一决定因素。例如，我们可能想要引导投资远离那些危害环境或践踏工人权利的项目。问题在于，至少有一部分资金是根据其盈利能力来分配的（或许是结合了反映社会福利的税收和激励因素），资本市场价格应该准确反映一个项目的盈利能力。

8. 在这一章中，套利的定义涉及利用资产价格与其内在价值之间的差异。这是套利的另一种定义，与交易员经常使用的定义不同，在哈迪和麦肯锡的研究中也适用。套利涉及发现并利用一种资产在一个市场上的价格与在另一个市场上的价格之间的差异。但是，即使所有市场的资产价格都是相同的，也不清楚这个价格是否能很好地衡量资产的价值。前者是"价值－价格"套利形式的必要条件。因此，关于一个市场是一个有效配置的市场的最终问题是价值－价格套利是否是一个高效机制。

9. 正如福克斯（Fox, 2009）所讨论的那样，长期以来人们一直怀疑 β 是否是系统风险的一个很好的衡量标准。除了计量问题之外，在资本消耗殆尽的可能性（风险的传统理解，这是偿付能力存在问题的实体债务收益率较高的原因）和股票与市场指数的协方差之间存在显著的概念差距。

10. 当然，行为性理论家们很难确定他们期望的行为理论，以及对行为效果负责的机制。更确切地说，广泛采用的预测理论往往被认为是具有行为性的，而非预测理论则倾向于被贴上"非行为性"的标签（MacKenzie, 2008：244 – 59）。我想强调的是，为什么 EMH 的内在逻辑使它永远无法诱导出它所想象的市场。

11. 这一点没有得到 EMH 的支持者的认可，这可以从法玛著名的预测中看出：证券分析师将会消失，因为他们"建立了一个市场，在这一市场中，对于平均分析师和普通投资者而言，基本分析都是一个相当无用的程序"（Fama, 1965b：58）。这个预测的逻辑缺陷是，除非有人从事基础分析，否则市场不可能高效。因此，尽管平均分析师和投资者不可能从市场中获益，但市场效率要求这种努力（通过 EMH 怀疑论者）确实发生。

12. EMH 最重要的一个方面是，EMH 最狂热的倡导者倾向于通过参与套利策略来变得非常富有，这种策略假定市场效率低下（Fox, 2009）。

13. 我一直无法找到这个引用的来源。我的猜测是凯恩斯没有这样说，但是有人（恰当地）总结了凯恩斯的观点。

14. 相比之下，承认投资者有时行为不合理并不是 EMH 棘手的主要原因。非理性或"嘈杂"的市场参与者（Black, 1986）确实让 EMH 棘手，但前提是他们的行为会导致严重的错误定价。否则，不理性的投资者可能被视为傻瓜，他们固执地拒绝吸取教训，认为自己无法打败市场，从而提高了套利者的回报。套利者抓住他们的错误，迅速将价格推回到正确的水平。因此，正如布拉夫和希顿（Brav and Heaton, 2002）及其他人（Sheffrin, 1996; Shleifer and Vishny, 1997）所强调的那样，对 EMH 的唯一有效的批评是那些表明套利有重大局限的观点，即那些知道价格与价值之间差异的人，无法依据这些知识采取行动。

15. 不幸的是，这一点常常被凯恩斯关于"动物精神"和真实市场行为的评论所掩盖（Keynes, [1936] 1960：161 – 164）。实际上，他把"由于投机而引起的不稳定"与"由于人性的特点而导致的不稳定性"区分开来（Keynes, [1936] 1960：161），但凯恩斯的观点似乎忽略了这种区分。

16. 因此，福克斯（Fox, 2009：34, 338）讨论了为何凯恩斯在他作为剑桥大学的投资组合经理时不进行投机。并且，他采用了与格雷厄姆相当接近的价值投资法，如下所述。

17. 我无法找到这句话的出处。最接近的引用是："市场不是一台称重机，每个问题的价值都被精确的、客观的机器记录下来……相反，我们应该说，市场是一个投票机，承载无数人的选择，部分源于理性，部分源于感性（Graham and Dodd, [1934] 1940：27）。

然而，尽管这句话似乎否定了市场长期的"衡量"能力，但格雷厄姆似乎确实假定了这种能力，正如下文所讨论的那样。

18. 我的意思是阿伯特意义上（Abbott, 1988：35 - 40）的"客观"，是一系列条件，这些条件以共同的方式面对所有相关公众的成员，必须经过独立的核查，且这些方式比解释和适应的尝试更慢。因此，即使经济是一个集体建设，它也面临一系列客观条件。

19. 通用电气过去 15 年的分红历史可以在 http：//www. ge. com/investors/stock_ info/dividend_ history. html 中找到。这样的记录表明，管理层知道，如果停止支付股息，特别是如果它违背了支付即将到来的季度股息的具体承诺，它将面临重大的声誉损失。

20. 从理论上讲，我们的幸运投资者可以在除息日之后立即卖出股票，这样就能获得高达 12% 的重大周收益，相当于无复利时 624% 的年回报率。实际上，这种回报是不可得的，因为股息支付前，价格上涨到与股息大小成正比的程度抵消了这一点。也就是说，价格有效地考虑了预期股息的时机。

21. 请注意，在实践中，投资者还必须考虑到他对流动性的需求。也就是说，我们对年回报率的计算假设通用电气的价格将保持不变。如果投资者在明年可能需要他的资金，他一定会担心通用电气的股价会下跌，从而影响他从股息收入中获得的回报。此外，大投资者必须考虑到清算大仓位本身可能降低价格，从而降低他的收益。但是请注意，对价格下跌的担忧也适用于债券，通用电气公司的股票数量非常巨大，这意味着它的流动性很强。所以我们基本上是在拿苹果和苹果进行比较。

22. 事实上，收购价格通常高于当前股价，这意味着通用电气将以高于每股 16 美元的价格出售。

23. 在实践中，必须考虑清算的可能性和价格。如果有理由认为，例如，目前的管理层有法律或政治手段来防止清算，那么就应该对清算价值进行贴现。

24. 值得强调的是，他从股票的内在价值中得到的回报，无论是通过股息收益还是资产清算，都与其他投资者的信念无关。当一只股票的价格下跌到投资者认为自己拥有该股票时能获得可观的收益，对于她来说，购进该股票就是明智的，即使她认为股票的价格还会下跌（会增加更多的购买量）。当然，这可能需要一个非常低的价格给投资者这样的信心。我们的观点是，每一种资产都有这样的价格，即使它是负的（例如，如果资产负债超过其资产和估计的盈利能力，则现在的所有者可能不得不向未来的所有者支付资产）。

25. 如果当前大多数股东都是如此愚蠢，以至于他们以每股 1 美元的价格卖出，那么幸运投资者就可以控制通用电气，并直接进入其收入流，因为他们认为每股的价值超过 1 美元。如果只有部分所有者是如此愚蠢，那么幸运投资者就会以 1 美元的价格买进尽可能多的股票，而且价格必然会上涨，因为新的股东将以高于 1 美元的价格出售股票。

26. 最近的金融文献提出了相关的观点。尤其是牛市和熊市之间存在基本的不对称被广泛认可 [市场崩溃无法恢复的关键含义；见 1977 年米勒（Miller, 197）在这个文献中的基础论述部分；见鲁本斯坦（Rubenstein）2004 年关于这一点的历史回顾；Chen、Hong 和 Stein 2002 年以及 Ofek 和 Richardson 2002 年的言论和经验证据]，这些都来源于对卖空的限制。我的方法与这个观点基本一致，但关键的不同之处在于，我认为牛市和熊市之间存在不对称，无论卖空限制的可能性如何。原因在于，尽管低估资产的价值 – 价格套利是一种不涉及市场风险的非投机性策略，但对估值过高的资产进行卖空是一种投机策略，涉及凯恩斯（Keynes）所提及的重大市场风险。在这方面，这里提出的观点与布伦纳迈尔（Brunnermeier）及其同事的做法最为接近，即使在没有卖空限制的情况下，卖空也会受到严重限制，因为需要临界点来降低价格（Abreu and Brunnermeier，2003；Brunnermeier and Nagel，2004）。然而，布伦纳迈尔没有明确地将卖空的这种限制（假设"套利限制"的误导性标签，Shleifer and Vishny，1997）与套利者寻求从被低估的资产中获利的相对限制的缺失做对比。

27. 而且，有效市场假说甚至不适用于——就像最近的房地产泡沫一样——不可能从事卖空交易（Zuckerman，2009）。然而，请注意，即使 EMH 依赖于卖空的可能性，它也暗示卖空应该是非常有限的；特别是，我们不应该关注卖空者长期持有头寸的情况。原因在于，市场价格是源于通过正确的估值驱动不正确的估值以得到可用信息来对未来收入进行最佳估值的过程，而且如果空头头寸怀疑目前价格的正确性（特别是它表明目前的价格太高），那么除了极短暂的空头头寸外，所有这些都是矛盾的。因此，矛盾在于：（a）一方面，限制卖空使得市场低效；（b）另一方面，空头的普遍存在是市场效率低下的表现，因为这意味着并不是所有信息都被纳入价格考量。

参考文献

Abbott，A. D.（1988）. *The System of Professions：An Essay on the Division of Expert Labor.* Chicago：University of Chicago Press.

—— (2001). *The Chaos of Disciplines.* Chicago：University of Chicago Press.

Abreu，D. and Brunnermeier，M. K.（2003）. "Bubbles and Crashes. " *Econometrica*，71：173 – 204.

Baker，W. T.（19B4）. "The Social Structure of a National Securities Markets. " *American Journal of Sociology*，89：775 – 833.

Becker，H.（1963）. *Outsiders：Studies in the Sociology of Deviance.* New York：The Free Press of Glencoe.

Bernstein，P. L.（1992）. *Capital Ideas：The Improbable Origins of Modern Wall Street.* New York：Free Press.

Best，J.（2008）. "Historical Development and Defining Issues in Constructionist Inquiry，" in J. A. Holstein and J. F. Gubrium（eds. ），*Handbook of Constructionist Research.* New York：

Guilford Press, 41 – 66.

Black F. (1972). "Capital Market Equilibrium with Restricted Borrowing." *Journal of Business*, 45: 444 – 55.

—— (1986). "Noise." *The Journal of Finance*, 41: 529 – 43.

Brav, A. and Heaton, J. B. (2002). "Competing Theories of Financial Anomalies." *Review of Financial Studies*, 15: 575 – 606.

Bromberg, M. and Fine, G. A. (2002). "Resurrecting the Red: Pete Seeger and the Purification of Difficult Reputations." *Social Forces*, 80: 1135 – 55.

Brunnermeier, M. K. and Nagel, S. (2004). "Hedge Funds and the Technology Bubble." *The Journal of Finance*, 59: 2013 – 40.

Buffett, W. E. (1984). "The Superinvestors of Graham-and-Doddsville." *Hermes*, Fall: 4 – 15.

Chen, J., Hong, H., and Stein, J. (2002). "Breadth of Ownership and Stock Returns." *Journal of Financial Economics*, 66: 171 – 205.

Coleman, J. S. (1961). *The Adolescent Society: The Social Life of the Teenager and its Impact on Education.* Glencoe, IL: Free Press.

DeLong, J. B., Shleifer, A., Summers, L. H., and Waldman, R. J. ([1990] 1993). "Noise Trader Risk in Financial Markets," in R. H. Thaler (ed.), *Advances in Behavioral Finance*, New York: Sage, 23 – 58.

Demers, E. and Lev, B. (2001). "A Rude Awakening: Internet Shakeout in 2000." *Review of Accounting Studies*, 6: 331 – 59.

Dreman, D. N. (1977). *Psychology and the Stock Market: Investment Strategy Beyond Random Walk.* New York: Amacom.

Fama, E. F. (1965a). "The Behavior of Stock Market Prices." *Journal of Business*, 38: 34 – 105.

—— (1965b). "Random Walks in Security Prices." *Financial Analysts Journal*, September-October: 55 – 9.

—— (1970). "Efficient Capital Markets: A Review of Theory and Empirical Work." *The Journal of Finance*, 25: 383 – 417.,

—— (1976). *Foundations of Finance: Portfolio Decisions and Securities Prices.* New York: Basic Books.

—— (1990). "Efficient Capital Markets: II." University of Chicago, Center for Research in Security Prices Working Paper No. 303.

——and French, K. R. (2004). "The Capital Asset Pricing Model: Theory and Evidence." *Journal of Economic Perspectives*, 18: 25 – 46.

Fisher, P. A. (1996). *Common Stocks and Uncommon Profits and Other Writings by Philip Fisher.* New York: Wiley.

Fligstein, N. and Goldstein, A. (2010). "The Anatomy of the Mortgage Securitization Crisis," in M. Lounsbury and P. M. Hirsch (eds.), *Markets on Trial: The Economic Sociology of the U. S. , S. Financial Crisis: Part A*. Bingley, UK: Emerald, 29 – 70

Fox, J. (2009). *Myth of the Rational Market: A History of Risk, Reward, and Delusion on Wall Street*. New York: Harper Business.

Goode, E. (1994). "Round up the Usual Suspects: Crime, Deviance, and the Limits of Constructionism." *American Sociologist*, Winter: 90 – 104.

Gorton, G. (2008). "The Subprime Panic." *Yale International Center for Finance Working Paper*.

Graham, B. ([1949] 1973). *The Intelligent Investor: A Book of Practical Counsel* (4th rev. edn). New York: Harper & Row.

——and Dodd, D. ([1934] 1940). *Security Analysis: Principles and Technique* (2nd edn). New York: McGraw-Hill.

Grossman, S. J. and Stiglitz, J, E. (1976). "Information and Competitive Price Systems. " *American Economic Review*, 66: 246 – 53.

—— (1980). "On the Impossibility of Informationally Efficient Markets. " *American Economic Review*, 70: 393 ~ 408.

Jensen, M. C. (1978). "Some Anomalous Findings Regarding Market Inefficiency. " *Journal of Financial Economics*, 6: 95 – 101.

Kandel, E. and Pearson, N. D. (1995). "Differential Interpretation of Public Signals and Trade in Speculative Markets. " *Journal of Political Economy*, 103: 831 – 72.

Kandel, E. and Zilberfarb, B. -Z. (1999). "Differential Interpretation of Information in Inflation Forecasts. " *Review of Economics and Statistics*, 81: 217 – 26.

Keim, D. B. (1988). "Stock Market Regularities: A Synthesis of the Evidence and Explanations," in E. Dimson (ed.), *Stock Market Anomalies*. Cambridge: Cambridge University Press, 16 – 42.

Keynes, J. M. ([1936] 1960). *The General Theory of Employment Interest and Money*. New York: St. Martin's Press.

Lintner, J. (1965). "The Valuation of Risky Assets and the Selection of Risky Investments in Stock Portfolios and Capital Budgets. " *Review of Economics and Statistics*, 47: 13 – 37.

Lounsbury, M. and Hirsch, P. M. (eds.) (2010). *Markets on Trial: The Economic Sociology of the U. S. Financial Crisis: Part A*. Bingley. UK: Emerald.

Lowenstein, R. (1996). *Buffett: The Making of an American Capitalist*. New York: Doubleday.

MacKenzie, D. A. (2006). *An Engine, Not a Camera: How Financial Models Shape Markets*. Cambridge, MA: MIT Press.

——and Millo, Y. (2003). "Constructing a Market, Performing Theory: The Historical Sociology of a Financial Derivatives Exchange. " *American Journal of Sociology*, 109: 107 – 45.

——Muniesa, F. , and Siu, L. (eds.) (2007). *Do Economists Make Markets? On the Perfor-mativity of Economics*. Princeton, NJ: Princeton University Press.

Malkiel, B. G. (1985). *A Random Walk Down Wall Street* (4th edn). New York: Norton.

—— (2003). "The Efficient Market Hypothesis and Its Critics. " *Journal of Economic Perspec-tives*, 17: 59 – 82.

—— (1952). "Portfolio Selection. " *The Journal of Finance*, 7: 77 – 91.

Martin, J. L. (2009). *Social Structures*. Princeton, NJ: Princeton University Press.

Merton, R. K. ([1948] 1968). "The Self-Fulfilling Prophecy," In *Social Theory and Social Structure, 1968 Enlarged Edition*. New York: Free Press, 475 – 90.

—— (1995). "The Thomas Theorem and the Matthew Effect. " *Social Forces*, 74: 379 – 422.

Miller, E. M. (1977). "Uncertainty, and Divergence of Opinion. " *The Journal of Finance*, 32: 1151 – 68.

Ofek, E. and Richardson, M. (2002). "The Valuation and Market Rationality of Internet Stock Prices. " *Oxford Review of Economic Policy*, 18: 265 – 87.

Pozner, J. -E. , Stimmler, M. K. , and Hirsch, P. (2010). "Terminal Isomorphism and the Self-Destructive Potential of Success: Lessons from Sub-Prime Mortgage Origination and Securitiza-tion," in M. Lounsbury and P. M. Hirsch (eds.), *Markets on Trial: The Economic Sociology of the US. Financial Crisis: Part A*. Bingley. UK: Emerald, 183 – 218.

Reinhart, C. M. and Rogoff, K. S. (2009). *This Time is Different: Eight Centuries of Financial Folly*. Princeton, NJ: Princeton University Press.

Roy, A. D. (1952). "Safety First and the Holding of Assets. " *Econometrica*, 20: 431 – 9.

Rubenstein, M. (2004). "Great Moments in Financial Economics III: Short-sales and Stock Prices. " *Journal of Investment Management*, 2: 16 – 31.

Scharfstein, D. S. and Stein, J. C. (1990). "Herd Behavior and Investment. " *American Economic Review*, 80: 465 – 79.

Sethi, R. (2010). "The Invincible Markets Hypothesis. " *Rajiv Sethi Thoughts on Economics, fi-nance, Crime, and Identity*, February 10. 〈 http://rajivsethi. blogspot. com/2010/02/invinci-ble-markets-hypothesis. html〉 (accessed October 27, 2011).

Sharpe, W. F. (1964). "Capital Asset Prices: A Theory of Market Equilibrium Under Conditions of Risk. " *The Journal of Finance*, 19: 425 – 42.

Sheffrin, S. M. (1996). *Rational Expectations* (2nd edn). New York: Cambridge University Press.

Shiller, R. J. (1990). "Market Volatility and Investor Behavior. " *American Economic Review*, 80/2: 58 – 62.

—— ([1990] 1993). "Speculative Prices and Popular Models," in R. H. Thaler (ed.), *Advances in Behavioral Finance*. New York: Sage, 493 – 506.

—— (2005). *Irrational Exuberance*. Princeton, NJ: Princeton University Press.

Shleifer, A. (1986). "Do Demand Curves for Stocks Slope Down?" *The Journal of Finance*, 41: 579 – 90.

——and Vishny, R. W. (1997). "The Limits of Arbitrage." *The Journal of Finance*, 52: 35 – 55.

Thaler, R. H. (ed.) (1993). *Advances in Behavioral Finance*. New York: Sage.

Treynor, J. L. (1965). "How to Rate Management of Investment Funds." *Harvard Business Review*, 43/January-February: 63 – 75.

Westphal, J. D. and Zajac, E. J. (2004). "The Social Construction of Market Value: Institutionalization and Learning Perspectives on Stock Market Reactions." *American Sociological Review*, 69: 433 – 57.

Williams, J. B. ([1938] 1956). *The Theory of Investment Value*. Amsterdam: North-Holland Publishing Co.

Zuckerman, E. W. (1997). "Mediating the Corporate Product: Securities Analysts and the Scope of the Firm." PhD thesis, University of Chicago, Chicago, IL.

—— (2004a). "Structural Incoherence and Stock Market Activity." *American Sociological Review*, 69: 405 – 32.

—— (2004b). "Towards the Social Reconstruction of an Interdisciplinary Turf War: Comment on Zajac and Westphal, ASR, June 2004." *American Sociological Review*, 69: 458 – 465.

—— (2008a). "Realists, Constructionists, and Lemmings, Oh My! [Part 1]." orgtheory. net, October 26. 〈http://orgtheory. wordpress. com/2008/10/26/realists-constructionists-and-lemmings-oh-my-part-i〉 (accessed October 27, 2011).

—— (2008b). "Realists, Constructionists, and Lemmings, Oh My! [Part 2]." orgtheory. net, October 31. 〈http://orgtheory. wordpress. com/2008/10/31/realists-constructionists-and-lemmings-oh-my-part-ii〉 (accessed October 27, 2011).

—— (2010). "What if We Had Been in Charge? The Sociologist as Builder of Rational Institutions," in M. Lounsbury and P. M. Hirsch (eds.), *Markets on Trial: The Economic Sociology of the U. S. Financial Crisis: Part B. Bingley*. UK: Emerald, 359 – 78.

—— (2012). "Construction, Concentration, and (Dis) Continuities in Social Valuations." *Annual Review of Sociology*, vol. 38.

——and Rao, H. (2004). "Shrewd, Crude, or Simply Deluded? Comovement and the Internet Stock Phenomenon." *Industrial and Corporate Change*, 13: 171 – 213.

Zuckerman, G. (2009). The Greatest Trade Ever: *The Behind-the-Scenes Story of How John Paulson Defied Wall Street and Made Financial History*. New York: Broadway Books.

第 13 章

金融分析师[1]

里昂·万斯莱本 （Leon Wansleben）

引 言

金融分析师"引导投资者和资产管理公司进行投资选择，为首次公开发行、并购提供专业知识，并在各种环境下评估和管理金融风险，且帮助创建新的投资工具，对于投资银行至关重要"（Cetina，2011：405）。因此，金融分析师不是自己投资或投机金融市场，而是"为提供投资信息、建议或市场决策而获得报酬的个人"（Bauman，1988：1，809）。[2]在金融机构（投资银行、保险公司、互助、养老金和对冲基金、证券公司等）内，分析师专注于不同的市场（如股票、固定收益、外汇和大宗商品）以及在这些市场上交易的特定对象（如公司、行业、通货）、特定的方法（如基本面分析和图表分析），和特定类型的"建议"业务，即卖方（为经纪公司的客户提供咨询服务）或买方（专有的或委托性的投资建议）。2008 年在美国有 250600 名金融分析师（包括基金和投资组合经理），其中 47% 的人从事金融或保险行业（BLS，2010）。[3]同年，来自 15 个国家的 11.5 万名候选人注册了特许金融分析师（CFA）考试项目，这是对分析师最具权威的认证。获得 CFA 授证的目前有 86700 名专业人士，其中约 20% 是金融分析师。越来越多来自非美国地区的分析师通过了 CFA 考试；虽然亚洲获得特许金融分析师资格的人数比例仍然只有 15%，但亚洲的 CFA 考生现在占了总考生的 40%。2008 年，超过

70%的候选人年龄在 30 岁以下（CFA，2010）。

这一章的内容基于对社会学和经济学文献的回顾，以及笔者自己对外汇市场分析师的研究（Wansleben，即将出版）。社会学研究可以按照两个重要的脉络来组织。第一个脉络是把分析师理解为制度和组织的代理人。"制度主义者"表明，分析师们保持着对金融实体（股东价值）进行评估的支配地位，他们模仿其他分析师的判断，而且经常充当利益冲突的中介。第二个脉络是研究分析师的知识实践，揭示选择和解释的无所不在。在这里，分析师有选择性地利用定量和定性的信息，构造计算框架和内容；分析师的知识与科学知识是截然不同的。在测试市场预测能力时，金融经济学主要研究分析师。阿尔弗里德·考尔斯（Alfred Cowles）在 1933 年已经进行了此类测试，但是在有效市场假说（EMH）背景下金融分析师与市场预测能力变得越来越相关。行为金融学研究分析师的目的是探索理性和效率的偏差（如羊群效应或对新闻的过度反应）；金融经济学家也对"利益冲突"感兴趣。正如本章所反映的那样，这些不同研究脉络的严重局限性是，它们主要是在美国股票市场背景下所进行的对分析师的研究。

在接下来的章节中，笔者将基于现有的文献，首先关注分析师的产生、实践和专业性，然后再讨论分析师在资本主义金融市场中的作用。

历史的视角

下面的描述区分了"金融分析"的两种不同的认识传统："图表分析"（chart analysis）或称为"技术分析"和"基本面分析"（fundamental analysis）。关于分析师的历史文献通常很少，但可以根据从业人员的描述重建基本面分析的历史。

金融分析师这一职业是 20 世纪出现的。在 18 世纪和 19 世纪的大部分时间里，金融总体上还没有与专业地位或知识联系在一起。相比之下，当时许多作家和知识分子认为金融是一个不道德和反科学的领域，将它与"黑暗力量"、"不光彩的技能"、"幻想和愚蠢"或"魔鬼的机械"（Preda，2009：85）联系起来。这一观点，正如杰弗里·波特拉斯（Poitras，2005：87）所指出的，尤其适用于股票市场。然而，在随后的制度化和职业化的过程中，市场从业人员开始使用操作手册和科学化手段等媒介来发展权威的金融报告。[4]这些文本做出了两个贡献：它们基于规则和信息尽早实现了金融行为的合理化；

并在金融和已建立的科学行业，特别是物理学和生物学之间予以类比。根据普瑞达（Preda，2007，2009）的说法，1867 年引进的股票报价（Preda，2006）引发了第一批专业性分析师——"图表分析师"的兴起。这些人位于美国的东海岸，他们甚至"在 20 世纪 30 年代基本面分析成为金融专业知识的一种形式之前，在 20 世纪 50 年代和 60 年代金融经济学的主要原理被系统地阐述之前"就形成了（Preda，2009：170）。普瑞达的观点是，当金融市场通过股票价格收报机的报价记录而变得制度化和技术化时，围绕对报价信息进行"特权观测"的技术和策略形成了一个特定的群体，他们主要通过视觉制图来解释和预测价格变化。这种形成过程是基于市场内部人士之间的社交网络、专业学会的支持、创造克里斯马型领导力，以及"双底"、"头并肩"等特殊语言的发展而出现的一种依据具体情况而变化的社会文化过程。现有的与（潜在）客户的关系也重要，但更重要的是，图表分析师成功地将自己的角色重新配置为"合法的他人"（Meyer and Jepperson，2000）。

基本面分析源自不同的传统，其前身是银行内部的"统计学家"和"有创造力的会计师"（Jacobson，1997：19 - 20），而不是图表分析师。[5]然而，在 1929 年之前，这些统计学家和会计师们在他们的分析中面临着一个严重的困难：无论是公司还是金融内部人士，都没有与公众分享公司收益和账面价值（Cetina，2011）的信息。随着越来越多的"局外人"逐渐投资于金融市场，尤其是在 20 世纪 20 年代的债券繁荣时期，这一问题变得越来越棘手。因此，导致基本面分析出现的关键事件是大崩盘和新政对上述问题的监管与应对。新政议员深信，1929 年崩盘的主要原因之一是"投资者（已经）被夸大的信息和公司的真实财务状况披露不足"（Simon，1989：296）。因此，他们推出了几项改革，其中最重要的是 1933 年和 1934 年的《证券交易法》。1933 年的法案主要就新问题（包括登记和信息披露等要求）制定法律；1934 年法案侧重于交易证券的年度、两年度和事件相关报告等要求（Benston，1973：133），并将监督职能赋予新创立的证券交易委员会（SEC）。雅各布森（Jacobson）把这些法案视为基本面分析的"创始立法"（Jacobson，1997：25）。

一个"职业"如何能在信息丰富而不是信息匮乏的基础上"建立"？雅各布森指出了两个因素。第一，分析师在 1933 年之前就已经发展了解释公司盈利能力和证券价值的实践。因此，他们有立场要求这种解释/估价属于他们的工作范围。其中一个主要人物是本杰明·格雷厄姆（Benjamin Graham），[6]他和大卫·多德（David Dodd）在 1934 年出版的《证券分析》一书中合成了一种方法论。在这本书 1962 年版本的开头，他们写道：

> 证券分析的目标是双重的：首先，它试图以有用的方式对一个实际
> 或潜在的所有者陈述关于公开持有公司股票或债券的重要事实；其次，
> 它试图根据事实和适用的标准，以当前的市场价格或某个假定的价格，
> 就特定证券的安全性和吸引力得出可靠的结论。（Graham，Dodd，and
> Cottle，［1934］1962：1）

由此，作为对大崩盘和新监管形势（Poitras，2005：110）的回应，格雷
厄姆和多德重新定义了金融分析师：第一，他们反对研究、收集、组织和总
结公司提供的信息；虽然原则上信息是公开的，但仍然有必要"挖掘事实"
（Graham，Dodd and Cottle，［1934］1962：1），选择和跟进重要的方面，并
"对材料进行各种整理，以在所涵盖的时期内得到公司真正的经营业绩，尤其
是将一些公司的数据放在一个相对可比的平面上"。第二，分析师应该扮演
"金融政治家"的角色，批判性地评估公司的会计方法、信息的合理性以及遵
守规则的情况。第三，分析师的任务是评估、判断并得出最终的结论和建议。
根据格雷厄姆和多德的分析，当分析师根据"显示的平均未来盈利能力"对
证券进行适当评估，并将其与当前的市场价格进行比较后，就可以实现这一
目标。根据作者的经验，高估或低估的情况提供了投资机会。格雷厄姆和多
德在某种程度上将金融分析比作法律和医学，"结果无法得到保证，但过程本
身的完整性可能会带来一些安慰"（Jacobson，1997：56）。最关键的特征是要
在一定程度上将定义标准化，即基于类似"科学"的抽象知识（Graham，
［1952］1995）。然而，必须考虑到，许多人尤其是学者，质疑编纂金融知识
的可能性，甚至格雷厄姆也强调了判断的重要性（Graham，［1952］1995：
30）。

　　然而，第二个因素美国经济和社会的金融化对 1929 年后金融分析兴起有
同样重要的作用。雅各布森（Jacobson，1997：46）提供了以下描述："通过
养老基金（许多是在战争期间成立的）、共同基金和保险公司的代理，越来越
多的普通公众了解了拥有股票的经验和优势。"[7]

　　20 世纪 50 年代，股权增加了一倍（Jacobson，1997：109）。这种扩张不
仅产生了对投资建议的需求，而且在新政立法的基础上，为向非专业投资者
提供信息的分析师们确立了其公共合法性。雅各布森说，"金融分析师曾一度

被忽视甚至被抵触，但近年来他们已经获得了合法性。他们谈到一个建立过程：在 20 世纪 50 年代早期，只要分析师们提出问题，高管们就要回答"（Jacobson，1997：7）。

分析师们建立了专业的组织。在美国许多城市中，不断发展的地方社团成为宣传和培训机构，推动了现在所称的金融分析的发展。从 1945 年起，纽约社团有了自己的杂志——《分析家杂志》（后来的《金融分析师杂志》）。1947 年，各地方社团被纳入全国金融分析师联合会（National Federation of Financial Analysts，NFFA），后来被称为金融分析师联合会（Financial Analysis Federation，FAF）。专业化和分析师知识的编纂成为联邦的中心项目。因此，NFFA 成立了金融分析师认证协会（Institute of Certificated Financial Analysts，ICFA），来准备、管理和评估分析师的专业证书——特许金融分析师（Certificated Financial Analysts，CFA）。该机构从 1959 年开始运作，并在 1963 年举办了第一次考试。

正如唐纳德·麦肯齐（Donald MacKenzie）所研究的那样，另一个发展至关重要。在他的书《引擎，而不是照相机》中，他描述了"在 20 世纪 60 年代和 70 年代，新金融经济学是如何逐渐成为一个公认的、合理的、高地位的、持久的学术领域的一部分，一个可以并且成功地自我复制和成长的部分"（MacKenzie，2008：72）。

新金融经济学的突出元素是基于哈里·马科维茨（Harry Markowitz）、威廉·夏普（William Sharpe）、尤金·法玛（Eugene Fama）的有效市场假说（EMH）、资本资产定价模型（CAPM）和布莱克－舒尔茨－默顿公式（Black-Scholes-Merton model，BSM）所发展的现代投资组合理论（MPT）。虽然这些"金融理论"的出现和内容已经在其他地方进行了分析，但有一个方面是金融分析的关键：它们都与金融分析师的编纂知识，尤其是格雷厄姆和多德的方法，以及迄今为止所假设的金融分析功能相互矛盾。所有这些理论都反对基于基本面和市场价值的股票估值，而是把重点放在风险上，认为风险是个人证券行为和市场之间的关系。MPT 更是可以被理解为对分析师行业的严重打击，因为它将分析师所认为的"选择"实践——个人选股作为一种低效率的投资策略："通过把注意力转移到投资组合多样化问题上，现代金融主张消除旧金融市场交易中存在的公司特定风险"（Poitras，2005：123）。

事实上，分析师最先对新金融理论的兴起产生了"敌意"（MacKenzie，2008：75）。例如，据记载，这些理论直到 20 世纪 80 年代的某段时间才出现在《金融分析师杂志》上，远远晚于它们在学术界被创立的时间（Bernstein，1992）。然而，即使被认可，分析师也没有完全采纳或赞成这些理论。更确切地说，虽然学术方法和基金管理的整个主题随后被纳入 CFA 考试，但它们仍然与分析师特定的评估和建议做法共存。一般来说，金融经济学的发展表明，理论知识逐渐变得更加重要。ICFA 曾经是，也一直是从这个发展中获利的机构；作为位于弗吉尼亚大学的准学术机构，它可以将新的学术思想融入 CFA 考试课程中。因此，ICFA 在与 FAF 和当地分析师协会（Jacobson，1997：124）的关系中已经取得了重要进展。

另一个关键的发展是金融行业的全球化，主要包括（别具一格地）采用专业名称和方法（包括会计标准）的北美标准。其他地区，欧洲金融分析师协会（EFFAS）和亚洲证券分析师联合会（ASAF）分别在 1962 年和 1995 年成立，都晚于 FAF，它们联合美国－加拿大联合会，以及今天的大陆联合会组建了国际金融分析师协会（ISFA）。CFA 曾经是为了美国－加拿大金融分析师"专业化"的认证而建立的，现在在"被很好地作为投资分析、估价和证券组合管理等多用途的自学和远程学习项目，并且它强调了最高的道德和职业标准"（Johnson et al.，2008）。

CFA 考试是在全球各地进行的。然而，由于美国 CFA 项目的偏见，在世界其他地区（协作）开发了替代性的职业考试，相对较少地得到了认可的认证（例如"国际投资分析师认证"称号）。此外，分析师的研究对象正在全球化：每一个大型的全球银行都需要覆盖"新兴市场"，因此每个银行都需要分支机构来专注于（有时位于）亚洲、拉丁美洲以及被称为"EMEA（Easetrn，Europe，Middle Ease，and Africa）"（东欧、中东和非洲）的地区。

分析师的实践

实践在很大程度上是一个社会学关注点。只有在我们对制度环境、组织文化、技术、不同方法[8]以及"流行的估值理论"（Zuckerman，2000：614）的变化等如何在实际"做"金融分析的过程中通过微观选择表现出来对这一问题感兴趣时，实践才会成为关注的焦点。这种分析有助于解释经常被正统金融经济学忽视的估值的同质化（isomorphism）和差异化（differentiation）特征（Zuckerman，2004）。

大多数研究都聚焦于卖方基本面股票分析师。大多数人感兴趣的是这些

分析师是如何把公司及其股票在一个经济和行业中"框起来"的。在大多数
情况下，银行雇用的专业经济学家进行宏观经济分析（预测周期性和长期增
长、通货膨胀、利率、汇率），而后股票分析师应该使用这些"投入"——不
仅仅是因为这使得银行的研究"一致"。然而，事实上，许多分析家反对这种
"自上而下的程序"（CFA，2008：118），因为他们不信任经济学家的预测。
他们要么有自己的"大局"，要么根本不认为宏观经济预测是相关的（Mars，
1998：36 - 44，58 - 72）。更重要的是，要依据不同行业[9]的不同企业架构，
因为"行业界线反映了股票市场产品类别之间的差异以及证券分析师的专业
特长。通过评估行业内分析师的公开排名来加强行业特色之间的分工"
（Zuckerman，1999：1，408）。教科书强调，分析师应该分析行业如何受到成
长周期、人口发展、贸易环境变化、技术发展、政治和监管的不同影响，而
且要用定性和定量的方法来辨别一个行业的价值链和竞争结构。玛尔斯
（Mars，1998）表明，此类行业分析远没有那么简单：分析师面临着相当多的
数据问题，要应对行业"趋势"的不可预测性，并认识到行业内的许多公司
实际上是不具备可比性的。

　　朱克曼（Zuckerman，2004）从一些股票的"结构不连贯"和身份模糊的
角度分析了框架和分类问题，结果导致了估值异质性，并引起价格波动和过
度交易。贝翁萨和加鲁德（Beunza and Garud，2007：26）建议分析师利用这
种模棱两可：他们不是被动地采用，而是要积极构建"计算框架"，包括"内
部一致的关联网络，里面包含类别、度量和类比（包括其他）"。贝翁萨和加
鲁德进一步展示了创造力在"计算框架"中的有效性：在 1998~2000 年，亚
马逊网站基于互联网公司和书商的两种不同框架产生了截然不同的估价，并
激发了知名分析师的"框架争议"（见图 13 - 1）。

　　除了经济和行业框架，以及这些框架的"溢出"（如恐怖袭击和银行崩
溃）和变动（如新工具和新模型）之外，分析师主要关注公司信息（Barker，
1998：10）。事实上，只有当公司被要求"披露"其财务状况时，基本面分析
才会出现。分析师的主要信息来源是年度和季度业绩公告和财务报表、突发
的公司新闻稿和其他相关新闻（见表 13 - 1）。然而，企业并不是中立信息的
提供者，而是自我利益驱使者，它们会采取一系列"伪造账目"、"弄虚作
假"、完全"篡改账簿"等行为。因此，分析师面临的挑战就是充当"金融
政治家"（Graham，Dodd，and Cottle，［1934］1962：34 - 35）或金融侦探，
寻找公司报告中不一致的线索（Mars，1998：96）。但仅仅检查官方报告是不

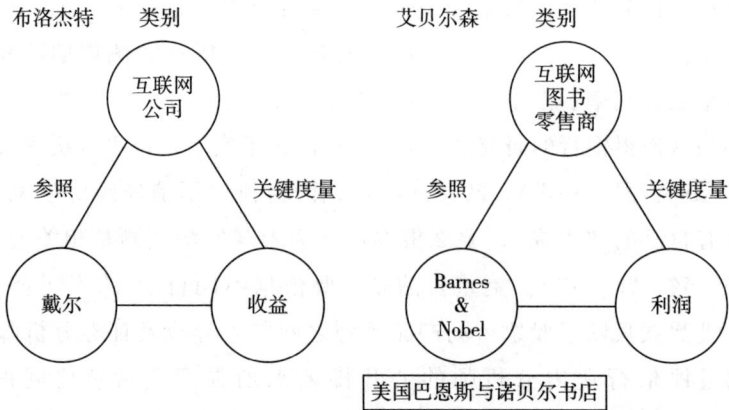

图 13 – 1　由分析师亨利·布洛吉特（Henry Blodget）和乔纳森·
科恩（Jonathan Cohen）构建的亚马逊网站的两个
"计算框架"（Beunza and Garud, 2007: 27）

说明：通过使用不同的行业分类（类别），类比其他公司和指标，两位分析师得出了亚
马逊网站的目标价值，布洛吉特估值为 400 美元，科恩的估值为 50 美元。

够的：一位优秀的分析师需要"走上街头"，参加公司的分析师会议，与投资
者保持密切联系，访问总部和生产基地（Mars, 1998: 86 – 111）。克诺尔·
塞蒂娜将这类公司研究称为"代理民族志"，因为他们的目的是遵循"印象主
义"的逻辑来填补公开信息的不足（Cetina, 2010: 34 – 37；另见 Mars,
1998: 103 和 Faust, Bahnmüuer, and Fisecker, 2010: 53）。塞蒂娜（Cetina,
2011）总结了分析师知识的具体性质，认为分析师的整个"认知概况"是以
本质上临时的（随着时间而退化）和代理性的底层数据为条件的。

表 13 – 1　根据信息来源对分析师重要性的排序（Barker, 1998）

分析师信息来源的优先性排名	
常规	直接来自公司
直接与公司联系 分析师会议 结果公告 年度报告和描述 行业联系 中期报告和描述 内部经济 行业信息服务 客户	个人接触——通过电话、写信或个人联系 结果公告和分析师会议 报告和描述 有组织的网站访问和其他分析师的报告

分析师信息来源的优先性排名	
常规	直接来自公司
销售柜台	
AGM（年会）	
市场消息	
内部技术分析	
公司管理部门	
报纸	
其他经纪人的报告	

　　分析师如何从现实信息中得到他们的"产品"，即基于估值的建议？事实上，分析师确实评估了它们的价值，但他们对公司价值的最终陈述可能没有人们通常想象的那么重要。例如，温罗特等（Winroth, Blomberg, and Kjell-berg, 2010：10 - 11）认为，客户尤其是更精明老练的金融客户，对事实、潜在的假设、争议和报道等比对纯粹的建议更感兴趣；哈格隆德（Hägglund, 2000）认为，分析师对估值模型的选择更多的是受到了其促进客户对"准公司"的讨论的影响，而不是受到他们在计算目标价值方面的功能的影响。原则上，两种估值方法：内在的和相对的，是可以区分的。内在估值是基于从公司到投资者实际未来现金流净现值的概念。计算内在价值的模型包括：股息贴现模型（DDM）、经营性现金流模型、自由现金流股权模型（CFA, 2008：174）。虽然这里的价值概念很清楚，但这些模型都面临着基于估值的输入问题。相对估值通过观察当前流行的市场估值来规避这些问题。所使用的比率是价格/收益（P/E）、价格/现金流量（P/CF）、价格/账面比率（P/BV）和价格/销售比率（P/S）。然而，这些比率也带来了问题：根据 CFA 手册，市场估值可能被泡沫夸大，不同行业和不同公司的不同比率的比较可能会产生误导，同样，对收益、账面价值等的估计也可能是错误的。弗兰克·玛尔斯（Mars, 1998）研究了这些估值方法的实际应用。他的第一个观察是工具的核心作用，而不是模型的核心作用：分析师为所有"他们的"公司维护电子表格，包括绝对数据和关键数据（如股票资产比率、利润率和股本回报率）。关键数据使公司具有可比性，但是这种可比性经常失败（Chambost, 2010：7 - 8）。玛尔斯进一步指出：

　　我所研究的分析师中没有一个分析过公司的"内在价值"。不遵循教科书方法的主要原因是程序的复杂性。该公式要求你预测三个因素，在这三种情况下你都有可能是错的。（Mars，1998：139）[10]

相反，分析师们会直接估算收益（通过直觉、修补数据等），然后将这些估算值作为 P/E 的输入。此外，他们应对这种方法的偶然性不是通过计算，而是从他们想要讲述的公司的故事开始；然后对数字进行调整，直到它们符合情节。故事是分析师实践的中心，因为它们吸收了异质性的信息，连接了过去和未来，并依赖于既定的（常识性）情节。此外，通常通过报告进行交流的故事促进了分析师与客户的沟通（Hägglund，2000：329），促进交易（Cetina，2010：28-9），以及激发分析师内部的地位差异（Wansleben，forthcoming）。

股权分析的基本面估值逻辑是对相关公司的一些价值指标进行估计，并将该指标与市场价格联系起来，而后分析该公司是被高估还是被低估（Hooke，2010）。相比之下，所谓的市场分析，目的在于分析和/或预测市场本身的（估值）动态。这些动态早已被认可，最近在"反身性"（Black，1986；Keynes，[1936] 1973；Soros，1994）的标题下进行了讨论。几乎没有任何分析师能够忽视这种现象，即使他是一个敬业的"基本面主义者"。[11]一个简单的原因可能是，市场价格在相当长一段时间内大幅偏离"基本面估值"。另一个原因可能是分析师敏锐地意识到"市场推动者"（高级交易员和分析师）如何推高价格和散布谣言，以及对向观测是如何推动价格变动的。因此，金融分析的一个中心特征就是分析师彼此观察。为此，他们主要使用"市场预期"的特定技术，这也是分析师的共识。它最初在 1971 年由一家美国经纪公司开发，今天的分析师共识是由专业信息提供商发布的，包括路透社和彭博社。分析师共识在细节上有所不同，但主要包括分析师预测的手段和媒介，以及撰稿机构对许多经济变量、指数、汇率和公司收益（包括其他因素）的个人预测清单。尚博（Chambost，2010）讨论了分析师共识对所涉及的公司和分析师[12]的同质化影响，但也强调了分析师如何在共识基础上进行"发挥"和区分。更具体地说，分析师以三种方式使用共识：他们在做出自己的预测时，将其作为一种"简化机制"或"锚"；他们把它作为一个参考点来有意识地定位自己与竞争对手和整个市场的关系；他们使用共识来预测当实际数字偏离多数情况时的市场意外。发展意外情景是一种"快速而简单的创新"（Gigerenzer，2008），它可以在不知道基本面的精确价值的情况下预测市场走势（Svetlova，2010）。这种策略的部署表明，市场动态和分析师日常应对策略常常与本杰明·格雷厄姆（Benjamin Graham）及其追随者提出的基本面分析理念相冲突。因此，基本面分析师对"公平"金融价值的规范性期望与对实际驱动市场价格的认知预期之间产生了一种矛盾。施密特 – 贝克（Schmidt-Beck，2007）和兰格诺尔（Langenohl，2007）认为，分析师通过区分基本面决定价值和市场价格之间的短期波动性和长期趋同性来缓解这种矛盾。因此，对长期合理性的期望是规范的，因为尽管反事实的证据被解释为"偏差"（非理性），但是它（期望）仍然是坚韧持续的。

"图表"或"技术分析"虽然历史悠久，卢与哈桑霍季奇（Lo and Hasan-hodzic，2010）认为，它已然制度化（Preda，2009：148）且在一些市场上普遍使用：伦敦外汇市场（主要的外汇交易点）的交易员使用基本面和图表分析（Allen and Taylor，1990；Cheung，Chinn and Marsh，1999）保持异质性预期，从而产生不可预测的汇率变动（Frankel，1993），但它却很少被好好地研究。图表分析并没有被纳入经济理论，而是建立在对重复价格行为的假设之上，这种行为可以通过关注总体动态的趋势来分析。这一基本假设在各种"经验法则"中得到了体现，其中包括道氏理论。基于这些理由，图表分析已经发展为一种观察市场的启发式方式，这是一种独特的现象（Lo and Hasanhodz-ic，2009）。[13]图表分析技术是从"截面报纸"（几乎任何形式都可以提供的报纸）开始的，它每天都能提供完整和准确的证券交易报告和尖锐的评论（Edwards and Magee，[1949] 1966：8）；现在，它依靠先进的计算机应用和算法（Lo，Mamaysky and Wang，2000），并使用实时价格数据的反馈。技术分析师常常被认为是主观的（subjective），特别是因为各种各样的技术：年度、月度、日常或分钟图表及可能包括不同时间间隔的移动平均数；表示最高、最低和收盘价格的状态栏；趋势渠道；交易量；交易信号；手工绘制的箭头；等等。

"技术人员"通过视觉识别屏幕上重复出现的图案来处理这些（移动）图表。他们区分"主要趋势"和"次要趋势"，识别"反转"（例如"头并肩"）和"延续形态"，以及"拒绝"和"支持级别"。这些实践能否成功是不确定的：一些经济学家将图表分析比作占星术（例如 Malkiel，[1973] 2003），而另一些经济学家则在图案识别中看到了一些有用信息（Lo，Mamaysky，and Wang，2000）。至少有趣的是，是什么让图表分析在实践者中如此受欢迎。一个可能的分析策略可以从图表分析的"视觉模式分析更有利于人类认知"的观点开始（Lo，Mamaysky，and Wang，2000：1，706）。

作为一种职业的分析师

在 20 世纪 60 年代,对"金融分析师是否为一种职业"的思考成为美国金融分析师联合会一个明确的关注点。一个委员会成立且在联邦会议上发表了各种立场文件,这些文件后来发表在《金融分析师杂志》上。[14]一个关键的问题是整个分析师知识体系的汇编、编纂、教学、考试和认证(Knorr Cetina,2010:4 – 5)。参与开发第一个分析师认证课程的金融学教授凯彻姆(Ketchum, 1967:35)指出,知识是建立"职业的基石"。这些反思的结果是一个经过认证的分析师知识体系:CFA 课程。[15]目前,CFA 候选人需要进行三级考试:从"道德和职业标准"(定量方法、经济学、财务报表分析、公司财务),到"投资工具"(股票、固定收益、衍生品、另类投资)和"资产评估",最后到"投资组合管理和财富规划"(CFA, 2008)。当前的课程既反映了买方(投资组合和基金经理)的重要性,也反映了 CFA 试图垄断全球金融专业人士普遍接受的认证。然而,这样的尝试仍然没有成功。其中的原因当然是没有认证的知名分析师的抵制和这种资格的自愿性质。虽然一些商学院将 CFA 纳入其课程,一些组织(如纽约证券交易所)接受 CFA 作为自己准入考试的替代,但 CFA 在金融服务业中只有部分强制许可(Bauman, 1988:1814)。[16]

然而,对知识编纂尝试的主要攻击来自专业以外,即金融经济学家。1933 年,阿尔弗雷德·考尔斯(Alfred Cowles)发表了一篇论文,声称证券分析师的建议与反映整个市场的投资组合相比,不会产生任何超额回报。伯顿·马尔基尔(Malkiel, [1973] 2003)以及费拉罗和斯坦利(Ferraro and Stanley, 2000)等人继续这项研究,将 EMH 作为针对无效专业知识的理论解释。著名的考察分析师预测能力的例子,如《华尔街日报》的"圆靶竞赛"或《芝加哥太阳时报》与卷尾猴亚当·蒙克的选股大赛,以及金融危机期间散户投资者的巨大损失,进一步削弱了对金融专业人士知识的信任基础(Schmidt-Beck, 2007:160)。另一项研究并不是关注市场效率,而是关注分析师对信息,如公司的收益报告等的过度反应(De Bondt and Thaler, 1990)或反应不足(Abarbanell and Bernard, 1992)。伊斯特伍德和纳特(Easterwood and Nutt 1999)综合了这些研究,认为分析师对正的收益报告反应过度,对负面数据反应不足。这一系列研究的主要目的在于将分析师纳入以过度波动为特征的市场行为图景。饶、格里夫和戴维斯（Rao, Greve, and Davis, 2001）加入了一种对建议中偏见的新体制解释，他们认为预测是不确定的，分析师的职业道路依赖于与其他分析师的相对表现，因为他们总是模仿同行进行判断。不过，分析师预测表现的总体证据还不确定。沃马克（Womack, 1996）表示，平均而言，遵循分析师建议可以在有限的时间内产生正回报。巴贝尔等（Barber et al., 2001）确认了沃马克的结论，并在分析师的共识建议中找到了有价值的信息。对分析师的知识进行更及时的调查并不是关注分析师总体意见的价值，而是关注分析师个人能力之间的可能差异。许多学者（Stickel, 1992; Jacob, Lys, and Neale, 1999; Mikhail, Walther, and Willis, 2004）的研究表明，分析师的选股和预测能力存在长期的差异。西克尔（Stickel）表示，高级分析师，即那些被机构投资者的"全美研究团队"[17]选中的分析师，平均发布更准确的盈利预测。有人（Jacob, Lys, and Neale, 1999: 80）认为，预测准确性的这种差异"既是情境性的（由证券公司的需求和环境创造的）又是个人素质上的（分析者的先天能力）"。一些作者将这些发现视为考虑信息寻求成本（Grossman and Stiglitz, 1980）的市场效率扩展理论的证据。另一种解释是，一些预测因为触发了预期的价格变动而更准确。但总体而言，分析师预测的统计价值充其量只能说是不确定的。

　　分析师深受关注的第二点是他们作为一类职业的合法性。一方面，分析师很快就发现了一个潜在的合法性来源：通过有见地的投资者有效地分配资本来促进经济繁荣（Bauman, 1988: 1810; Preda, 2009: ch. 6; Randell, 1961: 70）。另一方面，分析师认为，由于缺乏与"社会公益"（Hayes, 1967: 29）的联系，他们仅仅与"富裕的个人或公司"（Hayes, 1967: 29）接触，以及金融市场总体上负面的公众形象（Hayes, 1967: 31），他们的合法性可能会受到影响。此外，曾任 FAF 主席的威廉·诺比（Norby, 1968: 12）早在1968 年就指出，"研究与销售之间的专业水平的潜在冲突"对合法性构成了威胁。CFA 协会通过设计"道德规范"来处理这些合法性问题。CFA 目前的准则包括：分析师研究的合法行为、独立性、客观性、谨慎性、勤勉性和适用性、对客户和雇主的忠诚，以及对任何利益冲突的披露（CFA, 2008）。CFA 考生和成员如果违反了这些规定，就会被处罚。然而，这些准则以及他们在组织中的对应部分，即利益冲突的组织单元之间的"中国墙"（Chinese Wall），在实践中已经被证明在很大程度上是"象征性"和"松散耦合"的（Fogarty and Rogers, 2005: 339），且在特定的历史时期变得明显：在 20 世纪

90 年代，由放松管制带来的兼并使投资银行和经纪公司之间的分离消失了。[18]
这种情况从根本上改变了卖方分析师的地位；他们现在不仅"发起交易"，而
且进行有利可图的承保业务（Swedberg，2005：189）。这个新角色将分析师
从后台的"统计人员"转变为成熟的前台工作人员，他们的地位和薪水在某
些情况下超过了明星交易员（Ho，2009：78）。而且地位越来越多地由分析师
排名构成，例如机构投资者的"全美研究团队"或欧洲"Extel 大奖"[19]，这
也成为投资银行吸引企业和机构客户的关键"资产"之一。但是，这种新形
势也造成了严重的利益冲突：分析师发布的报告所针对的公司，是其雇主公
司财务部门现有的或潜在的客户。冲突的产生是因为"公司金融试图通过有
利的评级来促进其客户的交易（发行债券和股票证券以及并购交易），而分析
师试图独立客观地对企业金融客户进行评级"（Hayward and Boeker，1998：
2）。早期，经济学家和社会学家指出了这些冲突，即当经纪公司作为推荐公
司首次公开募股的主要承销商时，会产生积极的偏见（Hayward and Boeker，
1998；Michaely and Womack，1999）。《华尔街日报》和《纽约时报》也报道
了利益冲突，其中包括分析师的薪酬确实取决于他们对雇主投资银行业务的
贡献这一事实。[20]然而，当纽约州总检察长艾略特·斯皮策（Eliot Spitzer）对
投资银行进行调查、审查数以千计的电子邮件和其他内部文件时，组织内部
的实际流程才变得可见。他在两起案件中的调查记录尤其详细，即与分析师
亨利·布洛吉特（Henry Blodget）和杰克·格鲁曼（Jack Grubman）有关的调
查。亨利·布洛吉特于 1998 年 12 月声称亚马逊（Amazon. com）的股价将达
到 400 美元，这只股票首次交易在 240 美元左右，然后在一个月内超过了布
洛吉特所说的数字（Beunza and Garud，2007）。1999 年，布洛吉特取代了美
林证券的乔纳森·科文（Jonathan Cohen），成为互联网分析师中最受欢迎的
分析师，也是信息时代最受大众传播的金融人物之一。在斯皮策的调查中，
很明显布洛吉特并不总是相信自己对"InfoSpace"和"GoTo. com"等公司大
胆的收购建议。他在内部备忘录中将这些股票称为"一坨粪便"或"一堆垃
圾"。他的电子邮件也明确地显示了利益冲突。[21]斯皮策的第二个著名案例是互
联网热潮的另一位明星分析师和"风云人物"杰克·格鲁曼（Jack Grub-
man），他以 2000 万美元的年平均工资成为收入最高的股票分析师（Cassidy，
2003：12）。[22]但斯皮策的目标既不是布洛吉特也不是格鲁布曼。作为司法部
长，他在银行的调查和"全球结算"后接受采访时表示：

　　问题是结构性的……每个人都允许分析师成为投资银行体系的附属物。因为这一点，放弃对美林的刑事制裁似乎是不合理的。因此需要对他们说："你必须从根本上改变你做生意的方式。"（Cassidy，2003：9）[23]

　　金融经济学家的研究证实了斯皮策的指控（Barber，Lehavy and Trueman，2007），显示在 1996 年至 2003 年，投资者遵循没有分析师的证券公司的买入建议比遵循有分析师的投资银行的购买建议多获利 3.1 个基点（接近 8% 年化率）。这些差异在银行作为主要承销商时更为明显，这在很大程度上是源于 2000 年 3 月开始的熊市期间的不同回报。据证实，尽管前景恶化，投资银行分析师也不愿低估银行承销的股票。洪和库比克（Hong and Kubik，2003）将利益冲突与分析师的职业道路联系起来。他们表明，虽然预测的准确性是最重要的，但分析师的职业生涯因为他们的推荐所含有的积极的偏见而提升。因此，作者得出的结论是，利益冲突可能比专注投资银行建议更为广泛。事实上，它们很可能涉及销售利益对研究的总体影响，如分析师对公司信息的依赖（导致极端的购买倾向）（Fogarty and Rogers，2005），以及分析师本身的投资利益。塞蒂娜认为，分析师的专业身份不仅需要投资的"合理化"，而且还需要"激励"（Cetina，2011；Fogarty and Rogers，2005：351）。

分析师、投资者和企业

　　20 世纪 90 年代以来，包括迈克·尤西姆（Useem，1996）、尼尔·弗雷格斯坦（Fligstein，2001）和杰拉德·戴维斯（Davis，2009）等在内的政治经济学家和制度社会学家，已经确定了美国经济向金融市场的结构转型，包括（在其他方面）增加公司在股票市场上估价的倾向。尼尔·弗雷格斯坦认为，从 20 世纪 60 年代中期开始，大型企业集团的崛起可以被形容为一种新兴的"企业财务理念"，这种制度模式在 20 世纪 80 年代被"股东价值理念"[24] 所取代。公司最大化股东价值的策略是分散投资，即在非生产性产品生产线上撤资；将经理薪酬与股票价格挂钩；回购公司股票；首席财务官（CFO）的崛起；积极管理市场的盈利预期（例如通过投资者关系部）。与经济学家的股东价值合理化（Jensen and Meckling，1976）相反，社会学家将其制度化描述为社会运动的结果。佐恩等（Zorn et al.，2005：269）确定了三个战略角色：机构投资者、金融分析师和恶意收购者。与此相似，饶和西瓦库玛（Rao and Sivakumar，1999）展示了投资者权利运动（主要由机构投资者领导）的影响，及关于建立投资者关系部门的分析师报道的增加。

饶和西瓦库玛（Rao and Sivakumar，1999）认为，分析师在这个过程很重要的原因在于，他们的指标、框架和故事证实了股东价值的概念。朱克曼（Zuckerman，1999，2000，2004）进行了进一步的研究，他认为，股东价值是由可观测关系制度化的，这种关系将不同的参与者定位为金融候选人、评论家和观众（Zuckerman，1999）。作为观众，投资者利用分析师（批评者）来了解社会合理的估值，为理性选择提供"考虑因素"；候选人（公司）主要针对分析师，因为后者不仅是与市场预期一致的合作伙伴，而且是其"代理投资者"，他们的建议可以推动市场发展。朱克曼通过询问如果公司不遵守批评者的主要估值类别会发生什么来检验他的观点。由于分析师的分析是根据行业分类进行组织的，所以朱克曼认为如果企业无法吸引那些专注于"其"行业的分析师的关注，就会面临"非法折扣"，即企业价值（根据销售和收益）相对于其股价的超额价值。在随后的一篇文章（Zuckerman，2000）中，朱克曼更直接地介入了股东价值的争论。他指出，除了经济业绩和企业分类的相关性等变量外，公司和分析师评论网络之间现有的范围不匹配给公司带来了分散投资的压力。

> 多元化的公司与主流的估值逻辑相抵触，主流的估值逻辑将企业按行业分类，且分析师的分工也依赖于这种分类。因此，这样一家公司面临着其企业身份与更适合其在分析审查网络中地位的企业身份相一致的压力。正是通过分析师的这种压力来匹配股票市场基于行业的产品类别，投资者才能对公司进行控制。（Zuckerman，2000：613）

朱克曼（Zunkerman，2004）一系列工作以一篇关于分析师的"范围不一致"（coverage incoherence）对股票波动性和交易量的影响的文章结束，它提出了市场"效率"的论点，这是尤金·法玛（Eugene Fama）提出的理论，但它实际上是有条件的，即一个企业身份和主要金融类别之间的制度相契合。

结　语

尽管人们对分析师的历史、实践、职业化和金融市场资本主义进行了讨论，但分析师社会学与金融社会学很相似，还有很多值得挖掘的潜力。总体

而言，有证据表明，这一领域的持续工作越来越具有相关性：劳工统计局
（BLS）（2009 年）预测，到 2018 年，仅美国的金融分析师人数就将增加
20%，达 30 万人。他们得出结论：管理资产总量的复杂性、全球多样化及其
不断增长是推动金融专家工作拓展的主要因素。更具体地说，我看到以下实
证和理论上的不足。首先，我们需要跳出"框架"和"分类"的一般概念来
实现分析师的知识实践。例如，需要进行更深入的研究，将分析作为市场专
家的实践进行探索，考虑市场的有效性和反身性以及底层数据的时间性和
"代理性"。分析师未涉及的工作是评级机构、对冲基金和在线零售券商；在
这些不同的背景下，分析师如何参与评估（MacKenzie，2011）、估值以及投
资策略（如交易算法）的发展？其次，虽然"职业性"和"地位等级"似乎
是理论化分析人员的内部组织以及他们与客户关系的相关概念，但这些概念
到目前为止只是启发式的。例如，职业社会学没有系统地与分析师的研究相
关联。最后，我们对分析师作为金融化代理的认识非常贫乏。现有的相关研
究界定了一个分界点，但没有解释其变化[25]，尚存在诸多模糊性，[26] 并且缺乏
成为支配价值类别的实际案例[27]。

注释

1. 感谢赛蒂娜（Karin Knorr Cetina）和普瑞达（Alex Preda）对本章之前版本的批评指正。
2. 根据美国劳工统计局（BLS）的数据，2008 年，美国金融分析师的平均年薪为 73150 美元，其中奖金占总收入的很大一部分。
3. 其他地区没有可比数据。
4. 托马斯财富（Thomas Fortune's）（1810）、股票和公共基金的缩影，朱尔斯·雷格纳特（Jules Regnault，1863）的《概率计算和股票交易哲学》（是随机游走假说的早期形式），以及亨利·勒菲弗（Lefevre，1870）关于证券和股票市场、投机的理论都是恰当的例子。
5. 两位作者特别值得一提：1848 年威廉·阿姆斯托朗（William Armstrong）和他的《股票和华尔街股票买卖》，1895 年托马斯·F. 伍德洛克（Thomas F. Woodlock）及其对铁路报告的剖析，这都是行业分析的先驱。
6. 不过，本杰明·格雷厄姆（Benjamin Graham）并不是一个人，其方法和概念，包括内在价值观念，已经被许多实践者所发展。因此，把他的"证券分析"（1934）称为综合体是合理的："格雷厄姆的定义的确是 20 年来投资思想的一个高潮，是传统观点在 1929 年大萧条之后形成的新投资专业人士思想的综合体。"（Butler，2006：7）
7. 马默（Marmer）写道："在过去遥远的黑暗时代，个人投资世界是由一个古老的怪物－

恐龙统治着，也被称为股票经纪人。"（Marmer，1996：9）根据马默的说法，在 1974 年的《雇员退休收入保障法案》（ERISA）、现代投资组合理论和金融计算机化之后，基金管理应运而生。

8. 查尔斯·史密斯（Smith，1999：14）将"原教旨主义者"、"内部人士"、"交易者"、"有效率的市场追随者"和"转型思想者"区分开来。他认为，每一种信念都包含着一种可以被称为"市场基本'愿景'"的东西。

9. 一个重要的分类系统是北美行业分类系统（NAICS），它是国家行业分类（NIC）的延续。

10. 然而，重要的是要认识到，在 20 世纪 90 年代，当没有太多甚至没有任何收入的公司股票实现了较高的市场价格时，玛尔斯（Mars）进行了他的研究。分析师的合理性在于这些公司拥有更强的未来收益能力，以高市盈率（P/E）表示。将高市盈率从一家高科技公司转移到另一家，是当时在相关公司没有显著盈利的情况下预测高股价的一种方法。

11. "参与者的观察表明，分析师已经意识到收入预测的一致性，与基金经理的对话也不可能（至少隐含地）引用别人的意见"（Barker，1998：10）。

12. 尚博（Chambost，2010：17）引述了一个分析师的例证："每个人都使用共识，每个人都询问其他人的意见，每个人都复制相同的模型，所以共识成为共识的共识。共识过于一致。"

13. 爱德华兹和马吉写道："没有什么可做的，只能拭目以待，让市场按照自己的时间和方式陈述自己的情况。"（Edwards and Magee，[1949] 1966：28）

14. 详见 1967 年第 23 卷第 6 期的文章。正如已经指出的那样，自反性体现在职业社会学的概念研究，如卡尔 - 桑德斯（Carr-Saunders）、帕森斯（Parsons）、普兰迪（Prandy）、托伊施（Taeusch）和分析师与其他专业团体（特别是医生和律师）的比较研究中；它可以被解释为分析师组织通过制度模仿来加强职业化的策略（DiMaggio and Powell，[1983] 2004）。

15. 关于预测问题，CFA 协会（2008：85 - 6）指出，"高级分析师"能够（尽管市场效率低下）提供盈利建议，如果他们对公司盈利的估计是正确的且与共识不一致。

16. "金融业监管局（FINRA）是证券业的主要发牌机构。根据个人的工作，可能需要不同的许可证，尽管买方分析师可能更少需要许可证……虽然不是必需的，但许可证提高了专业地位并被雇主所要求"（BLS，2010）。CFA 的一个问题可能也在于它的高标准：在 1963 年的第一次考试中，考试通过率为 90%（284 名考生），到 2008 年下降为低于 50%（115000 名考生）。

17. 这个"全美研究团队"是通过投票产生的。该投票是基于向基金经理和机构发送的一份调查问卷，该问卷要求他们对分析师的买入/卖出的销售建议、收益预测、报告和整体服务进行排名。按行业划分，分析师排名依次为第一、第二和第三，以及亚军

（Crockett et al，2003：15）。

18. "瑞士联合银行（Union Bank of Switzland）收购了普惠（PaineWebber）；所罗门（Salomon）与旅行家集团旗下的美邦（Smith Barney）合并，后与花旗公司合并。这些交易，以及更多类似的交易，模糊了零售业与券商之间的传统界限，比如美林（Merrill Lynch）和迪安·威特（Dean Witter），它们主要是面向大众投资者的；而投资银行，如摩根士丹利（Morgan Stanley）和高盛（Goldman Sachs），主要是与企业打交道。花旗集团（Citigroup）、摩根大通（J. P. Morgan Chase）、摩根士丹利（Morgan Stanley Dean Witter）等是在并购浪潮背景下产生的新型全能金融超市，以美联储前主席保罗·伏尔克（Paul Volcker）的话说，是"利益冲突的捆绑"（Cassidy，2003）。虽然《格拉斯－斯蒂格尔法案》将零售和投资银行业务分离，但这种分离在 20 世纪 80 年代实际上已经被打破（Swedberg，2005：188），在 1999 年被正式放弃。

19. "知名分析师被认为是投资银行在 IPO 市场上必不可少的营销工具。例如，当银行家与潜在的发行人没有建立良好关系时，他们通常会利用投资者民意调查来宣传他们的公司……尽管过去分析师几乎不为人所知，但一些人在 20 世纪 90 年代成为媒体明星，通过电视和互联网接触到数百万投资者，并获得名人地位。因此，金融媒体将 20 世纪 90 年代称为'分析师时代'。"（Crockett et al.，2003：15－6）

20. 早在 20 世纪 90 年代，《华尔街日报》就发表了一份在摩根士丹利内部流传的文件，其指出："我们的目标是采取一项包括研究部门在内的整个公司都能充分理解的政策，即我们将不做有关我们客户的负面和有争议的评论作为一个良好的商业惯例。"（华尔街日报，1992 年 7 月 14 日。）斯坦福·威尔（Sanford I. Weill）声称除了获得银行手续费外，该研究没有任何价值（Knorr Cetina，2011）。

21. 布尔吉特（Blodget）对一位同事写道："我们没有强调（股票的风险）b/c 的部分原因是我们想要保护 ICG 的银行业务。"（Cassidy，2003）

22. 众所周知，杰克·格鲁曼（Jack Grubman）与他所报道的公司关系非常密切，甚至参加了董事会会议（Swedberg，2005：189）。格鲁曼本人也表达了这种态度，他在 2000 年《商业周刊》的一次采访中说，"过去的冲突现在变成了一种协同效应"。

23. 因此，"全球决算"于 2002 年 12 月总结了 Spitzer 的调查（自愿），该决算涉及所有主要的华尔街银行，包括"旨在确保研究分析师独立性的一系列改革，禁止发行 IPO 股票给公司高管的禁令，以及总额达 14 亿美元的罚款"（Cassidy，2003）。美国证券交易委员会和联邦政府采取了进一步措施（《萨班斯－奥克斯利法案》）。

24. 弗雷格斯坦给出了如下定义："公司的股东价值观念引用代理理论的观点来诊断公司的问题。公司股东观念的核心思想是：公司的唯一合法目的是最大化股东价值。管理团队是否最大化股东价值的主要指标是公司在股票市场上的股价。"（Fligstein，2001：148）

25. 朱克曼自己写道："经济在各个方面不断地经历着巨大的变化……也就是说，金融评估不是在一个封闭的系统，而是在一个持续不断的经受外生冲击的系统中进行的，这些外生冲击是反对简单解释的。投资者必须重复管理违反现有模型的事件所产生的不确定性。"（Zuckerman，1999：1411）此外，由于其他投资者的决定对价格的影响，"金融参与者必须密切关注当前估值理论的变化"（Zuckerman，1999：1411）。

26. 尚博（Chambost，2010）对企业如何积极利用分析师的共识提供了一些指导；博杰拉克等人（Bhojraj et al.，2009）指出，管理短期收益预期的公司（通过减少可自由支配的支出）会在长期内遭受损失。浮士德、巴恩穆勒和菲斯克（Faust，Bahnmüller and Fisecker，2010：18）写道："因为……股票价格变动不能明确地与估价和期望相关，被观察、被评估和受影响的公司在一定程度上仍然有着解释的自由度，并将此用于与投资者的沟通和公司内部争议之时。"

27. 考虑尤西姆（Useem，1996：72 – 7）对两个分析师会议的描述，在会议上，大型公司的首席执行官巧妙地将公司对分析师和投资者的信息披露与信息有策略的不透明结合起来。

参考文献

Abarbanell, J. S. and Bernard, V. L. (1992). "Tests of Analysts' Overreaction/Underreaction to Earnings Information as an Explanation for Anomalous Stock Price Behavior." *The Journal of Finance*, 47/13 1181 – 207.

Allen, H. and Taylor, M. P. (1990). "Charts, Noise and Fundamentals in the London Foreign Exchange Market." *The Economic Journal*, 100/400: 49 – 59.

Barber, B., Lehavy, R., and Trueman, B. (2007). "Comparing the Stock Recommendation Performance of Investment Banks and Independent Research Firms." *Journal of Financial Economics*, 85: 490 – 517.

——, McNichols, M., and Trueman, B. (2001). "Can Investors Profit from the Prophets? Security Analyst Recommendations and Stock Returns." *The Journal of Finance*, 56/2, 531 – 63.

Barker, R. G. (1998). "The Market for Information—Evidence from Finance Directors, Analysts and Fund Managers." *Accounting & Business Research*, 29/1: 3 – 20.

Bauman, W. S. (1988). "Standards of Professional Conduct," in S. N. Levine (ed.), *The Financial Analyst's Handbook* (2nd edn). Homewood, IL: Dow Jones-Irwin, 1809 – 20.

Benston, G. J. (1973). "Required Disclosure and the Stock Market: An Evaluation of the Securities Exchange Act of 1934." *The American Economic Review*, 63/1: 132 – 55.

Bernstein, P. L. (1992). *Capital Ideas: The Improbable Origins of Modern Wall Street*. New York: Free Press.

Beunza, D. and Garud, R. (2007). "Calculators, Lemmings or Frame-Makers? The Intermediary Role of Securities Analysts," in M. Callon, Y. Millo, and F. Muniesa (eds.), *Market*

Devices. Malden, MA: Blackwell, 13 – 39.

Bhojraj, S. , Hribar, P. , Micconi, P. , and McInnis, J. (2009). "Making Sense of Cents: An Examination of Firms That Marginally Miss or Beat Analyst Forecasts." *The Journal of Finance*, 64/5: 2361 – 88.

Black, F. (1986). "Noise." *The Journal of Finance*, 41/3: 529 – 43.

BLS (Bureau of Labor Statistics) (2010). *Occupational Outlook Handbook* 2010 – 2011.

Butler, D. (2006). "Benjamin Graham in Perspective." *Financial History*, 86/Summer: 24 – 8.

Cassidy, J. (2003). "The Investigation: How Eliot Spitzer Humbled Wall Street." *The New Yorker*, April 7, http://www.newyorker.com/archive/2003/04/07/030407fa_fact_cassidy (accessed April 5, 2012).

CFA (Chartered Financial Analyst) (2008). *CFA Program Curriculum*. Boston, MA: Pearson.

—— (2010). "CFA Fact Sheet." 〈https://www.cfainstitute.org/about/Documents/cfa_institute factsheet.pdf〉 (accessed July j, 2010); 4.

Chambost, I. (2010). "The Consensus of Security Analysts: An Institutionalized Cognitive Artefact." Paper presented at the Reembedding Finance Conference (Paris, May); 1.

Cheung, Y. W. , Chinn, M. D. , and Marsh, I. W. (1999). *How Do UK-Based Foreign Exchange Dealers Think Their Market Operates*? London: Centre for Economic Policy Research.

Cowles, A. (1933). "Can Stock Market Forecasters Forecast?" *Econometrica*, 1/3: 309 – 24.

Crockett, A. , Harris, T. , Mishkin, F. S. , and White, E. N. (2003). *Conflicts of Interest in the Financial Services Industry: What Should We Do About Them*? Geneva: ICMB International Center for Monetary and Banking Studies.

Davis, G. F. (2009). *Managed by the Markets: How Finance Reshaped America*. New York: Oxford University Press.

De Bondt, W. F. M. and Thaler, R. H. (1990). "Do Security Analysts Overreact?" *The American Economic Review*, 80/2: 52 – 7.

DiMaggio, P. J. and Powell, W. W. ([1983] 2004). "The Iron Cage Revisited: Institutional Isomorphism and Collective Rationality in Organizational Fields." in F. Dobbin (ed.), *The New Economic Sociology*. Princeton, NJ: Princeton University Press, 111 – 34.

Easterwood, J. C. and Nutt, S. R. (1999). Inefficiency in Analyst's Earnings Forecasts: Systematic Misreaction or Systematic Optimism?" *The Journal of Finance*, 54/5: 1777 – 97.

Edwards, R. D. and Magee, J. ([1949] 1966). *Technical Analysis of Stock Trends* (5th edn). Springfield, MA: Magee.

Faust, M. , Bahnmüller, R. , and Fisecker, C. (2010). *Das kapitalmarktorientierte Unternehmen: Eterne Erwartungen, Unternehmenspolitik, Personalwesen und Mitbestimmung*. Tübingen and Göttingen: Forschungsinstitut für Arbeit, Technik und Kultur. Soziologisches (Forschungsinstitut an der Universität Göttingen.

Ferraro, S. R. and Stanley, D. J. (2000). "The Investment Value of Analysts'Recommendations: Evidence from the Dartboard Contests. " *Managerial Finance*, 26/6: 36 48.

Fligstein, N, (2001), *The Architecture of Markets: An Economic Sociology of Twenty-First-Century Capitalist Societies*. Princeton, NJ: Princeton University Press.

Fogarty, T. J. and Rogers, R. K. (2005). "Financial Analysts'Reports: An Extended Institutional Theory Evaluation. " *Accounting Organizations and Society*, 30: 331 – 56.

Frankel, J. A. (1993). *On Exchange Rates*. Cambridge, MA: MIT Press.

Gigerenzer, G. (2008). *Rationality for Mortals: How People Cope with Uncertainty*. Oxford: Oxford University Press.

Graham, B. ([1952] 1995). "Toward a Science of Security Analysis. " *Financial Analysts Journal*, 51/1: 25 – 8.

——, Dodd, D. L. , and Cottle, S. ([1934] 1962). *Security Analysis: Principles and Technique* (4th edn). New York: McGraw-Hill.

Grossman, S. and Stiglitz, J. (1980). "On the Impossibility of Infomationally Efficient Markets. " *The American Economic Review*, 70/3: 393 – 408.

Hägglund, P. (2000). "The Value of Facts: How Analysts'Recommendations Focus on Facts instead of Values," in H. Kalthoff, R. Rottenburg, and H. -J. Wagener (eds.), *Facts and Figures: Economic Representations and Practices*. Marburg: Metropolis Verlag, 313 – 37.

Hayes, D. A. (1967). "Potential for Professional Status. " *Financial Analysts Journal*, 23/6: 29 – 31.

Hayward, M. L. A. and Boeker, W. (1998). " Power and Conflicts of Interest in Professional Firms: Evidence from Investment Banking. " *Administrative Science Quarterly*, 43/1: 1 – 22.

Ho, K. Z. (2009). *Liquidated: An Ethnography of Wall Street*. Durham, NC: Duke University Press.

Hong, H. and Kubik, J. D. (2003). "Analyzing the Analysts: Career Concerns and Biased Earnings Forecasts. " *The Journal of Finance*, 58/1: 313 – 51.

Hooke, J. C. (2010). *Security Analysis and Business Valuation on Wall Street: A Comprehensive Guide to Today's Valuation Methods* (2nd edn). Hoboken, NJ: Wiley.

Jacob, J. , Lys, T. Z. , and Neale, M. A. (1999). "Expertise in Forecasting Performance of Security Analysts. " *Journal of Accounting and Economics*, 28/1: 51 – 82.

Jacobson, T. C. (1997). *From Practice to Profession: A History of the Financial Analysts Federation and the Investment Profession*. Charlottesville, VA: AIMR.

Jensen, M. C. and Meckling, W. H. (1976). "Theory of the Firm: Managerial Behavior, Agency Costs and Ownership Structured. " *Journal of Financial Economics*, 3/4: 305 – 60.

Johnson, R. R. , Squires, J. R. , Mackey, P. B. , and Lamy, B. (2008). "The CFA Program:

Our Fifth-Decade. " 〈http://www. cfainstitute. org/cfaprogram/Documents/the_ cfa_ program_
　　our fifth-decade. pdf〉 (accessed August 17, 2011).

Ketchum, M. D. (1967). "Is Financial Analysis a Profession?" *Financial Analysts Journal*, 23/
　　6: 33 – 167.

Keynes, J. M. ([1936] 1973). *The Collected Writings 7: The General Theory of Employment In-
　　terest and Money.* London: Macmillan.

Knorr Cetina, K. (2010). "The Epistemics of Information: A Consumption Model. " *Journal of
　　Consumer Culture*, 10/2: 1 – 31.

—— (2011). "Financial Analysis: Epistemic Profile of an Evaluative Science," in C. Camic,
　　N. Gross, and M. Lamont (eds.), *Social Knowledge in the Making.* Chicago: University of
　　Chicago Press, 405 – 442.

Langenohl, A. (2007). "Kurzfristigkeit und Langfristigkeit als Artikulation und Lösung gesellschaftli-
　　cher Krisenkonstellationen," in A. Langenohl (ed.), *Die Markt-Zeit der Finanzwirtschaft: Sozia-
　　le, Kulturelle und Ökonomische Dimensionen.* Marburg: Metropolis-Verlag, 323 – 55.

Lo, A. W. and Hasanhodzic, J. (2009). *The Heretics of Finance: Conversations with Leading
　　Practitioners of Technical Analysis.* New York: Bloomberg Press.

—— (2010). *The Evolution of Technical Analysis. Financial Prediction from Babylonian Tablets to
　　Bloomberg Terminals.* Hoboken, NJ: Wiley.

——, Mamaysky, H. , and Wang, J. (2000). "Foundations of Technical Analysis: Computa-
　　tional Algorithms, Statistical Inference, and Empirical Implementation. " *The Journal of Fi-
　　nance*, 55/4: 1705 – 65.

MacKenzie, D. A. (2008). *An Engine, Not a Camera: How Financial Models Shape Markets.*
　　Cambridge, MA: MIT Press.

—— (2011). "The Credit Crisis as a Problem in the Sociology of Knowledge. " *American Journal
　　of Sociology*, 116/6: 1778 – 841.

Malkiel, B. G. ([1973] 2003). *A Random Walk Down Wall Street: The Time-Tested Strategy for
　　Successful Investing* (8th edn). New York and London: W. W. Norton.

Marmer, H. S. (1996). "Visions of the Future: The Distant Past, Yesterday, Today, and To-
　　morrow. " *Financial Analysts Journal* 52/3: 9 – 21.

Mars, F. (1998). " 'Wir sind alle Seher' : Die Praxis der Aktienanalyse. " PhD thesis, Univer-
　　sity of Bielefeld, Germany.

Meyer, J. W. and Jepperson, R. L. (2000). "The 'Actors' of Modern Society: The Cultural
　　Construction of Social Agency. " *Sociological Theory*, 18/1: 100 – 20.

Michaely, R. and Womack, K. (1999). "Conflict of Interest and the Credibility of Underwriter
　　Analyst Recommendations. " *Review of Financial Studies*, 12/4: 653 – 86.

Mikhail, M. B. , Walther, B. R. and Willis, R. (2004). "Do Security Enalysts Exhibit Persistent Differences in Stock Picking Ability?" *Journal of Financial Economics* 74/1: 67 – 91.

Norby, W. C. (1968). "Some Contrary Views on the Professional Status of Financial Analysis. " *Financial Analysts Journal*, 24/2: 11 – 13.

Poitras, G. (2005). *Security Analysis and Investment Strategy*. Malden, MA: Blackwell.

Preda, A. (2006). "Socio-Technical Agency in Financial Markets: The Case of the Stock Ticker. " *Social Studies of Science*, 36/5: 753 – 82.

—— (2007). "Where do Analysts Come From? The Case of Financial Chartism. " in M. Callon and F. Muniesa (eds.), *Market Devices*. Malden, MA: Blackwell, 40 – 64.

—— (2009). *Framing Finance: The Boundaries of Markets and Modern Capitalism*. Chicago: University of Chicago Press.

Randell, D. H. (1961). "Evolution of the Analyst. " *Financial Analysts Journal* 17/2: 67 – 75.

Rao, H. and Sivakumar, K. (1999). "Institutional Sources of Boundary-Spanning Structures: The Establishment of Investor Relations Departments in the Fortune 500 Industrials. " *Organization Science*, 10/1: 27 – 42.

——Greve, H. R. , and Davis, G. F. (2001). "Fool's Gold: Social Proof in the Initiation and Abandonment of Coverage by Wall Street Analysts. " *Administrative Science Quarterly*, 46/3: 502 – 26.

Schmidt-Beck, K. (2007). "Die Börsenkrise als Deutungskrise: Der Imperativ von Vorausschau am Beispiel fundamentalanalytischer Wissenskultur," in A. Langenohl and K. Schmidt-Beck (eds.), *Die Markt-Zeit der Finanzwirtschaft: Soziale, kulturelle und ökonomische: Oimensionen* (1st edn). Marburg: Metropolis-Verlag, 149 – 85.

Simon, C. J. (1989). "The Effect of the 1933 Securities Act on Investor Information and the Performance of New Issues. " *The American Economic Review*, 79/3: 295 – 318.

Smith, C. W. (1999). *Success and Survival on Wall Street: Understanding the Mind of the Market*. Lanham: Rowman & Littlefield.

Soros, G. (1994). *The Alchemy of Finance: Reading the Mind of the Market*. Hoboken, NJ: Wiley.

Stickel, S. E. (1992). "Reputation and Performance Among Security Analysts. " *The Journal of Finance*, 47/5: 1811 – 36.

Svetlova, E. (2010). "Arriving at Right Decisions from Wrong Predictions. " *Journal of Economic and Financial Practice*, 10/1: 101 – 13.

Swedberg, R. (2005). "Conflicts of Interest in the US Brokerage Industry," in K. Knorr Cetina and A. Preda (eds.), *The Sociology of Financial Markets*, Oxford: Oxford University Press, 187 – 203.

Useem, M. (1996). *Investor Capitalism: How Money Managers Are Changing the Face of Corporate America* (1st edn). New York: Basic Books.

Wansleben, L. (forthcoming). *Cultures of Expertise in Global Currency Markets.*

Winroth, K., Blomberg, J., and Kjellberg, H. (2010). "Enacting Overlapping Markets. Constructing the Identity of Shares in Investment Banking." *Journal of Cultural Economy*, 3/1: 3 – 18.

Womack, K. L. (1996). "Do Brokerage Analysts'Recommendations Have Investment Value?" *The Journal of Finance*, 51/1: 137 – 67.

Zorn, D., Dobbin, F., Dierkes, J., and Kwok, M. -S. (2005). "Managing Investors: How Financial Markets Reshaped the American Firm," in K. Knorr Cetina and P. Alex (eds.), *The Sociology of Financial Markets.* Oxford: Oxford University Press, 269 – 89.

Zuckerman, E. W. (1999). "The Categorical Imperative: Securities Analysts and the Illegitimacy Discount." *American Journal of Sociology*, 104/5: 1398 – 438.

—— (2000). "Focusing the Corporate Product: Securities Analysts and De-diversification." *Administrative Science Quarterly*, 45/3: 591 – 619.

—— (2004). "Structural Incoherence and Stock Market Activity." *American Sociological Review*, 69: 405 – 32.

第14章
评级机构

玛莎·潘（Martha Poon）

引　言

　　评级机构是专门生产和销售信息的公司，这些信息在债券市场上至关重要。这一章给出了评级行业的历史，概述一个多世纪以来，随着商业化所产生的评级如何成为市场机构和监管干预所必需之辅助。

　　评级是什么？评级是第三方对信用交易的评估。换言之，评级不仅仅是信用质量的独立评估；它也是一种信息产品，是由商业组织精心制作的声明，其目的是向外传达信用信息。评级与其他形式信用评估的区别在于，它旨在从信息提供者转移到运营机构。根据定义，评级是通过企业间组织产生的。许多主要的评级机构——知名者如邓白氏（Dun ＆ Bradstreet）、标准普尔（Standard ＆ Poor's）和穆迪（Moody's）等——都与评级市场一样历史悠久，它表明评级的兴起（按照市场流通标准）离不开评级商业（专业公司）的发展历史。

　　纵观历史，评级被反复地用于不同的目的。虽然最初的许多机构名称一直存在，但重要的是要认识到，这些机构发行的信用评级的形式、内容和效用在所有金融交易中并不相同。广为人知的"AAA"可能是评级行业永恒的符号，但它远不是信用质量的普遍或静态标志。随着时间的推移，产生这些字母的过程、它们向投资界发出的信号以及它们如何被纳入决策中，都会发生变化。(这里讨论的变化总结在章节末尾。)

在政治和学术讨论中，人们并未认可多样化的评级方式在当代金融市场中的角色。特别要注意的是，报告（reporting）（提供信息）和分析（analysis）（与业务决策相关的信息）行业之间日益紧张的关系。如果这一章有讨论及总结，那么，在得出关于如何"修复"评级行业的结论之前，有必要研究一下这一信息的目的是如何演变的。

评级出现之前的商业报告

信用评级是 19 世纪信用报告的一个分支。由刘易斯·塔潘（Lewis Tappan）于 1841 年创立的商业征信所是这些公司中最为著名的商业征信所[1]（它与邓白氏公司合并，至今仍存在[2]）。顾名思义，信用报告的最初目的是促进商品交易——交易信用，而不是现金贷款。用历史学家罗维娜·奥列加里奥（Rowena Olegario）的话来说，"商业信用不是货币贷款，而是提前向买方交付货物以换取在将来某一日期付款的承诺"（Olegario，2006：1）。

信用报告最初是为商业交易所开发的，因为商业信贷是"无担保的"。这意味着，在法律上，交易商的债权"排在银行和其他有担保贷款人的债权之后，并且是在法律程序中最后被支付的债权"（Olegario，2006：9）。数据显示，在 19 世纪大量失败案例中，至少有 60% 的企业倒闭（Olegario，2006：36 - 7）——从一开始就谨慎地选择自己的贸易伙伴是非常重要的。因此，信贷报告应该在银行成为商业渠道的金融中介之前是有道理的。

信用报告取代了旧的信用评估方法。奥列加里奥解释说，"在海外贸易中，买家的个人信息往往是不可得的，因此亲属关系和宗教关系——例如贵格会（Quakers）、胡根奥特（Hugenots）和犹太人（Jews）"（Olegario，2006：32）——被用来作为评估贸易伙伴的手段，以最大限度地降低交易风险。当然，这类封闭的社交网络必须被突破，才能让更开放的市场出现。例如，英国已经成立了贸易协会，在从事相似贸易的人之间传播信息。在这些协会中，成员之间没有联系，也没有相互交易。

1852 年，《伦敦时报》（The London Times）报道称，商业征信所是美国独有的新奇事物。与英国的贸易协会不同，美国的机构是"营利组织"（Olegario，2006：45）。尽管商人们一直在进行自己的信用调查，但记录或发布调查结果并不是正常的业务范围。这一事实本身就标志着一项重要的创新。历史学家斯科特·桑塔奇（Scott Sandage）评论说："信用代理人没有从记录别人的业务中得到直接的好处；他们为市场写文章，客户购买产品是为了其有用性。"（Sandage，2005：143）

信用报告者在交易中插入了一个系统的过程，固定、复制和传输数据给付费市场参与者。在商业征信所的办公室里，"关于几十个人的数千字"（Sandage，2005：102）被手写到皮革装订的 11×17 英寸对开页面。正是通过努力集中这些专业化操作，"市场才有了记忆，有了对整个职业生涯永久记录的档案"（Sandage，2005：102）。这就是商业交易如何从人们的大脑记忆转变为书面记录的，它是随着提供信息方以正式科层组织的兴起和发展才得以实现的（Clanchy，1993）。[3]

评级：从手写账本到出版物

信用报告是 19 世纪为支持日益增加的金融活动而开发的多种写作和文档类型之一（Poovey，2008）。就像债券证书、发货清单和财经报纸一样，信用报告是一种专门用来协调经济交易的写作格式。报告是一种叙述手段，将商业成功和失败的原因写入个人传记中。作为个人故事的资料库，官僚机构，"如信用评级机构、破产法庭和慈善机构将自己的专业形式加入了市场"（Sandage，2005：9）。

商业征信所利用通讯员网络收集内容，它们向当地办事处发送信函，然后将信件转发给纽约总部。[4]尽管通常在"城镇和地方的商业生活处于中心位置"的律师才是最大贡献者，但"行政长官、商人、邮政局长和银行出纳"都可以归为无偿工作的通讯员（Olegario，2006：49）。亚伯拉罕·林肯（Abraham Lincoln）曾一度是通讯员。正如桑塔奇（Sandage，2005：103）所观察到的，"一份信用报告可以将道德、才能、财务、过去的表现和未来的潜力都整合到一个简单的判断中，而不仅仅是将银行存款或性格作为参考"。[5]

产生早期信用报告所涉及的物质劳动和组织过程是相当重要的。1851 年，商务部纽约中央办事处的目击证人记录："三十多名男子一直在这个办公室的各个角落精简、复制、发布报告、进行通信，等等。他们的记录包含在超过 100 本书中，规模最大的书［原文如此］每本扩展到 600 页和 700 页。"（Lauer，2008：310）正如一位商业作家在 20 世纪 40 年代所评论的那样，"刘易斯·塔潘（Lewis Tappan）是第一个将大规模生产的原则应用于信用报告的人"（Lauer，2008：308）。

　　和图书馆一样，商业报告也是重要的基础设施。用户最初需要亲自翻阅集中的手写账簿。由于担心诽谤诉讼和被竞争对手抢走它们的内容，这些机构不愿分发印刷摘要。根据奥列加里奥的说法，在 19 世纪 50 年代，激烈的竞争吸引更多的客户向各机构施加压力，要求打印参考书，这是将信用信息精简成更灵活的格式的第一步。第一版由几张印刷的活页纸演变而来，成为一部名为"巨大红边四开卷的邓白氏报告（Bradstreets Reports）"（Sandage，2005：128），即所谓的"红皮书"，其很快就成为全国各地贸易办事处的一个可识别的固定物。

　　具有特别历史意义的是，评级量表第一次出现恰逢印刷手册的出现。奥列加里奥（Olegario，2006：65）指着最早的流通卷写道，"在 1857 年，邓白氏开始出版一本包含着相关信息且以评级的关键字的形式呈现的装订参考书"。她表示评级方案的最初目的是将冗长的文本内容压缩成简洁的印刷版本。[6]这表明，虽然评级关键字可能 "允许用户较为容易地比较潜在的借款人"，但这只是将更具竞争力的产品展示出的印刷方式引入信用报告这个行业所附带的效果（关于评级的认知效应的解释，参见 Carruthers and Cohen，2009）。

　　信用报告是一个组织机器，其唯一的目的是大大增加交易者可获得的信息量。虽然这些记录提供了分析报告和发表意见，但各机构并没有就其交易信息的实际意义给出结论。可以肯定的是，以评级形式呈现信息缩小了传递信息与决策行为之间的解释差距。尽管如此，字母评级的引入并未表明，这些机构的商业模式有意识地向商业分析的战略转变。商业征信所的基本主张是必须严格报告。

　　与今天的评级机构形成鲜明对比的是，最初报告机构对于如何将信息转换为业务交易完全不感兴趣。从商业角度来决定如何根据信用报告行动的脑力工作，仍然是由具有专业操作技能且经验丰富的业务操作人员所决定的。目前的混乱局面是，当一个 AAA 级的投资失败时由谁来负责——审查投资结构的评级机构，以票面价值评级的投资者，或者对它进行要求的监管机构？这是一个新进展。这些含混之处是如何发生的，这一章将揭开答案。

债券评级机构的起源

　　为了继续讲信用评级，我们现在从商品交易转向债券发行。[7]标准普尔公司（Standard & Poor's）和穆迪公司（Moody's），如今已成为最著名的债券评级机构，而这些公司的前身最初是为了向投资者提供不同公司相关信息的公司。最早的倡议是由亨利·瓦纳姆·普尔（Henry Varnum Poor）发起的，[8]他的《美国铁路和运河历史（1860 年）》试图呈现"美国铁路和运河公司的发展、成本、收入、支出和财务状况的全面陈述"（1860）。这是 19 世纪末资本最为密集的工业部门。

就像之前的商业报告一样，有关股票和债券发行公司的报告也被作为厚厚的参考手册分发。这些出版社的历史同样以竞争激烈的订阅和对手企业之间的重要合并为标志。[9]至今生存下来的有：约翰·穆迪（John Moody）在 1900 年发布的穆迪公司的工业和其他证券手册，它提供"金融机构、政府机构、制造业、采矿、公用事业和食品企业的股票和债券信息、统计数据"[10]（Moody's Analytics Inc. , 2011）；路德·李·布莱克（Luther Lee Blake）于 1906 年创建的标准统计局，发布了 5×7 的工业数据卡片；约翰·惠誉（John Knowles Fitch）于 1913 年出版的《惠誉股票和债券手册》。通过债券评级，"出版社"演变成了"统计公司"（*The Wall Street Journal*，1931）。重要的是要认识到，"统计"一词是指公司的描述性数据，而不是对其绩效的概率预测（即风险的陈述）。

穆迪在 1909 年发表了铁路投资分析，其中他介绍了基于邓氏公司（R. G. Dun & Company）（Sinclair，2005：24）的评级模型。［因为亨利·普尔的妻子是塔潘的侄女（Chandler，1956：24），很可能普尔也采用了商业报告的标准。］机构间的模仿导致了评级的同质化，例如"到 1930 年，每个机构的评级符号与其他机构的符号一一对应是可能的"（Partnoy，2006：642）。政治经济学家蒂莫西·辛克莱（Timothy Sinclair）将评级范围的扩大与债券评级机构的商业决策联系起来。他说，"从发布信息概要到实际评价债务人的信用价值是在 1907 年的金融危机和 1912 年的普霍听证会之间发生的"（Sinclair，2005：24）。[11]

目前还不清楚引入字母评级对债券评级业务盈利能力以及债券市场流动性的直接影响。这可能是因为大多数 20 世纪 30 年代的债券直到发行后才被评级（Partnoy，1999：643）。弗兰德鲁、盖拉德和帕克（Flandreau，Gaillard，and Packer，2009：7）指出："在 20 世纪 20 年代创建的一些投资信托基金使用评级来保证投资者投资组合的稳固性。"这表明评级最初不是用来交易债的，而是用来证明账面价值的。对市场中的机构进行监管成为常态，而评估监管的影响正是在 20 世纪初机构投资者之间采用评级方式这一背景下形成的。

在两次世界大战之间，监管者通过评级做判断且谨慎投资

1931 年，美国货币审计署（OCC）"开创了评级监管使用的先河"。OCC 创造了"投资级和非投资级证券之间的区别，它裁定，评级为 BBB 或更高级的债券将由银行以账面价值进行结算，但评级较低的债券必须减记至市值，由此产生的损失的 50% 从资本中扣除"（Adams，Mathieson，and Schinasi，1999：200）。《华尔街日报》对这一裁定的头版解释是："州、自治区和政府债券以及由统计公司给出的四项最高评级的公债券，并没有因市场波动损害内在价值。"（*The Wall Street Journal*，1931）

通过监管，财务会计与商业评级的公开市场交织在一起。1929 年股市崩盘后，监管机构利用评级信息，设定了一个可能稳定投资者活动的审慎门槛。1936 年，OCC 和联邦储备委员会（FRB）扩大了评级的使用范围，以确定和执行审慎的投资，因为它们"禁止银行持有低于两家评级机构评级投资级别的债券"（Adams，Mathieson，and Schinasi，1999：200）。1940 年，《投资公司法》（公布法案第 76 ~ 768 条）的第 2a ~ 7 条规则将货币市场基金限制为按评级划分的"合格证券"，同时政府对评级的依赖进一步加深，以保护投资者。

［评级也被用于创造监管例外，1992 年增加的《投资公司法》第 3a ~ 7 条规则豁免了符合一系列要求的结构性融资工具，其中包括获得 NRSRO（国家认可的统计评级机构）的四项最高评级之一。］

通过私人评级调节投资质量，联邦政府和独立的信息产业之间建立了一种共生关系。通过已经被用于向投资者传达价值的全面评级，国家设定了严谨的标准，而没有对构成市场上合理投资的东西强加附加定义。通过商业评级，政府监管机构能够在不破坏财务决策者惯例的情况下进行控制。结果产生了一个奇怪的矛盾——该规定尊重市场自由原则，但同时确保代理人对投资选择的可取性得出类似的结论。

美国证券交易委员会将净资本要求与评级挂钩

到 20 世纪 60 年代末，对审慎理财的担忧开始转向金融市场的操控问题。谨慎对待投资质量，而经营控制则与市场有序执行交易的能力有关。当交易所

交易量超出人工簿记能力时，交易所出现了"文书工作危机"。该事件"揭露并加剧了该行业固有的其他结构性问题"（H. R. Doc. No. 231, 1971），也包括系统中存在的"缺乏足够和永久的资本"（Molinari and Kibler, 1983 - 4: 10）。

1970 年，当宾夕法尼亚中央运输公司（Penn Central Transportation Co.）发现自己无法为其短期贷款再融资从而成为美国历史上最大的倒闭公司时（1970 年《时代》杂志），人们对金融体系整体流动性的担忧加剧了。"就像当时市场上的许多其他债券一样"，违约债券"没有被任何信用评级机构评定"（CGA, 2002）。冲击波席卷了商业票据市场，扰乱了这些债券的主要持有者——不是银行，而是其他公司。一些经纪商（既代表客户又从自己的账户买卖证券的经纪人）崩溃了。

由于担心流动性（交易债券的实体是否保留了足够的资本储备）与有关企业信誉的总体状况（公司偿还被交易债券义务的能力），美国证券交易委员会（Securities and Exchange Commission, SEC）决定对经纪商采取更严格的净资本要求。规则第 15c3 条（1975）要求经纪商保留资本准备金，以确保即使在清算资产存在延迟的情况下，也要以纽约证券交易所（NYSE）的金融规则为基础支付其所有的债务。纽约证券交易所的标准比 20 世纪 40 年代制定的联邦原则更为严格（Wolfson and Guttman, 1972: 603）。[12]

证交会的新规则第 15c3 - 1 条以法律形式确立"经纪商债券投资组合质量"（White, 2002 - 3: 40）最低净资本要求。到目前为止，美国证券交易委员会一直计算资本储备作为净资本的固定比例，或称其为固定的美元需求。相反，在"估值折扣（或剃头）（Haircut）规则"下，经纪商可以在最高评级的资产上获得较小的折扣（市场价值的较低百分比）。在一个微妙但非常重要的转变中，将资本要求与评级挂钩建立了一个新的监管机制，其中准备金与资产质量（等级或风险水平）而不是资产数量（金额）挂钩。

批评者指出，"净资本规则下所需的流动资产净额数量是任意的，因为没有明确的统计逻辑作为选择标准"（Molinari and Kibler, 1983 - 4: 22）。事实上，这些要求被表示为简单的百分比，它们取决于评级等级，而这些评级或多或少地遵循了 20 世纪 30 年代 OCC 所做的评级。尽管如此，这种概念上的转变对于结构性融资的兴起至关重要（其结果在本章的最后一节讨论），其中为了生产需要较低资本储备的产品，产品的设计要符合与期望的评级相对应的质量要求。投资于高评级结构性证券的吸引力不仅来自对其优质的信用评估，也来自对后续资本的较低监管要求（Tett, 2009）。

评级的商业模式随着全国统计信用评级机构（NRSROs）的引入而改变

第 15c3 条规定的评级行业的变化并没有阻止评级与资本要求挂钩。"估值折损规则"也颠覆了评级行业的用户付费商业模式。在用户模式中，投资者在竞争激烈的供应商中购买产品，供应商的高质量产品的声誉需要不断接受考验。自由市场意味着，这些机构必须通过服务于金融领域的产品创新和产品差异化公开竞争。然而，一旦评级在联邦法规中予以确立，监管就由那些本该服从监管控制的市场参与者决定。

依靠评级来表达法律规则，美国证券交易委员会发现自己陷入了一个特殊的两难境地。如果通过评级进行监管的目标，是让市场免于财务质量的严厉限制；那么挑战就是，为法律管理的目的，需确立可接受的评级量表，同时让投资者自己来识别整理有效的信息。[13]换言之，美国证券交易委员会必须加强对评级机构的监督，而又不干预其方法。为了解决这个问题，美国证券交易委员会"为债券评级机构建立了一个全新的监管类别——全国统计信用评级机构（NRSRO）"（White，2002 - 3：40）。政府没有界定如何进行评级的监管，而是界定了哪些机构可以为其做这些。

美国证券交易委员会将一些评级公司指定为 NRSRO。正如批评人士所指出的，"它既没有定义这个术语，也没有说明哪些机构是合格的"（Partnoy，2006：64）。相反，它向少数参与者发出了"不采取行动"的信号，表明委员会的工作人员"将不会采取强制措施，如果这些机构的评级被用来满足第 15c3 - 1 条规则的要求"（Sinclair，2005：44）。穆迪、标准普尔和惠誉并不是所有被指定的公司，但到 2000 年底，一波并购浪潮"将所有进入者都排除在外"，"只有三名元老"被留下来（目前有 10 个 NRSROs）。

NRSRO 构成公开市场的私人秩序。正如法律学者史蒂文·施瓦兹（Steven Schwartz）所解释的那样，这一指定可以确保"如果具体法律的适用性转变为评级，评级的发行人——以及评级本身——是否应用这些法律的可靠指标"（Schwartcz，2002：21）。除了像其他信用报告机构（CRA）那样向投资者提供信息之外，NRSRO 还担任发放"监管许可证"的守门人（Partnoy，2006）。如果发行人希望金融产品能够在监管控制下进行交易，那么寻求 NRSRO 评级所提供的"认证标志"是符合他们的利益的。因此，评级业务在市场中的地位与提供独立的信用评估一样，都与监管界限密不可分。

新的监管规则重新界定了债券评级业务的含义。18 世纪中期评级主要是读者订阅的模式，这一模式受到新发明的影印技术的破坏和冲击，随后，取而代之的是由债券发行公司为评级付费，而不是读者付费的运作系统。这正是我们今天所普遍存在的运作模式，其中"信用评级机构收入的大约 90% 来自发行人的费用"（Partnoy，2006：62）。大多数评级都是关于债券的评级，但在少数情况下，评级机构也需评估一个项目是否符合政府关于教育、电信和交通等领域的资金资助的管理规范。到 2002 年，"至少有 8 个联邦法律和47 个联邦法规，以及超过 100 个州的法律和法规，参照 NRSRO 的评级"（CGA，2002：79）。使用评级来表达政府政策，解释了为什么迄今为止对评级行业最广泛的讨论是在法律学术研究领域，而不是在金融或经济领域。

NRSROs 成为政治超级大国

1968 年，纽约市的财务主管罗伊·古德曼（Roy M. Goodman）在国会"讨论债券评级对市政府借贷成本的惊人但鲜被理解的影响"（Goodman，1968：59）。"我发起了关于债券评级的全国性辩论"，他表示，"当时我呼吁全面改革私营市政信用评级体系"。正如一位当代评论家所言，这就是在 20世纪 60 年代后期，"通常主要是债券市场专业人士感兴趣的市政债券评级主题"，如何最终"受到关注"——"因为纽约市……把它放在那里"（Packer，1968：93）。

市政债券评级在此期间并不新鲜。作为公司债券评级的一个产物，穆迪在 1919 年开始对市政机构进行评级，标准普尔在 20 世纪 20 年代末开始。然而，迫使古德曼（Goodman）对这一过程提出质疑的事件是"纽约市评级惨败"。1965 年，穆迪将纽约市的税收担保债券评级下调一级；一年后，标准普尔也开始效仿。结果，城市的利息成本增加了 10 个基点。古德曼抗议说，"投资者如此习惯于这个系统"，"几乎自动地，评级将在一定限度内决定发行人必须为其债券支付的利率"（Goodman，1968：60）。

纽约市的惨败引起了人们对评级作为州和金融市场之间调解人的矛盾地位的关注。将评级与联邦法律的资本要求挂钩是保护"投资者"的一项措施；然而，将评级与政府债券的利息支付联系在一起耗费了"公民"的资金。第一种情况是为了更大的利益而加强财政审慎，而第二种情况则被视为侵犯了民主政治的平稳运行。从金融理论的角度来看，这两种行为都可以在"风险管理"的支持下进行调和。但从城市管理者的角度，对评级的呼吁不过是一个坏习惯，它"导致一些主要城市短缺数亿美元，而这些钱都是基本服务急需的、毫无根据的利息费用"（Goodman，1968：59）。[14]

通过评级，政府面临着复杂的财务逻辑（风险与回报等基础原则），这种逻辑正是通过被提升为国内法律管理的辅助工具来传播。[15]人们越来越担心的是，通过对特定形式投资判断的普遍运用，评级机构最终实施了一种金融化治理模式，它"更有利于私人利益，而且越来越不受民主干预"（Goodman，1968：50）。古德曼所预言的是政治稳定和经济利益之间的日益紧张关系。他敏锐地指出，评级机构是这场战争发酵的关键点。

在全球化浪潮的冲击下，美国建立的评级模式已蔓延到世界各国，古德曼的担忧也被扩展到了国际层面。政治学家蒂莫西·辛克莱（Timothy Sinclair）将评级机构称为"新资本大师"（Sinclair，2005），因为他们定义了哪些实体——企业和政府能获得廉价资金，而哪些实体不能。辛克莱也指出了他们的影响力不那么明显的一个方面。他认为"评级机构和评级过程""为广泛分散的政府和企业提供了一种传播政策和管理经典思想的手段"（Sinclair，2005：71）。

要想在由评级统治的金融环境中生存下来，依赖资本的组织必须对会计和管理实践做出让步，这些会计和管理实践贯彻了一套价值观，这些价值观体现了一个不断发展的金融控制体系（Appadurai，1996）。"对国家政策自治"的影响是对国家主权的侵犯，这种情况只会在"评级机构不是国内拥有和控制"的国家中加剧（Sinclair，2005：119）。这种力量平衡在 1995 年弗里德曼著名的讽刺中得到了体现："我们再次生活在一个有两个超级大国的世界里……美国可以用炸弹来摧毁一个国家；穆迪可以通过贬低债券来摧毁一个国家。"（Friedman，1995）弗里德曼对世界各地的政治家们提出的严肃建议是："不要招惹穆迪。"

评级机构因金融丑闻而降级

2001 年底安然公司（Enron Corporation）轰然倒闭，这是美国商业史上的一个文化里程碑。与之前的宾州运输（Penn Central）一样，破产"引发了投资者对美国资本市场的信任危机"（CGA，2002：1），并引发了为美国公司治理负有责任的实体的严密审查。这些评级机构发现，在华盛顿玩忽职守的私营部门监管机构的全面调查中，它们处于最重要的位置，仅次于安然（Enron）董事会、审计机构阿瑟·安德森（Arthur Anderson），以及众多华尔街股票分析师（这些分析师固执地推荐这家能源巨头虚增的股票）。

2002年，由于未能预见到华盛顿公共供电系统（1983年）和加利福尼亚州奥兰治县（1994年）的大规模违约，评级机构的声誉已经受到损害，而在世通（WorldCom）、泰科（Tyco）和环球电讯（Global Crossing）的一系列公司倒闭事件中，评级机构也受到了牵连。公众舆论导致了《萨班斯－奥克斯利法案》的通过，这一法案也被称为"2002年上市公司会计改革和投资者保护法案"（Pub. L. 107-204，116 Stat. 745），美国总统乔治·布什（George W. Bush）称其为"自富兰克林·罗斯福时代以来对美国商业行为影响最深远的改革"（Bumiller，2002）。

《萨班斯－奥克斯利法案》并没有立即对评级机构采取行动。这表明，它们是如何促使安然公司大规模破产的证据还不足以引发补救立法。相反，评级行业被提交给几个国会听证会，听证会上评级过程受到调查人员的强烈抨击。SEC最后的员工报告冷静地总结道，"信用评级机构在对（安然）的报道和评估中令人失望，缺乏尽职的调查"（SEC，2003：4）。

评级机构因"未能揭示安然公司财务状况恶化的程度"而备受指责（Borrus and McNamee，2002）。这些机构在安然申请破产之前的四天内将其评级保持在"投资级别"这一事实是其分析存在严重缺陷的主要证据。为吸引安然公司的可观业务而为投资银行工作的证券分析师们，有充分的理由对公司的前景保持乐观的态度。但是，正如调查人员所指出的那样，"尽管不会遭遇如同主要华尔街公司的证券分析师那样的冲突困境，但同样地，（信用评级机构）未能警告公众安然的危险处境"（CGA，2002：5）。

新闻记者贝瑟妮·麦克林（Bethany McLean）和彼得·艾尔金德（Peter Elkind）的结论更加尖刻，他们认为"分析师应该深入公司的财务文件中，仔细研读脚注，超越管理层的保证，克服会计遮目混淆。简而言之，他们的工作是分析"（McLean and Elkin，2004：407）。事实上，他们指出，由于这些机构是不受美国证券交易委员会条例（2000）的限制的，这些条例阻止公司向某一些分析师透露资料，而不阻止其他分析师，因此"信贷分析师获得了比股票分析师更多的信息"（McLean and Elkin，2004：239）。法律明确规定，"穆迪、标准普尔或惠誉的分析师可以与公司管理层进行私下谈话"以及

"查看财务信息……公司没有公开披露"（CGA，2002：82）。

十年来不断加剧的金融危机让评论家们对这些机构拉响的警报记录感到愤慨。为了应对一连串的崩溃，"表达对于评级表现的担忧——这些机构的业务表现如何——已经成为常态"（Sinclair，2005：154）。令人不安的是，"信用评级旨在为投资者提供有价值的信息……信用评级机构似乎拥有令人印象深刻的声誉"。然而，帕特诺伊观察，"特别是自 20 世纪 70 年代中期以来，信用评级的信息价值暴跌"（Partnoy，1999：621）。看起来，声誉本身，即市场公认的内在质量控制机制，并没有使这些机构得到控制（Hunt，2009a）。

这些机构回应说，它们的分析过程基本上是健全的（见图 14-1）。它们认为"是安然的谎言导致了问题的出现"（McLean and Elkin，2004：407）。"我们同意安然的局面很悲剧"，S&P 市场服务部执行副总裁维基·蒂尔曼（Vicki Tillman）表示，"但我们也是受害者……评级机构受到了有目的的欺骗"（序列号 110-62，2007：26）。评级机构曾以成为借款人准确信息的首要来源而自豪，如今，评级机构声称，它们处于发行者提供给它们的信息要求之下。这是评级机构改变了它们的要求——它们不再做独立报道，它们的业务是向市场提供分析。

在最大的评级机构中，制定初始评级有 4 个基本步骤。初级分析师（1）审阅发行人的财务报表并起草初步评级；（2）访问发行人的管理团队；（3）编写简要报告，说明评级的理由；（4）召集由 4 至 12 人组成的委员会，其中包括分析师、董事总经理及其他分析师、经理或具备有用专业知识的员工。该委员会的身份和审议保密，审查事例并通过投票程序集体决定最终评级。评级和报告将发送给发行人，以纠正不准确的事实并删除机密信息。如果发行人反对评级，它可以提出上诉，但机构声称报告撤回是罕见的。评级通过新闻稿向公众发布，并向付费用户提供报告。一旦公司获得评级，该评级将通过每年至每 18 个月召开一次委员会来进行监督。初级分析师还可以随时对公司进行"观察"或"审查"，向市场表明可能发生的变化。

图 14-1 企业和市政信用评级的过程

资料来源：报告 109-326 2006：84；S. Prt. 107-75 2002：2-3。

控制评级机构

参议员约瑟夫·利伯曼（Joseph Lieberman）所提出的简单政治观察推动了一项旨在控制这些机构的运动，"这种规模的力量应该与某些问责制相结合"（Borrus and McNamee，2002）。监管机构的工作假设是，如果行业能提高它的评级，就会避免金融崩溃。"如果历史是一个参考，"一份报告指出，"信用评级机构通常是正确的：评级为 AAA 的债券在十年及以上的违约率不到百分之一，标准普尔发现几乎有 88% 的可能性被评级为 A 或以上的公司仍会在一年后获得该评级"（序列号 110 - 62，2007：26）。

一般的结论是，确保金融稳定意味着提高评级的预测准确性。目前的事件表明，NRSROs 在分析过程中变得草率，或者没有跟上先进的风险评估技术的步伐，而那些更小、更轻、缺乏联邦指定的新技术已经发展起来了。[16]一些责任规定是为了创造人为的需求，同时让评级机构搭便车："为什么不干脆取消评级机构的特殊地位，让市场评估信誉呢？"（Borrus and McNamee，2002）。从法律的角度来看，答案是"这样做也会让资本监管机构寻找某种方法来衡量信用风险"（Hunt，2009b：21）。

值得注意的是，政府调查人员并没有对公司治理（评级在企业内部会计和运营中扮演的角色）进行深入研究，而是重新回到了评级作为信贷交易的推动者的历史角色。调查人员称，评级行业的目的是"评估上市公司等实体的信誉和它们发行的债券，以便那些希望提供信贷的人……能够更好地理解他们可能看不到的投资回报的风险"（CGA，2002：76）。能够实现预期改善的策略是加强监督和改进激励措施。一些较新的举措试图让这些机构自己参与进来。

2006 年，国会通过了《信用评级机构改革法案》（Pub. L. No. 109 - 291. 120 Stat. 1327）。该法通过正式化申请 NRSRO 身份的过程［即通过列出 20 家最大的证券发行商和认购商以及 10 家使用该评级至少三年的资深买家（QIBs）］来增加行业竞争；它通过要求每个 NRSRO 制定书面政策来防止滥用非公开信息以及管理利益冲突，从而提高透明度；它通过要求每个 NRSRO 委任一名负责向 SEC 报告的职员来解决合规问题。[17]国会还限定了三种被认为是滥用的行为：未经请求的评级（对一个实体进行评级，使其成为付费客户）；[18]开槽（notching）（如果评级机构也对大部分标的资产进行评级的话，它将给予资产支持证券更高的评级）；捆绑（bundling）（将评级与附加服务捆绑在一起）。

尽管 2006 年有了监管干预，但在安然丑闻之后的 10 年里，评级对金融波动负有一定责任的证据却变得更加令人震惊。当 2008 年全球金融体系几乎停滞不前，美国抵押贷款支持证券的 AAA 评级填满了全球机构投资者的资产负债表，瓦解成一堆无用的不良资产时，这一案件几乎没有了结。随着监管机构对 2010 年《多德－弗兰克法案》（Dodd-Frank Act）引入的改革进行争论，评级又有了新的发展（Pub. L. 111－203，H. R. 4173）。[19]

结构性金融的悖论

"统治世界的奇客"让人感到越来越沮丧。"同样的组织实体是如何变得全能，而同时又是奇怪的'马后炮'呢？"记者贝萨妮·麦克林（Bethany McLean）报道，"这是当今资本市场上最令人费解的难题之一"（McLean，2001）。

历史掌握着一些答案。在一个能够相互尊重的合作关系的世界里，评级作为描述准确信息的概要，可以作为商业决策的辅助手段。当 FRB 在 20 世纪 30 年代首次采用评级时，用它们来衡量投资组合的"可取性"（Partnoy，2006：687）。今天的市场将相同的字母等级认为是——或应该是——预测未来事件的精确计算表达。因此，随着时间的推移，"评级"作为一种信用背书的原意已随着"风险"的技术概念而崩溃，因为风险是可验证的预测。

当嵌入计算机辅助的、数学倾向的数量世界中时，评级被看作一个国家、公司或证券最终是否会陷入违约的声明。[20]这与原始描述性目的的信用报告形成鲜明对比。就像画廊里的一幅肖像，冻结了一个人的印象，但却没有显示出他 20 年后的样子，因此描述和预测是截然不同的。

人们对评级的期待存在冲突，最明显地体现在当强大的评级产生不良后果时机构是否能够承担责任。它们早期历史的一个残留是，"长期以来 NRSROs 一直认为，它们的核心活动是纯粹的新闻目的：收集公众关注的信息，分析信息，形成意见，然后将这些意见广泛传播给公众"（Partnoy，2006：84）。如果评级机构是金融出版商，即新闻界的成员，那么评级就是"词最短的评论"，它们是"以字母的形式发表的意见"（Husisian，1989－90：454）。

评级机构不是老式出版商，最明显的体现是其收入呈指数级增长。虽然其他的印刷媒体形式在走下坡路，但该行业的利润率却高于埃克森和微软，并且近期繁荣时期的营业利润率平均为 53%（Morgenson，2008）。金融危机调查委员会（FCIC）主席菲尔·安吉利德斯（Phil Angelides）不满地指出，从 1998 年到 2007 年，"穆迪对抵押贷款证券等复杂金融工具评级的收入增长率高达 523%"，他强调，"从 2000 年到 2007 年的高峰期，公司股票价格攀升超过 6 倍"（FCIC，2010）。

更深入地挖掘，评级不再只是意见制造者的证据将会变得更有说服力。有律师在为《彭博法律》撰写报道时承认：“评级机构在作为为其用户对所有公开发行和交易的债务证券进行评级和撰写的传统角色中，它可能充当的是新闻界成员。但是在对 CDOs 债券抵押债券等结构性证券进行评级时，这些机构通常只收取费用，参与结构性交易，而且通常是私下出售和交易的，反过来也是这样：评级机构不是收集信息并向公众汇报的记者，而是参与他们评价的交易者”（Grais and Katsiris，2007：4）。

在安然公司倒闭时，评级机构被斥责没有深入研究公司的财务状况。“为了做好自己的工作”，行政人员说，“分析师必须与他们所涉及的公司进行定期、有意义的接触”（CGA，2002：69）。这些机构现在面临的指控恰恰相反：与发行者接触过多，与投资银行家勾结，大量发行复杂的结构性证券。并且因为“评级机构能受益于活跃的资本市场，而无须任何自有资本的风险”（CGA，2002：106），在金融泡沫期间它们的财富飙升。

那么问题就不在于因利益冲突而扭曲客观性评价（Sinclair，2010），而在于评级机构充当金融工程师，用资本结构、现金流量规划等来指导产品的设计和组合，甚至利用评级，使它们对投资者有吸引力。虽然评级最初是用来“评估和评级发行债务的公司和公共实体的信誉”，但在另一种类型的分析机构中，现在也对“债务本身”进行评级（Borrus and McNamee，2002）。令人吃惊的悖论是，随着结构性金融的兴起，从预测的角度看不正确的评级并不妨碍金融行为；相反，它们可以产生巨大的（可能不稳定）的金融创新。

为了提升金融产品，评级信息必须是稳定的，但不一定是“正确的”。安然就是一个例子。强大的信用评级确保了公司能够获得稳定的资本流动，从而可以在不违约的情况下实现持续融资。正如安然交易业务负责人格雷格·沃利（Greg Whalley）自嘲的，该公司的“商业模式（不）存在于投资级别以下”（引自 McLean and Elkin，2004：236）。这就是安然公司在其评级被下调后才倒闭的原因，这一举动引发了 39 亿美元的抵押品和还款要求，并使公司陷入了流动性下降的漩涡。

在债务结构方面，评级并不反映信誉的价值。相反，它们构成了基本条件——金融工程努力达到的《证券法》的基本要求。在金融工程师手中，评级不是对贷款进行独立审查，而是作为创新有吸引力的产品的基石。这就是为什么在 2008 年，一个投资银行家证实，“崩溃并不局限于一家公司或证券，而是整个资产类别的结构性融资”（系列号 110 - 62，2007：9）[21]。商业评级是金融生产力的原始燃料。这些机构的评级越高，资本市场过热的可能性就越大。

这段简短的历史回顾表明，自评级行业起步以来，已经发生了很大的变化。简而言之，随着结构性融资的兴起，今日评级机构"面临着约翰·穆迪（John Moody）评级铁路时所不存在的压力"（Lowenstein，2008）。

表 14 - 1　评级行业历史上重大事件的时间谱系

1841 年	商业征信所——为了获取利润，信用报告向订阅者提供手写信息，以便他们选择（远距离）贸易伙伴。	
1857 年	布拉德斯特里德评分量表——评分量表是为了将信用信息压缩以增加发行量。	
1860 年	普尔的铁路手册——普尔开始为投资者编写和发布关于铁路公司描述性信息的厚重手册。	
1909 年	穆迪债券评级——穆迪采用了商业报告中的评级标准，并将其应用于债券评级。这些评级被用来证明账面价值。	
1919 年	政府债券评级——债券评级机构开始对州和市政债券进行评级。	分类账
1931 年	OCC 投资级别——OCC 采用机构投资者的评级来设定和传达稳健的投资标准。	出版的手册
1940 年	《投资公司法》——规则 2a - 7 将货币市场基金限制为按评级划分的"符合条件的证券"。	
1968 年	纽约市评级惨败——穆迪将纽约市的税收担保债券评级下调一级；一年后，标准普尔效仿。	
1975 年	美国证券交易委员会净资本要求——为了提高经纪商的流动性和营运储备，美国证券交易委员会将评级与资本要求挂钩。	
1975 年	NRSROs——SEC 指出，如果这些评级机构遵守《证券法》，它们的评级将触发"不采取行动"，这是监管的制度解决方案。	发行者付费
1970 年代	结构性金融——计算机支持的预测建模技术允许发行方设计和构建符合监管标准的证券。	
2001 年	安然倒闭——在世纪之交的一系列破产事件中，这些机构受到了冲击，其中最引人注目的是能源巨头。	
2006 年	信贷评级机构改革法案——对安然破产的回应；政府寻求提高评级行业的竞争力、透明度和合规性。	
2010 年	《多德-弗兰克法案》——为了应对 2008 年信贷危机，多德-弗兰克建议在 2012 年之前从特定法规中取消法定的信用评级。	

注释

1. 除编辑外，作者还要感谢玛丽·波维（Mary Poovey）、本杰明·陶宾（Benjamin Taupin）、罗伯特·沃斯尼泽（Robert Wosnitzer），特别是娜塔莉娅·贝斯多夫斯（Natalia Besedovsky）的帮助。

2. 根据吉尔伯特·哈罗德（Gilbert Harold）的说法，信用报告机构的起源是塔帕人、纺织品和丝绸商人为保留自己的客户基础而使用的信用信息（Harold，1938）。

3. 邓氏公司（R. G. Dun & Co.）的档案保存在哈佛商学院的贝克图书馆。

4. 经济学研究将评级机构视为脱媒的结果，将原先在单独公司中开展的职能剔除以通过规模经济节约成本。这种方法似乎忽视了两种信息保存模式之间的质的差别：其中之一是，内部数据的质量（通常是非正式管理）是竞争优势的来源，会排挤新进入者，另一种情况是，集中的记录可以提高交易活动，但同时也可以平衡业务机会，从而带来集体利益。

5. 关于组织美国各个地方的数据流向中央管理机构的难度，请参阅伊曼纽尔·迪迪埃（Didier，2009）关于美国联邦当局为编制后萧条时代的新政政策所必需的统计数据所做努力的详细描述。

6. 奥列加里奥（Olegario）声称，如果债权人能够获得诸如还款记录和资本实力等透明的财务因素，他们将不会基于社会类型而进行歧视。这种观点的目的论倾向应该谨慎对待，因为它无意中将歧视视为一种暂时的偏离，而这一切都很容易被信息竞争市场的发展所驱散。然而，在 19 世纪，对社会等级的关注绝非偶然——它是一种主要的社交力量。

7. 压缩和转换意味着，至少在理论上，信息可以被以离原始形式最小的失真进行压缩和/或进行重构。评级不会压缩或转换信息，而是永久地减少信息。

8. 在债券历史背景中，债券评级业务相对较新。借贷的债券形式起源于 14 世纪的意大利，这样国家就可以从本国公民那里借钱来资助战争。该工具后来被用来资助殖民地贸易公司的扩张，第一个债券交易所是由荷兰东印度公司于 1602 年在阿姆斯特丹建立的（Ferguson，2008）。

9. 亨利·瓦纳姆·普尔（Henry Varnum Poor）是著名商业史学家阿尔弗雷德·钱德勒（Alfred Chandler）的曾祖父。详细的传记参见钱德勒（Chandler，1956）。

10. 关于评级行业历史并购的总结，参见辛克莱（Sinclair，2005）。

11. 穆迪的历史可以在 http://www.moodys.com/Pages/atc001.aspx 中找到。

12. 普霍听证会是一个国会小组委员会，负责调查少数金融家对美国银行业务的控制权是否为"货币信托"的结果，这是一个形成卡特尔的非法协议。

13. 1942 年 10 月 29 日制定的原始联邦规则"豁免了某些交易所的成员，其资本要求比（美国证券交易委员会的）规则'更为全面'"（Wolfson and Guttman，1972：606）。

14. 企业财务主管协会（英国）、金融专业人员协会（美国）和企业法人协会（法国）制定的"信贷评级程序参与者标准做法准则"第 1.6 分点指出："监管机构不应规定 CRAs 可能使用的方法，但要求每个 CRA 记录并采用其所选择的、已公布的方法，同时认识到，除了纯粹的统计评级以外，还有许多判断涉及评级。"（系列号 108 - 1112004）

15. 古德曼（Goodman）的主要反对意见之一是，评级机构没有足够的资格来彻底检查每一个市政当局（Packer, 1968）。

16. 消费者信用风险评级也可以有同样的观点（Poon, 2011）。

17. 根据监管机构的说法，美国证券交易委员会 NRSRO 注册的程序是"一个透明且自愿的注册体系，不支持特定的商业模式，因此鼓励纯粹的统计模型与主要评级机构的定性模型竞争，鼓励基于投资者认购的模型与收费模式竞争"[2006 年《信用评级机构改革法案》（报告 109 - 326），U. S. S.，第 109 届国会]。

18. 关于评估机构如何为这些问题辩解的分析，请参阅陶宾（Taupin, 2010）。

19. 被动评级（unsolicited rationg）最初是为了对付"放松管制的竞争"，通过"发行人付费"的方式。这种做法被视为强迫新业务关系的强大手段，引起了争议。有关详细情况，请参阅克莱恩（Klein, 2004）。

20. 《多德－弗兰克法案》提议将法定的信用评级从指定的法规中删除，并在 2012 年之前用适当的监管机构规定的信用标准来替代它们。

21. "quant"一词指的是金融工程师，他们中的许多人都受过理论物理学的训练，他们在 20 世纪 70 年代首次进入华尔街。关于讲述他们故事的传记，请参阅（Derman, 2004）。

22. 关于结构化证券如何获得评级的更专业的描述，参见麦肯齐（MacKenzie, 2010）。

参考文献

Adams, C., Mathieson, D. J., and Schinasi, G. (1999). "Annex VI: Use of Ratings in the Regulatory Process." *In International Capital Markets: Developments, Prospects, and Key Policy Issues.* New York: International Monetary Fund, 217.

Appadurai, A. (1996). *Modernity at Large: Cultural Dimensions of Globalization.* Minneapolis: University of Minnesota Press.

Borrus, A. and McNamee, M. (2002). "The Credit-Raters: How They Work and How They Might Work Better." *Business Week*, April 8: 38, 40.

Bumiller, E. (2002). "Bush Signs Bill Aimed at Fraud In Corporations." *The New York Times*, July 31.

Carruthers, B. and Cohen, B. (2009). "Credit, Classification and Cognition: Credit Raters in 19th Century America." SSRN Abstract 1525626.

Chandler, A. D. (1956). *Henry Varnum Poor: Business Editor, Analyst, and Reformer.* Cambridge, MA: Harvard University Press.

CGA (Committee on Governmental Affairs) (2002). "Financial Oversight of Enron: The SEC and Private-Sector Watchdogs." S. Prt. 107 - 75, October 8. U. S. Government Printing Office.

Clanchy, M. T. (1993). *From Memory to Written Record, England 1066 – 1307.* Oxford: Wiley-Blackwell.

Credit Rating Agency Reform Act of 2006 (Report 109 – 326) (2006). United States Senate, 109th Congress.

Derman, E. (2004). *My Life as a Quant.* Hoboken: John Wiley & Sons.

Didier, E. (2009). *En Quoi Consiste L'amérique.* Paris: La découverte.

FCIC (Financial Crisis Inquiry Commission). (2010). "Credibility of Credit Ratings, the Investment Decisions Made Based on Those Ratings, and the Financial Crisis. Hearing of the Financial Crisis Inquiry Commission. " June 2, New York.

Ferguson, N. (2008). *The Ascent of Money, A Financial History of the World.* New York: Penguin Press.

Flandreau, M., Gaillard, N., and Packer, F. (2009). "Ratings Performance, Regulation and the Great Depression: Lessons from Foreign Government Securities," *Working Papers in International History and Politics.* Geneva: Department of International History and Politics, Graduate Institute of International and Development Studies.

Friedman, T. L. (1995). "Foreign Affairs; Don't Mess With Moody's. " *The New York Times*, February 22. ⟨http://www. nytimes. com/1995/02/22/opinion/foreign-affairs-don-t-mess-with-moody-s. html⟩.

Goodman, R. M. (1968). "Municipal Bond Rating Testimony. " *Financial Analysts Journal*, 24: 59 – 65.

Grais, D. J. and Katsiris, K. D. (2007). "Not 'The World's Shortest Editorial': Why the First Amendment Does Not Shield the Rating Agencies From Liability for Over-Rating CDOs. " *Bloomberg Law Reports.*

Harold, G. (1938). *Bond Ratings as an Investment Guide: An Appraisal of Their Effectiveness.* New York: The Ronald Press Company.

H. R. Doc. No. 231 (1971). "Unsafe and Unsound Practices of Brokers and Dealers, U. S. Securities and Exchange Commission, 92nd Congress. " US Government Printing Office.

Hunt, J. P. (2009a). "Credit Rating Agencies and the 'Worldwide Credit Crisis': The Limits of Reputation, The Insufficiency of Reform, and a Proposal For Improvement. " *Columbia Business Law Review*, 2009: 109 – 209.

—— (2009b). "One Cheer for Credit Rating Agencies: How the Mark-to-Market Accounting debate Highlights the Case for Rating-Dependence Capital Regulation. " *South Carolina law Review*, 60: 780 – 78.

Husisian, G. (1989 – 90). "What Standard of Care Should Govern the World's Shortest Editorials? An Analysis of Bond Rating Agency Liability. " *Cornell Law Review*, 75: 411 – 70.

Klein, A. (2004). "Credit Raters'Power Leads to Abuses, Some Borrowers Say. " *The Washington post*, November 24, 401.

Lauer, J. (2008). "From Rumor to Written Record: Credit Reporting and the Invention of Financial Identity in Nineteenth-Century America. " *Technology and Culture*, 49: 301 – 24.

Lowenstein, R. (2008). "Triple-A Failure. " *The New York Times*, April 27. 〈http://www. nytimes. com/2008/04/27/magazine/27Credit-t. html? pagewanted = all〉 (accessed April 1, 2012).

MacKenzie, D. (2010). "The Credit Crisis as a Problem in the Sociology of Knowledge. " *American Journal of Sociology*, 116/6: 1778 – 841.

McLean, B. (2001). "The Geeks Who Rule the World. " *Fortune Magazine*, December 24. 〈http://money. cnn. com/magazines/fortune/fortune_archive/2001/12/24/315330/index. htm〉 (accessed April 1, 2012).

——and Elkin, P. (2004). *The Smartest Guys in the Room: The Amazing Rise and Scandalous Fall of Enron*, New York: Portfolio.

Molinari, S. and Kibler, N. (1983 – 4). "Broker-Dealers'Financial Responsibility Under the Uniform Net Capital Rule: A Case for Liquidity. " *Georgetown Law Journal*, 72: 1 – 37.

Moody's Analytics Inc. (2011). "Moody's History: A Century of Market Leadership. " 〈http:// www. moodys. com/Pages/atcool. aspx〉 (accessed October 22, 2011).

Morgenson, G. (2008). "The Reckoning. Debt Watchdogs: Tamed or Caught Napping?" *The New York Times*, December 7. 〈http://www. nytimes. com/2008/12/07/business/07rating. html? pagewanted = all〉 (accessed April 1, 2012).

Olegario, R. (2006). *A Culture of Credit: Embedding Trust and Transparency in American Business*. Cambridge, MA: Harvard University Press.

Packer, S. B. (1968). "Municipal Bond Ratings. " *Financial Analysts journal*, 24: 93 – 7.

Partnoy, E. (1999). "The Siskel and Ebert of Financial Markets? Two Thumbs Down for the Credit Rating Agencies. " *Washington University Law Quarterly*, 77: 619 – 715.

—— (2006). "How and Why Credit Rating Agencies are Not Like Other Gatekeepers," in Y. Fuchita and R. E. Litan (eds.), *Financial Gatekeepers: Can they Protect Investors?* Washington, DC: Brookings Institution Press, 59 – 99.

Poon, M. (2011). "Statistically Discriminating Without Discrimination. " PhD thesis, University of California, San Diego.

Poor, H. V. (1860). *History of the Railroads and Canals of the United States of America Exhibiting Their Progress, Cost, Revenues, Expenditures and Present Conditions*. New York: John H. Schultz & Co.

Poovey, M. (2008). *Genres of the Credit Economy, Mediating Value in Eighteenth-and Nineteenth-Century Britain*. Chicago: University of Chicago Press.

Report 109 – 326 (2006). "Credit Rating Agency Reform Act of 2006, United States Senate, 109th Congress. "

Sandage, S. A. (2005). *Born Losers: A History of Failure in America.* Cambridge, MA: Harvard University Press.

Schwartcz, S. L. (2002). "Private Ordering of Public Markets: The Rating Agency Paradox. " *University of Illinois Law Review,* 1: 1 – 28.

SEC (US. Securities and Exchange Commission) (2003). "Report on the Role and Function of Credit Rating Agencies in the Operation of Securities Markets, As Required by Section 702 (b) of the Sarbanes-Oxley Act of 2002. " January, ⟨http://www. sec. gov/news/studies/credratingreporto103. pdf⟩ (accessed April 1, 2012).

Serial No. 108 – 111 (2004). "The Ratings Game: Improving Transparency and Competition Among the Credit Ratings Agencies, House Committee on Financial Services, United States House of Representatives, 108th Congress. " U. S. Government Printing Office.

Serial No. 110 – 62 (2007). "The Role of Credit Rating Agencies in the Structured Finance Market, Hearing before the Subcommittee on Capital Markets, Insurance, and Government Sponsored Enterprises of the Committee on Financial Services, United States House of Representatives, 11th Congress. " U. S. Government Printing Office, 27 September.

Sinclair, T. J. (2005). *The New Masters of Capitalism, American Bond Rating Agencies and the Politics of Creditworthiness.* Ithaca, NY: Cornell University Press.

—— (2010). "Credit Rating Agencies and the Global Financial Crisis. " *Economic Sociology: The European Electronic Newsletter,* 12: 4 – 9.

Taupin, B. (2010). "Institutional Maintenance as a Work of Justification: The Case of the Credit Rating Industry. " Paper presented at the 26th EGOS Colloquium, July 1 – 3, Lisbon, Portugal.

Tett, G. (2009). *Fools Gold: How the Bold Dream of a Small Tribe at J. P. Morgan Was Corrupted by Wall Street Greed and Unleashed a Catastrophe.* New York: Free Press.

TIME magazine (1970). "Business: 1970: The Year of the Hangover. " *TIME magazine,* December28. ⟨http://www. time. com/time/magazine/article/0, 9171, 944278, 00. html⟩ (accessed April 1, 2012).

The Wall Street Journal (1931). "75% of Bank Bond Valuations Safe. " *The Wall Street Journal.*

White, L. J. (2002 – 3). "The SEC's Other Problem. " *Regulation:* 38 – 42.

Wolfson, N. and Guttman, E. (1972). "The Net Capital Rule for Brokers and Dealers. " *Stanford Law Review,* 24/4: 603 – 43.

第 15 章
会计和金融

迈克尔·鲍尔（Michael Power）

《牛津英语词典》定义会计为"保存和验证账目的过程或技术"。美国注册会计师协会（AICPA）等专业协会进一步表明，它是一种"以重要方式记录、分类和总结的技术，并就至少在某种程度上具有金融性质的金钱、交易和事件进行记录、分类和汇总，并解释其结果"（AICPA，1953）。值得注意的是，这两个定义都使用了"技术"这个词，这表明专业技能和深奥的知识是通过学徒制得来的。更一般地说，会计被认为是一种技术实践，它试图为了各种目的来表达经济事件，尤其是用于比较组织内部和组织之间的业绩和财务实力。

在传统上和教育学上，管理会计和财务会计之间，内部和外部目的的会计形式之间都是有区别的。理论上，前者对属于组织的基本财务控制的内容进行投资评估、预算和成本分析等事项，而后者处理定期公布的报告，包括损益表和列出了某个时间点的资产和负债的资产负债表。在每一个司法管辖区，这些公共文件的形式和内容都受到严格的管制，并接受审计人员的独立审查。总而言之，管理和财务会计都是一个组织财务管理的中心，由首席财务官领导的专业财务部门负责。在绝大多数情况下，会计是一个非常深奥且被视为理所当然的实践领域，其中渗透着最佳实践的法律、规则和规范，并由一系列专家组成。然而，这种缺乏可视性的现象是具有欺骗性的，这使得会计成为社会学家关注的一个重要领域，尤其是因为它可能会失败，而且会发生令人瞠目的失败。

安然公司和世通公司在 2001 年的崩溃以及会计师事务所安徒生公司的倒闭造成了会计和审计的信任危机，并促使美国进行了意义深远的立法改革，即所谓的《萨班斯－奥克斯利法案》以及其他立法的产生。类似地，2008 年的金融危机也引发了人们对会计和审计的作用的质疑，它们未能为金融体系中许多资产负债表的缺陷提供任何线索（House of Commons Treasury Committee, 2009）。会计监管机构，例如美国的财务会计准则委员会（Financial Accounting Standards Board, FASB）和国际会计准则委员会（International Accounting Standards Board, IASB），由于其在该问题中的不作为而受到严厉批评，议会和国会委员会的调查强调了一个关键点：在各个时点，会计变得高度政治化。它的历史充斥着丑闻、失败和失望，这些都是改革和改进的动力。一旦引发社会不安和公众愤怒，仅仅记录经济现实的传统、中立的会计等技术手段将变得难以维持。

就社会学而言，对会计的兴趣可以追溯到马克斯·韦伯（Max Weber），他认识到计算和簿记的重要性，特别是在现代生活的形成中（Carruthers and Espeland, 1991）。事实上，会计领域可以说是包含了许多深受社会学学者关注的过程和问题。例如，会计的定义可以与上面略有不同，因为"……无论什么时间和空间，从预算到公允价值（fair value accounting）所有的计算实践都接受会计师和其他人描述实体、过程、人员的情况，并据此采取行动"（Chapman, Cooper, and Miller, 2009：1）。这一观点将会计分析置于社会学研究的中心领域，即社会和经济知识如何形成，这种形式如何塑造人们认为重要的东西，以及他们如何行动并对其做出反应。不同形式的会计在全社会广泛传播——通过各州、公共和私人组织，甚至家庭——对经济和社会生活的环境产生深远影响。尤其是凭借其强大的适应功能，会计的表现方式和指标也成为影响行动者、过程和组织的干预措施。会计的表现方式和指标也是影响行动者、过程和组织的干预措施，特别是凭借其强大的适应功能（Espeland and Stevens, 1998）。在很多社会环境中，会计类别作为知识和价值的过滤器，被赋予了强大的文化地位，使企业和人们可以相互比较（Bowker and Star, 1999）。金融危机可能会大大干扰这种文化地位，但它并不会被取代。会计不仅仅是计算（Power, 2004）。

第一部分首先对会计与金融之间的关系演变以及如何影响组织生活进行了批判性的讨论。第二部分从财务会计简史开始，然后分析企业会计的兴起和转型。会计和金融这两种发展路径以许多不同的方式相交织。第三部分讨论了最近一个特别重要的例子，即公允价值（或市值）会计争论。第四部分反映了会计和金融专业知识在学科和专业水平上的构造，以及它们在不同时间和不同国家管辖范围内是如何变化的。第五部分阐述了会计学与经济学之间的复杂关系，并借鉴了会计社会学的一些关键主题，提出会计被调动起来实现经济概念，并且作为经济参与者参与实体和个人的建设。这一建构主义分析为第六部分奠定了基础，它将会计的社会研究与新兴的金融社会研究领域的分析相比较。社会学家从会计和金融关系不断变化的历史中还有很多需要学习的地方，因为它在实践、专业化和学术学科领域都发挥着作用。

财务会计简史

有证据表明，最早在古埃及发现的文字是会计记录（Edwards，1989：23 - 6）。追踪欠款的功能性需求产生了现代会计先驱者的记录方法。卢卡·帕乔利（Luca Pacioli）在 1494 年对复式记账方法进行了编纂，每一笔交易都代表着一种双向价值的流动，形成了现行商业习惯的一种核心实践，它至今仍然是当今基础会计课程的核心部分。例如，如果一个商人把钱投入他的生意中，资本就会增加，同时现金也会增加。如果他将一部分现金花在一匹马上，肯定会减少现金，增加费用或资产（取决于对马匹"使用寿命"的看法）。所以继续下去之后，对于每一笔交易，总是有"借方"和"贷方"这两部分，即使交易的结果是广泛而复杂的，它们也必须相等。正是出于这种近乎美学的平衡，戈斯·沃纳（Goeth's Werner）称赞它是"人类思想最杰出的发明之一"（Jackson，1994）。

然而，会计作为一种实践和准则，已经不仅是用于弥补人类记忆力的簿记方式，而且，它使用特定分类显示信息的传统，产生了组织和压缩复式记账的方法；资产的区别在于它们是否在业务中有长期的作用，而商业资本账户的变化则被归结为损益表。重要的是，会计要求企业定期提供财务报告，这对于持续经营而非短期业务的企业而言，在年终总会有一些未到期的余额需要计入。显然，会计日益复杂化地反映了经济和企业形式的发展；在 19 世纪，股份制公司新法律要求各个公司必须进行基本财务会计，会计人员开始从事律师们不愿做的涉及破产案例的工作，从而打开了一扇新职业的大门（Edwards，1989：262）。在 20 世纪上半叶，企业经济的发展带来了进一步的决定性变化。在英国和其他工业化国家，遥远的资本提供者（股东）与管理者之间出现了新型代理关系，将会计置于一个新的还未发育完善的制度空间。这不再是商人和他的债务人的外在的信息存储，而是资本提供者对职业经理人的问责机制。

上面描述的历史进程并不顺利，在关键时刻，会计实践被迫为了应对丑闻而进行调整，例如使用账户来达到欺骗目的。1878 年格拉斯哥银行的崩溃和 1931 年的皇家邮政案件是变革的重要催化剂。后者导致了今天依然存在的法律和会计框架的产生。在此之前，企业监管文化认为，主管通常以股东的最佳利益行事，而企业基本上是合伙关系的延伸。这些假设被推翻，会计被推到一个新的公司治理模式的中心位置——股东所要求的权利，董事的职责变得更加明确。然而，在所有这些和随后的改革中，财务会计的历史被一些看似本质上具有争议性的问题所打断。

第一，需要担心的可能是财务会计本身的基本目的。在许多司法管辖区，法律框架的核心是债权人保护的原则。法律的主要目的是防止无法支付股息，或进行会使其债务处于风险中的活动。即使是在远距离股东增长的情况下，这种观点依然存在；财务账目基本上是按照"审慎"的规则来显示适当的资源管理。然而，另一种关于账户目的的观点在 20 世纪 30 年代开始出现，并且"二战"后在北美得到了更充分的阐述：财务会计是为现有的和潜在的投资者进行决策提供有用的相关信息。尽管旧观点从未完全被取代，这种会计信息观点也迅速地传播开，虽然这种观点从未在任何司法管辖区的法律中体现。因此，财务报告长期存在的关键问题是其目的，它仍然存在争议。

第二，关键主题涉及会计主体的性质。当业务控制和影响仅限于明确定义的法律主体时，对这些主体的会计核算相对来说没有问题。但合并的出现和集团的成立，给会计带来了几乎不可克服的困难。报告实体作为一个整体的边界是什么？我们应该如何解释它？当组织之间的控制关系的性质常常模糊时，这些边界如何能够被清晰地界定？如果组织可以利用集团边界之外的融资安排来进行报告，那么财务报表是否会误导投资者对风险的看法？尽管这些问题很突出，但在为处理这些主体问题而制定规章制度的后续努力中仍然存在问题，而且似乎远未达成明确的统一意见。就好像会计实体是一个本质上就具有争议的结构。

第三，关键是衡量或度量标准的共识，这也许是最重要的。长期以来的惯例是使用历史成本，根据这一惯例，当购买资产时，它将按成本记录并在其使用寿命内折旧。收入和定期成本按历史交易价值记录，以产生历史成本利润（或亏损）。人们普遍认为，这种测量方法易于应用且可靠，因为它可以由独立审计员或税务检查员轻松地进行检查。然而，尽管这种使用的简易性显而易见，衡量惯例仍然受到不断的挑战。例如，建筑物的历史成本往往与它的实际价值无关。在通货膨胀时期，历史成本往往夸大利润，从而低估了真正的资本要求。

许多针对这些和其他具体测量和估值问题的零碎解决方案是由监管机构制订的，多年来，历史成本是默认的惯例。对于从业人员来说，尽管历史成本存在种种缺陷，但也是可以接受的，因为最重要的是损益表在近似实现利润的现金方面是可信的；资产负债表只能被看作未到期支出、财务资产和负债的时间表——它难以表达价值。然而，随着会计净资产值与观察到的市场价值之间的差异增大，这种务实的观点变得难以维持。很明显，财务报表只是一堆无法衡量的测量惯例的混杂，这会威胁到会计本身成为测量技术的能力（Espeland and Stevens，1998）。

这三个重要主题描述了一种在或多或少的持续内外压力下的财务会计模式。这种财务报告的管理理念以历史成本法衡量法律实体的活动，没有任何智力基础，只是将"会计师做什么"简单地反映为许多世纪的累积习惯。不可避免地，学术界和思想从业者要求合理的财务会计框架。虽然一些会计师第一次试图从概念上考虑会计问题可以追溯到 20 世纪早期，但它成为美国的一个主要政策项目是从 20 世纪 60 年代开始的。这是由 FASB 领导的一个项目，旨在为制定财务报告规则创建合理的基础；后来被称为"资产负债方法"，因为它侧重于资产负债表并最终关注估值问题。财务报告的信息概念使用比历史成本更"相关"的方法衡量经济实体的活动，该概念框架获得了体制动力，在其他地方得到复制，并为不同的会计合理化提供了平台。

从一个范式到另一个范式的明显转变不应被夸大。学者们认为，尽管有许多努力，但并没有唯一最佳的会计方法——这一切都取决于确定会计目的的具体制度环境。从这一观点来看，对框架的探索既是一个错误，也是一种会计保守主义。事实上，上述许多困难在诸如德国这样的国家都没有问题，因为它通过会计保守主义保护债权人的传统。正如描述意大利那样，在"内部"经济体的情况下，财务会计远不如私人信息来源重要。只有当这些国家和其他国家的企业在国际资本市场寻求资金时，它们才认识到采取更多"信息化"会计实践的压力。事实上，资本市场的扩张已成为财务会计模式变革和扩散的最重要力量之一。这一变化过程的核心是金融经济学的兴起，它既是一门学科，也是一种全球范围的实践。

从财务管理实践到金融经济学

企业会计（金融）领域包括管理和会计，随着投资评估技术和决策科学应用于管理问题（如库存优化）而不断发展。然而正如米勒（Miller，1991）所指出的，我们今天认为理所当然的基本贴现技术的引入在最初遭到了抵制。无论是实践还是教育学，它们的正常化都充满坎坷。尽管如此，经验证据总是表明，真正的决策者经常使用许多其他的投资评估方法（如回报），从贴现现金流（DCF）的角度来看，这并不是完全理性的。尽管存在这些问题，企业会计是作为一种知识体系和包含会计的技术集群而出现的。事实上，直到20世纪80年代后期，"企业会计"、"财务管理"和"会计"等类别仍可以互换使用。

惠特利（Whitley，1986）分析了上述这种作为企业会计一部分的实践组合如何转化为经济学的一个分支——金融经济学。这些发展的背景是米罗夫基（Mirowski，2002）在20世纪50年代和60年代所称的"半机械人"科学——类似于人类行为的机器知识——的兴起。从这一时期开始，随着社会科学领域变得更加具有分析性，企业会计作为一门学科开始从商业实践的丰富描述和记录中转移出来。先进的统计技术和以完全竞争市场中的资产定价为重点的新兴经济学分析方法被引进。惠特利认为，对企业会计的支持者来说，由于其典型的理想模型，新的分析重点是具有低不确定性的。新企业会计的中心认识论问题是一个对应规则，即它的分析见解如何与经验领域相联系，从而生成可测试的命题。然而，正如其他人所指出的那样，理论也开始在经济学领域获得很高的地位，从而使这些对应问题边缘化。分析模型运用的经济复杂性及其相对简单的行为公理意味着，至少在最初，经验学者往往发现自己处于从属地位。简而言之，"实践和实践机构的复杂性与学术金融知识库的差距越来越大"（Hopwood，2009；549）。因此，会计与财务在制度、教学和理论等方面开始出现差距。

惠特利（Whitley，1986）认为，20世纪50年代初投资组合理论的发展是这一转型过程的关键因素。它将投资多元化的好处正式化了，这反过来又促进了 20 世纪 60 年代资本资产定价模型（CAPM）的发展。CAPM 虽然有这样那样的缺点，但也形成了资产管理具有巨大实际意义这一理念，即认为资产价格依赖于期望收益对市场变化的敏感性（β）。尽管模型存在不现实和经验测试的困难，惠特利认为 CAPM 是分析内聚性和经验模糊的重要结合。在没有任何分析竞争的情况下，CAPM 的意义和 β 的概念迅速扩大，并且已经开始发生变化。

这一变革过程不仅受理论创新"自上而下"的推动，而且也由日益增长的金融行业的雇主推动，他们需要足以在资本市场运作的知识和教育。惠特利认为，投资中介机构、养老基金经理、公司财资部门和投资组合经理的成长，加强了对资产管理的体制关注。反过来，这一关注为金融经济学的教学和研究提供了可能的条件。随着时间的推移，金融知识核心要素的"不现实"，比如假设完全市场的倾向，以及一致性问题，都消失了。金融经济学的分析结果为从业者获得了合法性，并成为一种可以想象和组织实践的透镜，也是其支持者的一种仪式。

> 从财务理论到投资从业者的知识的转移，很大程度上是教育系统的技术程序和技能的转移，以及特定目的的一种特殊衡量工具的直接转移。我认为，这并不是改变和指导实际活动的真正理论的转移。（Whitley，1986：185）

对于惠特利来说，将金融经济学的分析与实践联系起来，更多地与其具有声誉效应有关，而与其核心分析的直接有用性关系较小。这一点与阿伯特（Abbott，1988）的观点一致，即纯粹的"学术"知识一直在专业领域发挥着重要作用，它提供了实践所需的理性思维。上面我们看到了会计概念框架如何为财务会计规则提供一种合理的组织。金融经济学的要素对金融实践起到了类似的作用。

日益离散的金融学术领域的兴起，与财务会计和如何呈现商业实体的重要性相互关联。伊斯波兰和赫希（Espeland and Hirsch，1990）展示了并购活动、企业集团的创立和财务会计之间的彼此互惠和构成的关系。毫不奇怪，20 世纪 60 年代和 70 年代早期的会计丑闻是"集团会计"问题，主要集中在上述实体问题上。监管问题是，即使在正式法律关系薄弱或不存在的情况下，如何才能使财务报表所连通和控制的内容明晰可见。这也是公司概念发生转变的一个时期——也许是一种范式改变——从作为一种高度特定资产和能力的企业的制造概念，到作为一揽子可交易资产的企业财务概念，包括企业本身作为以股东价值指标评估的金融市场产品的概念。

对收益和短期回报的日益强调是一个"复杂概念转换"的产物，这与惠特利的分析相似：真正的公司变得更像是他们的经济理论，即资产组合或能力组合（Davies，2009）。金融学的抽象理论改变了组织的概念。它们开始是一种形式化的描述，但随着时间的推移，它们被组织机构内化了，通过在MBA课程和其他的教学重复，这些描述成为组织的一部分（Strathern，2000：312）。伊斯波兰和赫希（Espeland and Hirsch，1990）接着提出，企业作为产品的出现，合并活动的扩大以及各方面的利害关系等经济利益推动了所谓的"创造性会计"。会计规则被有策略地利用于夸大收入或夸大资产价值（例如，为了维持股价以避免成为收购目标），显然这带来了风险和危机，即财务会计能力替代公司真实业绩而成为公司经济能力的代表。最初是在20世纪70年代建立制定会计准则的体制机制来解决的这个危机。毫不奇怪，英国首批此类标准之一是解决"集团"的会计问题，如公司所有者权的利益很大但却无法控制的情况。在会计监管这一早期工作以及之后的很多场合，其目标是重新设计财务会计规则以克服创造性的虚假陈述（Robson and Young，2009）。越来越多的财务会计准则渴望超越企业的法律界限，并遵循控制关系的"经济现实"及其相关风险（Hopwood，1990）。

综上所述，我们可以对财务与会计的关系进行一个独特的历史叙述，这可以看出二者之间的关系越来越纠结，会计监管机构一直在努力追赶一个由金融经济学理论和实践共同主导的交易世界，但往往未能成功。财务会计实践以复式记账法开始，但随着时间的推移变得更加复杂，加入了许多习俗的和法律的属性。虽然会计因构建所有组织间比较的基础而具有制度性权利，但是它对各个网络、战略联盟和其他合同组织形式的代表能力一直被人们质疑。在这方面，财务会计甚至可能被描述为"永久失败"的做法，因为商业模式及其风险对会计表述日益抵触。详细披露和叙述的增加，大大增加了年度财务报告的规模，也反映了收入报表和资产负债表捕捉组织重要特征的局限性——这一事实在2008年金融危机中最为明显。正是在这种背景下，关于公允价值会计（市值会计）的争论是有意义的，并为监管机构提供了统一会计和财务的具体尝试的案例研究。

财务会计与金融[①]

如上所述，衡量经济活动是会计的本质。然而，衡量不是一个单一的或简单的事情，方法可能会根据衡量的目的和衡量者的意图而变化。多年来，发达经济体中大多数大型组织的外部财务报表都是采用多种计量方法编制的。正如前面所讨论的，最常用和最简单的方法是一个账目（历史）成本基础，但也使用其他"当前"价值以实现不同目的：替换、使用或出售。会计学专业的学生知道每种测量方法都有优点和缺点——如果有单一的"正确"方法，它现在早就已经显示出来了。因此，从业者和监管机构多年来一直容忍混合方法。

公允价值计量的出现改变了这一切。关于公允价值会计的争论在 2008 年金融危机之前就显得尤为突出，但在此期间又引起了新的争议（Laux and Leuz，2009；Plantin，Sapra，and Shin，2004）。这种对估值方法及其范围的高度技术性争议，揭示了金融经济学与财务会计实践之间的复杂关联。尽管从业者、政策制定者、政治家、银行和学者非常激烈地反对，尽管在金融危机期间有必要妥协和让步，但"公允价值"衡量不仅设法在流动的金融资产的简单背景下确立自己的地位，并且扩展到其他类别的资产和负债中（Barth and Landsman，1995）。为什么以及如何发生这种情况？少数公允价值狂热者怎么会如此有影响力？什么是公允价值？

公允价值是一种特定的度量方法，它被定义为"在计量日，在市场参与者之间的有序交易中出售资产或支付转让负债所能收到的价格"（IASB，2009）。这一观点含蓄而明确地借鉴了金融经济学的关键要素，尤其是关于资产价格应该是什么的假设。布拉米奇（Bromwich，2007）和罗恩（Ronen，2008）都认为公允价值是一些富有想象力的结构，只能巧合地对应于可观察到的价格。对于其倡导者，特别是国际会计准则理事会的特定成员，公允价值观念激发了一个全球变革过程，使财务会计与金融市场中可观察的证券价格更紧密地联系起来，并纠正混合测量体系的明显不一致。一个简单的公允价值谱系可以被勾勒出来，它由四个相互重叠的制度条件组成，这些条件使这些支持公允价值的人在面对反对时获得相当大的成功。

[①]　本节主要基于鲍尔的研究（Power，2010）。

第一，如前一节所述，公允价值的扩展成为可能，并被金融经济学的背景文化权威合法化。这不仅是金融经济学对财务报告问题的直接应用，它在辩论中也很重要，而且也成为少数公允价值提倡者可以利用的更广泛的价值体系。

第二，衍生工具（例如期权、掉期、可转换债券）的会计风险以及代表风险的具体问题挑战了会计的可信度，但也是提高公允价值重要性的催化剂——这一概念多年来一直存在（FASB，1998；IASB，2004）。虽然 FASB 最初试图限制使用公允价值的范围，但其他机构将衍生品会计定位于更广泛的金融工具会计范畴内，创造了公允价值扩展适用性的潜力。

第三，连续的会计概念框架高度重视资产负债计量和资产负债表的经济含义而非法律含义。公允价值可以提升资产负债表的意义和有用性。事实上，促进公允价值计量是一个项目，旨在将财务会计从基于特定辖区的主要法律监管框架，转移到金融经济规范自由流通的全球层面。

第四，公允价值的上升对于在全球治理体系中作为专家的会计准则制定者构建新"技术"职业身份起着重要的作用。从这个"职业"的观点来看，公允价值不仅仅是一个技术问题，也是一个标准设定的政治经济问题，其核心是 IASB 的权威（Perry and Nölke，2006）。但是，像 IASB 这样的标准制定机构并不是一致的，或者在它们的观点中不一定是一致的。相反，公允价值辩论可以被理解为衡量理想主义者和实用主义者会计决策之间的竞争（Power，2010；Walton，2004；Whittington，2008）。理想主义者成功了，至少在一个重要的时期是成功的，因为他们的观点明显更简单和连贯。

这四个因素相互促进，有助于解释公允价值会计破除反对意见并逐渐制度化。对冲技术问题及金融机构风险管理的会计，与商业模式之间的明显不匹配，产生了相当大的争议。特别是 CAPM 和其他估值方法存在于资产负债表的资产方，但负债方并没有 CAPM 或流动市场的等价物。这种错配是很有问题的，因为它是资产负债表的负债方，对公允价值的应用具有很大的技术挑战性。尽管讨论引发了人们的热议，但公允价值方法却以其他现有价值方法为代价从政策博弈中获益。支持者可以诉诸金融的文化权威，且没有统一的反对意见。然而，公允价值会计背后的变革压力更多是由一小部分会计决策者的愿景和梦想产生的，而不是由可识别的市场力量和外部变革需求产生的（Bignon，Biondi，and Ragot，2009；Power，2010）。总体而言，过去 20 年来公允价值计量的增加反映了会计模式及其对会计可靠性潜在假设的长期转变。这是一种转变，会计领域从早期以交易为基础的实用会计以及记录利润的现金变现原则，转变为以金融经济学为基础的估值模型。

在金融危机期间和之后，作为对外报表衡量依据的公允价值都出现了停滞。尽管如此，上述变革的压力代表了财务会计模式本身的金融化——这是与金融经济学有特定历史关系的结果。其影响可能是深远的：几十年来，会计师一直控制着支撑财务报表的估值过程，即使这些估值是由其他专家（如土地估价师和租赁专家）执行的。然而，金融经济学及其在会计准则制定过程中的支持者，呼吁建立一个新的会计专业知识基础。此外，专业评估标准机构——国际估值标准委员会（IVSC）的出现，对会计师在估值问题上的垄断地位造成职业威胁，并在财务报表（IVSC，2010）中获得了认可。会计师也面临着了解更多金融经济学的压力。

在撰写本章时，如何应对这些变革的具体压力是未知的，但是在会计和金融转移交界处有一个潜在有趣的社会学研究主题。这个交界及其摩擦并不是全新的，内容可见于 20 世纪 90 年代早期英国的"品牌会计"辩论（Napier and Power，1992；Power，1992）。随后，会计部门试图禁止在资产负债表中对品牌资产进行估值，认为估值方法"不可靠"，而品牌作为可分离资产的市场是不存在的或非流动性的。然而，在估值公司的建议下，一些公司将收购后的品牌视为资产负债表上的可分离资产，而审计师默许了这种会计处理方式。

对企业品牌价值行为存在多种竞争性解释，但有一个问题值得关注。因为资产负债表采用了估值方法，从而增加了机构可信度。而且，随着估值方法变得更加可信，品牌的"市场"变得更加流动——至少是暂时的。简而言之，我们可以假设一个"信誉生产"过程，它以某种方式将价格发现技术、它们在财务报表要素中的应用以及市场对有价值资产的流动性联系在一起。在上述条件下，这一过程就是品牌。从微观社会学视角来看，这样一种假设使会计报表成为标准化和规范化的产物，它在估值中扮演了一个潜在的且有趣的角色，在这种情况下，以金融经济学为基础的模型需要将会计与金融之间的关系合法化，使其可操作，从而"启动"预期，以达到市场流动性。潜在的机制需要更多的调查，并依赖于标准化会计在建立价值观念网络中的作用，这反过来又产生了交易信心和流动性。因此，旧的品牌会计辩论和最近的关于公允价值的争论作为一种产生客观性的（Porter，1992）、金融和市场的行政实践，都指出了揭示会计与金融之间复杂联系的重要性。

作为职业的会计与作为学科的金融

从上面的历史回顾中可以看出，"会计"（accounting）和"金融"（finance）的定义是近似的。两者都有复杂且具体的历史，这些历史在不同司法管辖区有所不同，因此它们之间的关系总是单一且不断变化的。然而，我们可以试着将"金融"和"会计"区分为实践类别和学科类别。作为实践的类别，我们知道这一术语的使用是不明确的，而且常常是可互换的。在许多国家，"金融"主管在组织中的角色通常（但并非总是）由具有正式资格的专业会计师担任。从业者也经常提到组织中的"金融"功能，其中可能包括接受过金融经济学培训的非会计专业人员，例如外汇对冲等财务管理实践的工作。

"金融"和"会计"标签的实际使用以及这些用途的历史变化无疑使社会学家，尤其是职业社会学研究者产生了兴趣。实践标签可以是，而且往往是令人鼓舞的而不是泛泛而谈的；他们的使用可能或多或少会受到专业团体和协会的强力监督，而他们所提及的潜在的一系列做法可能会重叠或偏离。正如哈金（Hacking, 2004）所指出的，这些类别及其在多次反复运行中被参与者的具体化，构成了其特性及实践领域。毫无疑问，会计是围绕专业构建的老业务标签。一些州已经授予具有适当资格的会计师审计财务报表的垄断权力。有意思的是，那些准备财务报表的人或者那些专业从事金融经济学和估值方法的人不存在这种监管障碍。这些专业市场中存在的障碍主要是声誉和经济。虽然在努力建立新的职业协会来认证财务从业人员，但他们还没有复制会计专业在审计过程中获得的那种文化权威，以及律师通过倡导获得的文化权威。

在实践领域发展的基础上，前面的讨论还显示了会计和金融作为学科在不同时间和地点彼此之间的复杂关系，如何由它们各自与经济学的关系来协调。在教育的层面上，大学会计专业的学生学习金融的基本要素，例如在投资评估中使用贴现的现值。这个知识库可能被描述为"商业决策"而非"金融"。其他如估值理论、投资组合分析和期权定价则面临更艰难的问题。在某些情况下，金融和会计的类别被归入"财务管理"的范畴。其他情况则有"财务与会计"部门，尽管两者的分离在近代史上并不罕见，但反映出双方的专业化程度越来越高。

"实践"和"学科"之间的区别不应被视为理所当然。学术规范可能从控制的世俗实践（Foucault，1977）中产生，然后，获得制度自主和一定程度的专业化，开始在这些非常相同的实践中以更批判性和分析性的关系运作。正如我们上面所看到的，实践本身可以通过在学术界发展和完善的抽象理论的影响力来改革和转化。所以在实践和学科之间没有可概括的关系，而是以各种方式将会计和金融等学科与它们的物质实践联系起来。

这意味着，无论是作为一种职业，还是作为一门学科，金融的结束和会计的开始，都不是给定的，而是一种知识和实践的特定综合体的功能，它们是混合的和不断变化的（Miller，Kurunmaki，and O'leary，2008）。上面讲的故事是金融从会计领域发展出来，获得了它作为金融经济学的自主权，会计学努力追赶，使会计更像金融。这种会计和金融变革的动态可能会在更多的冲突和合作生产循环中持续下去（Cooper and Robson，2006）。我们无法预测这种会计和金融结构的形态，也无法预测它将变革和形成的专业结构。

会计学和经济学

迄今为止，我们讨论的重点是会计与金融之间的转换关系。然而，这种关系的基础是会计学与经济学之间更为根本和多变的关系。在某一层面上，这种关系涉及地位等级：剑桥大学拒绝在会计学上设立一个主席，认为这是一门实用的技术，而不是一门科学学科（Puxty，Sikka，and Willmott，1994：153）。然而，克拉默和麦克洛斯基（Klamer and McCloskey，1992）展示了经济学在概念上如何依赖会计作为"大师隐喻"，尤其是对于概念化国民收入的存量和流动。此外，一些经济学家明确地研究会计、收入衡量问题（Hicks，1939）和"收入"本身的含义（Macintosh et al.，2000）。这就产生了一种"收入理论"传统，这种传统在今天依然存在。事实上，这一传统所引起的"综合收入"的概念许多年来都被从业员视为是危险的，但它已在当代财务会计实践中被国际会计准则理事会所承认和支持——这是财务会计金融化的又一例证。

另一个层面上，这种关系受各种会计学和经济学的教育的影响。例如，一些欧洲国家发展了传统的"商业经济学"，其中会计学与经济学紧密结合（Busse von Colbe，1996；Lindenfeld，1990；Zambon，1996）；英国在这方面是例外（Napier，1996）。这意味着经济学、会计学和金融学之间的关系，本身就与"商业经济学"（例如德国的企业管理学）的知识设置有关，是一个制度化的范畴。在英国，由于没有任何与商业组织有关的经济理论体系，会计学和经济学的分离得到了加强（Napier，1996）。这导致了在大学和实践的体制鸿沟之间定期和特殊的互动和交流，英国（除苏格兰之外）的会计专业为知识发展制定了自己实用而又有些反学术的议程，使得这一鸿沟加大了。其结果是会计学术界和实践之间的关系不稳定，这在德国和荷兰等国家并不普遍（Busse von Colbe，1992；Hopwood，1988；Power，1997；Schipper，1994）。

　　然而，会计学与经济学关系的曲折不仅存在于企业知识形态与商业教育结构的比较。在实践层面上，这种关系对于组织本身的构成也很重要。霍普伍德（Hopwood，1992）认为，会计及其用途没有实质意义；"经济话语的抽象概括"为调动会计作为组织变革推动者提供了背景和动机。霍普伍德通过实践证明了惠特利在金融领域中所观察到的理论与实践之间的差距。决策和信息经济学的理论已经应用于会计学，但它们提供的金融经济学概念通常与会计实际使用的方式不一致（另见 Young，2006）。事实上，霍普伍德认为，即使这些分析范式被用来为会计学提供新的理由和目的，以符合上述会计金融化，经济学对一个不符合其分析范式的世界也是非常失望的。

　　　　因此，会计学与经济学之间的关系是复杂而不确定的。一个并非另一个的简单反映。会计行业的现行实践无法从经济学概念或理念及其变革中推断出来，虽然两者常常是有关联的，但经济学理论和概念是很难与一种看似独立于其基本角色之外的技术（如会计）绑定在一起的。（Hopwood，1992：130）

　　霍普伍德提供了这一点的两个经验例证。在 17 世纪 70 年代的经济萧条时期，高品质瓷器生产商约书亚·威治伍德（Josiah Wedgwood）意识到他需要知道他的"生产成本"。这并不像今天看起来那么简单。成本是一种经济范畴，它显示了某些信息，但缺乏一种物质基础设施。成本的"事实"不能简单地被揭示出来，而是需要通过行政和会计过程的变化来创造和运作。一旦创建，一旦成本有一定程度的真实性，威治伍德就可以开始从经济角度看待他的组织，并可以对其进行进一步的经济分析。试图揭示假设已经存在的东西——成本——创造了一个新的组织经济（Hopwood，1987）。

　　霍普伍德的第二个研究涉及医疗领域的改革。由于医疗行业的管理优势，多年来，会计在医院很大程度上只是没有战略意义的一个小交易和背景特征，

"病人、诊断治疗和疾病分类的成本仍然是模糊的概念可能性。它们当然不是事实"（Hopwood，1992：139）。然而，缺乏控制的微观金融实践受到了压力，尽管医疗行业最初的抵制慢慢地开始改变。新的会计对象被创建出来用于交易运作，并使成本在微观层面可见；新的行政和会计基础设施的建立使经济改革和有关效率的要求得到了提高，从而增加了组织的吸引力。通过会计变革，医院可以被想象成经济实体，其方式是卫生经济学无法实现的："经济学并不揭示已有的东西。相反，它为会计的新意义和作用提供了基础……"（Hopwood，1992：141）

霍普伍德在这里和其他地方都认为，会计与"经济领域"的建设和扩张密切相关，这反过来又赋予会计新的角色："要意识到，经济潜力需要倚重于观察和记录的模式……"此外，尽管他将经济学从经济实践中仔细区分为学科和经济实践，但霍普伍德关注的是组织，以及经济学如何通过创造会计事实来与组织相联系（参见 Hines，1988）。这反过来又使组织更加经济，并为会计创造了新的战略轨道。重要的是，"经济学的模糊性本身并不限制经济概念的实际应用"（Hopwood，1992：136）。

应用于财务会计时，霍普伍德的思想在两个方面具有很强的启发性。首先，在具体情况下，引入财务会计是旨在创建一种新型经济实体的改革过程的一部分。在芬兰的医院改革的背景下，库伦马基（Kurunmaki，1999）展示了医院如何成为"会计实体"，以及财务会计如何不只是简单地代表一个组织，而是深入参与构建具有鲜明特征的组织。其次，区分计数、财务报表以及它们实现的二阶和三阶计算形式（Power，2004）是有用的。例如，现代公司被一系列"资本回报率""杠杆率""偿付能力"和"流动性"等比率所包围。尽管这些比率和指标是基于财务报表的，但它们也获得了自己的生命，并作为不同组织和领域的经济表现的简写，被分析师、信用评级机构和其他许多机构使用。这种比率定义了强弱的参数，以及成功和失败的参数（Miller and Power，1995）。通过压缩和抽象，它们可以使不同的实体进行比较和排名。

综上所述，本节提出，管理和财务会计在组织经济运行以及代表并构建"经济"实体方面发挥着重要作用。会计作为变革推动者的力量恰恰在于其作为"代表"的能力，而这种能力又反过来成为组织所关注和干预的一部分。从这个角度来看，经济学要求会计使组织变得更像它的企业理论，而金融经济学则需要公允价值会计来真正地"实现"其价值概念。会计的社会学意义在于它作为经济潜力与实际经验之间的关键过渡。

会计和金融的社会研究

前几节着眼于财务会计的出现，以及这种历史是如何在金融和经济的影响下形成的，无论是在教育和规则方面，还是在实践层面。公允价值讨论为所有这些层次碰撞提供了一个戏剧性的例子。从另一个复杂的图景中可以看出，财务会计很重要，因为它远不只是组织生活的中立镜子。事实上，财务会计在简单的意义上是行为性的，它很难区分"代表性和干预性用途"（Vollmer，Mennicken，and Preda，2009：622）。对会计"行为性"特征的分析远早于在金融社会研究的某些领域中对这一观点的处理（例如 Callon，1998；MacKenzie and Millo，2003）和关注会计"可见性"影响行为的方式（Miller 1994；Power，1994a，1994b：373）。对财务问题的研究侧重于在金融市场动态构成中发挥作用的物质实践、观点和工具；遵循霍普伍德（1992）的会计研究，关注会计信息系统能将组织变为经济实体这一作用，并在此基础上围绕各种形式的绩效衡量来构建其成员的行动和认知。这两种问题的研究是平行的。正如米勒（Miller，1994：4）所指出的，会计作为一种社会的和制度的实践，寻求"将人们的注意力吸引到由不断变化的计算实践所构建和重建的经济领域"。

会计的社会研究将搁置或"支持"会计的技术和进步主义光环。伯切尔等（Burchell et al.，1980）通过提出会计可能发挥的非常不同的作用，对传统的会计制度决策理论和技术理论提出了最早的挑战之一。当信息目标确定，因果关系得到很好的理解时，会计可以以类似机器的方式提供"答案"，并似乎具有教科书和教学法中的技术特征。但这些认知和组织条件是罕见的；在大多数情况下，会计起着各种复杂和偶然的作用，例如作为对抗情况下的弹药，作为考虑到其他原因做决策的理性化，或者更积极地说，作为探索与学习的实验手段。一旦这种明显的技术性和常识性的会计概念受到了挑战，一个新的会计和会计研究领域的大门就被打开了。

在另一篇重要文章中，伯切尔、克拉布和霍普伍德（Burchell，Clubb，and Hopwood，1985）将"增值"报表的兴衰作为会计创新。这种新的会计报表是特定机构力量和利益的偶然产物。增值报表使这些利益至少暂时得到了改进、表达和具体化。与传统的损益账户和资产负债表不同，"增值"会计旨在使劳动力和其他非资本生产要素对盈余或"附加值"的贡献可见。文章将增值会计作为制度性领域的内生"事件"。重要的是，伯切尔等（Burchell et al.，1985：390）认为增值会计报表远未达到技术上的标准化，并且在其意义和范围上含糊不清。然而，这种模糊性是增值会计具有广泛吸引力的一个重要特征："换言之，增值的模糊性可能与它的出现和运行有关。"

更一般地说，会计的社会研究把它理解为一种计算实践，其精确的形式取决于制度因素，例如我们在前一节中看到的提高效率的普遍要求，但它也重塑了决策制定的组织环境和背景。会计通过对参与者的反应赋予意义，使经济变量（例如成本、利润、资本回报、价值）可见。在某些情况下，这些绩效变量可能被内化为思考和组织活动与身份的一种方式（Miller and O'Leary，1987）。这种反应性（reactivity）可以推广到各种各样的计算实践中，例如排名（Espeland and Sauder，2007）以及其他性能指标。受到米歇尔·福柯（Michel Foucault）的启发，这些和其他重要会计研究强调，会计作为一种治理模式，涉及部门利益的力量以及倡导会计变革的话语（Power，2011）。这些研究探讨了组织和专业界限是如何变化的，以及是如何被机构和观念所渗透的。从这个方法论的观点来看，本章开头所介绍的内部（管理）和外部（财务）会计之间的区别可能比以前受到更具批判性的分析。这种分析可能揭示了特定地点和时间的计算实践如何将企业的边界制度化，并界定了其"内部"与"外部"之间的区别（Kaplan and Johnson，1987）。

结　论

本章对会计与金融的复杂关系选择性地予以概述。它阐述了财务会计的历史，以及估值问题如何使金融投入成为必要。它还讨论了金融本身的转型以及金融市场和金融工具引发的金融经济学的出现，金融市场和金融工具本身还带来了会计难题，并导致了"公允价值"的会计辩论。而且，尽管会计作为金融和经济学的一部分而存在压力，但会计也为经济理念的实现和操作提供了一种手段。的确，会计文献的社会研究提供了许多例子，说明会计是如何在构建组织中作为可比较的会计实体。在所有这些发展的背后，是不同形式的专业和学术专业知识为争夺优先权而不断变化。上面讨论的公允价值辩论可能是开始解开会计、金融和市场共同构成的机制的一个好地方。

毫无疑问，这是一个复杂的、多层次的图景。霍普伍德（Hopwood，1992）认为，会计本身并没有本质的目的，但它必须被赋予一个目的，并被更广泛的目标所调动，无论是金融、经济还是其他一些价值体系，如可持续性。会计工具的概念和目标之间并没有本质的关系，这本身就是一个转移的技术组合，逐渐演变成包括金融在内的其他学科的要素："如果经济既可能由会计产生，也可能由会计诱发，那么在一定程度上，探索会计的根本和持久的经济道理是有意义的。"（Hopwood，1992：142）毫无疑问，金融业的情况可以说是一样的，尤其是考虑到新古典主义基金会面临的后危机挑战时（Colander et al.，2009；Fox，2009）。

如果金融和会计之间没有本质关系，那么它们只能被分析为由基本理论、利益和工具等要素组成的不断演化的领域，通过这些要素，参与者及其利益被"编造"出来（Hacking，2004）。事实上，正是在实践的边缘地带，这个领域发展的动力，特别是会计与金融之间的关系，是最有趣和有争议的（Miller，1998）。最后，正如知识社会学纲领中所提倡的那样，这些分析应该注意到方法论的必要性。在实践中会计和金融似乎未能实现其价值，犹如那些看起来强大且持久的做法一样。正是在失败和危机中，其基本的逻辑和实践的假设最清楚地被揭示出来，尤其是关于什么是价值或什么不是价值的假设。

参考文献

Abbott, A. (1988). *The System of Professions*. Chicago：Chicago University Press.

AICPA（American Institute of Certified Public Accountants）（1953）. *AICPA Committee on Terminology：Accounting Terminology Bulletin No. 1 Review and Résumé*. New York：American Institute of Certified Public Accountants.

Barth, M. and Landsman, W. (1995). "Fundamental Issues Related to Using Fair Value Accounting for Financial Reporting." *Accounting Horizons*, 9/4：97 – 107.

Bignon, V. , Biondi, Y. , and Ragot, X. (2009). "An Economic Analysis of Fair Value：Accounting as a Vector of the Crisis." Cournot Centre for Economic Studies, *Prisme*, 15.

Bowker, G. and Star, S. (1999). *Sorting Things Out：Classification and its Consequences*. Cambridge, MA：MIT Press.

Bromwich, M. (2007). "Fair Values：Imaginary Prices and Mystical Markets," in P. Walton (ed.), *The Routledge Companion to Fair Value and Financial Reporting*. London：Routledge, 46 – 68.

Burchell, S. , Clubb, C. , and Hopwood, A. (1985). "Accounting in its Social Context：Towards a History of Value Added in the UK." *Accounting, Organizations and Society*, 10/4：381 – 413.

——, Hughes, J. , and Nahapiet, J. (1980). "The Roles of Accounting in Organizations and

Society. " *Accounting, Organizations and Society*, 5/1: 5 – 27.

Busse von Colbe, W. (1992). "Relationships between Financial Accounting Research, Standards Setting and Practice in Germany. " *European Accounting Review*, 1/1: 27 – 38.

—— (1996). "Accounting and the Business Economics Tradition in Germany. " *European Accounting Review*, 5/3: 413 – 34.

Callon, M. (1998). "Introduction: The Embeddedness of Economic Markets in Economics," in M. Callon (ed.), *The Laws of the Markets*. Oxford: Blackwell, 1 – 57.

Carruthers, B. and Espeland, W. (1991). "Accounting for Rationality: Double-Entry Bookkeeping and the Rhetoric of Economic Rationality. " *American Journal of Sociology*, 97/1: 31 – 69.

Chapman, C., Cooper, D., and Miller, P. (2009). "Linking Accounting, Organizations and Institutions," in C. Chapman, D. Cooper, and P. Miller (eds.), *Accounting, Organizations and Institutions: Essays in Honour of Anthony Hopwood*. Oxford: Oxford University Press, 1 – 29.

Colander, D., Foellmer, H., Haas, A., Goldberg, M., Juselius, K., Kirman, A., Lux, T., and Sloth, B. (2009). "The Financial Crisis and the Systemic Failure of Academic Economics. " Kiel Institute for the World Economy Working Paper No. 1489, January.

Cooper, D. and Robson, K. (2006). "Accounting, Professions and Regulation: Locating the Sites of Professionalisation. " *Accounting, Organizations and Society*, 31/4 – 5: 415 – 44.

Davies, G. (2009). *Managed by the Markets: How Finance Reshaped America*. Oxford: Oxford University Press.

Edwards, J. R. (1989). *A History of Financial Accounting*. London: Routledge.

Espeland, W. and Hirsch, P. (1990). "Ownership Changes, Accounting Practices and the Redefinition of the Corporation. " *Accounting, Organizations and Society*, 15/1 – 2: 77 – 96.

——and Sauder, M. (2007). "Rankings and Reactivity: How Public Measures Recreate Social Worlds. " *American Journal of Sociology*, 113: 1 – 40.

——and Stevens, M. (1998). "Commensuration as a Social Process. " *Annual Review of Sociology*, 24: 313 – 43.

FASB (Financial Accounting Standards Board) (1998). *FAS 133, Accounting for Derivative Instruments and Hedging Activities*. Stamford, CT: Financial Accounting Standards Board.

Foucault, M. (1977). *Discipline and Punish*, tr. A. Sheridan. London: Allen Lane.

Fox, J. (2009). *The Myth of the Rational Market: History of Risk, Reward and Delusion on Wall Street*. New York: HarperCollins.

Hacking, I. (2004). "Between Michel Foucault and Erving Goffman: Between Discourse in the Abstract and Face to Face Interaction. " *Economy and Society*, 33/3: 277 – 302.

Hicks, J. (1939). *Value and Capital*. Oxford: Oxford University Press.

Hines, R. (1988). "Financial Accounting: In Communicating Reality, We Construct Reality. "

Accounting, Organizations and Society, 13/3: 251 – 61.

Hopwood, A. G. (1987). "The Archaeology of Accounting Systems. " *Accounting, Organizations and Society*, 12/3: 207 – 34.

—— (1988). "Accounting Research and Accounting Practice: The Ambiguous Relationship Between the Two," in A. G. Hopwood (ed.), *Accounting from the Outside*. New York: Garland Publishing, 549 – 78.

—— (1990). "Ambiguity, Knowledge and Territorial Claims: Some Observations on the Doctrine of Substance over Form—A Review Essay. " *British Accounting Review*, 22: 79 – 87.

—— (1992). "Accounting Calculation and the Shifting Sphere of the Economic. " *European Accounting Review*, 1/1: 125 – 43.

—— (2009). "Exploring the Interface between Accounting and Finance. " *Accounting, Organizations and Society*, 34/5: 549 – 50.

House of Commons Treasury Committee (2009). *The Banking Crisis: Reforming Corporate Governance and Pay in the City*. London: HMSO.

IASB (International Accounting Standards Board) (2004). *International Accounting Standard 39, Financial Instruments: Recognition and Measurement*. London: International Accounting Standards Board.

—— (2009). ED/2009/5 *Fair Value Measurement* London: International Accounting Standards Board.

IVSC (International Valuation Standards Council) (2010). "Exposure Draft: Proposed New International Valuation Standards. " 〈http://www. ivsc. org/pubs/exp_ drafts/ivs_20100610. pdf〉 (accessed July 28, 2011).

Jackson, M. (1994). "Natural and Artificial Budgets: Accounting for Goethe's Economy of Nature. " *Science in Context*, 7/3: 409 – 31.

Kaplan, R. and Johnson, T. (1987). *Relevance Lost: The Rise and Fall of Management Accounting*. Cambridge, MA: Harvard Business School Press.

Klamer, A. and McCloskey, D. (1992). "Accounting as the Master Metaphor of Economics. " *European Accounting Review*, 1/1: 145 – 60.

Kurunmaki, L. (1999). "Making an Accounting Entity: The Case of the Hospital in Finnish Health Care Reforms. " *European Accounting Review*, 8/2: 219 – 37.

Laux, R. and Leuz, C. (2009). "The Crisis of Fair Value Accounting; Making Sense of the Recent Debate. " *Accounting, Organizations and Society*, 34/6 – 7: 826 – 34.

Lindenfeld, D. E (1990). "The Professionalization of Applied Economics: German Counterparts to Business Administxation," in G. Cocks and K. H. Jarausch (eds.), *German Professions: 1800 – 1950*, Oxford: Oxford University Press, 213 – 31.

Macintosh, N. B. , Shearer, T. , Thornton, D. , and Welker, M. (2000) . "Accounting as Simulacra and Hyperreality: Perspectives on Income and Capital. " *Accounting Organizations and Society*, 25/1: 13 – 50.

MacKenzie, D. and Millo, Y. (2003). "Constructing a Market, Performing Theory: The Historical Sociology of a Financial Derivatives Exchange. " *American Journal of Sociology*, 109: 107 – 45.

Miller, P. (1991). "Accounting Innovation Beyond the Enterprise: Problematizing Investment Decisions and Programming Economic Growth. " *Accounting, Organizations and Society*, 16/8: 733 – 62.

—— (1994). "Accounting as Social and Institutional Practice," in A. G. Hopwood and P. Miller (eds.), *Accounting as Social and Institutional Practice*. Cambridge: Cambridge University Press, 1 – 39.

—— (1998). "The Margins of Accounting. " *European Accounting Review*, 7/4: 605 – 21.

——and O'Leary, T. (1987). "Accounting and the Construction of the Governable Person. " *Recounting, Organizations and Society*, 12/3: 235 – 65.

Miller, P. and Power, M. (1995). "Calculating Corporate Failure," in Y. Dezalay and D. Sugarman (eds.), *Professional Competition and Professional Power: Lawyers, Accountants and the Social Construction of Markets*. London: Routledge, 51 – 76.

——, Kurunmaki, L. , and O'Leary, T. (2008), "Accounting, Hybrids and the Management of Risk. " *Accounting, Organziations and Society*, 33/7 – 8: 942 – 67.

Mirowski, P. (2002). *Machine Dreams: Economics Becomes a Cyborg Science*. Cambridge: Cambridge University Press.

Napier, C. (1996). "Accounting and the Absence of a Business Economics Tradition in the United Kingdom. " *European Accounting Review*, 5/3: 449 – 81.

——and Power, M. (1992). "Professional Research, Lobbying and Intangibles: A Review Essay. " *Accounting and Business Research*, 23/89: 85 – 95.

Plantin, G. , Sapra, H. , and Shin, H. S. (2004). "Fair Value Reporting Standards and Market Volatility," in H. S. Shin (ed.), *Derivatives Accounting and Risk Management*. London: Risk Books, 145 – 56.

Perry, J. and Nölke, A. (2006). "The Political Economy of International Accounting Standards. " *Review of International Political Economy*, 13/4: 559 – 86.

Porter, T. M. (1992). "Quantification and the Accounting Ideal in Science. " *Social Studies of Science*, 22: 633 – 52.

Power, M. (1992). "The Politics of Brand Accounting in the United Kingdom. " *European Accounting Review*, 1/1: 39 – 68.

—— (1994a) (ed.). *Accounting and Science: Natural Enquiry and Commercial Reason*. Cambridge: Cambridge University Press.

—— (1994b). "From the Science of Accounts to the Financial Accountability of Science. " *Science in Context*, 7/1: 355 – 87.

—— (1997). "Academics in the Accounting Policy Process: England and Germany Compared," in J. Flower (ed.), *Comparative Studies of Accounting Regulation in Europe*. Leuven: ACCO, 113 – 26.

—— (2004). "Counting, Control and Calculation: Reflections on Measuring and Management. " *Human Relations*, 57/6: 765 – 83.

—— (2010) . " Fair Value Accounting, Financial Economics and the Transformation of Reliabihty. " *Accounting and Business Research*, 40/3: 197 – 210.

—— (2011). "Foucault and Sociology. " *Annual Review of Sociology*, 37: 35 – 56.

Puxty, A. G. , Sikka, P. , and Willmott, H. (1994). "Systems of Surveillance and the Silencing of UK Academic Accounting Labour. " *The British Accounting Review*, 26/2: 137 – 71.

Robson, K. and Young, J. (2009). "Sociopolitical Studies of Financial Reporting and Standard Setting," in C. Chapman, D. Cooper, and P. Miller (eds.), *Accounting, Organizations and Institutions*. Oxford: Oxford University Press, 341 – 66.

Ronen, J. (2008). "To Fair Value or Not to Fair Value: A Broader Perspective. " *Abacus*, 44/2: 181 – 208.

Schipper, K. (1994). "Academic Accounting Research and the Standard Setting Process. " *Accounting Horizons*, 8/4: 61 – 73.

Strathern, M. (2000). "The Tyranny of Transparency. " *British Educational Journal*, 26/3: 309 – 21.

Vollmer, H. , Mennicken, A. , and Preda, A. (2009). "Tracking the Numbers: Across Accounting and Finance, Organizations and Markets. " *Accounting Organizations and society*, 34/5: 619 – 37.

Walton, P. (2004). "IAS 39: Where Different Accounting Models Collide. " *Accounting in Europe*, 1: 5 – 16.

Whitley, R. (1986). "The Transformation of Business Finance into Financial Economics: The Roles of Academic Expansion and Changes in U. S. Capital Markets. " *Accounting, Organizations and Society*, 11/2: 171 – 92.

Whittington, G. (2008). "Fair Value and the IASB/FASB Conceptual Framework Project: An Alternative View. " *Abacus*, 44/2: 139 – 68.

Young, J. (2006). "Making Up Users. " *Accounting, Organizations and Society*, 31/6: 579 – 600.

Zambon, S. (1996). "Accounting and Business Economics Traditions: A Missing European Connection?" *European Accounting Review*, 5/3: 401 – 11.

第四部分
金融危机

第 16 章

国际货币制度与国内政治经济：
全球金融危机的根源

高　柏（Bai Gao）

导致全球金融危机的因素既有国内因素又有国际因素。

国内因素包括金融创新、放松管制和企业贪婪、可调利率抵押贷款、抵押贷款支持证券、担保债务凭证和信用违约互换实践，创造并增加了大量信贷。1999 年通过的格雷姆 – 里奇 – 比利雷（Gramm-Leach-Bliley）法案，废除了 1933 年格拉斯 – 斯蒂格尔（Glass-Steagall）法案的部分内容，这弱化了商业银行与投资银行之间的隔离。2004 年放宽净资本规则，使投资银行能够扩张它们的债务，而对影子银行系统的监管缺失也使得它们持有更多债务（Campbell，2010；Davis，2009；Krippner，2005，2009）。这些冒险激进行为导致的后果，是金融机构承担着巨大的企业债务，美国家庭消费借贷过多导致美国家庭债务大幅增长（Fligstein and Goldstein，2010）。

国际因素涉及全球储蓄过剩，这指出口导向型和资源丰富型国家过度积累资本，以及全球流动性过剩即货币供给过剩，特别是发生在美国。资本从过度储蓄的国家流入美国，使美国实际汇率上升，从而导致美国生产可贸易商品和服务的部门萎缩。联邦储备委员会下调了利率，以促进经济增长，防止失业。低利率导致了对可贸易商品和服务的过度需求（Bernanke，2005；Greenspan，2008；Wolf，2008）。与此同时，流动性过剩导致实际利率处于低位，从而使美国消费信用快速增长、美国家庭储蓄急骤下降。过度消费产生了巨额贸易逆差和相应的美元外流。当美元贬值时，浮动汇率被迫进入无竞争状态，而美元国家的货币汇率则被开放式的外币干预压低。这导致这些国家大量累积外汇储备，这些外汇储备最终流入美国（Duncan，2003）。

我认为，要了解全球金融危机的根源，有必要探索这些国内和国际因素形成背后的驱动力。本章重点阐述二战后国际货币制度安排对美国国内政治经济的影响。研究表明，美元的关键货币地位以及美国利用国际收支逆差提供流动性的做法，已经引发流动性创造机制中的铸币税问题以及流动性调整机制中那些被善意忽略的问题。此外，战后国际货币制度体系中的这些体制缺陷也以三种独特的方式影响了美国。第一，联邦政府将其政策自主权视为头等大事，并以沉重的债务融资实现其政策目标，由此产生的预算赤字和联邦债务是全球流动性过剩的主要来源。第二，美国金融业强调其在信用创造方面的竞争力，证券化了社会上的各种资产，借出高杠杆率的资金，并逃避了政府监管。这直接导致了某些新的变化，而这些变化又引爆了次贷危机。第三，受美元关键货币地位影响，美国制造业引领了全球生产的发展。这助长了以出口导向型国家和石油输出国组织（OPEC）成员国为核心的全球储蓄过剩。随着跨国公司在海外大举投资，美国制造业的创造就业能力受到严重削弱。

黄金和美元的关键货币地位（Key Currency Status）

全球流动性和储蓄过剩的机制源于布雷顿森林体系。在这一体系下，美元作为唯一的关键货币，在国际金融中扮演了储备货币、干预货币、媒介货币以及交易货币等重要角色。

关键货币的概念与黄金紧密关联。它过去指中央货币，在1925~1931年，金本位制下包括英镑、美元、法郎和马克（Shinkai，1975：61）。这些关键货币保持了它们对黄金的面值，其他货币则与这些货币挂钩。关键货币对那些没有足够黄金直接支持本国货币的国家起着重要的桥梁作用，使这些国家能够参与国际贸易。

美国持有的黄金为美元在战后获得关键货币地位提供了基础。在1913~1944年，美国在世界上公有黄金中的份额从27%增加到了60%（Hansen，1946：86）。在二战后布雷顿森林体系建立时，除了美国以外，没有一个成员国有足够的黄金储备可以选择通过买卖黄金来维持其货币面值稳定，很多成员国甚至没有足够的美元来维持该国的币值稳定（Shinkai，1975：55）。

《布雷顿森林协定》赋予美元在二战后的国际货币体系中与黄金同等重要的地位。它引入了一种货币等价交换的票面价值制度。各成员国货币的价值是用黄金或美元来衡量的。理论上，各种货币的面值都是用黄金来衡量的。仅为了便于计算，布雷顿森林体系通过美元的固定汇率（1 盎司黄金等于 35 美元）来反映货币对黄金的价值。

美元的关键货币地位在官方和私人领域都有体现。在官方领域，美元既是储备货币又是干预货币，"储备货币"是指用作外汇储备的货币，"干预货币"是指中央银行用来干预外汇市场的货币。关键货币的储备功能和干预功能是同一枚硬币的两面。中央银行必须持有关键货币作为储备，以便在必要时干预外汇市场（Yamamoto，1988：168）。

在私人领域，美元既是媒介货币，又是交易货币。"媒介货币"是指私人银行在银行间外汇交易中使用的货币，"交易货币"指私人公司在对外贸易交易中使用的货币。在这里，美元作为关键货币不仅是发行国与其贸易伙伴之间的交易货币，而且在没有发行国（美国）参与的国家之间的出进口贸易中也充当着交易货币的作用（Yamamoto，1988：168）。

美元在二战后国际货币体系中的主导地位始于其在官方领域的作用。在布雷顿森林体系下，所有国际货币基金组织（IMF）成员国都有义务维持其货币的面值稳定，并保持本国货币与其他货币之间的市场汇率在其面值 1% 以内波动。当货币的市场汇率上升或下跌超过 1% 时，该国中央银行必须进行干预，通过黄金或美元重新建立其价值。然而，在二战后，除了美国，没有国家有足够的黄金来建立黄金和货币之间的可兑换性。因此，这些国家不得不利用美元作为干预货币。

美元作为储备货币和干预货币的正式职能有助于其成为私人领域外汇市场的媒介货币。由于美元可用于确定其他货币的面值，持有美元可能会显著降低一个国家的外汇风险。美元的官方职能也降低了私人领域外汇相关的风险。由于这些利益，在各国从事外汇业务的私人银行都在银行间外汇交易中使用美元作为媒介货币（Shinkai，1975）。

随着越来越多的私人银行使用美元作为媒介货币，私人公司也开始在其对外贸易中利用美元作为交易货币。20 世纪五六十年代，美元与英镑在提供进口保险方面进行了激烈的竞争。美元之所以赢得这场战役，是因为美国的银行在承保系统中信用高、利息低。由于美国是关键货币国，纽约的承兑市场规模相当可观。由于这个市场存在规模经济，美国的银行能够向外贸公司提供比伦敦市场所能提供的低 0.3% ~ 3% 的利率的信用。因此，许多外国公司在国际贸易中开始采用美元进行结算（Inoue，1994）。

在布雷顿森林体系之后美元继续占据主导地位

自布雷顿森林体系崩溃以来，美元一直保持其关键货币地位，一部分原因是它在石油和其他大宗商品定价中已有的作用，另一部分原因是它在浮动汇率制度中与管理外汇汇率风险相关的新作用。

石油是世界上最重要的商品之一。1971 年黄金窗口关闭后，美元的快速贬值引发了两次石油危机。1973 年，美元贬值到其先前价值的 1/3。在避免损失的强大压力下，OPEC 国家启动了油价上涨，在 1973 ~ 1974 年第一次石油危机中将石油价格增加了 2 倍（Morris，2008：10）。1977 年 1 月至 1978 年4 月，美元对其他主要货币再次快速贬值。此外，在这时，OPEC 国家持有大约 700 亿美元的流动性储备以及约 800 亿美元的外汇储备，且以美元存款和美元资产形式持有。正因为如此，OPEC 国家在 1978 ~ 1979 年第二次石油危机中将原油价格又增加了 2 倍（Amuzegar，1978）。

在两次石油危机之间，OPEC 国家认真讨论了用其他替代货币来取代美元给石油定价的可能性。早在 1975 年 6 月，在加蓬举行的 OPEC 部长级会议上讨论了一项关于转用特别提款权（Special Drawing Rights）的议题。在 1976 年中期，人们对以一篮子货币作为石油定价的基准再次产生了兴趣（Amuzegar，1978）。

美元作为关键货币幸存下来，是因为美国成功与沙特阿拉伯谈判，继续使用美元为石油定价。OPEC 继续使用美元为石油定价的事实为美元作为关键货币提供了新的合法性基础。只要各国需要进口石油，持有美元作为外汇储备将大大减少与汇率波动相关的风险，从而保持能源安全。美国还承诺给那些回流到美国购买国债的石油美元（petrodollars）（兑换石油的美元）以优惠利率。通过这样做，它获得了在经济低迷中幸存所必需的资本（Spiro，1999）。

在各种创新的金融工具中，美元作为媒介货币和交易货币的功能维持了美元的关键货币地位。

第一，管理汇率风险要求更多的美元供应。布雷顿森林体系的崩溃将管理汇率风险的责任从中央银行转移到了私人银行、公司和个人。公共当局不再需要对汇率进行干预，因为汇率是自由变动的。为了避免汇率风险，有外汇业务的银行必须依靠一定的资本流动性来填补其外汇结算窗口，利用投机性的短期资本来平衡其每日结算余额。这大大增加了对美元的需求（Eatwell and Taylor，2000）。

第二，为满足浮动汇率制度下汇率风险管理需要，货币期权和货币互换等金融工具得到了重大发展。过去，美元供过于求一直是国际货币秩序的主要不稳定因素。讽刺的是，在美元标准下，美元供过于求成为旨在降低汇率风险的各种金融工具运作的先决条件。因此，尽管美元变得疲软，但对冲美元需求的疲软导致了其更多的使用（Kataoka，1992［1986］）。

第三，20 世纪 70 年代初以来，德国和日本成为美国的主要竞争者。尽管日元和德国马克增加了它们在国际储备中的份额，但它们不能直接在不使用美元作为媒介货币的情况下相互交换。从技术上讲，日元和马克之间的汇率不能相互计算；必须用日元 – 美元汇率和马克 – 美元汇率来计算。由于德国和日本的银行和公司迅速扩大了它们的国际业务，它们需要更多美元进行支付结算（Kataoka，1992［1986］）。

流动性创造机制中的铸币税问题

在布雷顿森林体系下，美国成为国际经济流动性的主要供应国，它保证维持美元和黄金的可兑换性。作为交换，美国被免除了两项主要义务：维持其收支平衡、稳定美元与其他货币之间的汇率。这些豁免包含了重大缺陷：它们在流动性创造机制中产生了铸币税问题，并在调整机制中存在善意忽视问题。

铸币税最初意味着"硬币的流通价值与铸币成本之间的差额，涉及对硬币发行人（君主或'领主'）的一次全部收益"（Cohen，1977：67）。然而，在其当代使用中，铸币税指的是"货币垄断给予国家政府随意增加公共支出的能力"（Cohen，1998：39）。世界上关键货币的发行赋予发行国以一种"结构性权力"（Strange，1986），或者说是"过分的特权"（d'Estaing，引自 Eichengreen，2011）。由于许多其他国家需要关键货币作为储备，发行这种储备货币可以成为"国家的另一种收入来源，超越政府可以通过征税或从金融市场借款筹集到的金额"（Cohen，1998：39）。

在布雷顿森林体系下，国际经济依靠美国国际收支赤字提供流动性，这一事实直接产生了铸币税问题。由于美元是战后大部分时期唯一的关键货币，美国作为国际经济流动性的主要供应国，不可避免地会在国际收支上出现长期赤字。在布雷顿森林体系下，各国央行必须利用美元来衡量本国货币的面值，将其作为储备货币，并在外汇市场用美元干预，以维持美元和本国货币的汇率平价。由于这些对关键货币的国际需求，美元的总供给必须比美国自身的需要大得多（Arima，1978）。

特里芬（Robert Triffin）指出，流动性的战后供给依赖于美国的国际收支逆差。然而，美国收支恶化将不可避免地影响国际上对美元的信心。由于关键货币国在货币政策方面的目标不同于整个系统的目标，这迟早将改变创造流动性替代依赖一国货币作为关键货币的做法，或布雷顿森林体系的崩溃。他关于依赖储备货币的不稳定性的观点在美国政府内部得到了越来越多的支持（Odell，1982：130－136）。

早在 20 世纪 60 年代初，美国收支赤字的流动性过剩就造成了美元过剩。尽管接收国的中央银行会使用这些资本，但这些美元实际上仍然以存款形式存在于纽约市的商业银行账户中，央行通过使用账户干预外汇市场以保持本币汇率平价。因此，这些美元至少使用了两次：首先美国是债权国，因此美元作为美国在欧洲的购买力，然后又作为美国国内的购买力。无论美国收支有多少赤字，由于为其他国家提供流动性，其对本国的购买力没有影响。当资本跨境流动变得激烈时，这种机制成为全球范围内通货膨胀的主要原因（Rueff，1971：28－29，36－41）。

理论上，在布雷顿森林体系下，美国持有的黄金应该作为一种制衡机制，防止流动性过剩流入国际经济。如果美国提供了供过于求的流动性，其收支条件将迅速恶化。增加收支赤字将导致国际上对美元的信心丧失，这反过来又会导致外国中央银行将美元转为黄金。然而，实际上，这种恐惧从来就不是一个足够有力的威胁。欧洲国家在 20 世纪 50 年代末开始将美元兑换成黄金。当美国决定在 1971 年关闭黄金窗口时，其黄金持有量已下跌近 60%，从 1948 年的 244 亿美元降至 102 亿美元（Gavin，2004：209）。在 20 世纪 70 年代美元标准取代布雷顿森林体系之后，美国流动性供给的限制已经不复存在。美元不再被黄金所支持，美国海外借款不再受国内储蓄的支持（Duncan，2003）。黄金转化的制衡机制不完美，却完全消失了。

在布雷顿森林体系崩溃后，为什么美国和国际社会不改变依赖单一国家的货币作为关键货币的做法？金德尔伯格（Charles Kindleberger）和他的同事在美元辩论中的少数派观点，为在关闭黄金窗口后各国善意忽视的态度提供了合法性。

调整机制中善意忽视的问题

在关于美元的辩论中，少数派观点对美国的收支赤字提出了不同于之前罗伯特·特里芬的解释：少数派认为美国的收支赤字并不代表不平衡，因为赤字会被试图将资金投入美元流动性资产的外国资本的流入所抵消。在国际金融中，美国并不只是提供流动性；相反，它提供了一种中介服务，这种中介服务不仅有利于借出长期贷款，而且为外国短期资本提供了更好的获利机会。因此，美国不必提高利率来缓解其超支问题。只要欧洲的储蓄很高，资本的自由流入仍将超过货物和服务的实际转移（Despres, Kindleberger, and Salant, 1966；Schwartz, 2009）。

在这一少数派观点的支持下，20 世纪 70 年代初之后，善意忽视问题进一步恶化。善意忽视是官方政策，未能解决经常账户赤字的问题。

调整机制中的善意忽视问题首先源于布雷顿森林体系下的制度安排，它免除美国在美元和其他货币之间维持汇率平价的责任。根据国际货币基金组织的协议，美国通过承诺自身用美元以固定汇率买卖黄金，将维持美元对其他货币汇率的责任转移到其他成员国手中（Iwano, 1977：100；Shimazaki, 1983：225）。

理论上，在布雷顿森林体系下，货币市场上货币管理部门的干预是对私人银行国际清算中美元短缺的调整。当一个国家的国际收支出现赤字时，对美元的需求就会增加。因此，美元对该国货币的汇率变得更加坚挺。为了履行《布雷顿森林协定》规定的义务，该国金融管理局不得不通过抛售美元来进行干预，努力控制汇率在一定范围内的波动。这些干预措施所用的美元来自过去积累的贸易顺差或使用该国黄金储备的交易。前者代表了一段时间内动态收支平衡过程，后者代表了使用黄金的最终结算，因为黄金美元交易和公共干预已成为一个整体过程，两者都有助于调整在私人部门的美元短缺（Kataoka, 1992 [1986]：61）。

然而，在实践中，国际收支不平衡不是总能引起货币管理部门的干预，因此并非总能实现用黄金美元交易进行收支结算。即使在收支失衡发生后，汇率的平衡仍然可以通过私人银行的信贷以短期资本流动的形式维持，这起到延迟了国际收支结算失衡的作用。在这种情况下，美国国际收支的不平衡没有立即引起货币管理部门采取相应的黄金和美元挂钩交易的政策（Kataoka，1992 [1986]：62）。

在黄金窗口关闭后，除非在罕见的情况下，货币管理部门放弃了它们干预货币市场的责任。由于在国际清算中使用黄金的需求消失了，立即调整的压力也随之消失。在新制度下，国际清算采取的形式是用外汇交易来平衡债务和信贷。当收支不能平衡时，各国宁愿通过依靠国际供给和接受信贷来弥补差额以推迟结算。在美元标准下，美元已经失去了黄金的支持，使用完全由其感知到的购买力维持（Kataoka，1992 [1986]：63）。因此，布雷顿森林体系下的用黄金部分结算消失了，通过引入短期借款填补经常账户中的差额来进行清算成为一种普遍做法，拖延的时间范围大大增加（Andrews，2006：11；Cohen，2006：31）。

在美元标准下，各国依靠金融战略，而不是调整战略，来勉强应付收支赤字。政府应对赤字有两种选择。通过调整战略，政府尝试重新分配资源。它要么通过采用紧缩的货币政策和财政政策来减少经济中可用的货币数量来改变国家的支出情况，要么通过增加税收以及减少公共开支来努力降低总需求，或者通过依靠改变在可贸易品和非贸易品总消费的分配形成的价格变化来调整国家支出，旨在促进出口并降低赤字（Cohen，1977：26–27）。

使用金融战略，政府避免了重新分配资源。当收支赤字发生时，政府或中央银行试图出售外汇或干预金融和外汇市场，诱使短期资本流入。为了抵消该国国外净流动性的变化对内部购买力的负面影响，它们在政府证券中进行国内公开市场运作，或调整私人银行的储备需求或流动性比率。为了弥补收支的差额，它们允许公共和私人基金的流动，同时保持不触及收入、价格、现有的外汇需求和供给正常进程，以及现行汇率（Cohen，1977：26）。

在国内政治中，金融战略总是比调整战略更为普遍，因为它不涉及收入和价格的变化，且调整的影响较小。然而，选择金融战略要求政府能获得国际上可接受的流动资产储备。由于美国货币管理部门为国内市场运行持有大量的政府证券，美国国债或票据变得有用。由于美国总是可以向外国出售基于美元的债务，与其他任何国家不同，其有能力生成在调整收支失衡时金融战略所需的流动资金。

善意忽视有助于消除美国进行战略调整的压力，否则将迫使其解决收支失衡问题。推迟对其不断增加的经常账户赤字的调整，为不断增加的美国收支赤字打开了一个窗口，导致联邦债务不断增加，因此美国不得不通过国际和国内借贷弥补这些赤字。

在二战后国际货币制度中，流动性创造机制中的铸币税问题以及调整机制中的善意忽视问题，极大地影响了美国国内相关行动者的行为。

政策自主权、 预算赤字和联邦债务

二战后国际货币制度中的铸币税问题使美国政府对政策自主权和自由行动有强烈偏爱，并使政策制定和执行绝缘于外界压力（Cohen，2006：32）。这种对政策自主权的强烈偏爱反映在其支出中，特别是在国防、减税和公共支出方面。在这三个方面，国防得到了两党的支持，而减税得到了更多的共和党支持，增加公共支出得到民主党支持。

全球战略目标是美国政府保证政策自主权中的最高优先事项。二战后，美国发动了几次战争，包括朝鲜战争、越南战争、两次伊拉克战争和阿富汗战争。如图 16 - 1 所示，战争开支总是大大增加国防开支在 GDP 中的比重。在战争经费中，战争费用的初步估计数额总是远低于实际支出。尽管与国会经常发生冲突，行政部门仍大量依赖追加拨款以资助军事战争。这些拨款不

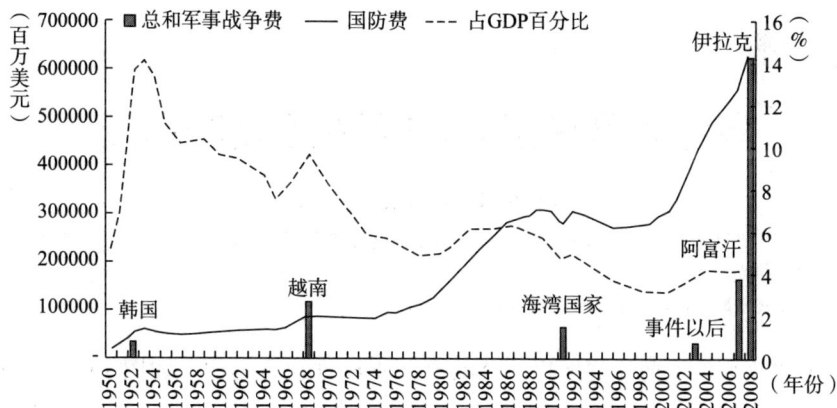

图 16 - 1　1950 ~ 2008 年美国国防和主要战争费

资料来源：国防开支和 GDP：行政管理和预算局；历史数据：2010 财政年度，美国政府预算局；军事战争总费用：斯蒂芬·达格特（Stephen Dagget），美国主要战争费用，国会研究服务局，2008 年 7 月 24 日。美元名义价值。战争费用仅包括 2008 年 6 月 30 日以前的拨款。

计入年度预算总额，往往掩盖年度预算赤字的实际规模（Miller, 2007）。此外，美国政府还为其盟国及其在海外的各种军事基地进行大量的军事和经济援助。尽管人们担心海外军费开支对美国在 1958 ~ 1973 年四届政府的收支平衡造成负面影响，但美国政府从未撤回其关于军事能力的承诺（Gavin, 2004）。

减税是美国政策自主的另一个主要目标，从肯尼迪政府开始，约翰逊政府也倾注很多精力继续推进。后来它们得到了共和党的更多支持，尤其是在里根和布什政府下。如图 16 - 2 所示，这两个共和党领导的政府的减税措施对政府财政收入有重大影响。股息、利息、资本收益、房地产和赠与方面以及企业利润的税收被认为是企业阶层的命脉（Morgan, 2009：209），共和党对减税的态度一直是由两个版本的供给侧经济理论支撑。早期的版本认为，劳动力扩张和技术创新是固定的要素，并认为减税可能会增加资本支出，反过来提高生产能力。与此相反，后来的版本认为，减税和技术革新以及这种创新的经济潜力可能会超过仅靠资本支出的增长（Morgan, 2009：209 - 210）。

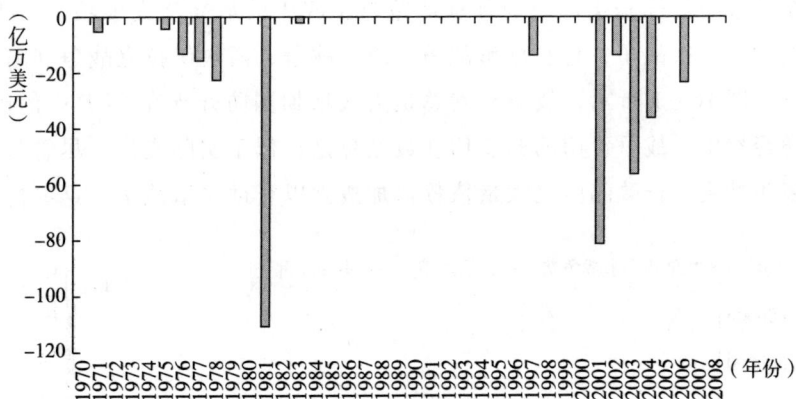

图 16 - 2 减税的财政效应

注：美元名义价值。1970 ~ 1977 年财政效应是基于两年平均值；1978 ~ 2006 年是基于四年的平均值。

资料来源：特姆帕尔斯基（Tempalski, 2006）。

按照政策事项的优先顺序，公共事务支出排在第三位。如图 16 - 3 所示，公共事务支出的迅速增长始于 20 世纪 60 年代约翰逊政府提出的"伟大社会"计划。一旦公共支出成为政策优先事项，就很难改变。甚至在 20 世纪 60 年代约翰逊之后的四届共和党政府也坚持这一点，这项政策优先一直持续到里根成为总统。尽管共和党人（由里根代表）反对公共开支，但是重要的公共支出并没有受到限制，民主党更不会。尼克松和乔治·W. 布什都因在公共项目上的花费而闻名。在开始时，"伟大社会"计划的设计者们主要希望为穷人创造参与主流经济活动的机会；然而，随着时间的推移，"伟大社会"计划出乎意料地导致了允许收入保障计划类的福利类项目的扩张（Kaplan and Cuciti，1986）。

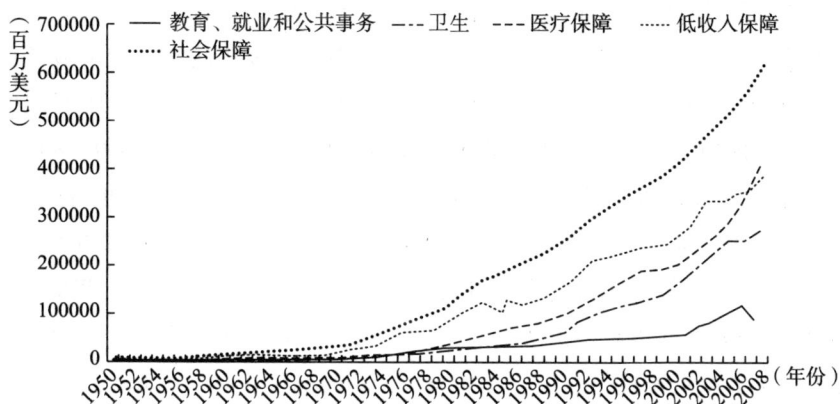

图16-3 1950~2008年美国联邦政府的公共事务支出

美国政府对政策自主权的强烈偏爱，体现在它常常同时追求多个高昂代价的政策目标。例如，美国政府要么进行大规模减税减少收入，同时进行战争或大规模防御计划，或者在战争期间大幅增加公共开支。这种过度支出不可避免地导致了预算赤字的飙升和联邦债务的迅速增加。容易获得的资本与填补赤字和债务缺口的需要，为流动性过剩的形成创造了有利的环境。

约翰逊政府不仅扩大了越南战争，发起了"伟大社会"计划，而且拒绝提高税收以资助这些事项。在1960年至1965年，美国国防开支平均每年增加1.6%，美国政府预算的总支出平均每年增加5.1%。约翰逊签署了对越南战争和"伟大社会"计划扩张以后，平均国防开支年均增长了18.9%，非国防开支年均增长了13.0%（Mowery and Kamplet，1982：17）。约翰逊总统在任期间，新的立法、国防开支决策与预算编制没有相互协调，对经济有重大影响的国防决策未能传达给约翰逊总统的经济顾问（Mowery and Kamplet，1982）。在越南战争国防开支急剧膨胀时期，约翰逊总统试图保持他雄心勃勃的"伟大社会"计划。尽管在追求"火炮加黄油政策"（guns and butter）方面存在严重困难，"约翰逊政府选择忽略或尽可能跳过这些问题。这类问题在财政和预算政策进程中表现得最为明显，约翰逊在任的后几年选择避开这些政策"（Mowery and Kamplet，1982：16）。这种支出导致了严重的通货膨胀和经济过热，严重损害了国际社会对美元的信心。这是促使布雷顿森林体系崩溃的一个主要因素。

在里根政府下，联邦预算的主要动力是国防。对于里根来说，任何对既定增长目标的放弃都会向苏联发出错误的信号。即使在他的第二届任期内，国防开支平均为 3900 亿美元，相比之下，卡特政府的国防开支平均水平为2640 亿美元。这一水平仅次于在 1952～1953 财政年度期间有关朝鲜战争的预算与在 1968～1969 财政年度期间有关越南战争的预算。此外，国防开支的大幅增长与美国历史上最大的减税政策是同时出现的（Morgan，2009：89）。在卡特政府和里根政府的第一届任期之间，政府平均支出占 GDP 的比例从21.2% 增至 22.9%，而税收收入占 GDP 的比例则从 18.8% 降至 17.9%。这导致了占 GDP 总额 2.6% 的等值联邦债务（Morgan，2009：86）。里根认为，"我们面临的赤字并不源于国防开支……（或）减税……事实是，我们的赤字来自国内支出预算失控的增长"（Morgan，2009：76）。他为削减公共事务支出做出了巨大努力，在两个任期内将公共事务支出总额占 GDP 的比例从13.7% 减至 12.0%。然而，由于国会的抵制，这些努力的效果并没有达到他所希望的那样。美国政府在 20 世纪 80 年代由于推行里根经济学导致了联邦债务的增加。

在布什政府的支持下，通过紧急事态审核为伊拉克和阿富汗的外国军事行动筹集资金已成为一种常规做法。据估计，在 2002～2005 的财政年度，补充支出平均每年为 1200 亿美元。相比之下，在 1975～2001 的财政年度，只有140 亿美元（Morgan，2009：211）。"颠覆'税收和支出'自由是新政以来共和党的目标。在布什时代，共和党总统和国会合作完成了这一使命的前半部分，但在他们扭转冷战后防御紧缩时，他们找到了扩大国内支出的党派利益"（Morgan，2009：231）。尽管布什与里根有诸多共同点，如自由市场的气质，低税收学说，认为政府应在经济方面参与程度较低，许多社会计划，例如《有教无类法》（No Child Left Behind Act）、处方药福利（prescription drug entitlement）和已失败的社会保障改革仍然旨在加强个人选择或促进与私人部门机构合作的个人能力（Morgan，2009：211）。布什与里根的不同是，布什在公共事务支出问题上具有作为"富有同情心的保守派"的自我认同。在多个政策领域追求政策自主权极大地增加了预算赤字和收支赤字，导致了联邦债务飙升。

尽管奥巴马政府确实减少了美国在伊拉克的军事参与规模，但它大大增加了阿富汗地面部队的数量。结果，美国政府在 2010～2011 财政年度的总军费开支维持在 1710 亿美元，略高于 2007 财年水平，仅次于 2008 年的 1850 亿美元，为 2001 年 9 月 11 日以来的最高水平（CBO，2010：3）。与此同时，奥巴马通过了 2009 年《美国复苏与再投资法案》（American Recovery and Reinvestment Act）。根据国会预算办公室（CBO）的估计，该一揽子计划将导致美国政府在 2009～2019 年累计高达 7870 亿美元的预算赤字（CBO，2009）。此外，奥巴马政府还将布什政府发起的减税计划延长了两年。2010 年签署的 8580 亿美元一揽子计划，使每个美国家庭的税收自 2011 年 1 月 1 日起几乎都不会增加。当然，这 8580 亿元不单代表减税，它还保证在 2011 年底之前遭受重创的州的失业工人多达 99 周的失业救济金，并为 2011 年的商业和消费支出创造了主要的新的激励措施，包括减少 2% 的社会保障工资税，这将让工人收入保持在 2136 美元的水平（Montgomery，Murray，and Branigin，2010）。

放松管制的政治经济学和金融创新

铸币税问题和善意忽视问题促成了两个在全球金融危机中发挥关键作用的新进展：国际金融市场的发展促进了全球流动性过剩的形成，抵押贷款支持证券（Mortgage-Backed Securities）的发展直接引发了美国次贷危机。其中一个国际金融市场是欧洲美元市场，它指的是在欧洲市场上各种基于美元资产在美国境外交易。它与纽约金融市场的竞争成为放松管制努力背后的推动力；私营公司和私人银行管理其汇率风险的需要导致了各种金融工具的出现。这些工具之一，抵押贷款支持证券（MBSs），是作为对 20 世纪 60 年代约翰逊政府铸币税问题的回应而发展出来的。20 世纪 70 年代的善意忽视问题大大加速了其增长，并最终导致 2007 年次贷危机的爆发。

美国在 20 世纪 50 年代的流动性过剩是欧洲美元市场兴起的直接因素。美国在海外军事基地、美国用于其盟国的军事和发展援助以及允许其盟国向美国市场出口的同时保持国内市场对美国产品的投入等方面的支出，导致美元在西欧积累（Gavin，2004；Helleiner，1994）。美元过剩导致了两种不同的发展：一种是欧洲美元市场的迅速扩张；另一种是欧洲央行将美元转化为黄金。

因为欧洲各国的中央银行需要找到用这些美元赚取利润的市场，欧洲美元市场出现并迅速成为吸收美元过剩的有利方式。欧洲政府所拥有的大量美元成为欧洲美元市场上存款，这有助于降低黄金交易的压力。如果没有欧洲美元市场，美国政府将不得不更早地关闭黄金窗口（Kawamoto，1993：182）。

然而，欧洲美元市场的崛起为美国银行业带来了竞争压力。在整个 20 世纪 50 年代，纽约实际上是唯一开放外国证券的资本市场，由美元的关键货币地位和纽约作为国际金融市场中心地位维持。规模经济使美国金融机构能够使用低利率和贷款的多样化产品进行竞争（Einzig，1972：36）。在欧洲美元市场形成后，它成为美国银行机构的补充市场或撤离渠道，这迫使政府对 20 世纪 60 年代美国资本外流的越来越多的限制（Helleiner，1994）。

布雷顿森林体系的崩溃和 20 世纪 70 年代初的第一次石油危机开创了一个新的时代，在这一时期，离岸金融的扩张充分发展，并为放松管制创造了强大的动力。"即便是中央银行管制货币和信贷供应的能力也受到商业银行离岸借贷行为的损害。这个过程在 1973 ~ 1974 年世界石油冲击以后加速。在十年内，国家被迫废除长期确立的利率上限、贷款限额、投资组合限制、储备和流动性要求，以及其他监管工具……他们可利用的货币政策的唯一手段是购买和出售证券，以影响短期利率"（Eatwell and Taylor，2000：37 - 38）。

放松管制的压力也来自私人公司和私人银行。在发达的工业化国家转向浮动汇率制度之后，出现了对冲汇率波动对私人公司造成的巨大成本的压倒性需求。为了降低汇率风险，那些在国外市场交易的公司被迫多样化其投资组合，改变目前和将来的货币和金融资产组合，以应对不断变化的外汇风险。他们要求建立新的金融工具以消除监管障碍。与此同时，私人银行认为汇率波动是赚取利润的大好机会。他们也要求放松管制，以便在市场上获得更自由的回旋余地。这两种政治潮流，连同其他国内因素，导致了放松管制的蔓延（Eatwell and Taylor，2000：2 - 3）。

管理汇率风险的需要与浮动汇率导致了新的金融工具的发展。商业票据是一个很好的例子。在 20 世纪 70 年代，政府仍维持银行存款利率上限，而通胀背景下市场利率已大幅上升，高于银行利率。在这种情况下，1974 年货币市场共同基金（mutual fund）产生，可为投资者提供高于银行存款的利率，从此迅速发展。货币市场共同基金后来成为商业票据的头号投资者，商业票据成为货币市场共同基金（IMF 协会）所持有的占比最多的资产。正因为如此，个人消费者不再将现金存入银行储蓄账户，公司开始通过发行商业票据获得资金。这两种趋势都削弱了银行业，迫使银行提供更多面向服务的产品，或者更有风险的贷款（Mizruchi，2010）。

由于美国政府应对铸币税问题所带来的挑战，抵押贷款支持证券得以发展。在 20 世纪 60 年代，约翰逊政府扩大了美国对越战的参与，也发起了"伟大社会"计划。然而，它不愿意增加税收。许多"伟大社会"计划项目，如贫困个人和家庭医疗保险（Medicaid）、老年人医疗保险（Medicare）和其他项目已经创造了大量的预算赤字，储蓄和贷款无法支持政府的住房供给方面的宏伟目标。约翰逊政府改组了联邦国民抵押贷款协会（房利美），将其作为一个准私人组织，创建了联邦住房贷款抵押贷款公司（房地美）与房利美竞争，并依靠政府的国家抵押贷款协会（吉利美），以确保对冲这些抵押贷款的违约风险。与此同时，联邦政府并不希望最终自己持有抵押贷款，因为这可能会严重限制其可能产生的抵押贷款数额。作为替代方案，政府决定用自己的资金为抵押贷款提供资金，然后将这些抵押贷款作为债券出售给投资者（Quinn，转引自 Fligstein and Goldstein，2010）。

由于善意忽视成为美国应对其经常账户失衡的政策，政府更倾向于采用金融策略而非战略调整策略，因为战略调整策略涉及削减公共开支或增加税收，而金融策略至少在短期内不会带来不利效果。随着社会安全网的弱化和不平等现象继续增加，美国选民越来越不耐烦了。在这种情况下，政治家们喜欢让银行扩大住房信贷，因为信贷同时实现了许多目标。它推动房价上涨，使家庭感觉更富裕，并允许他们为更多的消费而融资。它创造了更多的利润和金融业、房地产经纪和住房建设业更多的就业机会。条件宽松的信贷有巨大的、积极的、即时的和广泛分布的好处，而其成本都是在未来（Rajan，2010：31）。

美国制造业提供就业机会的能力下降

2008 年全球金融危机后的高失业率揭示了一个由美国经济中的铸币税问题造成的重大问题，它已经隐藏了数十年：美元的关键货币地位和美国作为美国制造业流动性的主要供给者的角色的负面影响。这为关于美国制造业的旧辩论提供了新的背景。当整个美国的经济福祉成为问题时，重点在于制造业能否创造就业机会，而不是跨国公司能否通过将生产转移到海外来赚取更多利润。

从创造就业机会的能力的角度分析美国制造业，国际货币制度对国内政治经济活动所产生的影响立即显现出来。20 世纪 50 年代以来，铸币税问题为经济金融化和生产全球化提供了动力，这是美国制造业衰落背后的两大推动力。这一进程的因果机制是，自 20 世纪 50 年代以来美国持续通过外商直接投资（FDI）方式所导致的资本长期流出。

　　大多数对金融化进程的分析通常从20世纪70年代开始。然而，推动金融化以及资源配置效率的准则早在20世纪50年代就开始影响美国企业。由于美国工业在二战结束时已形成多样化结构，美国公司的多部门结构已经制度化，并且政府反托拉斯政策的变化阻碍了产业内部兼并，但仍为不同行业的多元化兼并敞开大门，金融财务管控理念出现并在美国大企业中成为一个重要趋势。大公司的核心领导层开始把它们的产品线和分支部门作为一种投资组合，并且使用财务标准评估它们的表现。当产品或分支部门不符合预期时，它们将卖出并购买新的（Fligstein，1990：229）。

　　在资源分配中采用效率原则，不久就导致外国直接投资从美国流出。在1957年美国经济经历了衰退，导致国内投资机会减少。在1958年后期西欧国家开始恢复货币换算。这就打破了美国公司投资西欧的主要障碍，它们很容易从东道国那里获得利润。当时，欧洲国家对美国出口仍然保持高关税水平。因此，在那里建立为当地市场服务的工厂被认为是绕过贸易保护主义的有效途径（Block，1977）。与此同时，美国跨国公司对欧洲和日本竞争力上升的战略关注成为外国直接投资外流的推动力，因为美国公司试图在其潜在竞争对手在它们国内市场变得太强之前将其击败（Vernon，1971）。

　　到20世纪50年代末，由于美国海外军事基地相关的收支赤字所形成的流动性过剩，导致了美元过剩。自20世纪50年代末到20世纪70年代初，许多人认为美元被高估了，美国的收支赤字迟早会导致美元大幅贬值。这成为资本外流背后的推动力，原因有二：首先，被高估的美元赋予了美国企业在海外市场更多的购买力，并使它们在国外的收购更便宜。其次，持续的美元贬值预期使得那些货币有升值预期的国家对国际投资更有吸引力，而美国国内投资成本则更高。

　　如前所述，美元在20世纪70年代经历了两次快速贬值，每次都导致石油危机，而OPEC国家试图阻止石油出口以避免损失。这些激进的变化进一步推进了美国资本外流。美元的汇率持续走低使美国企业持有的国内资产贬值，相反，国际资产不断升值，这在货币升值的国家尤其明显。与此同时，能源成本的大幅增加也成为国内生产的沉重负担。这种恶性通货膨胀为美国制造业的国内生产创造了一个恶性的环境。

　　自20世纪80年代初以来，美国的政策环境一直青睐金融业，而不支持制造业。伏尔克（Paul Volcker）以高利率和里根的强势美元政策应对通货膨胀的激进做法，从两个方面给美国制造业造成了巨大压力。一方面，高利率大幅增加了国内资本的负担，并降低了美国公司投资的激励。另一方面，高利率吸引了大量的外国资本流入美国市场。这增加了对美元的需求，导致美元升值。强势美元确实暂时减少了资本外流，然而，美元升值削弱了美国制造业在国际市场上的出口竞争力，这导致经常账户的迅速恶化。在 1985 年《广场协议》（the Plaza Accord）之后，经常账户赤字确实下降了；然而，美元贬值的预期进一步推动美国企业投资海外市场（Daniel Gros，转引自 Schwartz，2009：129）。在 20 世纪 80 年代，基于资源分配效率原则的价值链生产理论成为美国的主导企业战略。该理论的应用不可避免地导致了外包做法的广泛实践，也进一步加剧了资本外流。

投资海外以提高盈利能力的做法，在美国制造业中已被广泛地制度化。在管理资本主义发展的鼎盛时期，美国公司的所有权结构更为分散，从而扩大了股东的基础。由职业经理人经营的财务独立公司发展成为社会机构，并在平等就业机会、安全生产和环境保护方面提供更多的工资和公共政策（Davis，2009：63）。一群进步的企业精英能够为经济和社会问题提供整体解决方案（Mizruchi，2010）。然而，随着财务控制的概念开始为人们所接受，美国公司承受着保持盈利能力的持续压力，因为美国金融市场的结构直接使得企业接近资本的机会和防止被接管的能力与它们的盈利能力密切相关（Hall and Soskice，2001）。同时，非金融企业增加的金融投资，一方面，将制造业的资本导向到金融领域而挤出了实体经济，另一方面还可能减少整体投资资本的资金募集（Orhangazi，2008）。

结　论

战后国际货币制度依赖美元作为关键货币，且美国作为流动性的主要供应国，对美国的政治经济产生了深远的影响。这些影响反映在两个主要方面。一个被莱斯利·盖尔勃（Leslie Gelb）很好地描述：今天，大多数国家都以经济节奏来决定它们的外交政策，但美国不是。大多数国家主要以经济条件和经济实力来定义它们的利益，但美国不是。大多数国家已经调整了其国家安全战略，重点放在经济安全上，但美国不是。华盛顿仍然主要考虑其传统军事条件下的安全问题，并以军事手段应对威胁（Gelb，2010）。

另一个可如此陈述：除那些依赖出口自然资源的经济体之外，大多数国家积累了大量储蓄，并在制造业的基础上建立起自己的经济体系，但美国不是。美国倾向于以财务术语察看所有经济问题，处理所有经济问题：以金融手段，并将信用创造作为其一刀切的解决方案。

然而，在 2008 年全球金融危机之后，实行铸币税和善意忽视的结果开始直接威胁到美元的关键货币地位。根据美国国会预算局预测，到 2020 年，美国累积的债务可能达到 95000 亿美元，相当于美国 GDP 的 90%。考虑到人口老龄化将推动医疗保健成本的急剧增长，且联邦利率支出将呈指数上升，到 2025 年，官方债务可能达到 GDP 的 110%，到 2035 年可能达到 GDP 的 180%（Altman and Haass，2010）。这对美国经济有着深远的影响。

如果国际金融市场开始惩罚美国超支，美元将会崩溃，对美国经济造成严重损害。许多国家已经开始签署双边协议，使用本国货币来解决双边贸易。这将大大减少美元的使用，进而降低其国际需求。2011 年在突尼斯和埃及开始的"茉莉花革命"给美国增添了一些新的不确定性，因为美元在石油价格中扮演的关键角色是美元作为标准货币的基础。

随着国际货币制度的演化，美国国内出现了背离其过去遗产的迹象。削减政府开支已成为美国政治的主要政策议程。由"茶党"（Tea Party）领导的反对政府开支的社会运动导致了民主党在 2010 年中期选举中的巨大损失。随着 2012 年总统选举的临近，共和党人和民主党人都把 2012 年的预算作为主要的测试基础。与奥巴马总统的"削减并投资"的方式（the Obama's cut-and-invest approach）相反，威斯康星州的代表保罗（Ryan Paul）在 2011 年 4 月公布了他代表党派的计划，旨在在未来十年将预算赤字减少 58000 亿美元。奥巴马总统承诺在接下来的 12 年里削减 40000 亿美元赤字，其在一定程度上依赖于增加税收和削减开支。各方已开始采取保护其最高目标的优先地位的立场，不再试图同时追求多个政策目标。在三个主要的常常强烈偏好美国政府政策自主权的政策领域中，共和党人现在强调减税，而民主党人则试图保护公共事务开支，特别是贫困人口医疗保险和老年人医疗保险。两党都不把国防作为第一要务，双方都同意在未来十年削减 10000 亿美元的国防开支。

然而，在其他领域，前景仍不明朗。美国能否在不过度依赖信贷创造的情况下发展出新的促进经济增长的途径，以及该国能否为创造就业机会重建或重新发展制造业，将是美国未来面临的重大问题。然而，有一点是明确的：我们进入了一个新时代，即未来国际货币制度的形成和美国国内政治经济将相互影响。

参考文献

Altman, R. C. and Haass, R. N. (2010). "American Profligacy and American Power: The Consequences of Fiscal Irresponsibility." *Foreign Affairs*, 89/6: 25 – 31.

Amuzegar, J. (1978). "OPEC and the Dollar Dilemma." *Foreign Affairs*, 56/4: 740 – 50.

Andrews, D. M. (2006). "Monetary Power and Monetary Statecraft," in D. M. Andrews (ed.), *International Monetary Power*. Ithaca: Cornell University Press, 7 – 30.

Arima, T. (1978). *Kokusai tsūka fakkō token to kokusai tsūka seidu*, Shiga: Shiga University Faculty of Economics.

Bernanke, B. (2005). "The Global Saving Glut and the U. S. Current Account Deficit." 〈http://www. federalreserve. gov/boarddocs/speeches/2005/200503102〉 (accessed August 10, 2011).

Block, F. (1977). *The Origins of International Economic Disorder: A Study of United States International Monetary Policy from World War II to the Present*. Berkeley: Universe of California Press.

Campbell, J. L. (2010). "Neo-liberalism in Crisis: Regulatory Roots of the U. S. Financial Meltdown," in M. Lounsbury and P. M. Hirsch (eds.), *Markets on Trial: The Economic Sociology of the U. S. Financial Crisis: Part B*. Bingley: Emerald, 65 – 101.

CBO (Congressional Budget Office) (2009). "Conference Agreement for H. R. 1 (the American Recovery and Reinvestment Act of 2009)." 〈http://www. cbo. gov/ftpdocs/99xx/doc9989/hriconference. pdf〉 (accessed August 10, 2011).

Cohen, B. J. (1977). *Organizing the World's Money: The Political Economy of International Monetary Relations*. New York: Basic Books.

—— (1998). *The Geography of Money*. Ithaca, NY: Cornell University Press.

—— (2006). "The Macrofoundations of the Monetary Power," in D. M. Andrews (ed.), *International Monetary Power*. Ithaca, NY: Cornell University Press, 31 – 50.

Davis, G. F. (2009). *Managed by the Markets: How Finance Re-Shaped America*. New York: Oxford University Press.

Despres, E., Kindleberger, C. P., and Salant, W. S. (1966). "The Dollar and World Liquidity: A Minority View." *The Economist*, February 5: 526 – 9.

Duncan, R. (2003). *The Dollar Crisis: Causes, Consequences, Cures*. Singapore: John Wiley & Sons (Asia).

Eatwell, J. and Taylor, L. (2000). *Global Finance at Risk: The Case for International Regulation*, New York: The New Press.

Eichengreen, B. (2011). *Exorbitant Privilege: The Rise and Fall of the Dollar and the Future of the International Monetary System*. New York: Oxford University Press.

Einzig, P. (1972). *Doru no unmet*. Tokyo: Toyo Keizai Shinposha.

Fligstein, N. (1990). *The Transformation of Corporate Control*. Cambridge, MA: Harvard University Press.

——and Goldstein, A. (2010). "The Anatomy of the Mortgage Securitization Crisis," in M. Lounsbury and P. M. Hirsch (eds.), *Markets on Trial: The Economic Sociology of the U. S. Financial Crisis: Part A*. Bingley: Emerald, 29 - 70.

Gavin, F. J. (2004). *Gold, Dollars, and Power: The Politics of International Monetary Relations, 1958 - 1971*, Chapel Hill, NC: University of North Carolina Press.

Gelb, L. H. (2010). "GDP Now Matters More than Force: A U. S. Foreign Policy for the Age of Economic Powers." *Foreign Affairs*, 89/6: 35 - 43.

Greenspan, A. (2008). *The Age of Turbulence: Adventures in A New World*. New York: Penguin Books.

Hall, P. and Soskice, D. (2001). *Varieties of Capitalism: The Institutional Foundations of Comparative Advantage*. New York: Oxford University Press.

Hansen, A. H. (1946). *America's Role in the World Economy*. New York: Pelican Books.

Helleiner, E. (1994). *States and the Reemergence of Global Finance From Bretton Woods to the 1990s*, Ithaca, NY: Cornell University Press.

IMF (International Monetary Fund) Institute. "The Development of the Commercial Paper Market in the U. S. " ⟨http://www. esaf. fazenda. gov. br/esafsite/CCB/program-2009/arquivos2/BT-0903/ CS-2. 1 Development Commercial_ Paper_ US_ Market_ Case. pdf⟩ (accessed August 10, 2011).

Inoue, I. (1994). *Yōroppa no kokusai tsuka to ajia no kokusai tsuka*. Tokyo: Nippon Keizai Hyolunsha.

Iwano, S. (1977). *Doru hong'i sei*. Kumamoto: Kumamoto Shōka Daigaku Kaigai Jijō Kenkyū sho.

Kaplan, M. and Cuciti, P. L. (1986). "Introduction," in M. Kaplan and P. L. Cuciti (eds.). *The Great Society and Its Legacy: Twenty Years of US. Social Policy*. Durham, NC: Duke University Press, 1 - 14.

Kataoka, T. 1992 [1986]. *Kokusai tsūka to kokūsai shushi*. Tokyo: Keisō Shobō.

Kawamoto, A. (1993). "Kokusai ginkōgyō to yūro karenshi shijō," in I. Fukamachi (ed.), *Doru hon-isei no kenkyū*. Tokyo: Nihon Keizai Hyoronsha, pp. 173 - 212.

Krippner, G. R. (2005). "The Financialization of the American Economy. " *Socio-Economic Review*, 3: 173 - 208.

—— (2009). "Capitalizing on Crisis: The Political Origins of the Rise of Finance. " Unpublished manuscript.

Miller, R. (2007). *Funding Extended Conflicts: Koreay Vietnam, and the War on Terror*. Westport, MA: Praeger Security International.

Mizruchi, M. (2010). "The American Corporate Elite and the Historical Roots of the Financial Crisis of 2008," in M. Lounsbury and P. M. Hirsch (eds.), *Markets on Trial: The Economic Sociology of the U. S. Financial Crisis: Part B.* Bingley: Emerald, 103 – 39.

Montgomery, L., Murray, S., and Branigin, W. (2010). "Obama Signs Bill to Extend Bush-era Tax Cuts for Two More Years." *The Washington Post*, December 17.

Morgan, I. (2009). *The Age of Deficits: Presidents and Unbalanced Budgets from Jimmy Carter to George W. Bush.* Lawrence: University Press of Kansas.

Morris, C. R. (2008). *The Trillion Dollar Meltdown: Easy Money, High Rollers, and the Great Credit Crash.* New York: Public Affairs.

Mowery, D. C. and Kamplet, M. S. (1982). "Coming Apart: Fiscal and Budgetary Policy Processes in the Johnson Administration." *Public Budgeting & Finance*, 2/2: 16 – 34.

Odell, J. S. (1982). *U. S. International Monetary Policy: Markets, Power, and Ideas as Sources of Change.* Princeton, NJ: Princeton University Press.

OMB (Office of Management and Budget) (2010). "Historical Tables: Budget of the US Government, Fiscal Year 2010."

Orhangazi, Ö. (2008). "Financialization and Capital Accumulation in the Non-Financial Corporate Sector: A Theoretical and Empirical Investigation of the U. S. Economy: 1973 – 2003." *Cambridge Journal of Economics*, 32: 863 – 86.

Rajan, R. G. (2010). *Fault Lines: How Hidden Fractures Still Threaten the World Economy.* Princeton, NJ: Princeton University Press.

Rueff, J. (1971). *Doru taisei no bokai.* Tokyo: Maimaru Shupankai.

Schwartz, H. M. (2009). *Subprime Nation: American Power, Global Capital and the Housing Bubble.* Ithaca, NY: Cornell University Press.

Shimazaki, K. (1983). *Kin to kokusai tsuka.* Tokyo: Gaikoku Kaii Bōeki Kenkyūkai.

Shinkai, Y. (1975). "Doru hon-i-sei e no henshitsu," in R. Kan, T. Watanabe, M. Jianyuan, and F. Watanabe (eds.), *Kokūsai kinyū kōza.* Tokyo: Tōyō Keizai Shinbōsha, 51 – 84.

Spiro, D. (1999). *The Hidden Hand of American Hegemony: Petrodollar Recycling and International Markets.* Ithaca, NY: Cornell University Press.

Strange, S. (1986). *Casino Capitalism.* Manchester: Manchester University Press.

Tempalski, J. and Department of Treasury, (2006). OTA Working Paper No. 81: "Revenue Effects of Major Tax Bills."

Vernon, R. (1971). *Sovereignty at Bay.* New York: Basic Books.

Wolf, M. (2008). *Fixing Global Finance.* Baltimore: Johns Hopkins University Press.

Yamamoto, E. (1988). *Kichū tsūka no kōtai to doru: doru hon-i-sei kenkyu juseitsū.* Tokyo: Yūikaku.

第17章
漫长的奇异之旅：1968～2010年的国家与住房抵押贷款证券化

尼尔·弗雷格斯坦 （Neil Fligstein）
亚当·高斯坦因 （Adam Goldstein）

引　言

过去40年，各国和市场参与者共同确立了金融市场的结构（Preda，2007）。但金融社会学的研究文献，特别是由盖伦（Callon，1998）推动的金融社会学，在这些问题上一直保持沉默。我们试图通过对国家和银行之外的金融工具的研究，为理解金融市场所发生的事情提供部分看法。政府不只是充当金融市场的监管者。事实上，政府已经开创了现代金融的大部分工具，包括抵押贷款支持证券（Mortgages-Backed Securities，MBSs），这些金融工具是导致2007～2010年金融崩溃的核心所在（Quinn，2008）。政府政策着眼于为房主或消费者创造信贷。各国政府经常进入金融市场，要么设立社会公共项目以推进它们的政策，要么由政府所有或赞助的企业来促进特定的政策实施。

随着时间的推移，从事金融行业的公司的赚钱活动不断演变，其中大部分是应对政府监管。投资银行进入抵押贷款支持证券市场相当晚，它们是在政府出资的企业（Government-Sponsored enterprises，GSE）支持下这样做的。在美国房地美（Freddie Mac）和房利美（Fannie Mae）都希望私人部门参与承销抵押贷款支持证券。在 20 世纪 90 年代，美国国家金融服务公司开创了抵押贷款市场的纵向一体化战略，该战略主要通过发起贷款、批发贷款，以及作为承销商打包、持有及经营债券等方式完成。美国国家金融服务公司也通过为信用度低的人提供买房的机会开创次级市场。最大的商业银行（美国银行、富国银行、花旗银行），其他的大型储蓄和贷款（Savings and Loan，S and L）银行（印第斯和华盛顿互惠银行），以及几家投资银行（雷曼兄弟、贝尔斯登）紧随其后。在为传统（或主要）抵押贷款提供隐性担保方面，GSE 发挥了关键作用。由于缺乏政府担保意味着其他企业可以获得更高的回报率，GSE 在次级和巨型抵押贷款证券市场的缺失，鼓励了私人公司在 2003 年之后专注于发展这些风险较大的部分。金融工程的爆炸式发展取代了政府对违约的担保，它们使用了复杂的模型和担保债务凭证（Credit Default Obligations，CDOs）工具，将风险抵押贷款池重组为 AAA 级证券。

由于人们主要聚焦于金融工具本身，忽略了这些工具出现和发挥重要作用的背景条件。人们也不能理解他们在推动新市场增长和随后的金融崩溃方面所起的作用。事实上，担保债务凭证（CDO）和信用违约互换（Credit Default Swaps，CDS）的迅速增长是几乎所有主要的美国银行实体进入抵押贷款市场，并利用这些工具帮助它们赚钱的策略的后果。它们能够在过程中的所有环节上收取费用，并借入资金以持有担保债务凭证（CDO），从而在这一过程中发挥作用。这一制度是在政策制定者、房利美和房地美的帮助下创建的。但该系统存续的前提是房价继续上涨。从 2006 年开始，这种增长放缓，给这些大型银行实体的所有业务造成压力。这场危机的最直接原因是，银行无法偿还那些它们向其借钱来购买 CDO 的人。虽然担保债务凭证（CDO）是抵押贷款危机的核心，但是它们很重要，因为公司用这种方式来赚钱。

金融危机不是新现象（Reinhart and Rogoff，2009）。通常，金融危机是由某些形式的资产泡沫造成的。各国政府未能采取行动控制泡沫，观察家们认为这种形式将永远继续下去。2007～2010 年的危机，其核心是基于美国的房价泡沫。但政府、银行和泡沫之间的联系还不清楚。本章主要对住房抵押贷款证券化行业进行简要描述：政府在创造市场方面的作用；企业和创业者在市场建设中的作用；金融产品的演化，它作为卖家平息买家异议的务实的解决方案。我们呈现了在 2002～2007 年公司如何行动并导致了后来的自我灭亡。具有讽刺意味的是，美国政府在 20 世纪 60 年代期间创造抵押贷款支持证券（MBSs）工具，将这个工具作为刺激家庭财产扩张的方式，且它自身不直接涉及抵押行业，而现在它完全拥有或控制在美国超过半数的抵押贷款债务。

本章包括以下内容。第一，我们提出了一个通用的方法来理解金融周期以及政府、公司和金融产品增长的关系。第二，我们考虑了抵押贷款证券化市场的情况。第三，我们记录了政府如何在 20 世纪 60 年代创造市场。第四，转向从 1970 ~ 1993 年的市场建设。第五，我们研究该行业在 1993 ~ 2007 年的变化，以及危机是如何形成的。第六，我们揭示和分析危机的发生过程，并简要地评价有关在危机发生方面政府的角色与作用的各种论点。在结论部分，我们回到了对政府、金融危机、金融工具和监管的更广泛的讨论。

金融市场建设中的政府和银行

在我们看来，研究金融市场、政府、金融公司和金融产品之间的联系，最好的方法是认识到它们形成了一个场域（field）。也就是说，我们认为政府和公司在他们的行动中互相影响。这些关系结构有其历史渊源。这些场域形成，并在一段时间内保持稳定，但不可避免地会遭受危机（Fligstein，1996）。历史上金融工具就是这个场域的中心。新工具的产生、传播、使用以及在特定市场中扩展和有时收缩中的作用等不能在这些广大的结构之外予以研究，类似论点可参见麦肯齐等（MacKenzie and Millo，2003），延伸讨论观点可参见麦肯齐等（MacKenzie et al.，2008）。

在没有政府干预的情况下建立现代市场是不可能的（Fligstein，2001），金融市场是政府在市场中发挥作用的一个有趣的特例。现代银行可以追溯到近代早期，当时政府需要资金支持其活动，转而向私人投资者寻求资金（Carruthers，1999）。政府发行了第一批债券，开创了现代簿记法。过去 500 年中的多次金融危机都是由政府的过多借贷或允许银行为各种资产创造投机市场造成的（Reinhart and Rogoff，2009）。丘恩（Quinn，2010）表明，在战后的美国，那些为联邦政府服务的会计师、律师和经济学家们发明了新的债务形式，并开创了表内债务剥离的策略。政府还率先制定了一个我们称为"证券化"的战略，即出售某些资产产生的现金流量权。

政府出于各种原因会以各种方式支持金融市场。最重要的是政府利用金融市场来实现政策目标。政府认识到经济增长与获得信贷有关。从政策角度来看，民选政府必须处理农民和实业家的真正需求，进而资助他们的生意；

消费者也需要金钱来资助他们购买住房、汽车、教育和最新玩具。这使得各国政府普遍赞成为自身和其他各方进行信贷扩张（为政府认为合法的活动提供资金）。

银行的核心活动是，收集和经营人们的闲散资金，并把资金借给那些需要的人。这个称为"中介"的过程，是银行历来所做事情的基础。人们把钱借给银行赚取利息，银行从交易中拿出一部分作为利润。为了获得贷款，贷款者支付利息和费用。政府以多种方式参与这一过程。在世界许多地方，政府拥有银行或对其银行部门进行严密控制。尽管政府允许私人部门银行存在，但制定法律条例保护储户。他们为贷款者设计保险以保证银行不会损失所有借出的钱。他们制定了各种法规来管理银行能借出多少钱，他们可以借入多少钱，以及如何投资他们的资金。政府建立中央银行以协调银行活动，控制货币供应。

随着时间和空间的推移，政府与金融业之间的具体关系有很大变化。理解这种关系需要进行历史比较分析。因此，为了解政府在特定危机中扮演角色的本质（无论是始作俑者还是清扫烂摊子者），有必要解释各行业如何运转、政府在金融领域的作用以及危机中的作为。在过去的 150 年里，这些关系呈现了周期性的特性。一些给定的安排已被证明是稳健的，且金融部门扩张了活动范围。但不可避免的是，金融部门被某种危机所扰乱。危机过后，政府回归金融部门，重组存留下来的公司，并实施新的管理规则。这就要求政府弄明白"问题是什么"。存留下来的银行将尝试保留它们所拥有的，并促使政府站在它们的立场进行干预。这导致了各领域的重新安排，并为下个周期提供动力（Reinhart and Rogoff，2009）。

在这个过程中，专业人士特别是经济学家，以及律师和会计师的作用较大，但这是可以理解的。在政府方面，我们可以希望负责监管该行业的人士有基于实践经验的行业背景，或者有接受过经济或银行领域培训的行业背景。在企业方面，新产品和市场的创造受公司控制，但也会受到政府和相关市场的影响。目前关于经济学家在创造金融市场方面的作用存在争论（MacKenzie et al.，2009）。过去 50 年的许多金融创新不是经济学家们做的，而是由政府或行业内的人来做的。

例如在 20 世纪 70 年代末 80 年代初，路易斯·拉涅里（Louis Ranieri）率先在所罗门兄弟中使用抵押贷款支持证券，试图从一个债券推销员的角度来看问题（Lewis，1990；Ranieri，1996）。拉涅里希望出售抵押贷款支持证券，但在吸引买家方面面临几个难题。他与政府官员合作，也与潜在客户一起解决这些问题。拉涅里的方式是把债券分成两档：低档证券支付更多的利息，但风险较高；高档债券是安全的，但支付较少的利息。拉涅里让客户购买风险账户的方式让客户感觉舒服。因此，所有 CDOs 的核心特征并非由经济学家创造，而是由试图说服潜在客户购买债券的金融公司雇员创造。

就最近的金融危机而言，上述所有因素都在起作用（Aalbers，2008）。银行监管机构已经开始共享头部银行的决策信息。约翰逊等（Johnson and Kwak，2009）以及史密斯（Smith，2009）称之为"认知"捕获。监管机构同意银行业的意见，即金融产品的产生有效地将金融部门的风险转移到能够吸纳这些风险的人身上。它们看到住房部门的不断扩张，并认为使用复杂信贷工具来管理金融部门是"有效的"，因为复杂金融工具为许多人提供了大量信贷，使市场看起来似乎蓬勃增长且有利可图。当然，随着市场开始崩溃，监管部门的主要参与者意识到一直低估了经济低迷的严重性。在市场崩溃后，同样的人仍然负责重新监管和部门重组。一部分原因是经济学家和业内人士仍旧控制着监管机构。但是，还不清楚其他人还有谁能接手这种监管。为了更彻底地理解这一周期，分析从 20 世纪 60 年代抵押贷款支持证券被创造到 2007 年最终崩溃的过程是有用的。

1969～2010 年美国抵押贷款市场的转型

住房是美国经济的核心。的确，拥有一所房子是美国梦的支柱之一。购买一处房子曾经是每个公民的最大费用。至少自 20 世纪 20 年代乃至自 1780 年起，公共政策认为这是一个令人钦佩的目标，各派别政府一直努力使财产权成为现实（Quinn，2010）。抵押贷款购买方式的潜在变化是 2007 - 2010 年抵押贷款危机的核心。我们在本节的目标是描述这个市场的转型，从政府提供规则下的本地储蓄或贷款银行为主导，转变到最大金融机构使用抵押贷款市场来维持投资产品的创造：抵押贷款支持证券（MBSs）、CDOs 和 CDSs。联邦政府是这一转变中的一个关键推手。它们开创了金融工具使这种转变可能实现，它们提供的监管和 GSE 帮助建构了抵押贷款市场。

在 1965 年，抵押贷款市场的主要参与者是储蓄贷款银行。这些银行起源于 19 世纪，当时被称为"建筑贷款"，有时也被称为社区银行。这些银行将从当地社区得到存款，然后向那些社区里购买或建造房屋的人发放贷款。从

1935 年至 20 世纪 80 年代末，60% 的抵押贷款债务由储蓄贷款银行持有，而商业银行则仅占 20% 的市场份额（Fligstein and Goldstein，2010）。

在抵押贷款市场中，政府在形成储蓄贷款银行的主导地位中发挥了作用。在经济萧条时期，政府关注房屋赎回权和抵押贷款获得。它们通过了 1934 年的《国家住房法》，设立了两个政府机构，即联邦住房管理局（FHA）、联邦储蓄和贷款保险公司（FSLIC）。联邦住房管理局获得管理利率及抵押贷款条款的授权，并为这个做法提供保险。这些新的借款做法增加了抵押贷款中低首付住房和每月还本付息贷款的人数，从而也增加了单亲家庭住房的市场规模。联邦储蓄和贷款保险公司是一家为储蓄和贷款银行提供储蓄保险的机构，它保证了如果银行破产储户可以收回他们的钱。后来，联邦储蓄和贷款保险公司（FSLIC）被并入联邦存款保险公司（FDIC）。在经济萧条之后，政府监管机构采取了稳定抵押贷款市场的行动。监管和存管保险使 S and L 公司在战后的建筑热潮中繁荣发展，因为它能通过存款保证账户持有人利益，并为向政府提供保险的人提供贷款。此外，有利于存款利率的监管条例（监管 Q）保护这些公司免受竞争，当然这是正当的，因为它们的作用是实现美国人的置业梦想。

2005 年前后，抵押贷款市场的状况格外复杂。当今市场包含了许多新的内容（Kendall，1996）。借款人去借款公司（通常是银行，但不完全是），现在被称为"发起人"，因为它开始了最初的贷款。与美国储蓄贷款银行不同，这些公司不想持有它们出售的抵押贷款，而是希望把它们打包成叫作 MBSs 的债券卖给其他人。如果储蓄银行持有抵押贷款，它们会花掉资本，从而也就不能再借款给其他人了，继而向别人收费的能力就会消失。因此它们转向卖掉抵押贷款，取回资本，再次进入放贷市场。

然后，抵押贷款打包到一起，被承销商如 GSE、投资银行或商业银行称作特殊目的载体（special purpose vehicle，SPV）。这种载体将抵押贷款变成一种债券，根据购买房屋人的贷款利率支付固定回报率。这些债券由债券评级机构根据其风险进行评级，并出售给不同类别的投资者。这些特殊目的载体将抵押贷款分为所谓的"两档"。两档抵押贷款分别由债券机构根据风险予以评级。这样投资者可以购买高风险高回报的债券或低风险低回报的债券。SPV 由称作服务商的公司管理，它们按月从抵押贷款的实际所有者那里收取回报，再支付给债券的持有者。MBSs 后来被重新包装成所谓的 MBS 和 CDOs。在这里，买家可以购买基于 MBSs 的两种档次的金融工具。但 MBSs 和 CDOs 最终都是基于抵押贷款支付的现金流（Tett，2008）。

我们的印象是，在 1975 年前后，从地理空间来看抵押贷款的持有是高度分散的，主要由当地储蓄贷款银行和商业银行持有。现在，它们发行后集中到曼哈顿几平方英里的地方，集中在各大银行和 GSE 办公室，它们被打包成 SPV。然后，它们被重新分配到世界各地的投资者（虽然他们在几个地点提供服务）。投资者是一个异类集团。这些证券最大的投资者是那些持有大量 MBSs 的 GSE。但 MBSs 是由商业银行、投资银行、储蓄贷款银行、共同基金以及全球各地的私人投资者持有（Fligstein and Goldstein，2010）。一个有趣的问题是：我们是如何从一个当地买家到当地银行获得贷款的世界，转移到一个目前美国的大部分抵押贷款都被打包成了 MBSs 和 CDOs 销往广泛的国内和国际市场的世界的？

让大多数读者感到惊讶的是，MBSs 的起源和我们刚刚提出的复杂金融结构并不是华尔街的金融奇才发明的，而是由联邦政府发明的。也许更令人惊讶的是，这种发明可以追溯到 20 世纪 60 年代。丘恩的研究（Quinn，2008）表明，设计抵押贷款支持证券的想法始于约翰逊政府。约翰逊政府担心两个问题：如何扩张房屋所有权以及如何以不增加联邦预算赤字的方式来做这件事。民主党国会和约翰逊总统希望迅速增加住房存量，将其作为"伟大社会"计划的一部分。他们有三个目标：增加婴儿潮一代的住房存量，提高家庭拥有率，帮助低收入群体买得起住房。丘恩的研究（Quinn，2008）表明，约翰逊政府并不认为支离破碎的储蓄贷款银行业能够提供足够信贷并迅速扩大住房市场。但是，联邦官员也担心预算赤字的规模。由于越南战争和"伟大社会"计划增加了医疗补助、医疗保险和其他社会福利，政府正背负大量且持续的债务。政府为抵押贷款提供资金的住房计划是昂贵的且将增加赤字，因为政府将不得不为抵押贷款借款，并持有这些抵押贷款长达 30 年。

如果要刺激住房市场，约翰逊政府需要以不增加联邦赤字的方式完成。这导致他们重组联邦国家抵押贷款协会（现在称为房利美），将其作为一个准私人组织的"GSE"来借钱和持有抵押贷款。他们还创建了另一个 GSE，联邦住房贷款抵押公司（现在称为房地美）与房利美竞争，还有政府国家抵押贷款协会（现在称为吉利美），这个政府机构为这些抵押贷款提供违约风险保险。GSE 的想法是，它们提供的贷款担保最终将得到联邦政府支持。

但把这些抵押贷款发放的实体私有化并不是约翰逊政府唯一的创新。政府还率先设计了抵押贷款支持证券（Sellon and VanNahmen，1988）。政府，即使是在 GSE，也不想成为帮助出售抵押贷款的最终持有人。为了做到这一点，政府需要为这些抵押贷款找到买家。政府是这样做的，提供并保证了第一个现代的 MBSs 产品，这些债券通过房利美和房地美发行。这些债券可以直接出售给投资者，或者由 GSE 或投资银行出售（Barmat，1990）。第一个抵押贷款支持证券于 1970 年 4 月 24 日由吉利美（Ginnie Mae）发行（The Wall Street Journal，1970）。

私人 MBS 在 20 世纪 70 年代几乎没有增长。有几个问题。因为有预付风险，抵押债券潜在购买者对于购买抵押贷款支持证券存在质疑。如果人们购买这种债券（抵押贷款支持证券），在抵押贷款到期前必须提前为抵押债权支付资金，则抵押债券持有者可以在他们（指购买抵押贷款支持证券的投资者）获益前提前收回资金。当利率下滑时，这种情况变得更糟，因为抵押债券持有者更有可能用房产再去贷款融资，导致抵押债券所有者的资金投资利率比原抵押债权利率更低（Kendall，1996）。

这一问题最终是通过 GSE 和投资银行之间的合作解决的。他们创建了上文提到的"两档"系统，以便投资者能够选择他们想要的预付风险级别（Brendsel，1996）。但涉及债券包装的法律和监管问题仍然存在（Quinn 2008；Ranieri，1996）。最重要的是把抵押贷款变成证券的问题。贷款发起人将抵押贷款出售给抵押贷款池，这需要改变税法。1986 年的税法改革法案为 MBS 市场的扩张扫清了道路。投资银行和政府官员共同努力解决了这些问题。

储蓄贷款银行的倒闭是未预期到的崩溃，加速了 MBSs 市场的增长（Barth，2004）。1970～1980 年的普遍经济危机导致利率升高。美国储蓄贷款银行的大部分资金依赖于个人存款。而美联储颁布的 Q 条例（Regulation Q）规定固定了储蓄贷款银行支付这些存款的利率。因此，储户开始撤离这些银行账户，导致美国储蓄贷款银行业面临无法筹集到足够的资金来发放新的贷款的危机。此外，他们以很低的定价利率持有大量的抵押贷款。1982 年国会以通过《甘恩－圣哲曼储蓄机构法案》（Garn-St. Germain Depository Institutions Act）做出回应。他们撤销了 Q 条例，允许银行以他们选择的存款利率予以支付。他们还放宽了资产方面的管制，允许所有银行投资规模更大、风险更高的资产，但同时仍需保证巨额存款。这意味着结束了对银行业的有效隔离。

银行以几种方式做出回应。储蓄贷款银行逐渐放弃其作为抵押中介的历史性角色。它们通过蒙受巨大损失地出售抵押贷款，以筹集资金。这些抵押贷款主要由所罗门兄弟重新包装成 MBSs（Lewis，1990）。这些储蓄贷款银行也开始向政府担保的银行账户支付高额利率。许多储蓄贷款银行在商业房地产上做出了非常冒险的投资，这助推了商业房地产泡沫的产生，导致了它们的最终灭亡（Barth，2004）。储蓄贷款银行倒闭之后，政府最终不得不接管并花费 1600 亿美元进行救助。

由于储蓄贷款银行离开了抵押贷款金融部门，联邦政府开始对抵押贷款供应商放松管制。在 1980 年，GSE 仅将 2000 亿美元的抵押贷款债务打包成 MBSs。到 1990 年，50% 的未还抵押贷款债务在 GSE 的贷款池中，另有 10% 是由 GSE 持有。GSE 直接参与了美国 60% 的抵押贷款，只有 15% 的抵押贷款由储蓄贷款银行持有（Fligstein and Goldstein，2010）。

尽管政府在抵押贷款风险保障中起到了核心作用，但总体上在 20 世纪 90 年代初，抵押贷款金融市场在纵向结构和水平结构上都相当零散（Davis and Mizruchi，1999；Jacobides，2005）。在 GSE 周围还有大量相对较小的发起人和抵押贷款服务供应商，他们也在提供输入和输出 MBS 的服务。弗雷格斯坦等（Fligstein and Goldstein，2010）对抵押贷款金融市场做出了更详细的讨论。

但在 20 世纪 90 年代期间政府所具有中心地位的中断，已被证明是短暂的。在十年的过程中，国家和银行努力扩大 MBSs 市场，支持私人部门的抵押贷款金融。20 世纪 90 年代末到 21 世纪初，抵押贷款金融业的转型涉及几个关键转变：从常规转向非常规抵押贷款的重新定位，以及从 GSE 到私人银行市场份额的关联转移；在这些银行中发展了纵向一体化和大规模生产抵押贷款债务产品的新战略；有些小领域的主导公司的外围市场日益巩固；以及将高风险抵押贷款转化为 AAA 级证券的更复杂金融工具的扩张，这让投资者更容易接受。政府和 GSE 鼓励各银行进入市场，作为其增加住房财产所有权政策的一部分。他们还响应了各种银行不受监管的愿望，并可让它们自由选择市场的任何部分。以上是我们现在回过头来审视过去二十年的故事。

1993 ~ 2007 年 MBS 市场的产业模式兴起

直到 2003 年，大多数 MBSs 都是由 GSE 赞助的。GSE 依赖于商业银行或投资银行通过发起或获得抵押贷款进行打包，承销 MBSs，并帮助将其卖给投资者。事实上，GSE 努力使越来越多的金融公司进入 MBSs 业务，包括雷曼兄弟、贝尔斯登、美林林奇、摩根士丹利和高盛。当然，商业银行和银行控股公司，如美国银行、富国银行、花旗银行和美国国家金融服务公司也深度参与了销售和包装抵押贷款和 MBSs。

与此同时（1993～2007 年），大型银行越来越多地卷入证券化过程，具有越来越完备的从抵押的起源到作为 MBSs 最终销售的生产链。银行在 20 世纪 90 年代开始发现它们的业务不是基于与消费者的借款与还债的长期关系，而仅是基于各种收费。这意味着银行不再对向客户贷款和持有贷款感兴趣，而是更愿意从各种经济交易中赚取费用。这是对它们向长期客户放贷的核心业务低迷的回应（James and Houston，1996）。德扬等（DeYoung and Rice，2003）认为这些变化与商业银行数量有关。它们发现与收费有关的活动的收入从 1980 年的 24% 增加到 1990 年的 31%、1995 年的 35%，以及 2003 年的 48%。这表明商业银行在废除格拉斯 - 斯蒂格尔（Glass-Steagall）法案之前已将其收入来源多样化，摆脱了将贷款作为主要收入源泉的限制。2003 年收费的最大来源（按重要性排序）是证券化、服务抵押贷款和信用卡贷款以及投资银行（DeYoung and Rice，2003）。

抵押贷款业务与基于收费业务的方向完全相符。金融公司意识到它们可以从出售抵押贷款中收取费用，从包装成 MBSs，从出售 MBSs，从持有 MBSs，它们可以用借来的钱赚取利润（Currie，2007；DeYoung and Rice，2003；Levine，2007）。正是伴随着它们的房地产资产组合的巨大增长，它们对证券化和抵押贷款服务等收费收入的关注不断增强。德扬等（DeYoung and Rice，2003）表示，银行不仅转向了收费策略，还转移了投资重点。银行不再直接借钱给客户，而是出售抵押贷款或将其打包成 MBSs。然后，它们借钱来持有一部分 MBSs。商业银行的房地产贷款在 1986 年占到了资产的 32%，在 2003 年增加到 54%。为什么会这样？它们这样做是因为持有 MBSs 是赚钱的方法。抵押贷款服务新闻估计，2005 年抵押贷款发放利润占到了房地产贷款利润的 10%，而持有 MBSs 占 70%，贷款服务占到了 20%。到 1999 年，美国银行、花旗银行、富国银行和摩根大通这些大型商业银行都将其业务从基于客户的模式转移到了基于收费的模式，最终目的是让客户的贷款消融于 MBSs 中。

这种新的综合收费方法相当于抵押贷款业务的"产业"模式。创造这种抵押贷款概念的先驱不是银行，而是美国国家金融服务公司。美国国家金融服务公司于 1969 年由罗卜（David Loeb）和莫兹罗（Angelo Mozilo）创立。在 20 世纪 70 年代，该公司由于在高利率和高通货膨胀的糟糕经济时期试图扩大其在美国的抵押贷款业务而几乎破产。但在 20 世纪 80 年代，该公司在其业务的各个阶段都大量投入了计算机技术。20 世纪 80 年代，该公司在全国范围内大幅扩张，并开始进入抵押贷款行业的所有领域。在 20 世纪 90 年代中期，它已经进入了抵押贷款行业的各个部分。该公司购买、证券化并服务抵押贷款。它经营的业务是处理抵押贷款支持证券和其他金融产品，同时还大量投资抵押贷款和房屋净值业务。在 20 世纪 90 年代中期，它开始进入次级抵押贷款市场，并在接下来的 10 年中成为该市场的领头羊。在 2006 年，它资助了美国 20% 的抵押贷款，价值约为美国国内生产总值（GDP）的 3.5%，这是比任何其他单一抵押贷款机构都大的比例。它的快速增长和扩张使它成为过去 20 年中最引人注目和最有利可图的公司之一。在 1982 到 2003 年，该公司向投资者提供了 23000% 的回报率（Fligstein and Goldstein, 2010）。其成功地成为许多扩大了 MBSs 业务的诸多银行以及其他抵押金融公司，如通用汽车金融服务公司（General Motors Acceptance Corporation，GMAC）和通用电气资本公司（GE Capital）等是典范。

MBSs 的垂直一体化生产模式来自公司期望从贷款发起到贷款最终销售进行全面控制。安东尼·图法列罗作为证券化产品集团的负责人，在摩根士丹利收购撒克逊资本时发布的新闻稿中，认为"撒克逊加入摩根士丹利的全球抵押贷款专营权将有助于我们捕捉到这项业务完全内在的经济价值。这项收购促进了我们实现住宅抵押贷款业务纵向一体化的目标，伴随拥有和控制从资本市场执行源头到主动风险管理的整个价值链"（Morgan Stanley, 2006）。

美林全球市场投资银行集团总裁道·金（Dow Kim）是最大的次贷发起人之一。2006 年它宣布收购第一富兰克林金融（First Franklin Financial Services）时，也提出了同样的观点："这笔交易加速了我们抵押贷款纵向一体化，补充了我们在这方面所做的其他三项收购，并增强了我们推动增长和回报的能力。"（Merrill Lynch, 2006）

因此，抵押贷款加工模式的另一个重要结果是，抵押贷款部门成为各类金融机构进入新业务的焦点。20 世纪 90 年代，美国国家金融服务公司（一家抵押贷款经纪商）和华盛顿互助银行（Washington Mutual Bank）（一家储蓄贷款银行）都迅速进入了抵押贷款业务的各个部分。在投资银行方面，贝尔斯登（Bear Stears）通过在 20 世纪 90 年代初设立贷款人和 EMC 服务商，进入了抵押贷款业务。另一家投资银行雷曼兄弟在 1999 年、2003 年、2005 年和 2006 年收购了几家发起人（Currie, 2007）。GMAC 和 GE 资本在 2004 年以后进入次级抵押贷款源头产业，并承销 MBS（Inside Mortgage Finance Publications, 2009）。在次贷发展膨胀期，摩根士丹利、美林和德意志银行都购买了发起机构的抵押贷款（Levine，2007）。

2000 年以后，组织一体化发展的主要推进器之一是《格拉斯－斯蒂格尔法案》的废除（Barth et al.，2000；Hendrickson，2001）。该法案于 1935 年在经济萧条期间颁布，其主要规则之一是银行在作为投资银行或商业银行之间必须做出选择。过去的 25 年里，政策制定者和银行家们一直在努力破坏该壁垒，很大程度是因为 MBSs 业务。随着业务规模的扩大，商业银行希望能够出售贷款（做发起人），包装贷款（做渠道商），并持有贷款（做投资者）。美国银行和花旗银行等认为，这些打包的费用最终与投资银行有关，它们希望并游说取消这一壁垒。它们实现了愿望。《格拉斯－斯蒂格尔法案》于 1999 年被撤销，银行获准可从事任何它们选择的业务。

同时，公司在横向和纵向上都多样化地进入多个细分市场，每个市场也变得更加集中在主导公司的核心内容上。前五个发起人的市场占有率在 1996 年为 16.3%，这是一个很分散的数字。但到 2007 年，前五个发起人的市场占有率为 42%。在 1990 年，25 家最大的借款人在抵押贷款市场中的份额占有不到 30%。而在 20 世纪 90 年代稳步上升，到 2007 年，前 25 个发起者控制了 90% 的市场份额。而在 2007 年前，十强渠道发行者的份额总共是 71%。不仅市场规模在迅速增长，而且活动迅速集中在越来越少的面向国家的银行（Fligstein and Goldstein，2010）。监管和企业战略的演化过程意味着，到了 21 世纪初，以前零散的抵押贷款金融市场已经被合并成一个单一市场，玩家们竞相争夺每个市场机会。

次贷抵押贷款的重整

到 2003 年，所有种类的投资者——商业银行、投资银行、对冲基金、保险公司以及其他私人投资者——已经找出如何通过低息贷款购买 MBS 以利用杠杆。实际上有现金的投资者，像世界各地的养老基金、保险公司、政府和银行都在寻求安全投资，其支付的资金超过政府债券支付的 1%～2%。美国抵押贷款似乎是个不错的赌注。抵押贷款房屋和 MBSs 的底层资产包含来自全国各地的抵押贷款，因此在地理上看起来多样化。只要有人能记住，美国的房价就会稳步上升。最后，对 MBSs 进行评级有可能获得 "AAA" 评级债券。这使得美国的抵押贷款投资看起来风险低且收益高。

两个因素促使抵押贷款部门的构成在 2003 年后向风险较高的非常规抵押

贷款明显转移（Goldstein and Fligstein，2010）。一是传统抵押贷款的供应在
2003 年到顶峰，此后开始迅速下降。2003 年购买的约 26000 亿美元的传统或
主要抵押贷款主要是由极低的利率驱动的再融资。但在 2004 年，利率略有上
升，主要抵押贷款总额为 13500 亿美元，跌幅近 50%。因此，虽然那些有钱
购买 MBS 的人都在为产品买单，但主要市场的饱和意味着 MBS 的包装商缺乏
足够的销售能力。二是银行和抵押贷款专家已经学会了从已产业化的证券化
产品中获利，在更多的原始抵押贷款的投入的前提下扩张组织结构。这意味
着有巨大的动机去寻找新的抵押贷款来源。

　　公司通过为次级贷款和住房净值贷款积极扩展小的利基（niche）市场来
补偿。在 2004 年，这些贷款首次超过了主要市场。在 2006 年抵押贷款热潮
的高峰期，全部贷款的 70% 都是另一种形式的不合格抵押贷款。监管机构和
国会注意到抵押贷款市场的特征发生了惊人的变化。但是，美联储选择忽略
正在发生的事情。格林斯潘（Alan Greenspan）曾在国会作证，他没有阻止次
级贷款快速增长的原因是，他不相信如果银行认为风险太大还会批出贷款。
他也承认自己显然弄错了这一点。

　　政府监管也间接地促进了非常规市场的发展。最根本的现实是，GSEs 被
禁止在各类池中，包括次级抵押贷款。这创造了分界的领域，一个银行可以
完全投身的市场空间。因此，虽然向非常规抵押贷款的转移主要是由市场的
供应危机引起的，但非常规市场为企业提供了新的市场机会。新的市场机会
没有政府作为中间人，是完全融合的，且因为没有政府对违约的担保而有了
实现更高收益率的机会。

复杂金融工具

　　使用复杂的金融工具是允许企业发展非常规证券化的关键因素之一，因
为这些技术可以用来将风险最大的抵押贷款池转化为投资级证券。CDO（对
现有 MBSs 证券的重新证券化）和 CDS（对违约 MBSs 或 CDO 的准保险）都
是精密的模型工具，鉴于违约风险的扩散和最小化违约对财务的影响，人们
普遍相信它们是防范违约风险的有效工具。由此，CDO 工具成为公司证券化
并卖出万亿美元的风险抵押贷款的基础设施。

　　但在非常规抵押贷款证券化中，这些工具的大量使用根本上是市场中企
业和国家结构性关系的产物。监管机构禁止 GSE 发行和担保次贷支持的 MB-

Ss，这就需要一种替代手段使这些产品对规避风险型投资者具有吸引力。复杂的统计模型（及其恶魔般的假设）成为取代政府担保处理 MBSs 违约的一种方式。

评估国家在金融危机产生中的作用

前面的分析表明，在抵押贷款融资领域导致次贷危机的关键因素是国家政策和企业战略的共同演化。那么，国家的确切角色是什么呢？有关监管行动的全面审视超出本章的范围，但我们就讨论的重要方面提出几点意见。

次贷危机往往被认为是联邦政府低利率政策的必然产物。虽然低利率是助长住房价格泡沫和增加高收益 MBSs 吸引力的必要条件，但实际上，2004年利率的提高，加速了高风险抵押贷款债务的快速增长，因为公司在寻求新的贷款市场以解决再融资贷款的下降问题（Goldstein and Fligstein，2010）。美联储和其他监管机构的主要作用是，根据它们对有效市场假说的信任，拒绝阻止银行的鲁莽策略。事实上，美国储蓄局、美国货币监理署、证券交易委员会和美联储都未能在关键交叉点对银行扩张次级贷款或其不断增长的杠杆加以限制。

一些评论员认为，美国对抵押贷款市场采取的更积极干预措施，特别是旨在将信贷扩展到历史上服务不足的社区的政策，相当于使放贷者增加借贷给有风险借款人的市场扭曲。评论家们认为《社区再投资法案》（CRA）经常是风险次贷繁荣的主要的政府贡献者。金融危机调查委员会的综合报告提出了一份针对这一观点的冗长证据（Financial Crisis Inquiry Commission，2011：xxvii）。金融公司拥抱了这些市场，因为它们发现了利润最高的地方，而非政府给它们施加压力。问题不在于政府为信贷扩张提供有目的的努力，而在于它没有对银行的鲁莽扩张信贷施加任何限制。

拯救金融业的是政府接管 GSE 并支持银行体系的其他部分。抵押贷款市场仍然是银行产业组织的特点，但这些银行现在更加集中并控制越来越多的市场。政府是目前向抵押贷款市场提供贷款的主要参与者。凭借其对房地美和房利美的所有权以及收购破产银行的资产，政府现在拥有美国一半的抵押贷款。具有讽刺意味的是，在 20 世纪 60 年代，政府成立 GSE 和设计 MBS 是为了增加人们的房屋财产所有权且政府不直接所有这些抵押贷款。但它们为抵押贷款建立大型私人市场长达 40 年的努力是壮观的，但最终失败。今天，它们自己拥有抵押贷款市场上最大的份额。

结　论

本章提供了是什么真正导致了 2007～2010 年美国抵押贷款危机的一系列论据。本质上，泡沫是由 MBSs 和 CDOs 的金融机构推动的，它们都想纵向整合和大规模生产从而在证券化过程的各个阶段赚钱。只要房价上涨，市场规模不断增长，这种"产业"模式就会大大获利。21 世纪早期的低利率助长了这种模式，它们提供了增加抵押贷款源头供给的动机。2001～2004 年这些抵押贷款的主要来源是传统抵押贷款市场，在这个市场几乎每个可以再融资抵押贷款的人都这么做了。主要市场不能满足投资者对 MBS 的需求。从 2004 年开始，该行业的所有主要参与者都将注意力转向次级抵押贷款。它们发现，可以将这些抵押贷款打包，并向客户出售获取更高的回报，也能通过在自己的投资组合中保留部分债券获得这些更高回报。实质上，那些想购买和持有 MBSs 和 CDOs 的金融界造成了次贷泡沫。

金融机构以这种方式从 19 世纪 70 年代初发展到 2007 年，使他们能够创新和捕捉到越来越多的营利活动。它们成长、集中、整合以有利可图。这一危机是因为，债券的潜在资产并不是真正的 AAA 级。承接人开始违约，因为他们不能再支付或跟上可调整的抵押贷款。即使房地产市场开始下跌、违约率上升，大型银行仍继续收购次级贷款者以保持原材料流入管道。同样，银行增加次贷泡沫的产业战略，也被证明是其瓦解的根源。

我们注意到，这一说法与大多数有关金融市场的社会学文献，特别是与现存的 MBS 公司的计划不同。美国经济的"金融化"使得这一切成为可能，事实上，它成为美国经济的关键利润中心（Davis，2009；Krippner，2005）。但"金融化"的观点认为，金融不再被核心公司所主导，而是由市场主导（Davis，2009）。因此，这一观点忽视了抵押贷款金融模式转变为垂直一体化的"产业"模式的深刻变革，这种模式诞生于 20 世纪 90 年代，并在 2006 年传播给所有主要参与者。"参与网络/表演性"模式正确地指出 MBSs 和 CDOs 热潮的兴起是通过日益复杂的证券化技术，特别是 CDOs 的扩散而发生的。但是，这一观点错误地认为，CDOs 的显著特征源于这些工具本身的特点，而非它们在更广泛的抵押贷款产业化中的作用。

本章讨论超越了抵押贷款危机，有着深刻的意义。大多数关于金融社会学的著作并没有把公司和政府放在中心。学者们关注的是宏观的历史性变化，即金融市场取代公司（Davis，2009），或微观结构和交易工具（MacKenzie，2009）。如果我们是对的，大公司在金融危机之前的几年里越来越多地主宰着抵押贷款，最终导致了崩溃。它们这样做是在政府监管机构和GSE的帮助和批准下进行的，我们都对提高信贷和增大房屋所有权感兴趣。这一发现还表明，如果我们不把重点放在作为中心行动者的企业、GSE和政府，那么就难以明白该行业的关键发展。

还有很多工作要做。我们推测，试图系统地出售次级抵押贷款的金融机构在价格上涨的地方寻找买家，从而在那些地方出现泡沫。关于政府监管者在这一过程中作用的研究几乎没有。我们知道一些事件和参与者，但是我们对他们知道什么和他们什么时间知道的知之甚少。他们警告称该行业早在2005年就陷入了困境，但他们被忽视了。很容易得出结论，这是金融部门对政府规制俘房（regulatory capture）的一个例子。但这一故事更为复杂：监管机构分享金融行业的获利，因此他们不完全是受害者，而是有意愿且有利可图的参与者。

抵押贷款融资演变的整个过程几乎没有被暴露出来。我们对抵押贷款市场成为"集成管道"（integrated pipeline）的理解是重要的，但并不完整。需要补充哪些金融机构正在做什么和什么时候开始的并进行更详细的分析。我们认为大约在1990年市场隔离到2001年市场变得一体化。那么是哪些企业家做的？他们究竟是怎么在共同模式之下聚集在一起的？这本身有很多值得研究的地方。

最后，我们对消费者在非常规抵押贷款泡沫中的确切角色和行为知之甚少。我们知道有些人是穷人，有些是被高价挤出市场的中产阶层，还有一些是房地产投机者。他们在地理上集中在几个地方。这些人之间的联系，这些地方和金融公司寻找和发展这些市场的行动，需要更详细的探讨。

经济学家和历史学家一直在研究20世纪30年代的大萧条以及过去80年发生的事情。这是因为，以当下的传统智慧来解释那个时期所发生的事情，学者们对此不甚满意。本章的工作是通过关注政府和企业在创新金融生产和构建市场中的作用，来理解该行业的历史变化。我们希望它能激发更多的努力，来应用经济社会学的所有工具以理解2007~2009年的"大衰退"。

参考文献

Aalbers, M. (2008). "The 'Financialization' of Home and the Mortgage Market Crisis. " *Competition and Change*, 12: 148 – 66.

Barmat, J. (1990). "Securitization: An Overview," in J. Lederman (ed.), *The Handbook of Asset Backed Securities.* New York: New York Institute of Finance, 3 – 22.

Barth, J. (2004). *The Savings and Loan Crisis.* Amsterdam: Kluwer Press.

——, Brumbaugh, R. D. , and Wilcox, J. (2000). "The Repeal of Glass-Steagall and the Advent of Broad Banking. " *Economic Perspectives*, 14: 191 – 204.

Brendsel, L. (1996). "Securitization's Role in Housing Finance: The Special Contributions of Government Sponsored Entities," in L. T. Kendall and M. J. Fishman (eds.), *A Primer on Securitization.* Cambridge, MA: MIT Press, 17 – 30.

Callon, M. (1998). *The Laws of the Markets.* London: Blackwell Publishers.

Carruthers, B. (1999). *City of Capital: Politics and Markets in the English Financial Revolution.* Princeton, NJ: Princeton University Press.

Currie, A. (2007). "Buy or Build: The Vertical Integrator's Dilemma. " *Mortgage Broker*, May, 4.

Davis, G. (2009). *Managed by the Markets.* New York: Cambridge University Press.

——and Mizruchi, M. (1999). "The Money Center Cannot Hold: Commercial Banks in the U. S. System of Corporate Governance. " *Administrative Science Quarterly*, 44: 215 – 39.

DeYoung, R. and Rice, T. (2003). "How do Banks Make Money?" *Economic Perspectives*, 17: 34 – 48.

Fligstein, N. (1996). "Politics as Markets: A Political-Cultural Approach to Market Institutions. " *American Sociological Review*, 61: 656 – 73.

—— (2001). *The Architecture of Markets.* Princeton, NJ: Princeton University Press.

——and Goldstein, A. (2010). "The Anatomy of the Mortgage Securitization Crisis," in M. Lounsbury and P. Hirsch (eds.), *Markets on Trial.* Bingley: Emerald Press, 57 – 89.

Financial Crisis Inquiry Commission. (2011) *Final Report.* Washington, DC: U. S. Government Printing Office.

Goldstein, A. and Fligstein, N. (2010). "The Rise and Fall of the Nonconventional Mortgage Market. " University of California, Department of Sociology, Unpublished Manuscript.

Hendrickson, J. (2001). "The Long and Bumpy Road to Glass-Steagall Reform. " *American Journal of Economics and Sociology*, 60: 849 – 74.

Inside Mortgage Finance Publications. (2009). *Yearbook of the Mortgage Market.*

Jacobides, M. G. (2005). "Industry Change through Vertical Disintegration: How and Why Markets Emerged in Mortgage Banking. " *Academy of Management Journal*, 48: 465 – 98.

James, C. and Houston, J. (1996). "Evolution or Extinction: Where Are the Banks Headed?" *Journal of Applied Corporate Finance*, 9: 8 – 23.

Johnson, S. and Kwak, J. (2009). *13 Bankers: The Wall Street Takeover and the Next Financial Meltdown*. New York: Pantheon.

Kendall, L. (1996). "Securitization: A New Era in American Finance," in L. T. Kendall and M. J. Fishman (eds.), *A Primer on Securitization*. Cambridge, MA: MIT Press, 1 – 16.

Krippner, G. (2005). "The 'Financialization' of the American Economy. " *Socioeconomic Review*, 3: 173 – 208.

Levine, J. (2007). "The Vertical Integration Strategy. " *Mortgage Banking*, February, p. 6 – 81.

Lewis, M. (1990). *Liars Poker*. New York: Penguin.

MacKenzie, D. (2009). "The Credit Crisis as a Problem in the Sociology of Knowledge. " University of Edinburgh, School of Social and Political Science, Unpublished Paper.

——and Millo, Y. (2003). "Constructing a Market, Performing Theory: The Historical Sociology of a Financial Derivatives Exchange. " *American Journal of Sociology*, 109: 107 – 45.

MacKenzie, D. , Muniesa, F. , and Siu, L. (2008). *Do Economists Make Markets? On the Performativity of Economics*. Princeton, NJ: Princeton University Press.

Merrill Lynch (2006). "Merrill Lynch Announces Agreement to Acquire First Franklin. " Press Release, September 5.

Morgan Stanley (2006). "Morgan Stanley to acquire Saxon Capital for 4706 million. " Press Release, May 12, 2006.

Mortgage Servicing News (2005). "Nontraditional Loans Responsible for 85% of Profits. " *Mortgage Servicing News*, July 2: 1093.

Preda, A. (2007). "The Sociological Approach to Financial Markets. " *Journal of Economic Surveys*, 21: 506 – 28.

Quinn, S. (2008). "Securitization and the State. " Paper presented at the Annual Meeting of the American Sociological Association (Boston, MA), August.

—— (2010). "Government Policy, Housing, and the Origins of Securitization, 1780 – 1968. " PhD thesis, University of California.

Ranieri, L. (1996). "The Origins of Securitization, Sources of its Growth, and its Future Potential," in L. T. Kendall and M. J. Fishman (eds.), *A Primer on Securitization*, Cambridge, MA: MIT Press, 31 – 44.

Reinhart, C. and Rogoff, K. (2009). *This Time Is Different: Eight Centuries of Financial Folly*. Princeton, NJ: Princeton University Press.

Sellon, G. , Jr. , and VanNahmen, D. (1988). "The Securitization of Housing Finance. " *Eco-*

nomic Review (Federal Reserve Bank of Kansas City), 73/7: 45 – 63.

Smith, Y. (2009). *Econned: How Unenlightened Self Interest Undermined Democracy and Corrupted Capitalism*. New York: Pantheon.

Tett, G. (2008). *Fool's Gold*. London: Little Brown.

The Wall Street Journal. (1970) "Ginnie Mae Offers First Mortgage Backed Bond." *The Wall Street Journal*, April 24, p. 22.

第 18 章

致命的抵押权：抵押贷款的时间和空间[1]

肖恩·芬奇（Shaun French）

安迪·莱申（Andrew Leyshon）

引　言

全球金融市场常常被诟病在很大程度上脱离现实生活独立存在。在 2007～2009 年金融危机之后，人们对金融系统的批评与抱怨以及由信贷危机和随后的经济衰退给美国经济带来的伤害，主要原因在于华尔街与普通民众生活的脱节，资本家们首先保证华尔街的利益，其次才是普通民众的利益（French，Leyshon，and Thrift，2009）。纽约、伦敦等全球金融中心的工作往往与世隔绝，工作在其中的人拥有极端的财富和权力，充满了智慧、魅力和贪婪。虽然金融危机是由于担保债务凭证（CDO）、信用违约互换（CDS）和其他复杂而不透明的金融工具导致市场崩溃，人们也发现这些跨国市场其实只是建立在一种最普通和平常的金融交易上，即住房抵押贷款及其按月支付方式。本属于局部性问题的美国抵押贷款市场，由于其快速发展与约束放松——次级抵押贷款市场止赎收回率的上升——导致国际金融危机的全面爆发，显示出金融系统中抵押贷款引擎的重要性。正如我们看到的，抵押贷款还款本身不仅提供了收入，还建立起一个复杂而脆弱的跨国金融架构的基础。更具体地说，它是推动影子银行系统发展的催化剂，在美国次级借款人贷款证券化的背景下，影子银行系统在 20 世纪末和 21 世纪初发展到了巨大的规模。也即，相对于平均水平或"优质"水平的借款人而言，低于社会经济平均水平的个人和家庭更有可能拖欠贷款。

住房信贷在英美等经济体内普遍存在，很难想象在这些国家，没有抵押贷款市场会如何。尽管如此，在悠久的金融发展历史中，抵押贷款是一种相对较新的社会创新，其根源在于18世纪英国建筑社会的兴起（Boddy，1980），它随着时间的推移逐步被其他工业主体采纳（Ball，1990）。在美国和英国这样居民拥有财产权的民主国家中，能够购买房屋的机会几乎成为公民身份的象征，人们很容易忘记，还有很多经济体的住房的金融市场处于初步发展阶段。即使在世界房屋产权拥有率最高的国家之一的英国，房屋产权也仍然是一个相对新兴的事物。直到20世纪初期，仍旧有90%的人口依靠房屋租赁而不是通过按揭购买房产居住（Allen and McDowell，1989）。

本章着眼于住房信贷如何融入资本主义经济体制的核心，重点关注美国这一长期笼罩在住房信贷阴影下的国家。本章的分析主要从对美国住房信贷的发展起了重要推动作用的两次金融危机出发，即20世纪20年代末30年代初的金融危机和20世纪末的金融危机。通过对美国住房信贷的历史和地理区位的变化追踪，本章不仅试图在哥谭（Gotham，K. F.）和列斐伏尔（Henri Lefebvre）所提出的"空间生产"理论背景下分析抵押贷款市场，而且分析各类金钱现象如同诸多社会学现象一样越来越普遍存在的原因。我们认为，对于金融的深入理解不仅需要关注不同的货币形式、金融工具以及由地理原因导致的偶然事件，更根本的是需要关注跨时间和空间协调社会关系的能力（Leyshon and Thrift，1997）。金钱和金融的力量很大程度上取决于其对时间和空间的掌握，至少在一段时间内如此（French and Kneale，2009）。

基于该讨论，本章安排如下。第二部分主要讨论广义的货币和住房信贷的地理区位描述。货币金融连通了不同的时间与空间，促进了经济社会关系的发展和延续。但是资本的可替代性和流动性形成了高度不平衡、不稳定与存在空间差异性的社会经济格局，在美国住房信贷地理上不均衡的情况下，这两个因素尤为重要。因此长期以来美国首次尝试在地理上对金融资本进行管理，与此同时，金融资本致力于探寻摆脱这种监管约束的方式，努力寻求一种新的、更为有利可图的"空间定位"。第三部分着眼于20世纪二三十年代金融危机之后美国金融系统与其监管体系的重建，探究住房在凯恩斯增长模型中的核心地位。美国监管机构的一个重要目标是通过限制其权利和空间流动来"抑制"资金，而不仅仅是通过限制空间竞争予以管制。第四部分回顾了从 20 世纪 70 年代中期开始的一段时期中，在迪梅尼尔等（Dumenil and Levy，2004）声称的放弃凯恩斯主义思想、转向新自由主义以及通过重新监管赋予金融资本权力之后，所发生的金融政治改革与变迁。20 世纪 80 年代开始的金融变革中，住房市场和住房金融在为整个金融体系提供证券化模式方面发挥了重要的作用，而反过来这种变革是建立在规避 20 世纪 30 年代建立的金融资本空间限制，特别是将空间固定的住房资产转变为流动和可替代金融证券的炼金术式转换的金融创新基础上的。第五部分主要考察次级抵押贷款市场的社会与地理差异，以及非白人社区贷款的过度集中问题。种族化金融生态的产生是构建与定位新的住房金融空间的核心——获取阶级垄断租金。第六部分是总结部分，次级抵押贷款不仅揭示了金融交易模式的创新，促进了围绕房屋的社会关系的时间和空间的延伸，也强调了抵押贷款市场中不平等的权力关系。

货币、空间和住房信贷

货币在社会科学领域长期备受关注。然而，在这样的辩论中，时间和空间因素相对地被否定了，而考虑到显然货币和金融具有地理性特点，这是令人奇怪的。空间的问题并不仅仅局限于地理环境领域内，其更重要的意义在于货币资本可弥合时间与空间差异的能力。为了说明这一论点，我们首先考察货币的历史演变是有用的。对于货币经济的出现有一个主要的但非唯一的解释，即货币出现以前以物换物交易方式的局限性。以物换物的主要缺点是货物供需双方直接交换导致的双重不确定性，使得供需难以匹配。因此，以物换物交易不仅要求交易双方将商品推向市场，而且为了成功地进行交易，卖方通常需要能够找到或准确定位拥有其商品购买需求或购买欲望的买方，反之亦然。因此，以物换物需要大量的搜索和交易成本，并对商业造成相当大的经济、社会和空间限制。相反，随着历史的发展，某些特定商品（最初为贵金属，如金银等具有内在价值的商品）开始作为一般等价物，其他所有商品的价值都可以用一般等价物表示，从而解决了早期易货贸易系统中出现的交换不对称问题。[2]

货币的产生给市场造成了两点主要的变化。第一，只有一方即卖方需要将货物投放到市场，而买方只需要携带货币（Leyshon，1995）。第二，货币的产生不仅大幅度节约了搜寻和交易成本，而且交换媒介的规范化和价值表示的制度化，在解决商业存续即经济活动如何跨越时间与空间问题中起到了至关重要的作用。

从公元前 1000 年希腊城邦为促进爱琴海贸易而开发的标准化货币，到 15世纪伦敦和其他欧洲港口为日益增长的国际海运贸易所写的商业汇票，再到 20 世纪末复杂衍生品合约的发明，金融和货币历史的一个决定性特征是创造了更加复杂的工具，以使远距离贸易变得便利（Leyshon，1995；Leyshon and Thrift，1997）。

当然，跨越时空的金融桥梁存在着发展的高度不平衡、差异化与争议性。但是金融已经成为大卫·哈维（Harvey，1989）所称的时空压缩的一个重要动力，时空以不断增长的速度被拉伸和折叠，尽管有些人和地方因此变得更加紧密，而其他人会发现自己在金融和经济的相对空间中被挤得更远（Leyshon，1995）。一方面，金融削弱了距离带来的影响，只要点一下鼠标，资本就可以瞬间环绕全球，从而寻找新的投资机会。因此，华尔街和伦敦等国际金融中心在时间和空间上的紧密连接使得其相互依赖并日益发展壮大。另一方面，在那些获利机会小或"高风险"的领域，由于社会和经济的不确定性，人们会发现自己被排除在主流金融系统之外，或被迫为获得金融服务而付出巨大的"贫困溢价"。英美和其他发达经济体的贫困地区由于银行分支机构的关闭和金融基础设施的撤出等原因，越来越远离现代金融领域（Leyshon，French and Signoretta，2008）。

多德（Dodd，1994）和莱申等（Leyshon and Thrift，1997）学者认为，金融具有固有的地理上的不均衡性，其认为可以把金融系统看作一个网络或一组多变的拓扑结构。最近，金融生态学的概念被应用于捕捉金融体系在制度和空间上的多样性。有人认为，金融体系是由一系列差异性的地理生态系统组成的，并在某些条件下可复制（French，Levshon and Wainwright，2011）。货币体系的构建受多种因素的影响。在住房金融方面，主要有两大作用。首先，货币或金融资本的力量在于其可替代性与流动性，尤其是与其他经济现象的关联性。哈维（Harvey，1982）认为，金融资本能够规避可能产生的利润削减的情况，并具有可以迁移至资本积累条件更有利的区域的能力，即空间定位能力。但是，资本跨区域迁移后仍旧会面临迁移前的各种问题。其次，为了防范金融危机的发生，确保经济体系和政府的稳定（Langley，2008），国家一直致力于监管和统帅金融资本，从而塑造完整的货币金融网络并且将其与国家利益紧密相连。

住房信贷作为金融体系的一部分，是呈现空间固化和国家行为的一个特别好的例子。它围绕住宅抵押贷款，是一种与其他任何债务型金融产品具有相同功能的金融工具：虽然相对价格较为昂贵，但它能将未来的消费带到现在。抵押贷款将储蓄者与借款人相联系，通过汇集和转化金融机构持有的负债——一定要符合这样的条件，即允许储蓄者根据需要或在相对较短的时间内提取他们的钱——转化为能够承担的长期责任的大额贷款。对于大多数人来说，这通常是他们生活中最大的金融交易之一，其回报期可以达到 30 年（French and Leyshon，2004）。在偿还债务之前，财产的法定所有权仍然属于抵押贷款的提供者，借贷人被称为所有权占有者，所以在房屋被卖给另一个买家之前，借款人负责维护财产并从任何增值中受益。然而，在经济困难时期，当止赎率上升并引起关注的时候，人们常常遗忘了这一点，即大多数被正式认为是业主的个人实际并未合法地完全拥有房屋所有权，因为他们仍在偿还抵押贷款。金融机构的收回和止赎行为才是房屋所有权与债务担保的真正表达方式（Aalbers，2009a）。因此，租户按月支付租金给房东的方式已经逐渐被大量家庭的按揭贷款取代。事实上，在次级贷款条件下，怀利等（Wyly et al.，2009）甚至认为，当地的经纪人、贷款人、跨国银行、投资公司和对冲基金、世界各国的抵押支持证券投资者……大部分已经替代了以前的贫民窟业主和土地分期投机者……根据英语的词源学，"业主"一词具有"占有、拥有"的权力。因此，在物质和住房层面，数以百万计的次级住房抵押贷款制度下的住房"所有者"，与租房者没有本质的区别。在次级市场中，房东只是通过次级抵押贷款向新房东支付租金（Wyly et al.，2009）。

通过该过程，显然很多人已经通过房地产价值的长期升值取得了巨大的经济收益。然而，正如哈姆尼特（Hamnett，1999）提醒我们的，私屋房主的崛起易导致高度不平等的产生。部分人群获取的收益被其他群体所损失的部分抵消，其中许多人的财产价值并没有增加，有些人因为负资产现象出现亏损，甚至发现自己无法按期支付按揭贷款以保持自己的所有权，这使得抵押贷款的提供者收回房产所有权并将房屋作为金融资产进行控制。这些获利与亏损并存的结果，是其发生时间与空间都是不确定的，因此房地产市场中能否获取利益往往取决于进入的时机和区域。

但是，房地产市场发展轨迹及其支撑房地产金融体系所隐含的意义，已经远远超越了个体与家庭所拥有的财富，造成此种现象的原因至少有四点。第一，自 20 世纪初，与住房有关的债务量急剧增长，以至于该类债务在金融体系中所占比重逐渐增大。第二，住房信贷在更为广泛的金融生态环境中发挥作用、在日常生活中占据中心地位以及具有较为完备的预防金融危机的法规体系，使其成为一个高度政治化的现象。第三，因为住房所有权和住房资产的积累被视为理想的政治目标，围绕住房信贷的政治干预主要通过普惠金融（Financial Inclusion）的长期隐含目标来实现。这推动了住房借贷到金融系统的中心位置的转移过程。然而，建设"自有房产的民主国家"的长期政治目标受到了借款人与存款人之间利益，尤主要体现在利率和通货膨胀水平上的周期性调节，这些利益的冲突使得住房信贷和住房市场更加动荡。第四，住房信贷还有重要的地理特性，并不仅仅是因为住房与货币紧紧相连。住房信贷增加了金融资本撤出的难度，尤其是与此同时利率和经济增长等更为广泛的宏观信号对房价有较大影响，这些资产形成了一种新的"空间定位"。这些资产是强相关的，高度依赖当地的"溢出效应"，这意味着价格与价值由于社会构成的不同，在地理上相对接近的地区之间也可能产生明显的区别。地区间价值的波动往往随着宏观金融的波动而加剧，某些地区易受到提供抵押贷款的金融机构的歧视性风险标准对待，造成房价的空间性波动（Wyly，Atia and Hammel，2004），导致城市发展的不平衡和城市间独特的金融生态（Leyshon et al.，2004）。

抑制金融发展（Holding Down Finance）

20 世纪 30 年代的经济大萧条是 20 世纪世界经济金融史的缩影，也是美国经济金融史的缩影。美国是 20 世纪 20 年代末爆发的国际金融危机的发源地，经历了大萧条的一系列后果，因此在美国进行金融体系最全面的改革也就不足为奇。金融体系新的监管架构作为新政改革的重要组成部分在 20 世纪 30 年代建立起来的，其主要目的是通过限制系统流动性来控制其经济体内的金融资本，其中美国住房信贷市场的重组显得尤为突出。正如弗雷格斯坦等在本书第 17 章所详细讨论的，美国在较短时间内实施了一系列重要的并包括《格拉斯－斯蒂格尔法案》、《证券交易法》和《联邦住房贷款银行法》等在内的监管改革，试图将金融系统置于联邦政府的管控下并影响 20 世纪美国金融体系的发展方向。20 世纪 30 年代，这种方式代表了美国金融体系（佛罗里达州，1986 年）的一个重要的"监管措施"，这一措施对住房信贷机构产生了重大影响，特别是主导住房抵押贷款市场的国内银行、储蓄和贷款协会

（Saving and Loans，S & Ls）等机构在危机中受到了严重损害。更具体地说，该改革试图对美国的金融体系进行更为严格的监管，它对金融资本施加了重大的制度和空间限制，以便房地产和房地产金融可以拥有更为广泛的增长模式、促进经济的复苏。

这种监管解决方案主要有四个关键性的支柱（Ball，1990；Moran，1991）。第一，限制价格竞争，特别是通过被称为"Q 条例"的立法，规定了利率的上限。第二，为购房者提供储蓄保险和税额减免。第三，通过建立新的机构以促进资金在住房市场的流通，使得储蓄与贷款协会等机构和其他抵押贷款提供者能够出售他们发放的抵押贷款，缩减资产负债表，从而能够发放更多贷款，尤其是联邦国民抵押贷款协会（FNMA，也称房利美）的建立，这创立了抵押贷款的二级市场，使得贷款方可以将资产从账面上转移出去，为发放更多的贷款提供了空间（Poon，2009）。第四，在目前的所有争论中，最重要的是联邦政府和州政府对区域竞争的限制。美国以州内和州际银行及其分支机构的形式来限制金融资本地域流动的历史由来已久。这种对金融资本的"压制"源于对金融过分集中力量的恐惧、对密切银行和借款人关系的愿望以及对于控制经济发展的野心（Mulloy and Lasker，1995：255 - 256）。1933 年的《银行法》修改了 1927 年的《麦克法登法案》（McFadden Act），将银行的控制权分配给各州，严格限制了银行开设州际分行的机会（Mulloy and Lasker，1995；Moran，1991）。这种限制旨在建立防止类似 1929 ~ 1930 年金融危机的风险再次发生的防火墙，而且还鼓励保护当地的经济和金融生态。由于这个原因，直至 20 世纪 90 年代中期，美国的银行业务在地理上都处于高度分散状态。地理位置的分散化以及对利率上限的规定极大地削弱了资本的竞争，并因此使得金融机构能够以较低成本获得储蓄，这些储蓄可以再循环到经济系统的其他部分。

新的监管范围最初起到了降低金融部门的权力和影响力的作用。金融服务部门不是为了实现自身利益而运作，而是通过限制空间竞争，特别是通过住房信贷来促进经济复苏和增长，正如佛罗里达等（Florida and Feldman，1988）认为，这是战后经济恢复的基石。但是，通过住房信贷带动房地产业增长，长期来看也是通过对住房金融市场的"买卖"带来金融业的恢复和发展的做法：

  所有者对于抵押贷款的需求更大。它使得住宅在其整个生命周期内被多次交易，并以现行的市场价格出售。大部分的转售价格都是通过新的抵押贷款来支付的，所以此时抵押贷款的需求并不取决于新房建设的比例（Ball, 1990: 15）。

因此，虽然凯恩斯曾呼吁食利者（靠利息生活的人，通常被认为是一般金融资本的代名词）的安乐死，而从 20 世纪 20 年代的大崩溃到 30 年代的大萧条，凯恩斯主义思想在大西洋两岸都变得日益具有影响力，直到 20 世纪 50 年代，金融界才有了足够的胆量开始动员起来反对监管新政，力图为货币流通和营利活动开辟新的自由空间。

解除管制的压力以两种发展形式出现——这两种发展将成为金融服务业努力避免监管监督的主题——地理迁移和金融创新。20 世纪 60 年代初，"Q 条例"的限制已促使许多美元持有者将资金投入海外银行，创造了一个全新的极其重要的被称为欧洲美元市场的离岸美元池，在该离岸美元池中，欧洲美元市场的美元存款利率通常高于美国国内市场。美国之外地区大量美元的流通，预示着二战结束时构建的旨在建立国际金融新框架以促进稳定的多边国际贸易、扩大对金融控制力度的布雷顿森林体系的终结。布雷顿森林体系的作用有如罗斯福新政（the New Deal）以及其他工业化经济体中类似形式的金融监管条例（Leyshon and Thrift, 1997）。这些规定将权力从借款人转移到了可以为资金寻求市场价值的存款人，最终导致了"Q 条例"的废除和存款人及投资者利益优先时代的到来。此外，20 世纪四五十年代，国内银行通过组建银行控股公司来规避州际银行业务的竞争和限制（Mulloy and Lasker, 1995）。新的金融时代已经到来。

动员抵押贷款市场

尽管房地产业的增长面临较大压力，但利率持续保持低位且住房需求高涨，使得其在美国战后的宏观经济中仍发挥关键性作用（MacDonald, 1992）。但是随着通货膨胀的加剧，新政在 20 世纪 70 年代开始崩溃，经济增长水平开始下降，失业率上升。"滞涨"的出现成为凯恩斯主义逐步被取代的催化剂，也成为货币主义和新自由主义被广泛接受的转折点。从 20 世纪 70 年代中期开始，各国政府开始通过大幅度提高利率来重申货币的价值以及投资者和存款者的力量，从而降低通胀率。该时期的一个重大突破是迪梅尼尔和利维（Dumenil and Levy, 2004）所提出的金融资本主义，主要针对的是技能资本利益的变化，这被认为是金融资本主义时代的开端（Foster, 2007）。通过将与通货膨胀的斗争作为宏观经济发展的主要目标，政府长期致力于保护投资财富，促进新自由主义下资本的流动性以及自由贸易的发展，从而确保了金融资本在寻求最高投资回报时不受其他限制。

由于金融创新水平不断提高，以及信贷创造的非中介化，金融资本逐步开始摆脱布雷顿森林体系和 20 世纪 30 年代开始的财政新政改革的空间与制度限制，成为一种跨区域的超国家化存在（French and Leyshon, 2004；French, Leyshon, and Thrift, 2009；Leyshon and Thrift, 1997）。新的金融工具和市场安排的产生为战后福特主义危机所引发的各类问题提供了新的解决方案，尤其是经济增长速度缓慢以及非工业化的问题。正如哈维（Harvey, 1989；2010）所提出的，新的去规制的金融世界提供了一种手段，使这些问题能够在时间和空间上转移。新的信贷和债务工具被开发出来，为金融的发展提供了更为复杂的路径，将未来的资产折现到现在，并通过资产证券化将固定资产（如抵押贷款）转变为可流动、可交易的金融资产（Aalbers, 2009a；Gotham, 2009）。房地产市场的发展为金融市场提供了巨大的机会，作为"新领域和空间的投资利润的来源"（Gotham, 2009：368），抵押贷款市场将在金融资本主义的新时代发挥核心作用。

自 20 世纪 70 年代中期到 2007 ~ 2009 年金融危机，抵押贷款市场扮演了三种关键的社会经济角色从而支撑了金融资本主义的兴起。第一，在推翻战后福利国家之后，住房所有权成为新自由主义资本主义福利制度的核心内容（Sherraden, 2005）。作为降低通胀率方案的一部分，自 20 世纪 70 年代以来，政府放慢并最终冻结了收入的真正增长，导致了哈维（Harvey, 2010）所说的 30 年的工资压制。正如他所主张的那样，由于压缩了劳动者的实际收入，个人和家庭需要通过信贷和债务来加以补偿，而在 20 世纪 80 年代，金融体系的放松管制鼓励了金融机构将信贷范围扩大到消费者。特别是通过抵押住房价值的升值从而提出出售"房屋所有者"尚未拥有的资产的预期收益，美国、英国和其他金融经济体越来越依赖于借助财产权的抵押来消解工资与生活水平下降的影响（Leyshon and French, 2009；Montgomerie, 2009）。

第二，正如业主已经越来越普遍地把适当的抵押贷款市场作为提供收入的手段一样，与此同时，住房抵押贷款提供者一直走在资产证券化的前列。资产证券化是将抵押贷款等金融资产转化为可供出售的可交易证券的过程

(Leyshon and Thrift, 2007)。证券化使供应商获得了从抵押贷款合同中提取未来收入的来源，使抵押贷款业务的营业额和相关利润大幅度增加，但也正如阿尔博茨（Aalbers, 2009a）所说，证券化导致了投资活动与地区的彻底分离。因此，房地产市场一方面仍旧是地区性的市场，这也反映了可谭（Cotham, 2009：357）所描述的"地方社会关系和房地产活动网络所产生的关于房屋及其独特特征的相关知识"，另一方面则是通过长期以来的跨国金融网络运作的抵押贷款市场（Langley, 2008）。住房信贷网络的发展以及房地产市场与投资回路的分离是关键所在，正如怀利等（Wyly et al., 2009：338）所认为的，它打破了储蓄者、贷款者与借款者之间在道德与经济上相互依存的关系，之前几轮的空间监管均试图鼓励信贷发展。这在 2007～2009 年金融危机中主要体现在两个重要方面：首先，它导致住房信贷市场的道德风险增加，因为现有货币网络的稀释会大大降低抵押贷款发起人监督和控制违约风险的动机；其次，贷款机构与其他经济行为者解除了其社会义务的债务，并将贷款仅视为资产负债表的一部分，这也使其对不良贷款较为宽容。

20 世纪 80 年代，金融机构为了能够更为迅速地进行业务交易，竞争性放松管制鼓励了资产证券化的发展和传播，从而促进了零售与批发融资之间的协调发展。金融市场的灵感来自几十年前房利美推出的模型。随着更多的抵押贷款在资本市场证券化和抛售，这种模型越来越普遍，进一步加速了资本的周转，并使更多资金作为抵押贷款被提前。在金融体系的演变历史中，住房抵押贷款支持证券（Residential Mortagate-Backed Securites, RMBSs）的出现是一个非常重要的时刻，因为 RMBSs 使得人们日常生活世界与全球化金融更加密切地关联（Pryke and Whitehead, 1991；Langley, 2008）。因此，过去对于住房的推广可以看作扩张国家经济和增长与包容的政治策略，住房抵押贷款支持证券的兴起象征着对住房的社会承诺减少，以及对投资者情绪的变幻莫测和全球金融的衰退与流动的征服。麦克多纳德（MacDonald, 1996）认为，在美国，RMBSs 解除了住房融资的社会责任，并进行了资产的重组以减少公共支出，从而确保负债可以出售给投资者。她认为这将有利于白人的郊区市场发展，而不富裕的借款人逐渐被排除在住房融资之外。

2007 年次贷危机的发生表明麦克多纳德主张的金融体系退回中产阶级中心地带的理论是错误的，但正如我们下一部分将要讨论的那样，她关于种族不平等会影响住房信贷的分析是正确的。住房抵押贷款支持证券风险提取过程的关键部分是，从依赖零售存款支持抵押贷款发放模式，即"放贷并持有"

模式，转变为一种被称作"放贷并出售"（Originate and Distribute）的系统，即根据放贷机构利用资本市场募集的资金来发放贷款，并将贷款打包为证券，出售给投资者，从资产负债表剥离出去。这使得资本水平相对较低的较小和较为灵活的金融机构进入抵押贷款市场的程度，远远超过迄今为止的水平，从而提高了竞争水平。这些改革创新于 20 世纪 80 年代在美国实施，并逐渐发展到其他经济体（Wainwright，2009）。20 世纪 90 年代，RMBSs 作为抵押融资募集资金的手段之一，增长速度加快，部分原因要归结于 20 世纪 70 年代天堂般的宏观经济环境。20 世纪 90 年代是美国经济的黄金 10 年期，号称无通货膨胀持续增长（Noninflationary Continuous Expansion，NICE），或"金发女孩经济"（经济不过冷也不过热，"恰到好处"）的 10 年。决策者认为通货膨胀已经到达合理水平，利率也降至历史低位。这使得更多的人可以按期偿还抵押贷款，同时随着可用信贷的增加提高了住房需求，刺激了房地产的繁荣。因此，在几乎每个人都可以支付抵押贷款的情况下，抵押贷款市场的扩张促进了价格的提升，鼓励人们拿出更多的贷款，住房抵押贷款部门为自身的扩张创造了良好的条件（Aalbers，2009a：286）。

然而，低利率的情况虽然对借款人有利，但损害了投资者的利益。因此，投资者高度重视全球范围内所汇集的资金池的高收益水平，石油输出国及新兴经济体国家新主权财富基金的增长也使得这些国家开始投资于本国以外的国家，以便对资金进行充分利用并有助于防止国内的通货膨胀（Helleiner，2009）。次贷市场是一个非常重要的高收益投资类型。次级抵押贷款是极具吸引力的投资项目，由于附加的风险更高，它们提供了比普通抵押贷款更高的收益率。通过投资银行的担保，加上如同瀑布奔流式的创新（Wainwright，2009），投资者有可能分离和控制风险，因此以次级贷款为基础的投资产品成为投资融资的圣杯——高收益且低风险。

因此，美国住房金融体系助推金融化资本主义产生和发展的第三种也是最后一种方式是通过提供空间修复（Spatial Fix）（Harvey，1982；Wyly et al.，2004），以及通过愿意并能超越既定郊区地区，特别是通过开放以前被认为对主流金融服务风险太大的领域，来降低收益（Florida and Feldman，1988），这些既定郊区自 20 世纪 30 年代以来就为抵押贷款市场提供原料。在确定获取利润的新机会时，次级贷款的增长是由于此前的住房融资模式所产生的高度不均衡的社会和城市区位优势（French et al.，2009；Wyly et al.，2004），从而形成了金融体系的边界。更重要的是，次级抵押贷款被用于新兴城市空间，无论是在城市内部地区，还是行业中所谓的"沙洲"（Lewis，2010）——特别是加利福尼亚和佛罗里达州的投机性开发中——由于 20 世纪 90 年代到 21 世纪初房地产业的繁荣发展，许多中等收入甚至高收入借款人均可以提供次级抵押贷款，其收益率高于正常贷款，因此他们有能力在更加理想的地区购买更大的住宅（Immergluck，2009；Burton et al.，2004）。

种族、地方和次级生态

2007 年，随着利率水平的提高，越来越多的持有次级抵押贷款的住户无法按期偿还，以廉价信贷为基础建立的刺激抵押贷款模式的矛盾越来越突出。随后抵押贷款收入的下降降低了抵押贷款支持证券投资者的预期回报，人们开始怀疑这种投资的真正价值，并引发对 RMBSs 和 CDO 的恐慌性抛售。但从监管角度长期来看，打破次贷危机是促进金融服务领域良性竞争和创新合乎逻辑的结果。20 世纪 80 年代初期新的金融监管方案实施，其重点在于改革抵押贷款部门尤其是放开对存款机构的利率控制。1994 年，在提高美国银行全球竞争力、促进贷款和资产组合空间多样化以及增强消费者选择的主导下，瑞尔-尼尔银行法（Riegle-Neal Banking Act）取消了关于空间竞争的限制（Dymski，1999；Mulloy and Lasker，1995）。这一系列改革旨在促进当地银行存款与借贷业务在 20 世纪 60 年代金融创新与非中介化趋势下的发展。

正如麦克多纳德（MacDonald，1992：126）所说，银行和证券交易所能够通过吸引消费者群体来支持改革的执行，消费者认为小型储户无法找到像更富裕和财务状况良好的投资者一样的对现有法规的"解决方案"。与此同时，1977 年的《社区再投资法案》（Community Reinvestment Act，CRA）表示了对金融排斥的担忧，并力求在向个人提供贷款时保持公平和平等；而在美国低收入地区开展的业务随后得到了 1989 年《金融机构改革恢复和执行法》（the Financial Institutions Reform Recovery and Enformcement Act，FIRREA）的加强。社区再投资作为 1975 年住房抵押披露法（the Home Mortgage Discloure Act，HMDA）的姐妹法，可以系统地获得银行和其他贷款组织的地理区域数据。这项立法的重点在于处理贷款歧视以及美国地区之间发展不平衡的问题。它认识到"住房信贷"的发展具有排外的倾向：虽然它为核心区域带来了发展便利，但它存在一个外沿，由于其独特的地理位置和生态环境，这些群体后来被金融服务行业认定为主要和次级客户。

　　尽管 CRA 和 HMDA 都无法从根源上解决住房市场上持续存在的社会和地理上的不平等现象，但它们在设法解决住房融资获取中存在的严重歧视方面均有一定贡献。然而在次贷危机之后，一些新自由主义评论员批评 CRA 是导致问题的原因，认为 CRA 迫使银行、储蓄和贷款机构通过向根本无力偿还贷款的借款人提供贷款来阻碍良好的贷款行为。阿尔博茨（Aalbers，2009b）等人有力地驳斥了这一说法，而怀利（Wyly et al.，2009）认为次级贷款市场发展的首要原因是其高额利润，具体来说是利用哈维所描述的阶级垄断租金：利用金融机构的结构性权力的剥削，即提供住房融资的物业享有特殊抵押权，特别是那些在社会和经济上被边缘化的抵押权。更具体地说，怀利和他的同事对他们所阐述的刺激抵押贷款的"扁平化世界"发表了强有力的批评："次级抵押贷款的空间被假设为对消费者不能获取或不愿意获取的地理需求的帕累托最优选择。简单地说，在控制了消费者的权限后，次级世界被认为是"平坦的"（Wyly et al.，2009：334）。怀利及其同事在对美国的次级贷款市场进行取证分析时，强调了次级贷款市场地理上和社会上的高度不平衡现象，特别是次级贷款过度集中于"种族和民族边缘化的人群和区域"（Darden and Wyly，2010：425）。

　　怀利及其同事承认，次贷的发明正是为了向以前被边缘化的人们和地方提供住房融资。然而，他们分析发现，即便控制了收入水平和债务杠杆等需求方面的因素，少数族裔获取次级贷款的成本仍旧高于具有相同特征的白人。事实上，获批高额次级贷款的非洲裔、拉美裔美国人或拉美人依旧是西班牙裔白人的两倍（Wyly et al.，2009：349）。而且在许多城市地区这种不平等的现象更加明显，在中西部的大城市，相同财务特征下非洲裔美国人的次级贷款要比白人高出四倍。尽管这种种族差异可能是源于地区种族构成所产生的规模效应——如五分之一的非洲裔居住在中西部地区（Darden and Wyly，2010）。达登和怀利（Darden and Wyly，2010：426）还认为这种差距的严重程度等同于对非洲裔和拉美人征收种族税："如果申请人的财务资格与非洲人和拉美人没有区别，那么当白人申请人收到的价格更具有竞争力并结构合理的优质贷款时，这就是一种白人特权。"他们认为（Darden and Wyly，2010：425）次级抵押贷款市场是利用种族、民族以及阶级等地位上的不平等而繁荣发展起来的，特别是次级抵押贷款的提供者和经纪人对非洲裔美国人和拉美裔隐性或明确地进行歧视性对待，即使很多此类申请人可以获取价格更优惠的优质抵押贷款。次级贷款不是改善 20 世纪 30 年代后抵押贷款模式，它们所建立的基于风险的定价只是将"旧的普遍的不平等"转变为"分层包容的新的不平等"（Wyly et al. , 2009：339）。此外，为了解美国抵押贷款市场的种族化格局，他们强调利益、财产和所有权的关键作用，因为金融资本的社会关系可以产生截然不同的当地信贷环境或获得垄断租金的生态环境。

结论：抵押的时间和空间

20 世纪 70 年代中期以来，美国的住房信贷市场经历了一个根本性的转变，其运作方式和组织方式已从区域性的"零售存款"的抵押贷款供给模式转变为"起源与分配"模式以促进跨国金融市场证券化的发展。资产证券化和风险定价的发展又反过来促进了新的抵押贷款市场的产生，该市场在美国强调所有权的扩展，基于这个认知，无论是政治上还是地理上，早期的住房基础增长模式都受到了一定限制。然而，自 2007 年以来，美国的次级贷款行业面临越来越多的问题，住房金融长期存在的社会和空间差异使次级贷款的止赎率迅速上升，最终导致金融危机的发生。

一方面，住房抵押贷款证券化和 RMBSs 的日益增长是金融体系跨时空发展的一个典型表现。正如哥谭（Gotham, 2009）所指出的，资产证券化推动了住房抵押的发展，将住房这种空间固定、非流动性的商品转变为可交易、可流动的金融产品。抵押贷款证券化的信贷评分和债券评级是证券化"放贷-出售"模式的制度基础，其为房地产期货提供了创新的方法（例如，计算月度抵押贷款和未来房地产价值等），从而将投资的地点分离。

另一方面，新的住房信贷模式使投资能够进入以前被边缘化的空间市场，而追求利润的当地社会住房和抵押贷款市场转变为以跨国按揭贷款为主的市场，但并未解决城市发展不平衡的问题。正如达登和怀利（Darden and Wyly, 2010）所认为的那样，它导致了一种新的高度种族化和社会空间不平等的现象。美国次级抵押贷款的兴衰说明，必须在更为广泛的权力关系网络中理解金融在时间与空间上的衔接作用。在本章中我们提出，美国住房融资的发展是由资本与国家之间、借款者与储蓄者之间、债务人与投资人之间以及不同的增长观念与结果之间的广泛政治斗争形成的。这场斗争的影响具有重大的地理性特征。虽然次贷危机在某些独特的地理空间也有发生，尤其是在被主流金融体系排除的、边缘化的地理空间，但是，这些地理空间被证明是解决20 世纪二三十年代金融危机的方法之一，而金融资本具有了逃离特定地理空间的能力，也有助于减弱罗斯福的监管新政策的影响。

注释

1. 抵押贷款一词来源于法国，字面意思是死亡承诺：如果抵押贷款被偿还，那么债务就不存在了，若没有按期偿还，那么借款人将会失去他们的资产（Dunkling and Room，1990：68）。
2. 在进行这个狭隘的经济论证时，我们承认这并不能解释与贵金属如金银紧密联系的商品货币最初产生的原因，金银的选择可以部分由其耐用性和可塑性来解释。

参考文献

Aalbers, M. (2009a). "The Sociology and Geography of Mortgage Markets: Reflections on the Financial Crisis." *International Journal of Urban and Regional Research*, 33: 281 – 90.

—— (2009b). "Why the Community Reinvestment Act Cannot Be Blamed for the Subprime Crisis." *City and Community*, 8: 346 – 50.

Allen, J. and McDowell, L. (1989). *Landlords and Property: Social Relations in the Private Rented Sector*. Cambridge: Cambridge University Press.

Ball, M. (1990). *Under One Roof: Retail Banking and the International Mortgage Finance Revolution*. New York: St Martin's Press.

Boddy, M. J. (1980). *The Building Societies*. London: Macmillan.

Burton, D., Knights, D., Leyshon, A., Alferoff, C., and Signoretta, P. (2004). "Making a Market: The UK Retail Financial Services Industry and the Rise of the Complex Sub-Prime Credit Market." *Competition and Change*, 8: 3 – 25.

Darden, J. T. and Wyly, E. (2010). "Cartographic Editorial: Mapping the Racial/Ethnic Topography of Subprime Inequality in Urban America." *Urban Geography*, 31: 425 – 33.

Dodd, N. (1994). *The Sociology of Money; Economics, Reason and Contemporary Society*. Cambridge: Polity.

Duménil, G. and Levy, D. (2004). "The Real and Financial Components of Profitability (United States, 1952 – 2000)." *Review of Radical Political Economics*, 36: 82 – 110.

Dunkling, L. and Room, A. (1990). *The Guinness Book of Money*. Enfield: Guinness Publishing.

Dymski, G. A. (1999). *The Bank Merger Wave: The Economic Causes and Social Consequences of Financial Consolidation*. Armonk, NY: M. E. Sharpe.

Florida, R. L. (1986). "The Political Economy of Financial Deregulation and the Reorganization of Housing Finance in the United States." *International Journal of Urban and Regional Research*,

10: 207 - 31.

——and Feldman, M. M. A. (1988). "Housing in United States Fordism." *International Journal of Urban and Regional Research* 12: 187 - 210.

Foster, J. (2007). "The financialization of capitalism". *Monthly Review*, April, 1 - 12.

French, S. and Kneale, J. (2009). "Excessive Financialisation: Insuring Lifestyles, Enlivening Subjects, and Everyday Spaces of Biosocial Excess." *Environment and Planning D: Society and Space*, 27: 1030 - 53.

Frech, S. and Leyshon, A. (2004). "The New, New Financial System? Towards a Conceptualization of Financial Reintermediation." *Review of International Political Economy*, 11: 263 - 88.

French, S., Leyshon, A., and Thrift, N. (2009). "A Very Geographical Crisis: The Making and Breaking of the 2007 - 2008 Financial Crisis." *Cambridge journal of Regions, Economy and Society*, 2: 1 - 17.

——and Wainwright, T. (2011). "Financializing Space: Spacing Financialization." *Progress in Human Geography*, 35: 798 - 819.

Gotham, K. F. (2009). "Creating Liquidity out of Spatial Fixity: The Secondary Circuit of Capital and the Subprime Mortgage Crisis." *International Journal of Urban and Regional Research* 33: 355 - 71.

Hamnett, C. (1999). *Winners and Losers: Home Ownership in Modern Britain.* London: UCL Press.

Harvey, D. (1982). *The Limits to Capital.* Oxford: Blackwell.

—— (1989). *The Condition of Postmodernity.* Oxford: Blackwell.

—— (2010). *The Enigma of Capital.* London: Profile.

Helleiner, E. (2009). "The Geopolitics of Sovereign Wealth Funds: An Introduction." *Geopolitics*, 14: 300 - 4.

Immergluck, D. (2009). "Core of the Crisis: Deregulation, the Global Savings Glut, and Financial Innovation in the Subprime Debacle." *City and Community*, 8: 341 - 5.

Langley, P. (2008). *The Everyday Life of Global Finance: Saving and Borrowing in America.* Oxford: Oxford University Press.

Lewis, M. (2010). *The Big Short: Inside the Doomsday Machine.* London: Allen Lane.

Leyshon, A, (1995). "Annihilating Space? The Speed-Up of Communications," in J. Allen and C. Hamnett (eds.), *A Shrinking World? Global Unevenness and Inequality.* Oxford: Oxford University Press, 11 - 54.

Leyshon, A. and French, S. (2009). " 'We All Live in a Robbie Fowler House': The Geographies of the Buy to Let Market in the UK." *British Journal of Politics and International Relations*, 11: 438 - 60.

Leyshon, A. and Thrift, N. (1997). *Money/Space: Geographies of Monetary Transformation*. London: Routledge.

—— (2007). "The Capitalization of Almost Everything: The Future of Finance and Capitalism." *Theory, Culture and Society*, 24: 97 – 115.

Leyshon, A., French, S., and Signoretta, P. (2008). "Financial Exclusion and the Geography of Bank and Building Society Branch Closure in Britain." *Transactions of the Institute of British Geographers*, 33: 447 – 65.

Leyshon, A., Burton, D., Knights, D., Alferoff, C., and Signoretta, P. (2004). "Towards an Ecology of Retail Financial Services: Understanding the Persistence of Door-to-Door Credit and Insurance Providers." *Environment and Planning A*, 36: 625 – 45.

MacDonald, H. (1992). "Special Interest Politics and the Crisis of Financial Institutions in the USA." *Environment and Planning C*, 10: 123 – 46.

—— (1996). "The Rise of Mortgage-Backed Securities: Struggles to Reshape Access to Credit in the USA." *Environment and Planning A*, 28: 1179 – 98.

Montgomerie, J. (2009). "The Pursuit of (Past) Happiness? Middle-Class Indebtedness an American Financialization." *New Political Economy*, 14: 1 – 24.

Moran, M. (1991). *The Financial Services Revolution: The USA, UK and Japan*. London Macmillan.

Mulloy, P. and Lasker, C. (1995). "The Riegle-Neal Interstate Banking and Branching Efficiency Act of 1994: Responding to Global Competition." *Journal of Legislation* 21: 255 – 74.

Poon, M. (2009). "From New Deal Institutions to Capital Markets: Commercial Consumer Risk Scores and the Making of Subprime Mortgage Financed." *Accounting Organizations and Society*, 34: 654 – 74.

Pryke, M. and Whitehead, C. (1991). *Mortgage-Backed Securitization in the UK: A Wholesale Change in Housing Finance?* Cambridge: University of Cambridge.

Sherraden, M. (2005). *Inclusion in the American Dream: Assets, Poverty, and Public Policy*. New York: Oxford University Press.

Wainwright, T. (2009). "Laying the Foundations for a Crisis: Mapping the Historico-Geographical Construction of Residential Mortgage Backed Securitization in the UK." *International Journal of Urban and Regional Research*, 33: 372 – 88.

Wyly, E. K., Atia, M., and Hammel, D. J. (2004). "Has Mortgage Capital Found an Inner-City Spatial Fix?" *Housing Policy Debate*, 15: 623 – 85.

Wyly, E., Moos, M., Hammel, D., and Kabahizi, E. (2009). "Cartographies of Race and Class: Mapping the Class-Monopoly Rents of American Subprime Mortgage Capitals." *International Journal of Urban and Regional Research*, 33: 332 – 54.

第 19 章
作为象征和仪式的金融危机

马克·D. 雅各布斯（Mark D. Jacobs）

　　金融危机是具有象征性的和仪式性的事件。除其他方面的特征之外，市场的重要特征之一是深深嵌入其所处的文化和制度安排之中。金融危机给构建经济生活认知框架造成了压力，这些危机使现有指导人们经济行为"存在问题的社会现实的地图（人类的情感、认知地图）和产生集体良知的母体"失效（Geertz，1973：220）。这些危机压抑了被经济学家称为"动物精神"的情绪和动机，打乱了调控经济行为的社会时间、空间和认可度。这些危机损害了社会团结，扰乱了结构和反结构的相互作用。这些危机模糊了那些被认为可防范风险的边界范畴，突出了经济生活的阴暗面——腐败失信、冲动赌博、痛苦、不公及法人行动者的死亡等前景紧迫的意义问题。这些金融危机的破坏性维度都涉及文化过程，可能引发强有力的仪式性和象征性的回应。

　　至少从理论上来说，一场严重的金融危机应唤起涂尔干（Durkheim，[1912] 1995）在《宗教生活的基本形式》中所描述的"禳解"（Piacular A-toning）式的回应。虽然现代社会主要是基于"疏离"（Detachment）而非承诺（Commitment）组织起来的，社会团结主要是基于个体专业分工所形成的相互依赖性，而很少基于统一的集体良知，严重的金融危机至少应该引起责任人对应负责任做出仪式性的声明和承认。在斯克特和莱曼（Scott and Ly-man，1968：46）的经典定义中，"解释"是"一个由社会参与者做出的声明，用来解释意外或不愉快的行为"，它具有"圆融社会摩擦"的能力，能够在事前承诺与事后执行之间建立桥梁，具有修复断裂和恢复割裂的能力。然而，"问责"在我所称的"无过错社会"中越来越难以实现（Jacobs，1990；2005）。

经济的文化建构

经济崩溃摧毁了既定的理解和期望，创造了格尔茨（Clifford Geertz）所说的需要，一种"使不太为人了解的社会情况有意义，从而使解释他们有目的的行为变得可能"的需要。换言之，经济崩溃产生了不确定性，呼唤着人们寻找"存在问题的社会现实的地图和产生集体良知的母体"（Geertz，1973）——这是格尔茨提出的关于"文化"这个概念的特征之一。格尔茨还异乎寻常地明确反对张力论（Strain Theory）和利益论（Interest Theory），将危机时刻所发生的改变叫作"文化系统的意识形态"（Greetz，1973）。尽管"意识形态"的使用更为普遍，因为僵化的信仰体系使人扭曲而非感知，在格尔茨的定义中，意识形态"所包含的对形势的态度是承诺性的……通过科学所回避的同样的语义学设计，将道德情感客观化，以此来激发行动"（Greetz，1973）。

认知框架都是由记忆材料组成的，并为记忆提供材料。正如经济和生态构成了文化的限制条件，正如马歇尔·萨林斯（Sahlins，1976）令人信服的论述，文化为理解和记忆经济与生态的选择提供了很大的范畴。这些认知框架，如格尔茨所观察到的，采取了隐喻的形式。杰拉尔德·萨特斯等（Suttles and Jacobs，2010）发现，经济用语的核心隐喻在潜意识中是可以改变的。例如，当我们谈到"经济"时，究竟是什么意思？[1]

比较报纸和公众对 20 世纪两次最大崩溃（1929 年和 1987 年）的理解时，萨特斯等发现，现代使用的"经济"（作为生产、消费和交换系统）在 1929 年甚至不存在。事实上，根据他们的语言学研究，"经济"在凯恩斯 1934 年使用之前，它的现代用法并不存在。相应的，我们可以推论，1929 年经济崩溃不是"经济"问题，而是"商业"问题。商业的社会观是根据自然的隐喻构思的——这是一个自然发生的活动领域，可以自然地自我矫正。相比之下，到了 1987 年，"经济"的社会观主要是根据机器的隐喻来构思的，服从于社会工程学。但这是一个复合的隐喻：也许作为根植于自然形成的早期隐喻的痕迹，经济也被认为是"病态的"，需要治疗干预。

在 1987 年，经济被视为"了不起的机器"，虽然它是"病态"的。这些印象使人们比任何时候都能更好地理解 1929 年的危机。但到了 1987 年，"机器"不再是"了不起的"：经济活动的一大部分是采取"钱换垃圾"、"菊花链翻转"和"摧毁"银行的形式。非法冒险、集体盗用和掩盖的结合表明，与经济形象更贴切的是赌场（Calavita, Pontrell, and Tillman, 1999）。在过去的四分之一世纪对经济转型的最佳评述之一是由解构主义艺术评论家 Mark Taylor（2004：174）提出的，他说："到 20 世纪 80 年代，放宽管制、私有化以及新技术、金融工具和市场的结合已经把华尔街变成了赌场。"

"影子"或"隐形"银行、金融或信贷系统由不受监管的秘密机构的复合体组成，包括某些投资银行分部、对冲基金、私募股权基金、保险公司、特殊目的机构、离岸银行等，都从事无形的金融投机而非真正的投资。然而，根据我在 2009 年 3 月进行的一系列词语全文搜索，直到 2008 年，《纽约时报》才对影子经济进行命名，即使这些机构数十年来一直不计后果地利用风险。影子经济一直被隐藏在眼前。

报纸所用的描述当前危机的系列隐喻，表明经济构思的隐喻立场的最新转变。当信贷冻结时经济将崩溃，因为虚拟或影子银行系统将随着病毒在全球网络的实时传播而崩溃。经济被隐喻成一个信息系统。它的核心正在转变为全球贸易网络中脆弱的数字基础设施。当然，经济仍然是一个复合的隐喻，保留了以前的用法痕迹。当我们谈到"经济周期"时，我们暗指它根植于自然的形态；当我们谈到"跳跃式"的经济时，我们暗指的是机器的塑造。直到目前的危机，我们才开始把经济作为一个计算机网络来思考。例如，从 2008 年 11 月开始，通用电气的杰夫·伊梅尔特（Jeff Immelt）反复声明，"如果你认为这只是一个周期：你是错的。这是永久性重置"（Hamilton, 2009）。

作为象征性行动的金融危机

核心隐喻中的这些变化表明（在格尔茨用法意义上的）意识形态转变的存在。意识形态"各种文化符号体系是信息的外在来源，是用于组织社会及心理过程的模板，在这些过程缺少所含有的特殊种类信息的情况下，在行为、思想或情感的制度化向导微弱或缺席时，发挥最重要的作用。正是在情感或地形上不熟悉的地方，人们才更需要诗歌和路线图"（Geertz, 1973：218）。"它可能在实际上从它把握、形成及交流回避了刻板的科学语言的社会现实能力中汲取力量，它可能恰当地传递比字面所揭示的更为复杂的意义"（Geertz，1973：210），在这一点上，他们利用隐喻的力量（除其他文学隐喻外），"显然是来自两个不一致的意义之间的交互作用，它象征性地强制把这两种意义揉进一个单一的概念框架中"（Geertz，1973：211）。因此意识形态是格尔茨以及之后的伯克（Kenneth Burke）所称的"象征性行动"中的元素——通过"标志性"的行动，它本身就产生了人类制度的核心即"意义和动机"。意识形态——像格尔茨的文化系统——代表对不成熟的、不可知的现实的当下反思模式。萨特斯通过绘制不断变化的词表而成为伯克式的人物，情节和剧情提供了一个更加具有计划性和详细的描述，为 1929 年和 1987 年金融危机的头版报道提供素材。

如果我们现在认为金融系统的逻辑和合法性是理所当然的，这只是因为存在一个由危机不时打断的周期性长时段的历史进程，以及一些以前甚至不存在并最初为公众怀疑的制度的"自然化"（naturalizing）。普维（Poovey，2008）认为，英国的三种"信用经济流派"，纸币和其他金融工具，金融主题的新闻和小说，以及信用经济的"科学"理论，都是 17 世纪和 18 世纪的文化发明，在共生的矛盾中彼此发展。它经过了几个世纪，通过克服它自己的"代表性问题"建立起有效性和价值，金融狂热和恐慌在这些发明和发展中起到重要作用。

例如，特别是在印刷机能够完成均匀的平版印刷之前，纸币是否有效总被怀疑。在 17 世纪末，股份公司的发明加剧了这种误解；人们怀疑纸币能否保持其价值增长，因为发行的纸质股票证书随着其价值上下波动。1720 年的南海泡沫破裂，把这些疑虑放大到最高水平，特别是在对泡沫所涉及的诡计大受欢迎的背景下。19 世纪一系列频繁的金融危机（在 1825 年和 1826 年、1836 年和 1837 年、1847 年和 1848 年、1857 年、1866 年和 1890 年），都表现出狂热导致恐慌的典型模式，引起人们对信用经济稳定性的怀疑，或是否经济理论专家在许多方面都比金融小说更有效。讽刺的是，小说家和调查记者的小说有助于在金融体系中建立信任。他们对各种金融诈骗的小说化的报告之逼真，使焦虑的公众相信金融活动的规范性标准可以存在。这种类型的新闻小说，以及关于狂热和恐慌的心理小说，不仅帮助教育人们认识到金融体系存在弊端，而且还对其可能带来的利益及其规范性理念进行了宣传。最后，在普维的叙述中，杰文斯（W. Stanley Jevons）在 19 世纪末向公众普及了关于经济"专业"能力的有效性。尽管经济学家（在很大程度上）无法预测金融危机，即使杰文斯的因果逻辑是虚假的，但他使用统计方法来证明太阳黑子活动对狂热和恐慌的影响，最终说服了焦虑的公众相信经济学的科学合法性。

普维的叙述补充了普瑞达（Preda，2005；2009）的看法，他认为这可以被描述为一个用"数字"追踪投资者变化的多学科的"知识考古学"方法。在第一波全球化浪潮的背景下，在证券报价机和电报发明的推动下，投资者从一个赌徒变成了他在 18 世纪所想象的科学家，就像他 19 世纪所做的那样。20 世纪对股票价格走势进行图表分析的实践，成为金融"科学"的象征基础。20 世纪以来，作为公民权利的投资机会的发明进一步增加了公众对金融思想和实践的接受度。

作为情绪和动机的动物精神

普维（Poovey，2008）和普瑞达（Preda，2009：202）解释了金融领域不断演变的意识形态（在格尔茨的意义上）的成因和合法性。普瑞达设想，"金融中心主义世界观"作为"在某种程度上与此类似，可以作为定义和分类系统，使得这个世界的'再现'有秩序"。通过详述格尔茨的概念，交替使用这种意识形态所体现的"情绪和动机"以及"含义和动机"，普瑞达的框架金融实际上也在另一个方面实例化了格尔茨的意识形态概念。通过这些情绪和动机的影响，金融意识形态的变动的合法性对于金融体系健康来说比偿付能力和流动性的利润更重要，正如凯恩斯（John Maynard Keynes）及其追随者在讨论中提到的"动物精神"。

如普瑞达所描述，"金融中心主义世界观"的"生成性原则"

> 一方面是以知识和观察为基础的金融活动之间的紧张关系，另一方面，与此同时被一种对不可简化为知识的、强大的生命力所驱动。金融投机需要知识、勤奋、技能和计算；同时，它也体现了一种与生俱来的力量。（Preda，2009：202）

普瑞达（Preda，2009：227）发现，"普遍的恐慌概念正是对丧失至关重要力量的主题的回应"。这种"至关重要的力量"是一种魅力。它类似于凯恩斯主义的"动物精神"，这在凯恩斯对大萧条原因的分析中占有重要地位。

罗伯特·席勒（Robert Shiller），或许是当代最重要的凯恩斯主义者，如此定义：

> 约翰·梅纳德·凯恩斯（John Maynard Keynes）在其 1936 年出版的
> 《就业、利息与金钱通论》一书中推广了"动物精神"一词，这一术语
> 与消费者或商业信心有关，但它的含义更为广阔。它也指我们彼此之间
> 的信任，我们在经济交易中的公平感，以及我们对腐败和失信程度的感
> 知。（Shiller，2009：A15）

席勒与他的同事阿克洛夫（George Akerlof），利用凯恩斯理论分析了"信
心乘数"的存在（Akerlof and Shiller，2009），类似于经济学家观察到的其他
"乘数"（投资、消费或政府开支乘数）。与其他乘数一样，每一单位的信心
的增长或丧失，会产生多个单位收入的收益或损失。

阈限（Limitality）

文化具有指导人类行为的权力，这一特性延伸至它塑造时间的能力，时
间的物理性质是不可侵犯的。在伯格森（Bergson）的定义中，时间是延绵不
断的，是不可抗拒、不可分割的潮流。这一潮流构成了塞蒂娜（Cetina，
2005）分析全球金融组织所重点定义的"世界时间"。作为物理问题，时间永
远不能停止和重新启动或分成离散的时段。正如希腊哲学家齐诺（Zeno）在
其著名悖论中所说，如果你假设有能力停止或开始时间，从而将比赛分解为
一系列不连续的分段时间，你可以证明一个荒谬的说法，即一个更快的赛跑
者永远追不上一个更慢的赛跑者。如果——正如在华尔街的惯例——你出于
会计目的把时间按照年度予以划分，并以此来分配短期"奖金"，员工会在不
得不处理他们几乎不可避免而且可能是灾难性的长期损失之前离开。甚至可
以说，金融资本主义不可避免地会失败，因为它代表了试图商品化时间的企
图，而这种方式从逻辑上看是非常荒谬的。

然而，随着涂尔干主义者的思路我们恰恰可以观察到，金融危机作为一
种仪式，具有塑造社会时间的权力。在金融危机爆发的时期——投机泡沫的
时期——有一种时间的确正在加快的感觉；在危机的关键时刻，当信贷蒸发
和市场占领增加时，有一种时间在此时停止的感觉；随着危机蔓延，有一种
时间重新开始的感觉，尽管开始放缓。在危机的核心，国家和市场官员必须

考虑关闭市场，或决定不再重新开放；在严重危机中，政府必须通过对最后贷款人的干预挽救金融公司，以避免这些灾难性的后果。

悬置社会时间流的仪式过程，是采用特纳（Victor Turner）最有影响力的概念"阈限"。特纳描述了在过渡时期状态时发生转换的仪式化过程：

> 第一阶段，分离包括象征性的行为，这些行为标志着个人或群体从社会结构中较早的固定点或既定的文化条件（"国家"）中脱离。在阈限期间，仪式主题的状态变得模棱两可，无论在这里还是那里，在固定的分类点之间……在第三阶段，这一段完成了，仪式主题……重新进入社会结构。（Turner，1974：232）

根据特纳的数据，临界值有共态的特性，在增强社区精神方面对正常状态区别进行分级；是反结构的，是正常结构的象征反转。

安迪·罗斯·索尔金（Andrew Ross Sorkin）撰写的《大而不倒》，提供了当前金融危机关键阶段中新闻的"幕后"重建过程，它清楚地说明了发现和谈判过程的阈值性质，这些过程几乎无法防止金融体系的全面崩溃。财政部和美联储官员、华尔街银行家、他们的律师以及他们的员工夜以继日地工作，整个周末都在为雷曼兄弟（Lehman Brothers）和美国国际集团（AIG）等公司制定解决方案。例如，当纽约市长布隆伯格（Michael Bloomberg）首次从财政部长保罗森（Hank Paulson）那里得知此次危机的严重性时，他告诉他的副市长取消他们去拜访加利福尼亚州长的行程计划。正如通常由彭博社解释的那样，"世界即将结束"（Sorkin，2009）。

语言移位

如瓦格纳-波森菲尔（Wagner-Pacifici，2005）在其著作《投降的艺术》中所示，阈限的仪式是指，通过语言人类学家希尔福斯坦（Michael Silverstein）所说的"指示延迟"，即不协调或矛盾的指示并存或在特定情况下的"移位者"（代词和副词随时间和空间而变化，其引用可根据上下文变化）的压缩来转换和重建个人及群体的身份。此时，"此处"为何处？在此处，"现在"为何时？此时此处的"我们"是谁？

例如，在美国银行（Bank of American）接管陷入困境的美林证券公司（Merrill Lynch）的那个上午，美林证券公司曾经的高管们和即将为美国银行工作的高管门从街上进入他们的总部时，他们正在进入的是美林大楼还是美国银行大楼？当他们仅仅对股票收购谈判有部分了解，就越过阈限（特纳指出，阈限的拉丁语是 Limen，是"Liminar"的词根），这是他们在美林的最后一个工作日，还是他们在美国银行的第一个工作日？他们已经出去了，还是只在路上？事实证明，这不仅仅是学术上感兴趣的问题，因为在精确的时刻一个公开丑闻爆发——在时间阈限之前或之后——当时那些明显不称职的高管行使权力，使他们自己获得了丰厚的奖金。

在这个地点和时刻，"我们"是谁？索尔金报道了一次尴尬的会议，在初步谈判遇到问题后，由美联储指派的摩根大通（JP Morgan）的投资银行主管布朗斯坦（Douglas Braunstein）一直在检查困扰美国国际集团（AIG）的财务报告以算出预期收购值，两名为 AIG 工作的律师怀斯曼（Michael Wiseman）和甘布尔（Jamie Gamble）一直与他一起工作，并和他亲切交谈：

> "听着，我们没有太多的时间，我们希望靠你得到一些数据，"怀斯曼把他拉出房间后，愤怒地问布朗斯坦。"但我们需要知道你为谁工作。为我们美联储，还是摩根士丹利？"
>
> "我认为，没有和律师讨论，我不能回答这个问题，"布朗斯坦在停顿后说……
>
> 在几分钟后当他再次出现，他僵硬地对怀斯曼说："我不能说。你应该直接联系财政部。"
>
> "好的，谢谢，"怀斯曼与他握手并说，但布朗斯坦只转过身继续他的会议。（Sorkin，2009：395-396）

共态（Communitas）

索尔金的证据还说明了共态。尽管在管理投资银行、中央银行以及国家和国际管理机构群体之间和之内的关系中，存在竞争甚至冲突的规范，但金融界的参与者不仅在危机期间以团结一致的精神工作，而且还戏剧性地存在仪式上的团结一致。当摩根士丹利的首席执行官戴蒙（Jamie Dimon）首次告知布朗斯坦他们将与高盛合作以试图阻止 AIG 的倒闭时，

> 布朗斯坦的脸上出现恐惧的表情，他大声问道："高盛到底是从哪里

来的？他们没有冲突吗？我是说看看他们对 AIG 态度，他们是巨大的对手。"戴蒙驳回了他的顾虑。"美国政府告诉我们这样做，"他重复……"我们被要求帮助解决这种情况。"（Sorkin，2009：375）

同样，即使在高盛的 CEO 打电话给戴蒙，希望他停止散布关于他的公司的虚假谣言之后，报纸和电视报道了两个人走在一起并友好交谈的新闻，因为他们一起离开了一个奥巴马总统在白宫举办的特别会议。在一次非正式的联合访谈中，他们称这只是一种合作精神。

共态渗入流行文化。在一位丑闻记者写道"世界上最强大的投资银行就像包裹在人类面前的强大的吸血鬼，无情地把它的血漏斗塞进任何闻起来像金钱的东西"（Taibbi，2010：209）之后，高盛的首席执行官通过为这篇批评性文章的书籍提供宣传简介，展示了他的兄弟情："奇怪的是，《滚石》杂志报道了一些东西。我把它看成奇闻趣事，上面写着一些人可能会觉得有趣的内容。"

结构与反结构

在索尔金的报告的冲击以及随后一系列疯狂的多党谈判，很容易找到证明弗雷德·布洛克（Block，[1977] 1987）的经典论断"不统治的统治阶级"，以及在马克思话语里的历史呈现了统治阶级"后背"的证据。雷曼首席执行官福尔德（Dick Fuld）被发现对他公司非常艰难的财务状况完全不知情。财政部长保罗森（Hank Paulson）焦虑地从一次金融危机中脱身，又陷入下一个金融危机，很难保住自己的地位。布洛克（Block）强调维持商业信心的政治约束，因为政治行动需要增加收入保持工人阶级的稳定。

克里普纳（Krippner，2011）更新并阐述布洛克的观点。她认为目前的危机是结构性的，是数十年来的通货膨胀和金融化的不知不觉和不可预见的结果，政客们在财政和合法化危机的背景下，急于尽可能地掩盖和推迟分配稀缺资源以满足各竞争团体无限要求的尖锐问题。通货膨胀使得向民众提供抵押贷款和其他利益的流行成为可能，而外国投资则减轻了增加国内资本积累的相对失败。金融化创造了巨大的新利润——到 2001 年，由于生产和服务业利润停滞，金融利润占全国总量的 40%。

在金融危机的阈值中，世界颠倒了。金融利润急剧消失或下降。当面临金融大灾难的威胁时，美国国会暂停其监管权力，通过财政部起草了不得人心、不完全明确的紧急法案。政府以帮助人民为名，向银行支付巨额款项。华尔街的高管们，以其非凡的能力和辛勤的工作为理由，认为他们过高的薪酬是正当的，但承认自己无法预见崩溃。那些废除了政府监管的立法者，加强了监管制度的增长力度，至少这最初是在华尔街的合作与承诺下进行的。著名的私人投资银行启动公关活动，宣称将通过运作满足公众利益，如危机后高盛在其公司网站宣称"促进创新和创造就业机会"。以危机的象征性构成为例，这些投资银行参与了散乱无章的"代码转换"，强调一系列行为术语（例如开放与隐秘、信任与怀疑、利他与贪婪、真实与欺骗），亚历山大和史密斯（Alexander and Smith，1993）认为这些术语意味着对维护"公民"而非"反公民"关系的承诺。

　　在危机爆发之前，美国经济被视为世界的支柱。随着危机的爆发，人们转而将其视为全球金融污染的源头。

洁净与危险

　　从投资银行的投资组合中删除"不良资产"的方法，进一步证明了金融危机的仪式性。事实上，2008 年秋季财政部的"问题资产救助计划"（TARP）的实行最好被理解道格拉斯（Mary Douglas）人类学理论中的"纯洁与危险"的案例研究。其著作（Douglas，1966）的结尾章节以"系统的打破和更新"命名。与特纳（Victor Turner）相似，道格拉斯解决了如何维持"分类团结"的涂尔干社会学理论的核心问题。通过接受涂尔干的分类方案是社会事实的假设，道格拉斯认为不仅是在原始宗教中，"危险"是造成污染的形式："不合适的事情"扰乱了宇宙的一致性和纯度。

　　该论文里最著名的应用是，道格拉斯分析了《利未记》（Leviticus）中规定的饮食规范，它不是真正的卫生问题而是对象征秩序的表达。因为《圣经》中的每一道饮食禁令"开始都有一个'成为圣洁'的命令，所以它们也必须由这个命令来解释。在圣洁与憎恶之间必然存在都是以神圣的命令开头的，所以他们必须由这个命令来解释。在圣洁和憎恶之间必然存在着一种对立，它从根本上决定了所有具体限制的整体意义"（Douglas，1966：49）。"圣洁意味着保持创世之物的独特性。因而，它也包含着正确的界定、区别于秩序。"（Douglas，1966：53）。例如，最初是禁止吃猪的，因为"作为偶蹄……但不是反刍动物"，它们隐约跨越两类动物，所以文化上应该被分开。"总的来说，判断某种动物是否洁净的原则，就是看它是否与其所属种类（的基本特征）保持一致。这些鸟类之所以是不洁净的，是因为它们在其类种中是不完美的成员，抑或是因为它们的种类本身回校了世界的基本架构。"（Douglas，1966：55）因此，污染定律本质上是表意性而非工具性的。

表意逻辑比工具逻辑更能解释 TARP 计划的颁布。面对全球信贷冻结迫在眉睫的危险，美国财政部在面对如此强烈的政治反对时提出这一计划，它在第一次提案时未获国会通过，而且受到抵制政府监管条件的银行自身的反对。当最终颁布时，它几乎没有放松信贷。事实上，这项倡议在其最初的失败之后就已经死了，但没有一个财政部长的顾问重新设计它，尽管它的名字是希望将资本直接注入银行。结果表明通过"分离""不良资产"来"净化"银行投资组合的概念完全行不通。正如财政部官员后来意识到的，因为没有一个头脑清醒的人愿意购买这些资产，所以没有办法给它们定价。虽然从我所知来看这并非官方承认的，但不难想象这么多的金融票据都被"垃圾"包裹着，这不可能筛选出那些财务状况良好的资产。尽管隔离"问题资产"不可能实现，但 TARP 计划的第二稿保留了其具有误导性的原始名称，其象征性承诺避免了全球金融崩溃的危险。

一路走低的"斗鸡"

不良资产的污染较健全资产的危险，只代表了市场的一个"黑暗"面。阿克洛夫和席勒（Akerlof and Shiller，2009：26）在动物精神中辨别出"经济险恶的一面"的一些来源：他们将一些经济波动归因于"随着时间的推移变化……彻底腐败"，更为严重的是在"经济活动中的糟糕信仰，虽然技术上合法，但有险恶的动机"。普瑞达（Preda，2009：200）在陀思妥耶夫斯基《赌徒》的核心辩证分析中找到了根深蒂固的"市场黑暗面"，一方面是有纪律的经济行为者和资本的逐渐积累，另一方面是经济行为人也是冲动的赌徒。这黑暗的一面是资本主义不可避免的产物："与积累过程密不可分的个人化创造了破坏多代积累概念的时间跨度。"格尔茨在他最著名的文章中通过解释"巴厘岛斗鸡"的"文本"，描绘了经济生活的阴暗面。

首先，根据格尔茨（Geertz，1973：420）的文本，巴厘岛公鸡象征兽性，与人类对立，"巴厘岛人在与他的雄鸡认同时，不仅把雄鸡与他理想化的自身联系在一起，甚而与其男性器官联系在一起，同时也与他最恐惧、最憎恨、既爱又恨的事物，即使之'神魂颠倒'的'黑暗的力量'联系在一起"。根据陶西格（Taussig，1980）的研究，也许出于同样的原因，无依无靠的南美农民被迫从事劳动赚取工资，正好在他们成为无产阶级时出现了恶魔，格尔茨报告"在寻找天堂和地狱的尘世对应物时，巴厘岛人把前者比作一个刚刚赢了斗鸡比赛的人的精神状态，而把后者比作一个刚刚输掉斗鸡比赛的人的心态"（Geertz，1973：421）。

当然，斗鸡是高度性别化和有性特征的仪式，除了其他意义，公鸡还象征着巴厘岛人的生殖器。生殖器图像也笼罩着贸易和投资银行业务。在金融家的日常行话中，"BSD"（Big Swinging Dick "大摇摆的生殖器"）是投资银行家的名称（也是自我命名）。人类学者泽鲁姆（Zaloom，2006：95）指出芝加哥贸易委员的地窖是完全正常化的斗鸡活动的场所，当一个交易者自称"大"时，他指的是他的生殖器。"男人用同性幽默的习语来与其他男人社交，扮演着男性统治的典范。"（Zaloom，2006：122）泽鲁姆接着详述：

> 身体控制是经济竞争的隐喻。性交和被性交是金融支配和毁灭的传统表现。交易者使用各种侮辱和贬低的性词语……宣誓的重点是肢体语言，特别是穿透或被穿透的器官……交易员用性和暴力方面的身体上的术语描述了经济损失……权力与竞争的深刻身体表现，明确了通过经济竞争来支配的意志。每笔交易都能在其他人面前炫耀演讲者的阳刚力量。（Zaloom，2006：123）

格尔茨对围绕巴厘岛斗鸡的赌博模式的诸多观察，也适用于赌场经济的金融市场。许多投注活动代表了格尔茨及跟随者本瑟姆（Jeremy Bentham）使用的"深层游戏"术语。当赌博中可能失败的代价超过了可能成功的好处，不可能有合理的动机去参与。投注往往在中心相对平衡，而其侧面相对不平衡。中央赌注越大，就越有诱惑力做空。人们可以自由地借钱来赌钱，但一旦他们只有一个人就不能借钱。

因为现代金融家通常可以"合理化"风险，如通过证券化风险资产并迅速抛售它们，他们许多行为并不构成"深层游戏"。但是，为什么所有的金融家都参与这种形式的"深层游戏"，他们就会失败？正因为它是他们的动物精神的不合理实践。与巴厘岛斗鸡相似的方法是，华尔街是（用格尔茨的语言，借用戈夫曼的说法）"血洗状态"。普瑞达（Preda，2009：206）注意到，在2008年花费法国兴业银行 70 亿美元的流氓交易员（作为预兆者，某些账户甚至是全球金融危机的部分诱因），主要是出于"希望…… 被认为是与交易楼层中明星交易员平等的，以超越他作为较小交易员的地位，并被展示他认为他应得的尊重和考虑"的动机。事实证明，在很大程度上，让那些令人羡慕的交易员成为"明星"的原因是一种令人惊讶的欺骗手段，使他们能够逾越了允许的风险。

因此，华尔街仪式至少与巴厘岛人有某些相同动机。格尔茨（Greetz，1973：444）所说的巴厘岛，"它将自尊与人格联结起来，将人格与公鸡联结起来，又将公鸡与毁灭联结起来，它给想象的现实带来一个巴厘岛人能够经验的维度，并在平时这是被掩盖起来的"。斗鸡的戏剧化之处是（用玛丽·道格拉斯的话说）对资本主义核心的标准化"憎恶"。"反结构"（用维克特·特纳的语言）通常掩藏在非阈值范围，与"结构"相互纠缠。

对格尔茨来说，社会包含自己的解释。文化是解释的组合，人们自己已经织好"意义的网"，其中的生活被悬置起来。它是以象征性和自我反思的方式创造的，没有任何终极的本体论基础。格尔茨用寓言的方式生动地表达了这个情况：

> 这是一个印度的故事，至少我听到的它是印度的故事。一个英国人被告知这个世界停留在一个平台上，这个平台停留在一头大象的背上，而这个大象正在一只乌龟背上休息，他问（也许他是一个人类学者，这是他们的行为方式）。"海龟在哪里休息？""另一只海龟身上。那只海龟呢？""啊，大人，那之后一直是海龟。"（Geertz，1973：28 – 29）

但是，如果在交易楼层的日常行动代表了模式化的斗鸡形式，我们可以说什么是金融危机，金融危机中的"血洗状态"规模非凡，修订金融体系本身的构成规则迫在眉睫？正如弗雷格斯坦（Fligstein，2001）解释，严重的金融危机是修改规则的唯一现实机会——产权、治理结构、交换和控制等——决定市场结构并稳定经济金融公司的等级制度。格尔茨主张解释文化的目的是，要确定"它的社会基础并强调其重要意义"，强调暴力、权力和经济之间的相互作用，它们同时建构并反映了文化。金融危机在体制环境中发挥作用，以不断累积和路径依赖的方式发展；每一次危机的主要结果是修订体制背景，帮助建立新的条款使问题紧急的金融系统及其随后的危机依次发生。例如，试想一下大萧条后《格拉斯 – 斯蒂格尔法案》和证券交易委员会（SEC）的建立如何帮助塑造了上半世纪的金融活动。每一次危机都为后继者不断演变的集体记忆制造文化遗产，即使仅仅是体制背景的变化；从很实际的意义上讲，每一次金融危机都取决于另一场金融危机，可以成为"一路走低"。

问责的禳解仪典（Piacular Rituals of Accountability）

斗鸡、洁净的仪式以及反结构的社会转型的阈限仪式是涂尔干称作"禳解"仪式行为的各类变体：

> 也有悲伤的仪典，他们要么是为了赢下一场灾难，要么是为了纪念或痛悼这场灾难……我提议把这些仪典称为禳解仪式。禳解（piaculum）这个词自有其优点，它不仅包含有赎罪的观念，而且含义更广泛。所有不幸、所有凶兆、所有能够带来悲伤和恐惧感的事物，都使禳解成为必要，因此才称之为"禳解"。（Durkheim，[1912] 1995：392 - 393）。

> 当社会出在使它悲伤、困窘或恼怒的环境中时，它就会通过某种意义重大的作用迫使它的成员正视这种处境。它强迫他们履行义务：痛哭、呻吟、殴打自己和他人。因为他们必须表现和加强这些集体的呈现与道德的共享，必须为集体储存能量，由于各种环境时刻威胁着他们，要把这些能量掠夺走，所以他们必须通过上述方式，才能把能量存留下来。（Durkheim，[1912] 1995：415 - 416）

在涂尔干的研究术语里，与"积极的"仪式相比，"消极的"仪式对创造"集体欢腾"的需要一点儿也不少，而正是"集体欢腾"使得共同体的团结得以产生。

这种涂尔干主义的观察有助于激发亚历山大（Alexander，2006）关于"公民领域"——共同体团结领域——的更即时的理论，来抵制国家和市场的侵犯。亚历山大的理论不仅是他对批判理论的回答，而且是对正式组织的"制度主义"理论的必要补充，强调金融系统需要使用他们的正式结构，这与他们的政治、法律和经济环境（如 Meyer and Rowan，1977）或他们的组织领域（DiMaggio and Powell，1983）是"同构的"。亚历山大和我将坚持认为，"问责制"的公开仪式对金融危机后恢复金融体系的合法性是必要的。

然而与亚历山大相反，就公民领域成功地执行（甚至任命或设想）金融危机的问责制，我并不认为这是理所当然的。事实上，尽管目前的金融危机的结果还不为人所知，但到目前为止，与以往的危机相比，认为这是有罪的反应明显缺乏。例如，在大萧条时期，皮科拉（Pecora）听证会产生了全国性的奇观，清楚地揭示了金融和政治"腐败网络"的过错，并强调推进立法改革的进程。相比之下，今天承担类似指控的立法委员会——金融危机调查委员会（FCIC）——虽然有充分的理由却完全没有吸引关注，委员会成员之间的党派分歧甚至阻止同意出示共同报告。

正如萨特斯（Gerald Suttles）在《经济学家》头版中展示的那样（Suttles and Jacobs，2010），皮科拉听证会在1932～1934年开始了公开的国会调查，通过明确大萧条原因有效地抓住公众的关注，并聚焦了公民的愤怒情绪。每天成果都刊登在《纽约时报》和其他报纸的头版。皮科拉对目击者的彻底审问一直是安静温柔的；他巧妙地引出了证人之间的不一致，又从未质疑让许多证人深陷自责的频繁记忆失误或其他逃避理由。尽管是慢节奏、非感性和非方向性的，这些听证会仍然建立了令人难忘且有说服力的"有关动机的语法规则"以解释1929年崩溃的原因。

在末尾中，皮科拉在隐喻"影响网"中展现了这一叙述，在公开的听证会上，他一直在画图表、命名。但是，对不可避免地导致银行和证券市场的政治腐败和欺诈的系统弱点的揭示，戏剧性地引起对新银行条例的需求，并直接导致1933年《证券法》、1934年《证券和交换法案》和1934年《格拉斯－斯蒂格尔法案》的通过。这些听证会没有一个人被起诉，因为关键是要阐明和传达资本主义危机。但是，明确约定的问责制可以帮助修复萧条在公民领域造成的破坏。由此产生的立法建立了一个监管结构，用于在未来半个世纪内防止或抑制类似的危机。金融公司可以通过将他们新的"功能神奇的制度规则"纳入正式结构，开始重新获得失去的合法性（Meyer and Rowan，1977：345）。有效的工人阶级运动给罗斯福（Franklin Delano Roosevelt）以压力，使其提出新的社会福利协议和保险措施以更多保护公民权利。

两次危机的故事

目前的全球金融危机没有看到这样的事态发展。国会听证会产生的奇观多于具体信息。一些措施实际上只是增加了随后危机的风险。在越来越多的国家工会被剥夺了重要权利，而且没有出现有效的大规模工人阶级运动。截至 2011 年 3 月撰写这篇文章时，没有人因不法行为导致金融崩溃而受到惩罚。相比之下，在 20 世纪 80 年代末的储蓄和贷款危机中，美国司法部（联邦调查局提供的支持比现在更大）完成了对约 1000 名失败的储蓄机构的官员的重罪定罪（Nocera，2011）。华尔街的银行也没有遭受严重制裁。

为应对危机所建立的用来调查和报告危机原因的 FCIC，无法发布所有党派可以接受的报告。事实上，不仅委员会的共和党成员不愿意同意民主党的意见，党内成员也不愿意同意彼此的意见。委员会中五个民主党成员发表了代表大多数的报告；三个共和党成员发表了一份异议报告，另一位共和党成员发表了单独的异议。民主党人的主要声明是"这场危机是可避免的"（FCIC，2011）。实际上，三个共和党人的主要主张是泡沫的发生："美国和欧洲都出现了信贷泡沫。"（FCIC，2011：414）就文学流派而言，民主党将危机的产生叙述为喜剧，由恶棍造成；共和党人将其描述为悲剧，在很大程度上为金融家、政策制定者和相关监管者开脱罪责。没有像皮科拉委员会已经做的那样，引起公众注意和关注公众的愤怒，FCIC 扩散了人们的兴趣和焦点。委员会成员之间的分歧推迟了公布调查结果，最后为时已晚，已经不能影响《多德－弗兰克法案》（Dodd-Frank Act）的起草工作，甚至在委员会规定的正式截止日期之后都未能公布调查报告。

从本章来看，《多德－弗兰克法案》的综合条款的效力还不明确。最糟糕的是监管细节，目前还不清楚。但很难想象，这些细节没有反映出华尔街的激烈游说。已经清楚的是，该法案没有解决造成这场危机的原因，而将更大的监督责任交给了联邦储备委员会（FRB），其松懈的监管首先助长了这场危机。它还将增加的监管责任，并分配给安全和汇率委员会（SEC），其预算已经受到严重打击。它免除了对特别定制的衍生产品（可能比标准衍生产品风险更高）和外汇衍生品的透明度要求，这是衍生品中最大的一类。

当前的全球金融危机是我所说的"无过错社会"的例证。无过错社会的特点是紧缩个人主义，模糊公共和私有的界限以及法律规则的松弛，这不仅腐蚀了运行的机制，而且侵蚀了问责制的基础。金融危机的当事方可以利用其专业分工固有的碎片的合理性来推卸自己的责任。房地产投机者、抵押经纪人、抵押合并者、社区银行家、投资银行家、央行行长、评级机构、会计师、律师、分析师、记者、监管机构、政治家都相互指责，否定自己在危机中的责任。华尔街的薪酬结构说明了"有限定的个人主义"（constrictive individualism)（具有讽刺意味的是，这一观念的信仰和胜利很大程度上源于制度实践），这种薪酬结构发放巨额年度奖金并以承受"尾部风险"为代价，而对失败没有任何惩罚（甚至一些银行在发放奖金时所实行的新的"追回"条款可能会在大多数"尾部风险"的失败出现之前到期）。有限定的个人主义也说明了，一些没有物质参照的金融工具的设计，除了作为"赌场经济"的筹码外没有社会价值。这也说明了应该起诉个人，而不是明确危机的系统性。也许"公共和私人界限模糊"最好的例证是政府救助和进入 90 天美联储贴现窗口的金融公司"大而不倒"，以及政府甚至没有对使用纳税人钱的一揽子赔偿规定进行限制；结果是在将利润私有化时公告风险。邀请高盛集团（Goldman Sachs）和摩根士丹利（Morgan Stanley）成为银行控股公司，有机会进入贴现窗口，甚至有更大的防止可能失败的隐性政府担保，这只会加剧"大而不倒"的难题，而这一难题在引发危机的第一时间起到了如此重要的作用。"法治的松弛"是在崩溃之前的长期金融放松管制期间，以及不能识别非法行为的时期出现的。

结　论

执行的失败（迄今为止）、更少的任命，更不用说对当前全球金融危机的问责制，都是令人费解和不安的，因为违规行为对社会秩序的更新至关重要。格尔茨对斗鸡的经验主义分析路径同样适用于研究金融危机。"斗鸡的功能，如果一定要这样称它的话，在于它的解释作用：它是巴厘岛人对自己心理经验的解读，是一个他们将给自己听的关于他们自己的故事"（Geertz，1973：448），没有约定问责制的能力，我们就无法实现这个故事。如果我们不能实现这个故事，我们就不能通过有罪的仪式的表现来予以结局。我们无法完成向集体复兴的有限过渡阶段；由于我们缺乏关于我们是如何被埋葬在"垃圾"中的任何说明，我们无法减少金融资产的污染。我们不能消除我们集体意识中存在的不安情绪；动物精神将持续虚弱。公民领域无法恢复其完整性。我们的集体记忆不会使我们加强金融生活的制度设置，也无法辨别下一场危机的原因。在所有这些感官中，金融危机的物质逻辑都植根于一种文化，一种象征和仪式的逻辑。

普遍的"无过错"的态度无法阻止金融行为者（从某种程度上说，是我们所有人）继续蒙混过关。半个世纪前耶格和塞尔兹尼克（Jaeger and Selznick，

1964：658）在一篇经典但被低估的文章中写道，"在我们这个时代的教训中，至关重要的是，尽管文化意义衰弱，象征性清空，制度向组织转变，社会仍然可以坚持下去"。但是，正如他们所说的，文化应该被构思得具有规范性，即能够根据其目的进行批判性的评价，即"使世界充满了个人的意义，将内在自我放在舞台上，将狭隘工具角色转变成精神实践的媒介（Jaeger and Selznick，1964：659）。具体的象征和仪式在质量与效果上有所差异。我们可以在"无过错"的精神下，在不对这场金融危机采取有效文化反应的情况下蒙混过关，但这样做的代价是我们的生命力、我们的成就以及我们的人性。

注释

1. 下一节主要来自前言部分以及与萨特斯等人的合作研究（Suttles and Jacobs，2010）。

参考文献

Akerlof, G. and Shiller, R. (2009). *Animal Spirits*. Princeton：Princeton University Press.

Alexander, J. (2006). *The Civil Sphere*. Oxford：Oxford University Press.

——and Smith, P. (1993). "The Discourse of American Civil Society：A New Proposal for Cultural Studies". *Theory and Society* 22/2：151 – 207.

Block, F. （[1977] 1987）. "The Ruling Class Does Not Rule：Notes on the Marxist Theory of the State," In *Revising State Theory*. Philadelphia：Temple University Press, 51 – 68.

Calavita, K., Pontrell, H., and Tillman, R. (1999). *Big Money Crime*. Berkeley：University of California Press.

DiMaggio, P. and Powell, W. (1983). "The Iron Cage Revisited：Institutional Isomorphism and Collective Rationality in Organizational Fields. " *American Sociological Review*, 48：147 – 60.

Douglas, M. (1966), *Purity and Danger*. London：Routledge and Kegan Paul.

Durkheim, E. （[1912] 1995）. *The Elementary Forms of the Religious Life*.

FCIC (Financial Crisis Inquiring Commission), (2011). *The Financial Crisis Inquiry Report*. New York：Public Affairs.

Fligstein, N. (2001). *The Architecture of Markets*. Princeton：Princeton University Press.

Geertz, C. (1973). *The Interpretation of Cultures*. New York：Basic Books.

Hamilton, T. (2009). "Crisis Reset Economy：Immelt. " *The Toronto Star*, February 11.

Jacobs, M. D. (1990). *Screwing the System and Making It Work：Juvenile Justice in the No-Fault Society*. Chicago：University of Chicago Press.

—— (2005). " The Culture of Savings and Loan Scandal in the No-Fault Society," in

M. D. Jacobs and N. W. Hanrahan (eds.), *The Blackwell Companion to the Sociology of Culture*. Malden, MA: Blackwell, 364 – 80.

Jaeger, G. and Selznick, P. (1964). "A Normative Theory of Culture. " *American Sociological Review*, 29/5: 653 – 69.

Knorr Cetina, K. (2005). "How Are Global Markets Global? The Architecture of a Flow World. " In K. Knorr Cetina and A. Preda (eds.), *The Sociology of Financial Markets*. Oxford: OUP.

Krippner, G. (2011). *Capitalizing on Crisis: The Political Origin of the Rise of Finance*, Princeton.

Meyer, J. and Rowan, B. (1977). "Institutionalized Organizations: Formal Structure as Myth and Ceremony. " *American Journal of Sociology*, 83/2: 340 – 63.

Nocera, J. (2011). "Biggest Fish Face Little Risk of Being Caught. " *The New York Times*, February 25.

Poovey, M. (2008). *Genres of the Credit Economy*. Chicago: University of Chicago Press.

Preda, A. (2005). "The Investor as a Cultural Figure of Global Capitalism," in K. Knorr Cetina and A. Preda (eds.), *The Sociology of Financial Markets*. Oxford: Oxford University Press, 141 – 62.

—— (2009). *Framing Finance*. Chicago: University of Chicago Press.

Sahlins, M. (1976). *Culture and Practical Reason*. Chicago: University of Chicago Press.

Scott, M. B. and Lyman, S. (1968). "Accounts. " *American Sociological Review*, 33/1: 46 – 62.

Shiller, R. (2009). "Animal Spirits Depend on Trust. " *The Wall Street Journal*, January 27.

Sorkin, A. R. (2009). *Too Big to Fail*. New York: Viking.

Suttles, G. and Jacobs, M. D. (2010). *Front Page Economics*. Chicago: University of Chicago Press.

Taibbi, M. (2010). *Griftopia: Bubble Machines, Vampire Squids, and the Long Con that is Breaking America*. New York: Spieg.

Taussig, M. (1980). *The Devil and Commodity Fetishism in South America*. Chapel Hill.

Taylor, M. (2004). *Confidence Games: Money and Markets in a World without Redemption*. Chicago: University of Chicago Press.

Turner, V. (1974). *The Forest of Symbols*. Ithaca.

Wagner-Pacifici, R. (2005). *The Art of Surrender*. Chicago: University of Chicago Press.

Zaloom, C. (2006). *Out of the Pits*. Chicago: University of Chicago Press.

第 20 章
金融欺诈的社会学

布鲁克·哈丁顿（Brooke Harrington）

　　如果有一本关于欺诈社会学的书，它肯定是赫尔曼·梅尔维尔（Herman Melville）在 1857 年写的小说《骗子》。在某一天（当然是愚人节），有个"市场经济活动的比喻"（Mihm，2007：4）正是呈现了这个标题的特征，因为他在沿密西西比河航行的汽船上进行贸易，采用交易是通过从捐赠到贷款等借口从他的同伴手中赚钱。梅尔维尔写道，骗子的成功不仅因为他的技巧，而且因为船（很像经济理论所说的市场）"总是充满陌生人，更奇怪的是她在某种程度上不断地增加或替换陌生人"（Melville，[1857] 2010）。在参与者的不断更替中，骗子本身仍然是一个稳定的存在，欺诈是唯一的不变。难怪最近一个社会学家要求重新评估"骗子在社会构建中的重要意义"（Ogino，2007）。

　　正如梅尔维尔的故事所暗示的，欺诈社会学与信任和信心社会学密不可分（见本书第 27 章）。的确，金融史告诉我们，信心是资本主义和欺诈活动共同的合法性基础。回顾历史上第一次大规模金融诈骗——1720 年的英国南海泡沫——和当代金融危机（以像伯纳德·麦道夫这样的白领骗子的阴谋为特征）之间所经历的近 300 年，我们可以理解一个历史学家如何得出这样的结论："资本主义的核心只是一种信心游戏而已"，容忍已知的欺诈是因为"只要信心高涨，即使是最牵强的投机行为也会浮出水面，财富将会增加"（Mihm，2007）。

　　在此系统中，欺诈和信任一起蓬勃发展。因此，合法和非法行为、罪犯和诚实的交易者之间的界线变得模糊且危险，这对资本主义本身的基础提出了令人不安的问题。在当代资本主义社会，这必然导致进一步的关于社会结构的问题，这些问题包括制度、交易以及自身身份的本质等方面。事实上，从过去半个世纪社会理论的回顾中可以得出的一个结论：欺诈在各个层次上贯穿于社会生活。为代替个人真实性，我们有了"拟像"（simulacrum）（Baudrillard，1994）；为代替人际亲密性，我们有印象管理（Goffman，1959）；为了取代受信任的机构，我们发现与欺诈有关的结构往往是矛盾的，而且往往是显而易见地同谋（Galbraith，2004；Tillman and Pontell，1995）。下面将在这三个概念维度下，详细具体地研究欺诈的含义。但首先有必要讨论关于金融诈骗的法律和社会科学定义。

金融欺诈的定义

区别于其他类型的犯罪和社会越轨，欺诈行为是基于"潜移默化地融入合法行为"的方式（Shover，Coffey，and Sanders，2004）。要使欺诈行为发生，必须使欺诈行为难以确认。此外，对于欺诈的描述有很大差异；美国法律承认至少有 24 种不同类型的欺诈行为，从邮件和证券欺诈到法院诈骗等（Garner，1999）。由于"控制事实"所引发的不确定性，金融世界特别容易受到欺诈，这意味着有"充分的预测，但没有确切的知识"（Galbraith，2004）。骗子和其他犯罪者利用这种不确定性，利用个人情绪（如希望、恐惧、羞耻和贪婪）以及信任关系和制度所提供的机会。

由于欺诈行为广泛被低估，很难确定其真正的范围和成本，但在美国因欺诈造成的年度损失估计为 400 亿美元至 1000 亿美元（Langenderfer and Shimp，2001；Titus，Heinzelmann，and Boyle，1995）。这包含数百万美国人中每一个遭受投资欺诈的受害者平均损失 22175 美元，其中许多人是重复受害者（Titus and Cover，2001）。在英国，金融诈骗每年造成的经济损失为 130 亿英镑至 300 亿英镑（Fisher，2010）。这些估计包括从机构腐败到个人诈骗的许多层面上的欺诈行为。虽然金融诈骗继续采取梅尔维尔所设想的（戈夫曼在 1952 年将其理论化）面对面骗局的形式，但新技术和复杂的组织结构越来越被用来进行欺诈，这是"非对抗性的……可以远程进行"（Shover，Coffey，and Sanders，2004）。这种现象的复杂性和不断变化的面貌必须予以明确界定。

在常见的说法中，欺诈意味着有计划地利用不诚实来获得不公平的好处，通常在具体过程中利用其信任地位，并且与信心有关。牛津英语词典（第二版，1989）将欺诈定义为"刑事欺诈"。但在关于这种现象的现存的极少数社会学文献中，所采用的定义更为微妙，强调了使欺诈成功的"伪装"常态。例如，最近一项关于电话销售诈骗的研究指出，"欺诈是在使用虚假陈述或欺骗手段获取不公平或非法收益时犯下的，表面上通常是通过创造和利用常规事务"（Shover，Coffey，and Sanders，2004）。社会学的观点与美国的法律立场非常相似，它认为欺诈"类似盗窃，两者都涉及某种非法行为"，但带有虚假伪装的成分。因为创造信任和常态的假象需要比偷窃有更超前的计划，因此欺诈行为会受到更严厉的惩罚（Lehman and Phelps，2004）。

虽然并非所有形式的欺骗都是欺诈，但确实有许多形式的欺骗被认为可以转变为欺诈，这包括小报风格的八卦和那些"太好了而不可能是假的"的谣言（Fine，2009），以及逼真的图像、魔术把戏和其他形式的艺术和娱乐。这些情况的共同点是获取了观众的同意，他们相信为"授权欺骗"所做的意愿，以及他们对"授权欺骗"（Harrington，2009：5）信任的意愿，而不是欺诈。这意味着在金融领域中有许多关于信仰和夸大的错误陈述（例如"道琼斯工业平均指数将在年底前达到10万"）不符合法律或常见的欺诈定义。

在美国法律中，只有以下所有条件都满足时，欺骗才成为欺诈：a）存在对事实的虚假陈述（或事实遗漏），这些事实与交易直接相关并直接影响到受害人的行为；b）发言者知道该陈述是不真实的（或遗漏是重要的）；c）发言者打算欺骗被害人；d）被害人有充分理由相信陈述的真实性和完整性；e）受害人因虚假陈述或遗漏而受伤或最终处于更糟糕的境地（Lehman and Phelps，2004）。这就将金融欺诈的法律范围缩小到两种基本形式：一是材料虚假陈述和遗漏，也被称为"不公开的欺骗"（Cronin，Evansburg，and Garfinkel-Huff，2001）；二是内幕交易。前一类罪行涵盖了21世纪初的许多金融丑闻，如安然和世通公司，其"对公司的业绩蓄意错报，要么通过改变财务报告，要么通过释放误导性的消息；这种做法增加了投资者对公司业绩随便一瞥就认为公司状况良好的可能性"（Povel，Singh，and Winton，2007）。这类欺诈的目标包括提高组织筹集资金的能力、避免监管或者股价下跌。

内幕交易通常是针对个人而不是组织收益，涉及"被告为获得其自身利益而使用机密信息进行交易，违反了对信息所有人或合法占有人的信托、合同或类似义务"（Cronin，Evansburg，and Garfinkel-Huff，2001）。这在 20 世纪 80 年代的合并和收购浪潮中是一种引人瞩目的金融欺诈形式，但它仍然是常见的并与其他形式的公司欺诈行为紧密相连。例如，安然公司的首席执行官肯尼斯·莱（Ken Lay）被指控在公司财务真正恶化并为公众所知之前，利用他获取的公司发生的会计欺诈（"材料虚假陈述和遗漏"）的特权信息，出售价值 7000 万美元的股份（Johnson，2004）。

正如内幕交易定义所示，对欺诈的认定和起诉取决于当事人的身份，以及他们互动的性质和背景。某一给定的事件是否为欺诈，取决于参与者的身份和他们互动的性质，以及发生这种互动的组织和制度环境。例如，诸如"这笔投资将在 24 小时内加倍"的声明通常不会被视为欺诈，因为它是如此牵强以至于对大多数人来说都不可信；但是，如果受害者是文盲或已经濒临破产，美国法院已将此类声明定义为在发言者知道并试图利用受害者处于身心脆弱情况下的欺诈行为。同样，发言者的身份也严重影响到他或她的陈述是否会被认为是欺诈行为。神职人员、律师和医生在这个领域受到特别的审查，不仅因为他们的职位令人信任，也因为他们被认为有其他人可以信赖的专业知识。这在金融领域尤其常见，股票经纪人、受托人和公司官员的"受托"角色（Harrington，forthcoming），将有许多机会利用信任和专业知识来获得不公平的好处。注意到这一点是有社会学意义的，英国对欺诈的定义，虽然类似于美国提到的虚假陈述和遗漏，但不同之处在于更加强调通过"滥用职权"的欺诈行为，并完全消除了实际发生收益或损失的要求；核心问题是当事人之间的互动以及被告不公平地利用其关系的意图（CPS，2008）。

正如这些观察所示，欺诈实质上是一种互动型犯罪，某一特定行为、陈述或遗漏事实不是天生的欺诈，只有变成某些类型的人际交易才会成立。虽然交易双方的身份在过程中起着重要的作用，但交易的来龙去脉决定这些身份是否相关。例如，一个牧师在忏悔期间与教友互动，这与两人在杂货店排队时对角色的期望就会不同。在与客户的业务往来中，股票经纪人的法定义务约束着他或她，但在与邻居就吵闹的一方发生争议时，则不约束他或她，即使该邻居是客户。

实证研究表明，一些互动环境比其他环境更易于发生欺诈。一般而言，电话仍然是传递虚假或误导性信息的首选媒体，远远超过在线或面对面的情况（Hancock，2009）。这可能是因为电话对话不怎么需要控制非语言提示，如面部表情等（这可能会导致欺诈者在面对面的环境中放弃诡计），也不像电子邮件或其他在线通信系统，不需要留下书面证据。但互联网无疑具有增加金融诈骗的领先优势，无论是以无处不在的尼日利亚银行在线诈骗的形式，还是通过将有利于股票的虚假信息通过互联网聊天室或群发电子邮件传播的"哄抬股价"的计划推动价格上涨，然后诈骗者出售股份获得现金（Walker and Levine，2001）。最近，像脸书（Facebook）这样的社交网络应用程序也被用作金融诈骗的工具：通过填写有欺骗性的个人资料（通常看来属于有吸引力的年轻女子），骗子与潜在受害者"交朋友"，获取他们的个人信息和联系方式。一些机构也采取了类似的策略，用欺骗性档案在脸书网络空间里与债务人"交朋友"，并根据状态更新和其他数据追踪他们（Popken，2009）。

　　与某些技术一样，某些组织、机构和行业被认为是"犯罪"（Needleman and Needleman，1979；Vaughan，2007），因为他们在结构上帮助改进甚至促进了欺诈方式。21 世纪初金融诈骗浪潮冲击了市场，甚至引发了一个新的理论导向："犯罪的市场路径"（Tillman and Indergaard，2007）。这一分析框架假定，放松管制和新的金融工具的出现——监管者不太了解，有时甚至由金融专业人员自己所推动——为欺诈行为在全球传播提供了前所未有的复杂性和机会。比如公司甚至国家超越了以往法律责任的范围，组织本身已经变成可自由使用的、纯粹的武器，比如公司甚至国家。如对冲基金行业，被指控发行和销售具有欺诈性的次级抵押贷款投资；全球离岸银行机构，作为国际税务欺诈和其他犯罪活动的推动者，一直受到监督。甚至有证据支持金融行业内的欺诈模仿模式，这表明当一家公司被怀疑通过欺诈行为而蓬勃发展时，其竞争对手会效仿（Schiesel，2002）。

欺诈的三个面向

身份

　　就像金融欺诈的成功依赖于被误认为遵照商业惯例一样，犯罪者的成功也取决于他们能否"冒充"诚实和值得信赖的个人身份。从历史上看，骗子们利用从高级官员办公室到种族归属的立场以获得受害者信任（和现金）。使用社会身份的战略来进行金融犯罪在"亲和力欺诈"案件中最为明显，族裔、宗教或专业相似性被用作"了解谁值得信任的简便方法"（NASAA，2010）。因此当第一次世界大战结束后，查尔斯·庞兹（Charles Ponzi）开始掠夺波士顿南端的意大利移民时，一种典型的金融诈骗形式——金字塔计划出现了（Darby，1998）。80 年后，伯纳德·麦道夫（Bernard Madoff）"以靠近部落关系的方式，依赖犹太人社区"，用他对犹太慈善机构无可挑剔的支持记录为他自己的"500 亿美元庞氏骗局"吸引投资（Hamilton and Reckard，2008；Silverstein，2008），巧妙地证明了加尔布雷斯（Galbraith，1979）的观察，"因盗窃的聪明才智而受到钦佩的人，几乎总是重新开发已有的欺诈形式"。

庞氏骗局和麦道夫的案例也证明了一个重要的社会学观点：战略部署和身份操纵，也被称为"印象管理"（Goffman，1959），可以用来生成"欺骗性的社会现实"（Young，1990）。正如剧场理论所示，自我展示和信任游戏之间的界线确实很好。含糊不清对于那些犯下欺诈行为的人来说非常有用，为他们提供了可靠的、正常的声明（Goode，2002），并允许他们远离越轨的耻辱。

这在当代资本主义社会中尤其如此，说服、推销和获胜都有巨大价值。在这种情况下，印象管理旨在为经济获益操纵他人，如故意捏造一个与工作相关的身份以获得工作或赢得晋升等，已经司空见惯。最近的一项研究发现，81% 的人在面试时谎报学历（Weiss and Feldman，2006），其他一些研究则显示简历诈骗（也称为简历"填充"或"篡改"）是"制度化的"甚至是"主流的"（Wexler，2006：139）。日常生活中常见的说谎品质（DePaulo and Kashy，1998；Feldman，Forrest，and Happ，2000；Harrington，2009）使人们容易从道德上宽恕欺诈（Sykes and Matza，1957），特别是在商业交易的背景下，犯罪者可以利用诸如"概不退换"或"过去的结果不能保证未来业绩"等固定短语来把损失从自己转移到受害者。因此，尽管社会学研究曾经表示欺诈行为主要是由社会边缘的人，如流浪者和那些"人格障碍"的人所犯（Maurer，1940），但经验数据表明观察一个有信心的人或骗子的"正常程度"会更准确（Blum，1972）。

例如，在一项关于因电话销售欺诈而服刑的罪犯的研究中，研究者（Shover，Coffey，and Sanders，2004）展示了犯罪者如何通过将自己定位在正常的甚至值得称赞的商业行为的范围内，在道德上压制他们的行为（Sykes and Matza，1957）。常见的身份重构策略包括将自己定义为"自由企业"的支持者，定义为高度成功的推销员，甚至是遭受联邦迫害的受害者。此外，犯罪者的欺诈行为不仅在经济上有回报，而且还"增强了电话推销员对自我的正面定义"（Shover，Coffey，and Sanders，2004：72）。通过使他们的客户"放下自我"并劝说成功,他们享受社会心理学家所称的"快感指数"(Ekman,1988)。电话营销欺诈对于犯罪者的主观自我价值感和对其净资产的主观价值感起到了同样的促进作用。

这些电话推销员为他们欺骗过的人分配了暗示有罪的身份:消费者不是被剥削的受害者,而是"贪婪、无知或无能"(Shover, Coffey, and Sanders,2004)。即犯罪者不仅为自己创造了虚假的(值得信赖的)身份,而且把与他们自己的越轨(和非法)行为有关的耻辱转嫁给了他们的客户。这就是所谓的将印象管理描述为欺诈(Young,1990)。受害者损失了金钱和社会身份,或"面对"他们作为有能力的成年人的公众身份(Goffman,1959)。因被欺骗而毁坏的自我,象征着受害者"社会性死亡"(Goffman,1952)。实证研究表明那些以这种方式损失钱的人出人意料地愿意接受这些身份,把自己描述为"贪婪"、"妄想"和"金钱奴隶"(Harrington,2008)。考虑到"在愤世嫉俗的美国立法中没有比成为傻瓜更丢脸的犯罪"(Lerner,1949),使这些贬义词成为个人社会认同的一部分,显然比看上去是一个无助的、天真的受害者更加羞耻。

互动

欺诈是需要互动的犯罪,不只是因为它既需要骗子和被骗者,而且因为它的有效性取决于双方之间关系的性质。例如,根据全国欺诈受害调查,在受害人认识(或知道)犯罪者时,欺诈企图更有可能取得成功。这很重要,因为美国的欺诈事件"非常常见"且正在增长(Titus, Heinzelmann, and Boyle,1995)。美国的"刑法"承认了欺诈的关系方面,该法对那些利用特别易受伤害的受害者(如癌症患者)的犯罪者进行了更严厉的惩罚,癌症患者可能容易受到涉及销售新医疗产品的骗局的伤害,或在声称找到治愈方法的公司中持有股票(USSC,2009)。

社会学家对欺诈有特殊兴趣,因为它暴露了社会网络的多个方面,无论是积极的还是消极的。小群体研究(Harrington and Fine,2000)以及社会资本研究(Putnam,2000;Harrington,2001)通常关注于从获得工作(Granovetter,[1974]1995)到为创业企业获取启动资金(Gaston and Bell,1988)方面的人际关系的利益。同时,网络和社会关系有着黑暗面(Portes and Sensenbrenner,1993),它有助于"增加欺骗、越轨和不端行为的机会"(Baker and Faulkner,2004)。

在社交网络误用方面，信任和人际互动尤其重要。即使在体制结构良好的社会中，个人报告称，与正式组织相比，他们更信任当地的面对面的消息来源（Rowan，2009）。因此，当个人投资股票市场时，他们的选择主要受到朋友、商业伙伴和邻居的行为和建议的影响，而不是受来自如经纪公司、分析师和财经新闻网点等机构的信息的影响（Shiller and Pound，1989；Katona，1975）。当投资（或金融市场普遍）表现不佳时，这种对金融信息的人际关系的依赖似乎更加强烈（Harrington，2008；Baker and Faulkner，2003）。这一现象发生在金融专业人士以及业余爱好者之间，他们可以完全合法地依赖来自朋友和同事的建议与信息进行非法活动，如内幕交易（Cronin，Evansburg，and Garfinkel-Huff，2001）和其他金融犯罪。

一些互动机制可能是"犯罪"，仅仅因为他们提供的机会很容易滥用人际关系，并在无数合法互动中隐藏不当行为（Needleman and Needleman，1979）。正如格兰诺维特（Granovetter，1985：491）所说，"个人关系所产生的信任，通过其存在，增加了渎职的机会"。除其他事项外，大多数人的需要和意愿可能会促进欺诈行为，因为在质疑出现之前，他们相信其他人是值得信任的（Fine，2009）。同样，欺诈行为也会受益于"行为不情愿"（O'Sullivan，2009），许多人会在对其他人的诚实和动机表示怀疑时感到社会抑制。

同样，互动设置可能会通过特定群体的现象（如模仿和竞争状态）导致金融欺诈的脆弱性（Frank，1985）。这些动力看起来激励了"流氓交易员"杰罗姆·科尔维尔（Jerome Kerviel），其欺诈性衍生品交易使他的雇主法国兴业银行付出了约70亿美元的代价。在麦道夫的丑闻出现之前，这被认为是有史以来最大的银行诈骗案。科尔维尔的辩护策略主要是向法院指出，他只是为了赢得奖金和晋升的竞争而效仿工作组的其他成员："不是我发明了这些技术，而是其他人。"（Clark and Bennhold，2010）类似促进欺诈的群体动力可能是"情感传染"（Hatfield，Cacioppo，and Rapson，1994；Pugh，2001），某些个体的情感刺激他人感受和表达相似的情感，然后以强度不断增大并返回煽动者。加尔布雷斯（Galbraith，1990：52）认为，金融狂热是"人们在追求利润时失去理智"，这一现象似乎是符合了该定义背后的直觉。

金融欺诈的动态运作与金融泡沫类似。尽管泡沫可能不涉及任何欺诈，但它确实涉及互动过程和对未来销售的利润预期。信任是将欺诈与投机狂热挂钩的关键概念，正如美国经济早期发展中对假币历史所做的解释：

在交换纸币时，当一个人对另一个人的纸币充满信心时，价值物化并变成有形的东西。只有这样，在那一瞬间，一文不值的纸才会更有意义。造假者掌握了这个不仅适用于银行票据而且还能应用于整个新兴市场经济的基本真理。(Mihm，2007)

从当代经济危机的角度来看，这一说法出奇地有先见之明，但同样的研究指出，包括股票、抵押债务以及其他金融工具等与 2008 年全球市场崩溃有牵连的衍生品，只是"通过手上传递的纸片来坚定人们对未来繁荣的共同信心"(Mihm，2007)。在金融市场上，我们最近看到在欺诈后发生的那种对信心的侵蚀使互动停滞。或者就像时任美联储主席格林斯潘(Alan Greenspan)在哈佛大学 1999 年毕业典礼上发表演讲时说的，"如果大量的商业人士侵犯了我们基于信任的互动，我们的法院制度和我们的经济将淹没至消失"。

制度

虽然像伯纳德·麦道夫这样的个人骗子占据了关于金融诈骗的新闻报道中的大量版面，但是可以说对经济和政治稳定性构成最大危害的欺诈行为基本上是不露面的，因为其不能简化为可识别行为者的行为(Galbraith，2004)。制度欺诈，从靠贿赂和回扣发迹的政治"机器"到操纵投标和伪造账户的企业文化，使整个金融系统处于风险中。这是因为制度提供了基于期望的例行程序(Jepperson，1991)，而基于制度的行为期望是经济行动的基础(Keynes，[1936] 1965)。问题是社会行为者如何建立关于行动、动机和互动的共享知识以便进行交换。合作、竞争和估值都基于这些期望，所有这些都是市场秩序的必要和先决条件(Stark，2009)。

因此，当经济制度被欺诈扰乱时，整个金融体系就会崩溃。市场秩序——这个经济社会学家(Beckert，2009)和金融从业者的核心关注点——变得不可能存在。在几家主要金融机构中，广泛使用伪造文件帮助和促进了次贷危机之类事件的发生(Henning，2010)，这生动地说明了这一问题。但是，在一个旨在惩罚个人(有时是群体)分析水平的犯罪的法律制度下，很难追究制度的责任(Laufer and Strudler，2000)。

尽管法律仍在追赶现实(Walker and Levine，2001)，社会学调查一直处于解决分析问题的前列，数十年的研究表明，整个行业都在促进欺诈，如登青（Denzin）对美国酒业 1977 年的研究和尼德尔曼（Needleman）对证券业 1979 年的研究，并且整个金融市场可能无法挽回地"犯罪"（Tillman and Indergaard，2007）。制度环境可以通过提出"极其诱人的结构条件——高激励和机会，再加上低风险"来鼓励欺诈（Needleman and Needleman，1979）。这些结构条件包括制度的规模、复杂性和合法性：前两个因素导致很难建立行动问责制，或容易掩盖渎职行为；第三个提供了掩护，即让一些组织机构免于怀疑，或者让它们受到较低的监督。

经纪公司美林所享有的合法性和公众信任被称为"中产阶级投资的象征"（Scheiber，2002），帮助它在 20 世纪 90 年代的大部分时间欺骗其投资者。在分析旨在帮助客户决定是否买入、卖出或持有投资的美林经济学家时发现，"被他们公开称为代表优良投资的股票在私人电子邮件中（美林证券内部）被描述为'一坨屎'和一块'垃圾'"（Swedberg，2005）。当这些对美林受托人角色的滥用被揭发时，该公司同意支付 1 亿美元的赔偿金，但不承认任何不法行为（Levitt，2002）。

然而，蓄意传播有误导性的分析报告以及其他形式的金融欺诈，被认为在金融业中普遍存在（Galbraith，2004）。即使是与政府有密切关系的金融组织与机构也是如此。例如，即使在次贷危机之前，房利美即由美国证券交易委员会（SEC）建立的国会特许的联邦国民抵押贷款协会，是美国最大的抵押贷款融资机构，在六年的时间内通过篡改会计报表做了"广泛的财务欺诈"，以确保其首席执行官的最高奖金支出（Day，2006）。在为这些罪行支付 4 亿美元罚款后几个月，该机构由于施压并贿赂证券分析师以抬高抵押贷款证券的评级又一次受到 FBI 的调查，这是推动近期全球经济危机的关键因素（Bawden，2008）。

与国家政府有关的金融机构欺诈及背叛公众信任的模式并不新鲜。在房利美被调查之前，出现了储蓄贷款（S and L）行业的崩溃，该产业已经获得了几代人以来相当多的公众信任（Tillman and Pontell，1995）。即使政府减少对储蓄信贷银行（Savings and Loans）的监管创造了更多的欺诈机会，许多人仍然认为这些机构得到美国政府的认可，因为所有的存款都有联邦保险。但是在发现其系统性腐败之前，规模、复杂性和合法性的组合已经将该行业隔离了多年。

在与政府关联的组织与机构中，欺诈的历史可以追溯到 1720 年，这一事件被称为世界上第一个巨型金融欺诈——英国的南海泡沫。南海泡沫实际上是几个诈骗案的产物，即"大规模的腐败"（Reed，1999）。首先是一个从未打算开展贸易的贸易公司的建立；表面上南海公司是建立在持有与在美洲富含金矿的西班牙殖民地交易英国商品的特许权基础上。事实上，这些有利可图的交易权从来没有存在过，公司从来没有派出过一艘船，因为该计划的真正目的是让持有 1000 万英镑短期政府债务的人用这些债务交换南海股票，从而把国债私有化。因为短期债务收益已被官方规定，其股价将得到保证：毕竟南海公司是议会根据法案建立的，国王本人在此次冒险中公开投资了 10 万英镑。投资公众不知道的是，南海公司是一个骗子约翰·布伦特（John Blunt）的创意（其以前的经验包括运作彩票），以及国会议员已被贿赂要求"忽视南海公司没有一分钱的事实"（Werner，2003）。因此，当公司股票突然停止出售时，市场崩盘，使许多投资被用来补充国库的人破产。英国对崩盘的回应中仍有更多欺诈行为：议会领导人压制证据，并立即取消或"调整"一些受青睐的投资者的损失，"以便想象中的财富可能被系统吸出"（Carswell，2002）。

此历史案例说明了现代金融诈骗的两个最独特的方面。首先，组织与制度不但是简单的欺诈发生的背景条件，也可以专门实施欺诈。南海泡沫是"预先策划的欺诈"（Levi，1981），其当代子孙包括臭名昭著的"锅炉房"证券公司，"一个建立和经营的唯一目的就是欺骗投资者的企业"（Baker and Faulkner，2004）。这些经验数据与几个主流社会学理论的信条背道而驰：理论假定生存是组织行为的主要目标（Pfeffer，1990；Aldrich and Pfeffer，1976），但数据表明对于那些从事欺诈行为的组织来说，"他们的组织与制度的长期生存往往是不重要的"（Tillman and Pontell，1995），只要它完成了其产生资金收益的短期目标。这种组织、制度乃至整个行业都可以随着这些设计而被处置，对社会学理论以及金融和公共政策实践都提出了令人不安的问题。

从早期该现象的事故到如今政府组织颇为矛盾的角色，金融诈骗的第二种模式一直如是。自 1720 年以来，我们反复看到，防范和惩罚欺诈行为的实体机构在其建立和长期存在过程中是卷入诈骗行为之中的。例如，历史学家记录了假冒的纸币在美国经济发展中所起的重要作用，这是政府和银行在 19 世纪初承认的作用，当时美国货币中多达 10% 的货币是假的。因此，尽管法律和秩序机构试图打击假冒行为，但他们在许多方面也容忍了这一点，承认所有纸币基本上是"信心货币"，而且"银行业的活动、伪造和资本主义投机活动并存"（Mihm，2007）。

最近，在离岸银行领域，政府作为欺诈发生者和反对欺诈者之间也存在类似的紧张关系。例如，许多著名的金融中心，如泽西岛和开曼群岛，最初是为了境内政府的利益而进入银行业务（Hampton and Christensen，2002）。这包括对合法的经济发展提供至关重要的服务，如促进欧洲共同市场的建立——由于汇率和货币储备的限制，美国和欧洲之间的贸易是不可能在境内进行的（Palan，1998）。现在，许多这些离岸金融中心正在被那些支持他们发展的境内政府调查（还面临从全球银行网络中被剔除的威胁），指责他们是避税、洗钱和其他形式的金融诈骗的避风港（Van Fossen，2003）。

讨论：欺诈的未来

正如齐美尔（Simmel，[1908] 1950）一个世纪前观察的那样，没有信心的行动是不可能的。经济行动尤其取决于信心：投资者和其他市场行为者需要知道他们可以根据现在和过去对未来形成合理准确的期望（Barbalet，2001；Keynes，[1936] 1965）。这是美国联邦储备委员会（FRB）密切跟踪消费者信心数据的原因之一。从安然和世通公司使用伪造会计资料（Patsuris，2002），到由像伯纳德·麦道夫和高盛（Goldman Sachs）等受人们信任的受托机构欺诈客户（Chan and Story，2010）的广泛证据，扰乱了形成预期的能力。缺乏信心最终使金融和法律体系"陷入停滞"（Greenspan，1999）。或者，正如梅尔维尔在《骗子》里所说，"信心是各种商业交易不可或缺的基础。没有它，人和人之间或国家和国家之间的贸易就像手表一样慢慢停下"（Melville，[1857] 2010）。对于那些最近目睹国际金融机器"停下来"的人来说，《骗子》的先见之明令人不寒而栗。金融历史回到了南海泡沫所表明的，欺诈的破坏性力量是持久的，不仅改变个人生活的轨迹，而且还改变了跨世代的社会关系和制度。

最近的研究表明，对金融欺诈的最常见的监管对策——更严厉的制裁以及更严格的监督和透明度标准——将行不通。例如，正如有些研究者（Povel，Singh and Winton，2007）所指出的，"在整个20世纪90年代，计算和通信技术的进步大大降低了投资者审查公司前景的成本，但在这10年结束时……发生了一波骗局"。更令人不安的是，最近的监管努力，如为应对21世纪初的会计造假案而设置的《萨班斯－奥克斯利法案》被广泛批评为"修理不存在的问题"（Brown，2006），未能解决关键的系统性问题（Soederberg，2008）。最不祥的是，有证据表明，强化监管"实际上可以增加实施欺诈的激励"（Povel，Singh，and Winton，2007）。

在最近国会关于当前经济危机的根本原因的报告中，美国司法部长承认了普遍的长期欺诈在全球市场崩溃中的作用（Mikkelsen，2009）。他关于解决危机的主要建议是建立"金融诈骗专案组"，其模型是"9·11"委员会。与以前的联邦调查不同，重点关注欺诈的具体类别或案例（如涉及抵押贷款支持证券的案件），新的专案组将提供"更全面的看法"，建议民选官员认识到这个问题是慢性的和系统性的，而不是尖锐的和局部的。

这使美国政策制定者与许多经济史学家观点一致，他们认为，远非反常或疾病状态的欺诈实际上是资本主义的必要条件。例如，伍尔夫（Wolff，1988）从马克思那里指出："迷惑……是资本主义社会关系歪曲自我的必要和特征模式"。另一些人则借鉴了追溯到全球贸易初期的证据，指出公司欺诈已有几个世纪的"透明"和"被接受"的历史（Galbraith，2004；Chancellor，2000），是商业成本的一部分。正如英国小说家安东尼·特罗洛姆（Trollope，［1883］1999）在 1856 年所观察到的，经过南海泡沫之后的长时间中断后，英国法律重新合法化了股份制公司，"一个不诚实的阶层其规模不断扩大，并爬上了顶峰，同时变得如此猖獗，如此辉煌，以至于男人和女人会被教导感知不诚实，如果它变得辉煌，将不再是可憎的"。这或许可以解释为什么，尽管欺诈和金融灾难由来已久，资本主义作为一种经济和政治组织体系，在西方世界基本上保持了完整。也许欺诈的负面道德价值因其辉煌而黯然失色。又或许像凯恩斯（John Maynard Keynes，对资本主义有很大影响的批评家），金融诈骗的幸存者最终"不能容忍其他社会制度"（Dowd，1993）。

目前的危机和监管对策将如何重塑全球秩序仍有待观察。同时有许多关于欺诈的开放性问题需要金融社会学进一步思考。一个实证问题（系统稳健性），一个理论问题（欺诈的权威定义），以及一个方法论问题（数据充足性）在今后的研究中值得特别注意。

稳健性——金融系统在崩溃之前可以容忍多少欺诈？实证研究表明在诸如金融业这样的白领环境中，欺诈行为普遍存在（Tillman and Indergaard，2007），但系统性故障并非天天发生。也许有些欺诈行为是可以容忍的，不会威胁到整个金融体系。事实上一些研究甚至在积极的情况下造假。例如，美国 19 世纪初普遍假冒美国货币被认为是放松货币供应和促进国家经济扩张的方式："银行业的很多人认为伪造货币作为支付货币创造系统的一个小代价，不应由中央银行或国家财政部门支配，而应由无法满足的私人需求支配。"（Mihm，2007）

最近关于动物系统欺骗行为的研究表明，在大约 15% 的案例中出现了虚假信号：也就是说，大约七次中有一次、一只鸟或一只黑猩猩有意地发出虚假的危险信号，导致小组其他成员分散开以减少争夺珍贵、稀缺的资源，如食物或交配机会（Gell-Mann，2009）。似乎有一个阈值，低于这个阈值，动物系统可以在不修改其警告系统的情况下继续工作，也不需要从组中取走虚假信号装置。在人类系统的工作中是否有类似的阈值模型？这个问题可能会为检验金融系统对欺诈的稳健性提供有用的出发点。

权威定义——金融欺诈是一种社会结构。但是这个抽象概念的定义对市场、组织和个人具有重大影响。作为一种现象，这不仅取决于交易当事方的身份和关系，例如他们中的一些人是否特别容易受到伤害或者另一些人是否持具特别的信任和专门知识，而且还包括交易发生的地点。在另一个环境中，原来可能属于欺诈的行为被称为"艺术"或"娱乐"。

增加一个复杂的层次，是由于谁或什么东西被赋予了定义欺诈的权威的问题。在法律上，这一作用属于法官和立法者，但正如对金融欺诈案件的比较研究表明的那样，在解释和适用法律方面甚至在同一司法管辖范围内存在广泛分歧（Pritchard and Sale，2005）。这些条件让人想起了大联盟棒球裁判员比尔（Bill Klem）的著名讽刺，据说他回答了一个球员关于球是否公平或犯规的质疑，他说："桑尼，我把它叫出来之前，它什么都不是。"

实际上，这会给金融行为者带来令人不安的含糊不清的状况，使人们难以形成期望或在市场内确定合法与非法的界限。这导致了加尔布雷斯（Galbraith，2004）所谓的"无罪的欺骗"，其中系统性的金融欺骗和剥削被"当时的金钱、政治压力和时尚，使经济和政治系统培养他们自己的真相版本。这最后与现实没有必然的关系……什么是最值得相信的呢"掩盖。

数据充足性——选择偏差对金融欺诈的社会学研究提出了巨大挑战。与所有关于欺骗行为的研究工作一样，关于欺诈的研究仅限于犯罪者被抓住的事例，这潜在地限定了可供研究的欺诈范围是"质量较差和容易察觉的"（O'Sullivan，2009）。由于为了研究而进行欺诈违反当代的研究伦理，学者们被限制在可以通过公共记录获得的案例中（Baker and Faulkner，2004；Shover，Coffey，and Sanders，2004）。由于关于欺诈的数据的偏差及其不确定性，使得我们对模型的恰当性产生了疑问，这是未来研究需要承认的一个问题，如果可能的话希望能被解决。

参考文献

Aldrich, H. and Pfeffer, J. (1976). "Environments of Organizations." *Annual Review of Sociology*, 2: 79 – 105.

Baker, W. and Faulkner, R. (2003). "Diffusion of Fraud: Intermediate Economic Crime and Investor Dynamics." *Criminology: An Interdisciplinary Journal*, 41: 1173 – 206.

—— (2004). "Social Networks and Loss of Capital." *Social Networks*, 26: 91 – 111.

Barbalet, J. (2001). *Emotions and Sociology*. New York: John Wiley and Sons.

Baudrillard, J. (1994). *Simulacra and Simulation.*, tr. S. F. Glaser. Ann Arbor, MI: University of Michigan Press.

Bawden, T. (2008). "FBI investigates Fannie Mae, Freddie Mac, AIG and Lehman Brothers." *The Times*, September 25.

Beckert, J. (2009). "The Social Order of Markets." *Theory and Society*, 38: 245 – 69.

Blum, R. (1972). *Deceivers and Deceived*. Springfield, IL: Charles C. Thomas.

Brown, J. R. (2006). "Criticizing the Critics: Sarbanes Oxley and Quack Corporate Governance." *Marquette Law Review*, 90: 309.

Carswell, J. (2002). *The South Sea Bubble*. Stroud, UK: Sutton Publishing.

Chan, S. and Story, L. (2010). "Goldman Pays $550 Million to Settle Fraud Case." *The New York Times*, July 15.

Chancellor, E. (2000). *Devil Take the Hindmost: A History of Financial Speculation*. New York: Farrar, Strauss, Giroux.

Clark, N. and Bennhold, K. (2010). "A Société Générale Trader Remains a Mystery as His Criminal Trial Ends." *The New York Times*, June 25. ⟨http://www. nytimes. com/2010/06/26/business/global/26socgen. html⟩ (accessed October 16, 2011).

CPS (Crown Prosecution Service) (2008). "The Fraud Act 2006." ⟨http://www. cps. gov. uk/legal/d to g/fraud act/#ao6⟩ (accessed October 16, 2011).

Cronin, J., Evansburg, A., and Garfinkel-Huff, S. R. (2001). "Securities Fraud." *American Criminal Law Review*, 38: 1277.

Darby, M. (1998). "In Ponzi We Trust." *Smithsonian Magazine*, December.

Day, K. (2006). "Study Finds 'Extensive' Fraud at Fannie Mae." *Washington Post*, May 24. ⟨http://www. washingtonpost. c0m/wp-dyn/c0ntent/article/2006/05/23/AR9780199590162. html⟩ (accessed October 16, 2011).

DePaulo, B. and Kashy, D. (1998). "Everyday Lies in Close and Casual Relationships. " *Journal of Personality and Social Psychology*, 74: 63 – 79.

Denzin, N. (1977). "Notes on the Criminogenic Hypothesis: A Case Study of the American Liquor Industry. " *American Sociological Review*, 42: 905 – 920.

Dowd, D. (1993). U. S. *Capitalist Development Since* 1776: *Of, By, and for Which People?* Armonk, NY: M. E. Sharpe.

Ekman, P. (1988). "Lying and Nonverbal Behavior: Theoretical Issues and New Findings. " *Journal of Nonverbal Behavior*, 12: 163 – 75.

Feldman, R. , Forrest, J. , and Happ, B. (2000). "Self-Presentation and Verbal Deception: Do Self-Presenters Lie More?" *Journal of Basic and Applied Social Psychology*, 24: 163 – 70.

Fine, G. (2009). "Does Rumor Lie?" in B. Harrington (ed.), *Deception: From Ancient Empires to Internet Dating*. Stanford, CA: Stanford University Press, 183 – 200.

Fisher, J. (2010). "Fraud and Corruption Is Costing Britain £ 30 Billion a Year. " *The Times*, March 11.

Frank, R. (1985). *Choosing the Right Pond: Human Behavior and the Quest for Status*. New York: Oxford University Press.

Galbraith, J. K. (1979). *The Age of Uncertainty*. New York: Houghton Mifflin.

—— (1990). *A Short History of Financial Euphoria*. London: Penguin.

—— (2004). *The Economics of Innocent Fraud*, London: Penguin.

Garner, B. (1999). *Black's Law Dictionary* (7th edn). St. Paul, MN: West Publishing.

Gaston, R. J. and Bell, S. (1988). *The Informal Supply of Capital*. Final Report submitted to the U. S. Small Business Administration by the Applied Economics Group Inc.

Gell-Mann, M. (2009). "Foreword," in B. Harrington (ed.), *Deception: From Ancient Empires to Internet Dating*. Stanford, CA: Stanford University Press, vii – xii.

Goffman, E. (1952). "On Cooling the Mark Out: Some Aspects of Adaptation to Failure. " *Psychiatry*, 15: 451 – 63.

—— (1959). *The Presentation of Self in Everyday Life*. New York: Doubleday.

Goode, E. (2002). *Deviance in Everyday Life*. Prospect Heights, IL: Waveland.

Granovetter, M. ([1974] 1995). *Getting a Job*. Cambridge, MA: Harvard University Press.

—— (1985). "Economic Action and Social Structure: The Problem of Embeddedness. " *American Journal of Sociology*, 91: 481 – 510.

Greenspan, A. (1999). "Commencement Address. " Cambridge, MA, Harvard College, June 10. http://www. federalreserve. gov/boarddocs/speeches/1999/199906102. htm (accessed October 16, 2011).

Hamilton, W. and Reckard, E. S. (2008). "Madoff Losses Go Deep in L. A. " *Los Angeles*

Times, December 16. http://articles. latimes. com/2008/dec/16/business/fi-madoffi6 (accessed October 16, 2011).

Hampton, M. and Christensen, J. (2002). "Offshore Pariahs? Small Island Economies, Tax Havens, and the Re-configuration of Global Finance." *World Development*, 30: 1657 – 73.

Hancock, J. (2009). "Digital Deception: The Practice of Lying in the Digital Age," in B. Harrington (ed.), *Deception: From Ancient Empires to Internet Dating*. Stanford, CA: Stanford University Press, 109 – 20.

Harrington, B. (2001). "Organizational Performance and Corporate Social Capital: A Contingency Model." *Research in the Sociology of Organizations*, 18: 83 – 106.

—— (2008). *Pop Finance: Investment Clubs and the New Investor Populism*. Princeton, NJ: Princeton University Press.

—— (2009). "Introduction: Beyond True and False," in B. Harrington (ed.), *Deception: From Ancient Empires to Internet Dating*, Stanford, CA: Stanford University Press, 1 – 18.

—— (forthcoming). "Trust and Estate Planning: The Emergence of a Profession and Its Contribution to Socio-Economic Inequality." *Sociological Forum*, 27: 4.

——and Fine, G. A. (2000). "Opening the Black Box: Small Groups and 21st Century Sociology." *Social Psychology Quarterly*, 63: 312 – 23.

—— (2006). "Where the Action Is: Small Groups and Recent Developments in Sociological Theory." *Small Group Research*, 37: 1 – 16.

Hatfield, E., Cacioppo, J., and Rapson, R. (1994). *Emotional Contagion*. Cambridge: Cambridge University Press.

Henning, P. J, (2010). "The Subprime Mortgage Crisis on Trial." *The New York Times*, August 25. ⟨ http://dealbook. blogs. nytimes. com/2oio/o8/25/the-subprime-mortgage-crisis-on-trial ⟩ (accessed October 16, 2011).

Jepperson, R. (1991). "Institutions, Institutional Effects and Institutionalism," in W. Powell and P. DiMaggio (eds.), *The New Institutionalism in Organizational Analysis*. Chicago: University of Chicago Press, 143 – 63.

Johnson, C. (2004). "Regulators Attacking Insider Trading." *Washington Post*, September 2: E01.

Katona, G. (1975). *Psychological Economics*. New York: Elsevier.

Keynes, J. M. ([1936] 1965). *General Theory of Employment, Interest and Money*. New York. Houghton, Mifflin, Harcourt.

Langenderfer, J. and Shimp, T. (2001). "Consumer Vulnerability to Scams, Swindles and Fraud: A New Theory of Visceral Influences on Persuasion." *Psychology and Marketing*, 18: 763 – 783.

Laufer, W. and Strudler, A. (2000). "Corporate Intentionality, Desert, and Variants of Vicarious Liability." *American Criminal Law Review*, 37: 1285 – 312.

Lehman, J. and Phelps, S. (2004). *West's Encyclopedia of American Law* (2nd edn). Farmington Hills, MI: Gale.

Lerner, M. (1949), *The Actions and Passions: Notes on the Multiple Revolutions of Our Time.* New York: Simon and Schuster.

Levi, M. (1981). *The Phantom Capitalists: The Organization and Control of Long-firm Fraud.* Portsmouth, NH: Heinemann.

Levitt, A. (2002). *Taking on the Street: What Wall Street and Corporate America Don't Want You to Know.* New York: Pantheon Books.

Maurer, D. (1940). *The Big Con.* New York: Bobbs-Merrill.

Melville, H. ([1857] 2010). *The Confidence Man: His Masquerade.* New Brunswick, NJ: Transaction Publishers.

Mihm, S. (2007). *A Nation of Counterfeiters: Capitalists, Con Men, and the Making of the United States.* Cambridge, MA: Harvard University Press.

Mikkelsen, R. (2009). "U. S. Law Chief Wants Financial. Fraud Task Force." Reuters News Service, April 23. ⟨http://www. reuters. com/article/politicsNews/idUSTRE53M6PW20090423⟩ (accessed October 16, 2011).

NASAA (North American Securities Administrators Association) (2010). "Affinity Fraud: Beware of Swindlers Who Claim Loyalty to Your Group. " ⟨http://www. nasaa. org/Investor_ Education/Investor_ Alerts_ Tips/1679. cfm⟩ (accessed October 16, 2011).

Needleman, M. and Needleman, C. (1979). "Organizational Crime: Two Models of Criminogenesis. " Sociological Quarterly, 20: 517 – 28.

O' Sullivan, M. (2009). "Why Most People Parse Palters, Fibs, Lies, Whoppers and Other Deceptions Poorly," in B. Harrington (ed.), *Deception: From Ancient Empires to Internet Dating.* Stanford, CA: Stanford University Press, 74 – 94.

Ogino, M. (2007). *Scams and Sweeteners: A Sociology of Fraud.* Melbourne: Trans-Pacific Press.

Palan, R. (1998). "Trying to Have Your Cake and Eating It: How and Why the State System Has Created Offshore. " *International Studies Quarterly*, 142: 625 – 44.

Patsuris, P. (2002). "Corporate Scandal Sheet. " *Forbes*, August 26. ⟨http://www. forbes. com/2002/07/25/accountingtracker_ print. html⟩ (accessed October 16, 2011).

Pfeffer, J. (1990). *Managing with Power.* Boston: Harvard Business School Press.

Popken, B. (2009). "Face bait: Debt Collectors Using Cute Chicks on Facebook as Bait. " *The Consumerist*, May 5. ⟨http://consumerist. com/2009/05/debt-collectors-using-cute-chicks-on-facebook-as-bait. html⟩ (accessed October 16, 2011).

Portes, A. and Sensenbrenner, J. (1993). "Embeddedness and Immigration: Notes on the Social Determinants of Economic Action." *American Journal of Sociology*, 98: 1320 – 51.

Povel, P., Singh, R., and Winton, A. (2007). "Booms, Busts, and Fraud," *Review of Financial Studies*, 20: 1219 – 54.

Pritchard, A. C. and Sale, H. (2005). "What Counts as Fraud? An Empirical Study of Motions to Dismiss Under the Private Securities Litigation Reform Act." *Journal of Empirical Legal Studies*, 2: 125 – 49.

Pugh, D. (2001). "Service with a Smile: Emotional Contagion in the Service Encounter." *Academy of Management Journal*, 44: 1018 – 27.

Putnam, R. (2000). *Bowling Alone: The Collapse and Revival of American Community*. New York: Simon and Schuster.

Reed, C. (1999). "The Damn'd South Sea." *Harvard Magazine*, May-June: 36 – 41.

Rowan, F. (2009). "Deception and Trust in Health Crises," in B. Harrington (ed.), *Deception: From Ancient Empires to Internet Dating*. Stanford, CA: Stanford University Press, 215 – 35.

Scheiber, N. (2002). "Eliot Spitzer's Message for the Democrats: Consumer Party." *The New Republic*, 9/December 2: 15 – 9.

Schiesel, S. (2002). "Trying to Catch WorldCom's Mirage." *The New York Times*, June 30: S3, 1.

Shiller, R. and Pound, J. (1989). "Survey Evidence of Diffusion of Interest and Information Among Investors." *Journal of Economic Behavior and Organization*, 12: 47 – 66.

Shover, N., Coffey, G., and Sanders, C. (2004). "Dialing for Dollars: Opportunities, Justifications, and Telemarketing Fraud." *Qualitative Sociology*, 27: 59 – 75.

Silverstein, R. (2008). "Bernard Madoff, Bad for the Jews." *Guardian*, December 23. http://www. guardian. co. uk/commentisfree/cifamerica/2008/dec/23/bernard-madoff-jewish-charities (accessed October 16, 2011).

Simmel, G. ([1908] 1950). *The Sociology of Georg Simmel*, ed. and tr. K. H. Wolff. New York: Free Press. (German original, 1908.)

Soederberg, S. (2008). "A Critique of the Diagnosis and Cure for 'Enronitis': The Sarbanes-Oxley Act and Neoliberal Governance of Corporate America." *Critical Sociology*, 34: 657 – 80.

Stark, D. (2009). *The Sense of Dissonance*. Princeton, NJ: Princeton University Press.

Swedberg, R. (2005). "Conflicts of Interest in the US Brokerage Industry," in K. Knorr Cetina and A. Preda (eds.), *The Sociology of Financial Markets*. Oxford: Oxford University Press, 187 – 203.

Sykes, G. and Matza, D. (1957). "Techniques of Neutralization." *American Sociological Review*, 22: 667 – 70.

Tillman, R. and Indergaard, M. (2007). "Corporate Corruption in the New Economy," in H. Pontell and G. Geis (eds.), *International Handbook of White Collar and Corporate Crime*. New York: Springer, 474–89.

Tillman, R. and Pontell, H. (1995). "Organizations and Fraud in the Savings and Loan Industry." *Social Forces*, 73: 1439–64.

Titus, R. and Gover, A. (2001). "Personal Fraud: The Victims and the Scams." *Crime Prevention Studies*, 12: 133–51.

Titus, R., Heinzelmann, F., and Boyle, J. (1995). "Victimization of Persons by Fraud." *Crime and Delinquency*, 41: 54–72.

Trollope, A. ([1883] 1999). *An Autobiography*. Oxford: Oxford University Press.

USSC (United States Sentencing Commission) (2009). "Chapter 3: Victim-Related Adjustments." *Federal Sentencing Guidelines Manual*. ⟨http://www.ussc, gov/Guidelines/ 2oo9_guidelines/ Manual/CHAP3, pdf⟩ (accessed October 16, 2011).

Van Fossen, A. (2003). "Money Laundering, Global Financial Instability, and Tax Havens in the Pacific Islands." *The Contemporary Pacific*, 15: 237–75.

Vaughan, D. (2007). "Beyond Macro-and Micro-Levels of Analysis, Organizations and the Cultural Fix," in H. Pontell and G. Geis (eds,), *International Handbook of White Collar and Corporate Crime*. New York: Springer, 3–24.

Walker, R. and Levine, D. (2001). "You've Got Jail': Current Trends in Civil and Criminal Enforcement of Internet Securities Fraud." *American Criminal Law Review*, 38: 405–30.

Weiss, B. and Feldman, R. (2006). "Looking Good and Lying to Do It: Deception as an Impression Management Strategy in Job Interviews." *Journal of Applied Social Psychology*, 36: 1070–86.

Werner, H. (2003). "Boom and Bust Echoes." *Toronto Star*, August 17: D17.

Wexler, M. (2006). "Successful Resume Fraud: Conjectures on the Origins of Amorality in the Workplace." *Journal of Human Values*, 12: 137–52.

Wolff, R. p. (1988). *Moneybags Must Be So Lucky: On the Literary Structure of Capital*. Amherst, MA: University of Massachusetts Press.

Young, T. R. (1990). *The Drama of Social Life: Essays in Post-Modern Social Psychology*. New Brunswick, NJ: Transaction Press.

第五部分
丰富多彩的金融市场

第 21 章

金融的非统一性：对西方金融的替代性实践

比尔·莫勒（Bill Maurer）

在 2008 年夏季发生的全球金融危机之后，许多评论家、批评者和空想家开始重新审视当代和历史上相对于主流金融范式的替代性选择。替代性选择，被认为可能指向一条摆脱当前困境的出路，为那些希望有个体性或集体性基础以置身主流金融之外的人提供选择，或是为这种可能性启发新的蓝图。

人类学家对发现、适应和采用这些替代性选择的追求探索是再熟悉不过了。尽管非常熟悉，人类学家依然很乐意去回应它（Guyer, 2009a）。那些似乎总是向西方启蒙运动之后的学科专业看齐的非西方实践，从医学到法律再到商学，在危机时期又往往被寻根溯源地被用来解救这些专业。一个有效的历史类比，是 20 世纪 70 年代中期和 20 世纪 80 年代，在法律领域发展起来的"替代性纠纷解决机制"（ADR）行业。随着 20 世纪 60 年代的社会运动和英语世界中法律现实主义的复兴，律师、法学学者和社会正义的倡导者，对法律在保障权利和促进公平方面的失败进行了重新评估。在法律面前，穷人和被剥夺权利的人在任何可能的解决方式上获得的结果，常常与他们在这些程序开始时相差甚远。法律被看作为有权人的利益服务，与其关于人人平等的宽广基础恰恰相反。这时，替代性选择的实践出来补缺。倡导者们转向了类似法律的非西方实践，尤其是一些著名的例子，比如克佩勒人的辩论会（the Kpelle Moot）（Gibbs, 1963）。州政府也这么做，以努力建立一个更具包容性的法律体系，或承认本土法律传统的自主权，这常常伴随着非预期后果（Collier，1995；Richland，2008）。然而，正如人类学家们很快指出的，这些辩论会并不中立；强大的利益注入进来并且常常控制了它们。它们在工业化西方（国家）的纠纷方面的应用倾向于促进"和谐"——争论者使得过程感觉良好的同时却付出了寻求正义的代价（Merry and Milner，1995；Nader，1991；Sarat，1988）。

　　这样以 ADR 做类比是很好的，不仅仅是因为人们从人类学或其他方面来力求发现和弥补当代专业实践本身存在的裂缝（Trouillot，2003），它同时也表明，不管寻找旨在服务、修复或仅仅是为主流提供另一种可能的替代性实践本身有什么问题，替代性选择都具有一定意义。ADR 曾经并且将继续作为一个主要的产业而存在。同样，尤其是过去十年，替代性金融也已经成为一个大的行业。从为小额信贷企业服务的"传统"合会（Rotating Savings and Credit Associations，ROSCAs）的治理和随后的华尔街小额信贷的证券化，到全球伊斯兰银行和金融的兴起及以地方货币方案和易货网络为模板的在线和虚拟世界货币的创建，存在于主流金融外的替代性选择自身已经成为重要产业。尽管在很多这样的案例中，直接的启发不是来自人类学的数据，正如 ADR 早期一样，还是存在着特殊的民族志式的敏感引导着这些替代性选择（Boellsorff，2007）。"在别处"的事情是有所不同的："我们"可以定位那些不同的实践，并将它们纳入我们的替代性选择中。或者，"我们"是以"不同"方式处理事情的传承者，并且我们可以把这些不同扩展到全球市场。这种运用成为一种分类。正如卡斯·韦斯顿（Kath Weston）对这种转变所说的，"理论的缺失变成了理论的浸透"（Weston，1993：344）。

　　关于替代性金融的学术和行动主义之间的递归关系的历史，以及世界上这些替代性选择的发展和运用，仍然有待书写（Elyachar，2005）。社会经济学子领域和"社会经济"实验之间的关系或许是这种递归的最直接例证。批判性的发展学，也会有助于实验性的以社区为导向的发展项目，项目所采用的正是类似于"社会审计"或"社会资产"评估这样的工具（Gibson-Graham，2005）。舒马赫（E. F. Schumacher's）的"小即是美"的另类经济伦理不仅存在于同名的舒马赫学会中，也存在于世界各地本土的和补充性的货币系统中。如果的确存在着资本主义经济金融的大沸锅，可能有人会说这些是小的、边缘的或者不显著的现象，仅仅是当代经济金融的巨大沸锅中的泡沫。毕竟，这一切都取决于你如何去衡量它。（就金钱的数额而言，或就实际置身其中的人的数量而言？）而这些采用替代性选择的实践正滋养着数百万美元的企业。比如，QQ 币，这种存在于中国企业腾讯的线上虚拟世界中的替代性货币，通过其在国家货币流通和货币供应方面的影响已经引发了对中国的储蓄银行的警示（Wang and Mainwaring，2008）。将合会发展成小额信贷企业，已经给华尔街带来了利润，同时引发了发展分析师们对此的深入研究，他们认为通过这种直接（并有利可图）的方式从穷人手上获利并不合适（Elyachar，2002）。

　　究竟是什么把这些替代性选择区分出来呢？通常替代性选择和主流是"相同"的，只是在规模、意义、制度定位（Institutional Location）或参与者的权威性上有所不同。而这些差异本身正是替代性选择之所以是替代性的，以及一般性选择之所以成为一般性的原因。后殖民主义批评家们有效地贡献了分析工具，来帮助人们将替代性选择从主导中分离开来，同时质疑这种分离和这种拆分。正如迪佩什·查卡拉巴提（Dipesh Chakrabarty）和瑞图·博拉（Ritu Birla）共同为"印度式资本主义"的理解所争辩的那样，对"当地"或本土经济实践的发掘会趋向于加强一种经济和文化上的功能主义的分离，也会将多样化处境中的人类实践形成——无论被称作经济的、文化的还是其他的——推向一个"资本主义"兴起和传播的终点（Birla，2009；Chakrabarty，2007）。查卡拉巴提写道："差异……不是外在于资本的东西。也不是归入资本的东西。它存在于与资本密切而复杂的关系中。"（Chakrabarty，2007：66）这同样可以用来说明替代性选择和金融之间的关系。我在其他地方主张过（Maurer，2005），对替代性选择的定义要回到它的拉丁词根中（*alternare*），这意味着振荡，一种在"是"和"好像"之间的来回运动，而不是一个本体论上的明确表述。这个定义也具有接近人们的实践、反身性或是其他的优点。而关于替代性金融最为有趣的事情之一，便是参与者们在明确地给其划定边界和简单地置身其中的摆动。这类将一种实践明确为"替代性的"现象值得深入研究。

　　另外，关于替代性选择的问题会引发对主流模式自身之本质的质疑。对马克思的术语 Produktionweise 的英语翻译包含了一个有用但意想不到的统计指标。这种生产方式简单来说就是：一个中心趋势，在分布结构中最常被观测到的值。这种方式作为分布结构中的一部分，与分布中的首端或尾端是共存的。商业和市场专家，在弹性积累和利基营销的时代承认了这些"长尾"有待挖掘的价值（Anderson，2006）。但对于当代资本主义的批评者来说，这有一个更广泛的教训。正如吉布森 – 格雷汉姆（Gibson-Graham，2006）一直主张的，除了我们在"雇佣劳动和剩余价值积累"这个模式中看到的冰山一角，"经济"还意味着很多内容。还有奴隶制，礼物交换，以物易物，非货币化劳动，等等。对于金融来说也是这样。这个观点不是天真地赞颂金融或经济的多元和多样性，而是去问参与者如何做出替代性选择，以及这些替代性选择一旦被明确并且提供了反身性知识的对象，如何与中心趋势同步或异步地振荡，甚至在与这种模式同步的过程中，这些备择方案的哪些方面仍然会产生不协调的振动。人们不会单纯地"实践"一种金融模式或另一种金融模式；他们会卓有成效地参与和执行多样的金融模式，从而模糊了替代性和主流，正式和非正式，嵌入和脱嵌，或者其他的在经济金融方面取得许多重要的学术成果的令人熟悉的二分法。

本章的余下部分将涉及通常被评论家或从业人员自己定义为替代性选择的一系列金融实践。在每个案例中，我也探索了真实或潜在的将替代性金融转化为主流金融的安排，表明了这些实践的循环进出，与主流相协调。这种协调性对主流和替代性之间的截然区分提出了质疑，揭示了两者同时存在的社会嵌入性和脱嵌性，并对持续"发现"和期待更"社会性"的金融这一含义提出了疑问。

穷人的金融

在其最基础的方面，关于西方金融的替代性选择的问题，是一个关于"资本"如何通过其他方式（不同于经由我们所说资本主义经济的"正式"机构）来形成和利用的问题。这些机构包括银行、交易所、公司、贷款机构和投资公司。它们也包括有组织的节俭俱乐部、保险计划、合作社和慈善组织，它们经常被宣称为"另类的"，因为它们超强活力更多是缘于"社会"而不是严格的"经济"因素（更精细的视角，请见 Fuller，Jonas and Lee，2010）。

人类学家长久以来都注意到了世界上存在创造资本的"非正式"机制。克利福德·格尔茨（Clifford Geertz）将世界各地的合会看作从农业农民社会到贸易社会的"中间环节"（Geertz，1962）。雪莉·阿德纳（Shirley Ardener）在经典著作中，挑战了这个明确的目的论，并且扩大了合会的定义，以提炼几个关键变量来帮助理解"在不同社会中基本相同的制度可以采取的多种形式"（Ardener，1964：222）。阿德纳的定义已经经受住了时间的考验："一个由核心的参与者组成的协会，他们同意定期向一个基金提供捐助，该基金全部或部分地轮流给每个捐助者。"（Ardener，1964：201）有时候，这些合会的存在只持续一段时间，来帮助一群人为一个目标而储蓄。其他时候，它们是为了特定的开支而存在的，如那些与葬礼有关的开支。在另一些情况下，他们可能一直存在并是半机构化的，随着时间推移，基金的管理者越来越像一个社区银行家那样行动。

众多合会在制度上和实际中存在着巨大的差异，但大部分可以用一些简单的变量来描述。这些变量包括所有成员是否会收到均等的资金，是否所有成员都支付相同的捐款，以及这些捐款是否会保持在同一水平或发生变化（Ardener，1964：214）。其他变量包括这些款项是通过投标、抽签还是预先设定顺序的方式支付。这也许贡献了一种被明确称为"利息"的金钱，所计算的金钱利息首先是支付那些权益者，同时，获得利息的权益者又必须继续投入资金。这些变量组合在一起，能够概括大部分阿德纳在她广泛的文献调查中所定义的合会，它们支撑了之后的文献回顾（Besson，1995）。

阿德纳的论文呈现了这类协会的显著的地理和历史分布，从中国、印度到欧洲、非洲的每个地区以及美洲。阿德纳也指出了这些组织或多或少具有正式化方面的特征。殖民地政府常常要求这些组织在政府注册。特立尼达的殖民地政府在 20 世纪 40 年代颁布了法令，正式地承认了 susu 协会（Herskovits and Herskovits，1947）。印度尼西亚独立后的政府试图利用 arisan 来培养社区主义的精神（Bowen，1986）。换句话说，类似合会的组织，不仅仅是非正式的储蓄俱乐部或者丧葬社团，而是往往与国家及意识形态工程关联在一起。在小额信贷作为发展战略的时期，更是如此。斯图亚特·卢瑟福（Stuart Rutherford）的著作《穷人和他们的财富》将这些储蓄方案的意识带给了发展政策和计划，并且使小额信贷专业人士考虑利用人们既有的系统来提供储蓄和保险。

但为了政治或发展项目而对合会的鉴定和利用尚未无缝或无余地进行。一方面，这些协会在世界各地被赋予的名字——以及这些名字的"迁徙"，比如，从尼日利亚约鲁巴的 esusu，到当代加勒比地区的 susu——指出了其呈现的另一种文化价值。另一方面，一些协会的实际机制远非直截了当。

以加勒比的 susu 为例。在 20 世纪 90 年代，简·贝松（Jean Besson）写道："它们的精神气质［曾］……指导后殖民农业的本土发展"（Besson，1995：277），当小的土地所有者将共有的土地宣称为"susu 土地"来对抗旅游业和企业单一种植园的侵占时，对合作储蓄协会的强有力的调用，和此类协会不仅仅是通过共同意愿而且是通过资本结合在一起的内在含义，以及这种对非洲派生的术语的自觉使用，都携带着显著的政治重要性。贝松沿着加勒比地区的久远学术传统，将对非洲过去的象征符号的运用视作克里奥尔（creole）体制建设的一部分，以及一个复杂的、总是已经折中的抵抗形式，而不是仅仅将 susu 视作文化遗存或是约鲁巴过去的延续（Price and Mintz, 1992）。

然而，在过去的 20 或 30 年里，随着小微金融关于这类协会持续地重新发现，合会这个术语已优先于所有的"地方性"术语，每个机构都被认定为更大类型的一种，进而被划分，这种划分与一种经济合理性程度上想象的尺度相悖。我曾参加这样的会议，在会议上，经济学家和发展实践者们这么说而驳回了对储蓄和信用协会的复杂性与政治性的研究，"这就像一个欠条基金"（一种关于这样一个协会的印度术语），从而抽离了这个案例的政治意味。

但是复杂性，就像这些协会的命名一样，是一种难以完全纳入任何总体性小微金融或正式经济规划工作的东西。其复杂性常常被忽视，因为这些案例并不容易符合学术的或发展的实践者们对于合会的认识，并且由于合会的参与者们会做出将他们参与的资金转移或出售给最初储蓄圈以外的其他人之类的事情。因此阿德纳用了一个脚注，描述以下情况：

> 一个 Ibo 协会［尼日利亚］的成员通过转让他在一个基金的权利给卖家，以高于当时市场价值的价格买了一辆自行车。他随即以市场价卖掉了那辆自行车，并且获得了现金。他在这个交易中的损失，正如他预先计算的那样，远远低于他以当期利率借钱所要支付的利息。

格尔茨预言合会最终会被银行或者"其他在经济上更加理性化的信贷机构"所替代（Geertz, 1962：263），而阿德纳挑战了这一预言，表明世界上的人们会同时参与合会和正规机构，常常在两者之间调配资金，甚至从银行借钱来支付他们在合会中要贡献的款项。然而，这并不是合会明确被赋予了其他类型的价值——公共的、社会性的、信誉驱动的，或者其他的——因为它们也清楚地作为帮助人们对资源分配做出最佳经济理性决策的工具之一而运作，正如上述自行车卖家的例子所证明的。不如说，正是这些叫作合会的组织的多种多样，在人们手中来回运作，就像曾经那样，像是一个正在织布的梭子在各种价值标记中来回穿梭，这里是"经济的"，那里是"信誉导向的"或"团结一致的"或一些别的什么。这个系统处于持续运动中，尽管——或者因为——有一些想要使它固定的努力。

我将注意力集中在关于合会的经典文献上有三个原因。第一，合会展示了明确清晰地定义替代性金融是多么困难。无论替代性选择被认为是民族志的产物，或是相对于主流金融模式的局外者，又或是与"正式"的资本获取方式相反的一种"非正式"安排，潜藏在合会之下的互惠、声望和经济理性动机之间的相互交替，以及在合会这个名字之下的各种相似但不相同的实践的制度性聚合，都强调了对另一种关于替代性选择意味着什么的理解的需要。合会既是，也不是，"嵌入性"的金融模式。合会既是，也不是，团结一致和互惠的。并且它们既是，也不是，经济理性的。因此，它们更像是金融的规范形式，毕竟，这些金融形式已经被学者们反复证明了比普遍认为的更具社会性、更少理性化，更多的休戚与共而更少的个人主义。

第二，我试图对着这条路指出，发展规划者和经济学家试图将世界范围内现存的信用和储蓄协会这样的"长尾"扫入小微金融中，从而将这些协会带入模型中——也带入资本市场中。有关信贷违约责任和小微金融之间愉快而紧密结合在一起的报道可能为时过早（Bystrom，2008）。尽管如此，小微金融的金融化，和对于使得小额信贷达到实践者称作的"可持续的规模"的结构化金融工具的运用（von Pischke，2010；Aitken，2010），带来了重要的教训。从在此之前的关于异域色彩的金融的民族地图的意兴中——一长串关于储蓄和信贷协会的外国名字的列表，关于它们计算逻辑和复杂性的丰富多彩的例子，关于它们对于亲属的限制或排除的讨论，以及关于伴随着支付和兑现的盛宴和纪念仪式的描述——经济学家和其他人正在看到全球金融中心以及村庄中资本形成的新来源。

第三，我想指出，对于合会研究文献的关注，受其滞后的功能主义和进化目的论限制，可能会对关于金融市场本身的社会关系、声望和价值文化的研究提供洞见。阅读格尔茨和阿德纳关于合会的文章没有像阅读最近关于基于市场文化、习俗和嵌入的计算实践的金融的社会研究那样让我想起那么多。我们在合会中发现的社会性嵌入的金融，仅在衍生品市场中就发现了相同的东西。对提供一种金融的"社会性"思考的分析努力，对既存的金融的社会性嵌入的模式的定义，这两者的交汇点应该将我们的注意力指向为什么这么多批评家、民粹主义者和梦想家首先宣称"社会的"作为替代性选择的问题。

当然，这与长期以来大众在金融失败以及金融的虚构性被揭示时对它的不满有着千丝万缕的联系，而它的过度性和无根性的替罪羊性质，都被直白地和形象地嘲弄。

信念与金融

如果我们忠实地跟随了涂尔干（Durkheim），我们可以将对于金融的替代性形式的追寻从社会性的转移到神圣性的。第二套替代性金融的实践，是那些被宗教教条和情绪充满着或驱动着的实践。一个典型的例子就是伊斯兰银行和金融的全球性产业中的发展，而其他的例子包括与一些佛教（Jackson，1999）和五旬节派基督教（Coleman，2000）有关的繁荣宗教。另外，更稳健的例子包括宗教动机驱动的投资基金，以及旨在保护和促进参与主流金融市场的信徒的信仰表达的甄别机制（Kurtz and diBartolomeo，2005；Mueller，1994）。

作为促进市场道德的努力，这种现象已经超越了单纯的实验，而成为他们自身权利的重要市场。但这尚未无争议性地发生了。伊斯兰金融是个启发性的例子。作为一个自觉的政治上明确地反对殖民地时期的银行和金融这类主流的运动，伊斯兰金融在独立之前就拥有次大陆反殖民主义的现代根基（Maurer，2005）。它始于 20 世纪时关于《古兰经》对 riba 和 gharar 的禁令的释义，而 riba 和 gharar 的定义和翻译仍然——至少在专业的伊斯兰金融背景中——没有解决。尽管最简单地呈现了 "利益" 和 "不确定性"，这些词的最初含义被关于先知生平的数不清的故事以及丰富而往往矛盾的诠释传统复杂化了。正如我在其他地方所主张的，在很多方面，伊兰斯金融 "是" 关于这些定义和翻译的辩论（Maurer，2005）。选择一条路线或对另一条路线进行推导并不会封闭从两者之一探索市场的可能性，相反，这为那些有兴趣进入格式化市场的人扩大了选项。

大部分的伊斯兰金融模型将投资者的资金汇集到营利资产的投资中，一定比例的盈利作为投资的回报。四种最普遍的工具有租赁（ijara），成本加利润销售交易（murabaha），基于出资比例并按比例分享收益和分担损失的合伙（musharaka），以及基于一方出资一方出力的利益分享和损失分担的合伙（mudarabah）。对许多的伊斯兰金融理论家来说，如果不是从业者的话，musharaka 是一种符合宗教纯洁性的黄金标准。它代表了一个在资金的提供者和管理者之间的公平且公正的收益分享和损失分担安排，使得所有参与者之间平摊风险；如果不是所有参与者都面临着一样的风险，那么也就没有价值的提升。伊斯兰金融专业人士将这种风险分担与存款的杠杆化以及利息形式的回报率进行了对比。对于伊斯兰金融来说，钱不是从债务中产生的，而是来源于"真实的"生产活动。伊斯兰金融的这个方面在金融危机时期让许多外部评论家很感兴趣，因为，理论上，伊斯兰金融制度不是高杠杆的，从而可以经受住流动性的危机。正如一个记者在金融危机时期写道："或许是时候在手机上获得穆夫提（muftis）的帮助了。"（Schneider，2009）

　　然而，在实践中，一些 murabaha 和 ijara 合同的结合常常在获得"符合伊斯兰教"印记的小规模和大规模的结构化金融工具中占主导地位。murabaha，一个"成本加成"的合同，往往看上去就像一个标准的贷款。到 2009 年 11 月下旬，这变得很明显，符合伊斯兰教的借贷在迪拜的主权债务危机中扮演了一个重要的角色。国有的迪拜世界集团宣布暂停偿还债务，暂停纳尔西集团的伊斯兰债券（Nakheel sukuk）的发行。到 2010 年 4 月，纳尔西集团的债券持有者看起来将会开始如期得到付款（The Economist，2010）。然而，这一事件表明，很多伊斯兰债券事实上并不是资产担保的，而是"基于"资产的。这就是说，它们的估值是基于资产收入现金流的"特殊目的载体"（Special Purpose Vehile，SPV），而不是通过资产本身的担保权益。从"真实"中抽离之后（Maurer，2010；El-Gamal，2006），不是由资产支持，而是从资产的价值中派生（Lepinay and Callo，2009）。

　　确实，在不同于当代金融市场的自述宗教性金融中，有关真实的概念十分重要。通过这种做法，"真实"就取代了在合会中和关于金融市场的社会学中的"社会性"的地位。这些概念是为了作为对抗金融著名的"虚构"而存在的，这种虚构是历史上与反犹主义和厌女症联系在一起的，金融和"无根的"人们以及"诡计多端"的人（犹太人）和"毫无心机"的人（女人）联系在一起。让金钱"无中生有"的能力表明了卑鄙的手段，骗人的或只是普通的愚弄（Goede，2005；Ingrassia，1998）。在一个神话般的反转中，正是上帝的手，作为稳定真实价值的堡垒，和这些虚构相对抗。经常被物化为金子——一种神圣的物质，被认为是上帝这个词语在某些"一神论"神话中的载体（Shell，1995）——这个"真实的"价值超过了纯粹纸面的诡计。尽管有分歧，重农主义者和民粹主义者们都试图将金融切实地落实到"真实的"、有生产力的土地和劳动力上，而金子与上帝、土地与劳动力之间的关系有着更为长远和细致的历史，这直接关系到对于金融和其替代性选择的当代关注（Hont，2005）。

人类学的记载明确地记录了非西方人民和农民关于这些神话——或者，更好地说，金融的理论，止如他们把这些通过利息创造金钱的行动归咎为魔鬼（Nash，1993；Taussig，1980）。还有与死者的债务和财务关系的引人入胜的民族志材料，反之，当面临亵渎或邪恶的方式时，他们实施了一种金钱和金融的再神圣化（Maurer，2006）。

然而，这种通过多样的宗教上变化的技巧对金融的去神圣化和再神圣化的引入，不仅仅是金融从世俗到神圣，从渎神到敬神，从虚构到真实等的循环转化。在这种循环中产生的振动，也使重塑和扩大了的新金融工具的市场产生共鸣并找到了解决方式。这些从规模较大的——由 ijara 或 murabaha 合同构成的主权财富基金——到规模很小的和透彻的特有财产——在像南加州地区受过教育的教友中，（对我而言）受欢迎程度惊人的巴巴拉·怀尔德（Barbara Wilder）及其他新时代形而上学家的"金钱就是爱"运动（Wilder，1999）。简而言之，根据怀尔德的说法，既然金钱是能量，根据"量子物理学"认为的直接能量（Wilder，1999：14），所有我们需要做的就是把积极的思想重新灌入金钱中，来重新点燃一种和它的新关系并且创造一个更好的世界。我们可以通过一系列她为我们列出的仪式来做到这点：通过收集 20 个一美元的钞票并在上面翻滚［她称之为"沉迷于金钱"（Wilder，1999：57）］，通过仔细检查美元账单，通过在信用卡收据上写"金钱就是爱"，还有通过净化金钱：

> 闭上你的眼睛，汇聚你的思维，进入你的上层空间中，然后打开你的白星。指引白色光的能量进入你体内，进入你的臂膀和手中。打开你的手掌，引导白光进入钞票中。像你做的这样，想象这白光使钞票纯净了。这样子继续，开始重复，或安静或大声地，"金钱就是爱"。这么做一段时间。越长越好，但也别太久。（Wilder，1999：56）

一方面，这显得十分滑稽。另一方面，这与其他将道德注入金钱和金融的表现形式与做法并没有太大不同。事实上，存在许多这类实践的"民间"案例，从婚礼的钞票舞（在婚礼上新郎和新娘在第一支舞蹈期间被用纸币撒上花彩），到在新娘的床中放钞票的做法（来确保心意和健康）。从根本上来说，将金钱的某些特性与金融的某些特质融合起来，这是个古老的难题。金钱具有抽象的、非绝对的和非个人化的特征；而金融具有永恒存在的关于约定承租人的道德指控的特征，即（对社会、对神、对个人自我的）责任义务，这内化于任何可以利用人们的资产以产生新的价值的系统中。"金钱是这个星球的血液。治愈金钱，我们就可以治愈世界。"（Wilder，1999：82）

慈善事业或是国家？
现代封建制度

像怀尔德这样的人物似乎是疯狂的，他们启动的金融语用学的情感和元素，与其他试图创造替代性选择的当代运动有许多共同之处。其中许多借鉴了人类学的学说，特别是马塞尔·莫斯（Mauss，2000）著名的"礼物"的概念，以及从马克思（Marx）到齐美尔（Simmel）再到波兰尼（Polanyi）这些人对现代货币和金融脱嵌性的批判。在此，替代性选择不是来自一个想象的"其他的"认识论（像伊斯兰金融），或是来自另一个文化世界（像是小微金融对合会的套用），而是来自一个想象的金融对"社会性"或团结一致的承诺的回归。钱就像这个星球的血液，确确实实地。

社会企业和"慈善资本主义"（Bornstein and Davis，2010）是这样的两种努力。前者谋求通过商业实践来推动"社会"议题，从而既做善事也能做好。而后者则试图通过向商业企业注资，来直接推动市场向慈善组织自身的目标运动。这个想法认为，解决当前的世界性问题，不仅仅需要慈善、志愿主义或（苍天不容的）政治骚动。应对像贫困、不公、环境衰退等诸如此类的压迫性挑战的唯一方法便是通过商业。这个模型在方向上非常实用主义——边做边学产生了一个迭代的过程，从一开始就将商业模式与社会正义相结合（Bornstein and Davis，2010），同时创造了一个"可持续的"（也可以解读为可盈利的）框架来使工作继续。这也是非政治化的。市场机制自身，在这里，是一个自然的事实；道德中立的，它能够被灌输以其他的道德因而可以产生其他的回报：拿到 20 个一美元并且……

社会企业家们可以通过常规融资和风险投资的方式来开创他们的企业。但他们也有其他的资金来源可供支配。新的慈善基金会也对社会企业家的说法买单。相较于像传统的非营利企业一样运作，他们谋求使用相当数量的财富，通过一种和他们自身战略目标契合的方式来促进私有部门的创新，从为发展中国家的女孩提供教育到消灭疟疾。慈善资本主义同时通过传统的救济方式，以及像奖励或奖项这样的新兴机制运作。

通过什么方式，我们能够说慈善资本主义和社会企业可以构成相对于常规金融而言的替代性金融呢？在一些案例中，资本形成的来源和技术是不一样的。将最低报告要求的直接赠送礼品转化为促进商业发展的慈善捐款，会毫无疑问地给国家收税者带来困惑。给公司现金刺激来为穷人和流浪者创造服务，成规模地并且持续地这么做，为资本注入了新的逻辑（更不用说注入传统的慈善救济中了）。迄今为止，公益创投已经采取了多种多样独特的形式。在其中的一种形式中，和伊斯兰的 mudarabah 合同十分类似，慈善家为一个以社会目标为己任的企业提供资金，企业为了实现这个目标而制订一个营利性的商业计划。资金的初始注入起着和风险投资一样的功能，即点燃企业业务的火花。与风险投资不同的是投资者，这里是慈善基金会，没有企业所有权股份。那么，这是一个纯粹的礼物吗？据说伯恩斯坦（Bornstein）和戴维斯（Davis）的《慈善资本主义：富人如何拯救世界？》，最初的副标题被改成了最近的版本《给予如何拯救世界？》。

在公益创投和本章讨论的其他的替代性金融之间有许多的共同点。它们或明确或含蓄地涉及，用社会中介"做"金融的努力，从而通过金融做"好事"。在创造金融上，如果只从名义上看，有着一种想象力和社会团结的设定。就像在合会和一些受宗教激发的金融形式中，也常常有着卡里斯玛型的领导和经理人的存在。另外，声望和关注度的竞争——一种社会价值的竞赛，有人会说（Appadurai，1986）——看起来存在于大部分的例子中。在拥有这些特征的时候，当然，这些替代性金融与主流金融世界并没有像关于金融文献的社会研究中所描述的那么不同。在那里，同样的，我们发现金融具备充分社会性，而且即使是最高端和最复杂的金融模式——因为其高端和复杂程度——其创造者也获得了远超金钱的收益。市场，毕竟是道德项目（Fourcade and Healy，2007）。杰出慈善家对他们十分富有的同胞要给予更多的忠告，试图为任何给予他们更多财富的行为开脱并净化，同时毫不掩饰地努力推动市场走向一个新的方向。

这个方向通常与国家是不一致的。我提出这点，因为我认为在当前时刻对替代性金融的寻找，同时将他们推向世界，常常包含着除了在一个社会名录上重塑金融之外的另一个议题。这个议题是对国家之于交换手段、货币与合同的固有义务，以及管制的垄断的挑战。对于伊斯兰金融来说，找到另一个作为金融合同基础的权威来源，往往伴随着对另一个货币制造的权威来源的追寻。因为国家货币的价值是和债务以及银行准备金要求联系在一起的，一些伊斯兰金融的支持者主张，基于利息是非法的，因此呼吁一个新的伊斯兰的金本位制。而其他替代性金融的支持者，从当地货币到合作性储蓄和贷款，常常直接陈述他们建立一种与国家货币相分离（事实上，与国民经济相分离）的金融系统的主张。

慈善资本主义的支持者以介入那些他们认为国家失败了的地方为目标。对于一些人来说，国家在货币和金融领域失败了。在这样的评价下，慈善资本家们回应了那些呼吁货币私有化的人。这将会意味着，在其他事项中，将国家从货币政策的领域中移出去。这些行动者的范围包括从边缘的经济学家，到专业的咨询公司，甚至，在行动上如果没有明确的议程的话，也包括主要的私人零售支付服务企业，如 VISA 公司和 Paypal。如果银行尝试触及农村社区和没有储蓄的穷人的失败，代表着国家在为其人民提供福利上的失败的话，解决的措施可能是不以银行为中介，而创造一种替代性的货币供给，并且重造经济。在 2010 年夏季，VISA 在美国广告宣传自己是"VISA 数字货币"，尽管事实上它不是一种货币形式甚至说不上是一种信用形式，而是一个促进其他商业和机构的支付服务和信贷扩展的支付网络。但想象一下，一个支付网络可以直接从个人那里接受偿付而不需要以一个银行或另外的金融机构为中介；一个分离的借记卡——与金融机构相分离，它允许付款直接通过私人的自动清算所（ACH）网络而不需要以银行部门为中介。监管机构对于这种可能性感到担忧。在简单地呼吁了合会和它们所依托的社会信任之后，大卫·伯奇（David Birch），一个数字货币梦想家和顾问，提供了以下场景：

> 设想，比如，我借的……不是英镑或欧元而是宽带或娱乐？我能够紧密匹配……供需关系来使商业模式起作用吗，就像期权和期货的易货系统一样？……我想知道我们是否在一个科技引发的风口浪尖上，在这里手机的普及和成熟意味着一个异国货币子集的交易变得可行？（Birch，2010：100 - 101）

同样的，在美联储董事会的一个论坛上，一个支付产业顾问警告说，"如果你看到一个［移动］运营商买了一个支付网络，那么游戏就开始了！"暗示电信和支付网络的联姻完全有避开银行基础设施的潜力。尽管有些牵强，但是，它出现在像美联储这样的地方［而我已经两次在像这样的论坛上递交了大卫·伯奇（Dave Birch）的书的副本］。

目前，全世界的人们，特别是撒哈拉以南非洲的人们，已经将手机话费余额作为并行货币，通过把小量的通话时长发给另一个人来转账或清偿债务。这种价值的地位，当它依靠一个手机账户时，是监管关注的另一个问题：如果这是"储蓄"，我是否应该获得一定比例的回报或被保险呢？它是浮动的吗？另外，如果这样，当它停留在那里时，移动网络运营商应该怎么做？或者，更到点子上，移动运营商现在在拿它做什么？电信公司和移动设备厂商已经成功地推出了大量基于转账服务的手机（Chipchase，2009；Donner，2008；Duncombe and Boateng，2009）。起初，这发生于中央银行的视野之外，中央银行仅仅在过去的两年或三年内才开始规范这种活动。看到它去中介化的潜力，一些国家的中央银行已经尝试减缓"手机银行"或"移动支付"的服务。与此同时，慈善组织在积极地尝试着推动这类系统的发展，在至少一个案例中，通过给在海地成功启动移动支付的移动网络运营商颁奖的方式实现（Alexandre and Goss，2010）。一个多疑的监管者向我评论道，"一个飓风带走了所有东西——为什么我们不将他们的钱都拿走，而给他们一部手机呢?!"在某种程度上这样的活动进一步刺激了去中介化——或是监管者对它的担忧——这将预示着对主导性的金融行动者如何看待他们在一个移动电话日益饱和的版图中的地位的彻底修正。

当然，国家已经外包了许多它们的核心职能，包括监管职能。银行、金融和电信行业已经都变得愈发自我约束，虽然发生了金融危机。随之而来的是，许多国家历史上证明的像重构基础设施发展的融资方式已经发生。对于金融的社会研究倾向于集中在金融市场的繁华领域，而很少关注像政府债券、财政政策以及国家资助的企业等。但随着国家越来越依赖于公私合作伙伴关系，公共物品被重新概念化为营利企业，而且支付给国家的费用流得到证券化和抵押化［例如，国立大学费用（Meister 2009）］，这样的现象将会值得专门的社会学研究（Elyachar，2010；Likosky，2005）。

慈善资本不同于自20世纪80年代起就变得令人熟悉的民营化的模式。金融和财政组织的经济生活的国家模式，至少部分地外在于市场的计算——比如，通过调控手段而不是价格机制决定的费用。国家功能的民营化使得利益最大化被置于社会福利供给之前。这是很直截了当的。但是由慈善行动者取代的一些国家角色会显得不同，因为其赠予的本质，至少在一些例子中是这样。当公益创投不要求其所投资的企业的股份时，它是否重新创造了一种现代的封建主义，领主的贵族义务（和宏伟财富），排除他们可能有的从企业中获利的欲望？

一目了然

至此，我还忽略了一个替代性金融的重要领域——非法和违法的金融。贿赂、敲诈、犯罪性金融，以及庞氏骗局，对非法资金的藏匿、洗钱，以及用小额交易的分层来掩盖其来源或最终目的地，转让定价和超额发票，离岸账户，这些现象常常共享着同样的道德气质和技巧。而这些现象加起来，可能产生许多额外的金钱，并且直接或间接地卷入这个星球上更多的人，超出了常规的"经济"或"金融资本"的账目所允许的范围，正如简·盖尔（Jane Guyer）最近一直主张的。一部分这样的现象已经在本书第 19 章论述过了。但在这里，我只是想强调这些非法金融的常规方面。

人们可以想象大型的犯罪辛迪加或者强大武装的暴徒，危险、无政府的边境或山顶的藏匿处，加勒比地区的避税天堂和可疑的商人。但大部分的非法金融是日常的和平凡的。商店店主有两个钱箱，可能是为了把从日常顾客那里收的钱和从大批购买的顾客那里收的钱分开来。教堂将收集篮子里的钱借出去。纳税人未能报告从物物交换中获得的大量馈赠或收入，声称他们无权扣除这些，或者将商业费用的收据标记为个人性的。小商业主拒绝接受一些特定形式的法定货币（在美国，便士或五美分，或 100 美元；直到最近在美国将这类行为定为非法的改革，但即便如此，他们仍然可以非正式地在小额交易时拒绝信用卡）。一个父亲支付给保姆而不报告收入的给付。一个工作者从钱柜或者小费罐里借钱，完全打算明天……或者某天还清。

我总结这些类型的实践，因为它们太随处可见而又外在于金融的主流范式以及金融社会学。而这些有关货币和金融的小规模创新行为（Guyer，2004；Lave，1988），这种不符合财政的日常行为（Björklund Larsen，2010；Roitman，2005）打开了计算、价值形成和社会声望的世界，就像衍生品交易和对冲基金那样大规模的、重要的阴谋诡计一样。它们之中也携带着人们社会实践的轨迹，扩展了金融社会学中这类迹象的解释的需要（见本书第 9 章）。社会实践所留下的迹象恰恰是对于主流金融的替代问题。这些替代性选择使那些迹象变得可见——这些迹象在主流金融实践中也一直存在。

我在这里看到的不是一个辩证法，而是分析者所称的，延续着波兰尼的说法，嵌入性和脱嵌性之间的持续共存或阶段转换（Gudeman，2009）。在书写关于价格而不是金融时，简·盖尔问道："既然价格被普遍认为和被积极地操作为虚构的、拜物教的和合成的，那么分析可以和应该着眼于什么，以及关于什么的分析才是启发性的？"（Guyer，2009b：205；Roitman，2005）。相同的问题可以放在金融上，在金融社会学发现了它的嵌入性和在替代性的金融重新激活这种嵌入性之后。如果关于"进行付款"的想法在今天的确比"支付价格"更为广泛，正如盖尔所述的关于服务合同、消费者债务、罚款和费用、转移成本等（Guyer，2009b：219），我们是否需要重新将金融世界概念化为封建性质的？这意味着，如果金融已经总是被理解为个人主义的、有关声誉的和社会性神圣化的，它是否已经总是替代性的——替代我们自资本主义金融的抽象虚构中继承下来的想象力，但也许，终究与古代政权没太大区别？

注：我想感谢艾提安·巴里巴尔（Etienne Balibar），茱莉亚·爱丽亚沙（Julia Elyachar），简·盖尔（Jane Guyer），斯蒂凡·海尔莫雷奇（Stefan Helmrelch）和海瑟·帕克松（Heather Paxson），感谢他们对这章早期版本很有帮助的建议。所有的错误和疏漏是我个人的责任。本研究受到美国国家科学基金会的支持（SES 0516861 和 SES 0960423）。本文作者是货币、科技和普惠金融研究所的主任，研究所受到比尔和梅琳达·盖茨基金会的支持。任何在本章呈现的观点、发现和结论或建议只属于本章作者，而不反映国家科学基金会或其他组织的观点。

参考文献

Aitken, R. (2010). "Ambiguous Incorporations: Microfinance and Global Governmentality". *Global Networks*, 10/2: 223–43.

Alexandre, C. and Goss, S. (2010). "Mobilizing Haiti's Recovery". *Foundation Blog* (Bill and Melinda Gates Foundation), June 8. (http://www.gatesfoundation.org/foundationnotes/pages/alexandre-goss-100608-mobilizing-haiti-recovery.aspx) (accessed October 8, 2011).

Anderson, C. (2006). *The long Tail: Why the Future of Business is Selling Less of More*. New York: Hyperion.

Appadurai, A. (1986). *The Social Life of Things: Commodities in Cultural Perspective*. Cambridge：Cambridge University Press.

Ardener, S. (1964). "The Comparative Study of Rotating Credit Associations." *Journal of the Royal Anthropological Institute of Great Britain and Ireland*, 94/2：201 – 29.

Besson, J. (1995). "Women's Use of ROSCAs in the Caribbean：Reassessing the Literature," in S. Ardener and S. Burman (eds.), *Money-Go-Rounds：The Importance of Rotating Savings and Credit Associations for Women*. Oxford：Berg, 263 – 88.

Birch, D. (2010). *Digital Money Reader 2010：A Selection of Posts from the Digital Money Blog from 2008/2009*. Surrey：Mastodon Press.

Birla, R. (2009). *Stages of Capital：Law, Culture, and Market Governance in Late Colonial India*. Durham, NC：Duke University Press.

Björklund Larson, L. (2010). "Illegal yet Licit：Justifying Informal Purchases of Work in Contemporary Sweden." PhD dissertation, Stockholm University, Sweden.

Boellstorff, T. (2007). "Queer Studies in the House of Anthropology." *Annual Review of Anthropology*. 36/1：17 – 35.

Bornstein, D. and Davis, S. (2010). *Social Entrepreneurship：What Everyone Needs to Know*. New York：Oxford University Press.

Bowen, J. R. (1986). "On the Political Construction of Tradition：Gotong Royong in the Indonesia." *The Journal of Asian Studies*, 45/2：545 – 61.

Bystrom, H. (2008). "The Microfinance Collateralized Debt Obiligation：A Modern Robin Hood?" *World Development*, 36/11：2109 – 26.

Chakrabarty, D. (2007). *Provincializing Europe：Postcolonial Thought and Historical Difference*. Princeton, NJ：Princeton University Press.

Chipchase, J. (2009). "Mobile Phone Practices and the Design of Mobile Money Services for Emerging Market." Paper presented at the Mobile Money Transfer Conference, Dubai, October 26 – 27.

Coleman, S. (2000). *The Globalisation of Charismatic Christianity：Spreading the Gospel of Prosperity*. Cambridge：Cambridge University Press.

Collier, J. (1995). *El Derecho Zinacanteco*. Tuxla Gutiérrez, Mexico：Universidad de Cienciasy Artes del Estado de Chiapas.

Donner, J. (2008). "Research Approaches to Mobile Use in the Developing World：A Review of the Literature." *The Information Society*, 24/3：140 – 59.

Duncombe, R. and Boateng, R. (2009). "Mobile Phones and Financial Services in Developing Countries：A Review of Concepts, Methods, Issue, Evidence and Future Research Directions." Manchester. (http://www.sed.manchester.ac.uk/idpm/search/publications/wp/di/documents/di_wp37.pdf) (accessed October 8, 2011).

The Economist (2010). "Sukuk it Up." April 17: 82 – 3.

El-Gamal, M. A. (2006). *Islamic Finance: Law, Economics, and Practice*. Cambridge: Cambridge University Press.

Elyachar, J. (2002.) "Empowerment Money: The World Bank, Non-Governmental Organizations, and the Value of Culture in Egypt." *Public Culture*, 14/3: 493 – 513.

—— (2005). *Markets of Dispossession: NGOs, Economic Development, and the State in Cairo*. Durham, NC: Duke University Press.

—— (2010). "Phatic Labor, Infrastructure, and the Question of Empowerment in Cairo." *American Ethnologist*, 37/3: 452 – 64.

Fourcade, M. and Healy, K. (2007). "Moral Views of Market Society." *Annual Review of Sociology*. 33/1: 285 – 311.

Fuller, D., Jonas, A. E. G., and Lee, R. (2010). *Interrogating Alterity*. Surrey: Ashgate.

Geertz, C. (1962). "The Rotating Credit Association: A 'Middle Rung' in Development." *Economic Development and Cultural Change*, 10/3: 241 – 63.

Gibbs, J. G. (1963). "The Kpelle Moot: A Therapeutic Model for the Informal Settlement of Disputes." *Africa* 33/1: 1 – 11.

Gibson-Graham, J. K. (2005). "Surplus Possibilities: Postdevelopment and Community Economies." *Singapore Journal of Tropical Geography*, 26/1: 4 – 26.

—— (2006). *A Postcapitalist Politics*. Minneapolis: University of Minnesota Press.

Goede, M. de (2005). *Virtue, Fortune, and Faith.: A Genealogy of Finance*. Minneapolis: University of Minnesota Press.

Gudeman, S. (2009). "Necessity of Contingency: Mutuality and Market," in C. Hann and K. Kart (eds.), *Market and Society: The Great Transformation Today*. Cambridge: Cambridge University Press.

Guyer, J. I. (2004). *Marginal Gains: Monetary Transactions in Atlantic Africa*. Chicago: University of Chicago Press.

—— (2009a). "On 'Possibility': A Response to 'How is Anthropology Going?'" *Anthropological Theory*, 9: 355 – 70.

—— (2009b). "Composites, Fictions, and Risk: Toward an Ethnography of Price," in C. Hann and K. Kart (eds.), *Market and Society: The Great Transformation Today*. Cambridge: Cambridge University Press, 203 – 20.

Herskovits, M. J. and Herskovits, F. S. (1947). *Trinidad Village*. New York: Alfred A. Knopf.

Hont, I. (2005). *Jealousy of Trade: International Competition and the Nation State in Historical Perspective*. Cambridge, MA: Harvard University Press.

Ingrassia, C. (1998). *Authorship, Commerce, and Gender in Early Eighteenth-century England:*

A Culture of Paper Credit. Cambridge: Cambridge University Press.

Jackson, P. A. (1999). "Royal Spirits, Chinese God and Magic Monks: Thailand's Boom Time Religions of Prosperity." *Southeast Asia Research*, 7/3: 245 – 320.

Kurtz, L. and diBartolomeo, D. (2005). "The KLD Catholic Values 400 Index." *The Journal of Investing*, 14/3: 101 – 4.

Lave, J. (1988). *Cognition in Practice: Mind, Mathematics, and Culture in Everyday Life.* Cambridge: Cambridge University Press.

Lepinay, V. and Callon, M. (2009). "Sketch of Derivation in Wall Street and Atlantic Africa," in P. Miler and A. Chapman (eds.), *Accounting, Organizations and Institutions: Essays in Honour of Anthony Hopwood.* Oxford: Oxford University Press, 259 – 89.

Likosky, M. (ed.) (2005). *Privatising Development: Transnational Law, Infrastructure and Human Rights.* Leiden: Martinus Nijhoff Publishers.

Maurer, B. (2005). *Mutual Life, Limited: Islamic Banking, Alternative Currencies, Lateral Reason.* Princeton, NJ: Princeton University Press.

—— (2006). "The Anthropology of Mnoney." *Annual Review of Anthropology*, 35/1: 15 – 36.

—— (2010). "Form Versus Substance: AAOIFI Projects and Islamic Fundamentals in the Case of Sukuk." *Journal of Islamic Accounting and Business Research*, 1/1: 32 – 41.

Mauss, M. (2000). *The Gift: The Form and Reason for Exchange in Archaic Societies.* New York: W. W. Norton and Co.

Meister, B. (2009). "They Pledged Your Tuition to Wall Streeet." *Keep California's Promise Blog.* ⟨ http://keepcaliforniaspromise. org/383/they-pledged-your-tuition ⟩ (accessed October 8, 2011).

Merry, S. E. and Milner, N. (1995). *The Possibility of Popular Justice: A Case Study of Community Mediation in the United States.* Ann Arbor, MI: University of Michigan Press.

Mueller, S. A. (1994). "Investment Returns on an Islamic-Principled Mutual Fund in the United States: Further Evidence for the Cost-of-Discipleship Hypothesis." *Sociology of Religion*, 55/1: 85 – 7.

Nader, L. (1991). *Harmony Ideology: Justice and Control in a Zapotec Mountain Village.* Palo Alto, CA: Stanford University Press.

Nash, J. (1993). *We Eat the Mines and the Mines eat us: Dependency and Expoitation in Bolivian Tin Mines.* New York: Columbia University Press.

Price, R. and Mintz, S. W. (1992). *The Birth of African-American Culture: An Anthropological Perspective.* Boston: Beacon Press.

Richland, J. B. (2008). *Arguing with Tradition: The Language of Law in Hopi Tribal Court.* Chicago: University of Chicago Press.

Roitman, J. (2005). *Fiscal Disobedience: An Anthropology of Economic Regulation in Central Africa*. Princeton, NJ: Princeton University Press.

Rutherford, S. (2001). *The Poor and Their Money*. Oxford: Oxford University Press.

Sarat, A. (1988). "Alternative Dispute Resolution: Wrong Solution, Wrong Problem. " *Proceedings of the Academy of Political Science*, 37/1: 162 – 73.

Schneider, N. (2009). "Can Islam save the economy?" Religion Dispatches Magazine, January 26, 2009. (http://www. religiondispatches. org/archive/politics/803/) (accessed April 7, 2012).

Shell, M. (1995). *Art and Money*. Chicago: University of Chicago Press.

Taussig, M. (1980). *Devil and Commodity Fetishism in South America*. Chapel Hill, NC: University of North Carolina Press.

Trouillot, M. -R. (2003). *Global Transformations: Anthropology and the Modern World*. New York: Palgrave Macmillan.

Von Pishke, J. D. (2010). *Mobilising Capital for the Poor: What Can Structured Finance Contribute?* New York: Springer.

Wang, Y. and Mainwaring, S. D. (2008). "Human-Currency Interaction: Learning from Virtual-Currency Use in China. " Paper presented at the Conference on Human Factors in Computing Systems: 25 – 8. (http://portal. cam. org/citation. cfm? id-1357059) (accessed Octobr 8, 2011).

Weston, K. (1993). "Lesbian/Gay Studies in the House of Anthropology. " *Annual Review of Anthropology*, 22/1: 339 – 67.

Wilder, B. (1999). *Money is Love: Reconnecting to the Sacred Origins of Money*. Longmont, CO: Wild Ox Press.

第 22 章

伊斯兰银行业和金融业：替代性选择或是表象？[1]

亚伦·Z. 皮特鲁克（Aaron Z. Pitluck）

伊斯兰银行和金融（Islamic Banking and Finance，以下写作 IBF）是一个伴随着争议的正在形成的市场，一些声音认为特定的经济活动是"符合伊斯兰教法的"或"伊斯兰的"，而另一些声音则称这些经济活动是外在于伊斯兰的，即使不与之相悖的话。将伊斯兰金融描述为一种不一致的合唱是一种微不足道的本体论主张。毕竟，伊斯兰不是一个集中组织化的等级式宗教，而且 40 年来，伊斯兰学者们投身于关于如何阐释现代金融实践的激烈辩论中（Siddiqi，2007）。但是，这是一种很有用的认识论主张，因为在这些相互矛盾的道德和神学主张的争论性声音中，阿本德（Abend，2008）规劝社会学家们在形而上学上做个不可知论者。通过分析这些关于控制的竞争性概念（Fligstein，1996），我们可以实证考察 IBF 构成中的歧义和内部异议，并且看到金融的未来——"常规的"和"伊斯兰的"——会面临着争议和改变（de Goede，2005）。

从规范上致力于批判金融化（信贷或资本收益与实际资产的背离）、高利贷（剥削性的银行关系）或其本体论上认可常规金融的社会科学家，已经将当代的 IBF 作为潜在的替代性金融系统进行研究。很多人对他们的研究发现感到失望。本章会讨论，尽管同构性的社会机制使 IBF 和常规金融在数不清的复杂和微妙的方面相似，但 IBF 仍是一个具有实质独特性和价值的智力工程。对于社会科学家来说，IBF 的例子表现出在减少经济关系的金融化和剥削方面实际行动者所面临的可能性和约束。

在进行论证之前,一些初步的评述是必要的。IBF 起源于 20 世纪 70 年代早期,晚于传统银行部门。IBF 的起源和扩散并不是与恐怖主义[2]交织在一起的,而是伴随着从北 - 南轴线到多极东 - 南分布的世界霸权中心产生的缓慢转变(Imam and Kpodar, 2010;Pieterse, 2011;Pollard and Samers, 2007)。[3]

除了少数情况以外,伊斯兰金融机构(Islamic Financial Institutions, 以下称 IFI)在一个由常规金融主宰的市场中参与竞争。[4]测量 IBF 产业的规模十分具有挑战性,因为国家和企业在什么样的金融产品和资产被定义为 "伊斯兰的" 方面存在分歧。另外,许多 IFI 是不透明的。[5]该产业的全球规模据估计在 8220 亿美元(Timewell and DiVanna 2009:2 - 3;也可参见 Imam and Kpodar, 2010)到 13000 亿美元之间(Warde, 2010:1)。约存在 456 家 IFI 和 199 家有单独的所谓 "伊斯兰窗口" 的传统银行(Caplen and DiVanna, 2010)。表 22 - 1 提供了一个粗略的符合伊斯兰教法的资产(在下一部分会界定)的地域分布。

表 22 -1　符合伊斯兰教法的资产最多的 25 个国家和地区 (2010 年)

排名	国家	符合伊斯兰教法的资产 (百万美元)
1	伊朗	314897.4
2	沙特阿拉伯	138238.5
3	马来西亚	102639.4
4	阿联酋	85622.6
5	科威特	69088.8
6	巴林	44858.3
7	卡塔尔	34676.0
8	土耳其	22561.3
9	英国	18949.0
10	孟加拉国	9365.5
11	苏丹	9259.8
12	埃及	7227.7
13	印度尼西亚	7222.2
14	巴基斯坦	6203.1
15	叙利亚	5527.7
16	约旦	5042.4

排名	国家	符合伊斯兰教法的资产（百万美元）
17	文莱	3314.7
18	也门	2338.7
19	泰国	1360.8
20	阿尔及利亚	1015.1
21	毛里求斯	992.2
22	瑞士	935.5
23	突尼斯	770.1
24	新加坡	725.0
25	巴勒斯坦	612.5

资料来源：卡普伦和迪万娜（Caplen and DiVanna，2010）

本章的讨论安排如下。第一部分探索了围绕 IBF 的界定难题。第二部分全面考察和批判了相关的社会科学文献。之后我会解释为什么 IBF 与常规金融如此相似，随后是一个简单的结论。

什么是真正的伊斯兰金融？

"什么是伊斯兰金融？"为了回答这个问题，需要参与一个关于如何从伊斯兰教法（圣律）的角度理解当代金融的争议性的讨论。正如一个对 IBF 的初步定义：

1）金融家必须注意资助的对象。伊斯兰金融机构（IFIs）不得向那些被宗教禁止的产品和活动购入股本或提供信贷。

2）禁止 riba（即利息收入）和 gharar（即风险及不确定的行为）。阐明 riba 是本章的重要内容。作为一种可行（working）的翻译，riba 与统属于非金融经济的利益、高利贷和金融交易有关。gharar 则与非生产性风险和剥削性的信息不对称有关。

3）更宽泛地说，伊斯兰教法不鼓励禁欲主义，而鼓励对从营利性交易中获得的俗世物资的享用，只要交易是相互同意的并且不涉及宗教所禁止的产品（例如，酒精或猪肉）。慈善是义务性的。债务在以上限定范围内是被广泛许可的。（Vogel and Hayes，1998：53-69）

在 IBF 的从业者之中，存在着相当大的界定焦虑。比尔·莫勒（Maurer，2005：40）注意到"几乎每一个伊斯兰银行的演讲行动或文章"中，都有着一个近乎仪式性的对伊斯兰教经典及规范的解释，它是关于什么构成了伊斯兰金融，及其如何区别或无法区别于本章讲述的"常规"金融。这种界定焦虑被——在该领域内外的——许多人的感觉强化了，他们认为 IBF 仅仅是披着伊斯兰外衣的常规金融。于是，对于一些人来说，问题变成了"什么是真正的伊斯兰金融？"

这一部分认为，常规金融和 IBF 的理想型之间，在定义上的差别就在于 riba 和 gharar。但是，由于宗教和 IBF 产业的社会组织现状，对有关现代金融的这两个禁令的理解尚有争议。这个围绕着在当前的经济中如何理解 riba 和 gharar 的争议，很大程度上解释了关于什么是和什么不是 IBF 的现存的模糊性。

界定 IBF：伊斯兰的社会组织

伊斯兰不是整体统一的。伊斯兰世界是多元的，有着诸多传统——印度尼西亚的/马来西亚的、印度 - 巴基斯坦的、波斯的、土耳其的——这些传统和阿拉伯半岛的经验没什么共同之处。[6]因此在伊斯兰是如何实践的和共同体如何理解伊斯兰教法上，存在大量的地理上的异质性（Warde，2010）。

伊斯兰金融相对不那么分化，尽管如此，它是一套"难以捉摸的、有争议性的、演化性的和异质性的、难以简单描述和概念化的实践"（Pollard and Samers，2007：314）。伊斯兰逊尼派（Sunni Islam）有四个不同的阐释伊斯兰教法的学派。符合教法的阐释（fiqh）会随着教法学者们借鉴特定学派和时期内的共识性理解而变化，会通过仔细反思和教法演绎（ijtihad）来进行阐释，会通过主要的源头进行类比推理（qiyas），或者因为当地惯例（'urf）、公共利益（maslaha）或首要必须性（durura）而与传统相背离（Vogel and Hayes，1998：23 - 47）。因此，当一个伊斯兰教法学者或教法监督委员会颁布一个允许某交易 X 的指令（fatwa），

> 人们不应得出结论：交易 X 在所有时间对于所有派别都是"伊斯兰的"。不同学者的 ijitihads 会合法地变化。此外，如果"fatwa"是基于功利的选择，对于效用的评估也可以随时间和地点而变化。最后，一个"fatwa"可能只能依赖于暂时而又可变的必要性。（Vogel and Hayes，

1998：41）

　　宽泛地讲，在各种教法学派的阐释中，合乎道德的利润都源于提供一种真实资产或服务的交易收益。相反，一个人不可以通过交易金钱（exchanging money）来赚钱。因此，唯一合乎道德的贷款是作为一种慈善行动，这种贷款没有利息，一个贫穷的债务人如果没有能力偿还则会被宽恕。这样一种贷款是"qard hasan"，字面意思是一个"好的贷款"。这样的慈善性借贷被认为优于慈善捐赠，因为一个贫穷的借款人保持了其尊严，而且被偿还的贷款可以作为额外的慈善分发给其他人。这样的借贷被认为是慈善性的，因为伊斯兰教认为钱款的出借人牺牲了所贷金钱的时间价值，从而牺牲了租金（El-Gamal, 2006：57；Maurer, 2005；Usmani, 2002：4；Vogel and Hayes, 1998：105 – 6；Warde, 2010：139）。

　　当一个人从金钱中赚钱（例如，通过交换现行流通货币而不是通过交换真实资产来赚钱），这就被认为是 riba，字面意思是"增加"，是被禁止的。在 IBF 的实践者之间有一个强大共识，即 riba 是经济活动中的核心禁忌，也是伊斯兰金融区别于常规金融的核心标准。尽管如此，因为伊斯兰教在阿拉伯半岛的起源，一直存在着关于什么活动是 riba 或什么活动不是 riba，以及为什么 riba 被禁止的争论。自 20 世纪 70 年代中期开始，关于 riba 的争议在伊斯兰经济学期刊上愈演愈烈，这个时期与现代 IBF 产业的诞生相重合（Siddiqi, 2007；Warde, 2010）。尽管 riba 常常被等同于"利息"或"高利贷"，但对于大部分 IBF 学者来说，这或是一种对 riba 的过度狭义的理解，或是一种对"利息"和"高利贷"的异常宽泛的理解（El-Gamal, 2003, 2006, 2007；Maurer, 2001：9, 2005；Vogel and Hayes, 1998：72 –87；Warde, 2010）。

　　Gharar 的定义则不那么具有争议性，但是对其在当代金融中存在与否的理解却常常有争议，尤其是在保险产品和衍生工具中。*Gharar* 是针对在不确定的和随机的对象上进行投机交易的禁忌，既是为了防止对侥幸承诺的赌博，也是为了减少剥削性的信息不对称（El-Gamal, 2001；Vogel and Hayes, 1998：87 –93，特别是第 90 页）。艾·泽卡（Al-Zarqa）将 gharar 定义为"对可能项目的销售，而其存在或特征是不确定的，其风险性的本质使得这样的交易无异于赌博"（El-Gamal, 2001：5）。尽管在教法学者中，尚存着对 gharar 如何应用到当代金融的巨大争议，但"经典教法学的大多数立场看起来和许多当代金融交易相对立，因为其推定性地禁止了所有尚未由卖方所有

和占有的货物的销售，更不要说还不存在的物品了"（Vogel and Hayes，1998：93）。因此在当代金融中 riba 和 gharar 的争议本质，是什么是或什么不是伊斯兰金融和银行之争议的一个基础性原因。

界定 IBF：伊斯兰金融产业的社会组织

关于在当代经济中如何理解 riba 和 gharar 的模糊性的第二个缘由，则是 IBF 产业的去中心化的和模糊的结构。能够强加教法释义的世界性的中心伊斯兰教法委员会并不存在。一些国家确实存在着一个全国伊斯兰教法组织，有潜力使教法在金融领域的释义标准化，但是很少有国家试图这么做，除了马来西亚、科威特和巴基斯坦这些显著的例外（Grais and Pellegrini，2006：16，33）。因此，每个 IFI 必须形成自己的教法监督委员会。因此对于金融产品和金融工具的伊斯兰教法的应用，可以并且确实在公司间甚至在一国内存在变化。

公司内的教法监督委员会起到两个作用：评估 IFI 所提出的新的金融产品和工具以决定它们是否被许可，以及审计正在运行中的行为的教法合规性。这些功能可能会被薄弱的公司治理所颠覆（Chapra，2007；El-Hawary，Grais and Iqbal，2004；Grais and Pellegrini，2006；Kahf，2005；Nienhaus，2007；Safieddine，2009）。与常规金融产业的外部审计方相反，伊斯兰教法监督委员会的成员一般都会在其监督的公司内持有股权。甚至伊斯兰金融机构会计和审计组织（Accounting and Auditing Organization for Islamic Financial Institutions，AAOIFI）为教法监督委员会提供的指南也只是禁止学者持有"大量股权"而不是任何股权（AAOIFI 指南的片段，请见 Nienhaus，2007：136）。为了保护伊斯兰教法学者的独立裁定，在理想情况下，他们的报酬会在每年的股东大会上决定，而不是由 IFI 的管理层或董事会决定。但是，在实践过程中，酬金往往在股东大会上被下放给董事会或管理层，因此使学者不受影响的机制便短路了。奇怪的是，AAOIFI 指南允许这种做法。[7]

这种薄弱的公司治理被不透明的决策过程所加剧。在 IBF 产业的早期，IBF 学者的 fatwas（权威性法律观点）是公开可及的。20 世纪 80 年代以来，fatwas 被逐渐地当作专有资料（类似于有偿的法律建议）而不再和公众或者股东分享。因此，客户们和外部的伊斯兰教法专家可以看到企业的教法监督委员会所做决定的一个未知部分，但是其过程和原因往往是隐蔽的，同时与企业经济利益相违背的 fatwas 成为未公开的和不可及的（Siddiqi，2007）。这种不透明，在那些外部伊斯兰教法合规性审计薄弱或不存在的企业中尤其成问题（Chapra，2007）。

对于非中心化的教法监督委员会的不透明的决策制定，一个发展中的应对方式，是通过政府间和跨国组织的工作来建立在 IBF 部门中伊斯兰教法的标准释义。被认为最有影响力的两个组织，一个是在吉达的由伊斯兰会议组织（Organization of the Islamic Conference，OIC）所创的伊斯兰教法学（Fiqh）学院，另一个是在巴林的伊斯兰金融机构会计和审计组织（the Accounting and Auditing Organization for Islamic Financial Institutions，AAOIFI）（Warde，2010：234 – 7）。尽管 IBF 产业抵制这样的规范性干预（Ghoul，2008；Grais and Pellegrini，2006），但这样的机构性的"黏合剂"对于将 IBF 从常规金融服务产业中可辨识地区分出来大有裨益（Fligstein，1996；White，2002）。

IBF 领域包括什么？

这一节已经表明，关于什么金融产品是或不是"伊斯兰的"大量的界定焦虑，可以追溯到伊斯兰的社会组织，以及判定和监测伊斯兰教法合规性的非中心化和不透明的结构。在当代 IBF 领域，最没有争议的产品和金融工具包括旨在购买生产性资产的风险资本和信贷。两种做法都可以被理解为将金融同实业拴在一起，这将在下一部分被详细描述。

同样被广泛"接受"为 IBF 的是常规股票市场和基金管理行业中符合伊斯兰教法的部分，至少在伊斯兰开发银行（Islamic Development Bank）和另外两个有影响力的跨国产业组织（IDB，IRTI and IFSB，2007：XI，41）所生产的"共识"文件中是这么认为的。股份在公司中代表股权，因此是被允许交易和卖出的，在一级和二级市场中都可以，只要企业的主线业务是符合伊斯兰教法的（细节参见 Pitluck，2008）。养老基金和基金管理产业也是符合教法的，只要企业投资符合伊斯兰教法的资产并且在 IBF 部门储蓄流动资本。世界范围内，大约有 700 个符合伊斯兰教法的资产管理基金，主要位于沙特阿拉伯、马来西亚和开曼群岛，其中约一半的基金长期位于沙特阿拉伯（Ernst and Young，2010a：7，52 – 3）。

目前关于伊斯兰的债券和保险产品是否符合伊斯兰教法，存在相当大的争议（IDB，IRTI and IFSB，2007：41）。过去十年，IFI 们已经筹集了超过 1360 亿美元公司或主权债券（susuk），旨在规避 riba（IIFM，2010：6，14，19）。伊斯兰债券（sukuk）的合法性存在着争议，2008 年 2 月，AAOIFI 的教法委员会规定，大部分现存的伊斯兰债券发行是不合伊斯兰教法的，尽管委员会选择只对新的伊斯兰债券发行执行其规定。保险则更加有争议，因其曾被视为不证自明地包含 gharar。然而，到 2008 年，在中东、北非和东南亚约有 158 家伊斯兰保险（takaful）企业声称提供合伊斯兰教法的人寿和一般保险，另外 36 家在印度尼西亚的常规机构提供"伊斯兰保险窗口"（takaful windows）（Ernst and Young, 2010b：37）。尽管如此，这个产业自身承认，世界范围内，"fiqhi（对于教法的理解）大不相同，常常挑战伊斯兰保险的基本概念"（IDB, IRTI and IFSB, 2007：36）。

在上述地区以外，对于 riba 和 gharar 的当代阐释将大部分的现代金融工具——特别是衍生品——视为与 IBF 相对立（IDB, IRTI and IFSB, 2007：41）。因此，尽管复杂的伊斯兰金融工具通过当代的结构化金融技术建立起来（El-Gamal, 2006），但是 IBF 部门在 2007～2008 年的全球金融危机时期相当稳定（Hasan and Dridi, 2010）。伊斯兰教法监督委员会通常不允许 IFI 交易证券化的金融工具，如抵押贷款证券，因为这势必将带来债务的出售。类似的，IFI 通常也被禁止信用违约互换交易，因为对承诺的交易会使得 gharar 成为必然（Warde, 2010：88-89）。因此，相较于失败的常规金融机构，IFI 面临更少的交易对手风险。在之后几年，IBF 部门的增长停滞并非源于金融危机的蔓延，而是因为南-北贸易的缩减和北方实体经济生产的衰退（例如，迪拜的债务危机）。[8]

寻求替代性选择的社会科学家们感到失望

近些年，一些社会科学家着力考察 IBF 在重塑全球金融架构方面的可能释放的潜力。除了极少数例外，这种尝试让他们十分失望，致使他们得出了下列两个论点。第一，分析者们发现，IBF 中作为典范的金融形式——收益共享和损失共担——是很少得到实践的，他们因此得出结论认为 IBF 就其本身而言失败了。第二，分析者们主张，IBF 中最为普遍的金融形式——基于销售的合同和租赁合同——与常规金融在实质上是相同的，因此 IBF 仅仅是常规金融实践的一个表现而已。在本节我会讨论这两个观点并对第二个做出批判。

IBF 的理想型很少得到实践

尽管 IBF 包含了不一致的声音，但世界范围内，一种金融形式——收益共享和损失共担——被作为 IBF 部门的典范形式广泛接受（Chapra，2007；Chong and Liu，2009；ElGindi，Said and Salevurakis，2009；Kamla，2009；Khan，2010；Kuran，2004；Mirakhor and Zaikdi，2007：57；Nienhaus，2007；Zaher and Hassan，2001）。"对于以利益为基础的金融模式来说，这是一个理想的替代性选择，并在生产和分配方面有着深远影响。"（Usmani，2002：1，也参见第 41 页）这样的偏好延伸到了零售顾客那里。在同美国穆斯林关于伊斯兰抵押借款的访谈中，莫勒（Maurer，2006：75）发现他们对损益分摊的合同有一种"偏好"。从社会科学规范研究的角度来看，损益分摊的金融方式使 IBF 从业者们尝试通过引入、修改和连接古典伊斯兰教法学（fiqh）学者所裁定为合规的历史上的金融合约，创造常规银行产品和金融工具的当代"伊斯兰"变体。

> 金融和"实体"经济的紧密结合。投资者们被鼓励投资到有前途的项目中，以便与企业共享收益和共担损失，通过这么做，来促进发展。金钱是用来和真实的（物质的）资产联系在一起使它们实现增长的；金钱本身不能被用作一种商品或作为抵押。（Pollard and Samers，2007：314）

这些古典合约之一就是穆萨拉卡（musharaka），阿拉伯语意为"共享"。在 IBF 中，一个损益分摊合约创造了一个合资企业，其中银行和企业是合作伙伴，其共同分享和分担来自合资企业的利益与损失。在 IBF 产业中最常被使用的损益分摊合同是穆搭拉巴（mudaraba）合约，其中一方（银行）向一个企业家的生意进行资本投资，因此成为一个有限责任的合伙人。这些合约往往都这么写，银行从合伙人关系中逐渐退出或直到满足特定条件。如果双方合伙人都成功满足了合同条件，那么在合约最后，企业家则成为唯一的所有者（Usmani，2002：12 - 17；Warde，2010：145 - 9）。

尽管 IFI 参与同客户进行损益分摊的安排有着理论和观念上的重要性，但是已有的资料显示只有很少的 IBF 部门的资本被投资于这类产品。早在 1984 年，只有 14% 的巴基斯坦伊斯兰银行持有 mudaraba 或者 musharaka 这类资产。1986 年，伊朗中央银行表示穆搭拉巴和 musharaka 占据了资产的 38%（Kuran，2004：9）。在 1994 ~ 1996 年，对伊斯兰十大银行的资产检查，显示它们所持有资产平均只有 14% 是损益分担合约（Khan，2010：809）。在一个 1994 年到 1995 年对 81 家私有伊斯兰银行的分析中，约瑟夫（Yousef，2005：65）

发现融资中的损益分摊合约比例，在中东和北非平均约为 14%，而在东亚为 30%，南亚为 8%，撒哈拉以南非洲则为 44%。他也注意到，国家内以及同一地区内国家间的差异性是很小的。至此，我们可以将这类活动看作金融机构试图和实体经济中的企业家们建立合作关系，这与经济的金融化形成了一种对比，而上述数字也可能夸大了 IBF 部门中损益分摊活动的规模。这是因为许多 IBF 机构将证券投资组合归类为 mudaraba 交易，尽管这样的"投资"并不是导向实体经济而是导向符合伊斯兰教法的股票这样的二级资产市场的（Warde，2010：149）。

　　总而言之，基于库兰（Kuran，2004）所做的有影响力的工作，在过去的一些年中，像钟和刘（Chong and Liu，2009）、卡姆拉（Kamla，2009）和卡恩（Khan，2010）等社会科学家的研究，已经将 IBF 评估为常规金融的一种替代性选择，确定 IBF 从业者们都将损益分摊的工具视为典范性的伊斯兰交易，然后认为当代 IBF 部门只参与了少量的此类实践。所有人都失望地离开了。

作为实践的 IBF 在本质上和常规金融相同

　　IBF 金融的大部分并没有在损益分摊的基础上进行，而是包含出售或出租的金融成分。最常见的这类以出售为基础的金融工具是 murabaha（Khan，2010）。从历史来看，murabaha 合约曾是一个在买家和卖家之间就卖家利润进行的现货市场谈判，而不是关于价格本身的谈判。这种"成本加成"的交易允许对商品成本不知情的买家，以平等的关系与卖家谈判（Warde，2010：140）。

　　在当代的 IBF 产业中，这个合约已经成为一种金融模式。一个顾客要求其银行代其购买一个资产，然后以分期付款的形式从银行购买资产。银行被视作通过赋予这个资产一种新特质来改进它——可以通过延期付款来购买它。这样的改进，对于顾客来说是很有价值的，允许银行对此按更高的价格收取（Usmani，2002：46）。这个在成本基础上的透明增量通常被叫作"利润"或者"服务费"，但从不叫"利息"。第二种基于出售的金融形式叫 ijara，这"实质上与常规租赁相同：银行将资产租赁给［客户］，换取特定的租金"（Warde，2010：144）

　　murabaha 和 ijara 都涉及资产（而非金钱）的购买和使用，因此被认为在用金钱为贷款付钱的意义上避免了 riba（Warde，2010；Wilson，2008）。murabaha 被理解为是被允许的，因为 murabaha 和 ijara 都被认为是抵制金融化（信贷或资本收益与真实资产越来越疏离）的。

> 将信贷的扩张与一个特定的从第三方到顾客的商品转移相连，通过这样，他们与商品的信用销售产生了一个有意义的连接……一个常规的贷款，相比之下，并不需要与客户偿还承诺之外的任何经济或法律事件相关联。（Vogel and Hayes，1998：143）

尽管 murabaha 这样的金融方式被伊斯兰教法监督委员会广泛接受，但是其合法性却薄如纸，因为在实践中，这些合约通常与真实资产的交易只有一点微弱的联系。我们将这一联系通过两种方式拆分。第一种是银行和资产间的联系。murabaha 贷款本质上比常规贷款多两种风险：①对于银行来说有着购买一个顾客可能决定不买的资产的风险，②资产在销售给顾客前就被损坏了的风险。为了最小化这两种风险，一些（但不是全部）教法监督委员会会允许银行委托客户作为他们的采购代理。作为代理的客户会以银行的名义购买资产，然后立刻（作为一个代理）将资产卖给自己。结果是，银行在选择、购买资产的环节中没有扮演任何企业性质的角色，而且在卖出资产之前仅仅"拥有"它几秒钟的时间。在这样常见的合约中，银行和资产间的联系是微弱的（El-Gamal，2006；Usmani，2002；Vogel and Hayes，1998）。

第二种是资产和顾客间的联系甚至可以更加微弱。想象这样一个场景，顾客想要现金而不想要或不需要资产，所以资产仅仅是获得伊斯兰融资的一个策略。例如，一个需要 1 万美元的顾客可以请求银行购买一个价值 1 万美元的资产，之后以延期付款的形式，按照 1 万元加上利润的价格卖给顾客。而这个顾客可以通过把这个资产按照 1 万元减去交易成本的方式卖出，立即获得他想要的现金（Vogel and Hayes，1998：142－143，177）。[9]当一个资产是完全可流动的或可替代的，还可以被很便宜地购入和卖出时（如银，或更有争议性的，企业中的股份），那么顾客和资产之间的联系就会变得十分薄弱——顾客从未拥有资产的实物，或在以和银行购买它时（仅仅几秒钟）相同的价格卖出之前短暂地"拥有"它。在这样的策略中，murabaha 变成了"用来逃避利息的一种装置，而并不是执行伊斯兰的实体经济目标的理想的工具"（Usmani，2002：41）。

对 IBF 的著名批评家，（例如 Timur Kuran，2004），已经将 murabaha 融资称作"古老的诡计"（Kuran，2004：15），以及仅仅是"语义的差异"（Kuran，2004：10），其中债务合约通过阿拉伯语术语，以及用"服务费"、"管理费"、"成本加成"或"利润"这样的说法代替"利息"，而被伊斯兰化。伊斯兰金融和常规金融之间的"语义差异"，也通过比较常规和伊斯兰产品所产生的数字得以说明。莫勒（Maurer，2008：70）问道："如果支付结构及时间的计算和常规的以利息为基础的抵押贷款在本质上相同，为什么一个伊斯兰抵押贷款就是'伊斯兰的'？"莫勒（Maurer，2006：37；2008）和卡恩（Khan，2010）都使用了伊斯兰和常规抵押贷款的分期付款方式，为了证明它们在实质上是一样的。这种相似的计算之所以会产生，是因为很多伊斯兰银行将它们的服务费校准为国际基准利率（Libor）或者由竞争者们收取的利率（El-Gamal，2006：74－80）。

总体来看，这些观察使得很多社会科学家、IBF 从业者，以及当前和潜在的 IBF 客户，都主张伊斯兰金融仅仅是一种"披着外衣"的常规金融（Chong and Liu，2009；Kamla，2009；Khan，2010）。这种思想的另一说法主张伊斯兰金融产品几乎与常规金融中的这类产品相同，除了它们在经济上低效、交易费用高昂，以及承担着额外的经济和法律风险（El-Gamal，2006，2008；Kuran，2004）。类似的争论也发生在伊斯兰经济学家和 IBF 从业者之间（Maurer，2005，2006，2008；Siddiqi，2007；Wilson，2008：192）。

莫勒（Maurer，2005）简单地回顾了这些争论，但最终驳斥了关于 IBF 和常规金融是否不同的问题。相反，他通过指出 IBF 从业者之间在更复杂的分析层次上也存在同样的争论，并且仍然没有解决，替换了之前的问题（也参见 Maurer，2001）。[10] 波拉德和萨梅尔（Pollard and Samers，2007：324）也对采取立场持谨慎态度，部分是因为他们担心"欧洲和北美知识生产的持久、基本上是无意识的欧洲中心主义"。他们对现代主义和经济主义的话语尤其持怀疑态度，这些话语将伊斯兰金融视为一种低效的、替代性的或外围的，而且最终会复制常规金融或被常规金融所取代的金融形式。

批评

在下一节，我会对为什么独特的 IBF 部门会与常规金融如此相似提出一个观点。但是在我这么做之前，我必须处理在社会科学文献中常见的关于伊斯兰金融和常规金融本质上一样的三个论点。

第一，许多作者将常规金融产品的和伊斯兰金融产品之间的分期付款计划进行对比，并发现它们在本质上是相似的或相同的（Khan，2010；Maurer，2006：37；2008）。这种分期计算不证自明地是这些金融产品的一个重要特征，特别是对于那些在常规金融产品和符合伊斯兰教法的金融产品之间可以选择的顾客来说。然而，这个观点混淆了金融产品的配置方式，事实上金融产品是从细节上规定了交易方对资产的权利和责任的合法契约。金融产品需要交易方做的不仅仅是对分期付款计划的同意。

我认为一个更好的检验方法是比较伊斯兰合同和常规合同的语言。当进行这样的测试时，又很容易把 IBF 解释为一个表象，因为很多语言是一致的。比如，美国的伊斯兰式住房抵押贷款可能会有许多页和常规的住房抵押贷款一致的语言；两个合同都包含与伊斯兰金融相抵触的术语，如"贷款""利息""贷款人"和"借款人"（Maurer，2006：48，50）。[11] 然而，与常规的抵押贷款相反，伊斯兰的抵押贷款在附随的抵押贷款文件中包含了额外的合同语言，规定了特殊的行为，包括对像"利息"这类术语的再定义（Maurer，2006）。这一点很有概括性：伊斯兰金融产品往往比常规金融产品更为复杂，因为它们构建了多重的合同以创造出多重销售，创造特殊的金融工具以及其他合法的新事物（El-Gamal，2006）。如果金融产品被当作一个法律合同来理解，那么伊斯兰金融产品就不能和常规金融产品相混淆。

第二，表面的论点忽视了参与者的意图和认识论（Maurer，2006；Swedberg，2007）。例如，客户和潜在的客户当前渴望拥有十分类似于常规金融成本结构的伊斯兰金融产品，但这样的产品明确是伊斯兰的（Elfakhani，Zbib and Ahmed，2007）。正如一个美国伊斯兰抵押贷款公司在它的宣传册上解释的那样，"我们不改变数学计算的方法，我们改变自己做生意的方式"（Maurer，2006：52；2008：70）。在对美国穆斯林的访谈中，莫勒（Maurer，2006：74－84）发现他们更重视被主流学者所承认的抵押（及银行），并且重视以正规和科层化的方式对待他们的伊斯兰银行，这种方式和常规银行系统相似，但同时提供了一种深感"过程性、社会性和集体性的"产品（Maurer，2006：75）。并非将伊斯兰抵押贷款视为和常规贷款一样地存在问题，有证据表明，消费者们在希望有这样的一致性的同时也渴望"伊斯兰的不同"。

这样的表象论点也忽视了那些 IBF 学者们的意图，即将常规金融所不要求的行为规范写进伊斯兰金融产品。比如，回忆将 murabaha 合约和基于利息的贷款区分开来的一个关键特征，是前者必须资助一种真实的资产（El-Gamal，2006；Usmani，2002；Vogel and Hayes，1998）。像乌斯马尼这样的 IBF 学者因而在这类合约中写道，银行必须采取"所有必要的步骤""来保证客户是真正打算购买一件商品的"。[12]他提供了这种步骤的三个例子。

　　（1）银行应该将资金直接给商品提供方，而不是将资金提供给客户来买商品。

　　（2）如果一定要把资金托付给客户，银行应该通过检查发票或者类似文件来查验相关商品被购买的证据。

　　（3）当资金被托付了而发票不可得时，"金融机构需要安排对购买商品进行实物查验"。（Usmani，2002：65）

　　第三，我的论点仅是，类似于这样的在伊斯兰金融产品中所记录的意图，在本质上和常规金融产品是不同的。确实，合约（伊斯兰或常规的）中存在着的很多细节，它们在实施中会被执行得很糟糕、被规避，甚至是签约人都不知情。合约是如何履行的，是一个部分地反映 IFI 和他们的教法委员会之间力量平衡的实证性问题，这与合同法在国家中的实施一样。不幸的是，正如在前一节讨论到的，公司的治理不善，和有关伊斯兰教法合规性的 IFI 的不透明性，抑制了对关于 IFI 是否履行了教法合规的合约义务的实证评估。

　　总之，尽管伊斯兰和常规金融产品的公式和费用结构在设计上十分相似，但是字面上的金融工具的具体实施、这些文字后面的意图，以及一些交易方所要求的金融实践在本质上是不同的。对于社会学家来说，IFI 和教法监督委员会为了保证每个客户请求信贷是"真的打算购买一件商品"所做出的努力，为任何代理商旨在防止金融化所面临的观念和实践上的棘手挑战，提供了一个范例。

为何 IBF 和常规金融非常相似？

　　为什么 IBF——尽管不同——在很多方面仍然类似于常规金融？借鉴迪马久和鲍威尔（DiMaggio and Powell，1983）关于同构变化的类型学，我分析界定了促进伊斯兰金融和常规金融之间相似性的三种机制。[13]

　　第一种机制是来自其他组织的正规和非正规压力，以及更广泛的文化期待所导致的强制性同构（DiMaggio and Powell，1983）。在我们的案例中，最强大的结构性力量是伴随着以利息为基础的金融服务产业一同演化而来的世俗法律体系。每一个国家现存的监管结构和法律先例对 IBF 部门提出了独特的挑战。相关文献中充满了复杂的监管问题，但一个简单的例证就足够了。

在很多国家，监管者要求银行保证账户持有人存款的全额付还；相对的，在损益分摊的银行中，损失并不是法律上被允许的。当不列颠伊斯兰银行寻求银行牌照时，它希望能提供一个损益分摊的账户（mudaraba），在这里顾客接受基于风险分担式的收益和损失，而非无风险的利率，正如当地的伊斯兰教法释义所要求的（Plews，2005）。但是金融服务机构（Financial Services A-gency，FSA）要求英国所有的存款持有者要被保证能够全额还款，除非银行破产。最后不列颠伊斯兰银行和 FSA 所达成的妥协是，如果银行的风险分担方案意味着顾客会承受损失，那么银行仍要还清顾客的资产（与 FSA 的规则一致），但是顾客可以选择接受少于全额的还款，并接受根据风险分担方案确定的数额（与当地的伊斯兰教法释义一致）（Fiennes，2005；Plews，2005）。在这个推定性的成功决议中，不列颠伊斯兰银行为存款者们提供了损益分摊的存款账户，这样的服务如果没有存款者的事后同意，在法律上便不会损失金钱。[14]

至今，只有一些国家尝试通过颁布伊斯兰银行法来规避国家法律系统的强制性同构：例如，印度尼西亚、伊朗、马来西亚、巴基斯坦、苏丹、土耳其，以及阿联酋和也门（El-Hawary，Grais and Iqbal，2004：26）。但是，这样的立法是否仅仅是通过一些小的改动而再生产常规银行法，或者是否设法解决伊斯兰和常规金融系统间更大的认识论上的不同，仍是一个实证性问题（Rethel，2011）。

第二种鼓励伊斯兰金融和常规金融变得相似的社会力量是竞争性同构。当组织和其他组织竞争（并且通过形成市场生态位来减少竞争）时，在相同市场生态位上的组织会逐渐彼此相似，或是从成功的竞争者及其商品处学习，或是因为相异的组织或产品在市场竞争中没有存留下来（DiMaggio and Powell，1983；Fligstein，1996；Hannan and Freeman，1977）。文献中常见的一种主张便是认为 IBF 部门是一个竞争性产业中的小生态位。为了竞争客户以及满足股东的要求，对 IBF 客户收取的费用会迅速地向常规部门所收取的基于利息的费用收敛。约瑟夫（Yousef，2005）提出了一个类似的观点，认为期待 IBF 部门主要通过损益分摊的合同而构成是不切实际的，这样的金融形式在常规部门是十分昂贵的（也可见 Kuran，2004）。为了部分地将伊斯兰银行从这样的竞争中隔离开来（也是为了解决 IBF 部门所困扰的大量的公司治理问题），穆罕默德·埃尔－贾迈尔（Mahmoud El-Gamal，2007）主张 IBF 部门需要追求互惠共生（例如，由其客户合作共有，比如成为一个信用联盟或建立协会）。

同构变化的第三种形式是模仿过程。作为一个不确定性（和风险规避）的结果，组织会以既有的组织和产品为模板来塑造自身和自己的产品（DiMaggio and Powell，1983）。一个有着迅速的产品创新的比较新兴的产业，在客户需求方面存在很大的不确定性。例如，莫勒调查了美国穆斯林如何理解两类伊斯兰抵押贷款产品，并且发现这些理解和每个公司对自己客户及自己市场的了解有很大不同。更何况，顾客关于金融市场的知识是被他们之前与常规银行部门有关的经历所形成的，这个反过来会形塑他们对小众市场的期待，包括 IBF 部门。

另外的一个不确定性来源是，新的 IBF 产品能否满足具有不同标准的两个相关部门的要求——伊斯兰教法监督委员会和市场监管机构。每一个金融产品必须被精雕细琢来达到伊斯兰教法委员会的要求（例如，通过说明一笔交易不是一个有息贷款）。但是，同样的产品也必须满足监管机构的要求（例如，通过说明这个产品与常规的有息贷款没有法律上的差别）（El-Gamal，2008：198）。在所有的金融创新中，都存在金融产品或金融工具不足以通过两个机构要求的风险。这样的不确定性（和关于客户需求什么的不确定性结合在一起）是一个强大的模仿过程，推动着伊斯兰产品与常规金融产品相类似。

结　论

回到这一章的标题：伊斯兰银行和金融市场是一个对常规金融的有前景的替代性选择吗，抑或仅仅是一个披着宗教外衣的对于虔信者的市场产品？我已经指明这个问题本身是不证自明的。关于 IBF 在本质上是否以及如何与常规金融不同，在学者、从业者以及客户对其界定方面有着相当大的焦虑。确实，我认为强大的社会同构机制推动着 IBF 在很多复杂而微妙的方面同常规金融一样。然而，当前实践的 IBF 与常规金融组织、工具和实践仍有着本质性与智识性的不同。

考虑到这个市场的全球体量大约在 8220 亿美元到 1.3 万亿美元，这使得

它是全球最大的谋求经济关系重塑的道德项目之一。这意味着，社会学家必
须记住，那些使 IBF 成为一个独特的智力工程的（例如 riba 和 ghara）东西，
和我们的理论观念不能完全重合，如金融化（参见 Alatas，2000）。我建议指
出，由于当前世界霸权从以北－南为轴缓慢地向东－南多极转变，对于社会
学家来说，在 IBF 自身论述中深思其有争议的概念会较为明智（Imam and
Kpodar，2010；Nederveen Pieterse，2011；Pollard and Samers，2007；Warde，
2010）。未来，更为多极的金融社会学以及 riba 将在没有翻译的情况下进行讨
论，而穆夫提·乌斯马尼（Mufti Usmani）可能经常出现在斯威德伯格教授和
怀特教授之间的自传中。

注释

1. 本研究由"Budapesti Kozep-Europai Egyetem Alapitvany"（CEU BPF）部分赞助。本章中
的观点只属于作者本人，并不反映中欧大学布达佩斯基金会（Central European Universi-
ty Foundation Budapest）的观点。

2. 在 2001 年 9 月 11 日恐怖分子行动后的三年中，大部分（67%）关于 IBF 的主流媒体文
章将其与恐怖主义联系在一起（Ali and Syed，2010：34），特别是通过 IBF 的慈善捐款。
随之而来的调查发现对 IBF 产业的这类描述是不合理的（de Goede，2008：227 - 9）。

3. IBF 起源于 20 世纪 70 年代早期，受益于 1973 ~ 1974 年油价的翻两倍。其主要智识和制
度上的支持来自伊斯兰议会组织（Organization of the Islamic Conference，OIC）内部关于
改革货币和金融系统以适应伊斯兰伦理的讨论，以及联合国对新国际经济秩序的讨论
（Warde，2010：70 - 133）。

4. 只有伊朗拥有一个整体的伊斯兰金融系统。1985 年，巴基斯坦在转型为过去十年的双
重金融系统之前曾经尝试过建立一个；而分裂之前的苏丹在 1983 ~ 1986 年尝试过建立
一个，自 1991 年在北部省份也尝试过（Said，2005；Warde，2010：114 - 25）。

5. 在卡普伦和迪万娜（Caplen and DiVanna，2010）的数据库中，三分之一的 IFI 并不公布
金融数据（也不被其国家监管机构要求这么做），而这些提供数据的机构往往拖延几个
季度甚至几年。

6. 阿拉伯穆斯林（2 亿）在全球 16 亿穆斯林中是少数。穆斯林人口最多的十大国家，按
照人口由多到少的顺序依次是印度尼西亚、巴基斯坦、印度、孟加拉国、埃及、尼日利
亚、伊朗、土耳其、阿尔及利亚和摩洛哥（Pew Research Center，2011）。

7. 一个 1989 年的关于伊斯兰银行中教法监督委员会的调查发现，29% 的委员会成员的报
酬是由董事会决定的，而 4% 由管理层决定（Vogel and Hayes，1998：49）。

8. 迪拜 2009 年标志性的债务危机与它要成为伊斯兰金融中心是没有关系的。大约 90% 的

债务来自常规部门，而不是 IFI（Timmons，2009）。相反，迪拜的破产是由国家房地产泡沫的可预测破裂导致的。显然，现在是它和印度、中国的东 - 南贸易在推动迪拜的经济复苏（Nederveen Pieterse，2010；Zubairi，2006）。

9. 银行有意识地使用这样的可替代资产给顾客提供现金，这被称为银行 tawarroq，这在海湾国家被广泛实践。这被一些 IBF 学者认为是允许但不建议的经济交易（Warde，2010：143 - 4）。

10. "换一种方式来说，社会科学家间的元层次讨论早已被 IBF 从业者在元层次预先考虑（并且详尽探讨）到了。"（Maurer，2005：71）

11. 这种相同的语言是因为像房利美（Fannie Mae）和房地美（Freddie Ma）这样的机构，它们将抵押借贷的形式和文书标准化了（Maurer，2006），这是一个在主要章节中讨论的关于强制性同构很好的例子。

12. 我选择详细介绍乌斯马尼，因为他的设想在全球的伊斯兰教法监督委员会被制度化。他在三个有重要影响的标准设定的国际组织中担任伊斯兰教法委员会主席：伊斯兰金融机构会计和审计组织（the Accounting and Auditing Organization for Islamic Financial Institutions，AAOIFI）、国际伊斯兰评级机构（the International Islamic Rating Agency，II-RA），以及巴林中央银行。另外，他是巴基斯坦、阿联酋和瑞士的十家教法监督委员会的主席（Usmani，2011）。

13. 迪马久和鲍威尔（Dimaggio and Powell，1983）也讨论了结构化的第四种形式，即规范性同构，其中因为专业化的过程使得组织之间的结构同构。我在 IBF 产业中没有观察到这种同构，或许因为 IBF 学者的专业化过程还处在发展的早期阶段（Chapra，2007；Ghoul，2008；Kahf，2005）。

14. 在实践方面，同常规银行竞争的 IFI，如果没有银行挤兑，甚至不会允许出现小的损失，因此，IFI 常常实行所谓的"利润平滑"，这样存款者的回报能够跟上竞争对手的计息账户，而不是周期性地经历损失。这引入了许多公司治理和利息议题上的冲突问题（Nienhaus，2007：130 - 132，141；Safieddine，2009）。

参考文献

Abend，G.（2008）."Two Main Problems in the Sociology of Morality." *Theory and Society* 37/2：87 - 125.

Alatas，S. H.（2000）."Intellectual Imperialism：Definition，Traits，and Problems." *Southeast Asia Journal of Social Science*，28/1：23 - 45.

Ali，S. N. and Syed，A. R.（2010）."Post - 9/11 Perceptions of Islamic Finance." *International Research Journal of Finance and Economics*，39：27 - 39.

Caplen，B. and DiVanna，J.（2010）."Top 500 Islamic Financial Institutions." *The Banker.*

（http://www. thebanker. com）（accessed November 24, 2010）.

Chapra, M. U. (2007). "Challenges Facing the Islamic Finance Industry", in M. K. Hassan and M. K. Lewis (eds.), *Handbook of Islamic Banking*. Cheltenham, UK and Northampton, MA: Edward Elgar, 325 – 57.

Chong, B. S. and Liu, M. -H. (2009). "Islamic Banking: Interest-Free or Interest-Based?" *Pacifc-Basin Finance Journal*, 17: 125 – 44.

de Goede, M. (2005). *Virtue, Fortune and Faith: A Genealogy of Finance*. Minneapolis, MN: University of Minnesota Press.

—— (2008). "Money, Media and the Anti-Politics of Terrorist Finance. " *European Journal of Cultural Studies*, 11/3: 289 – 310.

DiMaggio, P. and Powell, W. W. (1983). "The Iron Cage Revisited: Institutional Isomorphism and Collective Rationality in Organizational Fields. " *American Sociological Review*, 48/2: 147 – 60.

El-Gamal, M. A. (2001). "An Economic Explication of the Prohibition of *Gharar* in Classical Islamic Jurisprudence. " Paper presented at the 4th International Conference on Islamic Economics. (http://www. ruf. rice. edu/ ~ elgamal/files/ghara. pdf) (accessed August 22, 2011).

—— (2003). " 'Interest' and the paradox of Contemporary Islamic Law and Finance. " *Fordham International Law Journal*, 27/1: 108 – 49.

—— (2006). *Islamic Finance: Law, Economics, and Practice*. Cambridge: Cambridge University Press.

—— (2007). "Mutualization of Islamic Banking", in M. K. Hassan and M. K. Lewis (eds.), *Handbook of Islamic Banking*. Cheltenham, UK and Northampton, MA: Edward Elgar, 301 – 24.

—— (2008). "The Tradeoff between Brand-Name Distinctiveness and Convergence. " *Berkeley Journal of Middle Eastern and Islamic Law*, 1/2: 183 – 201.

El-Hawary, D. , Grais, W. , and Iqbal, Z. (2004). "Regulating Islamic Financial Institutions: The Nature of the Regulated. " World Bank Policy Research Working Paper No. 3227.

Elfakhani, S. M. , Zbib, I. J. , and Ahmed, Z. U. (2007). "Marketing of Islamic Financial Products, " in M. K. Hassan and M. K. Lewis (eds.), *Handbook of Islamic Banking*. Cheltenham, UK and Northampton, MA: Edward Elgar, 116 – 27.

ElGindi, T. , Said, M. , and Salevurakis, J. W. (2009). "Islamic Alternatives to Purely Capitalist Modes of Finance: A Study of Malaysian Banks from 1999 to 2006. " *Review of Radical Political Economics*, 41/4: 516 – 38.

Ernst and Young (2010a). *Islamic Funds and Investments Report 2010: Post Crisis: Waking Up to an Investor-Driven World*. Dubai, UAE: MEGA Brands.

—— (2010b). *The World Takaful Report 2010: Managing Performance in a Recovery*. Dubai, UAE: MEGA Brands.

Fiennes, T. (2005). "The View from the Regulators in the United Kindom," in S. Jaffer (ed.), *Islamic Retail Banking and Finance: Global Challenges and Opportunities*. London: Euromoney Books, 190 – 94.

Fligstein, N. (1996). "Markets as Politics: A Political-Cultural Approach to Market Institutions." *American Sociological Review*, 61/4: 656 – 73.

Ghoul, W. A. (2008). "Shariah Scholars and Islamic Finance: Towards a More Objective and Independent Shariah-Compliance Certification of Islamic Financial Products." *Review of Islamic Economics*, 12/2: 87 – 104.

Grais, W. and Pellegrini, M. (2006). "Corporate Governance and Shariah Compliance in Institutions Offering Islamic Financial Services." World Bank Policy Research Working Paper No. 4054.

Hannan, M. T. and Freeman, J. (1977). "The Population Ecology of Organizations." *American Journal of Sociology*, 82/5: 929 – 64.

Hasan, M. and Dridi, J. (2010). "The Effects of the Global Crisis on Islamic and Conventional Banks: A Comparative Study." IMF Working Paper No. WP/10/201.

IDB, IRTI and IFSB (Islamic Development Bank, Islamic Research and Training Institutem, and Islamic Financial Services Board) (2007). "Islamic Financial Services Industry Development: Ten Year Framework and Strategies." Policy Dialogue Paper. (http://www.ifsb.org/docs/10_yr_framework.Pdf) (accessed July 24, 2011).

IIFM (International Islamic Financial Market) (2010). *Sukuk Report* (1st edn). (www.iifm.Net) (accessed August 8, 2011).

Imam, P. and Kpodar, K. (2010). "Islamic Banking: How Has It Diffused?" IMF Working Paper No. WP/10/195.

Kahf, M. (2005). "Islamic Banks: The Rise of a New Power Alliance of Wealth and Sharia Scholarship," in C. M. Henryand R. Wilson (eds.), *The Politics of Islamic Finance*. Edinburgh: Edinburgh University Press, 17 – 36.

Kamla, R. (2009). "Critical Insights into Contemporary Islamic Accounting." *Critical Perspectives on Accounting*, 20/8: 921 – 32.

Khan, F. (2010). "How 'Islamic' Is Islamic Banking?" *Journal of Economic Behavior of Organization*, 76/3: 805 – 20.

Kuran, T. (2004). *Islam and Mammon: The Economic Predicaments of Islamism*. Princeton, NJ, and Oxford: Princeton University Press.

Maurer, B. (2001). "Engineering an Islamic Future: Speculations on Islamic Financial Alternatives." *Anthropology Today*, 17/1: 8 – 11.

—— (2005). *Mutual Life, Limited: Islamic Banking, Alternative Currencies, Lateral Reason*. Princeton, NJ: Princeton University Press.

—— (2006). *Pious Property: Islamic Mortgages in the United States.* New York: Russell Sage Press.

—— (2008). "Resocializing Finance? of Dressing It in Mufti?" *Journal of Cultural Economy* 1/ 1: 65 – 78.

Mirakhor, A. and Zaikdi, I. (2007). "Profit-and-Loss Sharing Contracts in Islamic Finance," in M. K. Hassan and M. K. Lewis (eds), *Handbook of Islamic Banking.* Cheltenham, UK and Northampton, MA: Edward Elgar, 49 – 63.

Nederveen Pieterse, J. (2010). "Views from Dubai: Oriental Globalization Revisited." *Encounters,* 2: 15 – 37.

—— (2011). "Global Rebalancing: Crisis and the East-South Turn." *Development and Change* 42/1: 22 – 48.

Nienhaus, V. (2007). "Governance of Islamic Banks" in M. K. Hassan and M. K. Lewis (eds.) *Handbook of Islamic Banking.* Cheltenham, UK and Northampton, MA: Edward Elgan 128 – 43.

Pew Research Center. (2011). *The Future of the Global Muslim Population: Projections for 2010 – 2030.* (http://pewforum. org/The-Future-of-the-Global-Muslim-Population. Aspx) (accessed July 24, 2011).

Pitluck, A. Z. (2008). "Moral Behavior in Stock Markets: Islamic Finance and Socially Responsible Investment," in K. E. Browneand B. L. Milgram (eds.), *Economics and Morality: Anthropological Approaches.* Lanham, MD: AltaMira Press, Rowman &Littlefield Publishers, 233 – 55.

Plews, T. (2005). "Establishing Islamic Banks in the West: The Case of the Islamic Bank of Britain," in S. Jaffer (ed.), *Islamic Retail Banking and Finance: Global Challenges and Opportunities.* London: Euromoney Books, 31 – 9.

Pollard, J. and Samers, M. (2007). "Islamic Banking and Finance: Postcolonial Political Economy and the Decentring of Economic Geography." *Transactions of the Institute of British Geographers,* 32/3: 313 – 30.

Rethel, L. (2011). "Whose Legitimacy? Islamic Finance and the Global Financial Order." *Review of International Political Economy,* 18/1: 75 – 98.

Safieddine, A. (2009). "Islamic Financial Institutions and Corporate Governance: New Insights for Agency Theory." *Corporate Governance: An International Review,* 17/2: 142 – 58.

Said, P. (2005). "The View from the Regulators in Pakistan," in S. Jaffer (ed.), *Islamic Retail Banking and Finance: Global Challenges and Opportunities.* London: Euromoney Books, 195 – 202.

Siddiqi, M. N. (2007). "Shariah, Economics and the Progress of Islamic Finance: The Role of Shari'ah Experts. " *IIUM Journal of Economics and Management,* 15/1: 93 – 113.

Swedberg, R. (2007). "Max Weber's Interpretive Economic Sociology. " *American Behavioral Sci-*

entist, 5 o/8: 1035 – 55.

Timewell, S. and DiVanna, J. (2009). "Top 500 Islamic Financial Institutions," *The Banker*, November: 1 – 30.

Timmons, H. (2009). "Dubai Crisis Tests Laws of Islamic Financing." *The New York Times*, December 1: B4.

Usmani, M. T. (2002). *An Introduction to Islamic Finance*. The Hague: Kluwer Law International.

—— (2011). "Profile." (http://www. Muftitaqiusmani. com) (accessed August 13, 2011).

Vogel, F. E. and Hayes, S. L. (1998). *Islamic Law and Finance: Religion, Risk, and Return*. Boston, MA: Kluwer Law International.

Warde, I. (2010). *Islamic Finance in the Global Economy* (2nd edn). Edinburgh: Edinburgh University Press.

White, H. C. (2002). *Markets from Networks: Socioeconomic Models of Production*. Princeton, NJ: Princeton University Press.

Wilson, R. (2008). "Islamic Economics and Finance." *World Economics*, 9/1: 177 – 95.

Yousef, T. M. (2005). "The Murabaha Syndrome in Islamic Finance: Laws, Institutions and Politics," in C. M. Henry & R. Wilson (eds.), *The Politics of Islamic Finance*. Edinburgh: Edinburgh University Press, 63 – 80.

Zaher, T. S. and Hassan, M. K. (2001). "A Comparative Literature of Islamic Finance and Banking." *Financial Markets, Institutions & Instruments*, 10/4: 155 – 99.

Zubairi, S. (2006). "Home Finance Schemes in the UAE: A Case Study," in S. Jaffer (ed.), *Islamic Retail Banking and Finance: Global Challenges and Opportunities*. London: Euromoney Books, 88 – 97.

第 23 章

金融地理：中国的国家－企业集群

萧·鲁恩－斯西·露西亚（Lucia Leung-Sea Siu）

引　言

在全球市场和经济的版图上，现代中国是一个有着许多矛盾的地方。这是一个处于社会主义初级阶段的国家，正在进行广泛的市场经济尝试。尽管观察家对中国在 30 年内从贫困走向富裕的速度感到惊叹——拥有 13 亿人口，超过日本、德国、法国和英国的国内生产总值（GDP），但经济增长也伴随着外界对其环境保护、劳动条件、政府监管、模仿制造以及产品安全等的质疑。

在对金融社会研究感兴趣的人看来，中国的地域研究是一个很好的例子，可以说明"西方经济体"和"本土经济体"（或"新兴经济体"）之间旧的二分法应该受到挑战。一方面，全球市场通过类似的程序性协议（Clark and Drift，2005）以及与纽约、伦敦、阿布扎比、上海和东京相仿的电子交易平台（Knorr Cetina and Bruegger，2002）相互关联；另一方面，在多元主义和多重现代性的时代（Gray，2002），不同的地方在政治环境、意识形态、社会结构和文化等方面可能存在很大的差异。在一个商品期货市场结束的炎热的星期五，伦敦的交易员可能会去酒吧社交和放松，中国的交易所职员则偶尔参加一些政治研讨会。正如赫兹（Hertz，1998）所描述的那样，上海股票交易者的流动跨越了国界与社会等级。

他们采用西方市场的概念和术语，认识到自己相对于世界的地位，但生活在一个与欧美社会有显著文化差异的环境中。在全球化的经验现实中，什么是本土的，什么是域外的，已经变成一种异质的混合体。20世纪60~70年代，经济人类学家关于全球市场机制与本土社会秩序之间，或者西方经济体与非西方经济体之间激烈的争论（Caliskan，2005：10），现在看来似乎有其局限性，试图了解21世纪以来金融地理的读者必须有一种更加多元的观点。

本章结构和研究方法

本章首先对中国现代金融市场的历史进行简要概括，并对中国大陆、中国香港和中国台湾的市场进行一些事实性描述；其次介绍了希尔·盖茨（Hill Gates）二元理论框架的部分内容，其对中国古代、民国和共和国时期的经济和社会结构提供了有效的见解。本章的主要部分将描述中国市场的三个方面：第一，公私主体之间的关系；第二，区域主义和地方集群；第三，以佣金形式进行市场交易的例子。本章结尾讨论了中国的政治因素对市场发展的重要影响，以及关于文化本质主义的简短讨论。

本章内容主要来自作者在2005年所做的关于中国期货市场的民族志研究。通过一个范围较小的资产类别即商品期货[1]的例子，本章试图探索适用于诸如股票、债券或房地产等其他类别资产的更广泛的通用属性。这些讨论可以作为背景知识，帮助读者了解中国市场的其他具体问题，例如国有企业（SOEs）股份制改革、外商直接投资（FDI）遇到的问题、市场泡沫和超调（overshoot）。其中涉及的田野调查包括在商品期货交易所进行的为期一个月的实习，在期货经纪公司进行的为期十周的实习，在四次行业培训课程和三次行业会议中的参与观察，以及33次半结构式访谈。田野调查于2005年5~12月在中国期货行业进行。主要的田野调查地点是北京，以及中国三个有期货交易所的城市（上海、大连和郑州）中的两个；也有一些采访和会议是在天津、深圳和香港进行的。田野调查的进入首先是通过参加行业会议实现的，更多的进入是通过获得"守门人"（gatekeepers）的信任和逐步的滚雪球。为了保护田野调查中的某些对象，一些个人资料已被更改，并且期货交易所的名称被表示为P、Q和R。

历史发展和讨论背景：简要的介绍

中国现代市场的先驱可追溯到 19 世纪 20 ~ 30 年代的清朝，宁波诞生了银锭期货 (Du, 1996：3 – 4；Shen, 2003：114)。中国的股票交易可以追溯到 19 世纪 60 年代 (Fung, 2002；Zou, 2010)，在欧洲和美国商人的控制之下，第一个证券交易所于 1892 年在上海成立 (另一个交易所于 1891 年在香港成立，1842 年被割让给英国)。从清末到民国，大量股票、债券与期货交易所得以建立 (Shen, 2003：116)。其中包括在东北和上海建立的一系列日本交易所 (Lei, 1981)，如由虞洽卿领导的中国商人于 1914 年在上海建立的交易所，以及中国商人王景芳 (在国民党领袖孙中山的支持下) 于 1918 年建立的北京证券交易所。1921 年，一场由繁荣到萧条的巨大震荡即信托和交易所危机发生于上海，其中上百个交易所在两年内蓬勃发展又萎缩消失。到 20 世纪 30 年代，当时政府债券比股票更受欢迎。然而，20 世纪 30 年代和 40 年代的早期中国市场经常受到战争和经济动荡的干扰，难以稳定发展。1949 年新中国成立之后，商品的生产、定价与分配由一套国家调控、计划经济和农村公社的体系取代。银行和私有企业被改造成国有企业，1966 ~ 1976 年，市场交易成为不道德的社会现象。直到 1990 年，股市才重新出现。

1978 年后中国进入改革开放时代，社会主义国家的股票市场引发了激烈的争论。中国人民银行于 1984 年成立了股票市场战略研究小组，并于 1986 年开始场外股票交易。为了区分国内外资本，普通股被划分为 "A 股" 和 "B 股"。"A 股" 是仅对国内个人、机构和法人开放的普通股——不包括来自国外及中国香港、澳门或台湾地区的普通股。[2] "B 股" 于 1991 年 10 月开始发行以吸收国际资本，于 2001 年不再对中国境内个人开放。[3] 当时设立了两家证券交易所：1990 年 12 月设立的上海证券交易所 (SHSE) 和 1991 年 7 月在南方城市深圳设立的深圳证券交易所 (SZSE)。[4]

截至 2010 年 12 月，中国股票交易市场的市值为：上交所 (SHSE)，2.72 万亿美元；深交所 (SZSE)，1.3 万亿美元；港交所 (HKEx)，2.71 万亿美元；台证所 (TWEX)，0.82 万亿美元。上交所有 894 家上市公司，深交所有 1169 家上市公司，港交所有 1413 家上市公司，台证所有 784 家上市公司。中国大陆的证券交易人口占全部人口的 9.4% (2010 年为 13.4 亿总人口中的 1.26 亿)；香港特别行政区约 28% (2007 年为 700 万总人口中的 200 万)；台湾地区约 68%（2010 年为 2317 万总人口中的 1516 万）。

商品期货是一种利基资产类型，1992 ~ 1994 年中国大陆开设了 60 多个商品期货交易所，除了三个〔上海期货交易所（SHFE）、大连商品交易所（DCE）和郑州商品交易所（ZCE）〕外，其他交易所最后被中央政府叫停。2006 年，新的中国金融期货交易所（CFFEX）在上海成立，开创性地推出指数期货产品。截至 2010 年，大陆的利基期货市场总存款额约为 310 亿美元，总交易额超过 23.5 万亿美元。在香港，香港期货交易所是港交所（HKEx）集团旗下的一家子公司。另外两个商品和期货交易所：香港金银业贸易场成立于 1910 年，仍在进行公开喊价交易；香港商品交易所是一家年轻的电子交易所。台湾的期货交易场所是台湾期货交易所（TWFE）。

二元经济结构：TCP / PCMP

从马克思主义唯物论出发，盖茨（Gates，1996）提供了一个经济和意识形态框架来分析中国的经济与社会。她认为，自宋（公元 960 ~ 1279 年）以来，中国的经济运行有两种生产方式：封建主义生产方式（the tributary mode of production，TMP）和小资本主义生产方式（the petty-capitalist mode of production，PCMP）。在帝国晚期，TMP 由精英阶层的儒家学者官员组成，他们运行着国家官僚机构并从民众那里获取"盈余"（Huang，1997：117）。在这些朝代，商人有着一段长期被压制的历史（Yuan，1948），并且 PCMP 中的商人和 TMP 中的学者官员之间的阶级与地位差异巨大（Ho，1954）。[5]盖茨认为，TMP 未被废除，而是由官僚组织的人员组成；相比之下，PCMP 是由维持生计的平民阶层组成的。他们通过雇佣劳动和"家族制企业"———一种由亲属远近关系和性别构成的等级体系，来分配从 TMP 中留下的盈余（Hertz，1998：13）。盖茨不赞同马克思的观点，后者认为清晚期属于广泛意义上的"亚细亚生产方式"，在这种生产方式下，一个停滞不前的帝国"在时间的流逝中勉强存活着"（Gates，1996：18 – 19）。相反，在 PCMP 中，活跃的雇佣劳动、市场、私有财产和阶级早在帝国时期就已存在。然而，来自 PCMP 的大部分盈余是"流向官员"的，而不是像在欧洲工业革命中一样流向资本家（Gates，1996：39）。使得中国经济有别于美国或欧洲的，本质上不是仅仅因为这是"中国的"经济而具有"中国特色"。这种区别源于 TMP/PCMP 经济形态的纵向发展特征，它在历史上已经运行了一千多年，这既是欧美所没有的遗产，也是它们所没有的负担。盖茨还消解了 1949 年前"封建中国"到 1978 年后的"市场经济"之间的历史性裂痕，这是中国官方史或中国历史学家有时持有的观点（Huang，1997：119）。盖茨的分析表明，TMP／PCMP 的二元经济是从帝国晚期持续演化的。这个框架有助于解释为什么一些相互矛盾的属性——比如，一方面是道德主义、亲属关系、社会和谐，另一方面是理性计算与激烈的竞争——看起来能够在中国经济中共存（Huang，1997：117）。从我的田野观察经验来看，期货业中公共机构和私营部门在地位与收入方面的巨大差异，似乎与盖茨对 TMP 和 PCMP 之间的区分相呼应。

公私边界

垂直层级

分析 2005 年的中国期货市场，人们可以迅速地辨明几个部分：国家监管官员和交易所工作人员、外国银行家和经纪人、国内经纪公司和投资者。上述顺序中有一种清晰的层级感。这种次序可以在会议的座次安排、演讲嘉宾的顺序、媒体的标题，以及做出贡献者的姓名列表中看出来。中国期货业协会（FIA）的一个田野对象曾向我解释说："我们花了几年时间才把市场结构调整好——CSRC（中国证券监督管理委员会）管三个交易所；三个交易所管交易所的会员；成员公司管他们的客户。"

尽管行业协会的工作人员将这种纵向的治理（见图 23 - 1）作为一项成果展示出来，但香港的交易所和监管机构通常会将"市场结构图"的中心定位在竞争发生的私人公司上（见图 23 - 2），公共和准公共机构倾向于将自己的组织放在两边，表明他们的工作是提供监管和支持性的基础设施。他们在描述公私边界时，使用诸如"伙伴关系"、"合作"、"支持"或"监察和平衡"等词语。由于中国香港、中国台湾以及新加坡市场中的华人群体都是与图 23 - 1 相比具有不同市场认知的中国社会，所以我不采用文化本质主义的

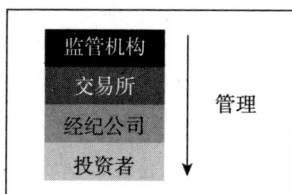

图 23 - 1　中国大陆期货市场中的经纪公司和行业协会所理解的市场结构

话语，即认为垂直层级是一种特有的"中国市场的特征"。

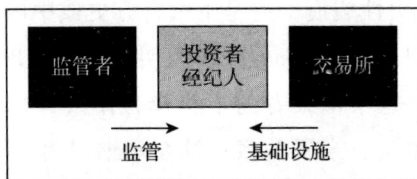

图 23 - 2　香港证券交易所向当地媒体展示的市场结构

　　垂直层级结构可以从交易所 P 的空间组织、收入分配和身份认知中观察到。在交易所 P 的大楼周围步行，人们可以很快从物理空间中感受到地位的区分。该建筑有三层：底层和大厅开放供公众使用；较低的楼层（地下室、一楼和二楼东翼）由会员公司的约 300 名出市代表（也被称为"红马甲"）使用；较高的楼层（二楼西翼和三楼）由交易所的 140 名员工使用。在较低的楼层，一个在一楼工作的典型红马甲在 2005 年每月的工资为 800 ~ 1400 元人民币。她的经理，可能是不时到二楼东翼办公室的人，每个月收入为 2500 ~ 8000 元人民币。在高层，一位从事市场营销或研究工作的中级交易所行政人员，每月可挣 15000 ~ 40000 元人民币。大部分时间里，这两个部门在不同的空间工作，分开吃饭，使用不同的洗手间，而且他们之间有很远的社会距离。红马甲在地下的快餐店吃午饭，或者从附近的快餐店订购午餐外卖。相比之下，交易所行政人员有一个上层食堂，这对大多数会员来说是禁止入内的，在那里，行政人员由营养师设计膳食。

　　我偶尔在地下食堂与几名红马甲共进午餐，并在午餐时间（上午 11：30 至下午 1：30）到会员的阅览室和办公区周围散步。这是一个经纪人、客户和红马甲闲逛、聊天、吸烟、读报和午休的地方。有一次我问几个红马甲：

　　萧：交易大厅里黄马甲的工作是什么？
　　红马甲：他们是管我们的。

　　在芝加哥交易所，经销商和交易员等交易所会员的地位高于交易所行政人员。当两人碰面时，比如说在洗手间里，会员们可能懒得和交易所行政人员说话。中国期货市场却是相反的，红马甲随时服从于黄马甲和交易所行政人员的权威。我对一些红马甲提到了芝加哥洗手间的场景，他们对这样的对比感到困惑。一个红马甲说："这并不令人感到意外。美国官员在那里服务，中国官员在这里管理。"

灵活的专业单位

谁是三个期货交易所的所有者？它们是国有的还是私有的？交易所名义上采用会员制，私募期货公司应该是交易所的所有人。但经验丰富的交易员和经纪人也不能对期货交易所是国有还是私有的问题给出明确的答案。交易所的一位行政人员向我证实，过去期货交易所曾经是国有企业，但国家在 2005 年将交易所定位为事业单位，这对一些经纪人和交易员来说是一个惊喜。"事业单位"指的是一系列的社会组织，它们既不是国有企业、民营企业，也不是非政府组织（NGOs）。它们是提供公共服务的机构，如医院、学校、事业单位、农业支持服务机构和新闻媒体。[6]这个词已被广泛翻译为"公共服务单位"，但国内学者认为这个翻译不足以说明它们的完整属性。因此，我更愿意在本章中将事业单位这个术语翻译为"专业单位"（vocational units）。

专业单位可以行使下述的一项或多项职能：执行管理职能；提供社区服务；从事营利活动（Fan，2004）。这三种职能往往混杂在一起，而组织机构中的管理、社会服务和营利之间的权重可能会有所变动。这种混合取决于政策的变化和机构的收入来源。[7]可以说，管理、服务和营利的角色之间没有明确的界限；专业单位在市场中具有半公半私的属性。

我在田野实习期间遇到的一件事揭示了准公共机构的有趣属性。2005 年秋季，中国期货业协会组织了一系列以"期货大讲堂"为主题的职业会谈，在全国主要大学进行巡回宣传。每场职业会谈都有几个关键的行业人物进行介绍。一些经纪公司在那里分发公司的宣传册，并回答学生的问题。作为经纪公司的实习生，有一天晚上我参加了其中一场职业会谈。演讲厅里挤满了数百名充满渴望的应届毕业生。在没有进行多少考虑的情况下，我起初以为，我作为一名初级实习生的职责是为我的经纪公司（这是一家私人公司）开展营销、招聘（争夺潜在的人才）和品牌建设工作。我也了解到，该协会组织职业会谈的目的增进大学生对这个行业的认识和了解，是针对整个行业的公共服务。我开始向我能接触到的大厅后面的所有学生发放公司宣传册。但结果发现这个行为并不合适——我被该协会的一名工作人员迅速阻止。后来一位同事向我解释说，我的行为令人感到尴尬：不仅仅是因为这干扰了整个活动的后勤，更多的是因为我误解了活动的真正目的：

某某［我们的经纪公司的名字］已经是一个大品牌。我们并不需要在学生中进行任何营销；毕业生们会热切地争取我们的空缺职位。我们去那里只是为了表达我们的支持，给协会面子……他们为什么要组织这种会谈？到目前为止，大多数在该行业工作的员工已经通过了资格考试。协会正试图让更多的应届毕业生参加今年的考试，收取更多的考试费用。

我向我的同事和协会的工作人员道歉。这个事件对民族志学者来说很有趣：在这种情况下，准公共性的行业协会从事牟利活动（赚取考试费用），而私人经纪公司则在那里免费提供支持性的社会服务，以示好意。这是一个例子，表明专业单位可以灵活地融合管理、服务和营利的角色。当收入下降时，可以优先考虑营利活动。服务和营利的角色也有可能在公私部门之间进行转换和传递。当准公共机构专注于营利活动时，非营利的服务角色有时会通过利益交换流向私人公司，即"给面子"。

半公半私机构的灵活性质（Francis，2001）既带来了好处，也造成了问题。与一些采用休克疗法的东欧国家相比（King，2007），我怀疑中国的这种弹性制度可以提供额外的灵活性，以应对市场改革中的潜在危机。[8]当面临通货膨胀或供应不足的问题时，中国这种灵活的组织机构可以创造性地为自己增加收入来源，或者创建替代性的供求渠道以实现相对的自给自足，从而确保管理和公共服务的功能不会因为困难的积累而全面中止。但在市场建设的过程中，准公共机构也在市场环境中引入了更多的不确定性和风险，并造成公平问题。责任和权利的不明确定义给准公共机构带来了挑肥拣瘦的可能性，它们将更多的注意力集中在营利活动上，并可能部分忽略服务和管理职能，或者将这些服务和管理职能让层级较低的机构（如私人公司）来承担，作为它们非营利职能的一部分。这有时会消耗私人公司的资源，削弱它们建设强健产业的潜力。有时候，组织机构也会困惑于决定谁应该做什么。

区域集群

中国市场的第二个一般属性是区域集群的形成，即由各种各样的国家机构、国有企业、私营企业、企业家、项目和资金组成的一个集合。正如在社会网络分析框架下所描述的那样（Scott，2000：114 - 120；Burt，1995，2005），这些区域集群常常显示出近邻圈的特征。来自同一地区或同一省份同一行业内的代理商倾向于保持密切联系。他们之间相互联络，共享信息源，创造了一个常常产生共同观点的微型社会环境。这种非正式结构可以通过本地分支网络内高密度的社交联系来识别。有时，小圈子也显示出中心性的特征，因为主要的派别分布在卡里斯玛型领导的周围。

取决于经济发展的程度，这些区域集群包括从排斥外部人员的联系紧密的近邻圈到广泛的充满活力的经济合作区。由于一些区域集群希望被纳入广泛的城市带（例如长江三角洲和珠江三角洲），它们倾向于超越近邻圈或当地的社会关系，实现更加开放和多元化的经济合作区形式。21 世纪，中国金融领域有三个主要的国家级集群。第一个是长江三角洲，由上海浦东、杭州、苏州和南京领导，并延伸到浙江省北部和江苏省南部；第二个是以香港、深圳、广州和南方的广东省为主的珠江三角洲；第三个是北方的京津冀（北京 - 天津 - 河北）地区，享有作为中国政治中心的优势。政企联盟及其关系仍然很重要，然而在这些成熟的经济区，企业家精神不再完全与以地缘为基础的资源和当地官员紧密联系在一起。企业采用现代管理原则和正式制度，更具适应性并且对外开放。他们还采用以资本为基础的国有企业集团或合资企业的组织结构，从而使其范围扩大到区域之外。

但是，在许多省市，区域性的国家 - 企业集群仍然是最重要的社会经济结构。我在实地调查中遇到过一个生动的例子，说明了近邻圈的属性。2005 年夏季，期货交易所 Q 正在为"即将推出的"衍生品制定一套交易规则草案。该产品已经通过了产品设计的第一阶段，但未获得中国证券监督管理委员会（CSRC）（以下简称证监会）的批准，从而陷入了长达十多年的漫长不定的过程。这套交易规则包括覆盖合同规范、风险管理和套期保值等问题的具体机制。然而，在谈到做市时，这些规则显得相当抽象和含糊。这些条款提到了"权利和义务相当"和"为了市场的流动性和效率"等原则。然而，对做市商的具体义务和权利并未加以规定，由交易所和个人做市商之间的单个协议确定。交易规则草案的附录中有这种协议的模板，其中大多数条款可以修改，所有数字参数都留了空白。这些空白项目包括做市商需要履行的最低交易量，进行"出价/询价"的最大响应时间以及佣金费用折扣。规则的主要条文中包括一个解释性条款，指出这种安排"有助于稳定交易规则，同时为应对市场变化留下灵活性"。

这似乎是灵活性解释的极端表现形式。"规则"作为一个稳定但空洞的外壳留下，而对合法和违规的判断留到了附录和个别协议之中，取决于在各案例具体情况的基础上不断变化的框架。据一些报纸专栏作家的文章，交易所Q的做市安排虽未得到证监会的正式批准，但当产品E和F的交易量跌至危险低位时，却得到了默默支持。一些主要来自当地省份的指定做市商在交易所Q的佣金非常低，字面上接近于0。一些经纪人和分析师在单独的访谈中表达了他们的不满：

> 以交易所Q为例。E和F（期货产品）上的交易量中很大一部分是由做市商捏造的，这是得到交易所支持的。当交易所和做市商达成秘密协议时，外界认为在那里交易是非常不利的。你无法知道"真实"交易的数量。
>
> （期货分析师，作者访谈）

> 我们很少交易产品E和F，这些人只是用自己的资金来做（创造交易量）。他们的价格不与国际水平挂钩，定价也不是基于自发的市场机制。我们不想被欺诈者吃空……交易所P的情况要好得多，但我们还是偶尔听到一些情况。
>
> （期货分析师，作者访谈）

可以将交易所Q与其他交易者/会员之间的关系概括为图23-3。交易所与大部分会员之间的关系由一套适用于所有会员的交易规则来定义——以虚线表示。同时，产品E和F的做市系统则是交易所Q设计的短期附加功能。少数做市商（图中用"MM"表示）与交易所Q签订单独协议。每个人的协议可能不同——由可变长度的细线表示。这个市场环节由交易所Q和做市商之间灵活而有条不紊的联系构成。做市商的圈子可被理解为市场机制的一种特殊模式，由交易所发起的作为应对低流动性生存危机的一种"异常处理"机制。做市商很乐意接受这种特殊地位，因为逐案谈判的结果使他们能够利用其特殊地位享受较低的手续费。请注意，在这种特殊模式下，参与者们正积极地构建一个关系圈。形成这样一个关系圈是为了获得保护、利益、在计算中更好地判断，以及未来前景。为了生存，双方进入共生关系。交易所Q是一个为了地方利益、跨越公私边界形成的区域联盟，外部人士会发现在其中竞争非常困难且不公平，从长远来看，这不是一种可持续的发展方式。

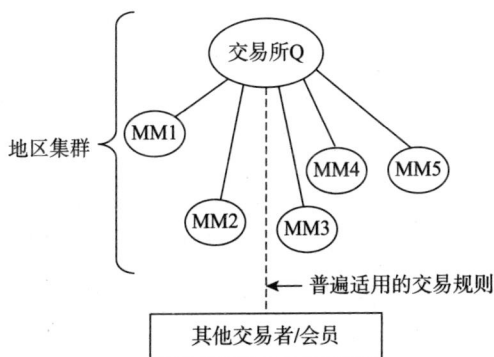

图 23－3　交易所 Q 与其他交易者/会员之间的关系

　　大卫·万克（Wank，1999）对厦门企业的研究证实，区域集群不是期货业独有的特征，它们在中国的整体商业环境中都是显著的。万克发现，通常很难对企业是私有的还是国有的进行清晰、明确的定义，而且模糊性能够以多种多样的形式存在。为了真正理解中国企业的运作，从社会环境的脉络——企业如何与当地政府部门建立关系——而不是追踪产权政策和法律文件展开研究更为重要。

　　在经济区的宏观层面和地方小圈子的微观层面之间，对市场运作通常在"资金派系"的中观层面上进行理解。在期货市场剧烈波动的时候，通过行业话语通常会辨别多头和空头背后的"主力"是谁。可以通过地理位置来确定这些资金派系，如四川派、浙江帮（派）、上海派、河南派等；或者通过国有工业企业确定，比如粮油、饲料或有色金属等；或通过其所属的政府机构的名称确定。20 世纪 90 年代，资金派系曾经带有强烈的地区主义色彩或个人英雄主义色彩，并在期货市场发生剧烈冲突，特别是在逼仓期间——这意味着要控制大部分特定商品，操纵其价格走势以获取暴利。[9]

　　1995 年期货市场发生的一次名为"327 事件"的大事，可以说明地区主义之间冲突的严重程度。事件发生在上海证券交易所的国债期货市场的 327 号期货合同上，其相关资产是 1992 年发行的国债，票面价值 100 元人民币，票面利率为 9.5%，到期日为 1995 年 6 月。上海万国证券有限公司（SISCO）（隶属上海市政府）投注了 327 号期货合同的跌势，因为 SISCO 获悉北京将发行 1500 亿元国债的消息。但是，让 SISCO 大吃一惊的是，1995 年 2 月 21 日，财政部宣布 2/3 的债券发行将被搁置。1995 年 2 月 23 日，辽宁国发集团有限责任公司（隶属辽宁省的金融机构）和中国经济开发信托投资公司

（CEDTIC，隶属财政部）将空头转为多头。其他人纷纷效仿。为了对抗 327 期货合同价格的上涨，在 1995 年 2 月 23 日交易日的最后 8 分钟，SISCO 卖空了价值 14600 亿元人民币（约合 1800 亿美元；另一版本为 2110 亿元，260 亿美元）的债券期货，相当于 1994 年中国 GDP 的 1/3。[①] 价格下跌使得 SISCO 从 600 万元的亏损转为 10 亿元的获利，但监管机构决定交易日最后 7.5 分钟内的所有交易无效。对 SISCO 来说，更糟糕的是，2 月 25 日，财政部宣布国债基准利率将从 9.5% 上调至 10.38%，每票面值 100 元还本付息将从 128.5 元提高到 148.5 元。由于负债 1.2 亿美元〔主要是对中国工商银行（ICBC）〕，1995 年 4 月，SISCO 被中国工商银行控股的上海申银证券股份有限公司合并，成为上海申银万国证券公司（SSIS）。两年后的 1997 年 2 月，SISCO 的领导人管金生被指控存在 1992～1994 年存在腐败行为，并被判处 17 年有期徒刑；他在 2003 年获得了"保外就医"。另外，根据袁剑（Yuan, 2002）的观点，CEDTIC 作为多头派系的领导者，应该在"327 事件"中赚取了约 70 亿元的利润。然而，CEDTIC 反而负债累计超过 76 亿元。记者袁剑和一些期货博主认为，实际利润被一些在 CEDTIC 工作的人通过"老鼠仓"获得——这是经纪人不诚实的做法，他们在最佳时机利用自己的账户进行客户交易，并通过自己的账户与客户的账户之间的价格差获利（Li, 2004；Neftci and Menager-Xu, 2006：250 – 254；Suen et al., 2005：80 – 81；Yao, 1998：103 – 106；Wu, 2006；Zhang, 2001）。

　　国内的行业评论家和学者常常用"主体性"这个词来形容期货市场（Ju, 2005；Ouyang, 2006：80）。这个术语带有一种翻译过来的马克思主义的感觉，正如"革命主体性"——这是 20 世纪 50～60 年代广泛使用的一个词。21 世纪，期货市场的公共部门被说成"具有很强的主体性"，这意味着作为一个更加成熟的部门，它能够占据主动，做出决策，获取资源并发挥更积极的作用。私营企业被描述为"主体性较弱"，表现为财力、社会和政治资源较少，具有碎片化的市场结构，难以调动。私营企业家抱怨"期货公司现在已经沦为交易所的劳动力"（Hong, 2005）。

　　中国历史上大宗商品的价格都嵌入在一定的政治和社会背景中。1992～1994 年，期货交易所通常由省、市政府作为主导参与者来组建。通常是由地

---

① 原文此处数据疑有误，经查阅相关资料，实际的数据可能是，"SISCO 卖空了价值 1460 亿元人民币（约合 180 亿美元；另一个版本为 2110 亿元，260 亿美元）的债券期货，相当于 1994 年中国 GDP 的 1/30"。——译者注

方政府牵头组建一个地区性的国有机构（如粮油分销系统、国家粮食和物资储备局、经济局和电信局），以建立当地的商品期货交易所。[10]20 世纪 90 年代初，地方政府"增强责任，减少资源集中配置，以实现这些目标，并且有更大的自主权去设计解决方案"（Wank，2002：101）；国家监管和进入壁垒几乎不存在，使得地方政府自己掌权。从地方政府的角度来看，建立商品期货交易所是一个有吸引力的项目，因为它为当地的政府机构带来了商机。收益包括资本积累（例如会员费、佣金费和利润）、初始建设工程和服务，以及当地企业的商业机会。更重要的是，它可能成为地方官员政绩中的有利项目，其成功将作为"社会主义经济改革"的政治成果展示。

地方政府比私营企业更可能作为各类委员会的主要发起人。他们能够调动高度异质性的地方资源，达到商品期货交易所需要的总量要求。这些资源包括土地使用、建筑工程、政府许可、公共事业、电信基础设施、国有企业、港口和物流、国家储备和交割仓库。上述许多要素都由地方政府进行部分控制或重新分配（Guthrie，2000；Wank，2002）。地方政府在利用资源方面有高度的灵活性和创造性。例如，当交易所 P 首次开始模拟期货交易和远期交易时，最初地点是从信息产业部的地方分支机构租用的一栋大楼，并从当地主要的电信交换中心获得了良好的基础设施支持。当我们研究交易所的建构时，这里适用的就是我们用非人力资源来衡量企业的理论（Hart and Moore，1996）。交易所的有形资产是实际场所和设备；无形资产就像诚信、可执行的交易规则，以及最重要的市场深度（Hart and Moore，1996：55）。由于现代中国的社会组织只有较低水平的信用、相互信任和法制主义基础作为起点，因此在信任问题上，政治权威成为一种可能的替代物。这也是为什么由地方政府发起和支持的交易所可以获得投资者和交易商更高程度的信任，并快速启动他们的市场深度。但是，这也有可能加剧公私部门之间的不平等。

交易业务

佣金分配

在期货市场中，对佣金进行双层收费，这进一步说明了市场在跨越公私边界时被"分隔"。对于通过交易席位进行的每笔交易，相应的会员公司向标准期货合约中规定的交易所支付固定佣金；对于所进行的每笔交易，客户按协议的规定向其经纪公司支付佣金。

表 23 – 1 列出了 2004 ~ 2006 年中国期货市场的佣金费率。实际上，支付

给三个交易所的费率差别很大，因为它们取决于许多条件。交易所收取的佣金可能与制式合同中规定的标准化"价格目录"有很大差异。在特殊时间范围内，如新期货的促销期间，折扣（表 23-1 中带有 + 标记）会以公告和通告的形式提供给会员。从 2004 年开始，三家交易所对一些会员公司进行一定程度的返惠。达到交易量前几名的会员公司可以从交易所获得 20 万 ~ 80 万元的年度奖金，它们向交易所支付的实际佣金由此大幅下降。因此，希望获得这些返惠的经纪公司愿意为其大客户提供进一步的佣金折扣，甚至免除佣金。一些田野对象认为，交易所的年度奖金实际上加剧了经纪公司之间佣金的价格战。

表 23-1　2004 ~ 2006 年中国期货市场的佣金费率

交易所	商品	经纪人收取的费率（人民币/费率）		交易所收取的费率	付给交易所的比例（非常粗略的估计）
		高	低		
上海期货交易所（SHFE）	铜	¥70	* 2.5/10000	* 2/10000	17% ~ 80%
	铝	¥20	¥10	* 2/10000 + （¥5）	25% ~ 50%
	天然橡胶	¥20	¥10	* 1.5/10000 + （¥5）	25% ~ 50%
	重油	¥8	¥4	* 2/10000 + （¥5）	25% ~ 50%
大连商品交易所（DCE）	玉米	¥8	¥4	¥2 ~ 3	25% ~ 75%
	大豆	¥12	¥6	¥4	33% ~ 67%
	黄豆	¥12	¥5	¥3	25% ~ 60%
	豆油	¥20	¥10	¥6 + （¥4）	20% ~ 40%
郑州商品交易所（ZCE）	小麦	¥10	¥4	¥2	20% ~ 50%
	棉花	¥20	¥12	¥8 + （¥6）	30% ~ 50%
	白糖	¥40	¥7	¥4	10% ~ 57%
	PTA **	无数据	无数据	¥4	无数据

注：所有的佣金都是"单边"交易，例如开仓或平仓。
* 上海期货交易所的佣金由 2005 年当期价格的比例确定。
+ 一些交易所会在特殊时期给予折扣费率。
** PTA 是 2006 年 12 月发布的新产品。
资料来源：新闻报道、地区产业协会与三家交易所。

此外，向交易客户收取的手续费取决于客户的资金规模、交易量和交易性质。对大规模交易商、当日交易者和投机者的收费低于对小规模、非频繁套期保值者的收费。各地区的费用也可能有所不同。例如，在富裕的南方省份或边远省份，费用较高，因为经纪服务是稀缺资源；而北京的经纪人之间的竞争非常激烈，费用可能会更低。来自山东或黑龙江等省份的经纪公司试图协商确定类似于卡特尔的底价制度。有些公司能够坚持一段时间的最低限价制度，但在许多情况下，公司秘密违反协议会使其毫无用处。在交易渠道方面，电话和场内交易比电子交易更加昂贵。

不考虑所有的差异化条件和例外情况，一般情况是，大部分交易来自大客户，而经纪公司通常在表 23－1 给出的较低范围内收取佣金。因此，通常超过一半（50%～85%）的佣金收入汇到了交易所的财务部门。与日本商品期货交易所报道的 1% 相比，这一比例相当高（Luo，2007）。虽然在三家交易所工作的职员总数不到在经纪公司工作的员工总数的 5%[11]，但 2001 年这三家交易所的总利润是所有 180 多家期货经纪公司总和的三倍以上。[12]公私之间的营利机会分布不均。经纪公司面临着激烈的市场竞争和微薄的利润空间。相比之下，三家期货交易所相对免于激烈的竞争，并且享有更高的利润率。这两个部门在两个分立的区间内运作，不可能进行直接竞争。

结　论

以上讨论表明，国家结构和政治权力深深影响了市场运行，国家在市场等级的构成中占有重要地位。监管官员经常采取的立场是"监管"市场，由此才能维持市场稳定；私营企业的成员也接受这样的市场构成，其中许多人期望国家在市场危机发生时采取行动（这种立场与其在美国或英国的同行形成对比，其监管人员经常使用诸如"自由"市场和"不干预"等新古典主义话语）。

政治权力是市场建设的根本基础，因为运行期货交易所需要提供物质、组织和法律资源。展示强有力的政治支持的证据，对于培养公众对市场的信任也至关重要。在这样的市场结构下，价格对政策新闻非常敏感；国有企业是市场的主要参与者；地方政府往往充当着当地期货交易所和当地期货公司的"守护神"。有时，政治权力的介入可能会导致腐败问题，但介入本身并不等同于腐败。国家结构确实是期货市场上最重要的组成部分，而且必须以这种市场结构形式出现。实际上，国家结构和市场是共生的，在实际的社会制度中相互渗透。国家结构和干部是市场不可分割的一部分。

文化本质主义

在市场上，我经常遇到"中国特色"和"中国因素"的话语。当国内期货人士使用"中国特色"这个词时，我发现其有着混淆的含义，需要在此澄清。有时市场人士用"建设有中国特色的期货市场"来表达区别于西方帝国主义国家的发展路径。在私人讨论中，一些田野对象将他们的态度与 1870 ~ 1945 年经济史（当时国内市场被列强控制）相联系，或者与国际货币基金组织（IMF）近几十年对第三世界国家的霸权控制相联系——从政治经济学的角度来看，这是以权力和国家利益为基础的有效预防措施。这种表述也可能与官方的政治宣传有关，正如 1982 年国家领导人邓小平提出的"建设有中国特色的社会主义"所说的那样。在行业会议的演讲中，"建设有中国特色的期货市场"这句话可以理解为是对国家经济政策的支持性表述。"中国特色"的第三种含义可能跟文化本质主义相关——中国市场本质上不同于其他市场。一些从业人员奉行强烈的本质主义，认为外国人不可能真正了解中国市场。一些田野对象强调，"中国特色"和"国情"超出了外部人士的认知，只有中国人凭借身份认同才有权声称更了解中国市场。"中国特色"的前两种含义在各自的背景下是可以理解的，但第三种含义可能妨碍外界与中国市场的沟通和了解。默顿（Merton，1972）提出了一个明确的论点，说明为什么这种说法不应该广泛地代表任何社会团体。虽然外部人士可能会受到文化差异和既得利益集团的阻碍，但内部人士也可能受到一些偏见的影响，如有限视野（Merton，1972：44），或者强化效应——也就是高估所属集团的影响力（Caplow，1964：213 - 216；Merton，1972：17）。如果有足够的培训、报道和深入了解，内部人士和外部人士都可以达到足够的认知水平。中国市场确实存在"中国特色"，就像俄罗斯、印度尼西亚、意大利、美国和法国的市场也具有特色一样。尽管如此，地方特色仍然需要经内外部人士分析、讨论、比较和理解。事实上，综合内外部人士的观点可能得到更全面的理解（Merton，1972：36 - 44）。在民族意义上是中国人，并不能保证他们能更好地理解中国市场。根据多个具体市场（中国大陆、中国台湾和中国香港、新加坡华人和海外华人）的分生模式，构成"中国性"的因素正在不断地变化和流动（Ang，1998）。因此，基于文化本质主义，是无法获得关于"中国市场"和"中国特色"的统一定义的。

注释

1. 商品是在市场上交易的产品或服务，没有质的区别。商品期货合同是在未来预先约定的时间内购买或出售农产品（如大豆）、金属（如铜）或能源产品（如燃油）的标准化合同。期货合同由期货交易所发布，他们规定了标准化合同的条款。

2. 除了那些在 "合格境外机构投资者"（QFII）名单上获得批准的人。

3. "H" 股、"N" 股和 "S" 股是中国公司在境外证券交易所上市的股票。

4. 1992 年 8 月，深圳一次极受欢迎的首次公开募股（IPO）吸引了众多排队订购的人，最终以被指控不公平分配以及愤怒的人群闹事反对市政府而收场。此后，证监会设立，成为国家监管机构。

5. Ho（1954）发现，当欧洲在 18 世纪开始进行工业革命时，中国最富有的商人群体——扬州的盐商，将大部分利润用于提升他们低下的阶级地位。他们没有再投入资金进行进一步生产和交易，而是将资金投入子女的教育中（使他们成为高级学者/官员）；通过他们的亲属网络分配财富（以实现孝道的道德价值）；还有一些臭名昭著的商人，他们把财富花在奢侈的行为上，比如在山顶上洒金粉。

6. 截至 2005 年底，中国有 125 万个事业单位，员工总数超过 3035 万。超过一半的员工在教育部门工作，而教育、医疗和农业服务部门的员工占 3/4 以上（Pang and Tang, 2007）。

7. 事业单位的资产在法律上被视为国有资产。国家机构往往任命国家干部担任事业单位的领导职务。

8. 一个普遍的问题是，在国退民弱之间存在管理和责任的真空地带（King and Szelényi, 2005）。可参见肯（King, 2007）关于苏联休克疗法的不利影响。

9. 在 20 世纪 20 ~ 30 年代，类似的资金派系也非常活跃。20 世纪 20 年代后期，上海和华南地区有 100 多家期货交易所（Chen and Zuo, 1994；Liu, 2005；Ma and Meng, 2005；Xiao, 1986；Zhu, 1998）。

10. 像芝加哥商品交易所那样，由一群商人建立一个早期交易所的模式并没有普遍出现在 20 世纪 90 年代的中国内地，尽管这种模式曾经出现在中国香港（1891 年的股票、1910 年的贵金属）（Fung, 2002）和上海（1920 年的商品和股票）。

11. 仅粗略估计。田野对象告诉我，在中国期货业工作的人约有 2 万人，三个交易所共有 800 名全职员工；这只占私营企业工作人数的 4%。

12. 根据宋（Song, 2002）的一篇新闻报道，三家期货交易所在 2001 年的利润额为 3 亿元人民币（2000 万英镑）。180 多家期货经纪公司在 2001 年下半年的利润额为 5000 万元人民币（333 万英镑），在 2002 年上半年共计亏损 5200 万元人民币（347 万英镑）。对比来看，大致预测是 180 多家期货经纪公司在 2001 年获得的总利润将为 1 亿元人民币

（667 万英镑）。

参考文献

Ang, I. (1998). "Can One Say No to Chineseness? Pushing the Limits of the Diasporic Paradigm." *Boundary 2*, 25/3: 223 – 42.

Burt, R. S. (1995). *Structural Holes: The Social Structure of Competition*. Cambridge, MA: Harvard University Press.

—— (2005). *Brokerage and Closure: An Introduction to Social Capital*. New York: Oxford University Press.

Caliskan, K. (2005). "Making a Global Commodity: The Production of Markets and Cotton in Egypt, Turkey and the United States." PhD thesis, New York University, New York.

Caplow, T. (1964). *Principles of Organization*. New York: Harcourt, Brace & World.

Chen, Z. and Zuo, D. (1994). "Lessons Learned from the Minshi Xinjiao Incident." *Economic Herald*《经济导刊》, 1994/3: 67 – 8.

Clark, G. and Drift, N. (2005). "The Return of Bureaucracy: Managing Dispersed Knowledge in Global Finance", in K. Knorr Cetina and A. Preda (eds.), *The Sociology of Financial Markets*. New York; Oxford University Press, 220 – 49.

Du, X. (1996). *Financial Innovation During Economic Transformation*《经济转型中的金融创新》. Shanghai: Lixin Accounting.

Fan, H. (2004). *The Reform of Shiye Danwei: International Experience and the Exploration of China*. Beijing: China Finance and Economics Publishing.

Francis C. -B. (2001). "Quasi-Public, Quasi-Private Trends in Emerging Market Economies: The Case of China." *Comparative Politics*, 33/3: 275 – 94.

Fung, B. (2002). *Hong Kong's Financial Development in a Century*《香港金融业百年》. Hong Kong: Joint Publishing.

Gates, H. (1996). *China's Motor: A Thousand Years of Petty Capitalism*. Ithaca, NY: Cornell University Press.

Gray, J. (2002). *False Dawn: The Delusions of Global Capitalism*. London: Granta.

Guthrie, D. (2000). "Review: Understanding China's Transition to Capitalism: The Contributions of Victor Nee and Andrew Walder." *Sociological Forum*, 15/4: 727 – 49.

Hart, O. and Moore, J. (1996). "The Governance of Exchanges: Members' Cooperatives versus Outside Ownership." *Oxford Review of Economic Policy*, 12/4: 53 – 69.

Hertz, E. (1998). *The Trading Crowd: An Ethnography of the Shanghai Stock Market*. Cambridge: Cambridge University Press.

Ho, P. -T. (1954). "The Salt Merchants of Yang Chou: A Study of Commercial Capitalism in Eighteenth Century China." *Harvard Journal of Asiatic Studies*, 17/1 – 2: 130 – 69.

Hong, J. (2005). *Unbalanced Interests: Have Futures Companies Become Workers For the Exchanges?*《利益不均衡期货公司已经沦为交易所的打工仔?》24 January, Shanghai: First Economic Daily (Diyi Caijing Ribao).

Huang, S. M. (1997). "Review. China's Motor: A Thousand Years of Petty Capitalism." *The China Journal* 37: 117 – 20.

Ju, W. -R. (2005). "On Sustainable Development Strategies of China's Futures Markets." *Qingdao: The Orient Forum*, 2: 28 – 31.

King, L. P. (2007). "Does Neoliberalism Work? Comparing Economic and Sociological Explanations of Postcommunist Performance." *Economic Sociology: The European Electronic Newsletter*, 8/2: 10 – 17.

—— and Szelényi, I. (2005). "Post-Communist Economic Systems", in N. Smelser and R. Swedberg (eds.), *The Handbook of Economic Sociology*. New York: Princeton University Press, 205 – 29.

Knorr Cetina, K. and Bruegger, U. (2002). "Global Microstructures: The Virtual Societies of Financial Markets." *American Journal of Sociology*, 107: 905 – 50.

Lei, W. Y. (1981). "Soy Trade in the Northeast (1097 – 1931)"《东北的豆货贸易》Bulletin of Historical Research: 7. Taipei: National Taiwan Normal University. MA dissertation.

Li, B. (2004). "The Broken Wings of Guan Jinsheng, the King of Securities". *Global Entrepreneur*《环球企业家》, vol. 100, July. [Online version available at gemag. com. cn].

Liu, Z. -Y. (2005). "The Financial Unrest Caused by the Excess of Trust Companies and Stock Exchanges and the Management of the Chinese Stock Market in Modern Shanghai." *Nanjing: Nanjing Business Review*《南大商学评论》, 3: 141 – 57.

Luo, W. (2007). "56% Volume Increase in Futures Markets 2006; Profit Margins not Optimistic." *Shanghai: First Economic Daily* (Diyi Caijing Ribao), January 9.

Ma, Z. and Meng, Y. (2005). "The Fusion of Global Markets and the Fate of Traditional Chinese Industries: Money Houses of Shanghai in 1910 – 1933", in Zhang, Zhu, and Zhao Zhang (eds.), *Economy of the Republic of China in World Economy*. Beijing: China Finance and Economics Press, 138 – 45.

Merton, R. K. (1972). "Insiders and Outsiders: A Chapter in the Sociology of Knowledge." *The American Journal of Sociology*, 78/1: 9 – 47.

Neftci, S. N. and Menager-Xu, M. Y. (2006). *China's Financial Markets: An Insider's Guide to How the Markets Work*. London: Elsevier.

Ouyang, R. (2006). *China's Futures Markets: Analysis on the System of Development*《中国期货

市场发展的制度分析》. Chongqing：Chongqing Publishing.

Pang, Y. and Y. Tang （2007）. "Reform of Shiye Danwei in China：Return to Public Services. " *Outlook Weekly*：《瞭望新闻周刊》, vol. 2007 （06）：23 – 26.

Scott, J. （2000）. *Social Network Analysis*：*A Handbook.* London：Sage Publications.

Shen, K. （2003）. *China's future markets*：*Operation and Development* 《中国期货市场运行与发展》. Shanghai：Xuelin.

Song, K. （2002）. *The Heated War of Futures Commission Fees—How Much is Appropriate?* Internal document acquired from industry sources.

Suen, H. M. , Zhu, G. H. Shi D. H. et al. （2005）. *Analysis of the Industrial Organization of China's futures Industry* 2005 《2005 中国期货业的产业组织分析》. Shanghai：Shanghai University of Finance and Economics.

Wank, D. L. （1999）. *Commodifying Communism*：*Business, Trust, and Politics in a Chinese City.* Cambridge：Cambridge University Press.

—— （2002）. " Business-State Clientelism in China：Decline or Evolution?" in T. Gold, D. Guthrie, and D. L. Wank （eds. ）, *Social Connections in China*：*Institutions, Culture, and the Changing Nature of Guanxi.* Cambridge：Cambridge University Press, 97 – 115.

Wu, X. B. （2006）. "Misdignment between Law and Offence：The Situation Faced by Former Entrepreneurs" 《法罪错位：落马企业家的困境》. Beijing：*Faren Magazine*, December, 84 – 85.

Xiao, Q. （1986）. " An Introduction to the ' 1921 Incident ' in the Financial Industry of Shanghai. " *Modern Chinese History Studies* 《近代史研究》, 1986/2, 24 – 37.

Yao, C. （1998）. *Stock Market and Futures Market in the People's Republic of China*, Hong Kong：Oxford University Press.

Yuan, F. （1948）. "Merchants Under the Power of the Monarch," in X. Fei and X. Wu （eds. ）, *Power of the Monarch, Power of the Gentry*, Shanghai：Observation Society, 84 – 95.

Yuan, J. （2002）. " Behind the Curtains of the Long-term Market-Maker CEDTIC：Beaten by Greed and Over-confidence 《走进长庄鼻祖 "中经开" 的幕后：被贪婪和自负击倒》. " Chengdu：*Science and Wealth Value* 《科学与财富之价值导刊》, 2002/7.

Zhang, J. （2001）. "Review of the Tremor of Event 327. " *Bull stock opinion* 《牛股视点》, 4. 〈http://www. nugoo. com/magazine/2001 – 11 – 15/ghgc. php〉 （online financial blog accessed on May 15, 2007）.

Zhu, Y. -G. （1998）. " Three Trading Climaxes in the Contemporary Shanghai Stock Market. " *China's Economic History Research Journal* 《中国经济史研究》, 3：58 – 70.

Zou, M. -S. （2010）. "What are the Historical Contributions and Future Responsibilities of China's Stock Markets?" Shanghai：*Shanghai Securities News* 《上海证券报》, December 30.

第24章

艺术品的金融化

欧蕾·威乐露丝 (Olav Velthuis)
埃丽卡·寇思乐 (Erica Coslor)

引 言

  与金融市场相比，艺术品市场在规模和投机活动方面可以小到忽略不计。例如，2007 年全球艺术品市场的年营业额估计为 481 亿美元（McAndrew，2009：13），而同年全球外汇市场的平均每日营业额为 3.2 万亿美元，到 2010 年已达 4 万亿美元。[1]尽管如此，在过去的 40 年中，艺术品已经发展成现今一系列金融交易中得到认可的金融资产类别。艺术品被用作申请数百万美元银行贷款的抵押品，也正成为或已经成为养老基金投资组合的一部分。并且自 20 世纪 60 年代后期以来，人们多番尝试建立专注于艺术品的投资基金。正如文化经济学家麦克安德鲁（Claire McAndrew）所说，"艺术品基金和其他专业艺术投资工具的增长证明，个人和机构都已经完全接受将艺术品作为投资资产类别的概念"（McAndrew，2009：27）。[2]总之，艺术品市场已经或者正在金融化。这意味着艺术品市场中已经出现了新型金融工具，并且它们已经受到"金融动机、金融市场、金融主体和金融机构对……经济运作的日益增长的作用"的影响（Epstein，2005：3；金融化的其他定义见 Krippner，2005；Aalbers，2008；Sassen，2001）。

  艺术品的金融化值得引起研究金融的社会学家的关注，原因有很多。首先，尽管艺术品的投资潜力早已得到认可，但其最近的金融化却同时受到了艺术界和金融界成员的抵制。艺术界的成员反对把艺术品定义为一种资产类别，以及明确这一定义所要求的相应努力。相比之下，金融界的成员却不愿承认艺术品作为一种有效的资产类别，因为艺术品市场缺乏流动性、透明度和标准化。但他们的反对意见在经过增加市场理性化与科学性的三个阶段之后逐渐削弱。作为这个过程的一部分，艺术品投资通过采用来自金融界的典范模式、组织蓝图和市场工具而合法化。经济学家在这个理性化和科学化的过程中发挥了关键作用：他们通过承认艺术品作为一种资产类别，发挥边界对象的功能，制定了价格指数。尽管经济学家和其他"制度企业家"做出了建立市场的努力（参见 Battilana，Leca and Boxenbaum，2009），艺术品的金融化仍不完整。这主要是由于持续的信息不对称和艺术品市场流动性建设的失败。

艺术品成为投资品的演变史

与对新型金融工具的兴趣形成鲜明对比的是，艺术品数百年来都被视为保值手段。"绘画和金条一样有价值"，库郎热侯爵（the Marquis de Coulanges）在 17 世纪如是评论（Watson，1992：157）。在 19 世纪，罗斯柴尔德（Rothschild）家族就据称购进艺术品以使其投资组合多样化。他们将财富投资到三个领域：股票、不动产和其他部分（珠宝、艺术品和现金）（Ferguson，1998）。在 20 世纪初，艺术品投资基金的前驱由法国金融家和艺术爱好者利维尔（André Level）创立，他汇集了来自其他 12 位投资者的资金，建立了熊皮基金（Peau de L'Ours）。这笔资金被用于从毕加索和马蒂斯等艺术家那里购买 100 多件艺术品，这些艺术家当时仍处于职业生涯的早期。1914 年，所有的收藏品被清算。这些作品的销售价格平均是原始购入价格的 4 倍（Fitzgerald，1995）。像熊皮基金（最早的艺术品投资基金）这种小规模、非正式且基本上不被记录在案的投资团体不仅存在于西方，还存在于印度和中国的新兴艺术品市场中。它们在艺术品市场中就相当于股票市场中的私人投资俱乐部（参见 Harrington，2008）。

然而，艺术品金融化是一种更新的现象：自 20 世纪 60 年代后期以来，大量专业投资者，诸如投资基金、养老基金与高净值人群，零零散散地加入业余艺术品买家的行列，他们拥有丰富的经验并了解金融市场。艺术品金融化在 20 世纪 60 年代起步至少有两个原因。首先，那十年经济学家就开始关注艺术品的高价，且这些高价受到的媒体的广泛关注（Baumol，1986）。早在 20 世纪 50 年代末，《财富》和《纽约时报》等流行杂志和报纸就将艺术品定位为投资对象。其次，投资艺术品的兴趣可能要归因于更广泛的经济发展所导致的传统投资的吸引力下降，促使投资者寻找替代品。尤其是，对通货膨胀的担忧强化了将艺术品作为对冲手段的合理性。英国学者瑞特格林（Gerald Reitlinger）在《品味的经济学》（*The Economics of Taste*）这本关于艺术品市场的三卷本历史分析著作中写道："到 20 世纪 50 年代中期，经历过二次世界大战、一次全球经济萧条以及一次全球通货膨胀浪潮之后，'作为投资的艺术品'已经失去了它曾经可能拥有的任何污名"（引自 Horowitz，2011：159）。这距离第一批艺术品投资工具的面世还有十年。

市场文化：反对投机

艺术品金融化不应被看作一个由于对现有投资机会的不满，以及对类似于艺术品等替代选择的寻找而推动的自发的过程。相反，这是一个有争议的过程，涉及两组参与者之间关于定义的斗争（参见 Smith，2007）：金融界和艺术界，两方都依赖自己的评价实践（MacKenzie，2011）并诉诸不同的价值秩序（Stark，2009）。一方面，金融界的成员试图将艺术品转变为资产类别，这需要标准化、通约化和定量化。根据泽利泽尔（Zelizer，2000）称之为"而非其他"（"Nothing But"）的视角，两个截然不同的领域——在本章的讨论中，即艺术世界和金融市场——会根据一些普遍性原则被简化为一个领域，他们将艺术品定义为一种投资机会"而非其他"。正如艺术品交易基金的创始人之一威廉姆斯（Justin Williams）讽刺道："对我而言，艺术品只是一种商品，这是一件冷酷的事情。我善于收藏，但我认为艺术品是置于墙上的损益表"（引自 Johnson，2007a）。

艺术界的成员一直反对这种定义，包括艺术品经销商、收藏家和艺术家，他们将艺术品视为一种独一无二的、不可通约的文化或审美对象，并试图保护它免于金融或商业侵扰。对于这些人来说，艺术世界和金融市场是泽利泽尔所谓的"敌对世界"的一个例子（Zelizer，2000；Coslor，2010）：他们认为艺术和金钱之间存在内在的冲突，一经标准化并转变为"投机对象"（Espeland and Stevens，1998），艺术品不可通约的价值就会产生危险。正如一位经销商所说的那样，投资基金是"危险的，对市场不安全。他们没有被正确地设置，并正在破坏艺术的内涵和美学，以及应在私人收藏或博物馆中受人尊敬的观念"（引自 Mamarbachi, Day and Favato, 2008：5）。这些群体之间的定义斗争表明，正如查尔斯·史密斯（Smith, 2007）所说的那样，艺术品市场不仅是一个艺术品交换和定价的场所，而且还是一个商品意义被确定、估价程序被制度化和市场参与规则被建立的平台。

这些矛盾的定义对行为产生了直接的影响，特别是在当代艺术品市场。例如，艺术品经销商声称他们倾向于将作品"放置"在不愿转售甚至承诺将其捐赠给博物馆的买家的藏品中（Velthuis, 2005; Coslor, 2011）。相对地，他们避免将作品出售给那些他们称之为"投机者"的人，因为他们不希望这些作品在初次销售后又回到商品阶段（Appadurai, 1990）。换言之，尽管流动性是金融化的先决条件，使永久性出售和购买资产成为可能，但当代艺术品经销商积极寻求减少这种流动性的途径。为了达到这个目的，他们在出售协议中规定了优先购买权，并且建立了非正式的黑名单，其中记载着以拍卖方式快速转售艺术作品而获利的收藏家。正如一位纽约艺术品经销商所说的：

> 你可以很快地分辨投机者……他们提出的问题以及他们的要求。这几乎就像他们戴着的标志。一个投机者会来看看你的画廊，并要求买下最有增值可能的两件物品……当我们相见时，他们确切地知道我对他们的看法，也知道不管他们想要买什么，都不可能在这里买到。（引自 Velthuis, 2005：44）

除了定义和象征的原因之外，这些做法的根据还在于投资者可能会破坏这个以交易商品在艺术和经济上的价值不确定为特征的市场（参见 Plattner, 1996）。艺术品经销商根据广泛流传的定价法则设定价格，以此来稳定市场，比如他们会以零散销售的方式提高价格（参见 Velthuis, 2005）。另外，始终都要避免出现价格下降的情形，降价会释放艺术品对收藏家而言质量不高的信号，并会损害艺术家的自尊。经销商努力运用这些法则，而投资者可能通过拍卖转售其持有物品来阻碍经销商的努力，这反过来又会导致价格波动。由于价格的信号效应，尤其是价格下跌（的影响），艺术品经销商试图避免这种波动（Velthuis, 2003; Coslor, 2011）。

作为对抗性评估实践的结果，艺术品投资在艺术市场上基本上保持着独立的形式（参见 Zelizer，2004）。然而，它与拍卖行有着紧密的联系，这些拍卖行的理性化和商业化评估方式更适合金融市场。毫不奇怪，艺术品投资基金的发起人过去常在拍卖行工作。艺术品投资基金和艺术界之间的联系也由艺术专家建立，如以前的博物馆馆长和艺术评论家，他们几乎总是属于基金管理或咨询团队的一部分。投资基金已经认识到艺术市场的经济估值主要取决于卢森·卡皮尔（Karpik，2010：101）所称的"专家评审制度"，它"取决于受到委托的专家做出的最佳单品的选择"。换句话说，艺术品投资基金依赖博物馆主管、艺术评论家或其他专家的艺术判断，正如布迪厄（Bourdieu，1993）所说的那样，它是一种将艺术神圣化的符号资本，从而确立其经济价值。此外，艺术品投资者对于依靠这些专家有额外的利益需求，因为他们掌握着关于艺术世界趋势的内幕知识，并且具有一定的信息优势，例如基金想要购买的具体艺术品的去向，或者对它试图出售的特定商品的潜在需求。

艺术与金融的比较

尽管基于完全不同的理由，但艺术品金融化不仅遭到艺术界的反对，也受到了金融界的反对。金融圈的大多数成员并没有将艺术品视为有效的资产类别，指出艺术品金融化存在结构性障碍，例如艺术品的异质性、缺乏流动性以及艺术市场的不透明性。随着金融利益不断增长，艺术品金融化的障碍已在标准化、科学化和专业化的过程中被逐步消除。正如过去在金融市场发生的情况一样（参见 Preda，2009；Stark and Beunza，2004；MacKenzie，2005），艺术品市场上的激情和直觉逐渐被经过计算与分析的决策所取代，这些决策得到大量信息、日益精密的市场工具（Callon and Law，2005）以及新兴知识库的支持。这一过程涉及经济学家、养老基金、拍卖数据提供者、艺术品市场调查公司、艺术品评估师、法律服务者、保险公司和会计师等多方行动者。他们长期一致地努力使艺术市场更加透明，具有更强的可预测性。此外，通过采取来自金融世界的组织蓝图、市场工具和角色模型，这些行动者试图合法化这种艺术品的金融化。

这个过程中有三个关键阶段。第一阶段（1960～1980 年）由少数受到艺术热情或冒险投资精神所驱使的开拓者们主导，相较于对艺术市场具有全面的知识和信息，当时有关的知识还相对稀缺。第一阶段见证了最终成为艺术投资最重要的市场工具之一，即艺术品指数的诞生。1967 年，伦敦《泰晤士报》第一次通过发布类似于股票指数、代表艺术品价格发展的图表，来明确比较艺术品与股票。正如一位记者事后回忆的那样，"通过证明能以这种方式来看待绘画作品，艺术品指数保证了它们会被这样看待。它导致了艺术品价值的急剧上升，因为有钱的个人、公司甚至养老基金发现，他们能够以与购买股份完全相同的方式证明购买一幅画作的合理性"（Hensher，2012：23）。[3] 换句话说，艺术品指数使艺术品变得可通约化，并剥夺了它们独特的异质性。它将艺术市场价格增长的复杂性简化为单一的图表或数字。同时，它实现了一种象征性功能，即将艺术品划分为资产类别，并能与现有的投资类别相比较（参见 Lounsbury and Rao，2004）。

第一阶段中对艺术品进行通约化与标准化的相关尝试是通过证券化，通常是通过艺术品投资基金的方式。最早进行这种尝试的艺术品投资基金之一是 1968 年由一群英国和美国投资者构思的美国主权艺术公司。他们购买了前两个世纪的"世界艺术品"，聘请了包括前博物馆馆长在内的顾问。到 1969 年末，当公司即将在纽约证券交易所上市时，它拥有 70 件艺术品，包括康定斯基（Kandinsky）和贾科梅蒂（Giacometti）的作品。它的首次公开招股是成功的：在上市的第一天，股价从初始的 6 美元上涨到 25 美元。

在接下来的几年里，美国、比利时、瑞士、卢森堡和德国的发起人（基金）也进行了类似的尝试，而它们往往得到了银行的支持。其中一些努力迎合分散投资者的利益，而另一些则只允许高净值客户进入。[4] 除了让艺术品投资市场更具流动性之外，这些证券化的努力增强了艺术品在投资上的吸引力，因为它们考虑到了多样化，对专家建议的使用，以及为投资者消除存储、保护和照看实物等顽固问题的能力。

这个早期阶段中的成功投资之一，是由英国铁路养老基金汇集的艺术品投资组合，该基金于 1974 年开始购买艺术品和古董以对抗当时在英国猖獗的通货膨胀（Eckstein，2008）。通过苏富比（Sotheby）的收购，养老基金的藏品最终包含了 2400 多件艺术作品，如绘画、手稿、中国瓷器、非洲部落物品和中世纪艺术品等。在 1999 年销售大部分作品后，它已经创造了 3 亿美元的总收入，相当于 11.3% 的年回报率（Caslon Analytics，2008a）。

然而，这些基金大部分是短命的。此外，由于艺术品市场短期的萧条，根据苏富比董事会主席 Peter Wilson 的要求，时代苏富比指数于 1971 年停止发布（Haden-Guest，1996：53）。这次萧条也导致美国主权艺术公司的股票价格在其推出一年后回落至首次公开募股（IPO）价格的一半。当 20 世纪 70 年代末股票市场开始复苏，并且其他可供选择的投资出现时，对艺术品金融的兴趣已经停止了若干年。《纽约时报》在 1985 年写道："对于艺术品的共有基金投资，20 世纪 70 年代艺术热潮中一个热门的想法，已经没有幸存者"（Bender，1985）。

第二阶段艺术品投资潮出现于 20 世纪 80 年代末和 90 年代初，这一时期艺术品市场蓬勃发展，就像在 20 世纪 60 年代那样。在这个阶段，与传统投资资产中的路透社或彭博社一样，艺术品价格服务开始向潜在投资者提供有关拍卖价格的系统数据，透明度由此加强。通过关于各种资产的时间序列和实时数据，信息社会影响了金融市场的透明度（Cetina and Bruegger，2002；Preda，2006），这也体现在艺术市场中：在 20 世纪 80 年代之前，艺术品的交易地点和价格总是不为人知的。[5] 诸如 ADEC / ArtPrice 或 Artnet 的数据提供者，使艺术品的潜在投资价值更容易计算，从而减少了直觉在投资决策中的作用，转向更确切的数字。这些服务可以看作将艺术市场民主化、理性化甚至"净化"，就像它们在其他金融市场所做的一样（参见 Levin，2005；Zaloom，2003）。通过以更低的成本广泛获得信息，它们降低了在人际网络中掌握的内幕知识和信息的重要性。此外，通过提供更多诸如作品的制作方法、作品的尺寸和出处等方面的信息，它们促进艺术品评估中某些标准的制度化。

但是，这种数据提供的民主化和理性化并不完整。关于世界艺术趋势、艺术品位变化，以及内部传闻的非系统信息，可能会影响艺术家作品的价值。如博物馆回顾展的未来计划这种性质的内部信息，只能通过个人网络、密集互动以及与艺术界成员聊天来获得（Storper and Venables，2004）。事实上，一些数据提供商已经找到了销售这种特殊信息的市场利基，应该指出的是，内幕交易在这个市场是不受管制的。[6]

随着信息源的不断增加，创设艺术品基金的计划在金融化的第二阶段再次得到尝试；花旗集团等国际银行开始涉足，反映出该行业的进一步专业化。这些银行开始将他们富有客户收藏的艺术品作为其金融投资组合的一部分，并将艺术品顾问服务作为私人银行客户管理的一种工具。虽然许多银行都在继续提供艺术品顾问服务，但基金投资的兴趣随着通货膨胀的减缓而下降，艺术品市场在 1990 年崩溃，诸如法国巴黎银行等投资设立的艺术品投资基金则损失了大笔资金。

第三阶段转型浪潮是通过结构性融资，因为一批新的艺术品基金将投资重新包装为私募股权，而非交易型共同基金。此外，借助更完善的市场信息和新型金融思维，艺术品已被提升为多元化投资组合的一部分。这一阶段的特点是组织模仿性"同构"（DiMaggio and Powell，1983），因为艺术品投资界已经采用了金融界的角色模型和组织蓝图，合法性得到增强。例如，新成立的艺术品基金普遍采用"一般"私募基金的收费结构：收取2%的资产年管理费，以及20%的年度收益抽成（"2与20"结构）。这些基金的潜在投资者仅限于养老基金等金融机构，以及符合最低净值要求的个人，具体要求因地区和国家法规而异。具体的投资项目通常由组织私募股权公司的管理团队做出选择和监督。私募股权基金并不进行公开交易，也无义务公布信息，因此无论是投资金额还是回报收益都无法独立地进行验证。

这一阶段中，通过设立市场调研公司，分析价格与其他市场趋势，并根据基准值、信心调查与市场前景报告进行成果汇报，艺术品投资依然在科学化的进程中。这些市场工具，将金融世界的分析工具、表达形式、图形表示与市场技术应用到艺术世界中，可以被视为连接两个世界的边界物（Star and Griesemer，1989）。[7]正如过去的记账法一样（Carruthers and Espeland，1991），它们既实现了向人们普及艺术收藏的技术性作用，又起到了说服这些人相信艺术品投资的安全性的表达效果。其中一些工具，例如艺术咨询公司 Art Market Research 制作的指数，被彭博社（全球领先的金融市场数据提供商和交易平台之一）提供给更广泛的投资界。因此，通过本土平台接触金融市场交易者的能力，进一步促进和合法化了艺术作为一种投资品。

经济学家的作用

由研究公司和数据提供者发展出的艺术品投资科学化，因艺术品市场中经济知识的产生和传播得到进一步加强。从1960年开始，这种知识就从经济学领域的理论家与实践者中诞生，对理解艺术品的投资潜力至关重要。

20世纪60年代初以来，经济学家一直在研究艺术品相对于包括股票和债券在内的传统投资组合的投资潜力（综述文献参见 Ashenfelter and Graddy，2003；Frey and Eichenberger，1995）。通过使用精密的工具，如重复销售回归模型和特征价格（hedonic）回归模型，他们弥补了市场研究公司和大众媒体普遍提供的指标中的一个关键缺陷，即假定所有艺术品的品质是相同的。这些"天真"的方法通常采用拍卖价格的最高百分比代表市场，这很方便，但可能曲解市场趋势。这是因为价格变化可能是由于艺术品的不同特征（例如其尺寸或风格）造成的，而不是艺术品本身价值的改变。经济学理论家提出的更复杂的方法，可以对艺术品的极端异质性和品质的高度差异进行控制。因此，这些艺术品指标有助于严格量化艺术市场。[8]

大多数早期研究发现，与由股票和债券组成的传统投资组合相比，艺术投资品的表现略差（参见 Baumol，1986；Frey and Eichenberger，1995；Pesando，1993）。但是最近的研究提出了一个混合观点。在一项被媒体和艺术投资公司广泛引用的研究中，梅建平（Jianping Mei）和摩西（Michael Moses）构建了一个重复销售指数即梅摩艺术品指数，发现 1875 年至 2000 年艺术品的年回报率为 5.6%，这是一个高于政府债券或国库券，几乎等于公司债券但是低于股票的回报率（Mei and Moses，2002）。然而，在现今大量经济学文献中的结论之间的差异，常常可以通过所采用的数据来源和分析方法，以及流派、时间段和关注的地理领域的差异来解释。

除了投资回报率，最近的研究还探讨了艺术品市场和传统金融市场中的价格变动是否具有相关性的问题，以了解艺术品是否适合多样化的投资组合。这些研究通常采用由经济学家在 20 世纪 60 年代初建立的资本资产定价模型（CAPM）。另外，研究的结果不同。梅建平和摩西（Mei and Moses，2002：1663）发现艺术品与传统资产类别的相关性非常低，并得出结论："多样化的艺术品组合可以在投资多样化中发挥更重要的作用"。其他研究发现，艺术品指数的走向与传统资产相同，例如，按照全球股票指数衡量的结果，这意味着多元化的机会有限或根本没有（例如，Goetzmann，1993；Renneboog 和 Spaenjers 即将出版的作品）。

几乎从一开始，艺术品金融化的参与者就利用这些科学知识来设计新产品，并合法化他们的活动。20 世纪 70 年代初，英国铁路养老基金会主任克里斯托弗·卢因（Christopher Lewin）重新分析了瑞特林格（Reitlinger）关于艺术品价格的三卷汇编，以检验艺术品的投资潜力（Horowitz，2011）。艺术品投资基金通常在基金招募说明书中提供学术性说明。此外，一些文化经济学家，例如摩西（Michael Moses），积极推动艺术品投资——通过担任投资公司顾问，向这些公司推销自己的研究成果，在媒体上强调这种潜力，并定期参与投资研讨会。摩西对于自己在建设艺术品投资市场方面的积极作用并不避讳，"他坚信艺术品将成为和房地产资产等同的基本资产类别……他希望自己的研究能够继续发挥重要作用，直到他的预测变成现实"（Deloitte，2009）。这可以被诠释为一种述行性效应（参见 Callon，1998；MacKenzie，2006），在这种效应中，经济学家不仅是在描述一个艺术品的投资市场，而且是帮助这个投资市场得以形成。

金融化的限度？

尽管有这样的研究，但我们并不认为艺术品市场已经完全成为一个投资市场，即使最近的努力已经提供了一个这样定义和处理艺术品的桥梁。就像房地产市场一样，人们已经并将继续消费艺术品，出于装饰需要、显示社会地位与审美观念，而投资兴趣将随着市场条件和投资选择而增减。传闻有证据表明，只有一小部分艺术品的收购主要出于投资动机。例如，媒体将对冲基金经理，如斯蒂芬·科文（Stephen Cohen）或肯尼斯·格里芬（Kenneth Griffin），在艺术品上投入的大笔资金作为该市场金融化的表现。尽管投资的动机可能已经存在，但更有可能的是，这种购买者感兴趣的是艺术品可以显示地位，创造接近文化精英的机会，或者建构，正如 Tom Wolfe（2007）所说，"像海盗一样的姿态"，这可能有助于吸引客户到他们的基金（另请参见 Velthuis，2008）。总之，即使对冲基金经理购买艺术品，也主要是为了消费或商业动机而购买，而非直接投资。

这与艺术品基金的一个特定问题有关：一些愿意投资艺术品的人，喜欢直接购买艺术品，而不是以证券化的形式购买。与艺术家、经销商和同行收藏家进行直接接触，以及寻找具有投资价值的珍品，提供了内在的非货币收益，胜于潜在的金钱回报。

事实上，尽管存在很多感兴趣的人，但在艺术品投资基金行业中，鲜有成功案例——甚至是长期幸存者——存在。虽然这可能对少数能够成功并提供额外投资的基金有利，但总体印象是该行业缺乏良好的业绩记录，这使得新基金更难以吸引潜在客户。随着金融危机和艺术品市场的崩溃，一些基金倒闭，新企业的计划也被搁置。根据估计，全球范围内只有 20 个投资基金仍在运作，其中只有一个有着 6 年的运作历史（Adam and Mason，2005；Caslon Analytics，2008b；Gerlis，2009；Picinati di Torcello，2009）。

尽管市场各种各样的行动者（包括数据提供者、研究公司和经济学家等）精心地举办了做市活动，但艺术品金融化尚不完全——或者至少远未完成，特别是与其他金融市场相比。艺术品投资的制度发展受到了限制：没有可交易的艺术品指数，以价格下跌为押注的衍生品，或用来平衡与艺术品贷款有关风险的信用违约互换，同时，对冲艺术品投资组合的风险几乎是不可能的（Campbell and Wiehenkamp，2010；Ralevski，2008）。[9]

首先，不完全金融化的一个主要原因是艺术品市场仍然是流动性非常低的。正如卡鲁瑟斯和斯廷科姆（Carruthers and Stinchcombe，1999）所指出的那样，流动性不会在市场中自发出现，而是需要主动构建。为此，需要满足三个条件：①交易需要由大批买家和卖家持续进行，②做市商需要愿意持续维持价格，以及③商品需要同质化和标准化（另见 Lépinay，2007）。在艺术市场上，这些条件都不成立。首先，交易不是持续的，而是主要在有限的密集程度和高度仪式化的时刻发生。正如艺术顾问杰瑞米·爱克斯坦（Jeremy Eckstein）所说，"你不能在某天早上醒来，看看富时指数，给你的经纪人打电话，说'卖掉工业风格，买入印象派作品'……如果你买股票，你可以卖掉它们并知道你将得到什么样的价格。但在艺术品交易中，你无法做到这一点"（引自 Mamarbachi，Day，and Favato，2008：7）。苏富比和佳士得这两家最大的拍卖行，仅在每年5月和11月的所谓拍卖周中，举办两次现代和当代艺术拍卖会。密集市场交易的其他时刻还包括年度艺术博览会，如巴塞尔艺术博览会或欧洲艺术和古董博览会（TEFAF），高端市场中的艺术品经销商在此与他们的客户见面。

连续交易的缺失，也是由艺术作品的持有时间过长造成的，这反映了艺术品作为一种收藏品而不是投资品的地位，而且高昂的交易成本和在拍卖中快速交易作品的令人不快的感觉，也使其具有必要性。在纽约证券交易所中交易的股票平均每年换手超过一次。相比之下，梅建平和摩西发现，拍卖会上交易的大量艺术品的平均持有时间为28年（Mei and Moses，2002；Watson，1992）。这意味着特定艺术家或特定风格的艺术品往往很少进行交易，这增加了投资的不确定性。此外，较长的持有期也限制了市场计量的基础数据。

其次，虽然拍卖行有时会履行这一职责，但不存在任何正式或非正式的做市商来保证持续交易。当代艺术市场尤其如此，也就是说，一般而言，投资者具备看出最高价格涨幅的能力。对于绝大多数当代艺术品来说，并不存在二级市场，因为没有经销商或拍卖行愿意进行这些作品的交易。这反过来又与这些作品的高度不确定和不稳定的价值有关：由于艺术趋势或品味的变化，某些风格的需求可能会迅速下降。换句话说，这里的潜在回报很高，但风险也是如此。

再次，艺术市场不仅具有异质性商品的特征，而且缺乏共同的稳定的价值标准。正如斯图尔特·普拉特纳（Plattner，1996：195；另见 Moulin，1994）在艺术市场民族志中所说的那样："艺术批评和评估理论的破产，可以追溯到印象派和经销商评论家的胜利，这意味着作品的价值是神秘的，是由社会建构的，不可能在没有专家知识的情况下先验性地预测"。"艺术品在历史上的声誉始终是潮起又潮落"，一位前知名艺术品经销商和银行家在《纽约时报》如此说道（Pogrebin and Flynn，2011）。因此，艺术品价格本质上是波动的。

正如卡鲁瑟斯和斯廷科姆所认为的，建立流动性可以被看作知识社会学的一个问题。事实上，艺术品市场缺乏流动性，可归因于未能将关于具体艺术品的市场参与者个人的特殊的个性化知识，转化为广义的非个人知识（Carruthers and Stinchcombe，1999：356；参见 Carruthers，2010；MacKenzie，2011）。尽管信息供应已经通过 artprice. com 和 artfact. net 等数据服务得到了改善，但艺术市场中超过一半的销售额不在公开拍卖中进行，而是私下成交，这意味着没有价格记录可用（参见 McAndrew，2009）。这种信息问题在艺术品初级市场尤其明显，那里的拍卖行不活跃，并且以私人画廊为主，他们不必报告价格，以及利润或营业额等数据。此外，艺术品评估所需的大量信息，例如艺术品的真实性，或关于当代艺术家的职业前景的信息，是难以获得、价值昂贵甚至不可能得到的。证券分析师等普遍性知识的创造者（Zucker-man，1999）在艺术市场中显然缺席。因此，信息仍然是不对称分布的，这导致高度不确定性和缺乏流动性。

缺乏流动性和信息成本高昂意味着艺术品不易买卖；供求关系难以定位和匹配，进一步导致交易成本高昂。在拍卖中买卖艺术品往往涉及高达25%的费用，而私人艺术品经销商可能会要求20%或30%的佣金。这些费用以及高昂的保险和存储成本，显著降低了潜在回报。此外，还要求细心地、成本高昂地追溯作品的出处，以避免伪造的风险。

使艺术品市场对专业投资者的吸引力降低的最终体制原因，是其高度不受监管的特征。大型交易通常以握手的方式结束，而艺术品交易商可能代表艺术家而没有书面合同（Lerner and Bresler，1998）。内幕交易——因为买方掌握关于影响艺术品价值的条件或事件的内幕信息，所以资产被买入或卖出——总的来说是合法的。艺术品市场中不完美的信息和不受管制的特征，可能会创造出对一些投资者有吸引力的套利机会，但由此产生的不确定性会阻碍其他人的参与。

结　论

对这个市场的特点的艰难分析，表明艺术品金融化是一个不断发展的过程，并且还没有完成。现在判断这个市场是否已达到金融化和证券化的限度，或者是否它仅仅是一个缓慢的过程，还为时过早。目前，艺术品投资在艺术界和金融界缺乏广泛（认可）的合法性；前者是因为反对将艺术品重新定义为投机资产，后者是因为艺术市场缺乏标准化、信息和流动性。艺术品指标等边界物的创造，帮助艺术品成为精品投资，但未能获得广泛认可。

金融市场的社会学研究显示了艺术品金融化可能的走向。目前的情况并不具备历史独特性。例如，艺术品投资合法性的缺乏以及艺术界成员所引用的"敌对世界"表述，类似于普瑞达（Preda，2009）对 18 世纪和 19 世纪时金融市场不利局面的概述。因此，此种说法并不是不可能的，即艺术品市场的进一步理性化和科学化，可以消除目前限制其金融化的文化障碍，并且可以帮助艺术品投资界与艺术界的传统派别进行定义斗争。

卡鲁瑟斯和斯廷科姆（Carruthers and Stinchcombe）对 17 世纪后期股票和债券市场的表述，如同对当今艺术市场的生动描述，"没有集中化的金融市场降低了两者的流动性。交易成本高，债务难以估价，做市商缺席，买家与卖家难以匹配。潜在的买卖双方各自分散，把它们聚集在一起的成本十分高昂"（Carruthers and Stinchcombe，1999：371）。然而，几十年来，部分由于政府的干预，流动性得以建立，市场蓬勃发展。

无论未来艺术如何发展，利用这些金融投资的理解开启了市场和金融工具的内在进化和发展的概念。市场行动者已经提出了扩大艺术品金融的进一步计划，例如可交易艺术指数、艺术衍生品、产权清算、艺术品购买贷款、资金来源等。这样看来，失败的投资并不总是失败的投资——失败可以被看作寻找正确工具以简化、标准化和同质化艺术品的过程中的一个自然步骤，剥离了个体工作的独特性，对艺术品进行分组归类，使它们具有可比性和可通约性。

注释

1. 艺术品市场成交额包括艺术品拍卖和私人艺术品经销商的销售额。2007 年的货币市场数据参见国际清算银行的资料（BIS，2007），2010 年的数字参见国际清算银行的资料

（BIS，2010）。

2. 例如，纽约的大都会歌剧院以其两幅夏加尔德壁画作抵押从摩根大通银行获得了 3500 万美元的贷款（参见 Wakin，2009）。

3. 印度《经济时报》也公布了 2006 年以来代表印度当代艺术品价格走势的指数。

4. 关于这些早期设立的基金（参见 Anonymous，1969，1970，1975 ；Faith，1985；Glueck，1969）。

5. 从技术上讲，制度化提供数据的历史最少可以追溯至 19 世纪，当时在法国和德国出版了几部艺术品价格概要（参见 Guerzoni，1995）。在 20 世纪的进程中，不同的公司开始出版年度拍卖价格数据的书籍，例如，1967 年的梅耶尔（Mayer），1968 年的希斯洛普（Hislop），1987 年的 ADEC。在千禧年之后，这些公司中的大多数已经将他们的服务转移到互联网上。

6. 其中一个例子是贝尔·法克斯（Baer Faxt）通讯，它由纽约艺术顾问约书亚·贝尔（Joshua Baer）于 1995 年发行，以提供有关艺术品市场的内部信息（www.baerfaxt.com）。

7. Artprice.com 是发布信心指数的网站之一，其（发布者）在网站上表示，它是基于"支撑密歇根州消费者情绪指数的理论基础"（Artprice，2009）。

8. 重复销售指数，通过编制至少在市场上出现过两次的艺术品数据集来消除异质性，因此价格走势可以归因于相同的艺术作品。同样被应用于房地产的特征价格（Hedoni）指数，通过控制可能影响价格的艺术品的各种属性，例如尺寸或介质，来解释异质性。因此，指数的表现更能反映实际回报。

9. 2007 年，艺术品交易基金制定了代理套期保值策略，通过做空包括苏富比和其他奢侈品生产商在内的据称与艺术品市场高度相关的公司来实现，但该策略在 2009 年结束（Adam，2010；Johnson，2007b）。

参考文献

Aalbers，M. (2008)."The Financialization of Home and the Mortgage Market Crisis. " *Competition & Change*，12/2：148 – 66.

Adam，G. (2010). "The Art Market：Tough Times for Art Funds. " *Financial Times*，March 13. 〈http://www.ft.com/intl/cms/s/2/720e3240-2d4f-11df-9c5b-00144feabdco.html#axzz1r4Mwg-JrK〉(accessed April 4，2012).

—— and Mason，B. (2005)."Art Funds Struggling. " *The Art Newspaper*，September 20. http://www.forbes.com/2005/09/19/abn-armo-artfunds-cx_0920hot_ls.html (accessed April 4，2012).

Anonymous (1969)."Notizen. " *Die Zeit*，December 12/50. http://www.zeit.de/1969/50/notizen (accessed April 4，2012).

—— (1970). "Beschänkte Haftung." *Der Spiegel*, February 2/6.

—— (1975). "Wunderbare überführung." *Der Spiegel*, November 20.

Appadurai, A. (1990). "Introduction: Commodities and the Politics of Value," in A. Appadurai (ed.), *The Social Life of Things: Commodities in Cultural Perspective.* Cambridge: Cambridge University Press, 3 – 63.

Artprice (2009). "The Year of the AMCI." 〈http://web. artprice. com/AMI/AMI. aspx? id = MTAwOTE5 ○ TQzNDgoOTk = 〉 (accessed July 27, 2011).

Ashenfelter, O. and Graddy, K. (2003). "Auctions and the Price of Art." *Journal of Economic Literature*, 41/3: 763 – 87.

Battilana, J., Leca, B., and Boxenbaum, E. (2009). "How Actors Change Institutions: Towards a Theory of Institutional Entrepreneurship." *The Academy of Management Annals*, 3/1: 65 – 107.

Baumol, W. J. (1986). "Unnatural Value: Or Art Investment as Floating Crap Game." *American Economic Review*, 76/2: 10 – 15.

Bender, M. (1985). "High Finance Makes a Bid for Art." *The New York Times*, February 3. 〈http://www. nytimes. com/1985/02/03/business/high-finance-makes-a-bid-for-arthtml〉 (accessed April 4, 2012).

BIS (Bank for International Settlements) (2007). "Triennial Central Bank Survey of Foreign Exchange and Derivatives Market Activity in 2007: Final Results." 〈http://www. bis. org/ press/ p071219. htm〉 (accessed July 27, 2011).

—— (2010). "European Sovereign Bond Markets: Recent Turbulence Discussed in the Latest BIS Quarterly Review." 〈http://www. bis. org/press/p101213. htm〉 (accessed July 27, 2011).

Bourdieu, P. (1993). *The Field of Cultural Production.* New York: Columbia University Press.

Callon, M. (1998). "Introduction: The Embeddedness of Economic Markets in Economics," in M. Callon (ed.), *The Laws of the Markets.* Oxford: Blackwell, 1 – 58.

—— and Law, J. (2005). "On Qualculation, Agency, and Otherness." *Environment and Planning D: Society and Space*, 23/5: 717 – 33.

Campbell, R. A. J. and Wiehenkamp, C. (2010). "Art-Backed Lending: Implied Spreads and Art Risk Management." Working Paper. 〈http://papers. ssrn. com/sol3/papers. cfm? abstract _id = 1114046〉 (accessed April 4, 2012).

Carruthers, B. G. (2010). "Knowledge and Liquidity: Institutional and Cognitive Foundations of the Subprime Crisis," in M. Lounsbury and P. M. Hirsch (eds.), *Markets on Trial: The Economic Sociology of the U. S. Financial Crisis: Part A. Research in the Sociology of Organizations* (30). Bingley: Emerald, 157 – 82.

—— and Espeland, W. N. (1991). "Accounting for Rationality: Double-Entry Bookkeeping and the Rhetoric of Economic Rationality. " *American Journal of Sociology*, 97/1: 31 – 69.

—— and Stinchcombe, A. L. (1999). "The Social Structure of Liquidity: Flexibility, Markets, and States. " *Theory and Society*, 28/3: 353 – 82.

Caslon Analytics (2008a). "Art Fund Note: Models. " 〈http://www. caslon. com. au/artfund-snote 2. htm〉 (accessed July 27, 2011).

—— (2008b). "Art Fund Note: Overview. " 〈http://www. caslon. com. au/artfundsnote. htm〉 (accessed July 27, 2011).

Coslor, E. (2010). "Hostile Worlds and Questionable Speculation: Recognizing the Plurality of Views about Art and the Market. " *Research in Economic Anthropology*, 30: 209 – 24.

—— (2011). "Wall-Streeting Art: The Construction of Artwork as an Alternative Investment and the Strange Rules of the Art Market. " PhD thesis, University of Chicago, Chicago, IL.

Deloitte (2009). "Deloitte Art & Finance Conference—London—October 2009. " 〈http:// www. deloitte. com/view/en_ LU/lu/industries/art-and-finance/art-finance-conferences/2009/index. htm〉 (accessed April 4, 2012).

DiMaggio, P. J. and Powell, W. W. (1983). "The Iron Cage Revisited: Institutional Isomorphism and Collective Rationality in Organizational Fields. " *American Sociological Review*, 48: 147 – 60.

Eckstein, J. (2008). "Investing in Art: Art as an Asset Class," in I. Robertson and D. Chong (eds.), *The Art Business*, London: Routledge, 69 – 81.

Epstein, G. A. (2005). "Introduction," in G. A. Epstein (ed.), *Financialization and the World Economy*. Cheltenham: Edward Elgar, 3 – 16.

Espeland, W. N. and Stevens, M. L. (1998). "Commensuration as a Social Process. " *Annual Review of Sociology*, 24: 313 – 43.

Faith, N. (1985). *Sold: The Revolution in the Art Marke*t. London: Hamish Hamilton.

Ferguson, N. (1998). *The House of Rothschild: Money's Prophets 1798 – 1848*. New York: Viking.

Fitzgerald, M. C. (1995). *Making Modernism: Picasso and the Creation of the Market for Twentieth-Century Art*. New York: Farrar, Straus and Giroux.

Frey, B. S. and Eichenberger, R. (1995), "On the Return of Art Investment Return Analyses. " *Journal of Cultural Economics*, 19: 207 – 20.

Gerlis, M. (2009). "Downturn Hits Art Investment Funds. " *The Art Newspaper*, April/201. 〈http://www. theartnewspaper. com/article. asp? id = 17200〉 (accessed April 17, 2012).

Glueck, G. (1969). "Now There Are Mutual Funds for Art. " *The New York Times*, November 7. 〈http://query. nytimes. com/mem/archive/pdf? res = F30E13FA3E591A7493C5A9178AD95F4 D8685F9〉 (accessed April 4, 2012).

Goetzmann, W. N. (1993). "Accounting for Taste: Art and the Financial Markets Over Three

Centnries. " *American Economic Review*, 83/5: 1370 – 6.

Guerzoni, G. (1995). "Reflections on Historical Series of Art Prices. " *Journal of Cultural Economics*, 19: 251 – 60.

Haden-Guest, A. (1996). *True Colors: The Real Life of the Art World.* New York: Atlantic Monthly Press.

Harrington, B. (2008). *Pop Finance: Investment Clubs and the New Investor Populism.* Princeton, NJ: Princeton University Press.

Hensher, P. (2012). "G2: Culture Comment: When Even the Most Monstrous Works of Art Cost Millions, it's Time for a Price Crash. " *Guardian*, February 13: 23.

Horowitz, N. (2011) *Art of the Deal: Contemporary Art in a Global Financial Market.* Princeton, NJ: Princeton University Press.

Johnson, S. (2007a). "Art Fund Draws Up New Model to Adorn Diversified Portfolios. " *Financial Times*, June 11. ⟨http://www. ft. com/cms/s/o/40239686-17b7-11dc-86d1-ooob5df 10621. html⟩ (accessed July 27, 2011).

—— (2007b). "Hedge Fund Sees Art as Exotic Asset Class. " *Financial Times*, June 15 ⟨http://www. ft. com/intl/cms/s/2/9ee7df98-1b57-11dc-bc55-ooob5df1o621. html⟩ (accessed April 4, 2012).

Karpik, L. (2010). *Valuing the Unique: The Economics of Singularities.* Princeton, NJ: Princeton University Press.

Knorr Cetina, K. and Bruegger, U. (2002). "Global Microstructures: The Virtual Societies of Financial Markets. " *American Journal of Sociology*, 107/4: 905 – 50.

Krippner, G. R. (2005). "The Financialization of the American Economy. " *Socio-Economic Review*, 3: 173 – 208.

Lépinay, V. -A. (2007). "Decoding Finance: Articulation and Liquidity Around a Trading Room," in D. Mackenzie, F. Muniesa, and L. Siu (eds.), *Do Economists Make Markets? On the Performativity of Economics.* Princeton, NJ: Princeton University Press, 87 – 127.

Lerner, R. E. and Bresler, J. (1998). *Art Law.* New York: Practicing Law Institute.

Levin, P. (2005). "Information, Prices and Sensemaking in Financial Futures Trading," in K. D. Elsbach (ed.), *Qualitative Organizational Research.* Charlotte: Information Age Publishing.

Lounsbury, M. and Rao, H. (2004). "Sources of Durability and Change in Market Classifications: A Study of the Reconstitution of Product Categories in the American Mutual Fund Industry, 1944 – 1985. " *Social Forces*, 82/3: 969 – 99.

McAndrew, C. (2009). *Globalisation and the Art Market: Emerging Economies and the Art Trade in 2008.* Helvoirt: Tefaf.

MacKenzie, D. (2005). "Opening the Black Boxes of Global Finance." *Review of International Political Economy*, 12/4: 555 – 76.

—— (2006). *An Engine, Not a Camera: How Financial Models Shape Markets.* Cambridge, MA: MIT Press.

—— (2011). "The Credit Crisis as a Problem in the Sociology of Knowledge." *American Journal of Sociology* 116/6: 1778 – 841.

Mamarbachi, R., Day, M., and Favato, G. (2008). "Art as an Alternative Investment Asset." *The Capco Institute Journal of Financial Transformation*, 24: 63 – 71.

Mei, J. and Moses, M. (2002). "Art as an Investment and the Underperformance of Masterpieces." *American Economic Review*, 92/5: 1656 – 88.

Moulin, R. (1994). "The Construction of Art Values." *International Sociology*, 9/1: 5 – 12.

Pesando, J. E. (1993). "Art as an Investment: The Market for Modern Prints." *American Economic Review*, 83/5: 1075 – 89.

Picinati di Torcello, A. (2009). "Art and Other Emotional Investments." *Deloitte Funds Europe Magazine*, March: 45.

Plattner, S. (1996). *High Art Down Home: An Economic Ethnography of a Local Art Market.* Chicago: Chicago University Press.

Pogrebin, R. and Flynn, K. (2011). "Does Money Grow on Art Market Trees? Not for Everyone." *The New York Times*, May 31: C1.

Preda, A. (2006). "Socio-Technical Agency in Financial Markets: The Case of the Stock Ticker." *Social Studies of Science*, 36/5: 753 – 82.

—— (2009). *Framing Finance: The Boundaries of Markets and Modern Capitalism.* Chicago: University of Chicago Press.

Ralevski, O. (2008). "Hedging the Art Market: Creating Art Derivatives." Working Paper. ⟨http://papers. ssrn. com/sol3/papers. cfm? abstract_id = 1304602⟩ (accessed November 22, 2009).

Renneboog, L. and Spaenjers, C. (Forthcoming): "Buying Beauty: On Prices and Returns in the Art Market." Working Paper *Management Science*.

Sassen, S. (2001). *The Global City: New York, London, Tokyo.* Princeton, NJ: Princeton University Press.

Smith, C. W. (2007). "Markets as Definitional Practices." *Canadian Journal of Sociology*, 32/1: 1 – 39.

Star, S. L. and Griesemer, R. (1989). "Institutional Ecology, 'Translations' and Boundary Objects: Amateurs and Professionals in Berkeley's Museum of Vertebrate Zoology, 1907 – 39." *Social Studies of Science*, 19/3: 387 – 420.

Stark, D. (2009). *The Sense of Dissonance: Accounts of Worth in Economic Life*. Princeton, NJ: Princeton University Press.

—— and Beunza, D. (2004). "Tools of the Trade: The Socio-Technology of Arbitrage in a Wall Street Trading Room." *Industrial and Corporate Change*, 13/2: 369 – 400.

Storper, M. and Venables, A. J. (2004). "Buzz: Face-to-Face Contact and the Urban Economy." *Journal of Economic Geography*, 4/4: 351 – 70.

Velthuis, O. (2003). "Symbolic Meanings of Prices: Constructing the Value of Contemporary Art in Amsterdam and New York Galleries." *Theory & Society*, 31: 181 – 215.

—— (2005). *Talking Prices: Symbolic Meanings of Prices on the Market for Contemporary Art*. Princeton, NJ: Princeton University Press.

—— (2008). "Accounting for Taste." *Artforum*, 46: 305 – 9.

Wakin, D. (2009). "The Met Offers Chagalls as CoUateral." *The New York Times*, March 4: C3. ⟨http://www. nytimes. com/2009/03/04/arts/music/040per. html⟩ (accessed July 27, 2011).

Watson, P. (1992). *From Manet to Manhattan*. New York: Random House.

Wolfe, T. (2007). "The Pirate Pose." *Portfolio Magazine*, April 16. ⟨ http://www. portfolio. com/ executives/features/2007/04/16/The-Pirate-Pose/⟩, (accessed April 4, 2012).

Zaloom, C. (2003). "Ambiguous Numbers: Trading Technologies and Interpretation in Financial Markets." *American Ethnologist*, 30/2: 258 – 72.

Zelizer, V. A. (2000). "The Purchase of Intimacy." *Law & Social Inquiry*, 25/3: 817 – 48.

—— (2004). "Circuits of Commerce," in J. Alexander, G. T. Marx, and C. Williams (eds.), *Self, Social Structure, and Beliefs: Explorations in the Sociological Thought of Neil Smelser*. Berkeley, CA: University of California Press, 122 – 44.

Zuckerman, E. W. (1999). "The Categorical Imperative: Securities Analysts and the Illegitimacy Discount." *American Journal of Sociology*, 104/5: 1398 – 438.

第六部分
金融的历史社会学研究

第 25 章
历史社会学视角下的现代金融

布鲁斯·G. 卡鲁瑟斯 (Bruce G. Carruthers)

大多数历史社会学家研究过大规模社会现象，例如社会革命、福利国家、工业化、阶层形成、社会不平等、民族主义、国家形成以及世界体系等（Adams, Clemens, and Orloff, 2004），但对金融有兴趣的学者寥寥无几 [Arrighi (2010) 是一个例外]。也许金融被认为是一种副产品，或被认为缺少趣味并富于技术性，因此不值得展开研究。也许历史社会学家不敢冒险侵入金融经济学的知识领域。然而，现在的事态发展却引发了社会学对金融话题的兴趣。事实上，像金融危机一样足以引起大众或学者们的关注，或者说在历史上具有显著意义的事件屈指可数。诸如 1720 年的南海公司事件，密西西比泡沫事件，以及 1837 年、1873 年、1907 年和 1929 年的恐慌与崩溃都引发了经济衰退、热烈讨论与政治干预。最终，人们对大众的疯狂和价值的不稳定进行反思，并制定新的政策来确保此类事件不会再次发生。这些就和 2008 年的金融危机如出一辙。

虽然市场暴跌和秩序崩溃引人关注，但还有其他金融制度和过程（process）值得社会学家展开研究分析。一个简单的原因在于，金融总是以某种方式介入社会学话题中。例如，很多学者在研究社会不平等问题，而获得信贷的机会正是具备社会优势的基础之一。另一些学者研究国家形成，往往发现财政机器为统治地位、军事征服和社会供应提供了重要支撑。与之相对应的是，社会革命的兴起与国家统治的垮台总是以财政危机为先兆。国家在追求经济发展的过程中常常将信贷作为一种政策工具，因此金融机构在实现长期经济增长的战略中占据重要位置。增加国际资本流动是全球化的重要特征之一，而国际货币基金组织（IMF）等国际金融机构被指控损害民族国家的主权。无论如何，金融与核心的社会学问题只有一步之遥。

从长远角度来看，金融史确实明显地被危机的戏剧不时打断。但金融史也拥有一种被徐徐前进的结构与制度所支撑的漫长演变。次级抵押贷款问题在近年来十分突出，但从罗斯福新政开始，财政机构就在驱动美国住房抵押贷款的发展。一些发展经济学家（比如 de Soto，2000）认为，在现代发展中国家，对于小型土地所有者的住房抵押贷款可以帮助贫困人口获得信贷，为经济增长解除束缚，但是抵押本身是一种古老的契约工具，可以追溯到许多世纪以前的普通法传统中（Simpson，1986：141）。最近的危机以各种各样陌生的事物为特征，例如信用违约互换、债务抵押债券、资产支持债券，以及其他各类金融衍生品，很多人将这些金融工具视作近来金融市场缺乏监管带来的畸形产物。事实上，金融衍生品诞生于 17 世纪，伦敦或阿姆斯特丹股票市场的交易者已经理解了期权或期货契约（Murphy，2009：24 - 30）。在 20 世纪，美国的分期付款贷款使汽车从奢侈品转变为大众消费品，但分期付款实际上发明于 19 世纪，用于销售如钢琴、缝纫机、百科全书等耐用消费品。金融史以各种各样的金融工具、方法和技术为特征，它们在特定环境下形成，又随着时间与空间不断传播。

在本章中，我会从历史的视角研究金融，这往往是大多数历史社会学家忽略的领域。我并不会着眼于那些最为显而易见的事件，比如泡沫和危机，而是将注意力转向深层的金融制度与金融过程。我会指出，在其历史发展中，金融是如何对许多人们惯用的思考经济的简单二分法提出挑战的。金融史是广阔而又复杂的，所以我必须选择我的聚焦点。我主要聚焦于英美金融，包括在前文提到的许多有趣而又重要的话题。我提出三个基本论点：第一，私人金融机构在很多方面深受公共财政的影响；第二，私人监管与公共监管共同塑造了金融的发展范式，这在不同国家与阶段成效迥然；第三，金融与诸如社会不平等之类的核心社会学问题直接联系在一起。

公共财政

现有的讨论大多将国家与市场视为对立的两方。根据新自由主义理论，繁重的税收降低市场活力，公共借贷"挤出"私人借贷，公共监管限制了市场的"自然"运行。公与私的关系呈现零和博弈的态势：一方有得，另一方必然有失。但是，历史的记录揭示了公共与私人金融之间的相互依赖，甚至是共生关系。私人金融机构的发展深受国家金融指令的影响。

除此之外，国家还征税、借款和花钱。国家的财政活动依靠它们的垄断地位（至少是具有相对优势）支持，通过强制手段实现。实际上，正如蒂利（Tilly，1990）指出的，早期现代欧洲的民族国家通过战争制造与税收提取之间相互依赖的动力学实现发展：征税为战争提供资金，强制能力有助于提高税收。但是国家也鼓励银行和股票市场这类金融机构的发展，部分原因在于它们可以促进公共财政增长。亚当·斯密关于英格兰银行的著名论断中，将其称作一个"伟大的国家引擎"，因为该银行成立于 1694 年，其基础是向英国政府提供的 120 万英镑贷款。该银行最终成为伦敦金融市场中的核心机构之一并存续至今，但其设立初衷是帮助政府解决财政问题（Carruthers，1996）。此外，银行为了筹集贷款资金而发行的股票在股市中交易，并促进其发展。其他建立在政府长期贷款基础上的大型股份公司发行的股票亦是如此（比如东印度公司和南海公司）。这些公司都被授予特许执照以交换贷款。

主权债务通常为金融市场设立标准。当代市场中，美国政府债券设立了（几乎是）无风险投资的基准线，其他替代性投资的利率据此而相应变化。有时，契约的形式，因为它们在主权债务中的运用，而变得越发突出，并随着投资者熟悉度的提高得到更加广泛的扩散。例如，17、18 世纪时，养老金制度和联合养老制（一种集体养老的形式）被荷兰、法国和英国政府用来进行借贷活动（Tracy，1985；Weir，1989），对金融合同进行编制和定价的实践促进了精算学的兴起（Hacking，1975：112 - 115）。最终，精算学为保险、风险管理以及相关的金融活动提供了计算基础，包括风险和收益的界定与预估（Clark，1999；Porter，1986：18 - 19）。总而言之，主权借款帮助标准化了一些进入金融市场的基本概念、合约与金融工具。

在一般公司法出台之前，很多公司与它们的主权政治组织进行着某种特殊的交易。公司通过特别的立法行为得到特殊权利，但是会被希望以某种方式为公共利益做贡献。在 19 世纪，美国金融机构的特许执照通常来自州政府，而非联邦政府。作为交换，它们必须投资州债券，或者是州抵押贷款，实际上，向州政府或农民提供贷款。相同的模式也出现在内战时期，联邦政府建立了国家银行体系。购买联邦政府债券的投资者，有权设立国家特许经营的银行，并发行由此种债券支持的钞票。这一举措实现了双赢，国家银行纷纷得以建立，联邦政府也筹措到足够的资金弥补战争导致的赤字（Bensel，1990：163，172）。政府的金融利益直接刺激了新的银行体系的产生，这一体系反过来又为美国经济提供了更可靠的金融服务。

公共借款的后续变化又无意间为货币政策创造了新的工具。正如 1913 年成立时所设想的一样，美国联邦储备系统的主要政策功能是作为贴现窗口：成员银行通过对商业票据进行"再贴现"获得紧急融资的渠道。作为一种工具，它体现了沃尔特·白芝浩（Walter Bagehot）阐述的著名中央银行业哲学：在金融危机期间，中央银行应该作为最后贷款人，可自由贷款，但以高利率贷款。通过提高或降低其所收取的利率（"贴现率"），美联储可以影响货币市场的状况。但第一次世界大战打断了美联储将这一做法付诸实践，直到战后恢复运作时，美国货币状况已经被联邦政府的大规模借款所改变。金融体系淹没在联邦债务中。成员银行广泛地持有美国国库券，这为另一种政策工具创造了可能性：公开市场操作。渐渐地，美联储意识到，通过购买和出售国库券，可以提高或降低成员银行持有的超额准备金并影响其放款业务。降低贴现率和购买国库券，为经济提供了双重金融刺激。

主权债务总是带来不同寻常的法律和政治问题。主权借款人会遵守还款承诺吗？主权国家的政府不能像普通债务人一样，成为被起诉的对象，而且通过扩大贷款，主权债权人能够建立起具有政治性的经济关系（主权债权人可以从其借款国家政权的政治幸存中获得利益）。根据诺斯和温格斯特（North and Weingast, 1989）的说法，主权借款人在与债权人分享政治权力时，会更可信地承诺偿还贷款。在 1689 年的光荣革命后，通过与议会分享权力，英国君主更容易获得借款，因为国家债务受到议会的"支持"。然而，这个论点只适用于国内放款人。外国放款人并不是政体的成员，这些成员的同意会增强主权债务的可靠性。相反，外国债权人是基于特定主权债务人的信誉来权衡其放款的意愿（Tomz, 2007）。债权人拒绝贷款给信誉不佳的借款人，而他们这样做的意愿又为借款人提供了偿债的动力。外国债权人也可以采取其他制裁措施，他们之间互相合作的能力则会增强那些制裁的效力。现代主权债务人也受到穆迪和标准普尔（S&P）等信用评级机构的公开评判，这些机构对政府借款人的信誉提出相应的评价意见。较高的评级意味肯定性的评价，政府可以借此以较低的利率借款，而较低的评级则会增加借款的成本（Sinclair, 2005）。

公共借款中的关键事件也改变了家庭行为。在南北战争、第一次世界大战和第二次世界大战期间，美国政府以相对较小的面额广泛地售出债券。受到爱国主义思想的推动，以及伴随着战时经济繁荣带来的收入增长，许多普通美国家庭以战争债券的形式获得了他们的第一笔金融资产。金融资产通常集中在最富有的家庭中，但战时借款帮助创设了中低收入家庭持有金融资产的先例，并增加了他们对无形资产的了解。例如，在南北战争期间，银行家杰伊·库克（Jay Cooke）改变了政府债券的销售方式，通过新闻媒体直接向全国范围内的小型投资者出售（Larson，1936：100，106）。对于以前没有投资过金融资产的小城镇家庭，他的销售做得尤其出色。

借款使国家能够实现财政支出超出它们当时的收入，实际上软化了它们自己的预算约束，但税收仍然是公共资源的关键来源。借款本身依然取决于税收，因为还款是由未来的税收收入负担的（Brewer，1989：88），而且除非国家违约（或者除非通货膨胀降低了债务负担），否则根本没有其他替代税收的长期选择。有些政治体，一度通过出售公有财产（例如土地或珍贵矿产），或者开发传统形式的财产（例如国有土地）以获得收入。拥有大型并且业绩良好的国有企业的现代国家，依靠国企的利润为政府支出提供资金，但近期的私有化浪潮使许多国家的国企规模缩小，而国企的运行经常需要政府补贴。总而言之，税收对于一个正常运转的国家来说始终是必不可少的，而税收的历史也就是国家的历史（Martin，Mehrotra，and Prasad，2009）。

根据公共税收当局的组织和政治能力以及经济发展水平，国家可以征收直接税或间接税。它们可以征税的对象包括公民（如人头税）、个人收入或财富（如财产税）。财产税可以对生者或死者（如继承税）征收，也可以对特定财产（如土地）而非其他形式的财产（如动产）征收。国家可以对交易征税，不论是国内交易（如消费税），还是国际交易（如对进口产品征收关税）。税收可以是统一的（不论收入来源或类型，实行单一税率），也可以是有所变化的（根据收入类型适用不同税率）。有时候国家自行收税，有时依靠其他方式〔例如通过包税制（Kiser and Kane，2001）〕。显然，有些税收比其他税收的征收更为简便——人头税可以通过简单的人口统计完成征收，但某些财产税需要对个人持有的财富进行侵入性评估。不同时空中的税收体系差异巨大，但总的来说，随着历史的发展，国家的征税能力不断提高，税收体系也愈发精细和高效。这一历史轨迹与政治发展，特别是民主化进程密切相关。

所有形式的税收都必然涉及测量。从金融角度来看，税收影响了金融存量和流量的定义和测算方式。作为任何一个特定社会中最大的经济实体之一，而且掌握着强制手段，国家制定其他人必须遵从的标准。国家可以通过赋予某些交易媒介法定货币的地位来确定货币价值，与货币并行的税收则为衡量收入和财富设定各种指标。在现代早期，欧洲各国对进口产品（通过关税）和国内产品（通过消费税）征税。征税时，税务机关必须在这些商品进行生产、交易或运输的地方，对商品进行实物和货币测量。阿什沃思（Ashworth，2004）指出，计量学上的许多进步都是由英国的财政利益驱动的。税务当局对于它们所要征税项目（生产啤酒的数量、进口纺织品的数量等）的实物测量，必须制定标准化的重量和度量标准。而如果税收是从价税（即设定为货币价值的函数），税务机关必须制定评估规则。这些标准总是从海关、税务署或财政部扩散到其他的私营经济。

　　财务标准制定是征税带来的非预期后果之一。美国联邦政府在对个人和企业征收所得税的过程中，促进了会计方法的发展，增加了对于会计人员的需求，并为企业年度利润和收入的计算制定了标准（Edwards，1958：75 - 77）。像"折旧"这样的概念，应用于生产资料时，在企业所得税的计算中被赋予特定意义（Pechman，1983：131 - 132）。但它也总是导致新的逃税方法盛行。甚至在 1934 年成立美国证券交易委员会（SEC），以及对公开交易公司施加信息披露要求之前，美国政府决定了公司如何计算和报告它们自己的业绩。[1]随着美国联邦税法越发富于复杂性与累进性，以及随着政策制定者逐渐发现税收减免（所谓的"税收支出"）的政治价值，大量金融工具和契约安排的进一步精细化也被激发出来，通俗地讲，就是合法的避税手段（Howard，1997；Brownlee，1996：79 - 81，109）。

　　现代国家通过各种财政活动塑造了金融的发展路径。国家如何借款，会影响到金融工具以及股票和债券市场的发展。正如英格兰银行和国家银行体系证明的一样，战时公共债务往往是银行体系的核心。战争结束时，银行仍然存在。为了汲取资源以偿还债务和贯彻公共政策（在现代早期主要是为战争服务，但在现代也出于社会福利计划的考量），国家进行征税。如何征税、对什么征税和征多少税的决定，通过从私人经济中汲取资源而直接影响金融活动，同时通过标准制定而间接地产生影响。

公共与私人监管

　　金融交易、金融关系和金融机构极少是不受监管的。事实上，禁止高利贷（对贷款收取利息）来源于圣经和古兰经，为了对这一禁令进行论证，中世纪的教会充分运用了亚里士多德对金钱的分析。反高利贷法仍然在美国很多州的法律文本中，尽管它们现在已经很容易被规避。即使在南海公司泡沫事件之前，英国也在试图通过限制经纪人的数量和活动来规范伦敦的股票市场活动（Carruthers，1996：168；Murphy，2009：83 - 86）。而且，监管是同时被公开和私下地进行的。公共监管的兴衰常常标志着金融发展史上的关键转折点（2008 年金融危机前的放松监管，以及危机后监管的加强佐证了这一观点），而这些变化总是涉及政治。金融监管总是与金融市场同步发展。

监管往往伴随着监管套利的问题。由于纯粹的金融交易相对来说并不具备实体的经济活动（与钢铁厂或炼油厂不同，它们不涉及实体资产），它们对跨管辖边界的监管差异尤为敏感。如果一个行政辖区的金融监管烦琐，它就会鼓励金融市场的重心迁移到监管更少的行政辖区。这种迁移的现状或趋势会导致"逐底竞争"，因为不同的管辖区会通过减少对金融的监管而相互较量，以吸引或维持金融活动。与此同时，监管竞争也可能呈现"逐顶竞争"，因为实行更严格监管和更高标准的辖区对投资者、储户和贷款人有更强的吸引力（Braithwaite and Drahos，2000：128 - 142）。

反高利贷法可能是最古老的金融监管形式，它们在当代伊斯兰银行业中依然占据一席之地（Warde，2000）。管制的初衷是禁止贷款人收取任何利息，但非预期后果却通常是重塑了借贷发生的方式，以至于利息被进行了伪装：交易可能会重组，使得借贷表面上符合法律的规定，还款总是伴随着债务人"自愿的"礼物和费用，或者其他形式的担保交易（比如，借款人需要进行额外的交易），或者还可能牵涉到不受法律规制的当事人（如中世纪的犹太人以及 20 世纪的国外银行）。禁令也会鼓励非法贷款活动。早期的法律完全禁止收取贷款利息，但禁令随着时间的推移逐步放宽，现在的反高利贷法仅对利率设定了上限（Wood，2002：159 - 180；Horack，1941）。

鉴于金融交易对相关参与方究竟知道什么是非常敏感的，毫不奇怪，大量的金融监管会关心信息问题。没有经验的投资者和债权人受到剥削的可能性是显而易见的。在参与者数量众多，且经验程度不同（一方面是如俗语所说的寡妇和孤儿，另一方面则是投资银行）的金融市场中，"买主自负其责"这一说法似乎在政治上是不能成立的。但试图调整信息差距也带来许多问题。交易双方应当向对方当事人、监管机构和社会公众提供多少信息？这些信息的形式是什么样的？公开的信息必须经第三方证实吗？如有必要，由谁证实？公开信息需要持续更新吗？如需更新，频率是年度、季度还是月度？对错误信息的处罚又是什么？

许多要求信息公开的管制规定，反映了信息不对称的典型问题。在金融市场上，有些人比其他人更了解相关风险和机会的现象十分常见。从政治上来说，这些规定是为了保护对信息了解不足的人，免受知晓内幕信息的人的侵害（类似地，反高利贷法旨在保护脆弱的债务人，免遭掠夺性债权人的侵害），内幕信息知情人往往存在过度投机甚至完全欺诈的行为。保护作为借款方的个人消费者的各项措施，都要求贷款方提供标准化信息。例如，美国许多州在 20 世纪初采用的《统一小额贷款法》要求，小额贷款的放款人必须向借款人提供关于某些有关贷款条件的信息（Anderson，2008）。法律规定的目的在于防止放款人隐瞒或虚报贷款成本，并帮助借款人明晰借款内容。同样的，1968 年的联邦法律《诚实信贷法》要求放款人在贷款合同中提供特定信息，包括对于利率的标准化度量（年利率，即 APR），以保护借款人。它并非直接规定利率（这是高利贷法的做法），而是为借款人寻求更高的透明度。

对金融信息进行监管的最为著名的法律莫过于 1934 年《证券交易法》。该法出台的背景是自 1929 年股市崩溃后的股市投机现象，这两者的结合看起来提供了明确的教训，即关于知情投资者的重要性与内幕信息的危害。但此前数十年，对证券交易进行管制的尝试往往是州层面的（所谓的"蓝天"法）。后者通常要求券商获得州许可，并提交他们拟出售证券的财务报告，事实上，州监管机构很容易被规避，而且他们通常无法区分欺诈性投资和那些仅仅是高风险的投资（Mahoney，2003：231 - 233；Anonymous，1924）。"蓝天"法在 20 世纪的前 20 年得到广泛采用，但被证明是无效的。随着 1929 年股市崩盘，联邦立法显得尤为必要。

通过批准 1933 年《证券法》，而后建立起证券交易委员会，国会要求上市公司提供更加可靠的信息，并指定一个新的联邦机构执行法律。发行新证券的公司现在必须向证券交易委员会注册并提供 32 类信息（Allison and Prentice，1990：462 - 463；Braithwaite and Drahos，2000：152）。但在确定信息的格式、组织方式、来源和释义时，证券交易委员会与法律和会计专业人士达成了长期合作关系，并在标准制定中赋予其相当大的自由裁量权（Baskin and Miranti，1997：202；Fung，Graham，and Weil，2007：108）。信息公开的标准，并非由证券交易委员会单方面确定，而是来源于机构官员和专业人士之间的互动。正如众多财务丑闻所昭示的，律师事务所和会计师事务所常常面临利益冲突，证券交易委员会的执法力度也随着当局政府的变迁而变化。尽管如此，证券交易委员会的成立，依然标志着投资者能够公开获得的信息量发生了巨大的变化。

其他类型的监管也要求提供信息，但并非为了确保市场参与者能够被完全告知他们自己的交易。相反，通过衡量交易的一些方面或一组交易，信息被用来确保交易符合监管标准。通常情况下，各州收集和组织信息的目的在于规范企业利润率（Powers，1914）。例如，在 19 世纪晚期，农业集团对铁路的垄断力量提出质疑。为了应对政治压力，州际商业委员会（ICC）于 1887 年建立以调节利润率，并阻止铁路公司通过向小客户收取高价的方式剥削他们。ICC 制定了会计准则，以核定铁路成本并设定"公平"价格，使铁路公司获得"公平"的回报率（Baskin and Miranti，1997：183 - 184；Berk，2009：74 - 81）。ICC 的政策加快了成本核算、评估方法和计算利润率的一般方法的发展（Miranti，1989）。之后，在二战期间，美国政界人士担心战时暴利，尤其是以政府承包商和分包商为代表的群体。《战争利润控制法》要求企业保留充足的记录，以便联邦政府在必要的时候可以重新谈定合同并调整价格，以消除"超额利润"（Edwards，1956：453 - 454）。该法案在对利润的"正常"和"超额"这两种变化形式的界定中，使得利润的定义成为一个问题。

监管法规的对象还有各种金融机构，包括商业银行、信用合作社、储蓄银行、储蓄贷款机构、投资银行、保险公司、信托公司，以及养老基金等。机构监管的历史具有路径依赖且受政治左右，并产生了一些特殊的结果。例如，由于美国保险公司在州一级被授予特许执照，而且大多数大型保险公司设在纽约，所以在 2008 年的金融危机期间，纽约州保险部门在追踪监管美国国际集团（AIG）保险公司方面发挥了出人意料的重要作用。此外，美国商业银行在州或联邦一级都可以获得特许，因此银行部门受到许多不同监管机构的监管。

巴勒尔（Banner，1998）声称，美国和英国的证券监管都有深厚的历史根源。监管的近似动机往往是一场危机，但每一个监管实例中，采用的都是对金融一以贯之的文化和政治态度。英国和美国公众都对市场投机抱有怀疑，这使得许多金融交易被界定为不合法。金融市场中容易出现欺骗和掠夺性行为，威胁社会秩序，并且不包含"生产性"劳动（Banner，1998：15 - 17，48，131）。马克·罗伊（Mark Roe）认为，现代美国企业的融资模式，即大型企业广泛地散播股权的方式，是由政治决策直接产生的，而不是提高市场效率的结果。美国对大型金融机构的反感直接体现在政策中，大型银行的发展由此受到限制。相反，美国的金融圈中散布着许多小型的国家特许银行，新政时期的存款保险增强了这些银行的生存能力。小银行一经建立就成为另一种反对大银行的政治力量。此外，对保险公司、养老基金和共同基金的审慎监管加强了金融市场的多样性，防止企业中出现控制股权现象（Roe，1994：42，48，60－61，93）。

金融管制有时候是通过私人的方式施加的。纽约证券交易所（NYSE）就是一例，甚至在证券交易委员会成立之前就对上市公司施以报告要求，其中包括上市公司应当发布经过审计的财务报表（Baskin and Miranti，1997：187；Sivakumar and Waymire，1993：65）。纽约证券交易所以各种方式进行自我监管，包括正式和非正式的方式（Neal and Davis，2005；Preda，2009：62－63，71－74）。19世纪的其他大型证券交易所也提出了明确的条件，例如巴黎和柏林证券交易所的要求还包括审计（Davis，Neal，and White，2003）。虽然伦敦股票市场可追溯到17世纪，当伦敦证券交易所于1801年正式成立时，它已然能对其成员公司施加规则和实施监管（Michie，1999：35－37）。

其他的私人机构也已经产生了监管的效果，尽管这不是他们的初衷。例如，大型信用评级机构是提供信用相关信息的营利性公司（Sinclair，2005）。从20世纪初开始，穆迪公司（以及后来的标准普尔公司和惠誉国际公司）向投资者出售铁路债券评级信息。债券发行的信用风险使用现在熟知的序数分类系统进行判断。最高评级（"AAA"）表示风险最低。评级机构随后扩大其业务范围，将公司债券和国家债务纳入评级范畴。评级有助于确定发行人支付的利息（高评级意味着较低的利息），因此评级机构实际上通过施加隐含的标准和奖励最符合标准的借款人的方式对借款人进行规范。出于融资动机，每个借款人都倾向于满足评级机构的要求，以提高评级信誉。

穆迪公司并没有发明信用评级。相反，约翰·穆迪（John Moody）采用了先前为商业信用（供应商延伸至客户的短期无担保信贷）开发的方法。自19世纪40年代以来，邓白氏的前身一直在收集信息并向其客户出售信用评级报告（Olegario，2006）。特别是，这些评级直接以穆迪采取的次序类别的方式进行，最高级别表示信誉良好，最低则表示缺乏信誉。到19世纪末，像R. G. Dun这样的大型商业征信所已经建立起国际分支机构网络，每年对超过100万家企业进行评级（Norris，1978：110）。这些机构提供的评级结果被批发商、供应商、销售商、银行信贷部门和信用保险公司广泛使用。

评级机构对私人借贷的监管效果的争议直到最近才逐渐平息，但国家债务则全然不同。虽然它们进行评级的确切方法不为人知，但对于公共财政，评级机构显然更加青睐普遍意义上认可的财务状况。评级机构可能不会支持新自由主义主张，但削减公共支出、实现预算平衡、收紧货币政策、实行国有资产私有化的国家更有可能获得更高的信用评级，从而支付更低的利息。[2] 由于政府定期在债券市场借款，评级机构对公共财政的监督会更为持久。

随着时间的推移，信用评级机构的作用不断扩大。起初，穆迪公司关注的重点是铁路债券。但现在，几乎任何由私人或主权债务人发行的公开交易的债券都会被评级。此外，20 世纪 80 年代和 90 年代发生的金融脱媒过程，使得美国公司借款人更依赖资本市场，而非银行（Davis，2009）。美国银行越来越多地用生成－分销（originate-and-distribute）模式取代了原有的生成－持有（originate-and-hold）模式。银行不再是发放贷款，并将其作为资产进行持有；而是发放贷款，将其证券化，然后出售给投资者。通过提供评级，这些机构在使投资者接受证券化贷款方面发挥着重要作用。评级机构的商业模式本身也随着时间的推移而不断变化。直到 20 世纪 70 年代，投资者为评级付费，然后将评级用于投资决策。现在，是借款人在对评级付费，实际上是支付评级机构对自己的债券进行评级的费用。其中造成的利益冲突引发了近期的热烈讨论。

政府建立的一些规则介于产权和法律之间。这些规则构成了市场活动的一部分，将它们称为"规章"是误导性的，就好像在一个自主运行、预先存在的活动上面强加了外部规则一样。根据坎贝尔和林德伯格（Campbell and Lindberg，1990）关于产权如何组织经济活动的理论，我们可以研究构成性规则如何组织了金融活动。显然，关于公司特许的规章会影响金融发展。毕竟，现代金融市场主要由私营公司发行的筹集资金的债权与股权所支配，现代企业最终形成了一系列用于筹集资本的法律形式（始于中世纪的康曼达契约；Pryor，1977）。公司规章对希望利用"法人"主导市场经济的行为进行限制和使能。在美国，各州特许经营的公司和规章随着时间的推移而改变。发生在多个州之间的变化已经引发了热烈讨论，人们思考它们是否构成了逐底竞争或逐顶竞争（Kahan and Kamar，2002）。例如，在 19 世纪末，新泽西州修改了法律，允许公司在其他公司持股，其他州纷纷效仿（Grandy，1989）。如果没有这个规定，美国公司之间复杂的多层次股权利益就不可能实现（Horwitz，1992：83 - 84）。无论发展的方向如何，特拉华州显然一直是大赢家，因为许多公司都选择在此设立，无论其总部、仓库或工厂设在何处（Bebchuk and Hamdani，2002）。

实际上，美国公司能够选择它们将受到哪套法律规则的制约。

公司注册成为法人，它们依法可以起诉和被诉、享有财产并签署合同。公司享有永久继承权，即使原所有人或股东已经死亡，或将他们的股份转让给其他人，公司仍然存续（不像合伙企业，合伙人死亡或退出都可能导致合伙企业解散）。换言之，公司的法律人格与所有者是分开的（Cooke，1951：17）。早期的公司包括市镇、行业协会、大学、慈善组织和企业。作为法律的产物，公司只有法律赋予的特征，因此创建公司的国家权力能够赋予公司不同的特征，包括权利和负担。例如，作为特许的条件，州特许公司被要求向股东提供年度报告。

这些构成性规则的一个重要变化是有限责任的确立。这种变化重新平衡了企业亏损或破产的财务负担。在英国和美国，有限责任的建立意味着投资者或股份公司的损失都不会超过他们的投资限额，不管他们的公司遭受了多大的损失。这将公司股东的超额损失转嫁给了公司的债权人（Baskin and Miranti，1997：139）。在英国，1844 年颁布的《股份公司法案》在 1855 年通过了修正案，在国家层面反映了这种变化（Bryer，1997）。自 1910 年代以来，议会中的多种提案都呼吁关注有限责任的优势，并对法国和爱尔兰法律进行了卓有成效的比较（Harris，2000：273）。一些赞成的论点仅仅代表了投资者的利益，声称人们会更愿意投资事前知道最大程度损失的公司。其他论点则更为复杂，并且断言有限责任也会为工人阶级的利益服务，无论是作为小投资者，还是作为增加公共工程和住房投资的受益者（Loftus，2002）。

1844 年的《公司法》本身标志着英国从特别法向普通法的转变。法律通过后，投资者只需通过注册就可以组建公司，而不必获得议会的特殊许可（Harris，2000：282 – 283）。这改变了公司的设立方式，将其从国家权力偶尔赋予的特权转变为私主体认为合适时就可以采用的常规法律形式。这种法律变革使公司数量急剧增加（Harris，2000：288）。

美国的变化并没有如此剧烈，部分原因在于变革发生在州一级以及因此而来的非集中化的形式。不论是为商业、教育或慈善事业而设立，早期的美国公司需要以特殊的方式成立，并由州立法机关通过（Seavoy，1978）。受制于政治偏袒主义，各州在 19 世纪初通过了关于公司的一般法律，将公司设立从一种特权变为更为普通的合法的商业工具（Horwitz，1992：73）。虽然有限责任起初并不常见，但它也被主要州府采用，并扩散到其他各州（Baskin and Miranti，1997：141）。

有限责任改变了公司所有者和债权人之间的平衡关系。一般公司法规定允许有限责任在经济领域内广泛应用并影响债权人的利益，也可以在私人利益的要求下适用。鉴于州政府之间存在"竞争"，往往为吸引公司设立而施行条件更有利的公司法，有限责任的适用范围迅速增加。从积极的方面来看，有限责任鼓励人们投资公司股票，因为这意味着他们可以预见到损失的上限。然而，这是以牺牲债权人的利益为代价的，债权人在公司失败的情况下要承担更大比例的损失。

规制公司债务与股权的正式规则的重要性取决于金融体系整体，以及企业筹集资金的方式。学者普遍会区分资本市场型和银行型金融体系（Allen and Gale，2000；Vogel，1996：169 - 172；Woo-Cumings，1999：10 - 12；Zysman，1983）。[3]前者以美国和英国为例，大公司通常通过资本市场筹集资金，依赖于公开交易的股票和债券的平衡。后者以德国、法国、日本和韩国为例，大公司历来依靠大型银行贷款，并与银行家建立长期关系。通常情况下，银行拥有部分它们所贷款的公司的所有权，并提供"耐心资本"（即，作为投资者，他们关注的是长期业绩，而不仅仅是季度盈利）。日本公司的股权大量集中于财团，而美国公司的所有权则相当分散（Roe，1994：15，182）。银行型金融体系有利于以信贷为基础的工业政策的施行。希望发展某一产业的政府，会对少数大型银行施加杠杆作用，以确保信贷被"引入"该行业。例如，韩国银行应政府的要求扩大"政策性贷款"，以便在 20 世纪 70 年代为重工业和化学制剂提供资金（Woo，1991：162 - 169）。这种国家导向的信贷在资本市场型金融体系中难以实现。

这两种金融体系的区别对信息和产业政策都有影响。当大公司向大型银行寻求资金时，它们所面对的是对借款人十分了解、经验丰富、知识渊博的贷款人。相比之下，进入资本市场的大公司是从各种各样的投资者手里筹集资金，其中一些投资者相对来说不够成熟理性。很显然，在第二种情况下，支持公司借款人和放款人之间进一步信息平等的公共政策有更多问题亟待解决。在依赖资本市场的金融体系中，对 SEC 型的公开信息披露需求更大。

金融与不平等

经济不平等是社会学家的主要话题。传统的焦点问题一直是收入不平等（部分原因在于它易于测量），其次是财富不平等。社会学家探索了不平等的原因，并通过性别、种族、国籍、职业、年龄、教育等方面来记录变异性。获取信贷的能力是大多社会学家忽视的另一个不平等的维度。但从历史的角度看待信贷，使其意义非常明确。金融关系可以通过数种不同的方式造成或加强不平等。最显而易见的是，获取信贷的能力具有价值，因此可以利用差别准入来使某些群体凌驾于其他群体。同样，一些强制性法律增强了债权人对债务人的权力，使负债成为一种真正屈从和繁重的状态。

在美国，非裔美国人的房屋拥有率几十年来都落后于白人（Carruthers and Ariovich，2010：107）。这种种族差异背后的因素之一，涉及获得住房抵押贷款的能力（Pager and Shepherd，2008）。有证据表明，针对少数群体的歧视存在于住房市场的多个层面，包括获得抵押贷款、房地产估价以及家庭保险的可利用性（和定价）（Immergluck，2009；Yinger，1995）。正如斯图尔特（Stuart，2003）表明的那样，种族差异深刻体现在众多新政机构的制度实践中，这些机构正是为了帮助美国的住房市场从大萧条中复苏而成立的。罗布和费尔利（Robb and Fairly，2007）在研究商业信用时发现了类似的种族差异。

金融关系可以被直接用来加强极端的社会不平等。劳役偿债和债务奴役意味着债务人依法应当听从于债权人。例如，在 19 世纪后期的中美洲，农村的工人通常欠着地主债务，虽然他们名义上是自由的，但他们事实上处于奴役状态（McCreery，1983）。在墨西哥东南部和尤卡坦岛，劳役偿债也很常见（Knight，1986）。在殖民时期，从欧洲前往北美的移民往往承担着"契约奴役"，实际上是借款支付交通费用，并进入奴役状态，直到债务清偿（通常需要四年或更长时间；Galenson，1984：7）。而 18 世纪时美国债权人可以使用法律来监禁债务人（Mann，2002：79）。美国南北战争之后，南部各州制定了庄稼留置法，赋予地主对佃户的巨大特权（Woodman，1995：39，65）。奴隶制被废除，但白人地主仍然占据对黑人佃农的统治地位。如果债务法律可以使某些群体成为附属，它们也可以给予他人特权。例如，在早期的现代英国，利用审判迫使贵族偿还债务是非常困难的（Stone，1965：235）。债权人不得不寻找其他方式来要求还款。

负债沉重的债务人有时可以依破产法获得救济。一般来说，个人破产使破产者通过法律程序，将资产扣押并分配给债权人，此后不再承担经财产清算仍无法偿还的债务。这种程序通过对不可清偿的债务（债务人破产后仍需承担）和豁免的财产（债务人可以继续持有）进行分类得到了修正，但个人破产基本上将债务人从他的债务中释放出来，并且授予了一种经济赎回的形式。美国破产程序的发展史反映了债务人和债权人两大团体之间权力平衡的变化。1800 年、1841 年和 1867 年都颁布了破产法，很大程度上是在回应那些寻求减免债务的债务人。但每部法律在数年后都被废除，出于触及债权人利益的政治压力，他们认为债务人在滥用法律，并且不履行其义务（Mann，2002：223 - 228；Skeel，2001：24 - 28）。一般而言，经由非正式的市场实践和法律规制，通过增强或减缓其他经济不平等过程的方式，债务人和债权人之间的关系可以不断得到重塑。

结　论

金融危机往往使人们回顾以往发生的金融危机，例如，2008 年泡沫经济破灭后，人们对南海公司泡沫事件的兴趣大为增加。但这种薄弱的历史敏感性无法代替对金融发展史的适当评价。即使我在此简要地强调了金融的社会学丰富性，也不足以形容。最显而易见的是，金融将承诺者与受诺者联系起来。借款人的借款承诺对放款人有多可信？放款人决定信任谁？在实际生活中，这些问题的答案具有社会结构性：有些人享有更多的信任，而且信用的收益和风险并不是被平等地分享。

金融关系在现代经济早期开始遍布，其复杂性和重要性此后才有所增加。今天，一个无形的承诺网络使经济紧密相连，它被不断变化中的法律和制度基础支持着。但这种增长并不仅仅是因为私人利益的潜力得到了更加自由充分的表达，更是因为国家在金融发展方面起到了至关重要的作用。出于政治目的，通过其征税和发债活动，国家既推动了金融发展，又决定了其发展方向。有时，银行和股票市场等金融机构被利用来直接为国家服务，有时国家甚至无意地间接通过标准设置等方式发挥作用。

金融关系也反映了私人和公共监管的影响。制度支撑金融发展，对其施加约束条件，使人们（无论是自然人还是法人）都能够跨越时间和空间做出承诺并建立关系。新的金融监管条例往往在危机发生之后出台，而私人监管则在后台不那么明显地运行着。但不明显并不意味着无足轻重。恰恰相反，像评级机构这样的私人组织具有监管信贷的定价和流动的能力，也正因为它们的低调而得以存续。私人监管机构像公共机构一样，发挥着评估、衡量和报告的作用。它们反复地和科层式地创造着技术知识，这样就支持了现代金融的长期发展。

注释

1. 新建立的美联储体系也是通过贴现窗口无意中设置了会计准则。美联储将适合"重新贴现"的资产限制为"真实票据",这是一种短期自动清算的商业票据。为了确保资产达到要求的标准,美联储坚持认为发行人的财务状况应由公共会计师证明(Edwards,1958:80)。
2. 一种在市政融资层面类似的程序没有参考文献。
3. 这种差异也影响公司治理,但我在此不讨论这个问题。

参考文献

Adams, J., Clemens, E. S. and Orloff, A. S. (eds.) (2004). *Remaking Modernity*: *Politics*, *History and Sociology*. Durham, NC: Duke University Press.

Allen, F. and Gale, D. (2000). *Comparing Financial Systems*. Cambridge, MA: MIT Press.

Allison, J. R. and Prentice, R. A. (1990). *The Legal Environment of Business* (3rd edn). Chicago: Dryden Press.

Anderson, E. (2008). "Experts, Ideas and Policy Change: The Russell Sage Foundation and Small Loan Reform, 1909 – 1941." *Theory and Society*, 37: 271 – 310.

Anonymous. (1924). "Blue Sky Laws." *Columbia Law Review*, 24/1: 79 – 86.

Arrighi, G. (2010). *The Long Twentieth Century*: *Money*, *Power and the Origins of our Times*. London: Verso.

Ashworth, W. J. (2004). "Metrology and the State: Science, Revenue, and Commerce." *Science*, 306/5700: 1314 – 17.

Banner, S. (1998). *Anglo-American Securities Regulation*: *Cultural and Political Roots*, *1690 – 1860*. Cambridge: Cambridge University Press.

Baskin, J. B. and Miranti, P. J., Jr. (1997). *A History of Corporate Finance*. Cambridge: Cambridge University Press.

Bebchuk, L. and Hamdani, A. (2002). "Vigorous Race or Leisurely Walk: Reconsidering the Competition over Corporate Charters." *Yale Law Journal*, 112: 553 – 615.

Bensel, R. (1990). *Yankee Leviathan*: *The Origins of Central State Authority in America*, *1859 – 1877*. Cambridge: Cambridge University Press.

Berk, G. (2009). *Louis D. Brandeis and the Making of Regulated Competition*, *1900 – 1932*. Cambridge: Cambridge University Press.

Braithwaite, J. and Drahos, P. (2000). *Global Business Regulation*. Cambridge: Cambridge University Press.

Brewer, J. (1989). *The Sinews of Power: War, Money and the English State, 1688 – 1783*. New York: Alfred A. Knopf.

Brownlee, W. E. (1996). *Federal Taxation in America: A Short History*. New York: Cambridge University Press.

Bryer, R. A. (1997). "The Mercantile Laws Commission of 1854 and the Political Economy of Limited Liability. " *Economic History Review*, 50/1: 37 – 56.

Campbell, J. L. and Lindberg, L. N. (1990). "Property Rights and the Organization of Economic Activity by the State. " *American Sociological Review*, 55/5: 634 – 7.

Carruthers, B. G. (1996). *City of Capital: Politics and Markets in the English Financial Revolution*. Princeton, NJ: Princeton University Press.

——and Ariovich, L. (2010). *Money and Credit: A Sociological Approach*. Cambridge: Polity Press.

Clark, G. (1999). *Betting on Lives: The Culture of Life Insurance in England, 1695 – 1775*. Manchester: Manchester University Press.

Cooke, C. A. (1951). *Corporation Trust and Company: An Essay in Legal History*. Cambridge, MA: Harvard University Press.

Davis, G. F. (2009). *Managed by the Markets: How Finance Reshaped America*, New York: Oxford University Press.

Davis, L. , Neal, L. , and White, E. N. (2003). "How it All Began: The Rise of Listing Requirements on the London, Berlin, Paris, and New York Stock Exchanges. " *International Journal of Accounting*, 38: 117 – 43.

de Soto, H. (2000). *The Mystery of Capital: Why Capitalism Triumphs in the West and Fails Everywhere Else*. New York: Basic Books.

Edwards, J. D. (1956). "Public Accounting in the United States from 1928 to 1951," *Business History Review* 30/4: 444 – 71.

—— (1958). "Public Accounting in the United States from 1913 to 1928. " *Business History Review*, 32/1: 74 – 101.

Fung, A. , Graham, M. , and Weil, D. (2007). *Full Disclosure: The Perils and Promise of Transparency*. Cambridge: Cambridge University Press.

Galenson, D. W. (1984). "The Rise and Fall of Indentured Servitude in the Americas: An Economic Analysis. " *Journal of Economic History*, 44/1: 1 – 26.

Grandy, C. (1989). "New Jersey Corporate Chartermongering, 1875 – 1929. " *Journal of Economic History*, 49/3: 677 – 92.

Hacking, I. (1975). *The Emergence of Probability*. Cambridge: Cambridge University Press.

Harris, R. (2000). *Industrializing English Law: Entrepreneurship and Business Organization, 1720 – 1844*. Cambridge: Cambridge University Press.

Horack, B. S. (1941). "A Survey of General Usury Laws. " *Law and Contemporary Problems*, 8/1: 36 – 53.

Horwitz, M. J. (1992). *The Transformation of American Law 1870 – 1960*. Cambridge, MA: Harvard University Press.

Howard, C. (1997). *The Hidden Welfare State: Tax Expenditures and Social Policy in the United States*. Princeton, NJ: Princeton University Press.

Immergluck, D. (2009). *Foreclosed: High-Risk Lending Deregulation, and the Undermining of America's Mortgage Market*. Ithaca, NY: Cornell University Press.

Kahan, M. and Kamar, E. (2002). "The Myth of State Competition in Corporate Law. " *Stanford Law Review*, 55: 679 – 749.

Kiser, E. and Kane, J. (2001). "Revolution and State Structure: The Bureaucratization of Tax Administration in Early Modern England and France. " *American Journal of Sociology*, 107/1: 183 – 223.

Knight, A. (1986). "Mexican Peonage: What Was It and Why Was It?" *Journal of Latin American Studies*, 18/1: 41 – 74.

Larson, H. M. (1936). *Jay Cooke, Private Banker*. Cambridge, MA: Harvard University Press.

Loftus, D. (2002). "Capital and Community: Limited Liability and Attempts to Democratize the Market in Mid-Nineteenth-Century England. " *Victorian Studies*, 45/1: 93 – 120.

McCreery, D. (1983). "Debt Servitude in Rural Guatemala, *1876 – 1936*. " *Hispanic American Historical Review*, 63/4: 735 – 59.

Mahoney, P. G. (2003). "The Origins of the Blue-Sky Laws: A Test of Competing Hypotheses. " *Journal of Law and Economics*, 46/1: 229 – 51.

Mann, B. H. (2002). *Republic of Debtors: Bankruptcy in the Age of American Independence*. Cambridge, MA: Harvard University Press.

Martin, I. W., Mehrotra, A. K., and Prasad, M. (eds.) (2009). *The New Fiscal Sociology: Taxation in Comparative and Historical Perspective*. Cambridge: Cambridge University Press.

Michie, R. (1999). *The London Stock Exchange: A History*. Oxford: Oxford University Press.

Miranti, P. J. Jr. (1989). "The Mind's Eye of Reform: The ICC's Bureau of Statistics and Accounts and a Vision of Regulation, 1887 – 1940. " *Business History Review*, 63/3: 469 – 509.

Murphy, A. L. (2009). *The Origins of English Financial Markets: Investment and Speculation Before the South Sea Bubble*. Cambridge: Cambridge University Press.

Neal, L. and Davis, L. (2005). "The Evolution of the Rules and Regulations of the First Emerging Markets: The London, New York and Paris Stock Exchanges, 1792 – 1914. " *Quarterly Review of Economics and Finance*, 45: 296 – 311.

North, D. C. and Weingast, B. (1989). "Consitutions and Commitment: The Evolution of Institutions Governing Public Choice in Seventeenth-Century England. " *Journal of Economic History*, 49: 803 – 32.

Norris, J. D. (1978). *R. G. Dun & Co. 1841 – 1900: The Development of Credit-Reporting in the Nineteenth Century.* Westport, CT: Greenwood Press.

Olegario, R. (2006). *A Culture of Credit: Embedding Trust and Transparency in American Business.* Cambridge, MA: Harvard University Press.

Pager, D. and Shepherd, H. (2008). "The Sociology of Discrimination: Racial Discrimination in Employment, Housing, Credit, and Consumer Markets. " *Annual Review of Sociology*, 34: 181 – 209.

Pechman, J. A. (1983). *Federal Tax Policy* (4th edn). Washington DC: Brookings.

Porter, T. M. (1986). *The Rise of Statistical Thinking 1820 – 1900.* Princeton, NJ: Princeton University Press.

Powers, L. G. (1914). "Governmental Regulation of Accounting Procedure. " *Annals of the American Academy of Political and Social Science*, 53: 119 – 27.

Preda, A. (2009). *Framing Finance: The Boundaries of Markets and Modern Capitalism.* Chicago: University of Chicago Press.

Pryor, J. H. (1977). "The Origins of the Commenda Contract. " *Speculum*, 52/1: 5 – 37.

Robb, A. M. and Fairly, R. W. (2007). "Access to Financial Capital Among U. S. Businesses: The Case of African American Firms. " *Annals of the American Academy of Political and Social Science*, 613: 47 – 72.

Roe, M. J. (1994). *Strong Managers, Weak Owners: The Political Roots of American Corporate Finance.* Princeton, NJ: Princeton University Press.

Seavoy, R. E. (1978). "The Public Service Origins of the American Business Corporation. " *Business History Review*, 52/1: 30 – 60.

Simpson, A. W. B. (1986). *A History of the Land Law* (2nd edn). Oxford: Oxford University Press.

Sinclair, T. J. (2005). *The New Masters of Capital: American Bond Rating Agencies and the Politics of Creditworthiness.* Ithaca, NY: Cornell University Press.

Sivakumar, K. N. and Waymire, G. (1993). "The Information Content of Earnings in a Discretionary Reporting Environment: Evidence from NYSE Industrials, 1905 – 10. " *Journal of Accounting Research*, 31/1: 62 – 91.

Skeel, D. A. (2001). *Debt's Dominion: A History of Bankruptcy Law in America.* Princeton NJ:

Princeton University Press.

Stone, L. (1965). *The Crisis of the Aristocracy*, *1558 – 1641*. London: Oxford University Press.

Stuart, G. (2003). *Discriminating Risk*: *The U. S. Mortgage Lending Industry in the Twentieth Century*. Ithaca, NY: Cornell University Press.

Tilly, C. (1990). *Coercion*, *Capital and European States*, *AD 990 – 1990*. Oxford: Blackwell.

Tomz, M. (2007). *Reputation and International Cooperation*: *Sovereign Debt Across Three Centuries*. Princeton, NJ: Princeton University Press.

Tracy, J. D. (1985). *A Financial Revolution in the Habsburg Netherlands*: *Renten and Teneniers in the County of Holland*, *1515 – 1565*. Berkeley, CA: University of California Press.

Vogel, S. K. (1996). *Freer Markets*, *More Rules*: *Regulatory Reform in Advanced Industrial Countries*. Ithaca, NY: Cornell University Press.

Warde, I. (2000). *Islamic Finance in the Global Economy*. Edinburgh: University of Edinburgh Press.

Weir, D. R. (1989). "Tontines, Public Finance, and Revolution in France and England, *1688 – 1789*. " *Journal of Economic History*, 49/1: 95 – 124.

Woo, J. -E. (1991). *Race to the Swift*: *State and Finance in Korean Industrialization*. New York: Columbia University Press.

Woo-Cumings, M. (1999). "Introduction," in M. Woo-Cumings (ed.), *The Developmental State*, Ithaca NY: Cornell University Press, 1 – 31.

Wood, D. (2002). *Medieval Economic Thought*. Cambridge: Cambridge University Press.

Woodman, H. D. (1995). *New South-New Law*: *The Legal Foundations of Credit and Labor Relations in the Postbellum Agricultural South*. Baton Rouge, LA: Louisiana State University Press.

Yinger, J. (1995). *Closed Doors*, *Opportunities Lost*: *The Continuing Costs of Housing Discrimination*. New York: Russell Sage Foundation.

—— (2010). "Municipal Bond Ratings and Citizens'Rights. " *American Law and Economics Review*, 12/1: 1 – 38.

Zysman, J. (1983). *Governments*, *Markets and Growth*: *Financial Systems and the Politics of Industrial Change*. Ithaca, NY: Cornell University Press.

第26章
性别与金融

约瑟芬·马特比 (Josephine Maltby)

詹尼特·鲁特福德 (Janette Rutterford)

引 言

在回顾近期关于维多利亚时期投资的一系列文章时，R. J. 莫里斯评论说："在这些论文中，性别往往作为研究的一种类别（category）而非关系……文化进程对理解历史至关重要，但它们需要在与经济和社会的关系中得到检验。"（Morris，2010：253 - 254）本章探索了女性经济行动者作为储户和投资人的发展历史，与关于性别与金融关系的不断变化的文化观点之间的紧张关系。随着时间的推移，许多主题再次出现——投资的性别特征，以及女性在冒险或规避风险上的偏好。投资本质上属于男性还是女性活动？它的风险性吸引还是排斥女性？女性作为投资者或员工承担的投资风险是大是小？我们所讨论的文化"类别"，影响着女性可以发挥作用并且对其开放机会的经济情景，不论是作为投资者还是金融服务部门的职员。

本章旨在调查历史上对女性和金融之间关系的观点及其演变，特别关注女性和风险问题。我们首先对 18 世纪到 20 世纪中女性金融活动的重大历史变化进行概述。然后，我们对比了 18 ~ 19 世纪时对女性投机者和作为"女性"进行的投机活动的观点，以及 19 ~ 20 世纪时女性作为谨慎投资者的观点。然后我们再转向 20 世纪和 21 世纪，探索当代关于女性和风险的观点和论据。我们认为"类别"影响着两个具体领域：女性对养老金的投资，以及她们作为金融服务行业工作者的角色。

我们发现，在 18 世纪和 19 世纪初公众将女性投资者视作投机者，而且认为投机活动本身就有女性化特征，认为女性不理解投资并通过情感或追求风险而投机，这种观点在 20 世纪以前就消失了。与之相对，女性作为投资者而非投机者，对低风险证券有天然的偏好与需求的观点，在 19 世纪中后期出现，并盛行至今。在 20 世纪和 21 世纪，实证证据仍然指出女性比男性更少冒险，但有争议的是，这是出于对低风险投资的情感偏好，还是仅仅因为社会和经济因素迫使妇女选择低风险的替代品。2008 年和 2009 年的信贷紧缩，已经导致关于女性相较于男性的风险偏好的重新讨论。观察家认为，如果金融机构由女性管理，那么它们将呈现更少的风险，支持了即使考虑到社会经济上的性别差异，女性从根本上来说比男性更能规避风险的观点。

背　景

越来越多的研究表明，女性从现代早期开始就是积极的投资者。自 18 世纪以降，财产对男性和女性而言都是一项重要的资产〔Berg（1993）和 Owens（2001）讨论其对女性的重要程度〕，但女性在她们有机会的时候也管理金融资产。斯皮克斯利（Spicksley，2007：206）发现，17 世纪的单身女性作为贷款人非常活跃，"比任何其他社会团体都更深入地融入信贷市场"。在 18 世纪初，除了财产担保贷款（Miles，1981），女性的投资组合包括新出现的股份公司的股份（Carlos，Maguire，and Neal，2009；Froide，2003；Laurence，2009）；18 世纪晚期，女性在全国范围内推广运河时持有了股份（Hudson，2001）。19 世纪见证了一系列新资产的出现，政府发行的债券属于其中最重要的，格林和欧文斯（Green and Owens，2003）的研究指出，女性在其中的投资参与度很高。

从 19 世纪 40 年代起，英国成为"一个股东国家"（Robb，1992：3）。整个 19 世纪，新型证券变得普及，提供固定或可变收益。铁路公司股票的大规模发行是这一波机遇中的关键部分，但其他类别的股票，特别是银行和公用事业的股票也很受欢迎。在 19 世纪末和 20 世纪初，女性在不断增长的个人投资者中的比例越来越高（Maltby and Rutterford，2006a，2006b；Rutterford and Maltby，2006，2007）。例如，对 1870～1935 年 47 家英格兰和威尔士注册公司进行的一项研究显示，19 世纪 70 年代，女性持股者在数量上占 15.0%，持有股票的价值则占 5.0%；到 20 世纪 30 年代，女性持股者在数量上占 45.4%，持有股票的价值则占 33.4%（Rutterford et al.，2011）。

19 世纪时，多种因素增加了妇女享有所有权的机会。根据普通法，妻子的财富属于丈夫，但婚姻财产契约在中产阶级和富裕阶层中很受欢迎：它们给妻子提供了资产的安全保障以及控制收入和投资的可能性（参见 Laurence，Maltby，and Rutterford，2009：8–9；Newton et al.，2009：88–89）。1870 年和 1882 年的《已婚女性财产法》允许已婚女性直接持有证券，而不需要婚姻财产契约。此外，1851 年人口普查首次正式承认单身女性人数不断增加（Rutterford and Maltby，2006：116），这个问题在一战后始终存在，这表明这些女性需要投资收入，因为其中许多人无法赚取足够的生活费用（Rutterford and Maltby，2007）。而且，尽管被排除在男性商业网络之外，女性可以利用新的投资信息来源，从越来越多的财经报纸和投资手册中获益，其中一些专门针对女性读者［“银行家的女儿”撰写的《未受保护者的指南》（*A Guide to the Unprotected*）（1863 年）］。直接针对女性的金融服务营销也有所增加：Robb 描述了这样的情景，在 19 世纪末和 20 世纪初，美国银行和经纪服务提供了女性部门和“女性房间”，这些通过女性杂志的广告得到推广（Robb，2009：123–124）。

女性作为投资者，变得越来越重要。随着时间推移，股票投资风险逐渐降低，“蓝筹股”公司持续涌现之后，女性开始购买普通股以及低风险的替代品。早在 1903 年，斯普拉特专利（Spratt's Patent）主席在年度股东大会上就表示，1482 名股东中包含“585 名女性，有的是一般投资者，一般来说，也有的仅仅是投机者”（Rutterford，2010：9–10）。第一次世界大战影响了女性的投资态度，因为她们对通过自由债券或战争贷款进行投资变得熟悉，这正是大规模营销活动鼓励她们购买的产品（Rutterford and Maltby，2007：7–8）。到 1924 年，美国国家饼干公司近一半的股东是女性，美国电话电报公司（AT&T）自豪地宣布女性股东人数超过男性（Rutterford，2010：17，15）。到了 20 世纪 50 年代，在英国和美国，女性越来越被视为严谨的投资者，即使她们相比于男性投资者更倾向于持有低风险优先股而非普通股（Kimmel，1952：17；Rutterford et al.，2011：172）。

女性投机者

我们现在分析关于妇女作为投机者的历史观点。从 18 世纪初开始，人们就担忧女性可能参与股票市场的投机交易。塞尔（Searle，1998：163 - 165）认为，18 世纪的这些主题如今再现，可能有一部分与这种看法有关，即女性被认为可能"不了解"情况，并在投机中表现得"心血来潮"，也因为担心她们暴露了资本主义的另一面。与其说是一种男性化的理性活动，资本主义其实全凭女人们的兴致昭示，因为它是一个由幸运女神统治的世界。塞尔将此与波科克（Pocock）的建议联系起来，即投资者是"女性化的，甚至是娘娘腔……正在与他自己的激情和歇斯底里搏斗"（Searle，1998：164）。对于波科克来说，市场的不稳定性，她们对"自生的歇斯底里（充满性别歧视的意义）"（Pocock，1985：112 - 113）的依赖就足以招致谴责。

英格赛亚（Ingrassia，1998：20）在研究南海公司泡沫事件对 18 世纪早期的金融和社会的影响时指出："投机性投资的难以捉摸，促使票据信贷领域的股票经纪人和有钱人表现出'女性化'特征，这一特征正是由象征着控制新经济世界的变幻无常的女神所引导的。"她认为，这种投资与女性不稳定性之间的象征性联系，因女性作为投资者的参与程度日益增强而加剧（Laurence，2006，2009）。1721 年制作的一系列扑克牌以南海泡沫事件为主题，经常表现出女性对投资结果的欣喜或悲叹的场景。黑桃 8 呈现的是一个悲伤的女人拿着一幅卷轴，写道："噢，致命的打击是，我一下子失去了通过多年的巧技所获得的一切——完了，完了！"图片下方的标题概括了她的情况：

> 一位经纪人去告诉一位女士
> 南海公司股价跌得厉害
> 然后她说，我在自己的职业中获得了什么
> 我让事物崛起，却发现自己败于下跌。（Carington Bowles，1721）

这个比喻把她的两个身份联系起来，作为妓女，她使"东西"崛起；作为投资者，如果"东西"下跌，她们就会失败。这个形象创造了女性与投资之间的联系网络——这是一项由声誉不佳的女性开展的活动，这是一项反映与其相关的风险的活动，并暗示这是一种吸引男性的活动，可能带来灾难性

后果。

对于担忧"金融诈骗"及其对女性投资者的影响，罗布（Robb，2009：121）在 19 世纪提出了两个相对的理由。对于社会保守主义者来说，证据表明，"商业世界对于女性来说太不安全了"；对于改革者而言，"一个大部分由男性掌握的经济体系是不堪一击的"。但就像市场上的危险指数一样，女性的投机也被认为反映出她们的性格缺陷。女性在交易所中赌博的部分原因出于闲散和转移注意力的需要。例如，伊丽莎白·卡顿（Elizabeth Caton）是一位未婚女性，在 1833 年至 1845 年投机购买了西班牙、智利、葡萄牙、阿根廷和达尔马提亚的债券，以及美国银行股票，运用了多样的信息来源——报纸、朋友、她的银行家，以及直觉（Rutterford and Maltby，2006：126）。其他女性参与投机则是由于无知、天真或错误的判断，这导致了仓促和无意义的购买，但也可能是为了增加收入以满足家庭需求。一位 1876 年的记者〔《布莱克伍德的爱丁堡杂志》（*Blackwood's Edinburgh Magazine*），1876：294〕描述了拥有"5000 英镑的遗产和一个孩子还嗷嗷待哺的家庭"寡妇，购买了从政府股票或铁路债券（公认的女性"安全"证券）"到一些价格更高，被认为是寡妇、牧师与莽汉避难所的股票"，目的在于提高收入，让女儿出嫁，并为儿子找一份工作。

正如上面引用的扑克牌隐喻所表明的那样，投机活动被认为反映了女人本性中更糟糕的一面——不道德、变化无常和冷酷无情。罗布关于 19 世纪末女性进入华尔街的叙述，确认了（identify）类似的反应。有人声称，女性无法进行安全的投资，因为她们缺乏识别风险的能力，并且比男性更容易受到欺骗。但也有人担心女经纪人会"把她温柔的心变成石头"，并"用不幸和痛苦压倒她的同情心"（Robb，2009：135，转引自 Fowler，1880）。

汤普森（Thompson，2000）引用了 19 世纪法国评论家的观点，即妇女天生缺乏自我控制能力导致了对于冒险的热情。费多（Feydeau）描述了她们的漫不经心：

> 听说［在市场中活动的女人］有时会在关于公共灾难的故事中发笑，这使整个国家都不寒而栗……有时候，她们站在那里，脸色苍白，惊慌失措，而全国所有公民都相互祝贺，庆祝这场加速达成和平协议的胜利。（Thompson，2000：163，转引自 Feydeau，1868）

女性选择冒险，通过投机或直接赌博来获得快乐，这反映了她们的道德堕落。奥康纳（O'Connor）引用了一段 1884 年关于蒙特卡洛的危险的文字：

> 每四名选手中有一个女人，而且是这样的女人！冬天，来自欧洲各个首都的数以百计的暗娼来到这里，诱惑和纠缠那些总是群集在此的富有的年轻人。她们确实代表了古时的塞壬，具有无限的更大的危险，总是完全摧毁她们缠绕的人。（O'Connor，2005：13）

19 世纪 70 或 80 年代，股市投机活动重新抬头，在此期间，有人声称女性是"不仅频繁而且敢于投机的人"（Robb，2009：131，转引自 Fowler，1880）。然而，伊茨科维茨认为，到 19 世纪 90 年代，赌博、投机和投资的混合开始得到澄清，有一道分界线横亘在"合理经营和过度投机，合法商业和非法赌博"之间（Itzkowitz，2009：117）。他将这归因于 19 世纪 90 年代出现的一种新型金融媒介，它致力于保护投资者，改变股票经纪业务，其中注册证券交易所成员与声名狼藉的投机商号截然不同。在投资与投机分开的同时，投资逐渐被看作一项女性基本上不适合的理性的男性化活动（Searle，1998：163 -165）。女性有被市场操作蒙蔽的危险，因此需要保护而避免风险。我们在下一部分讨论关于女性和投资的历史话语。

女性投资者

在本节中，我们将研究社会经济背景如何使女性从 19 世纪后期开始被贴上谨慎的投资者标签，以及这种观点如何主导并取代将女性视为投机者与从事投机行为的观点。

南希·佛伯尔（Nancy Folbre）描述维多利亚时代的价值观是相互对立的"利己和利他、市场和家庭"，并创造了"一个神圣的空间，其中传统的道德价值观仍然不受经济理性要求的限制"（Folbre，2009：235）。然而这个"神圣空间"的部分职责，是在家庭繁荣中创造并维持安全和秩序。这些主题出现在中世纪以来，关于女性作为家庭管理者的著作中（Laurence，Maltby and Rutterford，2009：11 -12），贝瑟尔·格林（Bethnal Green）的教区长西普蒂默斯·汉萨德（Septimus Hansard）认为女性是"工人阶级中具有远见卓识的伟大代表"（特别委员会关于《1868 年已婚女性财产法案》的报告：第 1146

段）。斯迈尔斯（Smiles，1875：162）在其读物《节俭》（*Thrift*）中描述的工人阶级幸福生活的一个基本要素就是女性的角色。他强调了母亲和妻子在增加储蓄方面的重要性："男人可以掌握缰绳……但……女性……告诉他们走哪条路。"妻子需要成为"管家、护士和仆人于一体的角色"，因为如果她浪费，"把钱放在她手中就好像是把水倒在筛子上"（Smiles，1875：188）。这在一定程度上是一个现实问题，也是一个道德引导问题。斯迈尔斯引用了一些挥霍的工人的例子，他们一旦发现妻子有一个储蓄账户，就会改变他们的生活方式（Smiles，1875：154，183）。谨慎的投资是家庭管理的内在组成部分，这是一个适用于中产阶级和工人阶级妻子的角色。例如，维克里（Vickery，1998：9）指出"家庭的运转、仆人的管理、物质文化的保护和家庭消费的组织"，都是丰满的女性角色的一部分。

然而，人们对 19 世纪社会的"独立领域"模式有着广泛的质疑，该模式认为女性只是限于家中和家庭的私人领域，因此被排除在经济活动之外（Hamlett and Wiggins，2009：707-9）。最近的评论员（Beachy，Craig，and Owens，2006；Owens，2006）表明，将投资看作连接而非分离私人和公共领域，是更为恰当的。根据这种解读，女性进行金融活动是可以接受的，只要这些活动与其行为的期望相一致。投资本身与女性气质并不冲突，而是某些引起关注的活动与其存在矛盾。这一时期，妇女作为投资者的广泛活动都反映在文献中（Henry，2007；Maltby et al.，2011），有时被视为暴露于危险和堕落，有时被看作安全和有资产的生活方式的基础。

鼓励妇女进行投资的原因有很多，部分原因与其经济地位有关，部分原因是社会对其行为的期待。19 世纪时，一个稳定的收入来源对于没有保护的中产阶级女性来说是必不可少的，无论是寡妇还是单身，都有赖于她从丈夫或父亲留给她的钱中可以得到的收益。此外，还有一种长期存在的期待，即女性会进行安全投资，以便为其他家庭成员提供经济支持。霍尔（Hall）评论说，中等阶级的女儿"继承了一笔财产，它可以提供收入并允许她们独立生活——一份人寿保险、一笔年金、一笔信托金……女性并非自由地在市场上经营"（Hall，1992：177）。人们鼓励女性做出风险较低且涉及较少干预措施的选择——投资但不利用股权投票，很少改变其投资组合。作为资金的供应者，她们"重要，但大多是沉默的投资人"（Petersson，2006：49-50）。例如，莫里斯（Morris）认为，中产阶级女性有可能成为家庭网络的"救援机构"，可以向亲属提供她们一直在保护的资金，比如在兄弟或儿子的生意失败的时候（Morris, 2004：374）。这使得与低风险行业相关的政府债券、公司债券、优先股或普通股，成为一种尽管较低但可预测的、具有吸引力的收入来源。因此，低风险投资受到女性投资者的欢迎（Rutterford and Maltby, 2007）。这种对低风险证券的偏好持续到 20 世纪（Rutterford, 2010）。

女性与风险

性别和金融决策的关系中的一个关键因素，是男性和女性对风险的态度存在差异。波科克（Pocock）对上述 18 世纪评论的阐释强调了这样的信念：冒险本质上是对女性的偏见，但 19 世纪的著作表明女性天生不适合冒险的选择。

20 世纪和 21 世纪延续了这种论断，即女性比男性更厌恶风险：

> 很多女性在照顾自己的家庭和未来方面有筑巢的本能……她们不希望用未来冒险赌博……男性希望通过进行比平均水平更高的投资来证明自己的能耐。很多男人喜欢在酒吧里吹嘘——不管怎么样，只要投资发展得很好。（MacErlean, 2004：9）

巴尔贝和奥戴恩（Barber and Odean, 2001）在一篇有影响力的文章中，研究了 1991 ~ 1997 年期间 35000 个账户的网上交易。他们的结论是，女性的交易频率可能低于男性，并且对其活动信心较低。这是许多得出类似结论的研究之一。例如，普林斯（Prince, 1993：179）发现：男性认为自己更倾向于赌博；男性也更有可能肯定自己在金融交易上的能力，他们认为自己洞若观火，并为他们的资金管理技能感到自豪。格兰斯和克拉克 - 墨菲（Gerrans and Clark-Murphy, 2004）发现性别对行为有显著影响。德维尔等（Dwyer, Gilkeson and List, 2002）认为女性比男性更厌恶风险。圣安登和萨雷特（Sunden and Surette, 1998），巴杰特史密斯和贝纳谢克（Bajtelsmit and Bernasek, 1996），范·德黑伊和奥尔森（van Derhei and Olsen, 2000）对"投资风格"得出了类似的结论（Prince, 1993：179）。有证据表明，女性受行为偏差的影响较小，如处置效应——在价格下跌而非价格上涨时，更不愿抛售（Da Costa Jr., Mineto and Da Silva, 2007）。

然而，最近有人认为，这种男性和女性对风险厌恶之间的差异被夸大了。

舒伯特等（Schubert, Gysler, and Brachinger, 1999）指出，基于实验的证据与对现实生活状况的反应不一定一致——比如对投资或对确保规避风险的选择。希伯特等（Hibbert, Lawrence, and Prakash, 2009：3）的研究指出了"风险规避与教育水平呈负相关"的可能性。他们得出结论："当个体具有相同的教育水平时，限定年龄、收入、债务、种族和家庭中孩子的数量后，单身女性并不会比男性更厌恶风险"（Hibbert, Lawrence, and Prakash, 2009：30）。

贝尔托基等（Bertocchi, Brunetti, and Torricelli, 2010）认为，女性对婚姻安全的看法的变化，以及工作机会的增长，改变了她们的风险厌恶。克里斯蒂安森等（Christiansen, Schröter, and Rangvid, 2010）对 1997～2004 年丹麦人口 10% 样本进行了一项大型研究，指出：比较男性和女性的行为时，考虑到他们描述为"背景特征"的重要性（Christiansen, Schröter, and Rangvid, 2010：4）。特别是"劳动收入风险和金融财富"对投资决策的影响：男性投资越来越具有风险，因为他们比女性更富有、工资更高。这一发现得到了巴杜尼科等（Badunenko, Barasinska, and Schäfer, 2009）在一项覆盖了奥地利、塞浦路斯、德国、意大利和荷兰的投资行为的调查的印证。他们得出结论：

> 认为女性采取更保守的投资决策，是因为她们本质上比男性更厌恶风险的假说，无法通过数据证实。在我们的模型中无法纳入考虑的其他因素可能发挥作用，例如人力资本的不同、工作年限、金融市场知识，甚至对金融机构的信任。（Badunenko, Barasinska, and Schäfer, 2009：22）

巴拉辛斯卡（Barasinska, 2010）开展了一项关于 P2P 贷款（peer-to-peer lending）的研究，以比较市场中男性和女性参与者的风险态度，以期检验一种说法，即"欧盟竞争事务专员尼莉·克罗斯（Neelie Kroes）说过：'如果是雷曼姐妹，那么雷曼兄弟公司将不会倒闭。'（Barasinska, 2010：2）"她发现两组之间的风险规避并没有区别，就结果而言，没有哪一组超过对方——贷款质量、实际与预期的现金流，等等。

女性天然厌恶风险的论点一直被广泛地强调〔例如，参见西伯特（Sibert, 2010）最近的综述〕。它们在投资建议和新闻报道中被多样化地诠释。一些评论员遵循巴贝尔和奥戴恩（Barber and Odean）的观点，认为女性的交易次数少于男性，而且自信心低于男性，但是她们通过自己的谨慎而获得收益（DiCosmo, 2008）。

其他人则认为，女性是有缺陷的，因为风险厌恶让她们错过了机会，例如：

> 研究发现，一般女性更关心的是失去金钱（风险），而不是获得金钱（收益）的机会。如果投资亏损，女性往往会责怪自己，而男性会责怪市场疲软、建议不佳或运气不好。由于担心亏钱，太多的女性把储蓄投入更加保守和易于理解的投资——比如储蓄账户或美国国库券。（Wachovia，2012）

有人认为，大量关于女性比男性更厌恶风险的论著对给女性的建议也产生了影响。埃克尔和格罗斯曼（Eckel and Grossman，2002：292）警告说，女性总是高度厌恶风险的信念可能会减少她们被提供的选择，例如，"投资顾问可能会为女性提供不同于男性的选择范围，导致更低风险（更低利润）的投资组合"。罗什科夫斯基和格拉布尔（Roszkowski and Grable，2005：189）同样表明——基于有关投资顾问对客户风险偏好估计的研究——"顾问似乎过于倚重男性比女性更能承受风险的刻板印象，以至于他们对客户的态度做出了主观评估"。即使这一论调已经受到经验证据的挑战，对女性厌恶风险倾向的观点依然非常顽强：存在于 19 世纪和 20 世纪的低风险投资组合更适合女性投资者的想法，似乎延续至今。

女性与养老金

现在我们谈谈养老金问题，女性对风险的态度可能会对退休收入产生重大影响。退休金是财务规划的一个重要对象，这随着预期寿命的增长和国家提供的养老金的削减而越发重要（Clark and Strauss，2008：848）。养老金与关于性别和金融的讨论也息息相关，因为影响女性及其养老金的一些问题——女性有权享受的养老金、女性参与养老金计划的程度、她们对所涉问题的认识，以及她们为退休储蓄/投资的程度——引起了政府和金融服务业的关注。而养老金也与女性参与财务规划的程度的讨论有关——女性可以/应该在这项活动中走多远？

英国女性有权享受的养老金来源包括国家、有偿就业和/或私人储蓄与投资。国家养老金取决于受益人定期缴纳的款项；相比于男性，女性缴款更有可能因为工作的可用时间不足而减少（特别是在照顾孩子时）。因此，目前许多女性获得的基本国家养老金（BSP）的数额低于全额：2008 年，34% 的女性获得 60% 或更少的 BSP，而男性则为 2%（Office for National Statistics，2009）。

职业养老金和私人养老金的缴款，也将取决于定期缴费的水平，同样会受到工作中断和储蓄倾向的影响。赛克斯等人（Sykes et al.，2005：3）对英国女性的调查发现："鲜见详细的、现实的、长期的财务计划……对女性或其家庭可能需要的退休金数额以及期待额含糊不清。"这往往伴随着女性对养老金来源和权利的有限的知识和理解，以及分配给养老金的显而易见的低优先级（Sykes et al.，2005：4 – 5）。关于女性对退休金的理解和退休计划的类似发现已由克拉克等（Clark，Knox-Hayes，and Strauss，2009）以及巴杰特史密斯（Bajtelsmit，2006：135）提出。还有研究表明，女性储蓄的可能性和储蓄的数额都低于男性。例如，在 2008 年和 2009 年，储蓄了足够养老金的男性人数从 55% 上升到 59%，而女性人数几乎没有变化，仅从 46% 上升到 47%（Scottish Widows，2009：1），而女性储蓄的薪水数额低于男性（分别为 8% 和 10%）。这跟女性较低的收入水平有关 [例如，参见国家统计局 2010 年的数据（Office for National Statistics，2010）]，但也在于女性对储蓄的不同看法。据称，女性更倾向于短期储蓄，受到短期（消费）债务的影响更大，而有待抚养子女的女性由于养育子女停止长期储蓄的可能性几乎是男性的两倍："我们调查的抚养子女的女性中，有 12% 因为组建家庭而不得不停止所有的养老金缴款和长期储蓄，而男性只有 7%。"（Scottish Widows，2009：9）

赛克斯等人（Sykes et al.，2005：98）认为，妇女在制定财务计划和支出时"将家庭需求放在个人需求之上"。调查还发现，"养老金计划和备付本质上是一个与养家有关的男性义务"（Sykes et al.，2005：4 – 5），而女性通常比男性更不重视财务规划（Clark，Knox-Hayes，and Strauss，2009：2504）。女性似乎更重视福利，如雇主对儿童保育的援助，而非职业养老金（Scottish Widows，2009：36）。

这些结论结合起来，就构成了巴杰特史密斯（Bajtelsmit，2006：125）所描述的女性养老金准备金和前景的"可怕的图景"。这背后隐藏着什么因素？有些似乎是女性生活和工作的就业和福利制度的特点。基于缴费水平的国家制度，加上因家庭需要而中断的女性职业，增加了女性获得的基本国家养老金低于全额的可能性。这种效应因私人养老金分配不平等而被加剧，因为大多数女性无权享受私人养老金（Ginn，2003：320）。女性养老金很可能长期维持着低收入的水准。

　　除了收入和缴款较低导致的较低的养老金应得数额，女性的养老金前景还可能受到个人与家庭之间紧张关系的影响。上述观点由赛克斯等人（Sykes et al.，2005）提出——养老金的规划计划是"男性的角色"——这可以与女性是家庭的一部分，因此可以依靠丈夫的养老金的观点相联系。克拉克等（Clark，Knox-Hayes，and Strauss，2009：2510）评论道："有些受访者明显受到配偶享有养老金的影响。这可能意味着伴侣之间存在相互依赖（mutual leaning）关系。因此，相关的退休收入计划事实上是以家庭而非个人为单位。"

　　当然，他们发现，配偶养老金增加了女性使用长期储蓄进行风险较高的资产配置（例如，将更大数额分配给股票）的边际可能性，低收入女性除外。相反，在配偶没有养老金的家庭中，这种可能性减少了，高收入和老年人群除外（Clark and Strauss，2008：861）。

　　相较于丈夫没有养老金的女性，配偶有计划养老金的女性更能做出高风险的投资——这就是受家庭养老金供给的影响。另外，这不必被诠释为女性规避风险的证据：它可以被看作一种证据，即富裕家庭中的女性相信她们比安全性较低的女性更能承担投资风险。这一论点与圣安登和萨雷特（Sunden and Surette，1998：209）的观点相一致，即投资选择是"由性别和婚姻状况共同决定的"。这反映了婚姻状况可能带来的额外安全性，以及生活在有另一位投资者的家庭中的女性能掌握更多的信息——克拉克等（Clark，Knox-Hayes，and Strauss，2009：2496）称之为"亲密的……咨询关系"。再次强调，将女性的投资行为置于特定环境中进行充分理解尤为重要。

女性与金融服务业

　　接下来我们将探讨金融服务行业中女性对风险的态度。有人可能认为，这提供了一个机会，在相对性别中立的背景下调查女性对风险的态度，而没有我们在考察女性和养老金时观察到的个人与家庭之间的紧张关系。

　　然而，性别差异早已显现在金融服务部门中男性和女性就职的相对数量上。在英国和美国，女性在金融服务行业中从事较低收入职位的占大部分，但在更上面的管理层中只占少数。例如，在2009年的英国，女性占银行业雇员的 50%，但在银行执行董事中的比例不到 2%（House of Commons Treasury Committee，2000：9）。在英国，金融服务业中两性之间的工资差距为 60%，而全国范围内不同性别的总收入差距为 42%。当这些数据调整为小时工资（不包括加班）时，差异更加明显——金融业的差距为 41%，而整体经济的差距为 21%（House of Commons Treasury Committee，2010：5）。在美国，现在人们声称女性职位的稳定性不如男性，因为在华尔街 2007 年崩溃之后，女性在裁员过程中的失业比例过高。自 2006 年 12 月以来，美国金融部门的女性就业人数下降了 4.7%，而男性则为 3.2%（Raghavan，2009）。

在英国，据称各种因素导致女性在金融服务业方面进展缓慢。在供给方面，缺乏具有适当数学/经济学背景的女性申请人（House of Commons Treasury Committee，2010：12）以及恶劣的工作条件（工作时间长，缺少弹性，没有育儿假），这些都会阻碍女性或不可避免地打断了她们的职业生涯（House of Commons Treasury Committee，2010：Banyard，Q53；Ogden，McTavish，and McKean，2006：47 - 8）。反过来，这些都归因于金融服务业中普遍存在的男性文化，这种文化创造了由男性设计和为男性着想的工作环境。出勤率与强调人际网络相结合——一种基于排除女性的工作联系的社交生活 [例如，参见《城市女孩的自白》（*Confessions of a City Girl*）（佚名，2009）]。在英国和美国，男性至上主义/性别歧视（sexism）根深蒂固，导致人们一再声称存在性别歧视（参见 Roth，2007：24 - 25），以及女性对 "玩笑式" 骚扰的报告——例如，

> 据报道，女性总是被提供冒犯性的 "劝告"，例如一位在国际银行担任高级管理职位的女性，刚从第二次产假返回工作时，被建议 "闭好你的腿"，以及一位男经理提议他所在团队的女性成员应该穿一个月的渔网紧身裤以便重新评分。这些类似的评论经常被提出的男性解释为，在工作场所中友好的戏谑。（House of Commons Treasury Committee，2010：Ev 67）。

讨论女性在金融市场活动时反复出现的主题，是本章之前讨论的内容——男性和女性对风险的态度之间的差异。除了关于女性的个人选择外，最近的一些研究还考虑了金融服务部门员工的活动。例如，巴施和泽纳（Basch and Zehner，2009：5 -7）对这方面的研究进行了总结，这也是讨论金

融服务业中女性的角色或缺席的热门话题。

例如,在英国特许公认会计师公会(ACCA)(House of Commons Treasury Committee,2010:Ev 34)提供给2009~2010年财政委员会的证据中提到,有证据表明:"目标驱动型(通常主要是男性)管理团队在金融服务行业被指责为过度冒险,这已经损害了全球银行体系。"唐宁街项目[1](House of Commons Treasury Committee,2010:Ev 46)声称"男性文化"包括"在决策过程中缺乏情感投入,完成任务重于关系培养……输赢心很重……强调硬实力……过于冒险"。

对城市/华尔街文化的批评往往会继续争辩说,通过以更缜密谨慎的投资策略取代当前男性对风险的强调,女性的影响力将在金融服务业中发挥有益的作用。查尔斯·古德哈特(Charles Goodhart)向英国财政委员会提供的证据中说,"大量的女性首席执行官"将会呈现"更长远、更谨慎的倾向以及较少的大男子主义"(House of Commons Treasury Committee,2010:Q36)。AC-CA继续引用上述证据,并建议"女性管理者倾向于更少的极端冒险,并采取更慎重的投资风格(这通常表现良好)"(House of Commons Treasury Committe,2010:Ev 34)。

巴施和泽纳(Basch and Zehner,2009:7-8)认为,当市场"非常动荡"时,女性的风险厌恶尤其重要,因为它会产生"调节效应"。然而,附带条件是,相较于男性的方法,女性的"保守型投资和低收益"可能在降低风险的同时,相应降低回报。引用尼古拉斯·克里斯托夫(Nicholas Kristof)的结论就是,他们赞同"最佳银行会是雷曼兄弟和姐妹"。

这个话题——男人和女人根本不同,需要通过发挥自己的长处互补——在其他地方也出现过。阿尔特曼(Altmann)在提供给财政委员会的证据中声称,男女应该选择不同的金融领域:

> 我想我会建议年轻女性把重点放在企业的资产管理方面,而不是商业交易方面。在不需要短期、激进的交易,但需要长期研究活动的领域,女性取得进展要容易得多。(House of Commons Treasury Committee,2010:Ev 34:Q59)

有一种论调强调了其他差异:女性对财务决策的态度显示出她们的感性和理性评价。拉斯库等(Lascu,Babb,and Phillips,1993:81)指出:"女性经纪人可能会通过强调她们与性别相关的同情心和擅于培育的品质，在市场中获得进取。"Hersch（2008）采纳了这种思路，论述了对"婴儿潮女性"的有效投资建议。顾问需要依性别以不同的方式对待："虽然男性倾向于关注交易的回报，但女性更重视发展顾问与客户的关系……"

他还建议投资顾问选择表示特定性别的短语，这将有助于建立连接（例如，"我明白你的感受"），显示相似性（"是的，我也这么觉得，当……"），并匹配经验（"让我来告诉你怎么……"）（Hersch，2008：62）。因此，关于金融中性别差异的争论，依然适用于金融服务业以及投资决策。

结 论

本章概括论述了 18 世纪初以来对性别和金融的态度，表明某些类别思想仍然存在。女性、投资和道德之间的联系——投资市场反映了女性的不可预测性和不确定性——最早是在南海泡沫事件时期开始讨论，并一直持续到 19世纪末，并被警告如果女性被允许进入金融市场，她们的冷酷将会得到展现。与之相反的观点——女性非常反感风险，因此能够以与男性相同的条件进入市场——从维多利亚时期一直持续至今，并成为 20 世纪和 21 世纪的主流话题。

唐宁街项目描述了"硬实力，如自利、高压与冒险，与软实力，如合作、整体观与发展，两种战略"的对比关系（House of Commons Treasury Committe，2010：Ev 46）。把这种解读与上文波科克（Pocock，1985：112 - 113）对18 世纪时金融的解释进行比较是有趣的，波科克认为 18 世纪时人们认为金融投机基本上是女性化的，价格浮动就像不稳定的女性情绪。他发现，这在 19世纪发生了变化，人们认为商业是一种男性化的活动，男性是"战无不胜的英雄"（Pocock，1985：114）。20 世纪和 21 世纪的许多评论家继续把投机性的、竞争性的风险归为男性承担，而谨慎的、低风险/低回报的活动归为女性。有人认为，这种性别差异可能会作用于为女性提供的财务建议，以及分配给她们的金融服务业的角色。研究的问题集中在，一旦考虑了财富、教育和家庭环境等因素后，女性对风险的规避是否仍然存在，但结果至今尚无定论。然而，有一些证据表明，在交易证券时，女性损失的金钱较少，处置效应较弱。无论是由于规避风险还是其他因素，这些结果都是金融服务行业感兴趣的。

　　在提交给财政委员会的证据中，有人认为这些都是"性格刻板印象"（House of Commons Treasury Committe，2010：Banyard Q39），在实践差异中并未得到支持。当然，由于男性和女性的"背景特征"（Christiansen，Schröter and Rangvid，2010）以及人力资本而导致的男性和女性对待风险存在差异的可能性，似乎还不如有关男女之间差异的本质主义模型中的金融行为分布那样流行。在 2007 年金融危机之后，有一种说法再次兴起，即雷曼姐妹会比雷曼兄弟表现得更好——因为姐妹们会更加谨慎和理智——可以很容易与汉萨德（Hansard）在 1868 年将女性作为"天生具有美德的伟大代表"联系起来。在这两种情况下，女性的金融行为都被强制归入某一类别；但本章认为，这仍有必要在女性持续参与金融行为的特定经济和社会关系背景下加以理解。

注释

1. 将自己界定为一种倡议，"以提高和增进社会各阶层男女之间的领导关系的平衡"［唐宁街项目（The Downing Street Project），2011］。

参考文献

Anonymous. (2009). *Confessions of a City Girl.* London：Ebury Press.

Badunenko, O. , Barasinska, N. and Schäfer, D. (2009). "Risk Attitudes and Investment Decisions across European Countries：Are Women More Conservative Investors than Men?" German Institute for Economic Research, Discussion Papers of DIW Berlin 928. 〈http：//ideas. repec. 0rg/p/diw/diwwpp/dp928. html〉 *Accessed* 4. 2. 2012.

Bajtelsmit V. (2006). "Gender, the Family, and Economy," in G. L. Clark, A. Munnell, and M. Orszag (eds.), *Oxford Handbook of Pensions and Retirement Income.* Oxford University Press：Oxford, 121 – 40.

—— (1999). "Gender Differences in Defined Contribution Pension Decisions. " *Financial Services Review*, 8/1：1 – 10.

——and Bernasek, A. (1996). "Why do Women Invest Differently than Men. " *Financial Counselling and Planning*, 7/1：1 – 10.

A Bankers Daughter. (1863). *A Guide to the Unprotected in Everyday Matters Relating to Property and Income* (5th edn). London：Macmillan, http：//archive. org/details/aguidetounproteoowelsgoog (accessed April 2, 2012).

Barasinska, N. (2010). "Would Lehman Sisters Have Done it Differently? An Empirical Analysis of Gender Differences in Investment Behavior. ” Working Paper FINESS. D. 6. 2. 〈http://www. finess-web. eu/publications/wp/FINESS_ D _ 6 _ 2 _ Barasinska. pdf〉 (accessed July 20, 2011).

Barber, B. and Odean, T. (2001). “Boys will be Boys: Gender, Overconfidence, and Common Stock Investments. ” *Quarterly Journal of Economics*, 116/1: 261 – 92.

Basch, L. and Zehner, J. (2009). “Women in Fund Management: A Road Map for Achieving Critical Mass—and Why it Matters. ” The National Council for Research on Women Working Paper. 〈http://www. ncrw. org/sites/ncrw. org/files/WIFM% 20Report. pdf〉 (accessed April 2, 2012).

Beachy, R. , Craig, B. , and Owens, A. (2006). “Introduction,” in R. Beachy, B. Craig, and A. Owens (eds.), *Women, Business and Finance in Nineteenth-century Europe*. Oxford: Berg, 1 – 19.

Berg, M. (1993). “Women's Property and the Industrial Revolution. ” *Journal of Interdisciplinary History*, 24/2: 233 – 50.

Bertocchi, G. , Brunetti, M. , and Torricelli, C. (2010). “Are Married Women Less Risk-Averse? If So, Why?” 〈http://www. voxeu. org/index. php? q = node/4743〉 (accessed April 2, 2012).

Blackwood's Edinburgh Magazine (1876). “Speculative Investments,” 293 – 315.

Carington Bowles (1721). South Sea Bubble playing cards. London: Carington Bowles. 〈http://www. library. hbs. edu/hc/ssb/recreationandarts/cards. htmI〉 (accessed July 20, 2011).

Carlos, A. , Maguire, K. , and Neal, L. (2009). “Women in the City: Financial Acumen During the South Sea Bubble” in A. Laurence, J. Maltby, and J. Rutterford (eds.), *Women and their Money 1700 – 1950: Essays on Women and Finance*. London: Routledge, 33 – 45.

Christiansen, C. , Schröter, J. , and Rangvid, J. (2010). “Fiction or Fact: Systematic Gender Differences in Financial Investments?” Working paper, 〈http://papers. ssrn. com/s0l3/ papers. cfm? abstract_ id = 948164〉 (accessed July 20, 2011).

Clark, G. L. and Strauss, K. (2008). “Pension-Related Individual Risk Propensity, and the Effects of Socio-Demographic Characteristics and a Spousal Pension Entitlement. ” *Ageing and society*, 28: 847 – 74.

Clark, G. L. , Knox-Hayes, J. , and Strauss, K. (2009). “Financial Sophistication, Salience, and the Scale of Deliberation in UK Retirement Planning. ” *Environment and Planning A*, 41: 2496 – 515.

Da Costa Jr. , N. , Mineto, C. , and Da Silva, S. (2007). “Disposition Effect and Gender. ” Munich Personal RePEc Archive (MPRA) Working Paper No. 1848. 〈http://mpra. ub. uni-muenchen. de/1848/1/MPRA—paper_1848. pdf〉 (accessed April 2, 2012).

DiCosmo, L. (2008). "Warren Buffet Invests Like a Girl." *The Motley Fool*, March 20. http://www. fool. com/investing/value/2008/03/20/warren-buffett-invests-like-a-girl. aspx⟩ (accessed July 19, 2011).

The Downing Street Project (2011). "What is the Downing Street Project?" ⟨http://www. the-downingstreetproject. com/⟩ (accessed July 20, 2011).

Dwyer, P. D. , Gilkeson, J. H. S. and List, J. A. (2002). "Gender Differences in Revealed Risk Taking: Evidence from Mutual Fund Investors." *Economics Letters*, 76/2: 151 – 8.

Eckel, C. and Grossman, P. (2002). "Sex Differences and Statistical Stereotyping in Attitudes Toward Financial Risk." *Evolution and Human Behavior*, 23/4: 281 – 95.

Feydeau, E. (1868). *Un coup de Bourse: étude dramatique en cinq actes.* Paris Michel Lévy.

Folbre, N. (2009). *Greed, Lust and Gender: A History of Economic Ideas.* Oxford: Oxford University Press.

Fowler, W. W. (1880). *Twenty Years of Inside Life in Wall Street.* New York: Orange Judd Co.

Froide, A. (2003). "The Silent Partners of Britain's Financial Revolution: Single Women and their Public Investments." Paper presented at the Annual Meeting of the Social Science History Association, Baltimore, November.

Gerrans, P. and Clark-Murphy, M. (2004). "Gender Differences in Retirement Pension Decisions." *Journal of Pension Economics and Finance*, 3/1: 145 – 64.

Ginn, J. (2003). "Pensions and Poverty Traps: Is Saving Worthwhile for Women?" *Journal of Financial Services Marketing*, 7/4: 319 – 29.

Green, D. and Owens, A. (2003). "Gentlewomanly Capitalism: Widows and Wealth-holding in England and Wales c. 1800 ~ 1860." *Economic History Review*, 56/3: 510 – 36.

Hall, C. (1992). "Strains in the 'Firm of Wife, Children and Friends': Middle-Class Women and Employment in Early-Nineteenth-Century England," *In White, Male and Middle Class.* Cambridge: Polity Press, 175 – 204.

Hamlett, J. and Wiggins, S. (2009). "Victorian Women in Britain and the United States: New Perspectives." *Women's History Review*, 18/5: 705 – 17.

Henry, Nancy (2007). "'Ladies Do It?': Victorian Women Investors in Fact and Fiction," in F. O'Gorman (ed.), *Victorian Literature and Finance.* Oxford: Oxford University Press, 111 – 31.

Hersch, W. (2008). "Reaching Boomer Women—First Through the Heart." *National Underwriter*, 62. ⟨http://www. lifeandhealthinsurancenews. com/Issues/2008/40/Pages/Reaching-Boomer-Women-First-Through-The-Heart. aspx⟩ (accessed July 20, 2011).

Hibbert, A. , Lawrence, E. , and Prakash, A. (2009). "Are Women More Risk-Averse Than Men?" Paper presented at FMA Annual Meeting (Rena Nevada), October 21 – 4. ⟨http://

69. 175. 2. 130/ ~ finman/Reno/Papers/AreWomenMoreRiskAverseThanMen111808. pd £ 〉（accessed July 20，2011）.

House of Commons Treasury Committee(2010). *Women in the City: Tenth Report of Session 2009 - 10.* HC 482 London: The Stationery Office.

Hudson, S. (2001). "Attitudes to Investment Risk Amongst West Midland Canal and Railway Company Investors, 1760 - 1850. " PhD thesis, University of Warwick, Coventry.

Ingrassia, C. (1998). *Authorship, Commerce, and Gender in Early Eighteenth-Century England: A Culture of Paper Credit.* Cambridge: Cambridge University Press.

Itzkowitz, D. C. (2009). "Fair Enterprise or Extravagant Speculation: Investment, Speculation and Gambling in Victorian England" in N. Henry and C. Schmidt (eds.), *Victorian Investments: New Perspectives on Finance and Culture.* Bloomington: Indiana University Press, 98 - 119.

Kimmel, L. H. (1952). *Share Ownership in the United States.* New York: The Brookings Institution.

Lascu, D. , Babb, H. , and Phillips, R. (1993). "Gender and Investment: The Influence of Gender on Investment Preferences and Practices. " *Managerial Finance*, 23/10: 69 - 83.

Laurence, A. (2006). "Women Investors, 'That Nasty South Sea Affair' and the Rage to Speculate in Early Eighteenth-Century England. " *Accounting Business and Financial History*, 16/2: 245 - 64.

—— (2009). "Women, Banks and the Securities Market in Early Eighteenth-century England," in A. Laurence, J. Maltby and J. Rutterford (eds.), *Women and their Money 1700 - 1950: Essays on Women and Finance.* London: Routledge, 46 - 58.

——, Maltby, J. and Rutterford, J. (2009). "Introduction," in A. Laurence, J. Maltby, and J. Rutterford (eds.), *Women and their Money 1700 - 1950: Essays on Women and Finance.* London: Routledge, 1 - 29.

MacErlean, N. (2004). "Who's Better at Playing the Markets Game?" *The Observer*, June 20: 9.

Maltby, J. and Rutterford, J. (2006a). "She Possessed Her Own Fortune': Women Investors from the Late Nineteenth Century to the Early Twentieth Century. " *Business History*, 48/2: 220 - 53.

—— (2006b). "Editorial: Women, Accounting and Investment. " *Accounting, Business and Financial History*, 16/2: 133 - 42.

Miles, M. (1981). "The Money Market in the Industrial Revolution: The Evidence from West Riding Attorneys, *c. 1750 - 1800.* " *Business History*, 23/2: 127 - 46.

Morris, R. J. (2004). *Men, Yeomen and Property in England, 1780 - 1870.* Cambridge: Cambridge University Press.

—— (2010). "Review of Nancy Henry and Cannon Schmitt (eds.), *Victorian Investments.* " *E-*

conomic History Review 63/1: 253 – 4.

Newton, L., Cottrell, P., Maltby, J., and Rutterford, J. (2009). "Women and Wealth: The Nineteenth Century in Great Britain," in A. Laurence, J. Maltby, and J. Rutterford (eds.), *Women and their Money 1700 – 1950: Essays on Women and Finance*. London: Routledge, 86 – 94.

O'Connor, M. (2005). "Imagining Risk, Sensationalizing Speculation: A Cultural History of the London Stock Exchange and Financial Speculation." Paper presented at Nicholson Center for British Studies (University of Chicago), May 21 – 2.

Office for National Statistics. (2009). "State Pensions: Chapter 5." ⟨http://www. statistics. gov. uk/cci/nugget. asp? id = 2239⟩ (accessed July 19, 2011).

—— (2010). "Earnings: 2010 Survey of Hours and Earnings." ⟨http://www. statistics. gov. uk/cci/nugget. asp? id = 285⟩ (accessed July 19, 2011).

Ogden, S., McTavish, D., and McKean, L. (2006). "Clearing the Way for Gender Balance in the Management of the UK Financial Services Industry: Enablers and Barriers." *Women in Management Review*, 21/1: 40 – 53.

Owens, A. (2001). "Property, Gender and the Life Course: Inheritance and Family Welfare Provision in Early Nineteenth-Century England." *Social History*, 26/3: 299 – 317.

—— (2006). "Making Some Provision to their Contingencies to which their Sex is Particularly Liable': Women and Investment in Early Nineteenth-century England," in Beachy, R., B. Craig, and A. Owens (eds.), *Women, Business and Finance in Nineteenth-Century Europe*. Oxford, Berg: 20 – 33.

Petersson, T. (2006). "The Silent Partners: Women, Capital and the Development of the Financial System in 19th-Century Sweden," in R. Beachy, B. Craig, and A. Owens (eds.), *Women, Business and Finance in Nineteenth-Century Europe*. Oxford, Berg: 34 – 51.

Pocock, J. G. A. (1985). *Virtue, Commerce and History: Essays on Political Thought and History, Chiefly in the Eighteenth Century*. Cambridge: Cambridge University Press.

Prince, M. (1993). "Women, Men, and Money Styles." *Journal of Economic Psychology*, 14/1: 175 – 82.

Raghavan, A. (2009). "Wall Street's Disappearing Women." *Forbes Asia*, 5/4: 24 Special Report from the Select Committee on Married Women's Property Bill; Together with the Proceedings of the Committee, Minutes of Evidence, Appendix, and Index. 1867 – 68 (441)

Robb, G. (1992). *White-Collar Crime in Modern England: Financial Fraud and Business Morality, 1845 – 1929*. Cambridge: Cambridge University Press.

—— (2009). "Ladies of the Ticker: Women, Investment and Fraud in England and America 1850 – 1930," in N. Henry and C. Schmidt (eds.), *Victorian Investments: New Perspectives on Finance and Culture*. Bloomington, IN: Indiana University Press, 120 – 40.

Roszkowski, M. J. and Grable, J. (2005). "Gender Stereotypes in Advisors' Clinical Judgments of Financial Risk Tolerance: Objects in the Mirror Are Closer Than They Appear. " *Journal of Behavioral Finance*, 6/4: 181 – 91.

Roth, L. M. (2007). *Selling Women Short*. Princeton: Princeton University Press.

Rutterford, J. (2010). "The Rise of the Small Investor in the US and the UK, 1900 to 1960. " Women Investors Working Paper No. 4. ⟨http://www. womeninvestors. org. uk/images/stories/ Working_papers/WIEW_WP4. pdf⟩ (accessed April 12, 2011).

Rutterford, J. and Maltby, J. (2006). "The Widow, the Clergyman and the Reckless': Women Investors in England and Wales, 1830 – 1914. " *Feminist Economics*, 12/1 – 2: 111 – 38.

—— (2007). " 'The Nesting Instinct': Women and Investment Risk in a Historical Context. " *Accounting History*, 12/3: 305 – 27.

Rutterford, J. , Green, D. G. , Maltby, J. , and Owens, A. (2011). "Who Comprised the Nation of Shareholders? Gender and Investment in Great Britain, *c. 1870 – 1935.* " *Economic History Review*, 64/1: 157 – 87.

Rutterford, S. Ainscough, C. van Mourik (2011). "The Evidence for 'Democratisation' of Share Ownership in Great Britain in the Early Twentieth Century" in Green D. R. , Owens, A. Maltby, J. and Rutterford, J. (eds.) *Men, Women and Money: Perspectives on Gender, Investment, 1850 – 1930*, Oxford University Press, Oxford.

Schubert, R. , Gysler, M. , and Brachinger, H. (1999). "Financial Decision-Making: Are Women Really More Risk-Averse?" Paper presented at the 111th meeting of the American Economic Association (New York), January 3 – 5.

Scottish Widows (2009). "Women and Pensions Report. " ⟨http://www. scottishwidows. co. uk/ documents/generic/2009_Women_and_Pension_Report. pdf⟩ (accessed July 20, 2011).

Searle, G. R. (1998). *Morality and the Market in Victorian Britain.* Oxford: Clarendon Press.

Sibert, A. (2010). "Sexism and the City: Irrational Behaviour, Cognitive Errors and Gender in the Financial Crisis. " *Open Economic Review*, 21/1: 163 – 6.

Smiles, S. (1875). *Thrift.* New York and London: Harper and Brothers.

Spicksley, J. (2007). "Fly with a Duck in thy Mouth': Single Women as Sources of Credit in Seventeenth-Century England. " *Social History*, 32/2: 187 – 207.

Sunden, A. E. and Surette, B. I. (1998). "Gender Differences in the Allocation of Assets in Retirement. " *American Economic Review*, 88/2: 207 – 10.

Sykes, W. , Hedges, A. , Finch, H. , Ward, K. , and Kelly, J. (2005). *Financial Plans for Retirement: Women's Perspectives.* Department for Work and Pensions Research Report No. 247.

Thompson, V. (2000). *The Virtuous Marketplace: Women and Men, Money and Politics in Paris, 1830 – 1870.* Baltimore and London: John Hopkins University Press.

van Derhei, J. L. and Olsen, K. A. (2000). "Social Security Investment Accounts: Lessons from Participant-Directed 401 (k) Data." *Financial Services Review*, 9/1: 65 - 78.

Vickery, A. (1998). *The Gentleman's Daughter*. New Haven: Yale University Press.

Wachovia (2012), "What are the Basics of Investing?" 〈https://www. wachovia. com/ foundation/v/index. jsp? vgnextoid = d93afe532boaa110VgnVCM1000004bod1872RCRDandvgnextfmt = default〉 (accessed August 6, 2010).

第 27 章
信心在金融中的作用

理查德·斯威德伯格 (Richard Swedberg)

长期以来银行家和政治家一直认为，信心在金融中扮演着重要的角色。相比之下，经济学家迟迟才意识到这一点。因此，在经济学文献中不存在讨论信心是什么以及信心扮演着什么角色的深厚传统。总之，这方面的主要理论和实证工作都有待完成。同样地，确认经济学家目前为止做过什么关于信心在金融中的作用的讨论，也有待完成。结果是，对信心是什么的理解依然是微弱而近乎不存在的。

有人可能会推测为什么会出现这种情况。其中一个原因可能在于，主流经济学聚焦于驱动经济行为的狭窄的一组因素，而信心不在其中。例如，有人可能争论道，在不将信心纳入考虑的情况下，也可以做好经济分析。这是一个需要被严肃对待的论点，而那些提倡有必要增进对金融中信心的理解的人，也必须准备好去展现这将如何提升经济分析。

在金融分析中忽视信心的另一个原因，与经济学家的共同信念有关，信心属于心理学领域，而非经济学。对此需要补充的是，主流经济学对心理学向来不太感兴趣，包括乔治·卡托纳 (George Katona) 和其他人在 19 世纪 50 年代创造的经济心理学领域在内 (Katona, 1975)。将心理学和经济学更好结合的尝试见诸行为经济学领域，这个话题我将在本章后面回顾。

出于天然的 (natural) 原因，社会学对信心在金融中的作用更少讨论。经济社会学才出现几十年，并没有产生很多对于金融的研究。即使我们考虑到社会学家积极参与的对金融的社会研究这一领域（Knorr Cetina and Preda，2005；Pixley，2004），也是如此。

　　鉴于经济学和社会学在研究金融中的信心角色方面缺乏一个发展得很好的传统，我将本章的结构安排如下。首先，我会介绍迄今为止经济学和社会学处理这一主题的主要尝试。在社会学手册中讨论经济学家的贡献有两个理由。第一，相比社会学家，经济学家关于金融中的信心有更多话要说。第二，遵循熊彼特（Schumpeter）的观点，即经济社会学由一个处于社会学与经济学交叉地带的领域构成，借鉴这两门学科，对于金融中的信心研究而言是非常自然的（Schumpeter，1954：25 – 27）。

　　由于对这个话题的研究非常少——而且对于金融中信心的作用也鲜有共识——所以本章也有必要涉及一些相关的话题。其中之一是信任和信心的关系。根据这两个术语的日常使用，例如，它们具有相关性并且有部分重叠的意义——但是在经济学和社会学中，它们的使用方式也是如此吗？显然，信心的作用不仅限于经济领域，而且也适用于金融领域。从关于信心的一般讨论，以及从关于经济生活中的信心的一般讨论中，可以学到什么？提出此类话题和研究问题，增加了处理金融中的信心话题的难度，并将其带到了不同的方向。

经济学家论信心与信任的作用

　　为了让读者了解经济学家对信心的看法，我将从介绍有关这个话题的少数概述之一（甚至可能是唯一的）的内容开始。这是一篇名为"信心"的简短文章，出现在《新帕尔格雷夫货币与金融词典》（*The New Palgrave Dictionary of Money and Finance*）（Walters，1992）。该文出现于 20 世纪 90 年代初，由英国货币和金融专家艾伦·沃尔特斯（Alan Walters）撰写。

　　沃尔特斯在他的文章中提出了两个主要观点。首先，信心在现代经济学中发挥着非常小的作用："信心……在很大程度上被现代理论经济学所忽略。"（Walters，1992：423）其次，信心主要是一种心理现象——这正是经济学家很难处理信心问题的原因。沃尔特斯说，"经济学家的工具和模型"在不诉诸"市场心理学"的情况下，分析信心问题会表现出明显的"无能为力"（Walters，1992：424 – 425）。

　　即使经济理论与作为一种心理现象的信心之间存在根本的不相容性，但经济学家长期以来仍然在讨论各种形式的信心。沃尔特斯认为，他们的兴趣表现为三种形式：他们开展了信心调查，他们研究了信心在经济周期中的作用，他们研究了信心和政府政策。

信心调查包括自 20 世纪 60 年代以来由世界大型企业联合会（the Conference Board）和密歇根大学调查研究中心（the Survey Research Center at the University of Michigan）开展的著名的消费者信心调查。但对沃尔特斯来说，这些调查并没有真正处理信心的议题，而是了解人们设想的未来经济将是什么样子。他总结说："这些信心调查是否有助于理解信心对经济状况的影响是值得怀疑的。"（Walters，1992：423）

沃尔特斯对信心调查的讨论非常简短，并且始终不涉及金融问题。对于他所说的"商业信心"及其在经济周期中的作用，他的态度是不同的。一方面，他对这个话题投入得更多。另一方面，他还指出，这个话题也包括金融，其表现形式是"金融恐慌"。

沃尔特斯围绕着一项可能很少人熟悉的研究工作——弗雷德里克·拉文顿（Lavington，1922）提出的"贸易周期"（The Trade Cycle），将讨论集中于信心在经济周期中的作用。拉文顿认为，商人以理性的方式进行决策。但有时候他们的决策被希望所渲染，这导致了"过高的信心或乐观"（Walters，1992：423）。有时候，他们的决策会被忧虑所笼罩，这导致"过低的信心或悲观"（Walters，1992：423）。

拉文顿的分析使我们认识到，信心的概念与乐观主义和悲观主义相关联，即使很难准确地指出强烈的自信和乐观主义以及缺乏信心和悲观之间的区别究竟何在。沃尔特斯在向读者介绍拉文顿时，还介绍了一些在讨论信心时常见的其他概念：不确定性和动物精神（uncertainty and animal spirit）。他认为，如果存在不确定性，就有动物精神存在的空间。而且，根据动物精神的力量（强弱），信心将会非常缺乏或缺失。

动物精神的概念来自凯恩斯（Keynes），沃尔特斯在他的文章中多次提到这位英国经济学家。例如，我们被告知，可以在拉文顿的思想中找到一种信心乘数的基本形式，而信心调查的想法可以追溯到凯恩斯的研究工作，凯恩斯则认为信心随着我们对自己预测所拥有的信念而变化。

沃尔特斯还对凯恩斯提出了一些批评，尤其是他没有研究信心在经济周期中的影响。他说，这种疏忽的原因在于凯恩斯认为信心"主要是商业心理学的问题，而不是分析经济学的问题"（Walters，1992：424）。

沃尔特斯在他的文章中概述的第三个话题是信心和政府政策。这种信心本质上涉及的是那种公众和商人对政府调节经济的信心。沃尔特斯认为，这里的最终问题在于一致性。为了激发信心，政府的经济政策必须是可信的；而要可信，它必须一以贯之。

沃尔特斯认为，内在不一致的经济政策终将失败。作为一个例子，他提到了预算赤字与货币政策或通货膨胀率没有恰当对应的情况。沃尔特斯也攻击凯恩斯的观点，即政府应该对抗经济周期的低迷，并认为这很可能会削弱信心。其原因是，赤字最终总是必须弥补。

虽然沃尔特斯的文章可以作为信心在经济学中的角色的介绍，但它也需要补充完善。原因之一是它非常简短，并且不能公正看待凯恩斯的贡献。另一个原因是，20多年来，或自沃尔特斯撰写这篇文章以来，人们对信心的分析已经发生了相当大的变化。

经济学家何时开始关注信心？经济学的历史通常以《国富论》（1776）为起始，因此有人可能会问，作者对这个话题是否说过什么。答案是，亚当·斯密（Adam Smith）对信心的最接近的讨论，是其关于商人信誉的作用的评论。亚当·斯密认为，不同国家的商人所展示的"品质"有所不同：荷兰人比英格兰人更"忠于他们的诺言"，更注重"履行协议"；而英格兰人又比苏格兰人更忠诚，等等。亚当·斯密也指出，人们互动的频率越高，参与者拥有的"品质"就越重要。他认为，其原因与"利己主义"有关，正是它"引导人们从有利的角度以某种方式行动"（Smith，[1766] 1997：17）。

这些关于声誉和品质的评论并不在《国富论》中，而是在《法理学讲义》（*Lectures of Jurisprudence*）中，这再次提醒我们，信心是一个通常处于经济学家常规研究领域之外的话题。我们又一次发现了一个新话题——这一次是信誉（reputation）——与信心相近且有重叠，而不是完全相同。还应该注意的是，通过将利益与信心紧密联系起来，亚当·斯密可以被视为计算性的信心观（calculative view of confidence）的早期支持者。

虽然关于19世纪经济学史的专家可能会顺着脉络继续论述，并指出李嘉图（Ricardo）、密尔（Mill）以及其他人的作品中关于信心的一些细微陈述，但我将仅限于讨论来自这个世纪的一部作品。然而，这是一部对信心在金融领域发挥的作用展开了充分论述的著作：沃尔特·白芝浩（Walter Bagehot）所著的《伦巴第街》（*Lombard Street*，1873）。

凯恩斯称这本书为"政治经济学的经典之一"（Keynes，1915：369）。本章将其单独拎出来讨论的主要原因是，它可能是有史以来关于金融中的信心作用的最有影响力的著作。更准确地说，正是在这本书中，中央银行如何在金融危机中重新恢复信心的经典策略第一次得到论述。例如，在最近的金融危机期间，伯南克（Bernanke）多次提到白芝浩在《伦巴第街》中所说的话（Bernanke，2008，2009）。

白芝浩写《伦巴第街》的目的首先和最重要的是让英国的金融界认识到，当时还是私人银行的英格兰银行，必须承担起如今与中央银行相关的一些责任。英国当时是世界的银行家，伦敦金融区的资本集中度远远超过其他任何金融大国。然而，银行业也非常容易受到危机的影响——白芝浩认为，除非采取某些措施，否则总有一次危机会摧毁英国银行业。

信心和信任（白芝浩交替使用这两个术语）在他分析银行体系的脆弱性时，占据中心地位。"信用意味着某种信心被给予，并且某种信任被建立"，他写道（Bagehot，［1873］1922：22），"'信任是否合理，信心是否明智'？这些才是主要问题"。

在这个引文里，白芝浩指的是银行家必须拥有的对贷款人的信心。但这只是等式的一边。另一边则是存款人如要交出钱款，必须对银行拥有信心。白芝浩指出，例如，在法国，很多人不信任银行，因此将钱存在家中。

换句话说，在银行业务的两端，信心都至关重要。或者用白芝浩的话来说："银行体系的特殊本质是人与人之间空前的信任。"（Bagehot，［1873］1922：151）这种"前所未有的信任"也意味着银行家必须尽其所能来保持人们的冷静，而不可危及信心。《伦巴第街》中一句经典的话是："冒险是商业的生命，但谨慎，我甚至几乎在说胆怯，就是银行业的生命。"（Bagehot，［1873］1922：220－221）另一个相关的引语是："每个银行家都知道，如果他不得不去证明自己是值得信任的，那么不论他说得多么天花乱坠，实际上他的信用已经不复存在。"（Bagehot，［1873］1922：68）

然而，恐慌或者突然失去信心的情况确实会发生，白芝浩花了大量笔墨来分析此类事件是如何被触发，以及如何阻止它们发生并恢复信心。正是出于这个原因，银行贷款组合的损失是格外危险的。尤其是这种损失处于潜伏状态并突然暴露时，危机可能会导致整个金融体系崩溃。

白芝浩著名的论断是，停止危机和重建信心的最佳方式是"自由放款"［Bagehot，［1873］1922：48，64；着重强调（emphasis added）］。当恐慌发生时，银行家的本能就是紧紧抓住手里的钱。白芝浩认为，在这种情况下，中央银行——英格兰银行——必须表现得不一样。它必须自由贷款，通过营造一种对银行系统有信心的印象，恢复信心。

前面提到凯恩斯认为《伦巴第街》是经济学的经典著作。他特别称赞了白芝浩善于观察现实生活的天赋。然而，他对白芝浩的分析技巧并没有那么欣赏，基本上觉得白芝浩更多的是一位心理学家而非经济学家。"《伦巴第街》"，凯恩斯总结道，"是金融心理学的著作，而非金融学的理论"（Keynes，1915：373）。简言之，这是另一个认为信心在现实生活中非常重要的看法的例子——不幸的是经济学不能处理它。

在白芝浩之外，凯恩斯是对信心分析做出了最重要贡献的经济学家。尽管白芝浩集中关注信心对银行系统的作用，以及如何处理其在危机中突然消失的问题，但凯恩斯更感兴趣的是信心在经济正常运作中的作用，尤其是它如何影响投资。凯恩斯在他的很多著作中谈及信心，但最重要的是《通论》（*General Theory*）（Keynes，1936；1937）。

凯恩斯在《通论》中提出的主要问题是，在一个资本主义经济的社会中，如何确保充分就业和稳定的经济增长。他的著名回答是，国家必须进行干预以增加需求，并引导投资进入生产性的方向。这也是凯恩斯将信心放置其中的整体图景。他认为，信心的作用至关重要，它有助于抵消投资决策中不可避免的不确定因素。投资无法完全基于理性考虑而做出，它们也涉及信心。

凯恩斯对信心的分析可以在《通论》著名的第 12 章中找到，其中包含了他对经济的社会学分析最重要的贡献（Keynes，1936：147 - 164）。除了对信心的分析以外，这值得称道的一章（堪称经济社会学中的经典）也引入了广为人知的凯恩斯主义的概念，如动物精神，以及股票市场是一场选美比赛。后面这两个概念自身经常会被介绍和讨论，但正如我们马上将会看到的，它们与信心现象密切相关。

凯恩斯首先认为投资是生产和经济增长的关键。然而，投资也取决于对遥远的事件的评估，而这些事件都是不可能知道的。在这一点上，凯恩斯提到自己所做的统计工作，并指出概率根本不适用于未来事件。理性推断不能提供解决方案，唯一可以继续前进的方式就是借助信心。从这个视角来看，信心被定义为"我们对自己最佳预测错误的可能性有多高的评估"（Keynes，1936：148）。

在第 12 章中的这个论点上，凯恩斯停了下来，并向读者展示了在他的著作中能够找到的，有关信心在经济生活中的作用的最充分的论述：

正如他们所说的，信心的状态是讲实际的人最为密切关注和最为焦虑的事情。但经济学家们并没有仔细分析过，一直以来都满足于一般性地讨论这个问题。尤其是没有清楚地明白信心与经济问题的关联性，是通过其对资本边际效率的时间进度产生重要影响而实现的。存在两个并非独立影响投资率的因素，即资本边际效率的时间进度和信心的状态。信心的状态是相关的，因为它是决定前者的主要因素之一，这与投资需求计划是一样的。

但是，信心的先验状态不值得多谈。我们的结论必须主要依赖于对市场和商业心理状态的实际观察。这就是接下来的题外话（digression）与本书大部分内容处于不同抽象层次的原因。（Keynes，1936：148 – 149）

请注意，到目前为止，凯恩斯认为信心对经济学的关键问题，即生产和经济增长，是不可或缺的。他还指出，经济学家忽视了信心，并且必须将信心引入经济理论。但是凯恩斯想要如何从这一点向前推进呢？他的回答如下："我们的结论必须主要依赖于对市场和商业心理状态的实际观察。这就是接下来的题外话与本书大部分内容处于不同抽象层次的原因。"

换言之，凯恩斯说，他将利用使得白芝浩能够处理信心问题的两个特质：观察和心理。但即使他试图超越白芝浩，并将信心引入经济理论，他也表示，他无法以在《通论》中其他地方使用的同样的方式继续下去。

对于信心如何帮助参与者处理未来的事件，以及形成长期预期这一问题，凯恩斯的回答如下。在股票市场中，参与者不仅尽可能地做出最佳预测，而且还有赖于"惯例"，这给他们提供了预测所需的信心。在开办和运行公司中，商人必须做出预测。给他们自信的是别的东西：动物精神。

在股票市场上，私人投资者借鉴关于如何评估股票的惯例；这样做达到一定程度，以至于他或她能够有信心继续下去。然而，这类信心在本质上是脆弱的，因为这些惯例是基于肤浅的知识，并容易受其他参与者的想法影响。由于对股市的信心是以这种特定的方式构成的，所以它本质上并不稳定。

从凯恩斯的观点来看，问题更多的是专业投资者并没有将长期的生产能力作为他们的目标。他们试图做的，本质上是弄清楚私人投资者如何看待市场。这就是凯恩斯著名的关于股票市场是一场选美比赛的理论。专业投资者试图"预测平均意见所期望的平均意见是什么"（Keynes，1936：156）。根据凯恩斯的观点，在股票市场上发生的事情取决于"投机者的信心状态"，问题是，这种信心是基于与生产无关的惯例（Keynes，1936：158）。

凯恩斯还讨论了现代经济中另一个关键行动者的信心，即商人的信心，这种类型的信心与股市投机者的信心在很多方面不同。它不是基于内在不稳定的惯例，而是以动物精神或人类必须采取行动的自发性冲动为基础。凯恩斯认为，在企业所有权和管理权分离之前，此类情绪尤其主导着经济生活，而它们在现代经济中仍然起作用。

尽管如此，股票市场上的活动（"投机"）对经济的影响要比单个商人（"企业"）更大。这意味着投资将以不良的方式处理，而且国家必须干预并对投资承担责任。凯恩斯并没有言明这会给信心带来什么后果。但它似乎需要第三种信心，即对国家作为经济参与者的信心。

凯恩斯之后，经济学文献中对信心的关注少之又少，直到20世纪70年代才发生变化。从此时开始，现代经济学已经变得更加多元化，并开启了许多新的分析类型，如博弈论、行为经济学、神经经济学等。在一些这样的新方法中，人们可以找到对信心的研究。这很难进行概括，但似乎有一种倾向，要么使用"信心"一词，将其作为一种心理和非理性现象，或使用术语"信任"，从更结构性和理性的角度来看待它。

行为经济学利用心理学重塑经济分析，并倾向于使用信心这个术语。这类研究中最重要的一部分集中在关于过度自信（overconfidence）的想法上，并起源于戴尔·格里芬（Dale Griffin）和阿莫斯·特沃斯基（Amos Tversky）在1992年进行的开创性研究（Pech and Milan，2009）。过度自信在这里被阐释为意味着"人们对自己的判断比对得到事实证明的更有信心"（Griffin and Tversky，1992：411）。格里芬和特沃斯基的文章主要使用的例子与金融没有什么关系，但作者们也指出，过度自信会导致"令人懊悔的金融投资"（Griffin and Tversky，1992：432）。

现今的行为经济学范围非常广泛，也有一个宏观经济分支，最重要的例子是罗伯特·席勒（Robert Shiller）的研究。在席勒将信心纳入考虑的诸多尝试中，有例如关于投资者信心的研究，包括他的投资者信心指数（Shiller，1999，2000：44 - 68）。然而，他为宏观经济分析勾勒信心理论的最重要尝试，体现在他与乔治·阿克洛夫（George Akerlof）合著的新近著作《动物精神》中。

　　在这项研究中，作者们指出，虽然大多数经济生活可以通过利益的概念来帮助理解，但根据亚当·斯密首先提出的观点，还有另外一部分经济活动，只能通过涉及人的"非经济动机"或动物精神来解释（Akerlof and Shiller, 2009：3）。这些动物精神尤其解释了经济生活中两个非常重要的方面：变化和剧烈波动。

　　虽然动物精神是来自凯恩斯的术语，但阿克洛夫和席勒已经出于自己的目的而进行了重新阐释。它不再意味着人们自发的行动冲动，而是涵盖以下五种现象：信心、诱惑、嫉妒、怨恨和幻想。

　　阿克洛夫和席勒指出，信心构成"我们理论的基石"，它应该以一种有别于大多数经济学家当前使用它的方式而被使用（Akerlof and Shiller, 2009：5）。当经济学家讨论信心时，他们主要以多重均衡分析或对未来暗淡的态度来看待它。这种论点是，如果没有信心，你可能陷入一个不需要的均衡状态；在信心的帮助下，你可以迈向更好的经济未来。

　　对阿克洛夫和席勒来说，这种关于信心的观点是错误的，因为它"暗示信心是理性的"，而"信任的意义在于我们超越理性"（Akerlof and Shiller, 2009：12）。作为信心（或者说它的消失）如何影响金融的例子，他们提到了雷曼兄弟在 2008 年 9 月的倒闭。

　　阿克洛夫和席勒关于如何在经济理论中引入信心的主要建议，与他们所谓的"信心乘数"有关。利用凯恩斯关于乘数的思想，他们认为信心乘数表明"一个单位的信心变化带来的收入的变化——然而它可能被构想或测量"（Akerlof and Shiller, 2009：16）。

　　如果我们现在转向现代经济学中倾向于使用信任一词而不是信心的问题，我们会发现重点更多是在信任的稳定性、合理性和广泛的社会素质上，而不是在非理性和个体的心理学上。这一研究领域的基调，可以在肯尼斯·阿罗（Kenneth Arrow）关于信任作用的著名表述中得到说明。在《组织的极限》（*The Limits of Organization*）中，他将信任描述为"社会系统的重要润滑剂"（Arrow, 1974：23；2009）。完整的引述如下：

　　　　现在，信任有一个非常重要的实用价值，如果没有别的。信任是社会系统的重要润滑剂。它非常有效；通过合理信赖别人的话，它节省了很多麻烦。（Arrow, 1974：23）

从将信任描述为具有高效和稳定特征的事物来看，距达到奥利弗·威廉姆森（Oliver Williamson）所称的"计算信任"（calculative trust）只有一步之遥了（Williamson，1993：463 - 464）。这种方法也常用于信任的博弈论分析。同样地，它使得经济学家对信任进行了越来越多的实证研究。例如，拉菲尔·拉·波塔（Rafael La Porta）和他的合著者认为，一个国家中值得信任的人数与它的通货膨胀水平和 GDP 增长率之间存在关联（La Porta et al.，1997）。

神经经济学家也似乎更认同信任的概念中隐含的观点，而不是聚焦于可以在有关信心的研究中发现的不确定性（Fehr，2008）。神经经济学的主要观点是，信任与一种叫作催产素的荷尔蒙激素有关，它与人类的社会性的倾向相关联。催产素源于大脑，随着血流影响器官。在他的一个实验中，恩斯特·费尔（Ernst Fehr）通过鼻腔喷雾剂给许多学生施用催产素，然后告诉他们玩一种所谓的信任游戏，其中涉及投资一笔钱。接受过一剂催产素的学生比那些没有接受这种荷尔蒙激素的人更愿意信任他们的金融合作伙伴（Angier，2009）。

虽然从事金融研究工作的经济学家对信任没有显示出太大兴趣，但在这个高技术领域，如今确实存在一小部分成果（Sapienza，2009）。人们可以通过 2008 年发表在《金融杂志》（*the Journal of Finance*）上的一篇名为《股票市场中的信任》的文章，看到在此类经济学中关于信任的观点（Guiso，Sapienza and Zingales，2008）。其核心论点是，信任有助于解释一个困惑，即为什么很少有人投资股票。一个国家中的信任越多，国民在股市中投资的情况就越普遍。

作者将信任定义为"个体认为受到欺骗的可能性的主观概率"（Guiso，Sapienza and Zingales，2008：2557）。存在影响个人购买股票的"外部因素"（如投资者保护的质量）以及"内部因素"（如投资者的受教育水平和宗教）。作者还参考了跨国数据。该研究的结论是，不太轻易信任别人的人购买股票的可能性较小——即使他们购买股票，数量也比较少。

我先前提到了熊彼特的观点，即经济社会学位于经济学和社会学之间的灰色地带中，对信任和参与股市的研究的社会学味道是无可争议的。这对于已经讨论过的关于信心和信任的多数其他研究，也是如此。例如，白芝浩关于为什么信心在银行业务中尤为重要的观点，很容易走向社会学的角度。即使凯恩斯在讨论信心时总是提到心理学而从未涉及社会学，他的分析也具有清晰的社会学维度。

社会学家论信心与信任的作用

　　尽管经济学家在某种程度上已经将信任和信心的概念都理论化了，但社会学家并不是这样。社会学家研究信任而非信心的原因尚不明确。然而，在关于信心现象的唯一的专门社会学研究，即莎贝斯·莫斯·坎特（Kanter，2006）的《信心》中，可以发现一条线索。坎特所说的信心意味着什么，结果证明是对自己的信仰。换句话说，信心可能被社会学家视为心理现象，就像经济学一样。自从涂尔干（Durkheim）以来，社会学家倾向于远离纯粹的心理现象，主要关注发生在个体以外的事情，而不是个体行动者内心中发生的事情。

　　但是如果社会学家并不把信心本身作为一个独特的概念，这并不意味着他们有关于信任的统一的概念。事实证明，现代社会学家已经创造了一系列令人困惑的信任理论。然而，在处理这个问题并讨论它对分析金融中的信心带来了什么之前，先看看社会学家早些时候对理解信任所做出的贡献是有益的。

　　在经典社会学家中，齐美尔（Simmel）和韦伯（Weber）有关于信任的论著。韦伯没有提出一个专门的信任概念，而是使用了一系列相关和重叠的术语。他对信任最成功的分析可能是他对政治合法性的理解。韦伯认为，从长远来看，强制不足以支配一个群体，需要别的东西来激发对统治者的信任。他给出的答案是三种合法性。

　　韦伯对理解经济生活中的信任也做出了一些有意思的贡献。其中之一是关于"新教伦理和资本主义精神"，他在其中指出，美国人倾向于信任属于某些宗教派别的人（Weber，［1920］1946）。韦伯在这部著作中还说，在访问美国期间，他遇到了一个想成为银行家并因此成为浸信会教徒的人。韦伯说，他知道，如果他加入了一个教派，人们就会信任他并委托他处理自己的钱（Weber，［1920］1946：304 - 305）。

　　也可以认为，在韦伯的理性资本主义概念中信任是重要的组成部分。韦伯认为，使理性资本主义如此优于其他形式资本主义的，正是它的可预见性特征。商人和其他经济行动者能够相信法院、国家等将以特定方式行事。韦伯指出，如果没有这种可预见性或信任，就不可能动员现代经济中所必需的大量资本。

齐美尔在《货币哲学》以及其一般社会学中谈到了信任（Simmel，[1907]1978：178 - 179，480；1950：318 - 320，345 - 348）。在前者中，他引用了科西嘉硬币的铭文：*non aes sed fides*（"不是金钱，而是信任"）。齐美尔解释说，信任以两种方式对货币的存在至关重要。首先，你必须相信一枚硬币值特定数量的钱。其次，你必须相信其他人将会接受这枚货币的价值。

齐美尔在《货币哲学》中讨论了金钱和信任，但也涉及信用和信任。但他所理解的信用是个人信用，而不是银行体系赖以为基础的信用。总的来说，齐美尔似乎对银行和股票市场知之甚少。

不过，齐美尔对作为社会和经济中的普遍现象的信任，以及不同类型的信任，非常感兴趣。他认为，存在一种主要基于知识的信任。齐美尔说，如果你完全了解一些事情，你不需要信任。但是如果你选择信任，你总有犯错的时候："任何信任都有风险。"（Simmel，[1907]1978：480）例如，农民通常相信来年将会有收成，而他们这是建立在经验的基础上的。

将齐美尔的著作翻译成英文的译者通常把"Vertrauen"一词在这样的上下文中翻译为"信心"。但是齐美尔也将这个词用作另一种类型的信任，而在这里译者就翻译为"信任"。在后一种情况下，除了知识之外，还有其他一些元素。齐美尔说，这种其他元素"很难界定"，但在宗教信仰中有其最清晰的表达（Simmel，[1907]1978：178）。他最精确地界定这一元素的尝试，可以在他关于该元素的这样一种描述中发现，即一种"社会心理的准宗教信仰的元素（element of social-psychological quasi-religious faith）"（Simmel，[1907]1978：179）。齐美尔显然在寻找一个词来描述与宗教信仰有一些共同元素的信任，但它同时又与信仰有所区别。也许世俗信仰与他所认为的"准宗教信仰"接近。

在结束讨论齐美尔之前，需要注意的是，他强调的是信任和信心的互动维度，而不是其心理和个人的维度。他说，信任和信心是"人们彼此拥有的东西"（Simmel，[1907]1978：178）。但这两个概念所涉及的互动却并不相同。信心往往是你给的东西，而信任往往是你接受的东西（Simmel，1950：348）。

正如经济学家对20世纪30年代的大萧条事件做出反应，并从中得到重要启示，社会学家也是如此。对这一时期事件的一个特别分析已成为社会学的经典之作。这是罗伯特·金·默顿（Robert K. Merton）在他的文章《自我实现的预言》（The Self-Fulfilling Prophecy）中对银行挤兑的分析（Merton，［1948］1968）。

默顿提到，在 20 世纪 20 年代初，美国每年约有 600 家银行悄然破产，而在 1929 年崩溃前后的这几年，这一数字几乎增长了四倍。即使是一家经营良好的银行在这些年中也可能会破产，这启发默顿对银行挤兑进行了理想型解释。他把自己的分析写成一个故事，这是一个设定在 1932 年，关于虚构的最后一家国家银行（Last National Bank）的故事。一个有关这家运行非常良好的银行无力偿还债务的谣传，使得储户撤回他们的资金——而这将银行推向了破产。

默顿通过以下方式解释了发生的事情：

> 银行稳定的财务结构取决于一套情境定义：对人们赖以生存的经济承诺之间的关联系统的有效性的信念。一旦储户进行了相反的情境定义，一旦他们质疑履行这些承诺的可能性，这种不真实的定义导致的后果就会足够的真实。（Merton，［1948］1968：476）

当默顿提到"信念"和"承诺的履行"的变化是所涉及的关键机制时，显然这些术语非常接近信心或信任。默顿在托马斯定理和自我实现的预言这些术语中所描述的内容，同样可以被呈现为是因为银行储户失去信心而导致的典型挤兑。默顿还指出，这种类型的银行挤兑可以通过"制度变革"来阻止（Merton，［1948］1968：489）。我们知道，这是通过 1933 年成立的联邦存款保险公司而实现的。

20 世纪 80 年代以来，出现了两个发展，它们对于讨论社会学家如何看待信心在金融中的作用具有重要意义。其中之一是经济社会学的重新出现以及相关的对于金融的社会研究。另一个是对于信任概念所投入的大量关注。后一个发展不仅涉及社会学家，还涉及一般的社会科学家。

如前所述，当代经济社会学家对信心和信任的研究甚少。虽然人们经常指出信贷意味着信任，而信用这个词来源于拉丁语 credere，这个词表示信任，而这通常也是分析止步的地方。然而，这种趋势存在一大例外，那就是将信任（和信心）描述为一种情感的尝试。

这种观点的两个支持者是乔斯林·皮克斯利（Jocelyn Pixley）和杰克·巴巴莱特（Jack Barbalet），他们都受到凯恩斯关于不确定性和动物精神思想的影响。巴巴莱特是情感社会学（也活跃于经济社会学）的一名先驱，他的工作主要与他对信心的概念所表现出的兴趣有关（Barbalet，1998：82 - 102；对巴巴莱特的批判，参见 Dequech，2001）。根据巴巴莱特的说法，作为一种情感的信心包含两个要素，一个是认知上的，另一个是性情倾向的。"信心的认知因素包括自我预测和关于未来的信念的图景。性情倾向方面则涉及基于这些图景、预测和信念的行动倾向"（Barbalet，1998：85）。

乔斯林·皮克斯利的主要贡献可见于她的专著《金融中的情感》（*Emotions in Finance*，2004），该书基于对约 40 位金融人士（从中央银行的银行家到金融记者）的访谈。她的主要论点受凯恩斯的启发，认为未来是不可知的，唯一的出路就是超越理性计算。

皮克斯利认为，为了对未来进行预测或者朝着可能的未来采取行动，信任、信心、可信性和类似现象都是必须补充理性计算的情感。她指出（她在这里脱离了凯恩斯的思想），这些所涉及的情感类型本质上是社会性的，并且通常由中央银行、私人银行和其他一些行动者悉心管理。从皮克斯利的视角来看，主要的问题在于现代金融体系是以牟取短期利润为基础的，这意味着它产生的信任类型在本质上是不稳定的。金融趋势同样否定情感的存在，只能从风险的角度谈论，而这会加剧这种不稳定性。作者认为，解决现代金融不稳定的办法是谨慎和民主。

皮克斯利主要以信任这个术语进行讨论，现在是时候简要介绍一下关于这个概念的社会科学讨论了，这个概念始于 20 世纪 80 年代，并且已经变得非常活跃。关于这场讨论的第一个同时也许是最重要的事实，是就信任的含义没有达成任何共识（Hardin，2001）。一些学者关注其理性因素，而另一些学者则以可能性来表达信任。还有一些研究将信任描述为与社会资本概念密切相关的广泛的现象。其中一个例子是弗朗西斯·福山（Francis Fukuyama）的《信任》（*Trust*），书中经济繁荣与作者所定义的信任〔"一种基于普遍共享的和共同体中其他成员认可的规范，在包含惯常的、诚实的和合作性行为的共同体中产生的期望"（Fukuyama，1995：26）〕密切相关。

在大多数关于信任的文献中，没有特别地关注信心概念，而且这两个术语被互换使用。然而，确实存在一些例外，其中之一激发了齐美尔关于信任是一种准宗教信仰的思想（Luhman，1988：97；Seligman，1997：25 -6）。这是经济人类学家基思·哈特（Hart，1988）的一篇文章，可以在迪戈·甘贝塔（Diego Gambetta）编辑的颇具影响力的关于信任的文集中找到。依据在字典中找到的证据，他指出了宗教信仰与信任之间存在的联系。"信仰"，他写道，"是一种充满情感的不容置疑的认可"，"信任蕴含着这种情感的深度和确信，但没有确凿的证据或证明。信心涉及较低的情感强度，常常基于可靠的证据"（Hart，1988：187）。

与齐美尔类似，哈特认为信心或多或少与信任相同，但要减去大部分的准宗教信仰元素。哈特拒绝了从信仰到信任再到信心的简单连续统的想法。虽然涉及某种连续统，信任的概念包含信仰的元素和证据，哈特并未说对于信心是否也一样，但这是可能的，即使信心中包含的信仰因素比信任少。

结语：为金融中的信心理论补充信号论视角

到目前为止，在本章中，我已经展示并评论了经济学家和社会学家的贡献，他们以某种方式讨论了一般意义上的信心与金融中的信心。很显然，对于信心是什么以及它在金融中发挥着什么作用的问题，无论是在经济学领域还是在社会学领域，都没有达成共识。

我自己的印象也是，这样的一种共识不太可能出现。由于对于信任是这样的情况，对于信心就更是如此了。因此，需要做的是努力向前推进理论，通过在这个话题上推陈出新去超越现有的讨论。

对于分析信心在当前金融危机中的作用，我所做的尝试是这样的（Swedberg，2010）。我认为，信心具备双重结构，我们通常对某件事情有信心，是因为还有其他我们想知道但无法知道的事情。我们对这个其他事情没有全面的了解，因此不得不依赖某种替代品，所以我们将信心放置在这种替代品中。例如，我可能相信某些银行会以某种方式做出回应，因为它之前已经做过好几次类似的事情。我也可能对评级机构如何评估债券有信心，因为我知道这个机构具有良好的声誉。

我认可巴巴莱特和哈特的观点——信心不仅具有认知维度，而且具有情感性和整体性，涉及整个人，而不仅仅是他或她的计算能力（齐美尔试图通过他的说法"准宗教信仰"所捕捉的东西）。其原因不仅与这样一种事实有关，即人们在缺乏完整知识的情况下充满信心，还有另一个更重要的原因，这就是说，信心只有在某些行动是基于它的时候才能充分地体现出来，因为这会迫使行动者超越他或她所拥有的知识，而且，可以说是跳入未知的领域。

我同意齐美尔和哈特的看法——信任属于信心的同类现象，但其准宗教信仰的元素更强。我认为，相比于宗教、政治和家庭等生活领域，信心在行动者不得不非常警惕的现代经济领域更为常见。在宗教、政治和家庭等领域中，信仰和忠诚是常见的，也是重要的。

一个坚实的信心理论也必须能够处理不同类型的行动者。在讨论信心和信任时，行动者通常被假定为个体。其原因可能是，信任和信心被看作本质上是心理现象，而心理学处理的正是个体。然而，在现代经济中，主要的行动者是机构；因此，信任和信心被以一种能够涵盖机构和个人的方式而理论化。

我认为，现有的信任和信心理论没有考虑到社会中存在的信号及其作用（关于信号和信任参见 Bacharach and Gambetta, 2001）。无论是在信任还是信心中，重复一遍，都必须依赖除了完整知识以外的其他东西；我认为，这个其他东西可以概念化为信号。

行动者必须找到一个他或她可以信赖的信号，它表明某些事情确实存在或将要发生。如果朋友担保某人诚实，这是一种信号；如果有人反复被证明可靠，那是另一种信号。人们可以将此类信号称为代理信号（proxy sign），因为它代表了我们想知道但缺乏完整了解的其他东西。在我自己关于经济的研究中，我特别引用了美国哲学家查尔斯·皮尔士（Charles Peirce）的著作，用来理解信号是什么以及它是如何运作的（Peirce, 1991; Swedberg, 2011）。根据皮尔士的说法，信号包含了词汇，但涵盖的范围更广。

通过在对行动者和他/她有信心的东西的分析之间引入一个中间层次的信号，人们也可以提升这一层次对于社会学分析的可进入性。现实中存在创造信号的行动者以及诠释信号的行动者，而且这两个过程都很容易从社会学角度进行分析。现实中也存在不同种类的信号，它们都有各自的历史，这可以在社会学的帮助下得到阐明。

关于信号的想法，可能使得对金融中的信心的分析出现新的概念化。例如，在默顿论述的银行挤兑中，存款人获知信号（谣言）并采取行动。而据白芝浩称，由于信心在存款业务中扮演的独特角色，银行家必须对信号的管理保持格外警惕。或者，以最近的金融危机为例，评级机构对股票和债券进行评估时过于宽松，而依赖这些评估的投资者也是如此。

可能需要再写一章才能恰当地勾勒出信号在不同金融部门的信心中所起的作用。这包括投资者的信心、对银行的信心、对国家的信心等。尽管如此，通过在分析中引入信号的概念，我相信分析可以得到实质性的提升——并且它可以开始朝着新的令人兴奋的方向前进。

参考文献

Akerlof, G. and Shiller, R. (2009). *Animal Spirits: How Human Psychology Drives the Economy, and Why It Matters for Global Capitalism.* Princeton, NJ: Princeton University Press.

Angier, N. (2009). "The Biology Behind the Milk of Human Kindness." *The New York Times,* November 24: D2.

Arrow, K. (1974). *The Limits of Organization.* New York: W. W. Norton.

—— (2009). "The Economy of Trust" (interview). Acton Institute, 〈http://www. acton. org/ publications/randl/rl_ interview_556. php〉 (accessed January 22, 2010).

Bacharach, M. and Gambetta, D. (2001). "Trust in Signs," in Karen Cook (ed.), *Trust in Society.* New York: Russell Sage Foundation, 148 – 84.

Bagehot, W. ([1873] 1922). *Lombard Street: A Description of the Money Market.* London: John Murray.

Barbalet, J. (1998). *Emotions, Social Theory and Social Structure.* Cambridge: Cambridge University Press.

Bernanke, B. (2008). "Liquidity Provision by the Federal Reserve." 〈http://www. federalreserve. gov/newsevents/speech/bernanke20080513. htm〉 (accessed January 19, 2010).

—— (2009). "Reflections on a Year in Crisis." 〈http://www. federalreserve. gov/newsevents/ speech/bernanke20090821a. htm〉 (accessed January 19, 2010).

Dequech, D. (2001). "Confidence and Action: A Comment on Barbalet." *Journal of Socio-Economics,* 29: 503 – 15.

Fehr, E. (2008). "On the Economics and Biology of Trusts." Bonn, Germany, Working Paper IZA DP No. 3895.

Fukuyama, F. (1995). *Trust: The Social Virtues and the Creation of Prosperity.* London: Penguin.

Griffin, D. and Tversky, A. (1992). "The Weighing of Evidence and the Determinants of Confidence." *Cognitive Psychology,* 24: 411 – 35.

Guiso, L., Sapienza, P., and Zingales, L. (2008). "Trusting the Stock Markets." *Journal of Finance,* 63/6: 2557 – 600.

Hardin, R. (2001). "Conceptions and Explanations of Trust," in K. Cook (ed.), *Trust in Society.* New York: Russell Sage Foundation, 3 – 39.

Hart, K. (1988). "Kinship, Contract, and Trust: The Economic Organization of Migrants in an African Slum," in D. Gambetta (ed.), *Trust* Oxford: Blackwell, 176 – 83.

Kanter, R. M. (2006). *Confidence: How Winning Streaks and Losing Streaks Begin and End.* New

York: Three Rivers Press.

Katona, G. (1975). *Psychological Economics.* New York: Elsevier.

Keynes, J. M. (1915). "The Works of Bagehot. " *Economic Journal*, 25/99: 369 – 75.

—— (1936). *The General Theory of Employment, Interest and Money*, London: Macmillan.

—— (1937). "The General Theory of Employment. " *Quarterly Journal of Economics*, 51/2: 209 – 23.

Knorr Cetina, K. and Preda, A. (eds.) (2005). *The Sociology of Financial Markets.* New York: Oxford University Press.

La Porta, R. , Lopez-de-Silanes, F. , Shleifer, A. , and Vishny, R. W. (1997). "Trust in Large Organizations. " *American Economic Review*, 87: 333 – 8.

Lavington, F. (1922). *The Trade Cycle: An Account of the Causes Producing Rhythmical Changes in the Activity of Business.* London: P. S. King & Son.

Luhman, N. (1988). "Familiarity, Confidence, Trust: The Problems and Alternatives," in D. Gambetta (ed.), *Trust.* Oxford: Blackwell, 94 – 108.

Merton, R. K. ([1948] 1968). "The Self-Fulfilling Prophecy," in *Social Theory and Social Structure.* New York: The Free Press, 475 – 90.

Pech, W. and Milan, M. (2009). "Behavioral Economics and the Economics of Keynes. " *Journal of Socio-Economics*, 38: 891 – 902.

Peirce, C. S. (1991). *Peirce on Signs*, ed. J. Hoppes. Bloomington, IN: Indiana University Press.

Pixley, J. (2004). *Emotions in Finance: Distrust and Uncertainty in Global Markets.* Cambridge: Cambridge University Press.

Sapienza, P. (2009). "Trusting and the Market. " Talk at the Kellogg Graduate School of Management, October 24.

Schumpeter, J. A. (1954). *History of Economic Analysis.* London: Allen & Unwin.

Seligman, A. (1997). *The Problem of Trust.* Princeton, NJ: Princeton University Press.

Shiller, R. (1999). "Measuring Bubble Expectations and Investor Confidence. " Cambridge, MA: NBER Working Paper No. 7008.

—— (2000). *Irrational Exuberance*, Princeton, NJ: Princeton University Press.

Simmel, G. ([1907] 1978). *The Philosophy of Money*, London: Routledge.

—— (1950). *The Sociology of Georg Simmel*, ed. and tr. K. Wolff. New York: The Free Press.

Smith, Adam. ([1766] 1997). "Lecture on the Influence of Commerce on Manners," in *Reputation: Studies in the Voluntary Elicitation of Good Conduct.* Ann Arbor: University of Michigan Press, 17 – 20.

Swedberg, R. (2010). "The Structure of Confidence and the Collapse of Lehman Brothers," in P. Hirsch and M. Lounsbury (eds.), *Markets on Trial: The Economic Sociology of the U. S.*

Financial Crisis, *Vol 1*. Bingley: Emerald Press, 67 – 110.

—— (2011). "The Role of the Senses and Signs in the Economy: More on the Centrality of Mate-riality." *Journal of Cultural Economy*, 12: 15 – 36.

Walters, A. (1992). "Confidence," in *The New Palgrave Dictionary of Money and Finance*, Vol. 1. London: Macmillan, 423 – 5.

Weber, M. ([1920] 1946). "The Protestant Sects and the Spirit of Capitalism," in H. Gerth and C. W. Mills (eds.), *From Max Weber.* New York: Oxford University Press, 302 – 22.

Williamson, O, (1993). "Calculativeness, Trust, and Economic Organization." *Journal of Law and Economic*, 36: 453 – 86.

第 28 章
现代经济学思想中的金融学

弗兰克·乔瓦诺维奇 （Franck Jovanovic）

引　言

本章分析了现代金融学[1]在现代经济学理论中的地位。金融学理论与经济学紧密相连。事实上，市场分析在 20 世纪 60 年代被整合到经济学理论中，使现代金融学理论得以出现。虽然一些关于什么将成为现代金融理论的著作出现于 20 世纪 60 年代以前，但它们是边缘化的[2]，并且尚未形成学术或学科；有关金融的应用数学和实证调查都存在过，但这些都是孤立的贡献，其中大多数没有扎实的理论基础。[3]

为了分析金融学在经济学中的地位，本章将会说明经济学如何影响并继续影响现代金融学理论。

本章的结构安排如下。第一部分关注的是现代金融学的理论基础，分析了现代概率论与经济学如何联系在一起共同创造了现代金融学理论。第二部分介绍了 20 世纪 60 年代和 70 年代建立的金融经济学主流范式的主要研究工作，显示了经济学中的主要概念和假设如何被整合到数学模型中。第三部分着眼于 20 世纪 70 年代末以来出现的与主流范式不一致的异常现象，解释了金融经济学如何发展出替代性理论——金融市场微观结构和行为金融学——来解释这些异常现象（然而，正如将要解释的那样，这些发展并没有导致金融经济学中主流范式的重大修改，即使其基础已经受到质疑）。最后一部分讨论了在金融经济学之外诞生的两种主要方法——对金融市场的社会研究和金融物理学——这些都位于当今金融经济学主流范式的基础所面临的最大挑战之列。

现代金融学理论的诞生：经济学与现代概率论的作用

现代金融学理论诞生于 20 世纪 60 年代初。两个学科在其萌发过程中发挥了基础性作用：现代概率论和经济学。

现代概率论的作用

现代金融学理论与现代概率论密切相关，其出现、主要模型和结果都与后者不可分割。两者的关联如此密切，加上哈里森和克雷普斯（Harrison and Kreps，1979）以及哈里森和普拉斯卡（Harrison and Pliska，1981）[4]的论述，可以说经济学已经被剥离出金融学理论，而后者更类似于现代概率论的应用（MacKenzie，2006：140 - 141）。或者，正如戴维斯和埃斯里奇（Davis and Etheridge，2006：114）所提出的，哈里森和普拉斯卡的论著（Harrison and Pliska，1981）"已经将'金融经济学'转变为'数理金融学'"。

现代概率论——连续数量在连续时间中的概率（probability of continuous quantities in continuous time）——诞生于 20 世纪 30 年代（Von Plato，1994），从许多力求更新传统概率论的研究工作中衍生而来。现代概率论的发展直接基于测度论（measurement theory）（Shafer and Vovk，2001）。建立这种联系的人是柯尔莫戈洛夫（Kolmogorov），他提出了这个新的数学分支的主要基础性概念。

从 20 世纪 30 年代的这些发端开始，现代概率论得到发展并且变得越来越有影响力。但是直到第二次世界大战后，柯尔莫戈洛夫的理论才成为该学科的主流范式（Shafer and Vovk，2005：54 - 55）。也是在第二次世界大战之后，由杜布（Doob）[5]和费勒（Feller）[6]领导的美国概率学派诞生了。这两位学者对现代概率论的构建有重大影响，尤其是通过他们在 20 世纪 50 年代初发表的两本著作，[7]根据柯尔莫戈洛夫提出的框架，他们证明了在 20 世纪 50 年代以前获得的所有结果，从而使它们能够被接受并融入学科的理论总汇中。这些 20 世纪 50 年代的作品创造了一个稳定的理论集，非专业人士也可以获知。从那时起，现代概率理论的模型和结果被更系统地用于金融市场研究，特别是在受过经济学教育的学者的研究中。

在这个发展中的第一步是数学工具的传播,它使得随机变量的性质得到运用,不确定性推理得到进一步发展。最早使用现代概率论的工具研究金融市场的两位学者是哈里·马科维茨(Harry Markowitz)和罗伊(A. D. Roy)。1952年,两位学者各发表了一篇关于投资组合选择理论的文章。[8]他们都使用随机变量的数学特性来建立他们的模型。[9]他们的工作是运用一种属于现代概率论的新的数学语言,重新证明了一个早就被知道的结果(就像谚语"不要把所有的鸡蛋都放在一个篮子里"一样古老)。他们的贡献不在于证明投资组合多样化的结果,而在于使用了这种新的数学语言。

1958年,莫迪利安尼(Modigliani)和米勒(Miller)以同样的方式推进:他们使用随机变量来分析一个老问题,即公司的资本结构,以证明公司的价值与其资本结构无关。[10]他们的贡献,像马科维茨和罗伊一样,是运用现代概率论的术语重新阐述一个老问题。

从20世纪60年代起,一个新的阶段开始了:学者不再局限于使用现代概率论的数学形式论证过去的结论,而是将数学形式与经济学的主要概念,特别是均衡概念,联系起来创造新的理论。

经济学的作用

现代金融学理论的制度化诞生,兴起于经济学分析框架融入金融市场的研究之时(Jovanovic,2008)。这种融合是20世纪60年代初期一群致力于金融市场分析的经济学家带来的结果。

让我们记住,直到20世纪60年代,美国的金融学主要是在商学院教授,采用的教科书非常注重实用性,很少涉及现代金融学理论。形成现代金融学理论基础的研究工作是由受过经济学训练或被经济学家围绕的独立学者进行的,如沃金(Working)、考尔斯(Cowles)、肯德尔(Kendal)、罗伊(Roy)、马科维茨(Markowitz)等。在20世纪60年代之前,没有专门研究这个问题的大学共同体。[11]在20世纪60年代和70年代,美国商学院的培养模式发生了根本变化,变得更加"严谨"。[12]他们开始使自己"学术化",招募越来越多有在大学经济系教学经历的经济学教授,比如法玛(Fama,2008)。同样,在提供他们自己的博士课程之前,商学院招募了经过大学经济系训练的博士生。

招募对金融问题感兴趣的经济学家,扰乱了长期以来在商学院与美国金融协会(American Finance Association)内部实行的教学和研究方法。新员工带来了他们的分析框架、方法、假设和概念,并且也运用产生于现代概率论的新数学方法。这些变化及其后果非常重大，足以让美国金融协会把 1965 年和 1966 年连续两年学术年会上的部分时间专门用于讨论它们。

在美国金融协会 1965 年的年会上，有一整节时间专门用于反思金融学课程的必要性。保罗·温特（Paul Wendt）讨论了金融学的发展，并解释说：

> 正如你们大多数人所知道的，技术市场分析的现代概念正在兴起，它强调应用更新的分析技术和计算机技术，来测试传统和新兴的股票价格行为理论。我已经准备好接受这样的观点，即这不仅是一个有前途的研究领域，而且应该向商学院的研究生介绍这些分析证券市场行为的新兴理论和技术。（Wendt, 1966: 421 – 422）

在 1966 年的年会上，美国金融协会新任主席发表了一篇关于"金融学领域现状"（The State of the Finance Field）的论文，他在其中谈到了"由不能容忍传统材料和研究方法之低速发展的新金融学创造者"带来的变化（Weston, 1967: 539）。[13]尽管这些变化引发了许多争论（Jovanovic, 2008; MacKenzie, 2006; Poitras and Jovanovic, 2007, 2010; Whitley, 1986a, 1986b），[14]但都未成功挑战这种全球性的运动。

这些新参与者的学术出身是现代金融学理论制度化的决定性因素。他们的经济学背景使他们能够将理论内容添加到 20 世纪 30 年代以来积累起来的实证结果以及现代概率论所产生的数学形式中。换句话说，经济学填补了缺失的理论内容。这里有两个例子来说明这种变化：有效市场理论和资本资产定价模型。

有效市场理论[15]可以被认为是金融经济学家所建立的第一个理论，最初被称为"随机漫步理论"（random walk theory）。这个术语强调了数学形式在学科设立之前对于解决问题的重要性。这个理论最初是由法玛（Fama, 1965）提出的，我们将在下一部分回到这里，他发展了这种设想，即随机漫步模型可以验证竞争性经济平衡中的两个特性：边际利润的缺失和证券的均衡值。根据有效市场理论，如果投资者用来评估证券价值的模型中没有使用所有可用的信息，那就有可能发生套利。因此，在有效市场中，价格与均衡价值之间的平衡意味着所有可用的信息都应当包含在价格中。结果是，用过去的信息来预测未来的价格变化是不可能的：现在和未来的价格都与过去的价格无关。出于这个原因，在有效市场中，股票价格变化应当随着新信息的产生而随机变化。换句话说，根据这个理论，随机漫步模型可以模拟竞争市场中均衡价格的动态演变。通过这种方式，有效市场理论使得随机过程的数学模型，与经济学的一个关键因素，即经济均衡概念的联系成为可能。

1970年，法玛（Fama）将有效市场理论建基于另一个来自现代概率论的数学概念：鞅模型。[16]就法玛的目的而言，鞅模型最大的吸引力在于它对一组信息的明确引用。[17]因此，鞅模型可以用来检验有效市场理论的含义，即如果使用所有可用信息，预期利润为零。这个设想引出了现在普遍使用的有效市场的定义："一个价格总是'充分反映'可用信息的市场被称为有效市场"（Fama，1970：383）。另外，经济学在鞅模型的数学定义中所扮演的角色，凸显了经济学在现代金融学理论结构创建中的关键作用。

经济学将理论内容与数学形式相结合的第二个例子是资本资产定价模型（capital asset pricing model，CAPM）。在金融领域，考虑到资产的不可分散的风险，如果要将资产投入已经多样化的投资组合中，资本资产定价模型被用于确定资产在理论上合适的必要收益率。该模型考虑了资产对不可分散风险〔也被称为系统风险，或市场风险，或 β（beta）〕的敏感性，以及市场预期回报和理论上无风险资产的预期回报。该模型用于对个人证券或投资组合进行定价。它已经成为现代金融学的基石（Fama and French，2004）。资本资产定价模型也是采用经济学家熟悉的方法建立的，原因有三：第一，假定市场参与者的某种最大化行为；第二，研究这些市场出清的均衡条件；第三，市场是完全竞争的。因此，资本资产定价模型为不确定条件下的市场均衡提供了一个标准的金融理论。

现代概率论和经济学概念中产生的数学形式的交叠，在金融经济学的诞生中是一个关键因素。通过将金融事实与经济概念联系起来，有效市场理论使金融经济学成为经济学的一个适当的子领域，因此成为一个科学领域。正如我们现在所看到的那样，主流范式的核心构建于这个时期，基于与有效市场理论和资本资产定价模型相同的模型之上。

20世纪60～70年代金融经济学主流范式的建立

20世纪60年代的十年见证了金融经济学主流范式的形成。[18]贡献不胜枚举，且富于实质意义。值得注意的是，几乎所有为这一范式的构建做出贡献的人，都得到了纪念阿尔弗雷德·诺贝尔（Alfred Nobel）的瑞典银行经济学奖的嘉奖,[19]这也是衡量这种范式在经济学中的重要性的方式。五个人——哈里·马科维茨（Harry M. Markowitz）、威廉·夏普（William F. Sharpe）、默顿·米勒（Merton H. Miller）、罗伯特·默顿（Robert C. Merton）、迈伦·斯科尔斯（Myron S. Scholes）——纯粹因为在金融经济学领域的贡献获得了这一殊荣。马科维茨、夏普和米勒是 1990 年的联合获奖者，默顿和斯科尔斯于 1997 年共同获得这一奖项。[20]此外，其他四位诺贝尔奖得主——保罗·萨缪尔森（Paul A. Samuelson，1970）、约翰·希克斯（John R. Hicks，1972）、弗兰科·莫迪利安尼（Franco Modigliani，1985）和丹尼尔·卡尼曼（Daniel Kahneman，2002）——对金融经济学做出了重大贡献，但因其对更大范围的经济学的整体性影响而获奖。

主流范式由四个主要理论组成：有效市场理论，资本资产定价模型,[21]均值 – 方差投资组合优化模型（mean-variance portfolio optimization model）和期权定价模型（option pricing model）。我现在简要地介绍一下。

如前所述，有效市场理论[22]认为股票市场价格是随机波动的，因为所有信息都完全反映在价格中。尽管关于证券价格随机性的详细实证观察可以追溯到 19 世纪（Jovanovic and Le Gall，2001；Poitras，2006），但这些概念是在 20 世纪 60 年代成为有效市场理论的基础。沃金（Working，1956）是第一位对股票市场价格随机性进行理论解释的学者，他建立了信息到达的不可预测性与股市价格变化随机性之间的明确联系。但是，这篇文章没有与经济均衡建立关联，可能因为这个原因，这篇文章没有得到大范围传播。取而代之的是芝加哥大学的教授罗伯茨（Roberts，1959：7），他首先通过使用莫迪利安尼和米勒（Modigliani and Miller，1958）推广的"套利证明"论点，提出了经济学概念和随机漫步模型之间的联系。随后，考尔斯（Cowles，1960：914 – 915）通过确定金融计量（financial econometric）结果与经济均衡之间的联系，迈出了重要的一步。最后，两年后，库特纳（Cootner，1962：25）将随机漫步模型、信息和经济均衡联系起来，并提出了有效市场理论的想法，尽管他没有使用这种表述。芝加哥大学的学者尤金·法玛（Eugene Fama）确切地阐述了有效市场理论，在其 1965 年的博士学位论文中给出了对它的第一个理论解释。1970 年，法玛发现了完全反映可用信息的证券价格与证券价格的执行为之间的联系，奠定了未来连接等价鞅测度与证券价格中套利缺失的基础。同时，法玛等（Fama et al.，1969）提出了一种适用于检验"半强式"有效市场理论的统计方法论，从而巩固了抗衡旧金融理论的最强有力支柱——证券分析——的实证论据 (empirical case)。

有效市场理论是现代金融经济学的关键组成部分。如果市场是有效的，那么选择个别证券的技术不会产生超额回报。在这样的世界里，对于寻求预期效用最大化的理性人来说，最好的策略是实现最佳的多样化。在给定风险水平的情况下，实现最高期望回报需要通过将证券组合成最优投资组合，来消除企业特有的风险 (firm-specific risk)。基于马科维茨 (Markowitz, 1952, 1959)、特里诺 (Treynor, 1961) 和夏普 (马科维茨的博士生) (Sharpe, 1963, 1964) 的思想，林特纳 (Lintner, 1965a, 1965b) 和莫森 (Mossin, 1966) 为资本资产定价模型和单因素模型的发展做出了重要的理论贡献。一个关于风险的新的定义因此被提出来。并不是证券收益的总方差决定了预期收益。相反，只有系统性风险——那些无法分散的总方差部分——才会获得预期收益。系统性风险的事前测量——证券的 β 系数——被提出并且单因素模型被用来驱动对这一参数的事后实证估计。现代金融经济学网络的主要人物，如米勒、斯科尔斯和布莱克，研究了确定实证估计值的固有困难，并开发了旨在提供此类估计的重要技术。一个推广了这些重要贡献的作品集是由詹森 (Jensen, 1972) 编辑的。

这三个基本要素的组合——有效市场理论、马科维茨均值 - 方差投资组合优化模型和资本资产定价模型——构成了 20 世纪 60 年代现代投资组合理论分析进展的核心要素。正当关于现代投资组合理论之改进和完善的一个十年即将开始，库特纳 (Cootner, 1964) 的思想中所包含的另一个核心观点随着布莱克和斯科尔斯 (Black and Scholes, 1973) 的出现而成为现实。[23] 虽然萨缪尔森 (Samuelson, 1965) 有影响力的作品从编辑卷中缺失，但库特纳 (Cootner, 1964) 确实与其他期权定价的研究一起，提供了巴舍利耶 (Bacheliers, 1900) 所著论文和斯普林克尔 (C. M. Sprenkle, 1964) 著作中的一章的英译版。斯普林克尔所著章节指向了斯普林克尔 (1961) 早前的作品，其中最先提出了被布莱克和斯科尔斯采用的基于偏微分方程的求解过程 (partial differential equation-based solution procedure) (MacKenzie, 2003, 2007)。布莱克和斯科尔斯 (Black and Scholes, 1973) 标志着另一个科学运动的开始——关注或有索取权 (contingent claims) 定价——这在实践中的影响更大，具有更深的分析复杂性。布莱克 - 斯科尔斯 - 默顿 (Black-Scholes-Merton) 模型基于复制投资组合 (replicating portfolio) 的建立，如果模型被说明而且其假设得到检验，则呈现在金融市场中局部消除风险的可能性。从理论的角度来看，

这个模型与阿罗 – 德布鲁 （Arrow-Debreu） 一般均衡模型有着特别丰富的联系，第一次赋予了它一定程度的现实性。[24]

对金融经济学主流范式的挑战：多样化的理论分析

尽管一些研究工作对主流范式的基础发起严峻挑战，但其理论框架并没有被击倒。一组研究率先质疑了主流范式的理论基础。1976 年，勒罗伊 （LeRoy） 表明，法玛 （Fama，1970） 对有效市场理论的论证是同义反复的 （tautological），而且不可检验。1977 年，资本资产定价模型也遭到了同样的批评：罗尔 （Roll，1977） 认为资本资产定价模型是同义反复的，并且难以进行实证检验，因为股票指数和其他市场测量指标对于资本资产定价模型变量而言是不良替代 （poor proxies）。勒罗伊 （LeRoy，1973） 和卢卡斯 （Lucas，1978） 提供了理论证明，即有效市场和鞅假设是两个截然不同的观点：鞅对有效市场既不必要也不充分。尽管这种批评并没有严格地质疑市场的有效性，但它表明，有效市场理论的第一个目标 （建立数学模型与经济均衡概念之间的联系） 尚未完全实现。然而，来自格罗斯曼 （Grossman，1976） 以及格罗斯曼和斯蒂格利茨 （Grossman and Stiglitz，1976，1980） 的批评更为严肃：他们证明，因为信息涉及成本，完全信息有效的市场是不可能的。

与这些理论攻击同时出现的是，许多实证研究很快就与主流范式的结论相矛盾。在 1969 年的一场会议上，费希尔·布莱克 （Fischer Black）、迈克尔·詹森 （Michael Jensen） 和迈伦·斯科尔斯 （Myron Scholes） 提出的数据表明，资本资产定价模型似乎没有充分解释股票收益的变化，他们的成果在三年后发布 （Black，Jensen and Scholes，1972）。类似地，道格拉斯 （Douglas，1969） 指出，资本资产定价模型并没有提供关于证券收益结构的完整描述。相似的研究工作贯穿于 20 世纪 70 年代。这些实证研究催生了所谓的"异常现象文献" （anomalies literature），并自 20 世纪 80 年代以来变得重要和条理清晰。在 20 世纪 70 年代，这些异常现象的数量及其对主流范式的意义如此之大，以至于早在 1978 年就有一期《金融经济学杂志》 （*Journal of Financial Economics*） 的特刊专门讨论它们。

以下是对其中四个异常现象的简要总结。[25]

1 月效应和周末效应(The January Effect and the Weekend Effect)

凯姆（Keim，1983）和格纳姆（Reinganum，1983）指出，小企业的异常收益大部分发生在 1 月份的前两周内。这种异常被称为"年初效应"（turn-of-the-year effect）。弗兰奇（French，1980）观察到了另一个日历异常。他指出，1953 年至 1977 年标准普尔综合投资组合的平均收益率在周末确实是负的。

赢家诅咒(The Winner's Curse)

赢家诅咒指出，在拍卖中存在中标出价超过购买物品内在价值的倾向。这表明投资者并没有足够的理性以知晓某些资产的真实价值（Thaler，1994）。

股票价格波动(Stock Price Volatility)

席勒（Shiller，1981）发表的一项关于美国市场的研究证明，根据标准框架，股票市场价格的波动性大于预期。

规格效应(The Size Effect)

本兹（Banz，1981）和格纳姆（Reinganum，1981）表明，1936 年至 1975 年纽约证券交易所（NYSE）的小型资本公司的平均收益高于资本资产定价模型的预测。

异常现象比理论批评引起了更多的关注。毫无疑问，这是因为，正如法兰克福特和麦高恩（Frankfurter and McGoun，2002）所解释的那样，异常现象最初并不被认为是对主流范式的挑战；相反，它们是主流范式的一部分。然而，这种经验数据和主流方法所提出的理论假设之间的分歧的积累，导致了理论上的多样化（Schinckus，2008，2009a）。

在 20 世纪 80 年代，出现了两种替代性的理论路径，将对这些异常情况和主流框架的主要假设提出质疑作为它们的出发点。这两种路径是金融市场微观结构理论和行为金融学。两者都直接呼吁信息效率理论，正如我们所见，它是现代金融学理论诞生的关键因素。

金融市场微观结构理论

虽然金融市场微观结构理论自 20 世纪 80 年代以来一直在发展，[26]但有关研究工作最早出现的时间更接近 1970 年，那是德姆塞茨（Demsetz，1968）撰写的一篇文章，其中研究了如何在订单未同步发生时撮合买家和卖家达成一致的价格。1971 年，杰克·特里纳〔Jack Treynor，1969 ~

1981年任《金融分析家杂志》（*Financial Analysts Journal*）主编〕以沃尔特·白芝浩（Walter Bagehot）的笔名发表了一篇名为《小镇中唯一的博弈》（The Only Game in Town）的短文，他分析了交易者对于交易有不同动机时的后果。作为这一理论趋势的领头人之一，莫林·奥哈拉（Maureen O'Hara，1995）将市场微观结构定义为"对于在一套特定规则之下进行资产交易的过程和结果的研究"。金融市场微观结构聚焦于具体的交易机制以及战略组合如何影响价格形成的过程。该领域涉及市场结构和设计、价格形成和价格发现、交易和时间成本、信息和披露，以及做市商和投资者行为等问题。

与金融经济学的主流范式一样，金融市场微观结构理论也从经济学，特别是新微观经济学中，寻求理论基础和研究方法。然而，它的一些假设与金融经济学中的主流范式完全相反。同样，它使用的数学形式与主流范式的也不同。

关于数学形式，这个理论主要使用与新微观经济学（它使用不对称信息）相同的数学，并主要采用贝叶斯概率方法。在这一点上，它不同于主流范式传统使用的数学模型，后者主要采用频率概率方法。

关于理论假设，金融市场微观结构理论的核心思想是，即使所有参与者都是理性的，资产价格也不能完全反映所有可用的信息。确实，信息可能在市场参与者之间不均匀分布，并且被市场参与者进行不同的解释。这个假设完全与主流范式所捍卫的有效市场假说相对立。第一代市场微观结构理论的文献表明，交易对价格既有短暂的影响，也有永久的影响（Biais，Glosten，and Spatt，2005）。例如，科普兰和加莱（Copeland and Galai，1983）指出，对于一个不能分辨知情投资者和不知情投资者的交易商来说，只要存在一些投资者事先获知信息的可能性，他就总是会设定一个正向价差（set a positive spread）来弥补自己将要遭受的预期损失。凯尔（Kyle，1985）认为，知情的交易商可以进行战略行为，通过把他们的订单隐藏在非知情交易商的订单中，从信息中获利。尽管知情的交易商可以根据所掌握的信息实现利润最大化，但他们的行为限制了信息的传播。奥哈拉（O'Hara，2003）提出了另一个与主流范式相矛盾的结果的例子。在这篇文章中，她表明，如果信息是不对称分布的，如果没有信息的人知道其他人掌握更多信息，那就会与资本资产定价模型的结论相反，我们不会达到每个人都保持市场投资组合（market portfolio）的均衡。

行为金融学

第二种替代路径是行为金融学。1985 年，沃纳·邦德（Werner F. M. De Bondt）和理查德·泰勒（Richard Thaler）发表了《股市过度反应了吗?》，标志着行为金融学的真正开端。行为金融学研究心理状态对金融从业者行为的影响及其对市场的后续影响。[27]其理论框架主要来源于行为经济学。

行为经济学使用社会、认知和情感因素来理解执行经济职能的经济主体的经济决策，及其对市场价格和资源配置的影响。它主要关注经济主体的有限理性。第一篇重要文章来自卡尼曼[28]和特弗斯基（Kahneman and Tversky，1979），他们用认知心理学来解释新古典理论中关于经济决策的各种分歧。

目前还没有统一的行为金融学理论。[29]但斯金克斯（Schinckus，2009b）认为，根据所有这些文献共有的三种假设，可以刻画出这种新思想学派的特征：

- 存在影响投资者行为的行为偏差。这是一个基础性的假设，它直接出自认知心理学家在实验室进行的观察。这些行为偏差，被认为是所观察到的主体行为与标准金融经济学所基于的理性行为之间存在差异的主要原因。

- 存在影响投资者决策的投资者关于环境的感知偏差。因此，行为金融学假定环境对个人来说是不透明的。这个假设来自实验室进行的观察，并且偏离了主流范式，即假定背景对于投资者的感知而言是完全透明的。

- 存在个人处理信息过程中的系统性误差，这会影响市场信息效率。市场因此被假定为信息效率低下。这个假设是产生前两个假设的原因。

像金融市场微观结构理论一样，行为金融学的假设与主流范式的假设相反。另外，这两个替代性学派在一个主要观点上达成了一致意见：虽然它们反对主流范式，但都是从经济学中寻求它们的理论渊源。通过这两个学派，我们看到经济学在现代金融学理论发展中的重要性，这昭示了将现代金融学理论化为"数理金融学"的难度。

与这种以经济学为基础的理论多样化并行，金融经济学主流范式的某些基础现今还受到经济学之外的两个新研究领域的质疑。

金融经济学被经济学外的学科挑战：金融市场的社会研究与经济物理学

正如我们说明的那样，所谓的"现代"金融理论与经济学有着内在的联系。经济学不仅为主流范式的出现提供了必要的理论内容，而且还促进了两种主要的替代性路径，即行为金融学和金融市场微观结构理论的发展。尽管经济学给现代金融学理论提供了理论上的内容，但主流范式的某些基础今天受到了来自经济学外部的两个新研究领域的挑战。20 世纪 90 年代以来，出现了两种金融经济学以外的主要路径：金融市场的社会研究和经济物理学。两者都挑战了金融经济学主流范式的基础。这两种理论趋势在未来数年里可能会影响金融经济学的假说。

金融市场的社会研究

金融的社会研究于 20 世纪 90 年代开始出现。这个多学科领域，我在这里不会全部涉及（本书其他部分将讨论这个问题），是由社会学、人类学和科学的社会研究等社会科学学科在金融市场的应用带来的。金融市场的社会学研究从社会学角度探讨金融市场（Cardon, Lehingue, and Muniesa, 2000; Cetina and Preda, 2005; MacKenzie, 2006; Preda, 2009）。它试图提供一个关于金融市场的充分的社会学的概念化，并验证金融市场内部的参与者是谁，他们如何运作、在哪些网络中运作以及这些网络是如何构造的。这个领域提出的主要概念之一是述行性（performativity）概念。根据麦肯齐（MacKenzie, 2006）以及麦肯齐等（MacKenzie, Muniesa and Siu, 2007）的著作，金融模型具有述行性，它们不只是描述市场，它们还改变市场。

经济物理学

金融经济学以外诞生的第二种主要路径是经济物理学。[30] 从广义上讲，经济物理学是指将物理学扩展到一般被认为属于经济学领域问题的研究。[31] 金融经济学，以及更普遍意义上的金融学，也受到物理学的影响。在 19 世纪后半期，最早使物理学更接近金融领域的学者之一是朱利·荷纽（Jules Regnault）。[32] 在 20 世纪，大量物理学概念在现代金融学理论的发展中起了一定的作用。但正如麦考利（McCauley，2004）指出的，尽管物理学和金融学之间存在这些理论和历史联系，但经济物理学却是一种全新的方法。不像经济学史上一再展示的那样，它的实践者并不是从物理学家的工作中获得灵感来发展自己学科的经济学家。这一次，是物理学家超越了他们的学科界限，用他们的方法研究社会科学引发的各种问题。经济物理学家并非试图将物理概念融入现有的金融经济学中，而是想要忽略，甚至否认这个学科，试图用直接从统计物理学中衍生出的新框架取代目前的主流理论框架。[33]

这一运动始于20世纪70年代，当时某些物理学家开始发表致力于研究社会现象的文章，例如社会团体的形成（Weidlich，1971）或社会模仿（Callen and Shapiro，1974）。[34]接下来的十年确认了这一新的理论趋势（被标记为社会物理学[35]），因为发表致力于解释社会现象的论文的物理学家数量不断增加，分析的主题也不断扩充，例如工厂罢工（Galam，Gefen and Shapir，1982），民主结构（Galam，1986）和选举（Galam，2004；Ferreira and Dionisio，2008）。

在20世纪90年代，物理学家[36]把他们的注意力转向经济学，特别是金融经济学，从而产生了经济物理学。虽然该运动的官方诞生公告出现在斯坦利（Stanley et al.，1996）[37] 1996年发表的一篇文章中，但那时的经济物理学仍然是一个年轻的、界定不明确的新潮产物。曼特格纳和斯坦利（Mantegna and Stanley，1999：2）将经济物理学定义为"使用统计物理学的思想、模型、概念和计算方法的量化路径"。这一领域的研究主要关注金融现象，忽略经济学分析的其他主题。[38]

经济物理学有两大优势，使得它可以挑战金融经济学的主流范式：对经验事实更好的解释，以及比金融经济学家所使用的更为普遍的数学模型。

相比于金融经济学家所依据的高斯模型的推测，经济物理学家认为金融市场的价格变化更频繁且更有序，并使用列维分布来描述金融数据。这种分布更好地描述了在金融市场上观察到的统计分布。[39]这种方法使他们能够整合一些典型事实，例如"厚尾"（fat tails）[40]、"波动持续性"（volatility persistence）[41]和"波动性聚类"（volatility clustering）[42]，这些都是传统方法无法解释的内容（Jovanovic and Schinckus，2010a）。

经济物理学的第二个优势在于对数学模型的使用，这比金融经济学中所使用的数学模型更具有一般性。经济物理学家使用的主要数学工具是列维过程，它提供了更具有普遍性的数学框架，使高斯或泊松过程成为特殊情况。

对列维过程的使用，使得经济物理学可以提供比使用高斯分布的金融经济学更为一般性的理论框架。

注释

1. 现代金融学理论和金融经济学是同义词。我们在这里交替使用这两个术语。

2. 例子是朱利·荷纽（Jules Regnault，1863）、路易·巴舍利耶（Louis Bachelier，1900）、文森茨·布龙津（Vincenz Bronzin，1908）、阿尔弗里德·考尔斯（Alfred Cowles，1933，1944）和霍尔布鲁克·沃金（Holbrook Working，1934，1935）的研究工作。

3. 让我进行一下说明，理论的缺失是 20 世纪 30 年代到 60 年代所有著作的特征。考尔斯（Cowles，1933）、沃金（Working，1934）和肯德尔（Kendall，1953）是第一批分析股票价格随机性的英美学者，但他们都没有提出解释这种现象的理论。理论家指出，在 20 世纪 50 年代缺乏理论解释。在 20 世纪 40 年代后期的科普曼斯 - 维宁（Koopmans-Vining）辩论之后，这一点尤其引人注目，正是由于缺乏理论解释以及将测量与理论联系起来的需要（Jovanovic，2008），所以国家经济研究局（NBER，National Bureau of Economic Research）反对考尔斯委员会（Cowles Commission）。

4. 这两本出版物为构成现代金融学理论核心的定义、假设和结果提供了严谨的数学框架。

5. 杜布毫无疑问是对美国现代概率论影响最大的美国数学家。关于杜布，参见宾厄姆（Bingham，2005）。

6. 威廉·费勒（William Feller）于 1939 年移居美国。他是柯尔莫戈洛夫（Kolmogorov）提出的公理化的第一批维护者之一（Shafer and Vovk，2005）。1937 年 10 月在日内瓦举行的关于数学概率的讨论会上，费勒宣称柯尔莫戈洛夫赫赫有名的公理化是大多数现代概率论理论研究的出发点（Shafer and Vovk，2005：57）。此外，费勒的《概率论概论及其应用导论》（*An Introduction to Probability Theory and Its Application*，1950）与杜布 1953 年的出版物一样，是对美国现代概率论影响最大的作品之一。

7. 杜布"最终在他的《随机过程》（*Stochastic Process*，1953）中提供了测度论框架内的随机过程的确定处理"（Shafer and Vovk，2005：60）。杜布在 1940 年到 1950 年研究鞅理论。鞅理论的知识在 20 世纪 50 年代主要通过《随机过程》逐渐传播（Meyer，2009）。这本书"成为新概率论的圣经"（Meyer，2009：3）。

8. 关于马科维茨的回顾，参见鲁宾斯坦（Rubinstein，2002）和马科维茨（Markowitz，1999）。

9. 随机变量的数学性质是，加权总和（weighted sum）的期望值是期望值的加权总和，而加权总和的方差（variance）不是方差的加权总和 ［因为我们必须考虑协方差（covariance）］。

10. 这个定理实际上可以被认为是欧文·费雪（Irving Fisher，1930）最初提出的"分离定理"（separation theorem）的延伸。有关费雪著作的介绍，参见戴曼德和吉纳科普洛斯（Dimand and Geanakoplos, 2005）。关于 Modigliani 和 Miller 模型的回顾性研究，参阅米勒（Miller, 1988）和鲁宾斯坦（Rubinstein, 2003）。

11. 直到 20 世纪 60 年代，这一新的研究路径才被经济学家接受。米尔顿·弗里德曼（Milton Friedman）对哈里·马科维茨（Harry Markowitz）为博士学位论文辩护的反应给出了一个很好的例证。弗里德曼（Friedman）宣称，"这不是经济学，不是数学，也不是商业管理学"；在博士期间指导马科维茨（Markowitz）的雅各布·马尔冲克（Jacob Marschak）补充道，"这更不是文学"（Markowitz, 2004；Rubinstein, 2002）。另一个例子是关于金融经济学的第一批作品的传播，其真正流通始于 20 世纪 60 年代。例如，对马科维茨（Markowitz, 1952）年研究成果——曾作为资本资产定价模型基础文献发表的文章——的引用实际上只在 20 世纪 60 年代中期开始（Jovanovic and Schinckus, 2010c）。

12. 参见麦肯齐 MacKenzie, 2006：72 - 3），惠特利（Whitley, 1986a, 1986b），富尔卡德和库拉纳（Fourcade and Khurana, 2009）以及伯恩斯坦（Bernstein, 1992）。

13. 由金融分析师研讨会（Financial Analysts Seminar，与金融市场有关的主要专业组织之一）举办的培训课程上提出了同样的问题（Kennedy, 1966）。

14. 麻省理工学院教授大卫·杜兰德（David Durand）用他显赫的学术地位质疑现代金融经济学的兴起（Durand, 1959, 1968）。麦肯齐（MacKenzie, 2007）评述："在 1968 年，旧金融学术研究的领先人物大卫·杜兰德（David Durand），考察了正开始改变他所在领域的数学模型，评论道：'新金融人员……几乎失去了与陆地的所有接触。'"

15. 这个理论有时被称为假设。但从方法论的角度来看，它是一个完全成熟的理论，即使它在某些模型中被用作假设。

16. 鞅模型被引入，用来模拟萨缪尔森（Samuelson, 1965）和曼德勃罗（Mandelbrot, 1966）提出的股票市场价格的随机特征。

17. 根据定义，鞅模型 $E\left(P_{t+1} \mid \Phi\right) - P_t = 0$，$\Phi_t$ 是一个过滤器，用金融经济学的术语来说就是，随着时间的推移而增加的一组信息。

18. 本节以波特拉斯和乔瓦诺维奇（Poitras and Jovanovic, 2010），以及乔瓦诺维奇（Jovanovic, 2010）为基础。从历史角度看，还可以参考伯恩斯坦（Bernstein, 1992），麦肯齐（MacKenzie, 2006），梅林（Mehrling, 2005）以及乔瓦诺维奇和斯金克斯（Jovanovic and Schinckus, 2010c）。

19. 一个明显的例外是尤金·法玛（Eugene Fama）。他被预计将在 2008 年获得该奖项，但金融危机对他产生不利的影响。

20. 尽管费希尔·布莱克（Fischer Black）（1938 ~ 1995）的贡献得到了明确承认，但他并不是一位指定获奖人，因为奖项不能追授，该奖最终授予默顿（Merton）和斯科尔斯（Scholes）。

21. 我们也可以加上套利定价理论。这一理论是 1976 年由经济学家斯蒂芬·罗斯（Stephen Ross）提出。它假定金融资产的预期收益受各种宏观经济因素或理论市场指数的影响。

22. 实际上，这个理论有几种定义。根据每位作者对某个特定功能的重视程度，定义已经发生了变化。例如，法玛等人（Fama et al, 1969）将有效市场定义为"快速适应新信息的市场"；詹森（Jensen, 1978）认为"如果不可能基于信息集（information set）θt 进行交易来获得经济利润，那么相对于信息集 θt 市场是有效的"；根据马尔基尔（Malkiel, 1992）的说法，"市场据说对一些信息集是有效的……如果证券价格不会因向所有参与者泄露信息而受到影响。而且，信息集的效率……意味着不可能通过以［信息集］为基础进行交易来获得经济利润"。

23. 参见梅林（Mehrling, 2005）关于费希尔·布莱克（Fischer Black），和麦肯齐（MacKenzie, 2006）对该模型影响的社会学分析。

24. Black-Scholes-Merton 模型后来与 Arrow-Debreu 一般均衡联系起来。阿罗和德布鲁（Arrow and Debreu, 1954）以及后来的德布鲁（Debreu, 1959）能够模拟一个不确定的经济并且证明至少存在一个竞争性的一般均衡，而且这个均衡具有帕累托最优性质。因此，这种模式"第一次使 Gérard Debreu 的著作《价值理论》（Théorie de la valeur）第 7 章成为现实……在这一章中，他谈到了完全市场，也就是市场中任何或有资产都是基本资产的复制"（Géman, 1997：50）。

25. 谢尔特（Schwert, 2003）对异常现象进行了相当详尽的回顾。

26. "市场微观结构"一词由马克·加尔曼（Mark Garman, 1976）提出，他研究了序列通量动态（order flux dynamics）（交易商必须设定价格以避免缺少货物或现金）。有关该学科的介绍，请参阅奥哈拉（O'Hara, 1995），马德凡（Madhavan, 2000）以及比艾，格洛斯顿和斯巴特（Biais, Glosten and Spatt, 2005）。

27. 对这一学派及其相较于主流范式的定位的介绍，参见斯金克斯（Schinckus, 2009a, 2009b）。

28. 2002 年，丹尼尔·卡尼曼（Daniel Kahneman）获得纪念阿尔弗雷德·诺贝尔的瑞典银行经济学奖，因为他在结合心理学与经济学方面的成果。

29. 特别强调，谢夫林（Shefrin, 2002）首次尝试统一理论。

30. 关于经济物理学的出现和分析，参见金格拉斯和斯金克斯（Gingras and Schinckus, 2012）以及乔瓦诺维奇和斯金克斯（Jovanovic and Schinckus, 2010a, 2010b）。

31. 物理学对经济学的影响并不是什么新鲜事。许多学者已经研究了经济学对硬科学施加的"物理吸引力"（"physical attraction" exerted by economics on hard sciences）（Le Gall, 2002：5）：米罗夫基（Mirowski, 1989）进一步强调了物理学对边际经济学和数学经济学的发展的作用。英格劳和以色列（Ingrao and Israel, 1990）重新引起经济学均衡概念化中力学的影响的话题。梅纳德（Ménard, 1981），沙巴斯（Schabas, 1990）和马斯（Maas, 2005）也强调了物理学在库尔诺（Cournot）和杰文兹（Jevons）的经济学研究中的作用。

32. 关于这个问题，参见乔瓦诺维奇（Jovanovic, 2000）以及乔瓦诺维奇和莱格尔（Jo-vanovic and Le Gall, 2001）。

33. 这种对方法论断裂的明确要求包含了库恩式理念，即发展一种新的范式前需要理论中断。

34. 关于社会物理学的出现和历史，参见加兰（Galam, 2004）。

35. 这个词是塞尔吉·加兰（Serge Galam）在 1982 年的一篇文章中提出的。

36. 物理学对金融市场研究的影响并不新鲜，正如巴舍利耶（Bachelier, 1900），布莱克和斯科尔斯（Black and Scholes, 1973）的著作所证明的那样。尽管如此，我们还不能将布莱克（Black）和斯科尔斯（Scholes）的模型作为该术语当前意义上的经济物理学，因为它完全融入了经济学和金融学的主流理论中（Kast, 1991）。经济物理学不是物理学所用方法的"适应性输入"；相反，它更接近于"方法论入侵"。

37. 这篇文章也是经济物理学这一术语的起源。

38. 虽然统计物理学在经济学的应用涉及多个领域，如企业营业收入（Okuyama, Takaya-su, and Takayasu, 1999），货币的出现（Shinohara and Gunji, 2001），以及全球需求（Donangelo and Sneppen, 2000），但通过物理学家发表的有关金融市场主题的文章的数量来判断，这些领域是边缘性的。因此，瑞奇斯（Rickles, 2007：4）提到的经济物理学的特征都与金融有关，并非偶然。

39. 在这一点上，我们应该明白，经济学家和金融家对价格分布的尖峰特征一直都很感兴趣（Louçâ, 2007：219；Jovanovic and Schinckus, 2013）。

40. 经济回报的分布更加呈现尖顶峰度（重尾分布），并且比高斯框架产生了更多极端事件。

41. 根据主流范式使用的理论框架，证券价格没有记忆。然而，从技术上来说，波动性具有缓慢衰减的自相关性，表明股票市场收益之间存在依赖关系。

42. 实际上，我们可以观察到几次大的波动和小的波动周期。换句话说，剧烈波动和低波动的时期趋向聚集。

参考文献

Arrow K. J. and Debreu G. (1954). "Existence of an Equilibrium for a Competitive Economy", *Econometrica*, 22/3: 265 – 90.

Bachelier, L. (1900). "Théorie de la speculation." *Annales de l'Ecole Normale Supérieure*, *3ème série*, January/17: 21 – 86.

Bagehot, W. [Treynor, J.] (1971). "The Only Game in Town." *Financial Analysts Journal*, 8: 31 – 53.

Bernstein, P L. (1992). *Capital Ideas: The Improbable Origins of Modern Wall Street.* New York and Toronto: Free Press.

Biais, B., Glosten, L., and Spatt, C. (2005). "Market Microstructure: A Survey of Micro-foundations, Empirical Results, and Policy Implications." *Journal of Financial Markets*, 8/2: 217–64.

Bingham, N. H. (2005). "Doob: A Half-Century On." *Journal of Applied Probabilities*, 42/1: 257–66.

Black, F. and Scholes, M. (1973). "The Pricing of Options and Corporate Liabilities." *Journal of Political Economy*, 81/3: 637–54.

Black, F., Jensen, M., and Scholes, M. (1972). "The Capital Asset Pricing Model: Some Empirical Tests," in M. Jensen (ed.), *Studies in the Theory of Capital Markets.* New York: Praeger Publishers, 79–121.

Bronzin, V. (1908). *Theorie der Prämiengeschäfte.* Vienna: Franz Deuticke.

Callen, E. and Shapiro, D. (1974). "A Theory of Social Imitation." *Physics Today*, 12/2: 23–8.

Cardon, D., Lehingue, P., and Muniesa, F. eds. (2000). *Les marchés financiers*, special issue of *Politix*, 13/52.

Cootner, P. H. (1962). "Stock Prices: Random vs. Systematic Changes." *Industrial Management Review*, 3/2: 24–45.

—— (1964). *The Random Character of Stock Market Prices.* Cambridge, MA: MIT Press.

Copeland, T. E. and Galai, D. (1983). "Information Effects and the Bid-Ask Spread." *The Journal of Finance*, 38/5: 1457–69.

Cowles, A. (1933). "Can Stock Market Forecasters Forecast?" *Econometrica*, 1/3: 309–24.

—— (1944). "Stock Market Forecasting." *Econometrica*, 12/3–4: 206–14.

—— (1960). "A Revision of Previous Conclusions Regarding Stock Price Behavior." *Econometrica*, 28/4: 909–15.

Davis, M. and Etheridge, A. (2006). *Louis Bachelier's Theory of Speculation.* Princeton, NJ: Princeton University Press.

De Bondt, W. F. M. and Thaler, R. (1985). "Does the Stock Market Overreact?" *The Journal of Finance*, 40/3: 793–805.

Debreu, G. (1959). *Theory of Value*, Cowles Foundation Monograph 17.

Demsetz, H. (1968). "The Cost of Transacting." *Quarterly Journal of Economics*, 82: 33–53.

Dimand, R. W. and Geanakoplos, J. (eds.) (2005). *Celebrating Irving Fisher: The Legacy of a Great Economist.* Malden, MA: Blackwell Publishing Ltd.

Donangelo, R. and Sneppen, K. (2000). "Self-Organization of Value and Demand." *Physica A*, 276: 572–80.

Douglas, G. W. (1969). "Risk in the Equity Markets: An Empirical Appraisal of Market Efficiency." *Yale Economic Essays*, 9: 3 – 45.

Durand, D. (1959). "The Cost of Capital, Corporation Finance and the Theory of Investment: Comment." *American Economic Review*, 49/4: 639 – 55.

—— (1968). "State of the Finance Field: Further Comment." *The Journal of Finance*, 23/5: 848 – 52.

Fama, E. (1965). "The Behavior of Stock-Market Prices." *Journal of Business*, 38/1: 34 – 105.

—— (1970). "Efficient Capital Markets: A Review of Theory and Empirical Work." *The Journal of Finance*, 25/2: 383 – 417.

—— (2008). "Interview with Prof. Eugene Fama by Prof. Richard Roll." ⟨http://wip. afajof. org/afa/all/Fama%20Transcript. doc⟩ (accessed August 17, 2011).

—— and French, K. (2004). "Capital Asset Pricing Model: Theory and Evidence." *Journal of Economic Perspective*, 18/3: 25 – 36.

——Fisher, L., Jensen, M. C., and Roll, R. (1969). "The Adjustment of Stock Prices to New Information." *International Economic Review*, 10: 1 – 21.

Ferreira, P. and Dionisio, A. (2008). "Voters'Dissatisfaction, Abstention and Entropy: Analysis in European countries." Working paper, ⟨http://www. cefage. uevora. pt/en/content/download/1578/20558/version/1/file/2008_11. pdf⟩ (accessed August 17, 2011).

Fisher, I. (1930). *The Theory of Interest as Determined by Impatience to Spend Income and Opportunity to Invest It*. New York: Macmillan.

Fourcade, M. and Khurana, R. (2008). "From Social Control to Financial Economics: The Linked Ecologies of Economics and Business in Twentieth-Century America." Working paper. ⟨http://papers. ssrn. com/sol3/papers. cfm? abstract_id = 1266317⟩ (accessed August 17, 2011).

Galam, S. (1986). "Majority Rule, Hierarchical Structures and Democratic Totalitarism: A Statistical Approach." *Journal of Mathematical Psychology*, 30/2: 426 – 34.

—— (2004). "Sociophysics: A Personal Testimony." *Physica A*, 336/2: 49 – 55.

——Gefen, Y. and Shapir, Y. (1982). "Sociophysics: A Mean Behavior Model for the Process of Strike." *The Journal of Mathematical Sociology*, 9/2: 1 – 13.

Garman, M. (1976). "Market Microstructure." *Journal of Financial Economics*, 3: 257 – 75.

Géman, H. (1997). "De Bachelier à Black-Scholes-Merton." *Bulletin français d'actuariat*, 1/2: 41 – 53.

Gingras, Y. and Schinckus, C. (2012). "Institutionalization of Econophysics in the Shadow of Physics." *Journal of the History of Econimic Thought*, 34: 109 – 130.

Grossman, S. J. (1976). "On the Efficiency of Competitive Stock Markets where Traders have Diverse Information." *The Journal of Finance*, 31/2: 573 – 85.

—— and Stiglitz, J. E. (1976). "Information and Competitive Price Systems." *American Economic Review*, 66/2: 246 – 53.

—— (1980). "On the Impossibility of Informationally Efficient Markets." *American Economic Review*, 70/3: 393 – 407.

Harrison, J. M. and Kreps, D. M. (1979). "Martingales and Arbitrage in Multiperiod Securities Markets." *Journal of Economic Theory*, 20/3: 381 – 408.

——and Pliska, S. R. (1981). "Martingales and Stochastic Integrals in the Theory of Continuous Trading." *Stochastic Processes and their Applications*, 11/3: 215 – 60.

Ingrao, B. and Israel, G. (1990). *Invisible Hand: Economic Equilibrium in the History of Science*. London: MIT Press.

Jensen, M., (ed.) (1972). *Studies in the Theory of Capital Markets*. New York: Praeger.

Jensen, M. (1978). "Some Anomalous Evidence Regarding Market Efficiency." *Journal of Financial Economics*, 6: 95 – 101.

Jovanovic, F. (2000). "L'origine de la théorie financière: une réévaluation de l'apport de Louis Bachelier." *Revue d'Economie Politique*, 110/3: 395 – 418.

—— (2008). "The Construction of the Canonical History of Financial Economics." *History of Political Economy*, 40/2: 213 – 42.

—— (2010). "Efficient Markets Theory," in R. Cont (ed.), *Encyclopedia of Quantitative Finance*. Chichester: John Wiley and Sons.

—— and Le Gall, P. (2001). "Does God Practice a Random Walk? The 'Financial Physics' of a 19th Century Forerunner, Jules Regnault." *European Journal for the History of Economic Thought*, 8/3: 323 – 62.

—— and Schinckus, C. (2013). "The History of Econophysics'Emergence: A New Approach in Modern Financial Theory." *History of Political Economy*, 45: 2, forthcoming.

—— (2010a). "Econophysics: A New Challenge for Financial Economics?" Working Paper, submitted to *Journal of the History of Economic Thought* and accepted for publication.

—— (2010b). "Financial Economics'Birth in 1960s." Working Paper.

Kahneman, D. and Tversky, A. (1979). "Prospect Theory: An Analysis of Decision under Risk." *Econometrica*, 47/2: 263 – 91.

Kast, R. (1991). *Rationalité et Marchés Financiers*. Paris: Economica.

Kendall, M. G. (1953). "The Analysis of Economic Time-Series. Part I: Prices." *Journal of the Royal Statistical Society*, 116: 11 – 25.

Kennedy, R. E. (1966). "Financial Analysts Seminar." *Financial Analysts Journal*, 22/6: 8 – 9.

Knorr Cetina, K. and Preda, A. (eds.) (2005). *The Sociology of Financial Markets*. Oxford:

Oxford University Press.

Kyle, A. S. (1985). "Continuous Auctions and Insider Trading." *Econometrica*, 53/6: 1315 – 35.

Le Gall, P. (2002). "Les Représentations du Monde etles Pensées Analogiques des Economètres: Un Siècle de Modélisation en Perspective." *Revue d'Histore des Sdences Humaines*, 6: 39 – 64.

LeRoy, S. F. (1973). "Risk Aversion and the Martingale Property of Stock Prices." *International Economic Review*, 14/2: 436 – 46.

——— (1976). "Efficient Capital Markets: Comment." *The Journal of Finance*, 31/1: 139 – 41.

Lintner, J. (1965a). "The Valuation of Risk Assets and the Selection of Risky Investments in Stock Portfolios and Capital Budgets." *The Review of Economic Statistics*, 47/1: 13 – 37.

——— (1965b). "Security Prices, Risk and Maximal Gains from Diversification." *The Journal of Finance*, 20/4: 587 – 615.

Louçâ, F. (2007). *The Years of High Econometrics: A Short History of the Generation that Reinvented Economics*. London: Routledge.

Lucas, R. E. (1978). "Asset Prices in an Exchange Economy." *Econometrica*, 46/6: 1429 – 45.

Maas, H. (2005). *William Stanley Jevons and the Making of Modern Economics*. Cambridge: Cambridge University Press.

McCauley, J. (2004). *Dynamics of Markets: Econophysics and Finance*. Cambridge: Cambridge University Press.

MacKenzie, D. A. (2006). *An Engine, Not a Camera: How Financial Models Shape Markets*. Cambridge, MA: MIT Press.

——— (2007). "The Emergence of Option Pricing Theory," in G. Poitras and F. Jovanovic (eds.), *Pioneers of Financial Economics: Twentieth Century Contributions (Volume 2)*. UK: Edward Elgar, 170 – 91.

——— Muniesa, F. and Siu, L. (eds.) (2007). *Do Economists Make Markets? On the Performativity of Economics*. Princeton, NJ: Princeton University Press.

Madhavan, A. (2000). "Market Microstructure: A Survey." *Journal of Financial Markets*, 3/3: 205 – 58.

Malkiel, B. (1992). "Efficient market hypothesis". In Newman P. M. Milgate, and J Eawells (eds). *The new Palgrave dictionary of Money and Finance*. London, Macmillan.

Mandelbrot, B. (1966). "Forecasts of Future Prices, Unbiased Markets, and 'Martingale' Models." *Journal of Business*, 39/1/2: 242 – 55.

Mantegna, R. and Stanley, E. (1999). *An Introduction to Econophysics*. New York: Cambridge University Press.

Markowitz, H. (1952). "Portfolio Selection." *The Journal of Finance*, 7/1: 77 – 91.

——— (1959). *Portfolio Selection: Efficient Diversification of Investments*. New York: Wiley.

—— (1999). "The Early History of Portfolio Theory: 1600 - 1960. " *Financial Analysts Journal*, 55/4: 5 - 16.

—— (2004). "Harry Markowitz Interview. " 〈http://wip. afajof. org/afa/all/Harry%20Markowitz%20Transcript. doc〉 (accessed August 17, 2011).

Mehrling, P. (2005). *Fischer Black and the Revolutionary Idea of Finance*. Hoboken: John Wiley and Sons.

Ménard, C. (1981). "La machine et le coeur: Essai sur les analogies dans le raisonnement économique," in A. Lichnerowicz, F. Perronx, and G. Gadoffre (eds.), *Analogie et connaissance*. Paris: Éditions Maloine: 137 - 161.

Meyer, P. -A. (2009). "Stochastic Processes from 1950 to the Present. " *Journal Electronique d'Histoire des Probabilités et de la Statistique*, 5/1: 1 - 42.

Miller, M. H. (1988). "The *Modigliani-Mille*r Propositions After Thirty Years. " *Journal of Economic Perspectives*, 2/4: 99 - 120.

Mirowski, P. (1989). *More Heat than Light: Economics as Social Physics, Physics as Nature's Economics*. Cambridge: Cambridge University Press.

Modigliani and Miller, (1958). "The Cost of Capital, Corporation Finance and the Theory of Investment", *The American Economic Review*, 48/3: 261 - 297.

Mossin, J. (1966). "Equilibrium in a Capital Asset Market. " *Econometrica*, 34/4: 768 - 83.

O'Hara, M. P. (1995). *Market Microstructure Theory*. Cambridge, MA: Blackwell Publishers.

—— (2003). "Presidential Address: Liquidity and Price Discovery. " *The Journal of Finance*, 58/3: 1335 - 54.

Okuyama, K. , Takayasu, M. , and Takayasu, H. (1999). "Zipf's Law in Income Distribution of Companies. " *Physica A*, 269/1: 125 - 31.

Poitras, G. (ed.) (2006). *Pioneers of Financial Economics: Contributions Prior to Irving Fisher*. Cheltenham: Edward Elgar.

—— and Jovanovic, F. (eds.) (2007). *Pioneers of Financial Economics: Twentieth-Century Contributions*. Cheltenham: Edward Elgar.

—— (2010). "Pioneers of Financial Economics: Das Adam Smith Irrelevanzproblem?" *History of Economics Review*, Winter/51: 43 - 64.

Preda, A. (2009). *Information, Knowledge, and Economic Life: An Introduction to the Sociology of Markets*. Oxford: Oxford University Press.

Regnault, J. (1863). *Calcul des chances et philosophic de la bourse*. Paris: Mallet-Bachelier and Castel.

Rickles, D. (2007). "Econophysics for Philosophers. " *Studies in History and Philosophy of Modern Physics*, 38/4: 948 - 78.

Roberts, H. V. (1959). "Stock-Market 'Patterns' and Financial Analysis: Methodological suggestions. " *The Journal of Finance*, 14/1: 1 – 10.

Roll, R. (1977). "A Critique of the Asset Pricing Theory's Tests, Part I: On Past and Potential Testability of the Theory. " *Journal of Financial Economics*, 4/2: 129 – 76.

Ross, S. (1976). "The Arbitrage Theory of Capital Asset Pricing. " *Journal of Economic Theory*, 13/3: 341 – 60.

Roy, A. D. (1952). "Safety First and the Holding of Assets. " *Econometrica*, 20/3: 431 – 49.

Rub instein, M. (2002). "Markowitz's 'Portfolio Selection': A Fifty-Year Retrospective. " *The Journal of Finance*, 62/3: 1041 – 45.

—— (2003). "Great Moments in Financial Economics: II. Modigliani-Miller Theorem. " *Journal of Investment Management*, 1/2: 7 – 13.

Samuelson, P. A. (1965). "Proof that Properly Anticipated Prices Fluctuate Randomly. " *Industrial Management Review*, 6/2: 41 – 9.

Schabas, M. (1990). *A World Ruled by Number: William Stanley Jevons and the Rise of Mathematical Economics.* Princeton, NJ: Princeton University Press.

Schwert, G. William (2003). "Anomalies and market efficiency," in G. M. Constantinides, M. Harris, and R. M. Stulz (eds.), *Handbook of the Economics of Finance*, vol. 1, 939 – 74.

Schinckus, C. (2008). "The Financial Simulacrum. " *Journal of Socio-Economic*, 73/3: 1076 – 89.

—— (2009a). "La diversification théorique en finance de marché: vers de nouvelles perspectives de l'incertitude. " PhD thesis, Université Paris 1—Panthéon-Sorbonne.

—— (2009b). "La behavioral finance ou le développement d'un nouveau paradigme. " *Revue d'Histoire des Sciences Humaines*, 20: 131 – 57.

Shafer, G. and Vovk, V. (2001). *Probability and Finance: It's Only a Game*! New York: Wiley.

—— (2005). "The Origins and Legacy of Kolmogorov's Grundbegriffe. " Working paper. ⟨http://www. probabilityandfinance. com/articles/o4. pdf⟩ (accessed August 17, 2011).

Sharpe, W. F. (1963). "A Simplified Model for Portfolio Analysis. " *Management Science*, 9: 277 – 93.

—— (1964). "Capital Asset Prices: A Theory of Market Equilibrium under Conditions of Risk. " *The Journal of Finance*, 19/3: 425 – 42.

Shefrin, H. (2002). *Beyond Greed and Fear: Understanding Behavioral Finance and the Psychology of Investing.* New York: Oxford University Press.

Shinohara, S. and Gunji, P. (2001). "Emergence and Collapse of Money Through Reciprocity. " *Physica A*, 117/1: 131 – 50.

Stanley, H., Afanasyev, V., et al. (1996). "Anomalous Fluctuations in the Dynamics of Complex Systems: From DNA and Physiology to Econophysics. " *Physica A*, 224/1: 302 – 21.

Thaler, R. H. (1994). *The Winner's Curse: Paradoxes and Anomalies of Economic Life*. Princeton, NJ: Princeton University Press.

Treynor, J. L. (1961). "Toward a Theory of Market Value of Risky Assets. " Unpublished manuscript.

Von Plato, J. (1994). *Creating Modern Probability: Its Mathematics, Physics, and Philosophy in Historical Perspective*. Cambridge: Cambridge University Press.

Weidlich, W_ (1971). "The Statistical Description of Polarization Phenomena in Society. " *British Journal of Mathematical and Statistical Psychology*, 24/1: 251 – 66.

Wendt, P. F. (1966). "What Should We Teach in an Investments Course?" *The Journal of Finance*, 21/2: 416 – 22.

Weston, J. F. (1967). "The State of the Finance Field. " *The Journal of Finance*, 22/4: 539 – 40.

Whitley, R. D. (1986a). "The Structure and Context of Economics as a Scientific Field," in W. J. Samuels (ed.), *Research in the History of Economic Thought and Methodology*. Stanford, CA: JAI Press Inc., 179 – 209.

—— (1986b). "The Rise of Modern Finance Theory: Its Characteristics as a Scientific Field and Connection to the Changing Structure of Capital Markets," in W. J. Samuels (ed.), *Research in the History of Economic Thought and Methodology*. Stanford, CA: JAI Press Inc., 147 – 78.

Working, H. (1934). "A Random-Difference Series for Use in the Analysis of Time Series. " *Journal of the American Statistical Association*, 29: 11 – 24.

—— (1935). "Differential Price Behavior as a Subject for Commodity Price Analysis. " *Econometrica*, 3/4: 416 – 27.

—— (1956). "New Ideas and Methods for Price Research. " *Journal of Farm Economics*, 38: 1427 – 36.

第29章
金融自动化：过去、现在和未来

胡安·帕布鲁·帕尔多 – 古尔亚（Juan Pablo Pardo-Guerra）

毫无疑问，没有比这更普通，甚至更老生常谈的命题了，那就是，创新……实际上是资本主义社会中所有经济生活现象、困难和问题的中心。

约瑟夫·熊彼特（Joseph Schumpeter），《商业圈》（*Business Cycles*）

经济学理论认为，技术发展提高了市场的质量。金融市场也不例外。各种各样的工具设备被广泛认为已经为世界资本市场的整合提供了条件。事实上，对于像罗伯特·默顿（Robert Merton）这样的经济学家来说，技术带来的红利已经超出了金融体系的范畴，促进了经济的整体运行。"电信、信息技术和金融工程的创新"，默顿（Merton and Bodie，2005）认为，"为经济增长的多种融资渠道提供了实际可行的前景"。默顿的主张反映了大量有关金融发展历史的研究的观点。经济文献中充斥着采用特定技术如何积极影响市场质量的说明——从执行成本和买卖差价，到流动性和系统性风险。在激烈竞争的推动下，技术被视为金融无可争议的支撑。

然而，对于金融市场中的技术的标准经济学研究路径，倾向于复制一个众所周知的创新模型：技术变革被视为金融体系基本生产函数的转变；给定一组投入，技术可以很好地改变不同生产要素的关联方式，但它并不被视为基本交换机制的变革要素。市场归根到底是交易，技术可能会使交易成本更低且效率更高，但不会改变其基本的经济性质；计算仍然体现在经济主体身上，而不是其技术附属物中。因此，技术被认为是中性的和没有问题的。

但是，这种对技术的理解并不完整。融入金融的技术不仅仅是理性行动者用来优化效用的工具。相反，技术使交换规则明确化，将市场参与者行动的可能性格式化；作为可视化和互动的手段，它们呈现并涵盖了越来越非实体性的（disembodied）和没有确切位置的（dislocated）——尽管是高度物质化的——市场；技术也构成了具有反思性和算计性的分散的市场机构的一部分，它们使市场保持活跃；作为创新，市场技术是政治性和竞争性干预的对象。技术是金融微观结构的重要组成部分。

本章沿袭了布鲁斯·卡鲁瑟斯（Bruce Carruthers）关于金融在社会学思想中的相对边缘化的观察。正如卡鲁瑟斯（本卷）所显示的，尽管文献中金融没有完全被忽略，但对这一人类活动领域的分析相对分散，并且发生在核心社会学关注的边缘地带。通常情况下，只有在涉及其他主题时，无论是资本主义（Arrighi，1994；Strange，1986），企业和公司（Fligstein，2001），灾难（Perrow，2010），还是全球化（Castells，2000），金融才具有相关性。最近的研究似乎对这一疏忽提出了挑战，将金融本身作为一个有价值的主题，而不是对一些更广泛的社会过程的解释（Cetina and Bruegger，2002；MacKenzie，2003；Muniesa，2003；Preda，2009b）。很显然，这些文献包含了对市场技术作用的探索。理当如此。市场的日常运作取决于技术系统支持的复杂网格，这些系统定义了金融行为可能性的空间，因此对市场动态具有具体而持久的影响。虽然交易规则（Fligstein，2001）可能会传达出（inform）宏观行为，但市场微观结构会在技术上具体表现出来。

本章涉及金融的这种社会技术特征。金融市场的大部分发展进程，是由自动化影响下的技术变革框定的。相应地，本章提供了一个涉及金融市场自动化的驱动因素、表现形式和可能后果的历史社会学概要。诚然，在提供一个不完全的概要时，它捕捉了社会学文献关于技术在金融中的地位的最新见解，认为只有当它们的微观和宏观结构都以社会技术动力学为语言框架时，金融市场才能更加简明易懂。

本章的结构如下。下一部分将简要回顾金融中的技术和自动化概念，并总结自动化发生的不同驱动因素和范围。接下来是自动化在不同领域的金融实践中的作用，涉及从结算和清算到交易履行的不同领域。最后，本章提出了关于金融自动化的未来构想。

金融自动化的再思考

金融市场介于概念上的"非生产性的"储蓄和"生产性的"投资的资本流动之间。正因为如此,它们在技术创新中发挥了关键作用。通过将闲置资金汇集并投入新型企业和国有机构(established institutions)中,这些市场通常可以使各州和企业家分散投资风险,并追求成本高昂的项目——从 19 世纪时横贯大陆的铁路系统到近几十年来制药和生物技术的发展。

然而,金融市场是由相对普通的技术填充的传统空间。在其大部分历史中,金融的实质是,传统的实体企业已经形成了制定不同类型合同协议的框架之一。事实上,即使到了 19 世纪,股票市场的物质文化也仅仅由粉笔、墨水、纸张、大理石和木材构成,由人们信任的权威、法院以及大量职员的体力劳动提供支持。

19 世纪的整体经济扩张、公债市场的扩大,尤其是股份份额的增长,为企业家提供了新的可能性。随着经济网络的融合和金融机构的稳定,在巴黎和阿姆斯特丹等城市的交易所中,买卖英国政府债券的可能性不断提高。这种形式的市场地理分割(即特定合同的市场,存在于多个地点而非单一地点的事实)需要利用交易所间的价格差异——由于相关信息到达每个城市的速度不同,伦敦的合同价格不需要与巴黎或阿姆斯特丹相同。因此,能高效沟通的精明企业家可以通过套利获利:在低价市场买入,在高价市场卖出。金融机构中电报的使用,在很大程度上就是对这种获利机会的回应。

我们应该如何概念化这些创新,以及相应的金融自动化的社会学?电报的采用似乎印证了经典的经济表述是正确的:技术提高了效率,但对市场的动态发展没有其他影响。虽然巴黎、伦敦和阿姆斯特丹之间的联系可能更便利,但局部的实践基本没有发生太大的变化。在此,为了更好地理解技术和金融的交叠作用,我们可以参考三种关键的社会学视角。在一定层面上,20世纪 80 年代技术社会学的经典讨论揭示了技术变革的动态。遵循不同的传统,关于技术在组织内部作用的辩论使我们能够衡量金融领域中特定体系塑造实践的方式。最后,最近关于经济行动中分布式技术地位的见解,突出了技术在市场中的多样性,从而强化了金融参与者部署自动化的不同形式和逻辑。

科学技术研究早期文献将技术变革看作拥有不同兴趣的参与者之间成功

协调的偶然过程（Bijker et al.，1987；Bijker and Law，1992；MacKenzie and Wajcman，1999）。成本、效率和其他看似客观的针对绩效的测量，并不能独自决定技术的成功；在创新成果和系统成为现实之前，与其相关联的实践的意义和情境，必须在所有利益相关者之间妥善协调安排。然而，这种表述方式往往充满了斗争和抵制——创新是政治性的——技术不是关于物质的，而是与它们牵涉的社会关系有关。用比克和洛（Bijker and Law，1992）的话来说，市场是与其目标以及人造物一起被建立起来的。

尽管如此，市场制度的建构并不属于创新。社会和技术变革应当被视为互相交织、相互依赖、相互构建的轨迹。这种复杂的关系在组织机构适应创新时尤其明显。正如奥力克沃斯基（Orlikowski，1992）所言，在组织中，技术确定了行为的结构，也可以作为代理机构产生的机制：人造物（artifacts）可能会限制人的行为（例如，标准键盘不适合设计书的封面），但它们也会有助于某些形式的行为（为了编写书籍的章节，同样的键盘允许使用特定的软件）。技术既不决定人的行为，其自身也不取决于有意的设计。技术的特定动态受到普遍的制度条件的影响，这些制度条件既包括了适当行动的规范性，也包括对技术和组织工作本身的态度。这种社会习俗的变化可能会和"激进的"技术创新一样，在转变社会技术轨迹时同样变得激进。

人造物也能够通过充当人类和非人类参与者网络中的协调元素凝结这些代理。一种交易员们共同使用的袖珍计算器，它能够设置指定的估值公式，并且能够向各地主体呈现类似世界观的分布式软件系统，使得市场上出现特定的协调形式：首先，公式可以得到运用（MacKenzie and Millo，2003）；其次，尽管缺乏共同性，但仍能实现复杂形式的估值（Cetina and Bruegger，2002）。即使像电报这样看似无辜的东西——连接两个遥远的金融中心的电缆，使信息可以碎片化地传递——可能会对市场参与者的行为和定义世界的方式产生深远的影响。在他的精心考虑下，普瑞达（Preda，2009）展示了电报在 19 世纪末和 20 世纪初如何改变了人们对金融的理解，导致了经纪人、投资者和市场之间新型的互动形式。

我们还可以在这三个角度之外增加第四个视角，即在一般社会学意义上针对自动化的理解。鉴于它与资本、劳动力和工作流程之间的联系，自动化在几种传统的社会学思想中是反复出现的主题。在机械化的早期，机器被认为是变革的催化剂，是"人类智慧的最低操作"的良性替代品（Babbage，转引自 Daston and Galison，2007），或作为"肌肉力量机械分配"的危险例子

（Marx，转引自 MacKenzie，1984）。

后来的学者将自动化的幽灵看作是生产关系体系中的一种腐蚀性力量，这种关系将工人压制在机器的齿轮上。例如，哈里·布雷弗曼（Harry Braverman，1974）在他的经典分析中便提示了自动化给熟练技工带来的危险：随着技术的高度发展，通过机械手段可以实现"以前试图通过组织和纪律手段"达到的管理效果（Braverman，1999）。因此，技能退化（de-skilling）是机器取代工人的不可避免的后果，这只是资本主义生产中无情的技术逻辑的一个例子。

但对于其他学者而言，自动化的影响不那么直接，也可能不那么危险。例如，大卫·诺布尔（David Noble）坚持采用更细致的方法来处理自动化的影响。对他和其他人来说（Attewell，1987；Noble，1978），管理的梦想被车间的现实所压制：去技能化的频率和强度都比布雷弗曼的预期更低，工人们具身化且通常默会的技能集被证明是很难复制和替代的，而且这个行业的新机器总是需要——一种或多种——某种程度的人工干预。

然而，尽管金融业的交易大厅不是重工业的车间，我们也需要对自动化下一个针对特定情境的定义。虽然技术熟练的车间工作人员和一些相对富裕的金融中介机构面临着相似的挑战，并且他们以相似的方式回应这种形式或那种形式的自动化兴起，但其逻辑和行动的可能性却大不相同。自动化在某种意义上意味着一种特殊的金融形式，因此被金融从业者以不同的方式接受或挑战。与此相关的问题是：我们应该如何定义金融自动化呢？

金融自动化是在 20 世纪 50 年代中后期，于几个独立轨迹交汇处开始的历史性的定位过程。在一定层面上，自动化源于证券行业重组，这是自战后，特别是在美国发生的金融活动的兴起和重新配置的结果（Friedman，1980）。美国的新型交易工具，新兴财富以及金融友好政策使得组成道琼斯工业平均指数（Dow Jones Industrial Average）的公司市值上涨，从 1949 年约 2160 亿美元增长到今天的 13.5 万亿美元以上（Krippner，2010）。在这种大幅增长的背景下，西方国家的监管变革推动了市场上特定形式的技术干预的引入，其中包括规制清算和结算的机械化形式，以及证券交易电子网络的规则。此外，金融自动化的浪潮从信息通信技术扩展到一般业务应用（Cortada，2005），随后围绕这些技术开发出了新的组织例程。因此，自动化是三大因素的共同产物：交易量增加，新兴技术和友好的监管干预。

虽然有些学者认为，从最广泛的意义上说，金融自动化来源于 19 世纪晚期制表机器的发展（Yates，2005），而作为投资者、监管者和市场参与者使用的"自动化"概念，在之后才变得有意义。实际上，将自动化的定义限制在 20 世纪下半叶，是与概念的历史维度相一致的。自动化不仅仅是为了实现流程的标准化和机械化。相反，自动化意味着尝试在系统中创建自动性，从而为其提供某种形式的内生自动控制。从某种意义上说，自动化就是一个构建自动机的明确任务，目的是创建一个复杂机器来模拟甚至代替现实（Baudrillard，1996；Bedini，1964）。在很大程度上，这个梦想是到了近代才被金融业所接受的。

金融自动化首先是一种技术转变，从本节所述的理论观点来看，它被证明是一个多方面的产物。在对待这个产物时，使用一个对体制条件、金融实践领域，以及促进技术开发和适用的驱动因素都很敏感的分析分类法是十分便利的。我们这里根据两个维度来定义金融自动化历史发展的分类标准。在一个维度上，我们必须区分采用技术的相关金融活动领域。广义而言，金融活动可以通过三个重叠的实践领域来定义：履行，信息传播和结算。每一个实践领域都需要不同的机构参与者和条件。因此，参与结算和清算的公司，与那些在市场中出售和传播信息的公司是明显不同的。另一个维度是，技术开发和适用的独特驱动因素。这些驱动因素捕捉到了引领公司和政策制定者获得或争取特定系统和技术解决方案的制度原理。从历史上，我们可以谈到四个这样的驱动因素，即成本、效率、控制和监管（costs，efficiency，control，and surveillance）。我们将在下面对这些驱动因素做进一步的描述。

成本

金融自动化的项目通常与四种特定的逻辑有关。第一个，金钱上的，这也许是最突出的，并且基本上与关于技术变革的经典经济学理论相符。对于自动化的支持者来说，开发和采用新技术对应于成本激励措施，能够减少熟练劳动力并提高特定流程的生产率。我们给出一个关于结算和清算自动化的历史事实予以说明。根据查尔斯·巴贝奇（Charles Babbage）对伦敦的银行清算所（Banker's Clearing House）中"原始"计算机的描述（Babbage，1835），结算是市场上的交易正式达成的过程，此时证券和现金在买卖双方之间发生交换。但在传统上，结算是一项劳动密集型活动，需要由信使团，熟练的职员，无数的铅笔、纸张、计算机器，偶尔还有律师共同组成庞大的"计算机"，所有人员齐心协力来匹配、执行和敲定市场中的每一笔交易。因此，结算的变化最初是由劳动力成本驱动的。目前的结算已经用电子关系数据库、电信网络、企业管理软件，和几名能以低得多的成本匹配并执行订单的技术人员，取代了过去的人类和成堆的纸张（Pardo-Guerra，2010b；Wells，2000）。

效率

虽然成本和效率具有相关性，但后者并不必然具备前者的含义。效率作为一种技术经济测量，它与意识形态干预的对象一样，具有悠久和杰出的思想历史（Alexander，2008）。在金融领域，效率通常被视为良性市场的决定性特征（Fama，1970）。事实上，效率的话语优势已推动了一些最具历史意义的自动化项目。例如，美国的全国市场体系（National Market System）就受到理想化效率的影响，这对于国内市场的公平和正义来讲至关重要（Mendelson and Peake，1979）。从这个意义上，自动化是一个受到效率的规范化和政治性引导，由市场参与者、监管机构和技术专家共同参与的项目。技术不仅是解决经济竞争中成本 – 效益难题的方案，重要的是，它被认为是一个有价值的要素，可以使市场更加透明、高效和公平。从这个意义上讲，技术是实现理想（和意识形态）市场的手段。

控制

第三个驱动因素是组织性的：实施自动化系统不仅仅是对外部市场信号的反应；从根本上说，它也是解决治理、指挥和控制问题的明智方案。引入自动化技术是为了实现一系列市场参与者之间的公平，例如平等地获取市场信息（Preda，2006），但技术也被用来建设特定领域内的治理和问责制度，如金融机构分级核算制度（hierarchical accounting systems of financial institutions）（Hatherly，Leung，and MacKenzie，2008；Power，2007）。共享数据库不仅是集体工作的一种便利工具；更重要的是，它是管理项目及其参与者的机制；它是一种权力工具，就像它是一种分布式认知一样。

自动化还需要改变有关什么是可见的，以及谁是可见的边界。市场尽管看似技术化和自动化，但总是需要一定程度的人工干预，其形式可能是交易者对特定标准化的自动交易系统的判断，或者是技术人员对交易平台进行设计和维护。在自动化金融机器的后面，人们总会找到某种形式的人力代理。在这个意义上，金融自动化与特定形式的组织性自我表现相结合，使一些人变得不可见了，同时使其他人更加突出。正如重工业的总工程师一样，精英财务经理因为协调市场的能力而显于人前。而"传统"交易者，就像车间里的技术工人一样，也失去了一些政治和象征意义的优势，取而代之的是新型中间人，例如理工科毕业生，据称，他们对复杂的市场技术有着更精确的把握。正如马克思曾经说过的，自动化可以是一种无须人力，根据特定群体的需求重新设定组织的手段。自动化与控制的关系模式就如同它与成本和效率的关系模式。

监管

自动化技术是大多数金融服务行业实践的核心，它包括方程式、算法和可视化的表格，利用它们，中介机构得以参与市场、衡量风险并构建集体战略（Beunza and Stark，2004；Cetina and Bruegger，2002；MacKenzie，2003；Mayall，2006；Preda，2009）。但是，由于这种技术能够记录大量数据，并且在监测市场参与者的（不当）行为方面也很有效（Williams，2009），对自动化的支持通常来自管理机构，这些机构从电子系统中看到了全面监控的可能性。事实上，作为在全球范围内实现全面控制、指挥和获得情报的手段，技术的这一形象并不新鲜（Edwards，1996；Mirowski，2002），它植根于政治范畴的技术专家的话语体系（Boettke，2006）。

自动化的发展史

这些驱动因素在金融活动的三个领域（履行、信息传播和结算）中具有不同的表现方式。为了阐述这些驱动因素在金融技术发展中所起的作用，本节将探讨自动化在不同领域中的演变过程。我们的讨论将从交易的末端（结算）开始，展现从交易末端到其开端（咨询）的整个过程，这也在某种程度上反映了金融领域内自动化的历史路径。

结算、清算与支付

交易所最终要求买卖双方之间转移货币和财产权利。因此，追踪并成功完成金融交易需要大量的计算工作：匹配交易，纠正错误，控制交付凭证，以及金钱在实体和电子领域的转移。实际上，最早的金融自动化发生在 20 世纪初的结算业务中，起初是运用制表机（*c.* 1940s），后来将计算机（*c.* 1960s）用于后台会计系统。这些系统的重要性（以及自动化的可能性）在一系列系统性压力事件中突显了出来，在这些系统性压力事件中，交易水平超过人工处理订单的能力，因此需要更高效的结算系统（例如 1963 年华尔街的纸张堆积事件；Wells，2000）。

在结算自动化的浪潮开始后，后台结算和清算业务从内部系统转变为独立的，且通常是合作性的企业运作。结算的整合不仅受到成本和规模经济的驱动，更重要的是，它受控制观念的影响；虽然结算一直是证券交易所的职责，但它是由机构投资者和投资银行等终端用户组成的财团所控制的。

这种重新配置始于 20 世纪 80 年代后期，是由两个相互关联的过程造就的。在一定层面上，结算的动态发展回应了 20 世纪下半叶金融全球化带来的现实可能性：随着公司在全球范围内扩展其影响力，可靠性高的专有通信网络对信息交换越来越有吸引力，且使得事务能够跨越国界得以解决（Loader，2005）。然而，除非联合，维持专有网络基础设施的成本往往令人望而却步，这最终导致行业范围内的企业主动构建起一个信息交互的公用平台。相类似地，共享网络是建立在数据输入和信息传输标准化协议基础上的，这一事实有助于降低金融通信中使用自由文本的操作风险〔这些风险是由于对特定输入的不同解释而产生的，标准化可以降低这种风险；参见斯科特等在 2010 年对 SWIFT 的分析（Scott and Zachariadis，2010）〕。

清算和结算的合并也源自结算机制的需求，包括减少纠错方面的冲突，并沿着理性/功能的方向分离风险。例如，在组织层面上，清算机构为交易匹配提供了一个相对中立的场所，它本来难以被发起订单的公司内部化。通过在单一机构的安排下集中运作，清算机构为解决冲突的贸易报告提供了合法机制。此外，这种作用使清算和结算机构拥有了专门的法律和行政知识库，而这些要在证券交易所、中型经纪公司和投资银行等传统交易场所内创建并维护，成本都将是极其高昂的。

在监管层面，诸如股票的非物质化等创新成果，来源于决策者试图最大限度地降低纸张带来的风险，在这里纸张是一种法律文书的实体媒介（Cerny，1994）。这些监管变化受到效率观念的推动，认为实体股票不适合全球化经济。作为金融政策的措施，结算中的操作风险通常被认为是与市场风险不相容的，需要创建有区别的、合法的独立机构。尽管这种风险合理化绝不意味着从贸易中分离清算和结算（Millo et al.，2005），但它意味着一个转型的行业组织，以及相伴随的，新型的组织文化、专业知识和系统性相互依赖的出现。

清算和结算的技术轨道中一个有意思的元素，是它们对市场及时性（temporality）的反应，以及它们如何反映技术和经济意义上效率的观念（Miyazaki，2003）。清算和结算都是在相对较长的时间单位内实现的——例如，法律规定结算应发生在交易日内，而不是小时、分钟或秒。但对这一领域中实施的系统来说，时间往往不是关键的，它们侧重的是实现适应性、稳定性和覆盖度。这些特征在所谓的大额支付系统（LVPS，Large-Value Payment Systems）的发展和演变中清晰可见。作为金融机构（特别是银行）之间大量货币转移的通道，LVPS 构成了全球范围内调动金融资本的技术支柱。

然而，构成这种系统形态的一个关键方面是，他们试图最大限度地减少因日常金融交易不连续而产生的"系统性风险"。在工作日结束时尚未解决的交易正是产生风险的来源。美国银行支付系统（United States' Federal Reserve）——Fedwire 的资金转账系统为此提供了一个例证。Fedwire 成立于 1918 年，是用来在美国的 12 个联邦储备银行之间进行资金转移的专有电信网络，它于 1981 年向非会员用户开放（FRBNY，2010）。由于清算是一个不连续的过程，因此 Fedwire 的"财务健康"用户可以在白天进行透支。但这种透支可能相当巨大。尽管 2003 年 Fedwire 的交易值为 704 万亿美元（Martin，2005），但 2008 年的每日透支额约为 650 亿美元（Federal Reserve，2009）。作为一种债务形式，透支具有结算风险。违约可能会对市场稳定造成严重后果，因为它会连带解除一连串未完成的大额交易。

随着国际交易量的增加以及清算、结算和支付系统的整体组织复杂性不断提高（BIS，2008），实时通信和处理程序越来越成为连续日内交易和无缝支付之间的通路桥梁。实际上，在对效率的规范性庇护下，金融市场存在一种趋势，即巩固结算的产业组织（BIS，2005），并加快其运营速度，使其与交易速度保持一致。可以说，清算和结算方面的技术发展，正在通过减少屏幕上进行的交易与账面上进行的交易之间的分离，使金融市场与经济实现理想化：通过实时结算，履行交易就等于交换。

市场信息

连接不同自动化市场体系演变的线索是市场信息的电子化。金融自动化融入了包括路透社电信网络等在内的电子通信系统的早期扩散进程中（Read，1992），它们是现今交易场所延迟敏感型网络的前身。这些信息传播系统不仅塑造了参与者的理解形式（Preda，2009），而且还昭示了市场整体进化的可能性。

市场信息无疑是现代金融的核心。市场信息控制着市场服务，它是未来经济行为的基础，并且也是证明过去行为合理的必要指标。市场信息更是金融空间自我指涉环节的要素：它是为市场参与者消费而创造的。然而，市场信息也是一种特殊的消费品。它一经消费即告失效，内容各异，影响不可预知（Knorr Cetina，2010）。此外，信息通常还依赖金融通信技术，它来源于会计法规和会计协议，据此将公司报告传输给在全球范围内传播数据的信息网络架构。事实上，市场信息的自动化传播一直是交易和结算服务自动化的基础，因为这两者都需要信息才能运作。

鉴于其重要性，市场信息自动化的主要驱动力是控制：基于信息的生产、传播和使用。信息传播自动化肇始于 19 世纪，当时电报被引入金融行业（Preda，2006，2009）。但这些技术并不是现代意义上真正的自动化——他们依然需要大量职员来提供和解释信息。

自动化信息系统随着计算机技术的应用而产生，并与通信网络共同作用，带来了新的数据传播形式。例如，伦敦在 20 世纪 60 年代末 70 年代初引入自动化信息系统，是由于结算技术的伴随效应（也就是说，购买计算机的投资是为了进行结算，但也可以用于其他用途），人们也意识到传播信息本身就是一项有利可图的事业（Pardo-Guerra，2010a，2010b）。通过先进的电信系统控制伦敦的信息，不仅是一种狭义的商业战略，更广泛地讲，这是对市场的控制；可以说，这是对英国伦敦证券交易所（LSE，London Stock Exchange）作为主要交易场所行使权力的说明。直到 20 世纪 90 年代，监管干预才将证券交易所的相对垄断"分拆"，促使其按照公平、平等和效率的原则向二级经销商传递市场信息。

在美国，市场信息自动化主要由监管部门推动。纽约证券交易所（NYSE，New York Stock Exchange）在全国证券市场上成就了历史性的主导地位，成为证券交易委员会（SEC，Securities and Exchange Commission）全面实施自动化计划的诱因，其中包括建立市场综合信息系统，这可以通过电子手段将不同的交易场所连接起来。因此，从 20 世纪 60 年代末开始，美国部署了一系列技术系统，为市场信息的流通提供了国家基础设施。在美国，市场信息自动化也是和控制相对应的，但与英国不同的是，这不是一种机构对市场的控制，而是监管部门对机构（纽约证券交易所）的控制。美国市场的技术政治，在很大程度上可以理解为是纽约证券交易所的垄断力量与证券交易委员会的监管之间的博弈。

交易履行

重要的是，信息传播自动化对于发展第三个金融自动化领域——履行是至关重要的。交易自动化需要一个稳定的信息传播架构，因为它提供着市场事件的相关数据，以及保障交流的基础设施，参与者可以通过这些基础设施实现交易。事实上，一些最显著的自动化交易是复杂信息网络发展的产物（例如路透社交易系统，它从 20 世纪 70 年代起成为外汇市场的标准）。如果没有信息传播的标准平台，自动交易将无法实现。

交易自动化是最新近的有关技术变革影响金融体系的范例。毫无意外，面对面交易的消亡和基于电子网络的新金融活动模式的兴起，正在成为金融自动化（Castells，2000）及有组织的金融全球化（O'Brien，1991；Shiller，2003）的典型代表。电子系统在日常金融业务中使用的日益增多，反映出了过去半个世纪金融服务业体制的发展情况。然而，这些系统的引入最初并不意味着交易的完全自动化和去地理化。20 世纪七八十年代，早期交易自动化浪潮主要集中在提供电子定价和报价广播服务，而不是自动交易本身。这些自动化技术需要相当多的技术、监管和组织的努力，以便使交易从证券交易所的大厅转移到投资银行和其他中介机构的办公室。

自动交易的整合——在没有直接人为干预的条件下，计算机系统自动创建订单，并同时向市场提交订单的最新趋势显现——是 20 世纪 90 年代和 21 世纪初社会发展的产物。例如，履行的自动化很大程度上是随着新兴的贸易投资策略的开发而形成的，这些策略需要实现实时调整投资组合等要求，以适应市场变化或市场参与者的期望（例如，20 世纪 90 年代以来，主张自动交易的定量对冲基金的投资策略）。为了使自动交易成为金融市场的共同特征，效率和控制的概念必须是确切的：市场参与者必须对金融的速度，以及处理日益技术化和分散的市场手段产生新的期望。交易的自动化不仅仅是为了应对竞争压力而对现成技术的采用；恰恰相反，贸易自动化受到很多压力的推动，经济激励只是技术变革的一系列原因之一。

交易自动化的历史轨迹各不相同。有时候，如伦敦证券交易所的自动化，几乎是偶然的产物，首先是购买计算机，以实现后台运作机械化；其次是聘用专家，在组织内实施、维护和推进技术系统。对于证券交易所的领导层来说，直到 20 世纪 60 年代，技术仅仅为账户管理和数据传输等艰巨任务提供帮助。这如同一位 20 世纪 70 年代的英国经纪人对那些试图用计算机处理自己业务的人的告诫所云，"以这种方式完成交易永远没有意思。我认为交易当然应该是，人与人之间的事"（转引自 Kynaston，2001）。这一愿景与伦敦证券交易所技术专家的观点形成了对比。对证券交易所主要技术经理乔治·艾泰（George Hayter）来说，市场是"100% 由信息组成的……从经纪人和他的客户开始获取信息，产生订单，（并完成了）契约规定的所有权和金钱的交换……这个激动人心的过程，从头到尾，实际上都是信息流"（转引自 Pardo-Guerra，2010）。证券交易所内部技术部门负责人是一个相对较小、稳定且具有政治自主性的团队，他们推动制定了市场自动化的大部分政策。毋庸置疑，撒切尔政府的监管激励促进了 20 世纪 80 年代后期伦敦证券交易所前台的自动化（以自动报价和履行系统的形式），这是技术人员进行授权以及他们有关效率的观念的结果，这种自动化起源于那些 20 世纪 60 年代的部门，它们是为了合理利用后台的信息技术而创建的（Pardo-Guerra，2010）。

其他市场自动化的轨迹包含着性质不同的过程。例如，巴黎证券交易所的自动化就是通过对技术翻译准确性、公平性和公正性的不断协商而形成的，它形成于第一个自动报价系统——法国巴黎指数（CAC，Cotation Assistée en Gontinu）建立的过程中。CAC 于 1986 年推出，用于处理流动性较差的证券，并于 1989 年在整个市场上实施，原本计划作为一种技术方案，用于解决巴黎交易所中传统公开叫价系统长期存在的信息不对称问题。然而，CAC 在发展中遇到的问题与伦敦金融系统产生的问题明显不同。源自多伦多的计算机辅助交易系统（CATS，Computer Assisted Trading System）的 CAC 和伦敦证券交易所的不同，它没有在从零开始创建的新系统，或遗留系统的基础上建立新的竞争机制时陷入困境。虽然英国金融的症结在于与日益扩大的实体市场安排的组织进行政治斗争，但法国金融却纠缠在算法配置的政治困境中，这种算法配置很可能替代面对面的交易（Muniesa，2003）。随着自动化的发展，订单排队、交易者匿名以及信息中介的定义和程序等，成为参与者必须解决的争议性问题，目的是让自动报价系统提供的信号成为经济行为准确和合法的信息来源（Muniesa，2007）。对于作为交换基础的机器而言，意义的斗争必须冷静下来。

巴黎和伦敦的共同点在于政府干预——无论是像法国金融改革中专业报告的形式，还是像英国那样，对反垄断行为的威胁——都影响了自动化的速度和方向。然而，监管的指导作用在美国金融领域技术基础设施的路径中也有迹可循。美国的金融市场由两种不同的力量构成：竞争和监管。美国金融体系反映了一个分散的历程，不同的交易场所争夺更大的市场份额。例如，尽管华尔街十分显著并具有象征意义，但纽约证券交易所也从地区交易所（从旧金山和费城到芝加哥和波士顿）、国家交易场所包括美国证券交易所（American Stock Exchange）和全国证券交易商协会（National Association of Securities Dealers），以及像 Instinet 一样所谓的"电子通信网络"（Electronic Communication Networks）中分得一杯羹。

美国证券交易委员会从 20 世纪 30 年代起就成为银行业和金融业无可争议的监管机构，而它作为集中化的机构缓和了竞争。通过其政治影响力，证券交易委员会证明了它对促进美国金融自动化的重要性。证券交易委员会于 1961 年获得了国会授权，成立了一个专门小组，负责研究和调查"保护投资者，以及国家证券交易所和国家证券协会规则的充分性（adequacy）"（HCC，1961）。1963 年出版的特别研究小组报告（the Report of the Special Study Group）强调了自动化和电子报价广播在"大幅增加市场信息流量以及……确保公众更好地履行交易"上的优势。（SEC，1963）。通过对未来进行调查，特别研究小组为数字金融奠定了基础。与电子技术专家进行磋商后，特别研究组注意到，

> 一个可以选择最佳出价和报价，执行订单并清算交易的系统所具备的潜力。发送和接收单元将被安装在已经订购的经纪商的办公室中。批发商和其他经纪商用户可以将报价（和市场规模）输入中央计算机，用于在适当的安全条件下进行索引，并且可以询问计算机，以确定由计算机选择的最高出价和最低出价，以及用这样的价格投标竞价的股票数量。（SEC，1963）

分散的市场，"缺乏中心位置"，这个问题可以"通过使用一台中央计算机来解决"，由此关于交易的信息将流向专业经销商和公众。

信息技术成为控制和监管的工具。到 20 世纪 70 年代中期，美国国会和证券交易委员会通过改变美国金融基础设施来扩大其监管范围。1975 年的《证券交易法》修正案特别要求发展国家市场体系，美国证券交易委员会通过其建立实现监督和控制系统（giving oversight and control over its establishment to the SEC）。国家市场体系的目标既契合了经济理论的理念，又反映了证券交易委员会的监管要求。这一新颖的安排是为了提高交易的经济效率，确保公平竞争，提高信息的可获取性，并确保交易自动化的可能性——当然受制于最佳执行政策的条件。到了 20 世纪 70 年代末，国家市场体系形成了一套技术系统：统一磁带系统（Consolidated Tape System）整合了交易报告，统一报价系统（Consolidated Quotation System）创造了从交易场所向数据供应商的信息流。

创新活动的碎片化

这些创新将走向何方？在过去的 20 年中，自动化已经在整个金融领域蔓延，重新定义了大部分的市场运作方式。现在经常会遇到监管机构和市场参与者之间的讨论，归根到底是针对市场技术基础设施的争议。投资公司的技术水平在历史上是无与伦比的。而且，创新的步伐日益加快（hectic）：例如，芯片制造商英特尔在英国斯劳经营一个研发中心，专门满足金融行业高速发展、潜在敏感部门的需求。与之前一样，相同的驱动因素——成本、效率、控制和监管——也是适用的，它们彼此相互影响，塑造着目前市场技术的轨迹。

目前金融技术创新趋势中的一个有趣特征是所谓的碎片化创新模式的涌现，这一特征是上述驱动因素与经济知识的社会学性质相结合而导致的。碎片化创新完全可以描述金融的未来，一个主要通过整体技术，尤其是自动化的动态发展进行配置的未来。

碎片化创新来源于金融体系中三种相互作用：竞争，创新和知识。很明显，经济因素仍然是大部分金融发展的核心，加上竞争加剧的监管压力，成本对企业的生存和金融创新至关重要。金融体系内的公司——从传统投资银行到发展成熟的基金——都必须展开激烈的竞争，以吸引业务并实现收益最大化。这种竞争可能以多种方式发生。然而，大多数竞争形式是基于技术（technological）优势（例如，拥有超过竞争对手的快速系统）或技能（technical）优势（如具有更好的趋势预测算法或风险控制模型）。实际上，交易发生在知识密集型领域，其中技术和技能至关重要：信息不仅是市场的血液，它还是利润的最终来源，驱动了算法和执行速度特征（在几微秒内能够区分出赢家和输家）的产生。

　　但在这样一个知识密集型的领域，也必然会存在秘密。事实上，初步证据表明，在投资领域技术最密集的端点（高频交易者，即高度自动化的、复杂的市场参与者，可以利用算法在几分之一秒内交易数千股），企业间的沟通尤为稀缺：关于战略、算法和系统配置的信息比黄金还要稀缺。因此，促进系统协调创新的激励机制并不存在；创新大部分发生在隐秘的孤岛上，一切都朝着相同的方向发展：提高速度同时降低系统成本。

　　这种过程的结果是出现结构性不确定：市场中的每个参与者都使用自己的标准、算法和流程，并都想在竞争对手面前藏住它们。此外，参与者更不会有公开的动力，因为公开这些将对利润有负面影响。在这种结构性不确定的条件下，市场变得更难以预测和调节，想了解市场是根本不可能的。开放市场中存在的，能将不同地方知识连接起来的协调机制，在这个碎片化的体系中不存在了（von Hayek，1949），竞争压力在其中起到了催化的作用。对参与者而言，市场更难把握，如果出现错误，则更容易出现波动。2010 年 5月 6 日出现的所谓闪存崩溃（flash crash）的极端事件，便表明了金融技术结构的分散性，并且也可能是这种碎片化创新模式的证据：尽管耗费了数月的工作和千兆字节的数据，召集起来分析闪存崩溃的委员会无法对大多数市场参与者就事件做出令人信服的解释。具有讽刺意味的是，曾经作为监视和控制工具引入的技术相互勾结，造就了一个愈发不可知的系统。

自动化的阴影

　　金融领域普遍存在的技术给人的印象，可能是金融市场日益向自动化的状态发展。从一个角度来看，这可能是事实，但是这种说法可能会错过金融技术发展的一个关键方面：人为干预总是存在的，因为技术在人类和非人类网络之外仍然是无足轻重的，只有在这些网络中他们才能获得意义。在交易中，决策仍然是一项非常人际化的活动，它由多种仪器和设备组成，用于判断市场状况，构建系统中的定位。尽管自动执行某些决策过程的算法系统不断发展，微调参数和应对市场突发状况仍然是一项专业知识和经验占据关键地位的活动。即使在市场信息高度电子化的领域，仍然有许多人工干预的情况。文件在作为信息并分发给用户之前，必须被审阅、解释和形式化。自动化总是不完整的，恰恰是其内在的不完整性在一定程度上推动了市场上进一步的技术变革。

　　自动化对市场的演变具有重要影响。而到最后，自动化需要的是技术人员，经过很多年，这些技术人员才成为金融发展和资源重新配置的核心。在某种程度上，参与金融中心自动化的专家技术人员在市场微观结构中处于尾部。根据市场互动交易的传统定义（O'Hara，1995），市场微观结构在形成、约束并使金融主体的实践成为可能的重要安排，这也是可理解的（Beunza and Stark，2004；Zwick and Dholakia，2006）。在这里，技术人员——从工程师到管理人员，从程序员到供应商——不能被看作工具平台的提供者、交换规则的结晶，而是活跃的塑造者和修饰者，交互平台的专家构造者，以及市场的微观结构本身。

　　考虑到工程师和技术人员——自动化的关键主体——是金融史上的积极参与者，意味着他们各不相同的实践和预示性的期望是塑造市场演变进路的要素。金融不仅仅是追求利润。它与效率的实用主义意识形态一样受控于政治话语。事实上，金融体系发展中分散去中心的创新是解释金融变化动态的核心。在这个意义上，没有单一的路径，也没有市场演进的标准化路线，而是一种工具、平台、技术和世界观构成的生态，它们一起定义了金融领域过去、现在和未来的行动。

参考文献

Alexander, J. K. (2008). *The Mantra of Efficiency：From Waterwheel to Social Control*. Baltimore, MD：Johns Hopkins University Press.

Arrighi, G. (1994). *The Long Twentieth Century：Money, Power, and the Origins of Our Times*. New York：Verso.

Attewell, P. (1987). "The Deskilling Controversy." *Work and Occupations*, 14/3：323 – 46.

Babbage, C. (1835). *On the Economy of Machinery and Manufactures* (4th edn). London：C. Knight.

Baudrillard, J. (1996). *The System of Objects*. New York：Verso.

Bedini, Silvio A. (1964). "The Role of Automata in the History of Technology." *Technology and Culture*, 5/1：24 – 42.

Beunza, D. and Stark, D. (2004). "Tools of the Trade：The Socio-Technology of Arbitrage in a Wall Street Trading Room." *Industrial and Corporate Change*, 13/2：369 – 400.

Bijker, W. E. and Law, J. (1992). *Shaping Technology/Building Society：Studies in Sociotechnical Change*. Cambridge, MA：MIT Press.

—— Hughes, T. P., Pinch, T. J, and the American Council of Learned Societies. (1987). *The*

Social Construction of Technological Systems: *New Directions in the Sociology and History of Technology*. Cambridge, MA: MIT Press.

BIS (Bank for International Settlements) (2005). *New Developments in Large-Value Payment Systems*. Basel: Bank for International Settlements.

—— (2008). *The Interdependencies of Payment and Settlement Systems*. Basel: BIS.

Boettke, P. (2006). "Hayek and Market Socialism," in E. Feser (ed.), *The Cambridge Companion to Hayek*. Cambridge: Cambridge University Press.

Braverman, H. (1974). *Labor and Monopoly Capital*: *The Degradation of Work in the Twentieth Century*. New York: Monthly Review Press.

—— (1999). "Technology and Capitalist Control," in D. MacKenzie and J. Wajcman (eds.), *The Social Shaping of Technology*, 158 – 60. Maidenhead: Open University Press.

Castells, M. (2000). "Information Technology and Global Capitalism," in A. Giddens and W. Hutton (eds.), *On the Edge*: *Living with Global Capitalism*, 52 – 74. London: Jonathan Cape.

Cerny, P. G. (1994). "The Dynamics of Financial Globalization: Technology, Market Structure, and Policy Response." *Policy Sciences*, 27/4: 319 – 42.

Cortada, J. W. (2005). *The Digital Hand*, *Volume 2*: *How Computers Changed the Work of American Financial*, *Telecommunications*, *Media*, *and Entertainment Industries*. New York: Oxford University Press.

Daston, L. and Galison, P. (2007). *Objectivity*, Brooklyn, NY: Zone Books.

Edwards, P. N. (1996). *The Closed World Computers and the Politics of Discourse in Cold War America*. Cambridge, MA: MIT Press.

Fama, E. (1970). "Efficient capital markets: a review of theory and empirical work." *Journal of Finance*, 25/2: 383 – 417.

Federal Reserve (2009). *Fedwire Funds Transfer System*. Board of Governors of the Federal Reserve: Washington DC.

Fligstein, N. (2001). *The Architecture of Markets*: *An Economic Sociology of Twenty-First Century Capitalist Societies*. Princeton, NJ: Princeton University Press.

FRBNY (Federal Reserve Bank of New York) (2010). *Fedwire and National Settlement Services*. New York: Federal Reserve Bank of New York.

Friedman, B. (1980). *Post-War Changes in the American Financial Markets*, Cambridge: National Bureau of Economic Research.

Hatherly, D., Leung, D., and MacKenzie, D. (2008). "The Finitist Accountant," in T. Pinch and R. Swedberg (eds.), *Living in a Material World*: *Economic Sociology Meets Science and Technology Studies*, 131 – 60. Cambridge: MIT Press.

HCC（House Commerce Committee）（1961）. *Securities Market Investigation*, 87 – 1.

Knorr Cetina, K. (2010). "The Epistemics of Information. " *Journal of Consumer Culture*, 10/2:
171 – 201.

—— and Bruegger, U. (2002). "Global Microstructures: The Virtual Societies of Financial Mar-
kets. " *American Journal of Sociology*, 107/4: 905 – 50.

Krippner, G. R. (2010). *Capitalizing on Crisis: The Political Origins of the Rise of Finance*. Cam-
bridge, MA: Harvard University Press.

Kynaston, D. (2001). *The City of London: A Club No More, 1945 – 2000*. London: Chatto and
Windus.

Loader, D. (2005). "The Role of the Clearing House, " *In Clearing and Settlement of Derivatives*.
Oxford: Butterworth-Heinemann.

MacKenzie, D. (1984). "Marx and the Machine. " *Technology and Culture*, 25/3: 473 – 502.

—— (2003). "An Equation and its Worlds. " *Social Studies of Science*, 33/6: 831 – 68.

—— and Millo, Y. (2003). "Constructing a Market, Performing Theory: The Historical Sociolo-
gy of a Financial Derivatives Exchange. " *American Journal of Sociology*, 109/1: 107 – 45.

MacKenzie, D. and Wajcman, J. (1999). *The Social Shaping of Technology* (2nd edn). Phila-
delphia: Open University Press.

Martin, A. (2005). "Recent Evolution of Large-Value Payment Systems: Balancing Liquidity and
Risk. " *Federal Reserve of Kansas City Economic Review*, 2005/1: 33 – 57.

Mayall, M. (2006). "Seeing the Market': Technical Analysis in Trading Styles. " *Journal for the
Theory of Social Behaviour*, 36/2: 119 – 40.

Mendelson, M. and Peake, J. W. (1979). "The ABCs of Trading on a National Market System. "
Financial Analysts Journal, 35/5: 31 – 42.

Merton, R. and Bodie, Z. (2005). "Design of Financial Systems: Towards a Synthesis of Func-
tion and Structure. " *Journal of Investment Management*, 3/1: 1 – 23.

Millo, Y. , Muniesa, F. , Panourgias, N. S. , and Scott, S. V. (2005). "Organised Detach-
ment: Clearinghouse Mechanisms in Financial Markets. " *Information and Organization*, 15/3:
229 – 46.

Mirowski, P. (2002). *Machine Dreams: Economics Becomes a Cyborg Science*. Cambridge: Cam-
bridge University Press.

Miyazaki, H. (2003). "The Temporalities of the Market. " *American Anthropologist*, 105/2: 255 –
65.

Muniesa, F. (2003). "Des marchés comme algorithms: sociologie de la cotation électronique à la
Bourse de Paris. " PhD thesis, Ecole des Mines de Paris, Paris.

—— (2007). "Market Technologies and the Pragmatics of Prices. " *Economy and Society*, 36/3:

377 - 95.

Noble, D. (1978). "Social Choice in Machine Design: The Case of Automatically Controlled Machine Tools, and a Challenge for Labor." *Politics and Society*, 8: 313 - 47.

O'Brien, R. (1991). *Global Financial Integration: The End of Geography*. London: Pinter Publishers.

O'Hara, M. (1995). *Market Microstructure Theory*. Cambridge, MA: Blackwell Publishers.

Orlikowski, W. J. (1992). "The Duality of Technology: Rethinking the Concept of Technology in Organizations." *Organization Science*, 3/3: 398 - 27.

Pardo-Guerra, J. P. (2010a). "The Automated House: The Digitalization of the London Stock Exchange, 1955 - 1990," in B. Batiz-Lazo, J. C. Maixé-Altés, and P. Thornes (eds.), *Technological Innovation in Retail Finance: International Historical Perspectives*, 197 - 220. London: Routledge.

—— (2010b). "Creating Flows of Interpersonal Bits: The Automation of the London Stock Exchange, c. 1955 - 1990." *Economy and Society*, 39/1: 84 - 109.

Perrow, C. (2010). *The Next Catastrophe: Reducing our Vulnerabilities to Natural Industrial and Terrorist Disasters*. Princeton, NJ: Princeton University Press.

Power, M. (2007). *Organized Uncertainty: Designing a World of Risk Management*. New York: Oxford University Press.

Preda, A. (2006). "Socio-Technical Agency in Financial Markets." *Social Studies of Science*, 36/5: 753 - 82.

—— (2009a). "Brief Encounters: Calculation and the Interaction Order of Anonymous Electronic Markets." *Accounting, Organizations and Society*, 34/5: 675 - 93.

—— (2009b). *Framing Finance: The Boundaries of Markets and Modern Capitalism*. Chicago: University of Chicago Press.

Read, D. (1992). *The Power of News: The History of Reuters, 1849 - 1989*. Oxford: Oxford University Press.

Scott, S. and Zachariadis, M. (2010). "A Historical Analysis of Core Financial Services Infrastructure: Society for Worldwide Interbank Financial Telecommunication (S. W. IF. T.)." Information Systems and Innovation Group, Department of Management, LSE, Working Paper No. 182.

SEC (Securities and Exchange Commission) (1963). *Report of Special Study of Securities Markets*. Washington: U. S. Government Printing Office.

Shiller, R. J. (2003). *The New Financial Order: Risk in the 21st Century*. Princeton, NJ: Princeton University Press.

Strange, S. (1986). *Casino Capitalism*. Oxford: Basil Blackwell.

Von Hayek, F. A. (1949). *Individualism and Economic Order.* London: Routledge and Kegan Paul.

Wells, W. (2000). "Certificates and Computers: The Remaking of Wall Street, 1967 to 1971." *Business History Review*, 74/2: 193 – 235.

Williams, J. W. (2009). "Envisioning Financial Disorder: Financial Surveillance and the Securities Industry." *Economy and Society*, 38/3: 460 – 91.

Yates, J. (2005). *Structuring the Information Age: Life Insurance and Technology in the Twentieth Century.* Baltimore, MD: Johns Hopkins University Press.

Zwick, D. and Dholakia, N. (2006). "Bringing the Market to Life: Screen Aesthetics and the Epistemic Consumption Object." *Marketing Theory*, 6/1: 41 – 62.

索 引

Bold entries refer to figures and tables.

粗体条目指的是数字和表格

译后记

两年前，受《经济社会学研究》编辑部邀约，简要评议翟本瑞教授的《全球化的转型与挑战：金融社会学的考察》一文。我在阅读翟本瑞教授的论文时，被金融市场扩张所涉及的海量资本深深震撼，认识到当代个体实难逃离现代金融资本之网，社会被深深卷入金融市场运作的巨大旋涡。然而主流社会学研究对这些新议题和新现象鲜有关注，我在写作过程中对金融市场扩张的社会事实深感不安。带着极大的困惑，我邀约中国社会科学院金融研究所博士后罗龙秋交流，听他讲述在证券公司、投资公司、基金公司的工作经历以及部分投资项目的运作过程，愈加认为全球社会变迁的重要特征——金融要素对经济与社会生活领域势不可挡的扩散、渗透——正凸显从"经济金融化"到"社会金融化"的重大转型。通过这次跨学科视角的交流，我们还体会到主流金融学研究关注金融市场及其产品定价等，金融学专业领域更多地立足于基于工具理性的经济价值导向，而忽视了行动者的日常生活、社会关联、社会心态，行动者与社会结构的互动影响以及社会长远发展的福祉目标。最后，我们达成了共识，金融研究领域很有必要融入社会学研究视角。

基于彼此金融学和社会学的跨学科背景，我们决定尝试开展几项交叉学科的合作研究，并选择了两个研究项目作为着手进入金融学与社会学交叉研究领域的切入点。一是选择当前对中国经济社会发展变迁具有关键性且明显影响的金融行为即基层县域治理体现出的金融化倾向及政府债务问题作为研究主题，成果体现为合作的工作论文《县域治理金融化》；二是翻译国外重要的基础教材和前沿研究成果，这成了本手册翻译工作的缘起。

在数个知名图书馆检索金融社会学研究著作，它们几乎都显示《牛津金融社会学手册》（*The Oxford Handbook of Sociology of Finance*）为该领域最具综合性、普及性和探索性的研究成果。于是我们立即决定翻译出版此书，将它作为向国内学界介绍金融社会学分支研究的入门读物，更重要的是开启自身对该研究领域基础知识的学习之旅。该手册有 600 多页，举俩人之力在两年内完成翻译工作着实困难，遂邀请在中国社会科学院工作的向静林博士共同翻译此书。向静林博士是国内多年从社会学角度研究金融市场和金融行为的青年学者，即将以博士论文为基础出版专著《地方金融治理的制度逻辑：一个风险转化的分析视角》。

《牛津金融社会学手册》由卡瑞恩·克诺尔·塞蒂娜（Karin Knorr Cetina）和亚力克斯·普瑞达（Alex Preda）主编，这是一部非常重要的金融社会学前沿研究论文集。由此可以看到学术界已达成基本共识，认为金融已成为当代经济和社会发展的主要动力，而我们正生活在全球金融史无前例且持续扩张的浪潮之巅。在这个背景下，全书从全球金融治理、金融市场的运作、金融的专业系统、金融危机及金融历史分析等方面开展了大量实证研究，回答了金融系统起源于何时、它是如何实现如此大规模的渗透和扩张、政府是否推动了金融化的发展进程等问题。中国金融系统有自己独特的发展模式，而金融可谓最具全球一体化特征的制度系统之一，因此，我们相信该手册虽然主要基于美国或欧洲金融市场的实践写成，但它对理解中国金融市场的发育和演化仍具有重要借鉴意义。

我们作为介入社会学与金融学交叉研究领域的新手，一方面，亟须积累大量专业知识，过程中体会到阅读各篇章汲取新知的兴奋和愉悦感；另一方面，翻译、转译过程中存在大量不熟悉的知识，深恐翻译不够精准而有负读者，心境几度起伏。虽然翻译一般被认为是费力却工作产出低的苦力活，但幸运的是，我们日渐染上文字"强迫症"并最终"上瘾"，偶尔因琢磨出一个精准的翻译词语而窃喜，以至于决定未来出版金融社会学研究丛书，持续翻译数本西方学术界从社会学视角围绕金融化、金融市场、金融机构等所做的研究成果。作为跨学科的学术著作，翻译过程中得到了诸多老师指导，特别是在遇到困惑难解之处时，求教于刘世定教授、周雪光教授、王水雄教授等多位老师，总能得到严谨且细致的解答。治学之路，得益于各位老师悉心指导与引领，我们唯有精心锤炼这一翻译作品来表达我们的敬仰与感激之情。

真诚感谢社会科学文献出版社杨桂凤女士及其编辑团队专业的、严谨的、细致的编辑校对工作，校正了本手册翻译中的诸多失误之处。在翻译审校过程中，我们还得到中央财经大学社会与心理学院赵路、孙亚贺、徐磊、杨梦圆、易智丽娜、劳铃茜，清华大学社会学系蒋睿，以及中国人民大学经济学院胡露、刘倩、李彤等同学的支持与帮助。各位同学在不同阶段参与了本翻译项目的研究助理工作，甚至在五一劳动节、端午节等小长假期间组成工作坊通读此书。我们对此深表感谢！

本手册能顺利出版，特别感谢北京中子咨询有限公司课题"全球化背景下社会金融化基本情况"（项目批准号：021476119002）、中央财经大学学科建设项目"聚焦网络化和金融化的经济社会学研究"（项目批准号：021452629003）、国家社科基金青年项目"城乡一体化进程中县域治理机制研究"（项目批准号：13CSH084）和国家社科基金青年项目"我国网络借贷的地方治理模式研究（项目批准号：16CSH037）"的资助与支持。

本书翻译工作按照内容分工如下：艾云博士主译第 1~11 章并通稿全书，罗龙秋博士主译第 12~20 章，向静林博士主译第 21~29 章。在为期两年的有限时间里，大多数时间特别是过去半年几乎所有假期与周末都贡献给这本书。我们尽可能求真、求实、求美，显然，直到最后付梓，我仍忐忑不安，不断想起傅雷给儿子的家书里的劝诫之语"如临深渊，如履薄冰"。这不仅因该手册近 70 万字，翻译工作量极大，更因为我们只熟悉自己的学科领域，都是金融社会学研究领域毫无经验的前期探索者。该手册的翻译还存在词未能达意、纰漏之处及囿于专业水平不足而导致的错误之处，我们在豆瓣上开设了本手册的讨论界面（https://www.douban.com/doulist/115548144/），期望在未来阅读和使用过程中得到各位学友的反馈与建议，以求校正，进而推进该学科的学术积累与不断发展。

艾云

2019 年 6 月 1 日

于北京皂君庙

图书在版编目（CIP）数据

牛津金融社会学手册／（奥）卡瑞恩·克诺尔·塞蒂娜（Karin Knorr Cetina），（英）亚力克斯·普瑞达（Alex Preda）主编；艾云，罗龙秋，向静林译. -- 北京：社会科学文献出版社，2019.8（2022.2 重印）

书名原文：The Oxford Handbook of the Sociology of Finance

ISBN 978 - 7 - 5201 - 4895 - 5

Ⅰ.①牛… Ⅱ.①卡… ②亚… ③艾… ④罗… ⑤向… Ⅲ.①金融学 - 手册 Ⅳ.①F830 - 62

中国版本图书馆 CIP 数据核字（2019）第 095316 号

牛津金融社会学手册

主　　编／〔奥〕卡瑞恩·克诺尔·塞蒂娜（Karin Knorr Cetina）
　　　　　〔英〕亚力克斯·普瑞达（Alex Preda）
译　　者／艾　云　罗龙秋　向静林

出 版 人／王利民
责任编辑／杨桂凤　隋嘉滨　赵　娜　杨　阳　胡庆英　任晓霞
责任印制／王京美

出　　版／社会科学文献出版社·群学出版分社（010）59366453
　　　　　地址：北京市北三环中路甲 29 号院华龙大厦　邮编：100029
　　　　　网址：www.ssap.com.cn
发　　行／社会科学文献出版社（010）59367028
印　　装／三河市东方印刷有限公司

规　　格／开　本：787mm × 1092mm　1/16
　　　　　印　张：42.75　字　数：730 千字
版　　次／2019 年 8 月第 1 版　2022 年 2 月第 2 次印刷
书　　号／ISBN 978 - 7 - 5201 - 4895 - 5
著作权合同
登 记 号／图字 01 - 2018 - 7156 号
定　　价／198.00 元

读者服务电话：4008918866